汉藏语词源研究

吴安其 / 著

上海教育出版社
SHANGHAI EDUCATIONAL
PUBLISHING HOUSE

目　　录

前　言

　　考古挖掘发现了公元前六七千年的河南舞阳贾湖文化，其居民从事农业、狩猎、捕捞和畜养，有干栏式建筑，使用釜和支架，遗留下有契刻符号的龟甲，发达程度如同源于农业的美索不达米亚、印度河流域的古老文明。当时贾湖的居民为黄色人种（蒙古人种）东亚型。稍晚的裴李岗文化和著名的仰韶文化皆继承贾湖文化的特点。山东、苏北的大汶口文化占卜用龟和獐牙随葬的风俗与之相同。贾湖的釜发展为鼎，数千年中，鼎成为中原文明的标志，为商周两代最重要的礼器。黄淮流域应是汉藏文化和汉藏语的发源地。

　　汉藏语诸语族、语支中可观察到类似印欧语那样内部分歧迭出的情况。我们在分别研究汉语、藏缅语、侗台语、苗瑶语的语音和形态历史的基础上发现，这些语言有一批早期的同根基本词，更多的基本词来自后来的相互借用，或来自各自周边不同的语言。

　　语词有语言的语音、形态和语义的特征，保存着语词的历史。语词的比较可以说明它们在不同语言中的分布情况，词源追溯可以发现它们传播的情况。

　　藏缅语有较多印欧语、阿尔泰语对应词，这些词罕见于汉语、苗瑶语和侗台语。汉语和侗台语有较多南岛语对应词。勉语的语音和词汇与侗台语相近，和苗语支语言差异较大。

　　汉藏、南岛和南亚语系的语言有较多有对应关系的词根，形态方面比较接近。阿尔泰、印欧和芬兰-乌戈尔语系的语言有对应关系的词根较多，语音和形态也有一些共同的特点。印欧语和东亚语言在形态及一些古老语词根的分布和形态上也表现出较多相近的特征，其关系超出这些语言和亚非语系、达罗毗荼语系语言的关系，应是旧石器时代晚期和新石器时代早期的人群迁徙和语言接触带来的。语系发展起来之后，除了自身的简单分化，还吞蚀其他语系的语言，在其他语言的基础上发展新的分支。在今天诸语系产生之前，应还有数万年多次语系交替存在的历史。一些语词的历史比它们所属的语系的历史更为悠久。新石器时代前夕，东亚、北亚、中亚和欧洲地区的古语系构成一个有相近特点的古语系群。

一些语言中"水"可兼指"江、河、湖"，"草、毛"可用一词表示，"土"也指"地"。"太阳"引申指"日子、白天"，"月"也指"月份"。月亮有新月和满月的区分，一些语言用"圆的、满的"表示满月的"月亮"，后又以满月的"月亮"为通名，也有以残月之名为通名。古代语词在意义的表达上往往和今天的不同。

语词及其派生形式和意义的引申经历了较长的时间之后会形成有着共同词根的词组，不同语系之间有着对应关系。如"火、太阳、烧、热"等的说法，"舌头、牙齿、吃、说"等的说法，"肩、背、胸、乳房"等的说法。共同词根的语音对应和这一类的语义联系可说明其词源关系。词根词先于派生词，本义先于引申义。

汉藏语人称代词"我"*ŋʷa、*ku，"你"*ni、*mʷi等对应于其他语系的语言。汉藏语不同语族有五套以元音屈折或辅音清浊区分近指和远指的指示代词，"这"*di、"那"*de，"这"*ni、"那"*na，"这"*li、"那"*la，"这"*ʔi、"那"*ʔa，"这"*ke、"那"*ge，也分别对应于亚欧地区其他语系语言的指示代词，如印欧语和达罗毗荼语等，有的甚至和非洲不同语系的指示代词对应。关于男根和女阴的说法，各地通常是"屁股、大腿、肚子"一类词意义的引申，东亚、澳大利亚和非洲语言有着一些对应关系的词根，说明各大洲语言的密切关系。

非洲到东亚有南、北两条语词的传播链：一是从非洲到中东、南亚、华南和东亚，二是从非洲、欧洲、北亚到东亚和太平洋地区。非洲到东亚的语词传播发生较早，大约始于早期智人晚期。非洲经欧洲、北亚到东亚的传播较晚，始于晚期智人时代。前者的一个分支进入澳大利亚，后者的一个分支进入美洲。汉藏语处于这两条传播链交叉汇合的地区。

从亚洲、欧洲和非洲语言中那些有共同来源词根的比较中，可看到不少单音节词根因不同形式的派生或衍生，成为双音节和三音节的词干，跨语系、跨大陆分布。这样的单音节词根有着最古老的历史，可能来自早期智人的语言。

亚欧大陆和非洲语言早期的形态，有元音前缀，名词后缀 *-l、*-n，动词、形容词后缀 *-i，音节重叠等。大约稍晚，*s- 为使动前缀和 *m- 为自动词的前缀，名词后缀 *-r，屈折形态的派生较多出现在亚欧大陆的语言。后来非洲中部和南部的语言发展出吸气音，东亚和非洲出现音节声调区别意义的语言。

　　早期因人群的迁徙或语言的接触从某地向外传播的语词，比起晚期从该地向外传播的语词，通常传播得更远、分布更广，不同地区的对应词之间，语音和表达的意义更加分歧化，词根的形态变化也更加分歧化。

　　人群的体质和他们使用的语言的差别通常有一致的关系，是人群分隔和语言相对独立的演变的结果。由于种群的交流，白色人种和北亚的黄色人种外观较为接近，北亚、东亚和美洲的黄色人种外观较为接近，澳大利亚土著和达罗毗荼人与黄色人种外观差异较大，澳大利亚土著和巴布亚新几内亚使用非南岛语系语言土著的外观较为接近。

　　澳大利亚土著的语言自进入该地之后较少和其他地区的语言交流，不像亚欧语言那样有着使用动词和名词的 *s- 前缀、动词的 *m- 前缀留下的痕迹，一些语言缺少流音后缀留下的痕迹。

　　非洲和东亚可能都是早期语言的发源地，早期词根形式相近，平行发展。或许在人类学推算的早期智人离开非洲那个时代之前，有早期智人离开非洲来到亚洲。从东亚和非洲带流音的对应词干看，可能在晚期智人的早期，两地的语词经语词的传播链有所交流，后来的交流反倒少了。

　　本书讨论汉藏语系诸语族数百个常用词所涉及的词根（或词干）的词源关系，列于书后附录"亚欧语言中汉藏语的词根"，便于读者参照。

第一章 古代的文明

一、东亚古代的文明

（一）旧石器时代的文明

人类的史前文明以石器工具的文明为代表，通常区分为旧石器、中石器和新石器三个时代。传统上，旧石器时代指距今 300 万年至 1.2 万年的这段时间。中石器时代是旧石器至新石器时代的过渡时期。东亚大陆的文明是否经历中石器阶段尚有争议。人群、文化和语言三者密切相关，相关的遗存可解释其历史。

据地质学和古气象研究，在近 200 万年中，全球性气候变化经历了许多次冷暖交替的重大变化。每一次寒冷的气候持续的时期称为"冰期"。距今 4.3 万年至 3.8 万年的这段时间里，全球环境与今天的差不多。距今 2.2 万年至 1.5 万年间，气候最为寒冷，称为末次冰期。那段时间里，气温最低时，年平均气温比今天约低 10℃或更多，福建惠安地区为稀树草原。距今 1.5 万年至 1.2 万年时，气候已有转暖的趋势。距今 1.2 万年至 1 万年，东亚大部分地区的气候开始明显好转。

1. 旧石器时代东亚的文明

东亚和澳大利亚有一种称为"盘状器"或"圆盘斧"（discoid axe）的遗存石器。这一类石器在中国境内见于江西万年仙人洞、西安半坡、河南庙底沟、内蒙古赤峰和夏家店、四川礼州等地的遗址。另一类是穿孔石器，巴布亚新几内亚的居民用来固定于棒端，作为武器和挖掘工具，在中国境内也见于江西万年县全新世末期的仙人洞遗址和内蒙古夏家店等地。[①]

旧石器时代的东亚、南亚和澳大利亚的文明有联系，人类学研究者认为，10 万至 8 万年前，非洲大陆居民开始向其他大陆迁移，6 万年前到达亚洲南部。

陕西、内蒙古交界的萨拉乌素（拉丁文转写 Sjara-osso-gol，蒙古语语义为"黄-水-河"）出土距今三四万年前具有某些黄色人种特征的化石，考古学称其形

---

① 王宁生：《试释几种石器的用途》，载《民族考古学论集》，文物出版社 1989 年版。

成者为"河套人"。黄色人种或于3万年前在东亚形成,后具有该人种体质特征的人群扩散开来。

距今2.4万年至1.6万年的山西沁水下川的文化是旧石器时代北方的一种主要文明,为采猎经济,其晚期以种类繁多的细石器为主,也沿袭早期的粗大石器。稍后,北亚、东北亚(包括日本、朝鲜)和北美有一些与之基本相同的细石器文化,前仰韶文化中保留的细石器文化的因素有与之相似的一面。[①]1.8万年前的山顶洞人显示蒙古人种的基本特征,如颧骨大而向前突出,鼻骨低而宽,鼻梁稍凹,颌门齿呈铲形。

湖南地区旧石器时代晚期向新石器时代早期过渡大约在距今1.3万年至9000年的时间里。这一阶段随着磨制石器的成熟,盘状器衰落,显示华南地区有一个相对完整的过渡时期。

距今3万年至1万年间,东亚有三个主要的文化区:华北、华南和东南地区。1万年前,华北和藏北高原的细石器具有一致性,华南和藏南的细石器具有一致性,东南地区为粗大石器。[②]

2. 旧石器时代晚期亚欧大陆的人群迁徙

非洲早期智人走向亚欧大陆,四五万年前成为不同肤色的晚期智人。澳大利亚的土著居民外观特征明显,数万年前从外部迁入。由于喜马拉雅、昆仑山脉和大沙漠的阻隔,旧石器时代,亚洲有东亚、西亚和东南亚的三个体质一直有一定差别的人种。南亚的达罗毗荼人外观和周边其他人种差异较大,据说他们在那儿生活了2万年。

东亚大陆有中亚和西伯利亚两条人群迁徙的主要通道,欧洲文化进入东亚有四个时期:末次冰期前、末次冰期期间、冰期后和青铜时期。

尼安德特人和来自非洲的早期欧洲居民曾并存,3万多年前灭绝,欧洲形成高加索人种。距今3.4万年至2.6万年的这段时间里,古高加索人占有欧洲大部分地区,他们的细石器文化称为奥瑞纳文化。

末次冰期期间有一些高加索人进入东亚和东西伯利亚,和当地原有的人群融合。宁夏灵武水洞沟文化是旧石器时代现知较早来自欧洲的文明,类似于当时欧洲的莫斯特、奥瑞纳一类文化。

裴文中先生认为:"在西伯利亚境内,已发现旧石器时代晚期之遗物,与欧

---

① 石兴邦:《下川文化研究》,载《庆祝苏秉琦考古五十五年论文集》,文物出版社1989年版。
② 参见汤惠生:《略论青藏高原的旧石器和细石器》,《考古》1995年第5期。

洲奥瑞纳文化者及马格德文化者，均相似。""分布于亚洲之北部及欧洲之中北部，成为一独立之系。时间前进，此系统之文化更向中国境内移动。"①

东西伯利亚人迁徙至美洲的，成为后来的印第安人。印第安人的外观有蒙古人种的特点，遗存的原始宗教也和北亚的萨满教相近，并未显示人种体质的明显漂移。

约两万年前，黑人居民从南亚进入东亚南方地区，形成东亚蒙古人种的南亚群体。东亚居民从南到北显示不同外观的特点。

（二）新石器时代的文明

距今 1.1 万年中东出现最早的农业文明。稍晚，亚洲和非洲北部出现以农耕畜牧业为基础的古老的文明，即美索不达米亚、黄河流域、印度河流域和古埃及的文明。农业发生之后，不同区域人群的繁荣和文明扩张带来不同语系语言连绵分布的格局。早期文明常为后起的文明所替代，或退居边缘，或被同化，如此有所交替。

东亚最早的聚落和农业文明始于八九千年前的河南舞阳贾湖，这是古代长江以北最早的水稻栽培区，复原的贾湖人的样子与今长江、黄河中下游地区居民的长相相似。② 裴李岗文化的早期相当于贾湖文化的晚期，聚落规模小于贾湖。其他如山东后李文化与之有相似之处，距今约 8000 年。

贾湖最初的炊具釜发展为三足的鼎，数千年中，鼎成为源于中原的汉藏文明的标志，为商周两代最重要的礼器。

1. 新石器时代早期东亚的居民

潘其风先生在《中国古代居民种系分布初探》一文中谈道，"以山顶洞人为代表的北方晚期智人群体可能更多地与现代亚洲北部和极区蒙古人种相关；以柳江人为代表的南方智人群体趋向蒙古人种的南方类型。"发展到新石器时代，上述蒙古人种发展进程中的地域性差异更趋明确。大致有三个不同的种系分布区：

① 分布在黄河流域的新石器时代居民，体质上总体与东亚蒙古人种接近。但是在新石器时代中晚期，上游与中下游的居民在体质上还存在一些差异。新石器时代中期，生活在黄河中下游地区居民具有某些接近南亚人种的性状。到新石器时代晚期即庙底沟二期，居民此种性状有所消退。黄河上游甘青地区的居民则与现代华北类型更接近。长江中游江汉地区新石器时代居民的体质特征，基本上

---

① 裴文中：《中国细石器文化略说》《中国史前时期之研究》，商务印书馆 1948 年版。
② 河南省文物考古研究所编著：《舞阳贾湖》，科学出版社 1999 年版。

与黄河流域新石器时代居民的体质相似，但也显露出存在地方性特征。

② 华南地区诸新石器文化居民的体质特征，具有更明显的接近南亚蒙古人种的性质，并兼有某些与赤道人种相对比的性状。

③ 北方地区可能存在两个种族群体，以新开流组为代表的东部地区可能与极区蒙古人种类型接近，西部则可能生活着与北亚人种相关的扎赉诺尔人的后裔。由顺山屯组头骨的形态特征推测，该地区可能曾经是东亚人种和北亚人种的接触地带。①

2. 黄淮流域新石器期的文明

（1）舞阳贾湖文化

距今 8000 至 6000 年间，冀中平原是温带落叶阔叶林和草原景观，黄河中下游地区有竹子生长，如同今天的长江中下游地区。长江中下游地区属于亚热带气候，平均雨量比今天多八百毫米，相当于现今海南岛及越南、老挝河谷平原的气候。

八九千年前新石器时代早期的贾湖文化主要分布在淮河上游的沙河、汝河、洪河流域的黄淮平原，是长江以北最早的水稻栽培区。居民从事农业、狩猎、捕捞和畜养，有干栏式建筑，遗留下有契刻符号的龟甲。占卜用龟和獐牙随葬的风俗和后来山东、苏北的大汶口文化相同。从骨骼分析，贾湖人和后来河南、山东考古遗址（庙底沟、下王岗和大汶口等）发掘的可归为一类。② 安徽的薛家岗文化亦应与之有密切关系。河南舞阳贾湖的居民属黄色人种（蒙古人种）东亚型。

贾湖文化的情况有几点值得注意：

① 末次冰期后气候转暖，该地宜于水稻的种植，文化和同一时期分布于长江中游一带拥有栽培稻的彭头山、城背溪文化有一定的相似性。贾湖古稻跟彭头山、河姆渡的水稻形态上相近，其农业因素无疑是南来的。

② 器具刻画尤为突出太阳，考古研究者认为是太阳崇拜的表现。

③ 陶器制作的"泥片贴筑法"，见于南西伯利亚和日本，而非中原传统。③

④ 贾湖的居民使用釜和支架（后来发展为三足器的鼎）。

栽培稻和粟、鼎的使用，随葬龟、犬牲等文化特征始见于贾湖文化，后广泛分布于黄河中下游和长江中下游地区。鼎在数千年中成为中原乃至其他汉藏文化分布地的标志性炊具，商周之时为最重要的礼器。黄淮流域是汉藏语的发源地。

---

① 潘其风：《中国古代居民种系分布初探》，《考古学文化论集》(1)，文物出版社 1987 年版。
②③ 河南省文物考古研究所编著：《舞阳贾湖》，科学出版社 1999 年版。

贾湖遗址的工具和炊具与同一时期的东北和华南地区的不同。

（2）仰韶文化

仰韶文化距今 6000 多年至 4000 多年，分布的中心在渭河流域、豫西和晋南地区，可分为四个先后相承的文化类型：半坡、史家、庙底沟和西王村。仰韶文化在向冀南、豫北和豫中地区推进的同时，又向黄河上游流域发展。

陕西临潼姜寨一期的文化基本属于仰韶文化半坡类型，彩陶上的装饰有人面纹、鱼纹和鸟纹等。黄河上游地区除了有较早时期的仰韶文化半坡类型的文化遗存外，稍晚又产生了有自己风格的马家窑文化。

（3）大汶口文化

黄河下游地区，新石器时代中期的重要文化是北辛文化以及稍晚的大汶口文化。大汶口文化距今 6300 年至 4200 年，根据其叠压关系可分为早中晚三个时期。该文化主要分布于鲁中、鲁南和苏北的淮北地区。其晚期遗址西达豫中、豫西，西南到皖北，北到鲁北。该文化显然和淮河上游的贾湖文化有承传关系。

（4）龙山文化和岳石文化

新石器时代晚期的龙山文化因发现于山东历城龙山镇（现属济南市章丘区）得名，距今约 5000 年。后在黄河中游和长江中下游地区发现类似的文化遗存，也以龙山文化命名，山东等地的龙山文化称为典型龙山文化。典型龙山文化主要分布在黄河下游地区，包括山东全境、江苏和安徽两省的淮河以北地区，其影响至豫东、豫北。龙山文化时期最为重要的事是城邑的出现，最近发现距今 5300 年的河南双槐树古城遗址，河南淮阳龙山文化时期的平粮台古城的建城年代距今 4500 年。中原地区最早的铜的冶炼在距今 4000 多年前，平粮台古城遗址出土物中有铜渣。

岳石文化以分布在山东境内为主，西至豫东杞县、鹿邑，南达苏北沭阳、皖北宿州，北抵辽东半岛南端，其年代为距今 4000 年至 3500 年。山东地区在龙山文化时期到岳石文化时期的十个世纪中，主要是黄河下游的文化对河南等中原地区有深刻影响。

（5）马家窑文化和齐家文化

新石器时代晚期，黄河上游地区的马家窑文化为齐家文化所代替。齐家文化以最先发现于甘肃省广河县齐家坪而得名。齐家文化的分布比马家窑文化更广泛，根据其文化面貌，可分为三个地区：甘肃东部泾、渭上游和西汉水上游地区，甘肃中部的黄河上游及其支流洮河、大夏河流域，甘肃西部和青海东部地区的庄浪河、湟水流域和河西走廊地区。东部的齐家文化早于西部，距今大致为4100年至3600年。

齐家文化有自己的特色，遗址中还有细石器，石刀和镰刀大多为磨制，出现较多的纯铜器和青铜器，进入铜石并用时代，并向青铜时代过渡。卜骨大多为羊胛骨，也有猪、牛胛骨。永靖大何庄遗址发现天然砾石排列的"石圈"，周围分布墓葬，类似辽西红山文化中石块围成的圆形祭台。

3. 长江中下游地区新石器期的文明

长江中游湖南北部的彭头山文化距今9100年至8200年，有较细小的燧石器和大型打制石器。陶器多饰绳纹，皆为圜底，不见三足器、圈足器和平底器，陶器跟贾湖文化的相同。据报道，稻作农业的出现可追溯到湖南南端湘江流域，有距今1万年的稻谷遗存。

大溪文化，距今6400年至4700年，分布在四川巫山，湖北秭归、宜昌、宜都、江陵，湖南澧县、安乡等地，跨越大江南北，东西500多千米，中心地区当在江汉平原西南部和洞庭湖北岸，遗址中有种植水稻的迹象。

浙江北部的河姆渡文化分布在浙江余姚、宁波、慈溪一带，早期文化距今约7000年。遗址中有干栏式木构房屋，谷、谷壳、叶和秆的堆积，最厚处达七八十厘米。据鉴定，属栽培的籼稻。陶器中釜类和支架、罐最多，晚期阶段釜和鼎的数量最多。有较多双耳陶器，罐、甑、钵等，如同贾湖。

长江下游地区新石器时代中期，马家浜文化发展为崧泽文化，又进一步发展为浙江的良渚文化。良渚文化的晚期相当于龙山文化时期。良渚文化分布的中心地区在太湖流域，影响北至鲁南，南抵粤北。良渚文化遗址中出土的人面兽身玉璧说明跟北方以龙为图腾的信仰不同，但也出土了鼎、壶、豆、簋等常见于北方的陶器。

距今5000多年时，南岛文化首次进入台湾，距今3000多年时进入太平洋其他岛屿。

4. 新石器时代北方的文明

末次冰期结束后，阴山以北形成早期阿尔泰文化，先后分布着小河西文化、新乐文化、兴隆洼文化和赵宝沟文化。8000年前，东西伯利亚地区、黑龙江流域和辽宁地区有几种不同于黄河流域的文化，主要分布在丹东地区大洋河以东的黄海沿岸，向北延伸到鸭绿江流域的蒲石河地区。辽东半岛与朝鲜半岛的文化有密切关系。辽河西部流域的兴隆洼文化已有较多农业的因素，延续至5000多年前的红山文化。

5000多年前，早期的红山文化与西伯利亚地区南下的文化、中原及南方的文化交流，形成阴山以北早期的阿尔泰文化。先有农耕文明，后有游牧文化。稍后阿尔泰文化向西扩张，与西域地区印欧文化结合，成为前突厥文化，内蒙古等地为前蒙古文化。

阿尔泰文化向西扩张为前突厥文化的主体，至匈奴西迁在其西部地区为古突厥人。当地的为前蒙古文化。

末次冰川时期，日本列岛居民的主体当为蒙古利亚人的北亚人种，来自东西伯利亚。大约1万年前，日本出现陶器，后来出现的圆筒形陶器与中国东北的接近。距今3000年前后，当地的陶器发生较大的变化，其中盘形陶器（龟冈式）的器形和大陆内部的比较接近，应该是大陆迁入的人群带去的。现代日本居民和操蒙古语族语言人群外观较为相近。考古研究说明，冲绳和日本南部、中部地区遗物有南岛文化的特点。

古朝鲜在辽东之东，辽东半岛出土新石器时代晚期的有段石锛和扁平穿孔石斧，与浙江良渚文化的相似。古高句丽石墓与浙江沿海古石墓的形制和葬式有一定的相似，即朝鲜半岛有南岛底层文化。

5. 东南沿海地区和岛屿上的文明

距今1.2万年至1万年时，两广地区为砾石砍斫器的洞穴文化，已有刃磨光的石器，陶器尚未出现。距今9500年至8000年时出现低火候、质地粗疏的夹沙陶，纹饰以粗绳纹为主。

距今1.2万年至1万年时，珠江流域为洞穴文化，遗物中有石斧、锛、磨盘和磨棒，特色石器为砾石砍斫器，与同一时期的湖南地区类似，与华北地区原有的细石器文化没有直接的关系。

台湾地区新石器时代早期的大坌坑文化的特征与福建闽侯县昙石山下层文化和江西万年仙人洞下层文化类似。金门的富国墩、金龟山文化被认为是昙石山文化的源头，金龟山文化的第一阶段大约距今7700年至5700年。[①]

距今7000年至6000年时，珠江三角洲及邻近沿海地区的陶器仍是火候低、色杂的粗沙陶，粗绳纹、贝齿印纹为常见，仅见圜底釜罐一类的简单器形。已出现彩纹简单的彩陶。在距今6000年至5500年的遗址中，彩陶的纹饰有较多的变

---

① 钟礼强：《昙石山文化研究》，岳麓书社2005年版，第171页。

化。金兰寺、万福庵和夏江村等珠江三角洲的遗址中出土霏细岩双肩斧、锛。有意见认为，广西发现的最早的双肩器距今 6000 年至 5000 年。双肩器应起源于岭南。① 双肩石器又发现于台湾大坌坑文化的上层、圆山文化及浙江的良渚文化。广东的史前文化具有一定的稳定性和前后的传承关系。

粤、闽、台的彩陶文化的形式和发展表现出一定的共性，与黄河流域的仰韶文化等有明显的差异。台湾地区的文化是一脉相承的南岛文化，可以断定，史前的粤、闽、台的彩陶文化是南岛文化。

6. 欧洲的移民

遗传学研究表明，欧洲居民的一些重要的遗传特征是由中东向西扩展获得的，这与早期农业出现在中亚和中东有关。②5000 多年前随着印欧人的迁移和分化，古印欧语西传的过程中也为其他欧洲的部落所采用，原来分布在欧洲的语言如高加索语系的语言和巴斯克语等成为它们的底层，印欧语不同支系语言许多基本词的来源不同。

末次冰期期间，高加索人从不同路线进入东亚和东西伯利亚。夏商时又有印欧人先后移民进入新疆地区。罗布泊地区发现距今 3800 年的印欧人楼兰先民的遗址，孔雀河古墓沟发现的女性干尸为印欧人，随葬一小篓小麦粒。该墓地发现红铜器物，女性木雕像六尊，雕像突出女性臀乳特征。③ 对晚至汉代的楼兰城郊两处墓地遗骸的测定表明，六人中五人相当于今日的欧洲人种，一人属蒙古人种。④ 直到今天，尤其是新疆地区的居民具有更多西方人的特征，是古代中亚和新疆地区的人群融合的结果。

在外贝加尔湖地区，苏联人类学家发现当地的匈奴人骨具有古西伯利亚和欧罗巴人种的混合特征。⑤

（三）青铜时代的文明

大约在中原龙山文化早期，长江流域的屈家岭文化中也已出现城邦文化，遗存的古城址有石家河古城、走马岭古城、城头山古城、阴湘古城及马家垸古城，

---

① 杨式挺：《广东新石器时代文化与毗邻原始文化的关系》，载《中国考古学会第七次年会论文集》，文物出版社 1992 年版。
② L. L. 卡瓦利-斯福扎、E. 卡瓦利-斯福扎著，乐俊河译：《人类的大迁徙》，科学出版社 1998 年版，第 191 页。
③ 王炳华：《孔雀河古墓沟发掘及其研究》，载《楼兰文化研究论集》，新疆人民出版社 1995 年版。
④ 新疆楼兰考古队：《楼兰城郊古墓群发掘报告》，载《楼兰文化研究论集》，新疆人民出版社 1995 年版。
⑤ 田广金、郭素新：《北方文化与匈奴文明》，江苏教育出版社 2005 年版，第 450、452 页。

这些古城存在的年代为距今 5000 年到 4600 年。^①

距今 4000 多年前的黄淮流域和长江流域出现古代的城市。河南淮阳龙山文化时期的平粮台古城的建城年代距今 4500 年，面积达 5 万多平方米。龙山镇的龙山文化古城稍晚，建于距今 4400 至 4300 年。山东寿光孙家集镇的龙山时期古城建于距今 4000 多年。

中原夏、商、周三代是青铜时代的文明，此前铜的冶炼已出现，仍属于铜、石并用时代。三代的统治集团不同，文明有传承关系。

1. 夏文明

史料所称的夏王朝距今 4100 年至 3700 年。早期夏文化以崇山（后来的嵩山）或伊洛为中心，然后逐步向河北岸发展，在山西确立其地位。山西一带又称大夏或夏墟。这一时期，东夷和夏人争夺中原的控制权。考古界认为，伊洛水流域至郑州一带的二里头一、二期文化为夏文化。

"夏"原本可能是部落联盟的称号。金文"夏"字未见于殷商甲骨文。《诗经·周颂·时迈》："我求懿德，肆于时夏，允王保之。""夏"指中原地区。

《诗经》不同时代不同地域的篇章赞美"禹"。《诗经·大雅·文王有声》："丰水东注，维禹之绩。四方攸同，皇王维辟。"《诗经·商颂·长发》："洪水芒芒，禹敷下土方。"商颂是春秋时代宋人歌颂其先祖的歌。提到"禹""韦顾""昆吾""夏桀"等夏代的人物和部落（或小邦），不应视为虚构。《左传·襄公四年》："《虞人之箴》曰：'芒芒禹迹，尽为九州，经启九道。'"可见大禹治水必有其事，商代以前禹主持了多次水利工程。

《古本竹书纪年》："禹居阳城。"其地望据考在今河南登封告成一带。^②《史记·五帝本纪》："帝禹为夏后而别氏，姓姒氏。契为商，姓子氏。弃为周，姓姬氏。"此指夏商周三代统治者的氏族或部落的来历。"太史公曰：禹为姒姓，其后分封，用国为姓，故有夏后氏、有扈氏、有男氏、斟寻氏、彤城氏、褒氏、费氏、杞氏、缯氏、辛氏、冥氏、斟（氏）戈氏。"这里的"氏"应是今天所说的部落。

长江中游地区这一时期由于中原文化的南下而出现较大的变化，在庙底沟

---

① 张绪球：《屈家岭文化古城的发现和初步研究》，《考古》1994 年第 7 期。
② 陈邵棣：《登封王城岗遗址时代试探》，载郑杰祥编《夏文化论集》，文物出版社 2002 年版。

文化的影响下出现青龙泉三期文化。这一时期湘北地区与之相近的文化为松滋桂花树三期文化。鄂西地区原始文化的发展序列为大溪文化→屈家岭文化→青龙泉三期文化。此后，相当于中原夏代的时期，表现出一些不同于东部地区的文化特征。

川西北岷江上游河谷地带，主要在汶川、理县、茂县境内发现的被称为建山寨类型的文化，其风格与甘青马家窑等文化相似，为藏缅文化。从黄河中上游地区南下并从四川进入西藏的古藏缅文化，先后有不同的面貌。

2. 商文明

商王朝存在于距今 3700 年至 3100 年，最后的都城为大邑商。商文明有来自山东、河北和山西等不同说法。商代夏，可能是部落联盟或邦国联盟的交替。山东、淮南等地的东夷部落与商关系密切。

"殷墟头骨的形态至少存在体质上可区分的三种类型的蒙古人种。其中以接近东亚蒙古人种的人群为主体，有一部分与北亚蒙古人种相似，还有一部分显示出与蒙古人种南方类型比较接近。""在殷墟的中小墓葬中，有少数具有北亚人种特征的个体，这类墓葬大都随葬有一定数量的礼器，其身份应优于一般自由民，或许可代表殷人统治阶层的体质类型。"[①]

商代的鬼方与西周时被称为北狄和猃狁（猃狁）的可能是突厥先民的部落。北方东部沿海的阿尔泰人周时称为肃慎，即后来的东北夷，是早期的满-通古斯语居民。

这一时期黄河上游地区分布有辛店、寺洼、卡约和沙井文化等。那些地区是商代和西周时期羌人居住的地方。

长江上游地区这一时期最为重要的是第二、第三期的三星堆文明，距今 3930 年至 3160 年。三星堆二期的器物与中原二里头的有相似之处。两者都有陶盉、瓠、豆、罐类，以小平底为主。第三期的青铜制品有西来文明的因素。

3. 周文明

先周文化的代表性炊具折足瓦鬲发生在龙山期之末，其分布中心不出陕、豫两省，在关中的流行时间比河南长，主要存在于殷商时期。周原的西周人墓中罕见爵、瓠、盉等酒器，与商文化不同。商代和西周中期以前，青铜器的动物纹饰

---

① 潘其风：《中国古代居民种系分布初探》，《考古学文化论集》(1)，文物出版社 1987 年版。

以龙、凤和虎为主。这和新石器晚期中原墓葬中以龙、虎为摆饰一致。①

周克商后实行分封制，与商的联盟形式不同。封国包括没有血缘关系的异姓。从西往东，重要的封国有晋、卫、燕、许、蔡、陈、宋、曹、鲁和齐等。周以洛邑为中心的活动对这一时期汉语的书面语和方言的格局有很大的影响。各诸侯国内部又有以家族-宗族为基础的社会组织，与地域、经济和军事直接相关。从周王畿到各地诸侯国，都城为王室和宗庙所在地。

周东迁后48年，公元前722年开始进入春秋时期。经历了夏、商和西周，中原地区从原本东夷西羌的分布格局形成以氏族为基础的"诸夏"认同。

周代承夏商，入主中原。中原诸国鄙视秦。《史记·六国年表》："秦始小国僻远，诸夏宾之，比于戎翟，至献公之后常雄诸侯。"秦仍被视为"诸夏"的成员，但"比于戎翟"。

陕西凤翔南指挥镇有一些先周时期至西周中期的墓，不同时期的颅骨形态没有明显的差异，基本上与东亚蒙古人种接近。周人的颅骨与相近时期的火烧沟人、史前甘肃人（辛店人和寺洼人）、中原庙底沟人、陶寺人的比较结果表明，他们与火烧沟人、甘肃人的体质关系较密切。这说明最初的周人与黄河中上游地区的古藏缅人体质相近。

两周时的诸国包括周天子的"中国"，即周畿。战国之时"中国"指中原诸国的地域，当时的国，不是今天民族国家的国，是春秋时代诸侯国割据的延续。

二、古代的社会和语言

（一）古代的社会

今天的语言很有可能来自早期智人时代。蒙昧时代的智人，无组织，对事物的理解处于原始状态，思维和交流恐怕都比较简单。可能到晚期智人时代，氏族家庭独立生活。氏族的组织避免了近亲婚姻，社会分工明确，有利于人类的生存和延续。

1. 古代的氏族社会

中原的贾湖早期文化距今八九千年，保留着我们所知道的新石器时代东亚最早的和存在时间最长的氏族社会。第一期墓葬可能属于两个不同的家族，中期的

---

① 河南濮阳西水坡后岗一期的墓葬中发现用蚌壳摆一龙一虎，龙居右，虎居左。西水坡也发现蚌壳摆的龙、虎。这些遗址距今五千多年。

聚落可能属于四个家族。当时的一个家族或氏族的组织有十数人。①

氏族社会中，图腾是氏族的标记，又是信仰的标记。图腾可以是有生命的动物或植物，或自然中的其他物体，被认为是氏族的祖先或神，或成员。北亚地区的部落以动物为图腾，认为他们的祖先是该动物灵魂的转世。

如长江中游流域大溪文化的氏族墓地随葬品多寡不均，个别老年女性有较多随葬品。②

西北地区齐家文化遗址的墓有组织地排列成行，说明他们的氏族联系还存在。③

母系氏族家庭中，语言按照母系氏族社会传播的特征传播，母系家庭为了避免近亲婚姻接纳外来的男子，形成语言广泛的接触。

2. 从母系社会到父系社会

氏族社会在东亚延续了相当长的时间才出现部落社会，可能有过母系氏族-部落社会。中原最早大约在新石器中晚期才进入父系社会。庙底沟类型文化距今约五千二百年至四千四百年。该文化中没有同性合葬和多人二次合葬，可知母系氏族-部落社会已解体。

近现代南岛语人群仍保留有母系氏族-部落的社会组织。如越南南方的嘉来人，一个母系氏族的若干氏族家庭居于一个村庄，有公共的墓地。男子生前在氏族家庭生活，亡故后埋葬于原本出生的氏族墓地。若干个氏族构成部落，有他们自己的领地。④

中原五千多年前已有进入父系氏族社会的迹象。后来的中原文明以姓氏体现父系的血亲关系，同姓者有父系血缘关系，同姓出于一地。

3. 社会形态的演进

社会的制度和管理的形式可区分为巫治、王治和法治三类。巫治淫祭祀，王治重宫殿和寝陵，法治依法典。社会形态的演变大抵从巫治到王治，从王治到法治。从一个形态阶段到另一个形态阶段，则为兼有两个形态特点的阶段。

古代的中原先有氏族家庭分散定居，后有一定地域内不同氏族组成的部落，

---

① 河南省文物考古研究所编著：《舞阳贾湖》，科学出版社 1999 年版。
② 林向：《大溪文化与巫山大溪遗址》，载《中国考古学会第二次年会论文集》，文物出版社 1982 年版，第 131 页。
③ 张忠培：《齐家文化的研究》，载《中国北方考古文集》，文物出版社 1990 年版，第 129 页。
④ 莫俊卿：《略论越南嘉来族的母系氏族制及其解体》，载《民族学研究》(第七辑)，民族出版社 1984 年版。

再往后有一定地域内不同部落联合的部落联盟。早期的城邦制当在部落联盟的基础上。

殷商社会以家族为基本单位组织起来，某些族氏铭文集中出现在同一区的随葬器中，反映出他们的社会是家族-氏族-部落这样的基本结构。商周王朝皆以某一血统的集团为最高统治者，"姓"为区分人群的标记。当时的"国"指都城或诸侯封地，"邑"指国或都城，诸侯国称"邦"。

古代没有相当于现代民族一类的认同和识别。周边其他民族称为"夷""戎""狄""蛮"。所谓的族是以姓相区分的群体，三代诸族来历不同。《诗经》中无以"华"指"中华"或"华夏"。"华夏"之称见于汉代之后南北朝时。春秋时中原诸国不以血统论，皆称诸夏，区分"姓""氏"，宗族立国。战国时，齐国君王以一个传说中的人物"黄帝"为祖。

（二）信仰和祭祀

1. 史前的信仰

石器时代亚欧大陆社会不同地区经历了相似的从原始信仰到宗教信仰的演变。他们的信仰普遍与太阳、天、火和祖先等有关。为这方面提供佐证的材料有旧石器时代晚期和新石器时代的岩画、葬式和随葬物、泥胎木像，以及不同民族的神话和传说等。到了新石器时代，产生有组织的宗教信仰。

（1）"火"原始崇拜

《论语·八佾》："王孙贾问曰：'与其媚于奥，宁媚于灶。何谓也？'子曰：'不然。获罪于天，无所祷也。'""奥"，屋内的西南角。古人认为屋的西南角和灶中有神，需要祭祀。孔子崇拜天，不拜这些被降格的神，故有此言。日本阿伊努人的崇拜集中于室内的火塘，化身为女火神和女火塘主，东墙和火塘及东墙之窗被视为神圣之处。[①]

亚欧大陆较为普遍的是视太阳为火，"神"的说法可与之一致，并跟"烧""热"等词有词源关系。"火、神"的词源关系如：

① 高加索语系

"火"格鲁吉亚语 xandzli < *qa-deli。"神"车臣语 dela，印古什语 dajla < *dela。

非洲的语言中"神"祖鲁语 -thilo < *-diʔlo，科萨语 idolize < *-dilo-re。

———————

① 周星：《史前史与考古学》，陕西人民出版社 1992 年版，第 112 页。

② 南岛语

"火"印尼语、马京达瑙语 api，汤加语、萨摩亚语 afi，拉巴努伊语、夏威夷语、毛利语 ahi < *ʔa-pʷi。"热的"坦纳语（Tanna）apʷeapʷe < *ʔa-pʷe。

"神"布鲁语 opo < *ʔopo，巴拉望语 ampʷu < *ʔa-pʷe。

（2）"天"和"神"说法的词源关系

阿卡德语"天神"an，承自苏美尔语"天、天神、高的、前面"an。

"神"哈尼语绿春话 mo⁵⁵mi⁵⁵。"天"缅文 mo³ < *mu。景颇语 lǎ³¹mu³¹ < *la-mu。

（3）"太阳"和"神"说法的词源关系

远古时代的居民有崇拜天、太阳、火和灵魂等的原始信仰。内蒙古阴山发现的石刻岩画有跪拜太阳的人，也有人面于日月星云之间的画。这和南美印加人以黄金制作的附有光环的人面像异曲同工。① 贾湖文化为太阳崇拜，汉藏语和印欧语中一些语言显示，"神"的说法和"太阳"的说法有共同来历。

"太阳"拉祜语 mv⁵³ni³³，傈僳语 muɯ³¹mi³³ < *mu-ni。"神"拉祜语 ne⁵³，傈僳语 ni³¹ < *ni。

"太阳"梵语 divakaraḥ < *dibʷa-kara-q（白天−眼睛）。

"恶神"古波斯语 daiva-，梵语 deva-，古教堂斯拉夫语 deivai < *debʷa-。

"神"拉丁语 deus，希腊语 theos。"宙斯神"希腊语 zeus < *debʷu-s。

"太阳"阿尔巴尼亚语 diell < *del。"神"赫梯语 idolize < *idoli-re。

2. 古代的祭祀

祭祀在早期社会中是反映意识形态的最重要的仪式，也表现为以猪、犬等为随葬品，如贾湖遗址的坟墓中随葬成组的龟甲和犬牲。以猪随葬见于磁山文化、大汶口文化、崧泽文化、齐家文化等早期墓中。

上古中原的信仰表现于祭祀，最重要的是祭天、祭祖和祭地。

"神"金文 （克鼎），《说文》："天神引出万物者也。""神"本字为"申" （铁 163.4），闪电之形。这是崇拜天帝的信仰的体现。

"帝"甲骨文 （甲 1164）*tig，字形解释为架木燔火以祭天，殷人卜辞中"帝"称"上帝"，也作为商王的称号。② "禘"甲骨文 （粹 1311）《说文》："谛祭也。"

---

① 周星：《史前史与考古学》，陕西人民出版社 1992 年版，第 69 页。

② "天"蒙古语 təŋgər，东部裕固语 teŋger，西部裕固语 deŋər < *tege-ri。"高的"哈萨克语 tik < *tek，土耳其语 jyksek < *dik-tek，日语 takai < *taka-ʔi。

燔火祭天承自早期对天的崇拜。"祡",《说文》:"烧祡焚燎以祭天神。"

到了殷商时作为夸张先王地位的称号,如帝乙、帝辛。《史记》"黄帝、炎帝"之称说为夏代之前,来自战国时代的说法,跟"帝"早期的意义不合,当为附会。

《诗经·大雅·文王》:"文王陟降,在帝左右。"周人祭文王,想象文王死后伴随天帝。

"福"甲骨文 ͬ(铁 34.4)ͬ(佚 749),富为尖底陶器形。"富"金文 ͬ(富奠剑)也是如此。"奠"甲骨文 ͬ(乙 6882),《说文》:"酋酒也。""酉"甲骨文 ͬ(铁 28·4)ͬ(甲 2907)。小口尖底陶器为商祭祀的常用器具,其器形多见于仰韶文化。三足器类为商周最重要的祭祀用器物,小口尖底陶器表现其传统的习俗。

《左传·庄公二十八年》:"筑郿,非都也。凡邑有宗庙先君之主曰都,无曰邑。邑曰筑,都曰城。""庙",《说文》:"尊先祖貌也。"祭祀宗族之祖,为了凝聚同族分支的力量。

"土"甲骨文 ͬ(粹 17)*thʷa-ʔ。"社"甲骨文 ͬ(甲 2241),卜辞中同"土",《说文》地主也。祭祀地神,以求丰收。《诗经·小雅·甫田》:"以我齐明,与我牺羊,以社以方。"说以谷物和牛羊献给地神。天子践位,诸侯结盟都要举行社祭。春秋晚期,"社稷"为国之代称。

(三)古代的语言分布

早期智人离开非洲,六万年前分布于亚洲、非洲、欧洲和澳大利亚地区,形成不同肤色的人群。诸大洲不同区域的人群有体质、文明和语言方面的差异。

高加索的白色人种和北亚的黄色人种外观较为接近,北亚、东亚和美洲的黄色人种外观较为接近,澳大利亚土著和达罗毗荼人与之差异较大。旧石器时代的第一阶段为早期智人时期,第二阶段为晚期智人时期。晚期智人时期人群的分隔带来不同地区人群表观的差异,相信语言的差异也是如此。

非洲和东亚可能都是早期语言的发源地,早期词根形式相近,平行发展。或许在人类学推算的早期智人离开非洲那个时代之前的时期,已有早期智人离开非洲来到亚洲。

1. 旧石器时代的语言分布

印欧语和东亚语言在形态和一些古老语词根的分布上也表现出较多相近的特征,其关系超出这些语言和亚非语系、达罗毗荼语系语言的关系,应是旧石器晚期人群的迁徙和语言接触带来的。今亚欧大陆的语言可据其相近性区分为成片分布的两块：欧洲和北亚，东亚以及南亚。故可推测新石器前夕，北亚、中亚和欧洲地区的古语系构成一个有相近特点的古语系群，东亚至中南半岛分布着另一古语系群。今天夹在大语系语言之间的或分布于边远地区的一些语言，如阿伊努语、巴斯克语、爱斯基摩语等，它们可能来自一两万年前北亚的古语系。

根据跨亚欧大陆的词根对应的情况，我们推测新石器时代前夕东亚的语言分布可能是这样的：

① 北方分布着来自欧洲的高加索人的语言和当地语言接触所产生的前阿尔泰语；

② 长江流域分布着前汉藏语系的语言；

③ 长江以南的沿海地区分布着前南岛语系的语言；

④ 华南内地分布着前南亚语系的语言。

相关的情况是：

① 今欧洲和北亚，阿尔泰、印欧和芬兰-乌戈尔语系的语言词根对应较多，语音和形态也有一些共同的特点；

② 东亚和太平洋岛屿，汉藏、南岛和南亚语系的语言有较多有对应关系的词根，形态方面比较接近；

③ 南亚的达罗毗荼语系语言和跨亚非大陆亚非语系的语言和上述亚欧语言的关系较远。

2. 新石器时代东亚地区的语言分布

最早的农业发生在距今一万年前后的新石器时代，西亚出现小麦的种植和稍晚的苏美尔文明。苏美尔语在语词和形态方面和阿尔泰语、汉藏语接近，和亚非语系的阿卡德语差异较大，可能彼时有过一个苏美尔语系，影响到东亚地区的语言和印欧语。苏美尔文明可能是古埃及文明的主要源头。

新石器时代早期东亚地区的语言分布情况为：

① 黄河以北地区分布着早期的阿尔泰语，早期的汉藏语在黄淮流域得以发展。

② 闽、粤、台地区分布着早期的南岛语。稍后分布至日本列岛南部至朝鲜半岛、辽东半岛等北方地区。

③ 长江中游、云贵川地区分布着早期南亚语。

5000 年前，汉语分布于黄淮平原、山西和山东等地，藏缅语分布于西部和陕甘地区，侗台语分布于长江下游北岸，苗瑶语分布于长江中游北岸。南岛语分布于东南沿海，并进入台湾。南亚语分布于长江中游南岸和云贵山区。阿尔泰语分布在辽东。

苏美尔语和亚非语系的阿卡德语分布在两河流域，达罗毗荼语系语言分布于南亚，印欧语分布在伏尔加河流域、乌拉尔地区。

（1）汉藏语的传播和分布

新石器时代早期黄淮流域的文明以贾湖文化为代表，与之相近的是稍晚的裴李岗文化、磁山文化等。裴李岗文化北至安阳，南达淮河以北地区，西到洛阳以东，东抵开封地区。再稍晚是距今 6000 年的仰韶文化和山东的大汶口文化，以及 5000 年前的山东龙山文化。

汉语和侗台语中分别有相当数量的南岛语对应词，苗瑶语中有南亚语的对应词，藏缅语中有相当数量的印欧语对应词。这些是今天的汉藏语诸分支语言基本词差异甚大的主要原因，也是汉藏诸语在不同底层语言的基础上扩张的证明。

鼎，可以认为是早期汉藏文化的象征。贾湖最初的釜发展为三足的鼎，数千年中鼎成为源于中原的汉藏文明的标志，为商周两代最重要的礼器。长江中游地区的大溪文化中，常见的陶器有釜、支座、鼎、碗、钵等。早期的河姆渡文化的陶器中，釜类和支架、罐最多。晚期阶段釜和鼎的数量最多。同一时期东北地区的辽宁兴隆洼、新乐下层、小珠山下层文化中最初的炊器都是筒形罐。

带支架鼎最早出现在距今八九千年前的河南舞阳，鼎、鬲等三足器的传播史为：

带支架鼎、三足鼎：河南舞阳（距今八九千年）。

三足鼎、三足罐、三足釜：甘肃、陕西、河北、山东（距今七八千年），湖北、江苏、浙江（距今五六千年），江西、广东（距今四五千年）。

鬲（三足中空）：陕西、甘肃、晋南（距今四千多年），豫西、豫中（距今三千多年）。

鬶（三足，偏口）：河南安阳，山东历城，江苏徐州、连云港（距今约四千年），浙江（约四千年前），辽东半岛（约四千年前）。

西北地区的马家窑文化以及后来的齐家文化的遗址中没有报道说发现鼎，其彩陶文化有承自仰韶文化的因素。大溪文化和屈家岭文化的遗址中可以找到仰韶文化风格的彩陶，本地风格的彩绘图案也有依仰韶的图案作一定的变动。

（2）阿尔泰语的传播和分布

末次冰期结束之后前阿尔泰语主体形成于今内蒙古地区。

辽西敖汉地区的考古背景为8000年前的兴隆洼文化及相承的五六千年前的红山文化，红山文化与中原文化关系较密切。这一时期的阿尔泰语主要分布在黄河以北的东部和中部地区。目前学术界主流派的意见是阿尔泰语系包括突厥、蒙古和满-通古斯三个语族。朝鲜语或可归入满-通古斯语族，日语为独立的语言。①

印欧语对阿尔泰语的影响是显而易见的。

（3）南岛语的传播和分布

早期的南岛语可能源于8000年前的两广地区，沿海向北方迁移。台湾地区新石器时代早期的大垒坑文化距今五六千年，跟福建闽侯县石山下层文化类似，5000多年前来自大陆。3000多年前南岛语分布于日本列岛、朝鲜半岛、山东半岛、东南沿海和中南半岛以及湖南、江西和云南，南方的南岛语向中南半岛和太平洋岛屿迁移。今南岛语系分为泰雅-赛夏、邹-卑南、马来-他加洛和美拉-密克罗尼西亚四个语族。

（4）南亚语的传播和分布

早期的南亚语可能源于华南和南亚的山区，今南亚语仍保留某些巴布亚非南岛语系语言和达罗毗荼语的特点。新石器时代早期南亚语分布在湘鄂地区的西部和长江中游流域，商代开始南下，春秋时分布于云南。南亚语通常区分为孟-高棉、蒙达和尼科巴三个语族。最近的数千年中南亚语系的语言和南岛语有较多的交流，一些语词有对应关系。

汉代的铜鼓和其他伴随的古滇西文明的特征，出现于越南北部地区，与之相应的是孟-高棉语族的语言代替了中南半岛的南岛语。

（四）原始文化和语词的表达

早期居民的观念及其表达的方式与今天的不同，为"原始文化"的表现。

1. 早期居民的观念及其表达

东亚、东南亚原住民把"太阳"叫作"白天的眼睛"，"月亮"叫作"夜晚的眼睛"，是将天拟人化，来自对天的崇拜观念。

———————————

① 日语大约是绳纹中晚期传入的阿尔泰语方言演变来的，有古阿尔泰语的形态特点，日语有阿伊努语的底层，并受古南岛语的影响。

（1）"太阳"叫作"白天的眼睛"

"白天的眼睛"的说法主要分布在南岛语和汉藏语中有南岛语底层的侗台语。

① 侗台语

壮语武鸣话 taŋ¹ŋon² < *ta-ŋan（眼睛-白天）。[1]

② 南岛语

阿美语 tʃiɬal，邵语 tiɬað < *til-ʔal（眼睛-白天）。

沙阿鲁阿语 taɬiaria < *tali-ʔariʔa，卡那卡那富语 taniaru < *tali-ʔaru（眼睛-白天）。

马都拉语 mata ari，印尼语 mata hari < *mata-ʔari（眼睛-白天）。

马达加斯加语 mase-aⁿɖru < *mate-ʔadu（眼睛-白天）。[2]

南岛语"太阳"的主要词源可以分为五组或更多组，其中"白天的眼睛"代指"太阳"，语素"白天"应是早期的"太阳"。如阿美语、邵语、马绍尔语等语素 *ʔal < *ʔala，即"太阳、白天"。"太阳"夏威夷语 lā，毛利语 rā < *la。"白天"贡诺语 allo < *ʔalo。

③ 南亚语

布朗语甘塘话 ŋai³³ŋi⁵¹（眼睛-白天）。越南语 mat⁸jəːi²（眼睛-白天）。

④ 藏缅语

梅梯语 nu-mit < *ni-mik（白天-眼睛）。

那加语马林方言（Maring）tā-mik，帕当方言（Phadang）di-mit（白天-眼睛）。

那加语夸依令方言（Kwoireng）ni-mit，加布依方言（Kabui）nāi-hmik < *ni-mik（白天-眼睛）。

⑤ 印欧语

梵语 dinakaraḥ < *dina-kara-q（白天-眼睛）。

古教堂斯拉夫语 sluhuce < *slu-quke，字面意思"天-眼睛"。"眼睛"俄语、波兰语 oko，波兰语 utsho。"天"古教堂斯拉夫语 slunice < *slu-nike（俄语、捷克语"太阳"）。

⑥ 印第安语

"太阳"墨西哥那瓦特尔语（Nahuatl）tonatiuh < *tona-ti-uh（眼睛-白天）。"白天"tonalli < *tona-tli，"眼球"ixtetl < *ʔiqte-tl。

---

[1] 南岛语系沙外语"白天"ŋen-ŋan < *ŋen-ŋan。
[2] 参见笔者《南岛语分类研究》，商务印书馆 2009 年版。

至少两万年以前东亚南部出现这一类说法。这一类比喻说法包含来自更早时期关于太阳的说法。"白天"原本就是指"太阳","白天的眼睛"这一类说法是后来才有的。"太阳"叫做"白天的眼睛"的说法可能晚于将"太阳"看作"火""火焰"的说法。

（2）"天"和"云"的词源关系

① 汉藏语

"天"达让僜语 tɯm^{55} < *tum。"云"缅文 tim^2。

"天"缅文 mo^3 < *mu。"云"拉祜语 mo^{31}。

"天"壮语龙州话 fa^4，德宏傣语 fa^4，黎语 fa^3 < *b^{w}a-ʔ。"云"水语、西双版纳傣语 fa^3 < *p^{w}a-ʔ。

② 南岛语

"天"嫩戈内语 awe < *ʔab^{w}e，梅柯澳语 ufa < *ʔu-b^{w}a。

"云"印尼语、米南卡保语 awan，萨萨克语 awun < *ʔab^{w}an。

③ 印欧语

"云"拉丁语 nebula，古斯拉夫语 nebo、nebes-，希腊语 nephos、nephele，威尔士语 niwl。希腊语 mynnepho < *mu-nebo。"天"梵语 nabhas-。

2. 亚欧大陆"神""鬼""灵魂"的词源关系

史前居民普遍有崇拜天、太阳、火和祖先等的原始信仰。亚欧大陆不同语系语言"天、太阳、火"，"鬼、神、灵魂"等词的词根分别交叉对应。

（1）"神""鬼""灵魂"说法及相关的对应

不同语言"神""鬼""灵魂"的说法往往有词源关系，又可对应于"雷""太阳"等。

① "雷"赫哲语 agdi，鄂伦春语 agdu，鄂温克语 addı < *ʔagudi。

"神"古英语 god，古挪威语 guð < *gud。"鬼"粟特语 tʃẽte < *kete。

"神"乌尔都语 khuda < *guda，粟特语 yzdān（复数）< *igdan。

"神"吐火罗语 ŋkat、ŋakate < *na-kate。

"神"格鲁吉亚语 ɣvtaɛba < *g^{w}ta-eba。

② "灵魂"藏文 bla，独龙语 pɯ^{31}lɑ^{53}，阿侬语 phɯ^{31}lɑ^{31} < *pula。

"魂"苗语养蒿话 ɭu^2，先进话 pli^2，复员话 vlo^A < *b^{w}lo。

"神、鬼"莽语 bli^{51} < *bli。"神"卡西语 blei < *bli。

"灵魂"古英语 sawol，古撒克逊语 seola，哥特语 saiwala < *se-b^{w}ola。

③ "灵魂" 排湾语 avak，鲁凯语 abakə < *ʔa-bʷak。"鬼" 日语 obake < *ʔo-bake。

"神、造物主" 俄语 bog，"神" 波兰语 bog < *bog。

"鬼" 格鲁吉亚语 mɔtʃvɛneba < *mokʷe-neba。

④ "神" 满文 enduri，锡伯语、赫哲语 əndurj < *ʔe-duri。

"雷" 卑南语 dəruŋ < *duruŋ。"打雷" 桑塔利语 haḍar huḍur < *qadar-qudar。

"雷" 古挪威语 þorr，荷兰语 donder，波斯语 tundar < *to-der。

⑤ "太阳" 土家语 lau²¹（tshi²¹）< *lo。

"太阳" 拉丁语、西班牙语、瑞典语、丹麦语 sol，意大利语 sole < *sole。

"神" 藏文 lha，墨脱门巴语 ła < *s-la。"灵魂" 哈尼语绿春话 su⁵⁵la⁵⁵。

"灵魂" 古弗里斯语 sele，古挪威语 sala < *sela。"灵魂、鬼" 格鲁吉亚语 suli。

亚非语系 "神" 腓尼基语 'el-，阿卡德语 il-，阿拉伯语 'ilah- < *ʔila-。

⑥ "太阳" 卡那西语（Kanashi）dupe < *dupe。"白天" 拉祜语 tɑ⁵³vɑ⁵³ < *tabʷa。

"太阳" 阿伊努语 tʃhup < *thup。"太阳" 尼科巴语 tavuːøi < *tabu-ʔi。

"神" 梵语 deva。"白天" divasa，diva < *dibʷa。

"恶神" 古波斯语 daiva-，梵语 deva-，古教堂斯拉夫语 deivai < *debʷa-。

"神" 拉丁语 deus，希腊语 theos。"宙斯神" 希腊语 zeus < *debʷu-s。

⑦ "天" 图瓦语 deːdis < *dedis。

"白天" 拉丁语 dies < *de-s，阿尔巴尼亚语 ditë < *deto。

《黎俱吠陀》"创世女神" 古梵语 aditi。

⑧ 汉语 "魄" *prag。"灵魂" 满文 fajaŋga < *paraga。

"神" 西部裕固语 buhrɢan，东部裕固语 bɑlkən。鄂伦春语 bʊrkan < *burka-n。

"神" 亚美尼亚语 kʊrkh < *kurg。

（2）"鬼""病""烧" 说法的词源关系

古人认为病是鬼作祟，萨满、巫师跳神作法驱鬼。

澳大利亚土著和中南半岛部落的巫师都相信有精灵，借助精灵为人治病。中南半岛部落的巫师作法程序和东亚的神汉、巫婆类似，他们的先民来自东亚大陆。

东亚语言中 "病、痛" 的说法往往和 "鬼、神" 的说法有词源关系。

① 汉语"魃"*bʷat《说文》："旱鬼也。""鬼"黎语通什话 vot⁷ < *ʔbʷot。

"鬼魂"满文 butʃeli < *bute-li。"鬼"桑塔利语 bhut，布兴语 bɤt < *but。

"痛、病"蒙古语 ɷbdə- < *ʔobdə，清代蒙文 ebettʃin- < *ʔobeti-n。

南亚语"鬼"桑塔利语 bhut，布兴语 bɤt < *but。

南岛语"病"马京达瑙语 bəti < *beti，西部斐济语 baða < *bada。"痛"乌玛语 *peda-ʔ。

*bʷat > *gʷat：

南岛语"鬼"马达加斯加语 angaʈa < *ʔagata。

"痛、有病"印尼语、他加洛语、阿卡拉农语 sakit，亚齐语 saket < *sa-kit。

"发烧"东部斐济语 katakata < *kata。

*bʷit > *dit：

汉语"疾"*s-dit > *dzjit，《说文》："病也"。

② "神、鬼"壮语武鸣话 faːŋ²，水语、毛南语 maːŋ¹ < *ʔ-bʷaŋ。

"鬼"勉语湘江话 mjən³，大坪话 mjɛn³ < *ʔ-beŋ。

"痛"苗语养蒿话 moŋ¹，勉语湘江话 muŋ¹ < *ʔbuŋ。

3. 亚欧语言"农作物"和"年"说法的词源关系

东亚及太平洋语言的"种子""收获""年"说法与"薯"的说法有对应关系。亚欧语言"播种、种子、麦子、稻"和"年"的说法有对应关系。

（1）东亚及太平洋语言"薯"和"年"说法的对应

南方块茎植物的采集大约早于谷物的种植。有的语言以"薯（芋头或山药）"名为"年"。"薯、年"如南岛语系的塔纳语 nup、夸梅拉语 nuk、帕玛语 auh、三威治港语 na-ⁿdʼam，当初以某一作物名一季为"年"。"年"梅柯澳语 ʔinip，又指每年一次开花的植物。

① "薯"卡乌龙语 eni < *ʔe-ni。

"种子"他加洛语 āni，梅柯澳语 ani < *ʔa-ni，阿卡拉农语 ānih < *ʔa-niq。

"收获"他加洛语、卡林厄语 āni。

"年"义都珞巴语 i nu < *ʔi-nu，缅文 hnɑs < *snos，古汉语 *nin。

"稻"日语 ine < *ʔine。

"年"意大利语 anno，葡萄牙语 ano，拉丁语 annus < *ano。

② "薯"他加洛语、依斯那格 ūbi，印尼语、沙玛语 ubi，爪哇语 uwi < *ʔu-bi。

"收获"布鲁语（Buru）bobi-k。

"年"壮语、傣语 pi¹，水语 ᵐbe¹，仫佬语 mε¹ < *ʔbe，布兴语、克木语 pi < *pi。

"种子"印尼语 bənih，爪哇语 winih，沙玛语 binihiʔ，卑南语 biniʔ < *bin-iq。

"种子"泰语 phan²，黎语 fan¹，拉基语 pjɔ⁴³ < *pən。

（2）亚欧语言"播种、种子、麦子、稻"和"年"说法的对应

亚洲的栽培稻可能的起源地有中国南方、泰国和印度。[①] 印度恒河流域马哈嘎拉（Mahagara）8000 多年前的遗址中发现稻谷的印痕，有人认为是栽培稻，也有人认为是野生稻的变异。湖南道县发现距今 1 万年的稻，贾湖的栽培稻距今八九千年，栽培稻可能的起源地为中国。

中东的约旦河谷有距今 1 万年前栽培大麦和小麦的遗存。

麦子源于中东遍及欧亚，稻子源于东亚遍及欧亚，亚欧语言有关种子、粮食作物和播种的说法有许多对应关系。

① 汉语"播"*pʷar-s。《说文》："种也，一曰布也。""大麦"嘉戎语 wə rjɐk < *bʷəra-k。

"播"朝鲜语 ppuri- < *spuri。

南岛语"播种"爪哇语 ɲabar < *na-bar。印尼语 tabur < *-buri，锡加语 buri。

"种子"阿尔巴尼亚语 farë < *bʷaro。"年"赫梯语 wiz < *bʷir。

"种子"赫梯语 warwalan < *bʷar-bʷalan，阿尔巴尼亚语 farë < *bʷaro。

"种子"粟特语 βize < *bʷire。"播种、栽种"和阗塞语 pärān < *pʷara-。

"大麦"拉丁语 far，古挪威语 barr，古英语 bærlic < *bar-。

"种子"希腊语 sporos。"播种"希腊语 speiro，西班牙语 sembrar。

芬兰–乌戈尔语系"种子"匈牙利语、芬兰语 sperma。

② "水稻、糯米"藏文 fibras < *mbras。

"年"马那姆语（南岛语）barasi，瓜依沃语 farisi < *bari-si。

"种子"希腊语 sporos。"播种"希腊语 speiro，西班牙语 sembrar。

"稻子"古波斯语 brizi，梵语 vrihi-s < *bʷris。

"年"梵语 varʃa < *bʷarsa，俄语 vozrast < *bʷoras-，赫梯语 wiz < *bʷir。

---

① 参见 *Biologists Trace Back Genetic Origins of Rice Domenstication*, Science Daily, June 12, 2006。

"年"泰米尔语 varusam，曼达语 varasā < *bʷarasa，当借自梵语。

　　跨语系的词源关系有的是后来语言接触带来的，有的来自以前古语系的语言。东亚及太平洋语言和印欧语上述的对应，与新石器时代早期开始的农业文明的交流有直接关系。

第二章　语言和语词的历史

一、语言的分化和演变

（一）语言的分化和语言的发生学关系

历史语言学所谓的原始语，分化前也是古代普通的语言，多属于早一时期的古语系，适逢其时发展为广为分布的新语系。

语言发生学分类的理论建立在亲属语或方言来自母语分化的假设上，实际上语系总是包含着在其他语言基础上发展起来的亲属语或方言。流行的比较研究为了证明假设的合理性，总是尽量收集那些有利于自己观点的材料，忽视那些不利的材料。

一种语言的不断分化则形成一个语系，两种或数种语言经历上万年的交叉影响，可产生多个语系。今天的语系大抵为新石器早期开始分化的语言演变而来。人类自早期智人以来可能有数次语系交替的历史。

1. 语言分化的两种基本方式

印欧语、汉藏语以及其他语系语言的情况说明，历史上的语言分化有两种最普通的方式：

① 语言分处两处，随着人群的迁徙和时间的推移成为不同的方言或语言；

② 语言转用，以其他语言为底层产生新方言或语言。

语言转用中习得的第二语言可能是完整的，也可能因母语干扰不能完整习得。我们观察到，习得的第二语言通常或多或少受母语或母方言的影响。

语言的传播和分化是在各自内部系统约束中的变化。印欧语系不同支系语言发生学关系的研究中，人们强调有关语音演变普遍性意义的规律，如格里姆定律等关于日耳曼语和其他语言塞音的对应。早在 19 世纪上半叶，为了解释梵语中辅音的屈折变化，印欧语研究者波特（Pott）就提出底层成分（substratum）的设想。①

---

① *Handbook of Comparative and Historical Indo-European Language*, edited by Jared Klein, Brian Joseph, and Matthias Fritz, Berlin/Boston: Walter de Gruyter GmbH, 2017, p.9.

汉藏语不同支系语言之间，一方面是不同来历的词很多，另一方面，亲属语之间的语词借用和不同时期演变的结果重叠在一起，不区分历史层次的比较容易产生误会。

2. 交际语

（1）交际语的形成

不同语言分布的地区通常需要一种语言作为沟通的语言。部落联盟时代，部落之间通语是必不可少的。通语可能以某一种部落语为基础形成交际语。不同语言的居民在使用交际语时，往往以自己的口音改变交际语为不同风格的地区性"普通话"。

现代分支众多的语言，它们的祖语大抵是古代不同部落的"普通话"，如古拉丁语原本不过是拉丁部族的语言，随着罗马人的昌盛而在地中海地区广为使用，其中的通俗拉丁语分化为今天拉丁语族不同的语言。早期的交际语在不同地区被改造，以缓慢的或跳跃式的形式向外传播。

清初八旗入京，最靠近城市中心的是满洲八旗，然后是蒙古八旗，最外层为汉军八旗。汉人、回民不能居城内，只能住在外城。当时内城可能通行东北话，外城以明代的北京官话为通语，官场的汉人讲的是明代的官话。后来汉军八旗子弟学习城外通语，城外百姓模仿八旗子弟口音，满人官员学习汉人官员的官话，汉人官员也模仿满人官员的汉语，于是从清代开始，北京本地话带有满人汉语的特点，北京官话带有河北话的特点。至今，北京话声韵调的结构与河北话相近，但四个声调的读法与东北官话接近，不同于河北话。现代汉语书面语文读和白读分别对应于中原的官话、南京话和河北话，是明、清代两朝外地知识分子在京口音的延续。

满语也对北京话的语音和词汇有所影响。如北京话"哈喇"可能来自满语 har（刺鼻），"胳肢"来自满语 gejihesembi（胳肢窝搔痒），"挺"来自满语 ten（很），"磨叽"来自满语 monji（揉），"颠"来自满语 deyembi（跑），"温得呼"来自满语 wenjehun（温热）。

历史上因宗教、行政、教育和商业等诸项活动的存在，在方言分歧的情况下，总是需要一种交际语作为一定范围内的通语，通语也往往成为书面语的基础。

今天的北京有三种主要的社团方言：京韵普通话、不带京韵的普通话和北京的土语。不带京韵的普通话不带儿化韵，来自对京韵普通话的模仿。外地官场和知识界也使用这种普通话，并成为北派书面语的基础。

（2）交际语的特点

交际语在形成的过程中语音、语法容易简化，词汇更容易受其他语言或方言的影响。将英语、汉语与它们的亲属语比较，可以看出它们的语音和形态都是在传播中变得比较简单，藏语、土耳其语、朝鲜语、蒙古语也是如此。

南岛语基本词或词根的分歧情况可以说明南岛部落原本使用着相当不同的语言或方言。台湾南岛语的差异恰好说明是未能在全岛通行一种部落联盟交际语的结果。

混合语性质的交际语通常为某一人群的母语所改造，这是混合语很少保留下来的原因。

用口语表达的书面语通常是更大范围的交际语，语词混杂的程度超出单纯一地的交际语。自西周开始，汉语就有两类不同风格的书面语，即接近口语的白话文书面语和差别较大的正式场合的书面语，周代的铭文就有这种分别。春秋战国时代正式场合的书面语和白话文书面语又为后世所继承。

从商周到明清，大体上是权力中心所在地的转移带来权威方言的交替，一段时间以后有白话书面语流派的变化或交替，在其交替的过程中相互影响。

（二）语音的历史演变

1. 语音的演变

（1）语音要素的历史演变

汉语"阿"是中古歌韵字，如今为称谓前缀读 a，北京话"阿胶"中读 ɤ 韵，和"饿、鹅、俄"等字一样，而"我"读 uo 韵。"我"读 uo 韵和河北一些地方话一样，是白读，"饿、鹅、俄"等读 ɤ 韵是文读，"阿"读 a 是语音演变的残余。

歌部字上古到中古经历了 ar → ai → a 的演变，温州话中保留着底层方言 ai 的读法，是汉代读音在南方方言的遗存。温州话"饿"ŋai⁶（< *ŋars），"蛾"mai²（< *ŋʷar）。"阿"读 a 韵，"阿胶"中读 u，"阿弥陀佛"中的"阿"读 o，文白异读。

亲属语同源词对应关系的解释建立在由最相近的方言或亲属语语音和形态比较的基础上，是跨语系词根对应关系比较的基础。

（2）语音系统的历史演变

约制语音变化的规律和语音不同层次的结构有密切关系。"一种语言主要关心的是保持它的语音格局，而不是个别的声音本身。"①语音的变化服从于系统的约束，其结构受简要原则和充分原则的制约。一方面要求表达尽量简单，另一方面又要求识别的充分。语言接触中系统趋向简化，相对封闭中趋向复杂化。

语音系统不同层次功能互补，如元音系统较为简单的语言，其辅音系统通常较为复杂，或以复辅音的形式增加音节的区分。日语词的音节数较多，弥补了音节较为简单的不足。而单音节词根为主的语言，如汉语、苗瑶语和侗台语，发展了音节的声调，简化音节的声母和韵母。古藏语有繁复的复辅音，没有音节声调。现代藏语拉萨话是有音节声调的语言，声母和韵母大为简化。

言语中语音的同化、异化等造成音位的合并（对立的中和）或分裂，并可进一步引起语音系统的逐渐调整。辅音系统的调整受音系结构聚合和组合的约束，结果常常出现整个系列辅音的变化，出现一个新的系列或一个系列的缺席。元音系统的调整可能引起元音的链移或出现复合元音。

语音要素的变化遵照"语音规律无例外"的原则，如果有例外，一定是另外的规律在起作用。萨丕尔（Sapir）说，语音系统"都是一个慢慢变化着的结构，由看不见的、不以人意志为转移的沿流模铸着"。"一种语言主要关心的是保持它的语音格局，而不是个别的声音本身。"②

2. 元音的链移

著名的"英语元音大转移"（the English great vowel shift）是指中世纪英语元音的演变。在 pine、gees、bead、name、gote、goos、doun 七词中分别有长元音 /iː eː ɛː aː ɔː oː uː/。后来 iː 成为 ai，eː 成为 iː，ɛː 成为 eː，aː 成为 ɛː；ɔː 成为 oː，oː 成为 uː，uː 成为 au。这两个演变的系列可以解释为是元音"推链"的例子，也可以解释为是"拉链"。英语的元音大转移大约从 1500 年开始，经历了 250 年才完成。

汉语元音的历史演变有如此推测。西周、春秋书面语鱼部字的元音通常拟为 *a（变体为 *ɑ），战国和西汉时期因部分鱼部字元音高化，有的鱼部与侯部、屋部字押韵。如《荀子·荣辱》"怒""躯"押韵。到了隋唐时代，鱼部字"夫斧父甫无武雨虞羽於宇"等和侯部字"付府符取趋须需朱株诛蛛雏数喻愈遇寓"等组成合口三等虞韵（麌、遇韵）。从古汉语到现代，"无""乌"等字音中元音的演变为：

---

① 萨丕尔:《语言论》，商务印书馆 1985 年版，第 154 页。
② 同上，第 180 页。

上古中期 ɑ → 上古晚期和中古 o → 现代北京话 u。

西周作品幽部字的元音通常拟为 *u，春秋战国时期中古三等的幽、之部字谐声和押韵方面关系密切。有的字音中出现 *u > *əu。谐声的情况如幽部字"求" *gju，之部字"裘" *gjə。到了隋唐时代，"求球述浮蜉丑手周舟秋愁搜修羞受授寿秀诱莸酋酒由袖"等和之部字构成开口三等的尤韵（有、宥韵）。"求""手"等字音中的元音演变为现代北京话 əu。

古汉语到现代，书面语后元音的链移为：ɑ > o > u > əu。

3. 语音的重建

一定时期语音系统的构拟，就是对这时期语音以及后来演变的解释。十九世纪施莱赫尔（Schleicher）提出语言谱系理论，他创造了构拟的方法。构拟或叫作重建（reconstruction），是用来解释亲属语或方言之间同源词的分歧形式所采用的办法。

（1）比较和构拟

内部构拟（internal reconstruction）的方法针对语言在某一阶段语音结构上的特点，如结构上的互补和空格，拟测前一阶段的结构。同时，以"形态结构中的过去的语音变化留下的痕迹"为对象，"用来构拟单一语言的较早时期的特点"。[①]

梅祖麟先生在《内部拟构汉语三例》一文中的说明是合适的。他说："内部拟构在资料方面设了两个限制。第一，只限于一种语言，不涉及其他亲属语。第二，在这个语言也只是限于某个阶段的共时资料，这个阶段可古可今，但是不能用两个或两个以上阶段的资料作为推论的出发点。"[②]

试比较古汉语几组谐声字的读法：

"卯" *mru，"贸" *mru-s。"聊" *ru < *m-ru 耳鸣也，"柳" *m-ru-ʔ 聚也。

"命" *mreŋ-s，"令" *rjeŋs < *m-rjeŋ-s。

"缪" *m-kju-s > *mjus，"膠" *kru < *m-kru 黏物。

"迩" *nir-ʔ 近也，"弥" *mir < *m-nir。

"聊""令"等中古以来不以唇鼻音为声母，谐声关系说明它们的古音原本带 *m-。从词根和意义的关系分析，大约在上古早期它们以 *m- 为前缀，表示自动。

---

① R.L.Trask, *Historical Linguistics*, Edward Arnold Publishers Limited，外语教学与研究出版社 2000 年版。
② 梅祖麟：《内部拟构汉语三例》，《中国语文》1988 年第 3 期。

（2）语音系统的构拟

方言或亲属语语音的简化部分，通常会有所不同，这也是我们比较中重建的有利因素。一种语言保存的古借词可以说明借出语言早期的语词面貌。相隔甚远的不同语言中，来自某一语言的借词更是能够提供这个词当初的信息，包括词根和形态成分的形式。

亲属语语音对应的比较可针对有共同来历的语词寻回丢失的信息，但不能颠倒因果关系，把后来才有的语音、形态现象提前到早期的系统中来。非亲属语有共同来历的语词包含着传播时期的词根或词干的特点，但不能把甲语言的语音、形态特点归于乙语言。针对某一语言阶段的语音和形态结构的特点，我们可应用内部构拟法推测丢失的早一阶段的语音和形态的特点，不同阶段的特点不能混为一谈。

（3）互补和空格

语音要素的互补是指：有共同的来历的语音 A 和 B 中的 B 总是以 C 的出现为条件，那么 A 和 B 是互补关系。如果语音 A 的出现总是以语音 C 的出现为条件，我们就可以推测它可能与另一个不以 C 的出现为条件的音有共同的来历。

音系结构中的空格和结构成分互补的研究在汉藏语的研究中得到较多的运用。从《切韵》音系看，中古群母为三等，和匣母有一、二、四等互补。跟《切韵》音系比较接近的吴方言和闽方言的读音中，匣母诸等仍有读如群母的字音。[①]从南北朝时代的反切和上古谐声看，群、匣应有共同的来历，即古汉语的 *g-。

从汉藏语的比较和对它们的历史的追溯中我们可以看到，语言的系统总是处于旧结构的瓦解和新结构的发展与完善的过程中，迄今为止我们还没有发现一种音系结构完全对称、形态和句法形式单一的语言。

布拉格学派的继承者马丁内（A. Martinet）提出："在相关系统中，音位系列（series）和音位序列（order）的交叉点上可能有一个音位而实际上没有，这就出现一个空格（slot），这个空格又叫空位。空位在音位演变中最有吸引力，能促使同系列和同序列的音位衍生出新的、填补空白的音位。"[②]

（三）形态的历史演变

1. 形态的构成

词由词根（root）或词干（stem）和形态成分构成。形态变化指词内部的变

---

① 李荣：《从现代方言论古群母有一二四等》，载《切韵存稿》，商务印书馆 2014 年版。
② 刘润清编著：《西方语言学流派》，外语教学和研究出版社 1995 年版，第 131 页。

化，即词根或词干上的变化。一个单纯词未经形态变化前的形式为词根，除去附加成分仍含有某种形态形式的称为词干。以形态变化的方式构成新词，称为派生（derivation）。汉语诸方言以声调区别意义，声调的变化可派生新词。

黏着形态的词可以包含不止一个语素，黏附在词上的可以是成音节或不成音节的前缀、后缀或中缀。屈折形态的一个词中语素的分界已消失，词根的形式较难区分。

形态是构成词的规则，句法是构成句子的规则。以历时的眼光看，形态、词法和句法的表达范畴往往互相转移。每一时代的语法范畴是历史演变的结果。如古印欧语较少使用人称代词，人称范畴的意义往往体现在动词的屈折变化中。人称代词的反身形式，在日耳曼语中是后起的。

形态和句法的演变包括范畴和形式两个方面的变化。当范畴发生变化的时候，新、旧的表达往往共存，没有一种语言只有单一的形态形式。"昨天的句法是今天的词法"，"昨天的构词成分则可演变为今天的形态成分"。

2. 形态的类型

不同历史时期推广的形态形式共存于语言中，尚未发现单一形态形式的语言。古英语是屈折型的语言，但仍包含着一些黏着形态的构词形式。汉语是分析型的语言，仍有一些屈折形态和黏着形态的变化形式。

萨丕尔说："语言的历史研究已经无疑地证明，语言不但是逐渐地改变，也是一贯地改变着的；它不自觉地从一种类型变向另一种类型，在世界上相隔很远的地区可以看到类似的趋势。"[1]

历史上的某一形态形式终止之后，往往为其他形式所取代，后来语言中通常仅仅保留它们的残存形式。恰恰是这些形态的残存形式可能揭示语言的发生学关系。

商周以来汉语的形态是逐渐演变的，其类型从黏着为主演变为分析为主。因形态变化的帮助，古汉语的意义表达是严密的。随着形态的简化，构词法和句法予以补充，这两个方面可以从两汉到唐宋的语法演变中看到。

历史上语言接触较为密切的时候，形态容易简化，如中古以来英语形态的简化，分布在海南岛南岛语系占语支的回辉语也是如此。

---

[1]　萨丕尔：《语言论》，第108—109页。

3. 形态范畴和形式的历史变化

古汉语名词、代词和数词较少有形态变化，动词有相对复杂的形态变化。藏语与古汉语比较，两者在语法范畴的构成上有较大的不同，词根和某些形态成分仍有一定的对应关系。大约一千年中藏语的变化比较大，从一种有较多黏着形式的语言成为拉萨话那样用音节声调区分意义分析形态为主的语言。

如汉语的中缀 *-r- 有使动和使名词成为动词，表示突出、分开等功能。如：

"分" *pʷjən，"颁" *p-r-an。（表使动）

"躬" *kʷəm > *kʷoŋ，"隆" *kʷ-r-əm > *proŋ > *roŋ。（表示突出）

"名" *mjeŋ，"命" *m-r-eŋ-s。（名词成为动词）

"行" *gaŋ 义为 "道路"，*graŋ（< *g-r-aŋ）动词，义为 "行走"。（名词成为动词）

词形的历史演变包括词根和形态成分的语音变化，两者的变化通常不一致。形态成分的变化受类推的支配。当形态附加成分不再活跃，和词根结合成为词干，新的形态成分又会再次附加于词干上，原先的形态成分就和词根结合参与语音演变。

不同历史时期形成的形态形式通常共存于一种语言中，较少有单一类型形式的语言。现代汉语诸方言是分析型语言，仍使用黏着和屈折方式的手段。如名词有前、后缀，声调的变化可用来区别动词和形容词等。

4. 语言的接触和形态的历史变化

十九世纪的印欧语研究者发现，印欧语不同分支之间的一些分歧不能用原有的语言分化理论来解释。如：

① 日耳曼语和斯拉夫语分别属于印欧语的西部语群和东部语群，但它们有不同于其他印欧语名词中 "以 m 代替 bh 的格尾形式"；

② 希腊语和印度–伊朗语也分别属于印欧语的西部语群和东部语群，它们 "被动态以 r 为词尾" 的特点，不同于其他印欧语。[①]

印欧语分化之后分布于相邻地区时可相互影响。又如中古英语在借用法语词的同时，并把法语的一些构词成分也在英语中推广开来，如法语的后缀 -age，-able，-ess，-ment，-ance 等成为英语的构词成分。

---

① 布龙菲尔德：《语言论》，袁家骅、赵世开、甘世福译，1980 年商务印书馆出版，第 396 页。

（四）语词的意义

语言包含语音、语法和语词三个相对独立的系统。语音为形式。语词指定的语义属于概念，言语中语词的意义包括语境相关的联想意义。

1. 认知和语词的意义

人类基本认知策略之一是，将动态、连续的客观事物区分为离散的个体，如人有"头手足"，树有"干枝叶"。区分事物方式不同，概念的构成有别。古代中原人的颜色区分为"赤橙黄绿青蓝紫"，现代北方方言中"青"的语义范畴为"蓝""绿""黑"所区分。

基本认知策略之二是两分法，以两项对立区分事物。如"好坏""大小""真假""快慢"等等。或在两分的基础上再有多项的对立，如"不好不坏"有别于"好坏"。关于空间的相对位置，有简单的"上下""左右"和"前后"的分别，以及"内外""边缘和中心"等等。动词以某一方为参照，有"推拉""进出""来去"等。否定是典型的两分法分类。名词和代词有单数和复数的不同，有的语言中增加一项表示双数的标记。

因人群感知的角度不同，事物的区分也有所不同，语词构成上的理据有别。印欧语和阿尔泰语通常有不同词类的标记。现代的汉藏语较少采用这一类标记，倾向于用标记表达主观意识，名词与量词相配合，动词附带表示说话人的态度（如自主和非自主，主动和非主动，亲见和非亲见等）。

不同人群生活的环境不同，语言描述的对象不同。居于水滨的人群，对水和水的使用有更多的描述。《说文》："洗，洒足也。""浴，洒身也。""澡，洒手也。""沫，洒面也。""沐，濯发也。""浣，濯衣垢也。"古汉语的"洒"现代不再用来表示"洗"了，成为"灑"的简化字。

藏文"湖"mtsho，"海"rgja mtsho（大-湖）。藏缅语"海"的不同表述往往是后起的，这说明使用者居住地离海很远，原本没有"海"的概念。南岛语中的一些说法有共同来源，如"海、海水"夏威夷语 kǎi，汤加语 tahi，吉尔波特语 tari < *tari。

关于味觉，汉藏语系语言通常有"酸甜苦辣"的区分。有的语言中，"苦辣酸"是一个词，如土耳其语 atʃi、维吾尔语 ɑtʃtʃiq。有的语言中，"盐苦辣"是一个词，如南岛语系的菲拉梅勒语 mmara。

语词可在另一个概念范畴中引申表示其他的概念和意义。如表示"太阳"的词通常引申指"日子、白天"。"月"先是用来表示"月亮"，也用来指"月份"。

比喻以联想的方式产生语词，构成概念的投射。如表示空间关系的词可构成时间的词，如"上午、中午、下午""前半晌、后半晌"等。表示人体部位的词可构成"山头、山脊、山腰、山脚"等表示"山"的地理位置，许多语言都是如此。

2. 词义的引申和变化

一些语言中，"草"可指"毛"，"水"可指今天所说的"江、河"，"土"和"地"或用一个词来表示。一些语言中，"眼睛、脸"原本用一个词表示，后来用两个词表示。不同的亲属语或方言这两个词可能有意义上的交叉对应。

意义引申的结果可以用原本表示不同事物的词来指另外一个事物，如"红色"的说法主要来自"血"，也引申指"恐惧的"。"苦的"是"胆"的说法的引申，"胆"往往又与"肝"有词源关系，结果是"肝"和"苦的"说法不同语言有对应关系。

从印欧语和突厥语中可以看到，"火"可引申为"生火处""炉子"等，又可进一步引申指"房子""帐篷""家"等。基本词越早有，意义引申越远，引申的意义越是分歧，甚至原有词义的词丢失，仅留下引申义的词。

比喻和意义的引申，可以用来表示新的概念，也可以是原有表达的别名。把身体部位的区分投射到自然事物的区分，如"山顶""山腰"和"山脚"，"水头""水尾"等等。

词根及其派生形式可组成相对封闭的语词组，如"火、太阳、烧、热"等的说法，"舌头、牙齿、吃、说"等的说法，"肩、背、胸"等的说法可分别构成不同的对应。

① 汉藏语词根 *du 或 *tu 义为"火、灶、烧、熏、热"等对应于其他语系语言"火、太阳、烧、热"等义的词。

"火"彝语巍山话 $a^{55}to^{33}$，傈僳语 $a^{55}to^{55}$ < *ʔa-tu。"火"苗语养蒿话 tu^4（柴、火），布努语 ka^1tu^4，勉语 tou^4 < *du-ʔ。"灶"哈尼语 $ø^{31}du^{31}$。"热"义都珞巴语 $tɯ^{55}$。"烟、熏"藏文 du。"烧"侗语、水语 $ta:u^3$ < *tuʔ。

南岛语"太阳"赛德克语 hido < *sido。"白天"布拉安语（Blaan）du，马达加斯加语 anɖˈu < *ʔa-du。"烟"巴厘语 andus，依斯那格语 atuʔ < *ʔa-dus。"火"梅柯澳语西部方言 ido < *ʔido。"烧"汤加语、拉巴努伊语 tutu，巴拉望语 tutuŋ < *tutu。

阿尔泰语"火"古突厥语、维吾尔语 ot，土耳其语 od < *ʔod。"热"日语

atsɫi < *ʔatu-ʔi。"中午"蒙古语 ʉd，达斡尔语 ude，东乡语 udu。

印欧语"篝火"古高地德语 eit。"白天"阿尔巴尼亚语 ditë < *de-to。"热的"古英语 hat，古弗里斯语 het，古挪威语 heitr，哥特语 heito < *qeto。"神"意大利语 dio、iddio < *ido，希腊语 theos < *do-s。

② 汉藏语词根 *pak 义为"肩"对应于其他语系语言"肩、臂、手指、五"等义的词。

"肩"嘉戎语 rpɑk < *r-pak。汉语"髆"*pak《说文》："肩甲也。"

南岛语"肩"摩尔波格语 baga，卡林阿语 bagaʔ，马那姆语（Manam）bage < *baga。"背"赛德克语 bukui < *buko-ʔi，贡诺语 boko < *boko。

印欧语"肩、臂"古英语 bog，古高地德语 buog（指骨）< *bog。"手指"古英语 fingor，古撒克逊语 fingar，哥特语 figgrs < *pʷinga-r。"五"拉丁语 quinque，法语 cinq，亚美尼亚语 hing < *pʷingʷ。

跨语系的词根对应除了和历史上语言接触中词的传播有关，还和诸语系语言底层词的历史有关，语词的历史可超出今天诸语系语言形成的历史。

二、语词传播的特点

（一）语言的传播和语词的扩散

1. 人类的活动和语言的传播

早期人群的迁徙或语言的接触从某地向外传播的语词，比起较晚从该地向外传播的语词，通常传播得更远，分布更广，语音和表达的意义更为分歧，形态变化的差异也更大。

数万年旧石器时代，各大洲的人群大体上稳定在一定区域，形成种群的差异。那个时代，人烟稀少，人口流动大，一个语系语言的分布更广。人群的迁徙造成不同语系的语言交叉分布，语言的接触造成语词的波浪式传递。

传统历史语言学所谓的原始语，原本也是普通的语言，来自早一时期古语系的语言，适逢其时发展为语系。今诸语系语言分布于世之前，还有多次语系交替的历史。亚洲、欧洲、美洲和非洲旧石器时代晚期的古语系可能在末次冰期期间因人群大规模的迁徙而瓦解，澳大利亚的古语系由于语言的反复交叉影响而瓦解。

新石器时代早期开始，随着农业的发展、人群定居，语言在一定地区传播，形成不同的新语系。

新石器时代的语言传播经历氏族、部落和部落联盟的社会。无论是母系或父系社会，定居点内必有通行的语言，也必定不是单一语言或方言的社会。母系氏族家庭接纳外来的男子，外来的语词容易带进家庭。父系部落社会，人群规模较大，不同氏族的方言或语言有接触。语言、方言则和族群的分布有密切关系。

部落社会的语言传播和部落占有的地域有密切关系。希腊和美洲印第安人的每一个部落都有自己的地域和自己的方言。印第安人的一个部落通常不超过两千人，部落中如果出现不同方言，是部落兼并的结果，而且相近方言的部落总是相邻的。[①] 后来的部落联盟必定以某一语言为交际的基础。[②] 古代的部落交际语应是不同部落之间交流的主要语言，并可能成为一些人群的母语，原有语言的底层得以保留。

部落社会的联盟后来演变为城邦联盟，每一城邦内部又有类似今天城市内部不同人群不同语言或方言的交流，以及城乡之间的交流。

亲属语分离已久，又受其他不同语言影响，差异越来越大。一些强势语言吞并其他语言的时候，便有较大范围的不同底层。如汉语、藏语和蒙古语，方言之间的差别和底层语言有密切关系。亚洲、欧洲和非洲同根词例如：

（1）"太阳"*la 和 "火"*lo 引申 "烧、烤、热的"

① "太阳" 土家语 lau^{21}（tshi^{21}）< *lo。夏威夷语 lā，毛利语 rā < *la。

尼日尔-科尔多凡语系 "太阳" 祖鲁语、科萨语 ilanga < *-la-ŋa。

科伊桑语系 "太阳" 科洪语 ‖ân < *ʔlʔa-n，三达维语 ‖'akasu < *ʔlʔa-。

② "热的" 基诺语 ɬo^{44}，哈尼语绿春话 lɔ^{55} < *lo。

南岛语系 "火" 梅柯澳语东部方言 lo < *lo。

尼日尔-科尔多凡语系 "火" 祖鲁语、科萨语 umlilo < *-lilo。

科伊桑语系 "烤" 科洪语 ‖âo- < *ʔla-。

（2）"火、太阳"*deb^w 语音演变意义引申 "灰烬、烧"*deg^{w}e

① "白天" 拉祜语 tɑ^{53}vɑ^{53} < *tab^{w}a。"炉子" 藏文 thab < *dab。

南岛语系 "太阳" 排湾语 qadav，卑南语 kadaw < *qa-dab^w。

"白天" 梵语 divasa，diva < *dib^{w}a。波兰语 doba < *doba。

亚非语系 "太阳" 阿拉伯语 aftab < *ʔap^w-tab。

尼日尔-科尔多凡语系 "炉子" 祖鲁语 isitofu < *-topu。

---

① 路易斯·亨利·摩尔根：《古代社会》，商务印书馆 1964 年版，第 102、107 页。
② 同上，第 122 页。

② 汉语"爝"*dog 庭燎。"烧火"壮语武鸣话 tuk⁷ < *tuk。

"火"古爱尔兰语 daig。"燃烧、烧热"梵语 dahati，立陶宛语 degù。

亚非语系乍得语族"灰烬"豪萨语 toka < *toka。

科伊桑语系"火"哈扎语 ᵑʔòko-wà < *ʔndoko-。

通常派生词和引申义的词要晚于表示本义词根的传播。"太阳"*la 和"火"*debʷ 可能是原本出自非洲语言的词根。

2. 语词传播的不同途径

区域性的传播，如华南和南太平洋岛屿有关"女人"的说法：

① 南亚语"女人"佤语马散话（ʔa）pon、艾帅话 būn，德昂语（ʔi）bʌn < *bun。

② 南岛语"女人"巴拉望语、摩尔波格语、布拉安语 libun < *li-bun。

③ 新爱尔兰岛非南岛语系语言"女人"库欧特语 makabun < *maka-bun（女人–女人）。

狗早在 1 万多年前被驯服，为射猎民族所倚重。狗的通名在印欧语和阿尔泰语中比较多样化，藏缅语以外的汉藏语中通名较少，跟早期阿尔泰人和印欧人以半农半牧为主有关。藏缅语马、狗的说法较复杂，多跟印欧语的说法对应，也跟早期藏缅人以半农半牧为主有关。马和羊的通名在汉藏语中较单一，这可能跟早期汉藏人以农业为主有关。

突厥语族的语言和蒙古语族的语言"铁"有共同的词源，满-通古斯语和朝鲜语有另外的词源。汉藏语和南亚语"铁"有不同说法。

① "铁"土耳其语、哈萨克语 demir，维吾尔语 tømyr，撒拉语 dimur < *demur。

蒙古语 tømər，东部裕固语 temər，土族语 tumər < *temər。

② "铁"满文 sele，锡伯语 səl，赫哲语 sələ，鄂伦春语 ʃelə，鄂温克语 ʃəl < *sele。中古朝鲜语 sø，朝鲜语铁山话 sswɛ < *slegʷe。

③ "铁"藏文 ltçags < *l-sjeks。错那门巴语 lek⁵³，博嘎尔珞巴语 çak < *slek。壮语龙州话 lik⁷，西双版纳傣语 lek⁷ < *slek。佤语孟贡话 lɛk，德昂语茶叶箐话 lɛ̥k⁵⁵ < *slek。

汉语"铁"古音 *qlit > *hlit > *thiet，《说文》："黑金也，古文铁从夷。"读为 *hlit 时用以"失"声符的"铁"来表示。"失"*sljit > *hljit，《说文》："纵也。"

"铁"临高语 het⁷，仫佬语 khɣət⁷，毛南语 chit⁷，来自古侗台语 *hlit。与上古末期汉语的说法相近，应是那个时代的借词。

①"铜"土耳其语 bakir，塔塔尔语 baqər，西部裕固语 bɑhɡər < *baɡir。达斡尔语 geːgin（红铜），鄂伦春语 gijin < *gerin。中古朝鲜语 kuri < *guri。分别有词源关系。

②"黄铜"西部裕固语 Gulɑ，东部裕固语 Goːlo，哈萨克语 qolɑ < *gula。蒙古语 guel，达斡尔语 gɑulj，蒙古语布里亚特方言 guːliŋ < *guli-ŋ。"剑"西部裕固语 Gələş < *gələs。

"铜"匈牙利语 garas，芬兰语 kupari，分别来自亚洲和欧洲的语言。

"铜"在东亚的出现是在距今四千多年前，"铁"的普及要晚两千年。这样我们可以推测更早时期一些词的传播也是受地理环境的限制。

语言的传播比人群外观基因的传播快，语词的传播比语言的传播快。相邻的语言互相交换语词，相隔遥远的语言可以有对应的词根。

3. 汉藏语的南北词源

汉藏语发生于黄淮流域，处于早一时期南北语言交错地带，有着来历不同的语词。语系扩展，更是带来南北语言的语词。当时的词源已南北混杂，今天看来仍可区分为北方和南方两类。

（1）太阳、白天

北方：汉语"昼"*tjus《说文》："日之出入。"

"白天"拉丁语 dies，葡萄牙语 dia < *des，阿尔巴尼亚语 ditë < *de-to。

"神"意大利语 dio、iddio < *ido，希腊语 theos < *dos。

南方："太阳"藏文 ɲi（ma），缅文 ne[2]，卢舍依语 ni < *ni。汉语"日"*njit。南岛语"火"哈拉朱乌语 nɛ < *ne。"火、火焰"巽他语 sini < *si-ni。

"太阳、热"卡林阿语 īnit。"神"马绍尔语 anitʃ < *ʔanit。

（2）月亮

北方："月亮"加龙语 polo，塔金语 polu，博嘎尔珞巴语 poŋ lo < *polo。

"月亮"阿昌语 phǎ³¹lɔʔ³¹，哈尼语 ba³³la³³ < *balo。

"圆"希腊语 bole。"圆的"阿尔巴尼亚语 plotë < *plo-。

南方："月亮"侗语北部方言 ljan¹，标语 phyːn¹，黎语 ɲaːn¹ < *ʔ-bla-n。

"月亮"印尼语、爪哇语、萨萨克语 bulan < *bula-n。

（3）雾、烟

北方：汉语"雾"*mog。"雾"藏文 smog < *s-mog。

"云"梵语 megha < *mega。"烟"威尔士语 mwg，亚美尼亚语 mux < *muk。

南方："烟灰"毛南语 vuk[7]，水语 wuk[7] < *ʔ-buk。

南岛语"烟"巴拉望语 buk < *buk，摩尔波格语 tabuk < *ta-buk。

（4）指示代词

北方：① "这"藏文 ɦdi，藏语夏河话 ndə < *m-di，普米语兰坪话 di[13] < *di。

"那"藏文 de，阿昌语 the < *de，彝语喜德话 a[33]di[55] < *ʔa-de。

② "这"古英语 Þes，古挪威语 Þessi，荷兰语 deze < *te-si。

"那"俄语、波兰语 to，希腊语、梵语、古教堂斯拉夫语定冠词 to。

南方：① "这"侗语、水语 naːi[6] < *ni-s，壮语龙州话 nai[3]，畲语 ni[3] < *ʔni-ʔ。

② 南岛语"这"夏威夷语 nei < *ne-ʔi，占语 ni < *ni。

南亚语"这"蒙达语 ne < *ne，桑塔利语 nie < *ni-ʔa。

南岛语"那"汤加语 na，查莫罗语 enao < *ʔe-na-o。

南亚语"那"蒙达语 ena < *ʔena，桑塔利语 ona < *ʔona。

（二）底层语言和底层语言的影响

1. 语言转用和底层的保留

群体的语言转用是在一种语言的基础上习得另一种语言的过程，分别跟目标语的语音、词汇和语法三个系统的转换有关。不完善习得的情况下，原来语言的特点会在新学的语言中得以出现。以其他语言为底层的语言的转用可立即产生新方言或语言。

人们放弃原来的语言，被放弃的语言称为底层语言，保存下来的原本属于被放弃语言（或方言）的成分称为底层成分（substratum）。

藏缅语不同支系语言是在不同底层的基础上传播开来的，同一支系的语言往往有较为一致的说法，侗台语族和苗瑶语族不同支系之间也是这种情况。

古代部落之间的交际语成为一些人群新的语言的时候，往往只是基本上被接受，原有语言或方言的底层得以保留。另一种情况是交际语在成为母语之前，本身就是不完整的，对使用者的母语仍有所影响。

2. 底层语言对语言演变的影响

底层语言对目标语的影响涉及语音、语法和词汇等不同方面。亲属语因语音的底子不同而不能同构。

一个地区语言 dz 和 z 对立或不对立多与底层语言的音系有关。东亚北方的语言倾向于对立，南方的语言倾向于不对立，少数对立。隋唐时代的《切韵》从、邪有别，从母为 *dz-，邪母 *z-。今湘、客家诸方言从、邪有别，粤方言从、邪合流。吴方言的苏州、无锡和上海也都是合流的，读作 z-。

语言结构的演变是语言内部的事，但在外部的影响下，系统结构的某些支撑点的变化可能引起整个系统的变化。

3. 底层语言和语言的区域性特征

相邻语言的共同特征，有的是共同或相似的底层形成的，成为语言的区域性特征。新石器中期和晚期，汉藏语分布在黄河中下游和长江中下游，一些相近的语言是它们共同的底层。汉语、缅语、侗台语、苗瑶语有相同的四个声调的结构模式，大约与早期发生学关系基础上的平行演变、相互接触和相似的底层有关。

汉藏语和南岛语、南岛语和南亚语的词根分别有对应关系，形态方面有相近的特点。阿尔泰语、印欧语和芬兰-乌戈尔语的同根对应词较多，语音和形态也有一些共同的特点。印欧语系、芬兰-乌戈尔语系、阿尔泰语系的语言表现出北亚和欧洲语言的区域性特征。

古印欧语在西传的过程中为其他欧洲的部落所采用，原来分布在欧洲的语言，如高加索语系的语言和巴斯克语等，可成为印欧语的底层。印欧语不同支系语言的许多基本词来源不同，如不同支系"人""男人""女人"等说法，人称代词、"火"的说法往往不同，可分别区分为数个不同的词源，可以看出印欧语诸支系是在不同语言的基础上形成的。

（三）词源关系

汉藏语和其他语系语言的词源关系表现为词根对应。汉藏语的单音节词有的可能来自复音词，可区分为复音词根 CVlV（CVrV）> ClV（CrV）和 CVCV > CVC 两种情况。CVC 的语词在汉藏语和其他语系的语言中也有后加一个元音成为双音节词的情况。汉藏语和其他语系的语言中都有缀加成音节的前缀和后缀的情况。

语词意义的引申在不同语言之间有着对应关系，如"火、太阳、烧、热"，"云、烟、雾"，"舌头、牙齿、吃、说"，"肩、背、胸、乳房"等的说法。共同词根的语音对应和语义联系可说明其词源关系。从词源关系说，词根词总是比派生词先出现，词的本义总比引申义先出现。

相隔遥远的语言的某些词有一致性，它们中间的语言却没有这些词，可以推测，这是早期词汇扩散的结果。从亚欧地区不同语言之间语词的对应情况看，在今一些语系分别领有自己的范围之前，一些原本和它们有密切关系的语言已消亡。

1. 亚欧语言人称代词的传播

（1）词根"我、我们"*ŋʷa

"我"藏文、马加尔语 ŋa，缅文 ŋaa² < *ŋa。

汉语"我"*ŋa-r-ʔ 殷商为第一人称复数形式，*-r 为复数后缀。

南岛语"我"马绍尔语 ŋa，卡乌龙语 ŋo < *ŋa。

南亚语"我"卡西语（Khasi）ŋā < *ŋa。

澳大利亚土著语言"我"新南威尔士州 ŋa、ŋana、ŋata，维多利亚州 ŋaiu，中部和南部语言 ŋai，昆士兰州 ŋaia。

尼日尔–科尔多凡语系祖鲁语第一人称单数的前缀为 ŋi-，第一人称单数为 mina < *mi-na。

*ŋʷa > *gʷa：

"我"俄语、波兰语 ja < *ga。拉丁语、希腊语 ego，丹麦语 jeg < *egʷe。"我"古英语 ic，古挪威语 ek，哥特语 ik，赫梯语 uk < *egʷ。

匈牙利语"我"ego（名词性）。"我"爱斯基摩语 uwaŋa < *ʔugaŋa。

（2）词根"你、你们"*ni

"你"道孚语 n̠i，土家语 n̠i³⁵，那加语索布窝马方言（Sopvoma）ni < *ni。

汉语"尔"*ni-r，殷商为第二人称单、复数形式，西周开始指单数。

印第安语"你"西部阿帕齐语 ni < *ni。

达罗毗荼语系"你"泰米尔语 nin、nir、nun，卡纳利语（Canarese）、马来阿兰语（Malayalan）nin、ni，泰卢固语（Telugu）nin。

澳大利亚土著语言"你"维多利亚州（Victoria）土著语言 nin、ninan，中部和南部土著语言 nini、nia，西部土著语言 nini、niya，昆士兰州土著语言 nino、nayon。"你们"阿瓦巴卡尔语（Awabakal）nur。

尼罗–撒哈拉语系"你"卡努里语（Kanuri）ni。

尼日尔–科尔多凡语系"你们"祖鲁语 nina，科萨语 inye，斯瓦希里语 ninyi。

*ni > *ni-r：

汉语"尔"*ni-r，殷商为第二人称单、复数形式，西周开始指单数，*-r 为复数后缀。

"你们"朝鲜书面语 nəhɯi，洪城话 nəɣɯi，庆州话 nəji < *nə-ri。

"你们"阿尔巴尼亚语 njeriu < *ne-ru。

达罗毗荼语系"你"泰米尔语 nir。

澳大利亚土著语言"你们"阿瓦巴卡尔语（Awabakal）nur。

（3）词根"我、我们"*mi

"我"那加语南桑亚方言（Namsangia）mi < *mi。"我们"塔米语 ai m < *ʔi-mi。

"我"（动词人称后缀）梵语、斯拉夫语、希腊语 -mi。"我"（宾格）古英语 me，古弗里斯语 mi < *mi-。[1] 古高地德语 mir < *mi-r。"我"（宾格）古教堂斯拉夫语、拉丁语、希腊语 me。

芬兰语"我"minä（主格、宾格）< *mi-na，"我的"minun，"我们"me。"我们"爱沙尼亚语 meie、me，（宾格）meid、meile、meie，（所有格）meie、oma。

尼日尔-科尔多凡语系"我"祖鲁语 mina，斯瓦希里语 mimi < *mi-na。

*mi > *mi-n：

"我"维吾尔语 mɛn，哈萨克语、图瓦语 mɛn < *min。

"我"苏米尔语 men。

尼日尔-科尔多凡语系"我"祖鲁语 mina < *mi-na。

*mi > *bi：

"我"蒙古语 biː，满文、锡伯语、赫哲语 bi，鄂温克语、鄂伦春语 biː < *bi。

"我"古突厥语、土耳其语 ben < *ben。

（4）词根"你、你们、那"*na

"你"独龙语 nɑ⁵³，加洛语 nā < *na。墨脱门巴语 nan < *na-n。

"你"博多语、朗龙语 nɑŋ，马加尔语 naŋ，景颇语 naŋ³³，载瓦语 naŋ³¹ < *naŋ。

"你"嘉戎语 no，加龙语 no，义都珞巴语 n̪o³⁵ < *no。

汉语"汝"*nja-ʔ，"乃"*nə-ʔ，"戎"*no-ŋ。《诗经·大雅·烝民》："缵戎祖考，王躬是保。"

"你们"白语剑川话 nɑ⁵⁵，毕苏语 noŋ³³。

南岛语"那"汤加语 na，查莫罗语 enao < *ʔe-na-o。

---

[1] "我"（宾格）哥特语、古挪威语 mik，赫梯语 ammuk，*-k 为宾格后缀。

南亚语"那"蒙达语 ena < *ʔena，桑塔利语 ona < *ʔona。

汉藏语主要的第一人称和第二人称代词对应于非洲尼日尔-科尔多凡语系的祖鲁语的说法。东亚和非洲之间后来第一人称代词 *na、*ni 和 *tu 广为传播。

根据 Y 基因的分类和分布的研究，认为澳大利亚原住民、巴布亚人和达罗毗荼人在 6 万年前从非洲来到东南亚和澳大利亚。[①] 上述两类人称代词皆见于澳大利亚。

2. 亚欧语言"云""烟""雾""天"等的词源关系

（1）汉藏语的对应

汉语"云" *gʷjən。"烟"壮语武鸣话 hon²，水语 kwan² < *gʷon。"烟"错那门巴语 me³⁵kun⁵⁵ < *me-kun（火–烟）。"云"勉语双龙话 xwan⁵ < *khʷon-s。

汉语"雾" *mog。"雾"藏文 smog，缅文 mo³。"云"墨脱门巴语 muk pa，傈僳语 mu̱³³ku⁵⁵。"云、雾"博嘎尔珞巴语 doŋ muk < *do-muk。"雾"德宏傣语 mɔk⁹ < *ʔ-mok。"天"独龙语 muʔ⁵⁵ < *muk。

"云、雾"羌语 udəm < *ʔu-dem。"云"缅文 tim² < *tim，嘉戎语 zdɛm < *s-dem，加龙语 doːme < *dome。"天"达让僜语 tuum⁵⁵ < *tum。

（2）印欧语的对应

"云"拉丁语 nebula，古斯拉夫语 nebo、nebes-，希腊语 nephos、nephele，威尔士语 niwl。"雾"梵语 nábhs，德语 nebel，拉丁语 nebula，希腊语 nephélē。"天"梵语 nabhas-。

"云"梵语 megha。"烟"威尔士语 mwg，亚美尼亚语 mux < *muk。英语 smoke，荷兰语 smook，德语 schmauch < *sk-muk。

"云"俄语 tjma，"雾"tuman。"烟"梵语 dhumah，古教堂斯拉夫语 dymu，古波斯语 dumis，立陶宛语 dumai。

印欧语和汉藏语三个词源的分布主要是不同来历的语言带来的。汉藏语"云、雾" *mog 一类的说法和印欧语的对应是早期的人群迁徙带来的，藏缅语"云、雾" *dem 一类的说法和印欧语的对应是后来印欧人的东迁带来的。

"天"藏文 gnam，墨脱门巴语 ŋam < *g-nam。对应于"天"梵语 nabhas-。如"沉"藏文 dim，错那门巴语 tim < *dim。"沉"乌尔都语 dubana < *duba-。

汉语、壮语"云、烟" *gʷon 一类的说法可能来自 *bʷon，印欧语"天、上

---

① 王传超、李辉：《从 Y 染色体解释东亚人群的历史》，*Investigative Genetics*，2013，4(1):11。

面、高"的词根 *bʷon 是早期亚洲人西迁带去的。如：

"天"泰语 bon², 壮语武鸣话 buun¹ < *ʔbon。

"云"勉语罗香话 bwən⁵, 东山话 hwan⁵ < *ʔbʷan。

"云"印尼语、米南卡保语 awan, 萨萨克语 awun < *ʔabʷan。

"天"古英语 heofon, 古挪威语 himmin < *qebʷon。

三、语词的历史

（一）语词的保存和替换

1. 语词的保存

语词沿用的过程中，其语音、语义和形态形式难免发生变化。古汉语到现代汉语北京话词形和词义变化的情况如：

"文"*mʷər > *mʷjən 纹身的花纹 > 现代汉语 wən² "文章"，"纹"指"纹饰"。[①]

"房"*bʷjaŋ《说文》："室在旁也。"（侧面的卧室）> 现代汉语 faŋ² "房子"。

"晴"*sdjeŋ > *dzjeŋ《说文》："雨而夜除星见也。"> 现代汉语 tʃhiŋ² "天晴"。

"豆"*dʷo-s《说文》："古食肉器也。"> 现代汉语 təu⁵ "植物名"。

"烛"*tjok《说文》："庭燎。"> 现代汉语 tsuo² "照明物"。

汉语"河"*gal, 本为"黄河"的专名，是早期汉语使用者借用当地阿尔泰语"河"的说法。对应于汉语"河"*gal 的阿尔泰语词原本是通名。"河"蒙古语 gol, 东部裕固语、西部裕固语 Gol, 维吾尔语 køl, 土耳其语 kol（支流），撒拉语 gol（湖）< *gol。

二十世纪中期有人受放射性碳考古断代法的启发，发明语言年代学（glottochronology）又称为词汇统计学（lexicostatistics）。这种计算方言或亲属语分离年代的方法对于一个语词的构成和来历复杂、同源词意义表达常有分歧、古词保存形式多样的语系来说没有什么意义。

2. 语词的替换

（1）实词的替换

数千年来，汉语经历了不少新、旧词交替的过程。"太阳"这个词原本只是书面语中"日"的别称。汉代之后，"太阳"在方言中逐渐代替了"日"。

---

① 《考工记》："画缋之事，青与赤谓之文，赤与白谓之章。"到了汉代，"文章"指文艺作品。

"狗"古称"犬"，战国时才有"狗"字出现，类似的说法指幼兽，如小马叫"驹"。

《说文》："草，草斗，栎实也。"这是指"橡实"。指"野草"，见于《诗经·郑风·野有蔓草》。"芥"指"草"见于《左传》。《方言》（卷三）："苏、芥，草也。江淮南楚之间曰苏，自关而西或曰草或曰芥，南楚江湘之间谓之莽。""野草"叫做"草"起于关西。"苏"*sŋa，可能来自藏缅语。"草"如道孚语 rŋə rŋa。"苏"即"荏"，"紫苏"今南北农家仍种植。"苏"指"草"，可能是专名转为通名。

"盾"古称"干"，战国时代称为"盾"。

殷商甲骨文"埶"*ŋjat-s，义为种植，后写作"藝（艺）"。《诗经·小雅·楚茨》："自昔何为？我艺黍稷。"春秋时"藝"引申指才艺，如《论语·子罕》："吾不试，故艺。"

"植"本指插门用的直木，后引申指种植。

"種"《说文》："埶也。"动词"種"为"重"的派生词。

"船"古称"舟"，战国中期以后"船"已用来指"舟"，两汉时同。

"坟"原指地的鼓起，战国末期西部方言指"墓"。

语词也会因没有表达的需要而废弃。语言的原有词与表示相同意义的借词、底层词并存。过了一段时间，可能废弃其中的某些同义词，或同义词的意义发生变化而并存。

（2）虚词和语法成分的变化和替换

殷商卜辞的否定副词："不"用于陈述语气，对已然或尚未发生的否定。"弗"用于非陈述语气，表示不会，不可能。"毋""非"用于非陈述语气，表示不会。"非"在卜辞中可与"唯"对举表示强调的语气。"勿""弜"仍用于非陈述语气，表示不应该，不要。

西周的否定副词：承卜辞"弗"用于非陈述语气，新的否定副词"未"用于陈述语气。"不"可以用于陈述语气和非陈述语气。

自上古至近现代，汉语书面语句子中标记成分的替换变化如：

句末表已然标记："矣"→"已"→"了"。

正反选择问句"动词短语＋否定词"中的句末否定："不"→"否"→"无"。

陈述语气否定词："不"→"未"→"没"。

非陈述语气否定词："弗"→"不"。

禁止语气否词："勿""毋"→"莫"→"休"→"别"。

北京本地话否定（谓语动词的）副词"不没别"的用法如："不用""没用""别用"。"无用""无能"，为复合词。

"个（箇）"西汉时已为量词，为指示词始见于南北朝后期。唐代之后"个"在南方方言中可成为名物化后缀、形容词和副词后缀等，是早一时期指示代词"个"的进一步语法化。如：

《祖堂集》（卷四）："好个人家男女，有什摩罪过？点污他作什摩！"（形容词后缀）

《祖堂集》（卷六）："魁帅云：传个什摩心？师曰：佛心。"（名物化后缀）

《祖堂集》（卷十六）："师云：我早个相见了也。"（副词后缀）

南宋《张协状元》："肥个我不嫌，精个我最忺。""学个张状元似像。"

"肥个""个"形容词标记。"学个张状元"，"个"是来自量词的名词前缀。

3. 借词的特点

借词（loan word）通常是根据另一种语言或方言的说法为自己增加的说法。词的"借用"容易被人们误会的是"借"的含义，这是一种"隐喻"，是指具有可与"物件"借用比拟的关系，实际上是语言符号形式上的模仿。"物件"的借用并不改变物件的外在形式，词的借用就不同。

当一个词借入另一种语言，就需要服从该语言的语音、形态和语义的特点。

借词一旦进入了一种语言或方言，就用该语言或方言的语音来表示。贷方词的某个音借入方不具备时，借入方以相近的音来表示。不同历史时期的借词可以根据借入方和贷出方历史上的读法来区分。梵语的"糖"和"糖果"借入其他语言的说法如：[1]

	梵语	波斯语	英语	阿拉伯语
糖	ʃakara	ʃakar	sugar	sukkar
糖果	khaṇḍa	qand	candy	qandi

中古汉语的方言的入声音节通常带 -p、-t 和 -k 韵尾，而日语的音节没有这样的韵尾，于是日语中的入声汉语借词在词末增加一个元音。日语吴音来自公元五六世纪的汉语南方方言（古闽方言），这一时代的汉借词如"脚"kaku、

---

① *Handbook of Comparative and Historical Indo-European Language*, edited by Jared Klein, Brian Joseph, and Matthias Fritz, Berlin/Boston: Walter de Gruyter GmbH, 2017, p.8.

"斫" syaku、"𢧐" gyaku 等。

借词的语义调整在一定的范围内，避免与自己词汇中原有某词的语义重合。"太阳"这个词在唐时的汉语中只是"日"的别名，大约到了宋代才进入基本词汇。[①] 汉语南方吴方言和湘方言中"太阳"取代了"日""日头"成为核心词的一部分。

借词形态方面的特点是，借入方会把附着于借词上的形态成分作为借词的一部分借过来，或在借词的读法上添上自己的形态标记。

（二）同源词对应的研究

历史语言学区分语词的发生学和非发生学的对应，同源词（cognate, cognate words）是亲属语中来自共同语的词，又译为"同根词"。同源词来自共同语，在各自的语言中经历语音、形态和意义的演变。

"同源词"有不同的历史层次，同一语族或语支有各自的同源词，来自它们各自的共同语，它们不一定来自语系的共同语。共同语时期的演变则称这种变化为亲属语的共同创新。

亲属语之间的借词，借入前参与贷方的语音和形态的演变（包括构词特征的变化），不能参与借方的演变。借入后参与借方的语音和形态的演变，不能参与贷方的演变。参照借方和贷方语音和形态的历史，同源词和借词是可以区分的，亲属语的历史研究是前提。

没有发生学关系的语言之间除了借用，也有巧合的对应。巧合跟系统对应无关，牵强的解释则没有说服力。发生学关系的对应中更重要的是那些看似无关，但实际上是经历了复杂的语音演变和意义的变化所保持的对应关系。

如今仍有两种流行的比较亲属语的方法：一是选取一个语系或语族的三种或四种有代表性语言进行比较，以确定原始共同语的特点；二是罗列许多种认为有亲属关系语言的词进行"大排档式"的比较。这两种方法都忽视了这样的情况，无论是汉藏语还是印欧语，语系、语族和语支不是一次形成的。不同历史时期的演变放到一个平面上，甚至一些较晚才有的借词被选中，以说明语音之间的对应关系。

同源词来自共同语，各自的语言中经历语音、形态和意义的演变。有的对应是显而易见的，有的不易察觉。历史比较把基本工作更多地集中在语音和形态历

---

① 王力：《汉语史稿》（下），中华书局 1980 年版，第 495—496 页。

史演变的研究中。内部构拟成为推测语音和形态历史的必不可少的方法。

（三）跨语系词根的对应

词根及其派生形式可组成有词源关系的词组。如"火、太阳、烧"等的说法，"蛋、圆的、月亮"等的说法，"水、雨、海"等的说法。（详见书末附录）

1. 语音的演变和词根的对应

（1）词干 *bʷala 义"月亮、圆的、蛋、满的"

非洲：卡努里语"圆的"mbol，"月亮"kumbal（*ku-bal）。

欧洲："球"古英语 beal，古挪威语 bollr，古高地德语 ballo（*balo）。

亚洲："月亮"加龙语 polo，塔金语 polu，博嘎尔珞巴语 poŋ lo（*polo）。

"月亮"侗语北部方言 ljan¹，标语 phy:n¹，黎语 ŋa:n¹（*ʔ-bla-n）。

*pʷola > *tola，*bʷala > *dla、*dol：

非洲："满的"斯瓦希里语 tele，"满的"科洪语 ǀʔõla（*ʔtola）。

欧洲："满的"匈牙利语 tele，"满的"格鲁吉亚语 mtɛli（*m-teli）。

亚洲："满的"撒尼彝语 lo¹¹dlæ³³（*lo-dla）。

"蛋"那大语、马京达瑙语、锡加语 təlo，达阿语 tolu（*tolu）。

美洲："圆的"阿巴齐语 dijo:le（*diɬole），那瓦特尔语 tolontitʃ（*tolo-tiq）。

（2）词根 *dʷa 义"水、雨"

非洲：科伊桑语系"下雨"科洪语 ǃáa（*ʔʈa-ʔa）。

欧洲："水"巴斯克语 uda-，"流水、小溪"阿维斯陀经 adu。

亚洲：南岛语"雨"乌玛语 uda，东部斐济语 uða，劳语 uta（*ʔuda）。

"喝"哈尼语 do⁵⁵，喜德彝语 ndo³³ < *ʔdo。

*da > *da-ra、*da-la：

非洲：尼罗-撒哈拉语系"下雨"卡努里语 duro。

欧洲："喝"巴斯克语 edari，"水"梵语 udra-（*udor）。

亚洲："雨"藏文 tɕhar（po）（*djar），"河"哈萨克语 dærija（*dari-ra）。

"海"达斡尔语 dɑlɑi，东部裕固语 dɑli:，鄂伦春语 dalaj < *dalai。

（3）词根 *bʷe 义"斧子、劈"

非洲：尼日尔-科尔多凡语系"斧子"祖鲁语 izembe < *be。

欧洲："劈"格鲁吉亚语 phɔba < *bo-。

亚洲：汉语"斧"*pʷja-ʔ。"劈"日语 waru < *bʷa-ru。

*bʷe > *bʷe-ra、*bra：

非洲：尼日尔-科尔多凡语系"斧子"祖鲁语 imbazo < *-baro。

欧洲："平分的"拉丁语 separatus < *se-para-。

亚洲："分开"格曼僜语 pɹɑ⁵⁵ < *pra。

*bre > *bre-ka，*pora > *pora-k：

欧洲："断"古英语 brecan，哥特语 brikan < *breka-n。古弗里斯语 breka < *breka。

太平洋：南岛语"断"罗维阿纳语 poraka < *porak。

末次冰期期间，西伯利亚人迁徙至美洲，成为后来的印第安人，可推测跟印第安语词根有共同来历的亚欧语词根的历史不少于一万五千年。非洲人在三四万年前到达欧洲，经欧洲传播至印第安语的词根的历史当不少于三四万年。

从东亚和非洲带流音的对应词干看，可能在晚期智人的早期，两地的语词经语词的传播链有所交流，后来的交流反倒少了。

2. 跨语系词根对应的层次

跨大陆跨语系词根（或词干）有不同的层次。

（1）"蛋、月亮、圆的、满的"*bʷa 和"蛋、月亮、圆的、明亮的"*da

"蛋"木雅语 vę³³vɑ⁵³ < *bʷabʷa。"圆的"彝语南华话 vɑ³³ < *bʷe。

南岛语"圆的"那大语 bebe，阿杰语 powe < *bebʷe。

"月亮"塔希提语 ʔavaʔe < *ʔa-bʷa-ʔe。

亚非语系"满的"希伯来语 savea < *sabʷe-a。

尼日尔-科尔多凡语系"满的"斯瓦希里语 -ʃiba < *siba。

*bʷala 义"月亮、圆的、蛋"见于诸大洲语言，为 *bʷa 派生。"蛋"为本义，引申指"满的月亮"，又为月亮的通称。原本表示"残月、新月、暗的"是 *du，也有称为月亮的通称。词干 *bʷa-la 晚于词根 *bʷa，分布更广，始于早期智人的晚期，仍可能出自非洲。

*bʷa > *da：

"圆的"侗语 ton²，毛南语 don² < *don。

科伊桑语系"蛋"三达维语 diʔa。

*da > *da-r：

"月亮"土耳其语方言 jɑrik < *dari-q，朝鲜语 tar < *dar。

南岛语"明亮的"马达加斯加语 ma-dera < *dera。

高加索语系"月亮"格鲁吉亚语 mthvarɛ < *m-dʷare。

49

"蛋、月亮" *dar 后起，传播的范围较小。

（2）"舌头" *leg^w 和 "舔、牙齿、唇" *lep

"舌头" 满文 ileŋgu，锡伯语 iliŋ，赫哲语 iləŋgu < *ʔi-ligi。

"舌头" 拉丁语 lingue < *lig^{w}e。"语言" 斯瓦希里语 lugha。

 *leg^w > *lep：

"舔" 阿昌语 liap^{55}。

"唇" 古英语、古弗里斯语 lippa，丹麦语 læbe < *labe。

尼日尔–科尔多凡语系 "词" 祖鲁语 uhlamvu < *-labu。

*leg^w > *lab 一类词第二辅音的演变在其他一些例子中可以见到，这两个词根应有共同的来历。

（3）"喉、舌头、脖子" *ga 和 "牙齿、嘴、嚼、说" *g^{w}e

这两个词根应有共同的来历。

汉语 "喉" *go。"脖子" 壮语龙州话 ko^2，水语 Go^4 < *go-ʔ。

印第安语 "舌头" 车罗科语 gago < *gago。

苏美尔语 "嘴" ka，"门" ká。

尼日尔–科尔多凡语系 "喉" 斯瓦希里语 koo。

南岛语 "牙齿" 印尼语 gigi，亚齐语 gigəə < *gigi。

"嚼" 古英语 ceawan，中古德语 keuwen < *kek^{w}e-。波斯语 javidan < *gek^{w}i-。

科伊桑语系 "语言、说" 科伊科伊语 gowa-b < *gog^{w}a。

不同历史层次的词根或词干，语音的演变和语义有别。

东亚和欧洲两地的语言对应词根或词干较多，关系的密切程度超出西亚、南亚和东亚语言的关系。东亚、欧洲和非洲的语词对应除了早期人类迁徙带来的，还有相邻地区语言接触，波浪式传播带来的。

我们的语言可能发生于早期智人时期，随着人群的迁徙分布于诸大洲。一般说来，非洲语言中对应词的语音形式比起亚欧语言的对应词差别更大，语词意义引申分歧更大。基本根词随着最初智人的主要支系走出非洲，扩散于其他大洲，经历了各自的演变仍有对应关系。其间，美洲和澳大利亚土著的语言分别来自北亚和南亚，处于相对封闭的状态，其词根和派生形式可与亚洲、欧洲和非洲语言中那些有共同来源的比较，表现出传入美洲和澳大利亚以前的情况。

尼罗–撒哈拉语系的卡努里语（Kanuri）、扎尔马语（Zarma）与非洲其他语系语言的语音和词汇方面有较大的差异，和亚洲南部的一些语言较为接近，可能是后来的人口迁移和语词传播的结果。再后来的亚非语系和达罗毗荼语系的语言，使南方原有的语词传播链发生变化。

单音节词根因派生或衍生成为双音节和三音节的词干，有着跨语系、跨大陆分布的特点。词的派生或衍生，包括以元音为前缀、音节重叠、词根和词干后添加流音 l 和 r 等。早期的单音节词根应该有着最古老的历史。

第三章　汉语的历史和词源

一、汉语的传承

我们暂称夏代之前的汉语为远古汉语，夏和商早期的为早期汉语，此后分为上古、中古、近现代三个时期。

（一）上古汉语

古汉语是商晚期至两汉的汉语口语方言和书面语的统称。书面语如文献所反映的，有流派之别，有接近口语的，也有文言。

1. 商代晚期的汉语

商代卜辞语序较复杂，主语有在句末的，否定句中作为宾语的人称代词，有前置的，也有不前置的。如卜辞中有"商受年"语序，又有"受年商"这样的表达。

否定副词可表达语气，如"不"用于陈述语气，对已然或尚未发生的否定。"弗""毋""非"用于非陈述语气。"非"在卜辞中可与"唯"对举，表示强调的语气。"勿""弜"也用于非陈述语气，表示不应该、不要。

"其"主要作为表示疑问或测度语气的副词，《左传》中仍有这样的用法，当时东部方言口语中可能常见。

2. 西周的汉语

周人姬姓，源于姬水（今陕西武功县黄河的支流渭河的支流），起于岐山（宝鸡东北），为商代方国。公元前 1028 年周人联合庸、蜀、羌、髳、微、卢、濮等小国东征，灭商。周本居于中原之外，称中原为"夏"。

西周时期的西部方言分布于先周旧地，中部方言分布于殷商故土，东部为齐鲁方言。春秋时从中部方言中发展出南部方言。

《诗经》时代的押韵、谐声和假借为当时语音的表现。反映西周时代西部方言特点的《豳风》脂、微分立，《周颂》《行苇》《小雅》等及稍晚的《齐风》《商颂》脂、微混押。东部方言直到春秋时代仍然是脂、微不分。

3. 春秋战国时期的汉语

西周末至春秋，羌人两度攻陷周的京师，周避戎，东迁洛邑。公元前770年至公元前476年为春秋时期，历三个多世纪。

春秋时期不同地区的书面语带有各自方言的特色，黄河流域的汉语可简单地区分为东部、西部和中部三大方言。从《诗经》看诸方言东、冬分立，西部方言脂、微分立。中部方言传播到长江中下游的楚、吴地区，形成楚方言。

战国时期的读书音承春秋时期，地位比较重要的是中部方言和西部方言，楚方言的书面语和读书音有自己的特点。秦统一中国，承西部书面语传统，并对其他地区的书面语有所影响，为西汉所承。

4. 两汉时期的汉语

两汉期间脂和微、真和文、鱼和侯、支和歌押韵。西汉时一些幽部字的读音转入宵部，幽、宵混读。东汉时期歌部的"仪宜移也麾奇皮离丽为"等转入支部。

江淮地区楚音的不同可以从《淮南子》和《新语》等押韵自有特色中可以看出来。

东汉有长安音和洛阳音的不同，《说文》以当时的读书音为标准，区别的方音中有楚、蜀和江南的，包括许慎河南的家乡话。汉末翻译佛经的是西部读书音，韵尾 *-r 未丢失，歌部仍有读作 *ar 的。中部方言 *-r 丢失后歌、鱼相混。

这一时期仍可区分为西部、中部、东部和南部四个方言区。西部地区关内、关外的语音不同。楚方言跟中原地区的方言的差别较大。

（二）中古汉语

南北朝至元明是汉语的中古期。

1. 六朝时期的汉语

魏、西晋和北魏都洛阳，北齐都于邺，北周都于长安。洛阳地区的读书音以当地洛阳官话为基础，承东汉中部方言的读书音。

魏晋南北朝时期人口流动，改变了汉代中原地区东、西方言的格局，也改变了南、北方言的格局。金陵为南方宋齐梁陈四朝之都。数百年间南、北有不同的权威方言，洛阳话承东汉中部地区读书，为读书音的标准。今天的闽方言疑母 *ŋ- 读作 g-，是晋代北方方言传播的结果。

南方历宋齐梁陈四朝，形成继承魏晋洛阳音的带南方口音的读书音，洛阳读书音和金陵读书音并存。魏晋时，侯、幽相近。汉代之部的"尤谋邮否有友右妇富母亩"等魏晋时转入侯部。魏晋南北朝诸韵部的分合和元音结构追溯的情况看来，它与《诗经》时代中部方言脂、微分立的读书音比较接近，它们应是两类基础方言有传承关系的读书音。书面语的演变往往是口语的演变引起的，不同地区的书面语也相互影响。

2. 隋唐和宋代的汉语

隋代洛阳话是权威方言和读书音的标准。初唐以后的长安当有两种主要的读书音：以西北方言为基础的长安读书音和依照《切韵》的读书音。长安的官话是口语的权威方言，科举规定的读书音是南派的，以早一时期编写的《切韵》为标准。

北宋以汴梁（今开封）为政治、经济和文化的中心，汴梁话是权威方言。读书音仍有南、北两大派，南派仍以《切韵》为蓝本。北派以汴洛音为准。

3. 元明时期的汉语

元代周德清《中原音韵》（成书于 1324 年）入派三声，大约以大都音为依据。[①]元大都话是元代的河北官话，来自北宋时期的河北官话。

洪武元年（1368 年）徐达北征，元大都改名为北平府，不久迁都北京。明初的《洪武正韵》以保留入声和全浊音，平声不分阴阳的南方音为依据。1614 年的《字汇》，以长江下游的南方音为标准，后附《韵法直图》和南京上元（江苏江宁）人李世泽的《韵法横图》，仍分平上去入四声，知彻澄娘与照穿床泥合并。

（三）近现代汉语

1. 书面语和方言

明清时期南、北权威方言不同。北方是通行于北方地区的官话，南方是通行于江淮地区的官话。明代朝鲜方面拿北京话作为标准音，至清末传到朝鲜的东北读书音与今东北话相近。

这一时期汉语方言的两个最重要的传播是西南官话覆盖云贵地区，兰银官话覆盖西北地区。粤方言从广东向广西传播，在广西被称为白话。闽南话向台湾和东南亚传播。

明代和清前期，书面语的南方流派占优势。清初，内城可能通行东北话，外城以明代的北京官话为通语，官场的汉人讲明代的官话。

---

① 周德清（1277—1365），高安（今江西高安市）人。

汉语方言界通常把汉语今方言划分为吴、湘、粤、闽、客家、赣和北方七大方言，以北京话中的非京韵普通话为标准。

2. 普通话

北京普通话的源头是明代北方官场的口语，来自元代《中原音韵》系统的官话，跟河北话和江淮官话不同。这情况有点像杭州话，并不来自周边的吴语方言。大约清末以来，北京的官场和知识界使用不带儿化韵的普通话，本地人使用带儿化韵的北京话，前者规定为现代汉语的标准语。

今北京话声韵调的结构与河北话相近，基本的文读和白读分别对应于元代以前的河北话和中原官话。今东北三省的方言中，黑龙江、吉林话的四声读法和北京话相近，是清代 200 多年两地相互影响留下的。天津和靠近天津地区的北京郊区声调的情况有所不同。

（四）汉语的传承和演变

1. 文字

商代象形字字形演变为抽象字形，表意字旁加注声符区别字音，假借字旁加注意符（形符、义符）区别意义，两者为早期形声字。

甲骨文一字可表多个词、表多义，派生词大多数不用另外的字表示，如"受""授"甲骨文 ⤳（甲 3612）。西周以后往往用形声字或另外的写法来区分。

西周和春秋用籀文，不同地区的写法出现较大的分歧。春秋战国时期，为了增加字的区别特征，汉字向着繁复的方向发展，形声字大量增加。不同地区的写法或有别。战国晚期从秦篆中演变出隶书。[1] 秦灭六国，秦篆为正体，隶书为俗体。秦代的隶书原本是俗字，到了汉代成为正体。西汉初年东部地区的读书音为正，通语多与中部方言相同，东汉时以中部的读书音为正。形声字或采用新的声符：

①"躬" $*k^wjəm > *k^wjoŋ$，《说文》："身也。"异体字"躳"，从"宫"省声。[2] 马王堆汉代帛书《六十四卦》中为"躳"。

②"恖"即"窻"，"頟"即"額"。

其他如"灋"简化为"法"，"霸"或省"月"等。

---

① 参见裘锡圭：《文字学概要》，第 67 页。

② "宫"甲骨文 𫲸（甲 573）$*k^wjəm > *k^wjoŋ$，《说文》："室也，躳省声。"

2. 语音的历史和演变

（1）声母系统

李方桂先生构拟的上古单声母系统为：①

p	ph	b	hm	m			
t	th	d	hn	n		l	r
ts	tsh	dz			s		
k	kh	g	hŋ	ŋ	h		
kw	khw	gw	hŋw	ŋw			
ʔw					hw		

复辅音有：②

pr	phr	br	mr	
		brj		
tr	thr	dr	nr	
trj	thrj	drj	nrj	
tsr	tshr	dzr		sr
tsrj	tshrj	dzrj		srj
kr	khr	gr	ŋr	hr
kwr	khwr	gwr	ŋwr	hwr
		gwrj		

根据谐声的情况，我们可假定上古早期的汉语有小舌音声母 *q-、*ɢ- 和喉塞音声母 *ʔ-，西周以后的主要方言中 *q- 通常演变为 *ʔ-，*ɢ- 演变为 *g-。

春秋和战国时期 *Cl- 类复辅音声母有不同演变的方向。如：

*kl- > *t-、*ts-，*khl- > *th-、*tsh-，*gl- > *l-、*dr-，*ql- > *hl-、*th-。

西周以后的清鼻音和清流音应分别来自 *s- 前缀和鼻音、流音结合的复辅音。

我们把西周时期的基本辅音系统假定为：

p	ph	b	m		hm				
t	th	d	n	l	hl	s	z	r	hr
k	kh	g	ŋ			h	ɦ	j	w
q	qh	ɢ							
ʔ									

---

① 李方桂：《上古音研究》，第 21 页。
② 同上，第 86 页。

根据谐声的情况，可以推测古汉语的复辅音声母（*CC-）主要有 *Cl-、*Cr- 和 *sC- 三类。商周时代塞音和 -l- 和 -r- 构成的复辅音是基本复辅音，有：

*pr-、*phr-、*br-，*tr-、*thr-、dr-，*kr-、*khr-、*gr-、*hr-，*qr-、*qhr-、*Gr-；

*pl-、*phl-、*bl-、*kl-、*khl-、*gl-、*Gl-；

*nr-、*mr-、*ŋr-，*ml-、*nl-、*ŋl-。

*s- 构成的复辅音有 *sp-、*sph-、*sb-、*sk-、*skh-、*sg-、*sn-、*sm-、*sŋ-，*sr-、*sl- 等。

*s- 可与塞音复辅音再构成三合复音。

上古早期可能有圆唇塞音声母 p^w、ph^w、b^w、t^w、th^w、d^w、k^w、kh^w、g^w、h^w、q^w（qh^w）、G^w，圆唇鼻音声母 m^w、n^w、$ŋ^w$，及舌尖音以外的圆唇塞音与流音结合的复辅音。

西周时期的清鼻音和清流音为 hm、hr 和 hl，后来又增加了 hn、hŋ。

商周汉语的复辅音声母大抵来自早期汉语首辅音和第二辅音的结合，首辅音相当一部分来自古前缀，也有一些复辅音来自声母和中缀 *-r- 的结合。

（2）元音和韵母

上古汉语的韵，传统上归为部。王力先生以 a e i ə o u 六元音的系统构拟上古汉语的三十韵部，认为冬部是从侵部中分出来的。[①]

目前国内外音韵学界的主流观点是南北朝时期有平上去入四个声调。四声与上古韵尾相关。平声来自上古阴声韵和单纯的鼻音韵尾，上声来自 *-ʔ 韵尾（包括带 *-ʔ 的鼻音韵尾），去声来自 *-s 韵尾（包括带 *-s 的鼻音韵尾），入声来自 *-p、*-t、*-k 韵尾。*-s 韵尾可能在上古末期演变为 *-h。

3. 形态和句法的演变

古汉语注重表达施动者的主观态度，动词有较为复杂的形态变化，名词、代词和数词的形态比较简单。西周和春秋时期动词的主要形态范畴有：使动（致使），自动，主动态和被动态，自主和不自主，完成体和持续体等形态范畴。主动态和被动态对立，不自主和自主对立。没有专门的形态方式区分及物动词和不及物动词。

从谐声、通假、新字的出现等现象中可以看出，古汉语不同形态方式的活跃时期有所不同，春秋以后复辅音简化，一些原本的黏着形态成为屈折形式，或产

---

① 王力：《王力文集》第十卷（汉语语音史），第 39 页。

生新的类推。前缀渐不活跃，后缀比较活跃。

商周时期复合词的构成有通名在前和通名在后两种方式。"公刘""大邑周"这样的称呼仍保留着更早时通名在前的构词特点，"孟津""商郊""牧野"等词通名在后。

并立复合名词和并立复合动词多后出，如"华夏""蛮貊""士女"，"害虐""震动""悦服"等。从秦的《吕氏春秋》与汉代《史记》比较，后者有较多继承前者特点的情况。汉代的一些复合词今天仍在使用，有的已经废弃。

上古早、中期汉语的并列的动词短语，前一个表动作，后一个表结果，到了上古末期成为动补结构。如：

郤至奉豕，寺人孟张夺之，郤至射而杀之。（《左传·成公十七年》）

郤至杀豕奉进，宦者夺之，郤至射杀宦者。（《史记·晋世家》）

尽管一些意见认为汉代它们还不是动补结构，到了六朝时才成为动补结构，[①]但发展的趋势是可以肯定的。

古代汉语只有"V+O"或"V+V+O"。从南北朝开始，V 和 O 之间逐渐出现了一些表态貌或性能的语法成分，如各种补语、用在述补结构中的结构助词以及动态助词。

商周以来汉语的形态从黏着为主演变分析为主。随着形态的简化，构词法和句法变得较为复杂，予以补充。

4. 常用词的变化

（1）词的替代

春秋之后的书面语中先是"首""目""本"分别说成"头""眼""根"。汉代之后"日"说成"太阳"，指河流的"水"替换为"江、河"，"口"多为"嘴"，"足"或为"脚"所替换。

古汉语中"斯"*ski、"此"*skhiʔ、"兹"*skjə、"是"*dji、"时"*djə（> *ʑə）等为近指示代词，"彼"*pral、"之"*tjə 远指示代词。汉代之后书面语中"这、那"替代了古代古汉语的指示代词，"阿堵、底、箇"等反映口语的书面语中也有出现。

"这"《广韵》鱼变切，《玉篇》迎也。"这"唐代为指示词，或写作"遮"，训读 *tʂe⁵，可能来自上古晚期口语的 *tje。

---

① 梅祖麟：《从汉代的"动、杀"、"动、死"来看动补结构的发展——兼论中古时期起词的施受关系的中立化》，《语言学论丛》第 16 辑，商务印书馆 1991 年版。

　　"个（箇）"为量词见于《史记》，为指示词始见于南北朝后期，今多见于南方方言。

　　"底"《说文》下也，原本为方位词。西汉《淮南子·兵略训》"下测至深之底"。"底"为指示词见于唐宋人诗词。

　　"许"为指示代词，见于南北朝时期，见于今吴、闽、粤方言中。

　　"那"《广韵》诺何切，西周时代义"多"。"那"唐代为远指指示代词，音近假借，其词当来自方言。*na 为远指代词见于汉藏语和周边其他语言。

　　"头" *dʷo，战国时指"首"。

　　"自"甲骨卜辞指"鼻子"，又表反身代词和介词"由"。稍后又以"己"代"自"，或合称"自己"。

　　"眼" *ŋrən-ʔ《说文》："目也。"

　　"船" *gʷjan > *dzuan，见于战国中期以后，《说文》："舟也。"

（2）词义变化

　　"亡"甲骨卜辞义为"无"，西周以后"亡"的"无"义可为"无"所替，有"丢失"义。春秋时"亡"可指"亡故"。

　　"走"先秦为"疾行"义，《说文》："趋也。"汉代为"步行"义。

　　"归"商周时期表示女子出嫁。"嫁" *kra-s 是"家" *kra 的派生词。

　　"颇" *phʷal《说文》："头偏也。"程度副词"颇"见于西汉。

　　"低"为"氐" *tir（根本）义的引申。

　　"坟" *bʷjər > *bʷjən，原指地的鼓起，《说文》："墓也。"

二、汉语的古音

（一）中古的声母及其来历

　　汉语经历了春秋战国和两汉，成为较为典型的分析型的语言。传统音韵学以"唇、舌、齿、喉、舌齿"等名称为声母分类。"端透定泥"被称为舌头音，分别代表 *t-、*th-、*d- 和 *n- 四类声母。

　　重唇音即今所谓唇塞音和唇鼻音声母（p-、ph-、b-、m-），轻唇音指唇擦音和唇齿鼻音声母（f-、v-、ɱ-）。轻唇音大约到了唐末才有。唐五代的北方方言中可能经历唇齿塞擦音声母（pf-、pfh-、bv-）的阶段才有轻唇音声母。

　　中古来母音值为 l-，被归入"半舌音"。

　　中古《切韵》反切的特点为：重唇和轻唇不分，娘和日不分，从、邪有别，床、禅有别，或端、知相混。唐代《经典释文》《一切经音义》反映的读书音也大抵如此。《说文》徐锴本用唐孙愐的反切，重唇和轻唇已分，从邪合流，床禅合流，喻三喻四相混等，所反映的应是南方的读书音。

1. 唇塞音声母

宋代三十六字母中的"帮滂并""非敷奉"代表的是中古重唇和轻唇的两个系列的声母，对应于上古 *p、*ph、*b 和 *pj、*phj、*bj。

唐时北方方言中 *pj、*phj > *fj，*bj > *vj。

"帮滂并""非敷奉"的上古来历为 p、ph、b 和 pj、phj、bj，从谐声看还有来自上古唇塞音复辅音的。如"肤"*pʷla > *pʷja，"巴"*pra > *pea 等。中古唇擦音声母的出现与 *-j- 介音的较多出现有关。

2. 舌尖塞音声母

中古舌尖塞音"端透定"构拟为 *t、*th、*d，除了来自上古舌尖塞音 *t、*th、*d，另外来自上古复辅音声母。如"陶"*blu > *du 等。

唐代的舌尖塞音三等的分别来自 *tj-、*thj-、*dj-。二等的分别来自 *te-、*the-、*de-（圆唇的为 *two-、*thwo-、*dwo-），介音来古汉语 *-r-。

3. 舌尖塞擦音声母

中古精、清、从三母通常分别构拟为 *ts、*tsh、*dz。

高本汉以来许多学者认为中古的舌尖塞擦音来自上古的舌尖塞擦音，战国以前的谐声和假借并不支持这样的假设。

精、清、从母的谐声涉及端组（*t-、*th-、*d-）、知组（tj-、thj-、dj-）、见组（*k-、*kh-、*g-）、以母（*lj-）和日母（*nj-）。

（1）舌根音声母和舌尖塞擦音的谐声

声母 *sk-、*skh-、*sg- 演变为舌尖塞擦音，一些谐声字中古属心母。如：

兹 *skjə > *tsjə	丝 *skjə > *sjə ①	慈 *sgjə > *dzjə
澡 *ske-ʔ > *tseʔ	杲 *ske-s > *ses	操 *skhe > *tshe
殲 *skjam > *tsjam	纖 *skam > *siam	籤 *skhjam > *tshjam
卒 *skʷjət > *tsjuət	碎 *skhʷət-s > *suəts	淬 *skhʷjət-s > *tshjuəts
蚤 *sku-ʔ > *tsuʔ	骚 *sku > *su	懆 *skhu-ʔ > *tshuʔ
借 *skjak-s > *tsjaks	昔 *skjak > *sjak	错 *skhak-s > *tshaks

---

① "丝"道孚语 doŋ skə，扎坝语 tu³³ ʂkə < *-skə。

猰 *sqjak > *hjak　　　　鳺 *skjak > *sjak　　　　鳺 *skhjak > *tshjak（鹊）①

挫 *sk^war-s > *tsuars　　趖 *sk^war > *suar　　　坐 *sg^war-ʔ > *dzuarʔ

它们大约在战国晚期演变为舌尖塞擦音。如：

《说文通训定声》：《书》"慈"假为"子" *skjə-ʔ > *tsjəʔ。②"芋" *sqjə >*dzjə 假为"阯" *kjə-ʔ。

《说文通训定声》：《周礼·弁师》"缲" *ske > *se 借为"藻" *ske-ʔ > *tseʔ。《礼记·曲礼》"剿" *ske-ʔ > *tseʔ 即"剿" *ske-ʔ > *tseʔ。

《礼记》"翠" *skh^wjəts 假借为"瘚" *g^wjat。

"創" *skhaŋ > *tshaŋ。"刱"《说文》读若创。《说文通训定声》：《诗》"瑲"假为"刱"。

"戕" *sgjaŋ > *dzjaŋ，《说文通训定声》：《庄子》"戕"假为"搶" *skhjaŋ > *tshjaŋ。

谐声中古保留舌根音。如：

"井" *s-keŋ-ʔ > *tseŋʔ 子郢切，"妍" s-gjeŋ-s > *dzjeŋs，"耕" *kreŋ 古茎切。

"浃" *s-kap > *tsap 子协切，"夾（夹）" *krap 古洽切。

"造" *s-guq > *dzuʔ，"告" *kuk，"嚳" *khuk。

（2）舌尖塞音声母和舌尖塞擦音的谐声

声母 *st-、*sth-、*sd- 演变为舌尖塞擦音，谐声关系如：

厜 *st^wjar > *ts^wjar　　垂 *d^wjar > *zuar　　　諈 *t^war-s

精 *stjeŋ > *tsjeŋ　　晴（姓） *sdjeŋ > *dzjeŋ　　醒 *stjeŋ-ʔ > *sjeŋʔ

戚 *sthjuk > *tshjuk　　寂 *sdjuk > *dzjuk　　　督 *t^wuk

"捶" *t^wjar-ʔ 之垒切，"埵" *t^war-ʔ 丁果切。

"青" *stheŋ > *tshieŋ，《说文》从生、丹，"靘" *theŋ 丑郑切。

"哉" *stə > *tsə，"戴" *təs，"栽" *stə，"载" *stə-g。《说文通训定声》："载"借为"菑" *stjə。《左传·襄公二十七年》"小国之大菑也"，"菑"即"灾"。

"揣" *sth^wrar-ʔ > *tshruarʔ，"端" *t^war > *t^wan，"剬" *t^wjan、*t^wan 旨充、多官切，"瑞" *sd^wjar>*dʑuars。

"悄" *s-thje-ʔ > *tshjeuʔ，"肖" *s-tje > *sjeu，"趙" *dje。

"晉（晋）" *stjin-s > *tsjins，"戬" *stjan-ʔ > *tsjanʔ。《说文通训定声》：《考

---

① "鹊" *skhjak，"喜鹊"藏文 skya ga。
② 藏文"小孩" khye，"男子" skyes。

工记》"晋"借为"蹲"*stʷən，《诗》"戬"借为"剪"*s-tjan-ʔ。

"前（歬）"*sdjar > *dzjan，"剪"*stjan-ʔ > *tsjanʔ，"翦"*s-tjar-ʔ > *tsjanʔ。孔子弟子子贱，字不齐，贱当为歬。

"齐（齐）"*sdjil > *dzil，"挤"*stjil-s。《说文通训定声》：《管子》"穧"*dil-s借为"挤"。

"租"*stʷa > *tsua，"组"*stʷa-ʔ > *tsuaʔ。《说文通训定声》：《诗·鸤鸠》"租"借为"䍮"*tʷaʔ，《礼记·中庸》"组"借为"诸"*tʷja，《礼记·内则》"诸"借为"菹"。马王堆汉代帛书《六十四卦》"其行郪胥"，"胥"*sjua 即"且"*stʷjaʔ。

"蹲"*stʷən > *tsuən、*tʷən，"尊"*stʷən > *tsuən。

（3）唇塞音声母和舌尖塞擦音的谐声

*sp- 演变为舌尖塞擦音，如：

"眨"*sprap > *tsrap，"乏"*bʷjap。

（4）鼻音声母和舌尖塞擦音的谐声

大约西周和春秋时期有 *sn- > *tsh- 的演变：

"人"*nin，"千"*snin > *tshin。

"妻"*snir > *tshir，"栖（栖）"*tshir，"遷"*snir > *tshin。

"西"*snəl > *siəl，"茜"*snəl-s > *tshəns，《说文》："从艸，西声。"

"心"*snəm，"沁"*sniəm > *tshiəm。

4. 舌根塞音声母

中古"见溪群"代表的是中古舌根塞音声母为 *k、*kh、*g，除了来自上古舌根塞音 *k、*kh、*g，上古早期的小舌塞音 *q、*qh、*ɢ，其余来自这两类塞音构成的复辅音声母。

5. 舌面塞擦音和舌面擦音声母

中古"照穿床审禅"代表的是舌面塞擦音和舌面擦音的声母。"照穿床审"根据反切上字的不同区分为二等的庄初崇山（简称照二）和三等的章昌船书（简称照三）。

（1）舌面塞擦音

"章昌船书"代表的是舌面塞擦音声母 *tɕj、*tɕhj、*dʑj、*ɕj。

上古晚期的 *tj-、*kj- 成为中古 *tɕ-（照三），*t- 成为中古端、知母。上古晚

期的 *tj-、*kj- 有上古早期的 *tj-、*klj- 不同来历。

如"遮"（正奢切）与"庶"（商署切、章恕切）音近谐声："庶"*sthjag >
*hjah，"遮"*tja-s。梵汉对音"遮"对 tya。①

中古书母 *ɕj 来自上古末期的 *hj-，来自 *slj-、*snj-、*snj-、*sthj-、*skhj-、
*qlj- 等。

如"伤"*sljaŋ > *hjaŋ，"饟"*njaŋ-s 人漾切、*snjaŋ > *hjaŋ《广韵》式亮切。

（2）舌尖后塞擦音和擦音

"庄初崇山"代表的是舌尖后塞擦音声母 *tʂ、*tʂh、*dʐ、*ʂ，分别来自上古
末期的 *tsr-、*tsr-、*dzr-、*sr-。主要来自战国时代的演变：

*str-、*skr- > *tsr-（庄母）。如"租"*stra > *tsra。

*sthr-、*skhr- > *tshr-（初母）。如"初"*skhʷra > *tshrua。

*sdr-、*sgr- > *dzr-（崇母）。如"助"*sdʷra-s > *dzruas。

*sKra-、*sr- > *sr-（山母）。如"所"*sgʷra-ʔ > *sruaʔ。

6. 擦音声母

（1）舌尖擦音声母

中古"心邪"的声母为 s、z。

中古 *s 来自上古的 s，以及 s 和其他辅音构成的复辅音。

梅祖麟提出邪母来自上古 *lj-，郑张尚芳认为有 *lj- 和 *sɢ- 两个来源。② 笔
者以为中古 *z 除了个别来自上古 *z，其余可来自战国和西汉时的 *slj-、*glj-、
*sɢj- 和 sdj-。如：

"松"*sljuoŋ > *zjuoŋ，又音 *sɢʷloŋ > *suoŋ。"似"*sljə-ʔ > *zjəʔ。

"飼（飤）"*sdjə-s > *zjəs，谐声字"司"*stjə > *sjə。

（2）舌根擦音声母

中古"晓匣"代表舌根塞音声母 x、ɣ。

晓母字有一、二、三和四等，分开口和合口，上古末期分别为：*h-、*hr-、
*hj-、*hʷ-、*hʷr-、*hʷj-。早一时期它们可跟舌尖、舌根和小舌塞音谐声。

匣母有一、二、四等，同为舌根音的群母为三等，③ 两者互补。上古末期分

---

① 俞敏：《后汉三国梵汉对音谱》，载《俞敏语言学论文集》，商务印书馆 1999 年版，第 13 页。
② 郑张尚芳：《上古音系》，第 108 页。
③ 群母只有个别字属四等，故通常认为群母只有三等。

别为：*ɣ-、*ɣr-、*ɣi-。跟《切韵》音系比较接近的吴方言和闽方言中，匣母仍有读如群母的字音。① 从南北朝时期的反切和上古谐声看群、匣应有共同的来历。

中古 *g-（群母）只有三等，跟匣、云母互补分布。从后汉三国时期佛经看，群母字多用来译 g-，匣云母字多用来译 v-。②

中古声母"晓匣"两类可分别来自上古早期的小舌塞音 *qh、*ɢ，以及这两类塞音构成的复辅音声母。

（3）禅母

《切韵》区分船、禅母。上古末期和中古期间，船母的读音可能是 *dʑ-，禅母为 *ʑj-（*ʑ-），方言中或相混，上古晚期的 *ʑ- 也有转为 *dʑ-。现代诸方言多不区分船、禅母，合为一种读法。

禅母的主要来历是上古中期的 *dj- 和 *lj-，与船母关系密切。

西周 *g-lj- > 春秋 *lj- > *ʑ-（禅母），*glj- > 战国时代的 *dʑ-（船母）。

（4）舌面擦音声母

中古"喻"代表的是声母 j，其中三等和四等来历不同。"喻三"又称云母，与匣母有共同来历，"喻四"又称余母或以母。《字林》云母字或切匣母字，或切以母（喻四），③ 说明有的云母和匣母相近，有的和喻四接近。

"喻四"主要来自上古晚期的 *lj，部分来自上古晚期的 *dj 和 *j。如：

"移" *djal > *ja 弋支切，谐声字"趍" *dal 直离切、"誃" *thjal-ʔ 尺氏切。

上古晚期的 *lj- 可来自上古 *Cl-。可区分为 *C-l-、*Cl- 两类，演变不同。如：

"勇" *ljoŋʔ < *g-ljoŋ-ʔ。

"圛" *ljak < *g-ljak，《说文》："回行也。""澤" *glak > *drak。

7. 流音声母

中古"来"代表的是 l-，来自上古的 *r- 以及其他辅音和 *-r- 构成的复辅音。

8. 鼻音声母

商周时期可能有清、浊鼻音的对立，西周以后多数清鼻音应来自 *s- 前缀和鼻音结合的复辅音。如"黑" *hmək > *hək，"墨" *mək。

---

① 李荣：《从现代方言论古群母有一二四等》，载《切韵存稿》，商务印书馆 2014 年版。
② 俞敏：《后汉三国梵汉对音谱》，载《俞敏语言学论文集》，商务印书馆 1999 年版。
③ 周祖谟：《魏晋音与齐梁音》，载《文字音韵训诂论集》，北京大学出版社 2000 年版。

（1）唇鼻音声母

中古"明、微"代表的分别是声母 m、mj，除了分别来自古汉语的 *m、*mj，其余来自 *m 和流音及舌尖鼻音构成的复辅音。

（2）舌尖鼻音声母

中古"泥、娘、日"代表的分别是声母 n、nj、nʑ，除了分别来自古汉语的 *n、*nj，其余来自 ŋj、*n 和流音构成的复辅音。

（3）舌根鼻音声母

中古"疑"代表的分别是声母 ŋ，除了来自古汉语的 *ŋ，其余来自 *ŋ 和流音构成的复辅音。从今方言看中古应该还有清鼻音声母，传统音韵学没有专门的字代表。

9. 喉塞音声母

中古"影"代表的是声母 ʔ，除了分别来自古汉语的 *ʔ、*q，其余来自 *q 和流音构成的复辅音。

（二）中古的韵和上古的韵部

中古韵的区分以隋代《切韵》的表现为代表。后来的《唐韵》是在《切韵》基础上修订。宋代在《唐韵》基础上修订《广韵》。《广韵》计 206 韵，193 韵是《切韵》原有的。

古汉语的韵经历了战国和两汉时代，到了汉末和六朝才逐渐接近隋唐的面貌。

古汉语的形声字由声符和意符构成，以文字区别语词的音和义。殷商时代的甲骨文就开始有形声字。声符表音，以谐字音的读法。古人言"同声必同部"，是根据谐声对古汉语韵的分类的说法，应区分为不同时期的情况。不同时期不同地区的谐声，背景不同，读法不同。除了方音的影响，还有两种情况：第一，词的语音演变和形态变化引起字音的变化，谐声系列分化；第二，字形的变化可出现新的声符，包括省略笔画的变化。

《诗经》时代可独立押韵的字可区分为不同的类，西周作品中从字音上推，其中单纯的元音韵有鱼、宵、支、之、侯、幽六类。拿其中一类和今方言字音（平赅上去）比较，可以发现从古至今元音演变的一些线索。

1. 元音

（1）支部字的元音

支部字"支""斯"的今方言读音如：

	北京	南昌	梅县	温州	厦门 [1]
支	tsʅ¹	tsɿ¹	tsɿ¹	tsei¹	ki¹（白读）
斯	sʅ¹	sɿ¹	sɿ¹	sɿ¹	su¹

推测诸方言舌尖擦音和塞擦音的ʅ和ɿ来自中古 *i。根据上古元音韵的对立情况，支部可拟为 *i。这一类的字有"卑碑此雌紫斯撕知支枝兒倪"等组成中古开口三等支韵（寘韵）。

支部字"牌""买"的今方言读音如：

	北京	南昌	梅县	温州	厦门
牌	phai²	phai²	phai²	ba²	pai²
买	mai²	mai²	mai²	ma⁴	bue⁴（白读）

推测这一类字上古时期受介音 *r 的影响演变，*i > *e > *ai。战国时代支部有跟歌部协韵，当元音相近。《楚辞》"離""知"押韵。支部字"牌稗買賣佳解懈鞋"等和歌部、锡部（去声）字组成中古开口二等佳韵（赅上去）。

（2）幽部字的元音

幽部字"幽""周"的今方言读音如：

	北京	南昌	梅县	温州	厦门
幽	iou¹	iu¹	iu¹	iau¹	iu¹
周	tʂou¹	tsou¹	tsu¹	tɕiəu¹	tsiu¹

由于声母的不同和介音的影响，这个元音有不同演变的情况。推测 əu、ou、au 等来自 *u。根据上古元音韵的对立情况，幽部为 *u。

来自幽部的中古幽韵字（赅上去，后同）有"彪幽纠幼谬缪"等，肴韵的"包饱茅卯爪抓孝"等，尤韵的"浮蜉丑手周舟秋愁搜修羞受授寿秀诱莠求球述酉酒由袖"等，萧韵的"雕调条聊啸叫"等。

（3）鱼部字的元音

鱼部字的读音如：

	北京	南昌	梅县	温州	厦门
鱼	y²	n̠iɛ⁶	ŋ̇²	ŋøy²	hi²（白）
女	ny³	n̠y³	ŋ̇⁴	na²（白）	lu³
家	tɕia¹	ka¹	ka¹	ko¹	ke¹（白）

---

① 有关方言材料引自北京大学语言文学系语言学教研室：《汉语方言字汇》，文字改革出版社 1989 年版。

由于声母和介音（合口介音、三等介音）的影响，早期相同的元音今方言中差异甚大。

根据上古元音的对立情况，鱼部为 *a。受圆唇辅音和后来合口介音的影响，它在上古中期分化为 *a 和 *ɑ 两类，后者加入后元音的链移。

来自鱼部合口三等鱼韵有"女吕虑旅蛆胥徐序猪除阻初楚梳疏所诸煮处书舒如汝车居举巨渠鱼语虚许馀与"等字，二等麻韵有"巴麻麻马骂茶查家嫁加雅下"等字。

（4）之部字的元音

之部字的读音如：

	北京	南昌	梅县	温州	厦门
台	thai²	thai²	thɔi²	dei²	tai²
来	lai²	lai⁵	lɔi²	lei²	lai²
李	li²	li²	li²	lei²	li²
牛	niou²	n̠iu²	n̠iu²	ŋau²	gu²（白）

之部字中古有开口一等咍韵"台胎待乃来海灾宰才在孩亥戴代再载态"等，开口三等之韵"李里吏兹丝子字司词似司耳耻而己记持其期旗士史使之止志"等，"牛有又右佑友否妇负"等和幽部字在开口三等尤韵。上古早期之部读法可能是舌位不低的中元音，因声母和介音的影响逐渐分化。如《淮南子》中之部字"牛志母"可与鱼部字押韵，西汉其他作品中也有这类情况，此时部分鱼部字的元音大约为 *o。可推测《诗经》时代之部字元音为 *ə。

（5）宵部字的元音

宵部字的读音如：

	北京	南昌	梅县	温州	厦门
苗	miau²	mie⁵	miau²	mie²	biau²
毛	mau²	mɛ²	mau²	mə²	m̃ɔ²

宵部字中古有三等宵韵的"表苗妙燎潦寮焦小少宵消霄朝兆姚召烧绕饶乔桥摇瑶要夭"等，一等豪韵的"毛刀到倒桃逃劳高膏蒿豪敖熬"等。战国和西汉时宵、幽两部混押较普遍。幽部元音复化在战国之后，宵部元音的复化可能在此前。西周时期宵部可能是 *e，后来的中原音系中演变为 *eu。

（6）侯部字的元音

侯部字的读音如：

	北京	南昌	梅县	温州	厦门
口	khou³	khiɛu³	hɛu³（白）	khau³	khau³（白）
取	tɕhy³	tɕhy³	tshi³	tshɿ³	tshiu³（白）

侯部字中古有一等侯韵的"斗头娄楼取主注句拘狗口侯殴呕"等，三等虞韵的"付府符取趋须需朱株诛蛛雏数喻愈遇寓"等。看来中古早期侯部字已成为后高元音。

西汉时期洛阳等地的读书音鱼、侯相混，青徐地区有别，此时鱼部元音已进入后元音的链移。我们有理由把西汉之前侯部的元音拟为后元音 *o。

西周早期鱼、宵、支、之、侯、幽诸部的元音暂时拟为 a、e、i、ə、o、u。

2. 韵的分类

中古的韵，归纳为元音和韵尾相同的类，区分为阴声（开音节韵）、阳声（鼻音尾韵）和入声（塞音尾韵）三类。

从《诗经》西周作品看，鱼、宵、支、之、侯、幽诸部的字可独立押韵，故这一时期的通行书面语为六元音，本文拟为 a、e、i、ə、o、u。西周时期的三十韵部为：

	-ø	-l（-r）	-m	-n	-ŋ	-p	-t（-d）	-k（-g）
a	鱼	歌	谈	元	阳	叶	月	铎
e	宵				耕			药
i	支	脂		真			质	锡
ə	之	微	侵	文	蒸	缉	物	职
o	侯		冬		东			屋
u	幽							觉

鱼、宵、支、之、侯、幽六部因韵尾 *-q、*-ʔ 和 *-s 的不同可构成次类，带后缀 *-g 的可与元音相同的带 *-k（*-g）韵尾的入声字押韵。

3. 韵尾

高本汉认为古汉语 -p、-t、-k 与 -b、-d、-g 两类韵尾并存；李方桂先生认为只有 -p、-t、-k、-kw 一套入声的韵尾，阴声韵分别有 -b、-d、-g、-gw 韵尾。李先生认为《诗经》时代阴声韵尾 *-b 已演变为 *-d。[①] 笔者以为入声韵有清塞音尾 *-p（*-ps）、*-t（*-ts）和 *-k（*-ks），浊塞音尾 *-d 和 *-g 次类。

阳声韵带韵尾 *-ʔ 或 *-s 的，并不单独入韵，不构成次类。

---

① 李方桂：《上古音研究》，商务印书馆，1980年版，第33、36页。

春秋时期的鱼、宵、支、之、侯、幽六部的元音为：*a、*eu、*e、*ɯ、*o、*u。其他诸韵部中的元音 e、i、ə 也相应随之变化。

笔者以为，《诗经》时代的古汉语有塞音韵尾 *-p、*-t、*-k、*-d、*-g、*-q（*-ʔ），流音 *-r、*-l，鼻音 *-m、*-n、*-ŋ，及擦音 *-s 和塞擦音 *-ps、*-ts、*-ks 韵尾，其间可能有 *-mp、*-nt、*-ŋk 韵尾。战国时期 *-g 演变为 *-h、*-k，*-h 是中古去声的另一来历；*-t 在西部方言中与 *-d 合并，*-d 后在诸方言中演变为 *-h。

古汉语流音尾有 *-r 和 *-l 的对立，鼻音韵尾有 *-m、*-n、*-ŋ。擦音和塞擦音韵尾有 *-s、*-h、*-ps、*-ts 与 *-ks。

（1）塞音韵尾

西周时期的主要方言中 -p、-b 已合并，-d 和 -g 保留到稍晚，后合并为 -h，中古早期丢失演变为去声。本文参考各家意见假定：

月、质、物三部中古读去声，又和歌、微、脂部押韵的，上古韵尾为 *-d。

可分别与平声、上声的鱼、宵、支、之、侯、幽韵部押韵的铎、药、锡、职、屋、觉诸部韵尾是 *-g。

可分别与铎、药、锡、职、屋、觉诸部字押韵的去声鱼、宵、支、之、侯、幽部带后缀 *-g。

*-d 和 *-g 保留到较晚，成为 *-h，和 *-s 演变为去声。

西周时期《周颂》《大雅》脂、微有别，*-r、*-l 有别。《小雅》中两者的区分不甚严格。脂、微分立是西部方言影响的结果。《大雅》《小雅》终、侵通押，侵部当为 *-əm，谈部为 *-am。冬（终）部可能是 *-om，或与侵同。

《诗经》时代同类自押，和类近通押可区别。韵部中还有小类，如 *-t、*-k 两类韵中分别包括 *-d、*-g 韵尾的韵，歌、脂、微 *-r、*-l 有别。西周作品中的混押，凡属个别，不作分类的依据。

笔者认为，"去入押韵""平入押韵"和"上入押韵"各有各的情况。如《诗经·大雅·桑柔》"谷、榖、垢"押韵，"垢"*ko-q，*-q 为名词后缀，春秋以后为 *-ʔ，中古上声。

《诗经》从二雅、《周颂》看，独用韵自成一类。传统分类中的鱼、铎部字，宵、药部字，支、锡部字，之、职部字，侯、屋部字，幽、觉、屋部字押韵，说明元音和韵尾有对应关系。中古的角度看，包括"平入押韵""上入押韵"和"去入押韵"三种情况。

中古阴声韵字《诗经》中与 *-k 尾入声押韵的如"附""御""收""奏""祀""懈"

"效""朝""事""又""去""来""倍""悔""好"等，也可与其他阴声字押韵。高本汉、李方桂假设这一类阴声韵带 *-g 韵尾。

西周时期阴声韵字的 *-g 可能是后缀。

后缀 *-s 有表示主动态、使动态，名词、形容词派生动词，表示动词的方向，宾格后缀等功能。与后缀 *-g 表示相同功能时互补分布，谐声中通常不表现。

西周时代不带辅音韵尾的流传至中古读作平声，*-q 和 *-ʔ 中古成为上声，*-s、*-g 和 *-h 中古成为去声。《诗经》的"去入通押"与那个时代的 *-d、*-g、*-q 韵尾以及 *-p、*-t、*-k 和 *-s 后缀参与的情况有关。

月、质、物三部中有既与 *-t 韵尾的字押韵，又与流音尾字押韵，如"爱界贵至遂屈未胃棄四"为声符的字，原本可能是 *-d 韵尾，中古去声。

歌、脂、微三部流音尾的词从商周至两汉有的演变为 *-n 韵尾的，《诗经》押韵和谐声中多有表现，为清儒所说的阴阳对转。

（2）流音韵尾

上古早期的汉语可设想有 *-r、*-l 两类流音韵尾，理由有三：

古汉语歌、月，脂、质，微、物可协韵，甚至可谐声。东汉以前的古汉语中歌微脂三部应皆有与 *-t、*-d 读音相近的辅音韵尾。

西周时有的字跟流音尾押韵，春秋的作品中与鼻音尾字押韵，或不同地区的作品中分别与流音韵尾和鼻音韵尾押韵，不能以鼻音尾增生或形态变化解释。

古藏文代表的藏语有 *-r、*-l 两类流音韵尾，一些古汉语流音尾的词和这两类流音尾的藏语词对应。

上古早期流音尾字的谐声关系可区分为以下两类：

*-l 韵尾类"皮罷般單果可左干我可雟執戈果為咼丸多加亏丮委雁化宜憲瓦徙沙瑣羅連罤危難那豙炭离夬夗死敦先希西火艮開鬼罪回乖衰晶佳微屖次棄豸豊履齊師死尹"等。

*-r 韵尾类"采尚段朵垂它也前坐亘禾泉袁㫃象厂鷹卧麗麻虐鮮殷斤幾軍夋韋酋示本文尾匕衣飛非卉畏威哀妥燹旨癸几皆氏矢尸私晉米尼爾囟妻"等。

西周的作品的押韵中 *-r 和 *-l 是有区分的。*-l 韵尾可能有读作 *-ð，既可与 *-r 相混又与 *-d 尾韵相通，方言和书面语中两类流音尾都有演变为 *-n。

西汉末，一些三等和二等的歌部字转入脂部，可能读 *ej。东汉时来自流音的 *-j 丢失。

《诗经》西周作品中"难""献"等可跟"那""燔"等的押韵，这些字春秋之后变为鼻音尾，这一类是较早的演变。其他如"尹袁单先西军敦"等为声符字较早读作 *-n 韵尾。战国和两汉时期受中部方言影响，又有一些其他流音尾的韵演变为鼻音尾韵。总的说来，"番般單斡干尚亘難憲卵奧隽虜袁夗殷斤先西军敦卉文象匕"等及以其声符的字，读作 *-n 的，来自 *-r（*-l）。[1]

古汉语谐声中有 *-l（*-r）和 *-d（*-t）的交替。大约西部方言中 *-t 读作 -d，可与 *-l（*-r）字音谐声。

4. 声调

战国时期声韵有所简化，音节开始有伴随的声调，至南北朝有独立区别意义的四声。唐代不同的方言中四声分化，有的方言中平、上、去、入四声都因声母的清浊而分化。今北京话有阴平、阳平、上声和去声四个声调。其来历为：古平声分化为阴平和阳平，古上声分化为阴上和阳上，阳上与没有分化的去声合并。入声分化后又分别归入阴平、阳平、上声和去声。

（1）上声的来历

海南岛的临高语和云南的白语中较晚的汉语上声借词不带 -ʔ 韵尾，早期的上声汉借词带 -ʔ 韵尾，读促声调，[2] 可以推测中古时期汉语的上声带 -ʔ 韵尾。

《诗经》时代的 *-q 韵尾后来演变为 *-ʔ 韵尾，为中古上声的另外一个来历。《诗经》带 *-q 韵尾的词可以与 *-k 韵尾字押韵。如：

①《诗经·大雅·行苇》"席" *sljak "御" *ŋʷja-g "酢" *sgak "斝" *kra-q 韵。

②《诗经·大雅·崧高》"蹻" *mjeq "蹻" *kreq "濯" *lrek 韵。

*-q 韵尾的词可以与 *-k 韵尾字谐声，如：

①"寫（写）" *s-khjaq > *sjaʔ 悉也切，"舄" *skhjak > *tshjak（篆文舄从隹昔）。

②"浩" *guq > *ɣuʔ，"告" *kuk。

③"皦" *kleq > *kieuʔ，"檄" *glek > *ɣiek。

（2）去声的来历

郑张尚芳先生说明去声来自 -s 韵尾。朝鲜语中汉语借词如，"磨" mais，"篦" pis，"芥" kas，"盖" kas，"器" kurus，"制" tsis，"味" mas，"界" kas

---

[1] 潘悟云：《上古汉语的韵尾 *-l 与 *-r》，《民族语文》2007 年第 1 期。

[2] 吴安其：《汉藏语同源研究》，中央民族大学 2002 年版，第 86 页。

等带 -s。①

白语的松调来自舒声韵，紧调来自塞音尾和 *-s 尾的促声韵。中古早期的汉语借词，去声和入声一样，读作紧元音调。如去声字汉语借词"救"kɯ⁴²、"大"to⁴²、"胃"vu⁴²、"用"jõ⁴² 等。

本文假定上古的 *-s、*-h、*-d 和 *-g 韵尾，中古早期演变为 *-h，于是有去声。

（三）介音的历史

目前音韵学界多数认为中古二等来自古汉语 *-r-，三等来自介音 -j-，四等来自介音 -i-。三等和四等的部分介音来自上古的 *-rj-，这一类称为重纽。笔者认为中古合口介音来自古汉语的声母和元音的圆唇特征。

中古的 *-j- 部分来自上古，部分为隋唐时代北方方言所增生。

1. *-r- 介音

中古二等的介音来自古汉语 *-r-，重纽三等来自古汉语 *-rj-，是目前学术界认可的结论。如二等字"各"的古汉语谐声字有"落"*grak，那么可以设想"各"的上古音为 *krak。

古汉语的 *-r- 是复辅音声母的构成部分。汉语和藏语比较，一些词的对应也是可以说明这一点：

"所" *s-gʷra-ʔ > *sruaʔ。藏文"场地" grwa，"院子" rwa < *gʷra。

"八" *prat，藏文 brgyad。

*-r- 有三个来历：来自上古早期汉语的 *C-r- 和 *Cr-；来自 *C-l- 和 *Cl-；来自中缀 *-r-。

*C-r- 和 *Cr-、*C-l- 和 *Cl- 包括前缀和词根的结合，前缀丢失和复辅音简化则流音成为声母。如古"令" *m-rjeŋ-s "命" *mreŋ-s 一字，大约原本读法稍异。"令"失去 *m-，成为新的声符，如"零" *rieŋ。*C-r- 和 *Cr- 在读法上也许没有不同，简化的历史不同。

（1）*C-r- 和 *Cr- 的 *-r-

上古晚期复辅音中的 *-r- 有两个来历：*C-r- 和 *Cr-。

*C-r- 类：

---

① 潘悟云：《汉语历史音韵学》，上海教育出版社 2000 年版，第 156 页。

"落" *g-rak，"络" *g-rak，"露" *g-rag。

"雷（靁）" *gʷ-rəl > *ruəl，"讄（讄）" *gʷ-rəl-ʔ > *ruəlʔ，《说文》："祷也。"

"柳" *m-ru-ʔ > *ruʔ。

"蠻（峦）" *mʷ-ran > *ruan，"鑾（銮）" *mʷ-ran。

*Cr- 类：

"佫" *krak，"格" *krak 至、来，"客" *khrak《说文》："寄也。"

"陌" *mrak，"白" *brak，"帛" *prak《说文》："缯也。"

"曬（晒）" *srar-s《方言》卷七："秦晋之间谓之曬。"

"萌" *mreŋ《说文》："草芽也。"

（2）*C-l- 和 *Cl- 演变中出现的 *-r-

"谷"《广韵》古禄、余蜀、卢谷切，上古音为 *klok。帛书《道德经》"谷"，河上公本为"浴"。

"聿" 上古早期 *pʷ-lət > *luət，秦人叫做"笔" *prət。

（3）中缀 *-r-

该中缀表示突出、分开、使名词成为动词和使动等功能。如：

"釋" *s-lak，"斁" *lak-s 解也，"擇" *lak > *d-r-ak 表示分开。

"躬" *kʷəm > *kʷoŋ，"隆" *gʷ-rəm > *broŋ > *roŋ 表示突起。

"亳" *blak，"宅" *b-lak > *d-r-ak 场伯切 使名词成为动词。[1]

"弘" *gʷəŋ，"宏" *gʷ-r-əŋ《说文》："屋深响也。"表示空洞。

2. *-j- 介音

中古的三等为 *-j-，郑张-潘的系统解释为来自短元音，罗杰瑞先生认为来自喉壁音 -ˤ-，白一平和沙加尔采用喉壁音说。白-沙 2014 年公布的构拟如："哀" *ʔˤəj，"败" *N-pˤra[t]-s，"奴" *nˤa。认为中古三等的介音皆有上古来历，不可取。

闽方言邪母、喻四文、白读或带 -i-，当来自 *-j- 介音，有的方言中没有表现。如：

	厦门	潮州	福州	建瓯
邪	sia	se	sia	tsia
喻、裕	lu	zu	øy	y
也	ia	a（白读）	ia	a（白读）

---

[1]《诗经·大雅·文王有声》："考卜维王，宅是镐京。""宅"，居住。

"也"北京话 jε 来自中古 *jo（羊者切），苏州话白读 jia 来自上古末期的 *ja，与闽方言白读比较，说明它的 *-j- 是遗存。

对于语音演变中某一音素的出现，可解释为其他音素演变而来、增音和来自形态三种情况。《切韵》*-j- 介音有四个来历：来自中缀 -j-，来自早期汉语，来自复辅音中的流音 -r-、-l-。复辅音中的 *-r-、*-l- 可演变为 *-rj-、*-lj-，中古早期演变为 *-j-，即反切中的所谓重纽。来自中古早期北方方言的衍生，如知组 *-j- 多为中古早期后起。

（1）古汉语的 -j-

古汉语一些词根原本就带 *-j-，可能来自早期汉语。如：

"夕" *s-ljak > *zjak，"夜" *ljag（周金文"亦"为声符）。"夜"藏文 ʑag < *ljak。（一夜的"夜"）

"梟" *bʷja《说文》："鹙也。""鸟"藏文 bje。

"乏" *bʷjap。"降下"藏文 vbab < *m-bap。

"富" *pjək-s。藏文"富"phyug-pa，"牲畜"phyug-s。

西汉末，鱼部的一些二、三等字转入支部，即元音 *a > *e，应是此前三等 *-j- 和二等 *-r- 介音影响下元音的演变。

（2）古汉语的中缀 -j-

*-j- 作为古汉语动词的使动和自主的标记可能是早期汉语时代发展出来的，另外有使名词和形容词成为动词、构成敬称的功能。

汉语"扬" *ljaŋ，举也，自主。"翔" *gljaŋ > *zjaŋ，《说文》："回飞也。""荡" *laŋ 不自主。"上升"藏文 laŋs < *laŋ-s。

"識" *s-tjək > *hjək，《说文》："常也、知也。"[①] *-j- 表示自主。

"知道"藏文 rtog < *r-tog。

（3）来自 -r-、-l- 的 -j-

前面提到重纽三等的 -j- 为后起，来自以母的 -j- 如：

"用" *ljoŋ-s > *joŋs 施行。"用、享受"藏文 loŋs。

"容" *ljoŋ > *joŋ，《说文》："盛也。""安闲"藏文 loŋ。

（4）古汉语 *-j- 介音对声母演变的影响

古汉语不同来历的 *-j- 介音和塞音、擦音声母结合产生一系列舌面擦音和塞

---

① 谐声字"織職" *tjək，"幟" *tjək-s。

擦音声母。

从谐声看上古末期可能还有这样的演变：

"轺" *djeu > *jeu 以招切，"召" *deu-s《说文》："刀声。"

"阽" *djam > *jam 余廉切，"占" *tjam。

"賸" *djəŋ-s > *jəŋs 以證切，"腾" *dəŋ。

（5）古汉语 *-j- 介音对韵母演变的影响

战国时代 *-j-、*-u- 介音（或圆唇辅音声母）使 *-a- > *-o-，鱼、侯为韵。如：《荀子·荣辱》："非不欲也，几不长虑顾后，而恐无以继之故也。"

西汉《急就篇》，洛阳等地的读书音鱼、侯相混。[①]

中古"夫斧父甫无武雨虞羽於宇"等上古的鱼部和侯部组成合口三等虞韵（麌、遇韵）。

（6）中古后起的 -j- 对声母演变的影响

中古早期增生的 -j- 分化出三等的知组。《切韵》的一些三等介音来自中古早期的北方方言。来自同一时代的南方方言三等字的白读或不带 -j-，前面提到"也"的读法是这样。

宋代三十六字母中的"帮滂并""非敷奉"代表中古互补的两个系列声母，来自 p、ph、b 和 pj、phj、bj。隋唐时北方方言中 *pj、*phj > *fj，*bj > *vj 的演变与这一时期一些 -j- 介音的较多出现有关。南方方言中如：白读"飞"厦门话 pe，福州话 puei。白读"饭"厦门话 pŋ̍，福州话 puoŋ。白读"分"厦门话 pun，福州话 pyiŋ。

温州话中文白读的差异说明部分 -j- 介音是后起的。如：

"鱼"有 ŋ²、ŋøy² 和 ȵy² 不同说法，北边的乐清话又说成 ȵi² 和 ȵiʔ⁴。温州话 ŋ̍²、ŋøy² 为白读，ȵy² 为文读。苏州话的白读也是 ŋ̍²，文读为 jy²。如一等字"苏"温州读 søy¹，乐清话读 sl̩¹。

"疑"有 ŋ̍²、ȵi² 两读。前者见于"疑心"，白读；后者见于"怀疑"，文读。

"女"有 na²、ȵy⁴ 两读。前者义为"女儿"，白读；后者为男女之"女"，文读。

"日"可读为 ne⁸、ȵai⁸。前者义为"日子"，白读；后者为生日之"日"，文读。

---

① 罗常培：《周秦韵部与两汉韵部的分合》，载《罗常培文集》（第二卷），山东教育出版社 2008 年版，第 424 页。

"反"可读为 pa³、fa³。前者为白读，后者为文读。

"猪"温州读 tsei¹，厦门话白读 ti¹。中古端、知互补，声母上古为一，因 *-j- 的加入分化为二。中古为何要加 *-j-？不仅如此，多数中古章母和端母上古的来历相同，也是因为多了 *-j-。

（四）早期汉语语音的几点拟测

古汉语塞音清不送气、清送气和浊三分，殷商以前的早期汉语当有类似的结构。塞音、鼻音和擦音可与流音 *-r-、*-l- 构成复辅音声母。塞音韵尾有清、浊的不同。早期汉语有过的语音演变为：

1. *l- > *d- 的演变

"田"*din < *lin。"畋"*din < *lin，《说文》："平田也。""田地"藏文 sa ziŋ < *sa-liŋ。"地"傣语德宏话 lin⁶ < *lin-s。

"達（达）"*dat < *lat，《说文》："行不相遇也。""到达、延伸"藏文 sled < *s-let。

"社"*djaʔ < *la-ʔ，《说文》："地主也。""土神"藏文 ya-ma < *lja-ma。

"腾"*dəŋ < *ləŋ 上跃。藏文"竖起"loŋ，"使立起"sloŋ。

2. 辅音的丢失

*C-l- > *C-、*Cl- > *l- 的演变。

"四"*sid < *s-lid 息利切，"訵"*slid > *thjil 丑饥切、*thjid 丑利切。"四"克伦语唐土方言 liꞌ，克伦语阿果话 lui³¹ < *li-t。

"熠"*gljəp > *ljəp，*gləp > *gəp。"照耀"藏文 lheb < *s-lep。"闪（电）"墨脱门巴语 taŋ lep < *ta-lep。

"习"*gljəp > *zjəp。藏文"学"slab，"学会"lob、ldob。

"鲁"若为形声字，从鱼得声，*rʷaʔ < *ŋʷra-ʔ。

3. 清鼻音和清流音

商周时的清鼻音和清流音声母有 *hm-、*hn- 和 *hl-，分别来自 *sm-、*sn-，*sl- 和 *ql-。

4. *-b > *-d 的演变

西周以前的汉语可能有 -p、-t、-k 与 -b、-d、-g 两类韵尾并存，西周时期的主要方言中 -p、-b 已合并。如"世"和"枼"等谐声的分歧可以这样理解。

"枼"甲骨文✸（乙2081）*ljap《说文》世声。"葉（叶）"金文✲（拍簋盖）

*ljap。"世"金文 *sljab > *sljad > *hljad。

《诗经·大雅·荡》"揭" *kjat "害" *gad "撥" *pʷat "世" *sljad 韵。

"猲" *khap《广韵》起法切，*qhat > *hat 许谒切，《说文》："短喙犬也。"

"蓋（盖、葢）" *kab。藏文"躲藏" gab，"覆盖" sgab。

"磕" *khab > *khad 口太切，《说文》："石声。"

5. *-r 和 *-l 韵尾

根据上古的谐声、押韵等情况我们假定有流音韵尾，汉语和藏语对应词根的情况也支持这一假设，早期汉语也是如此。远古汉语可能和古藏文描写的古藏语的语音比较接近。

三、古汉语的形态及其演变

（一）形态的范畴及其形式

古汉语注重表达主观态度，以动词的形态变化区分行为的主观性、非主观性。形态变化区分名词、动词和形容词。

根据商周、春秋、战国和两汉等不同时期的材料，我们可以观察到汉语的形态是逐渐演变的。历史上语言接触较为密切的时候，形态容易简化。一方面，我们可以观察到，有了形态变化的帮助古汉语的意义表达是严密的；另一方面，原本用形态变化表示的语法意义在形态简化的过程中由词法和句法形式予以补充。

1. 形态的范畴

中古四声别义以屈折形式区分词性。如《广韵》一些词平声为形容词去声为动词。下面的词中古入、去两读。按目前的研究，中古去声来自上古 *-s。如：

"恶"乌各切，不善；乌路切，憎恶。形容词 *ʔak，动词 *ʔak-s。

"空"苦红切，空虚；苦贡切，空缺。形容词 *khoŋ，动词 *khoŋ-s。

"中"陟弓切，宜也；陟仲切，当也。形容词 *tʷjəm，动词 *tʷjəm-s。

就上例而言，*-s 是动词的后缀。

下面的词中古去、上两读，按目前的研究，上声来自 *-ʔ，*-ʔ 可以是标记动词的后缀。*-s 是把动词转成名词的后缀。如：

"树"常句切，植物；臣庾切，树立。名词 *dʷjo-s，动词 *dʷjo-ʔ。

"霰"苏佃切，稷雪；"散"苏旱切，不聚。名词 *sian-s，动词 *san-ʔ。

"瓣"蒲莧切，瓜中实；"辩"符蹇切，治也。名词 *bran-s，动词 *bran-ʔ。

中古声母清、浊的对立，声母清送气、不送气的对立，圆唇和非圆唇的对立，有的可以追溯至上古时期同根上的变化。

西周时期汉语动词的主要有七个态，两个体和一个式：使动和自动，主动态和被动态，自主和不自主，完成体和持续体，命令式。自动词可以有自己的标记，不等同于不及物动词，也不与致使动词构成对立的范畴，没有区分动词及物和不及物的标记。

2. 古汉语成音节的形态成分

古汉语"有"为名词前缀，如"有夏""有殷""有周""有苗""有梅""有的"等。"有殷"指殷商，"有苗"指苗人部落，"有梅"指梅子，"有的"即目标。[①]"越"又称"於越"，"吴"又称"句吴"。

《诗经·大雅·文王》有"无念尔祖，聿修厥德"。"无念""念也"。"无"也是成音节的动词前缀。《诗经》中动词前缀还有"载""言""爰""薄""云"等。

3. 古汉语的辅音形态成分

《诗经》时代有的阴声韵字可与 *-k 尾入声字押韵也可与其他阴声字押韵，中古可读去声，称为"去入通押"。那么我们认为当时鱼、宵、支、之、侯、幽部字所代表的词可带后缀 *-g。押韵的情况如：

《诗经·大雅·抑》"格" *krak "度" *dʷag "射" *ljak 韵。

《诗经·小雅·天保》"固" *kʷla-g "除" *gʷla-g "庶" *sthjag 韵。

战国和西汉时期这一类"阴入通押"仍延续但少多了。如：

《荀子·劝学》："骐骥一跃，不能十步；驽马十驾，功在不舍。""步" *bʷaɣ 铎部，"舍" *hljaɣ 鱼部。

《淮南子·兵略训》"舍" *hljaɣ "斥" *khjak "处" *thʷjaɣ 韵。《淮南子·精神训》"慕" *mʷoɣ "欲" *ljok 韵。《淮南子·兵略训》"欲""助" *dzroɣ 韵。

（二）古汉语的态

1. 使动态

商周时期句法和形态构成的使动并存，表使动的辅音前缀有 *s-、*k-（*kʷ-）、*g-（*gʷ-）、*q-、*p-、*b-，中缀 *-r-、*-j-，后缀 *-t、*-q、*-g。声母送气、清化和圆唇化等屈折变化也可表示使动。前缀互补分布，后缀也互补分布，*-j- 和 *-r- 互补。声母的屈折变化、前缀以及后缀可重复出现在一个词中，标记使动。

（1）句法表示的使动态

殷商甲骨卜辞用"令"表示使动，相当于英语用使役动词 make 表示使动。如：

帝及四夕令雨？（乙 3090）

叀小臣令众黍？（罗振玉《殷墟书契前编》四卷三十页）

西周时期以"俾"和"使"表示使动，如：

《诗经·小雅·白华》："之子之远，俾我独兮。"

《诗经·大雅·绵》："俾立室家，其绳则直。"

《诗经·大雅·大明》："天位殷适，使不挟四方。"

春秋时期如：

《诗经·邶风·绿衣》："我思古人，俾无訧兮。"

《诗经·召南·野有死麕》："无感我帨兮，无使尨也吠。"

"感"即"撼"*gəm-s，*-s 表使动。

（2）辅音形态成分表示的使动态

*s- 前缀表示的使动态：

"償"*g-ljaŋ-s 食章切《说文》："还也。""赏"*s-ljaŋ-ʔ 书两切，《说文》："赐有功也。"①

"斁"*lak-s 败也，"釋"*s-lak 解也。

"易"*lik-s，"赐"*s-lik-s。

"宜"*ŋral，"化"*s-ŋʷral-s 教行也。

"液"*ljak 津液，*s-ljak > *hljak 施隻切浸泡。

*-s 后缀表示的使动态：

《诗经·王风·中谷有蓷》："有女仳离，嘅其叹矣。""離"*rjal，分离。

《诗经·邶风·新台》："鱼网之设，鸿则离之。""離"*rjal-s 力智反，使分离。

"点"*tiam《说文》："小黑也，从黑占声。""玷"*tiam-s。

"饮"*ʔjəm，*ʔjəm-s 於禁切。

"复"*bʷjuk 返也，"報（报）"*puk-s 回报、答也。

*q- 前缀表示的使动态：

"溢"*ljik > *ljit，《说文》："器满也。""益"*qlik > *ʔik，《说文》："饶也，

---

① 藏文"价钱，货"loŋ，"给"slaŋ < *s-laŋ。

皿益之意也。"《诗经·邶风·北门》:"王事适我,政事一埤益我。""益",加也。

"由" *lu 遵从,"抽" *q-lu《说文》:"引也。"

"离" *rjal,"猗" *q-ral > *ʔral,摘。《诗经·豳风·七月》:"以伐远扬,猗彼女桑。"

*b- 前缀表示的使动态:

"列(裂)" *rjat《说文》:"分解也。""别" *b-rat。

"谏" *k-ran-s《说文》:"正也。""辩" *b-ran-ʔ《说文》:"治也。"

*-r- 中缀表示的使动态:

"分" *pʷjən,"颁" *p-r-an。

"并" *pjeŋ-s,"妍" *ph-r-eŋ 与妻婢私合。

"荷" *gal,"骑" *g-r-al。

"反" *pʷjan,"扳" *p-r-an。

"躍(跃)" *lek 跳,"擢" *l-r-ek《方言》:"拔也。"

"溯" *s-ŋak-s,"逆" *ŋ-r-ak《说文》:"迎也。"

*-j- 中缀表示的使动态:

"缠" *dan 直连切 绕也,*djan-ʔ 持碾切 缠绕物也。

"扭" *nu,"揉、蹂" *nju。

"曼" *mʷan,《说文》:"引也。""挽" *mʷjan-ʔ《说文》:"引之也。"

"妥" *s-nər,安坐也。"绥" *s-njər,安享。

"畴" *du 直由切。"铸" *tʷju-s《说文》:"销金也。"

"坚" *kin《说文》:"刚也。""紧" *kjin-ʔ《说文》:"缠丝急也。"

(3)辅音屈折变化表示的使动态

清声母动词表示使动:

"败" *brat-s 自败,*prat-s 败他,《说文》:"毁也。"

《左传·隐公元年》:"惠公之季年,败宋师于黄。"《释文》:"败,必迈切,败他也。"

《左传·隐公五年》:"乱政亟行,所以败也。"《释文》:"不注音,读如字。"

"活" *gʷat 户括切,不死也。*kʷat 古活切,活之。

"住" *djo-s,"驻" *tjo-s。

"折" *djat > *ʑat 已断,*tjat 使断。

"屯、囤" *dʷən 聚集、堵塞,"顿" *tʷən-s。

"属" *djok 依附，*tjok 连接、跟随。

"踡" *gʷran，"卷" *kʷran-ʔ《说文》："厀曲也。"

不送气或浊声母动词派生为送气声母表示使动：

"卑" *pji《说文》："贱也。""睥" *phi-s，睥睨。

"评" *bjeŋ《广雅》："平也。""抨" *phreŋ，《说文》："掸也。"

"傅" *pʷak-s，至也。"赴" *phʷok-s。

"见" *kan-s《说文》："视也。""看" *khan-s 以手遮目而望。

"发" *pʷjat，弓弩的发射。"泼" *phʷat。

圆唇音和非圆唇对立表示使动：

"谤" *paŋ-s《说文》："毁也。""妨" *phʷjaŋ-s《说文》："害也。"

"併" *breŋ，俱也。"竝" *bʷeŋ-s，《说文》："併也。"

"剥" *prok，《说文》："裂也。""录" *bʷrok > *rok，《说文》："刻木录录也。"

"折" *djat > *ʑat。"剢" *tʷat《说文》："刊也。"

"荐" *s-tjən-s > *tsjəns，进献。"春" *thʷjən《说文》："推也。"

"介" *krat-s 间隔，"夬" *kʷrat-s 分决也。

战国和两汉时期后缀 *-s、*-ʔ 仍活跃。清声母动词、前缀和后缀或重复出现标记使动。表示使动态的前缀互补分布，表示使动态的后缀也互补分布，*-j- 为使动标记可与 *-r- 交替。

两汉时期以形态表示使动减弱，以"使"构成的使动较为普遍。

2. 自动态

自动态强调为施动者自行发起的行为或变化，标记有 *m- 和 *-g，两者互补分布。

"来" *m-rə-g。《诗经·大雅·灵台》："经始勿亟，庶民子来。"《诗经·大雅·常武》："王犹允塞，徐方既来。""来"，自来。

"柳" *m-ru-ʔ 聚也，"搜" *s-ru。

"霉" *m-rəl《说文》："中久雨青黑，微省声。""毁" *hʷral < *qʷ-ral。

"盟" *m-raŋ《说文》："诸侯再相与会。""谅" *k-raŋ-s《说文》："信也。"

"芼" *mʷe-g。《诗经·周南·关雎》："参差荇菜，左右芼之。窈窕淑女，钟鼓乐之。""芼""乐"为韵。

"呼" *hʷa-g。《诗经·大雅·荡》："式号式呼，俾昼作夜。""呼""夜"为韵。

表自动的前缀 *m- 和后缀 *-g 春秋之后渐不活跃。后者或代之以 *-k 或

-h（-ɣ）。

有的自动态动词无上述标记，与同根的使动态动词比较可区分。如：

"迤" *ljar-ʔ，衺行也。"拖" *s-lar > *thiar，曳也。

"斁" *ljak-s，败也。"释" *s-lak，解也。

"离" *rjal，"剐" *kʷral < *kʷ-ral。

以"自"和动词结合表示自动、主动和反身义的词《诗经》时代已有出现，战国时代常见。如《左传》中表自动义的有"自取""自讨""自惧""自归""自逸""自免""自来""自说"等。

3. 主动态

主动态强调行为是施动者的意愿，非主动态为中间态和被动态。

（1）*s- 表示主动态

"出" *khʷjət，"茁" *s-kʷrət > *tsruət，草初生出地。

"语" *ŋʷja-ʔ，"许" *s-ŋʷa-ʔ。

（2）*-j- 表示主动态

"误" *ŋa-s，"虞" *ŋja 欺诈。

"吴" *ŋʷa 大声说，"语" *ŋʷja-ʔ《说文》："论也。"

（3）*-s 表示主动态

"受" *dju-ʔ > *dʑuʔ（被动态），"授" *dju-s > *dʑus 予也（主动态）。

"塌" *thap，"蹋（蹹）" *dap-s 践也。

"買" *mri-ʔ，"賣" *mri-s。

（4）*-g 表示主动态

《诗经·小雅·出车》："我出我车，于彼牧矣。自天子所，谓我来矣。""来"可拟为 *mrə-g，与"亟" *kjək "牧" *mʷjək 韵。

《诗经·大雅·灵台》："经始勿亟，庶民子来。"《诗经·大雅·常武》："王犹允塞，徐方既来。"

"到" *te-g，至也。《诗经·大雅·韩奕》："蹶父孔武，靡国不到。为韩姞相攸，莫如韩乐。"

"收" *skju-g。《诗经·周颂·维天之命》："假以溢我，我其收之。骏惠我文王，曾孙笃之。"

清音、浊音声母对立，清音声母表示主动态。圆唇音声母表示主动态，非圆唇声母表非主动态。

4. 被动态

古汉语主要以句法表示被动的意义，也有形态变化区分主动和被动。*-ʔ 可能是被动态的标记。如：

"受" *dju-ʔ > *ʑuʔ（被动态），"授" *dju-s（主动态）。

"限" *grəl-ʔ > *ɣrənʔ，《说文》："阻也。""褰" *gʷrəl《说文》："侠也。"

西周时用"于"，春秋之后用"为""见"等表示被动句式，汉代"为……所"和"被"字句为常见。

5. 反身态

后缀 *-g 可表示反身，如：

"倍" *bə-g，背叛。《大雅·瞻卬》："如贾三倍，君子是识。""倍"，食言。

"悔" *smʷjə-ɣ。《楚辞·离骚》："夫孰非义而可用兮，孰非善而可服？阽余身而危死兮，览余初其犹未悔。""服" *bʷjək "悔" 韵。

《诗经》时代"躳"又写作"躬"，指自己，如"我躬""尔躬""王躬"等。如《诗经·小雅·小弁》："我躬不阅，遑恤我后。"《大雅·召旻》："溥斯害矣，职兄斯弘，不烖我躬。"《诗经·大雅·文王》："命之不易，无遏尔躬。"

战国时代"己" *kjə-ʔ 为反身代词，构成反身义，如《左传》中"罪己""修己"等。

6. 自主态和不自主态

自主态指施动者主观意愿的行为，标记有 *-ʔ 和 *-j-。不自主态为施动者主观上不能控制的行为，标记有 *-s。如：

"吐" *thʷaʔ（自主），*thʷas（不自主）。

"寫" *s-khja-ʔ，倾吐。《诗经·小雅·蓼萧》："既见君子，我心写兮。"

"瀉" *s-khjaq-s（不自主）。①

"张" *tjaŋ（自主），"胀" *tjaŋ-s（不自主）。

其他表示不自主的动词，如"泄" *s-lat-s、"恫" *loŋ-s 痛、伤心、"惧" *gʷjo-s、"病" *braŋ-s、"醉" *s-kʷət-s > *tsuəts、"墜（坠）" *dət-s《说文》："从高队也。"等。

---

① 《释名》："吐，泻也，故扬豫以东，谓泻为吐也。"

（三）古汉语的命令式

古汉语的命令式和祈使语气为一范畴，表示意愿、命令和处置。

1. *-j- 表示意愿、命令、处置

"没" *mʷət，无也。"勿" *mʷjət。

"毋" *mʷja《说文》："止之也。"

"俾" *bji-ʔ。《诗经·小雅·天保》："俾尔单厚，何福不除。"

"召" *de-s，召集。"詔" tje-s，告也。

"登" *təŋ，上车也。"證" *tjəŋ-s，告也。

2. 送气声母表示意愿、命令、处置

"逢" *bʷjoŋ，遇也。"徝" *phʷjoŋ，使也。

"避" *bik-s，回也。"譬" *phjik-s，谕也。

"左（佐）" *s-tar-s > *tsars，手相左助也。"差" *s-thral > *tshral，派遣。

"灌" *kʷan-s，敬酒。"勸" *khʷjan-s，勉也。

"作" *skak，造也，"措" *skhʷak-s，置也。

战国以前，*-g 后缀表示意愿、命令、处置。

*-s 后缀可表示向下方向。

（四）古汉语的完成体和持续体

1. 完成体

（1）"既、矣、其、止"表示完成

西周时"既"为副词 *kjəd 表已然，"矣" *Gjə-ʔ 在句尾表已然。"其" *gjə 为完成体前缀，"止" *kjəʔ 为完成体后缀。如：

《诗经·小雅·宾之初筵》："曰既醉止，威仪怭怭。"

《诗经·周颂·行苇》："假以溢我，我其收之。"

《诗经·大雅·抑》："无竞维人，四方其训之。"

《诗经·秦风·车邻》："今者不乐，逝者其亡。"

西周和春秋时代"已""止"义，战国时代"已" *djə-ʔ、"矣" *gjə-ʔ 表完成。前缀 *g-，浊塞音和圆唇音声母也构成动词的完成体。

中古早期"已" *djə-ʔ > *jə，"了" *rə > *lə 代替"已"的说法。虚化的"得""到"等表示达到了某目的。

（2）*g-（*gʷ-）、*ŋ-（*ŋʷ-）为完成体、持续体标记

*g-（*gʷ-）、*ŋ-（*ŋʷ-）为古汉语动词完成体、持续体标记，互补分布：

"攫" *kʷjak，夺取。"获" *gʷrak，猎所获也。

"览" *k-ram-ʔ，观也。"验" *ŋ-ram，证也。

（3）*-s 后缀为完成体标记

"徐" *slja > *zjo，《说文》："安行也。""除" *la-s，过去。《诗经·唐风·蟋蟀》："今我不乐，日月其除。"

"悔" *mʷjə-ʔ《说文》："伤也。""晦" *s-mʷə-s > *hʷəs，《说文》："月尽也。"

2. 持续体

（1）上古早期和中期持续体的标记

《诗经》时代"载" *stə（-g）除了"乘坐""装载""收藏"等义，还有"充满"等义。笔者以为可能还是清音动词的持续体前缀。[①] 如：

《诗经·小雅·采薇》："忧心烈烈，载饥载渴。"

《诗经·鄘风·载驰》："载驰载驱，归唁卫侯。"

此后"载"这类用法较少。"在"表动词的持续，西周之后仍沿用。如：

《诗经·周颂·闵予小子》："闵予小子，遭家不造，嬛嬛在疚。"

《吕氏春秋·开春论》："君子在忧，不救不祥。"

浊音声母表示非瞬间动词续体、状态或反复的动作。

"属" *tjok，连接、跟随，*djok，依附。

"旦" *tan-s，明也。"袒" *dan-ʔ，露也。

"喘" *thʷar，疾息也。"遄" *dʷjar > *ʑuan，往来数也。

圆唇声母也可表示动词的持续体或状态。

（2）上古晚期持续体的标记

塞音擦化，表示引起持续的状态。如：

"傅" *pʷja-g，相也。"扶" *bʷja > *vjo，左也。

"付" *pʷjo-s，与也，"符" *bʷjo > *vjo，信也。

"捧" *phʷjoŋ-ʔ，两手相逢以执之也。"奉" *bʷjoŋ > *vjoŋ，承也。

"爟" *kʷan-s，举火为爟。"炫" *gʷan > *ɣʷian 胡畎切，耀耀也。"眩" *gʷan > *ɣʷian，目无常主也。

"着"字本字为"著"，本义为显露，先秦文献中已有引申为附着、记录、命令等义，写作"著"，意为"附着"。汉末开始虚化，表示持续态，如：

---

① 谐声字"哉" *stə > *tsə，"栽" *stə，"戴" *təs。

《论衡·雷虚》："今钟鼓无所悬著……如必有所悬著……"

（五）古汉语的词性

古汉语词性的标记和转换通常以前缀和后缀表示。梅祖麟先生认为："动变名型在上古汉语早期（《诗经》以前）已经存在，而名变动型到去入通转衰退时期才兴起，绝对年代大概在战国跟东汉之间。"[1]

1. 名词、形容词派生动词

*s- 前缀表示以某物为对象的行为，如：

"囊" *naŋ，"镶" *s-naŋ 放在里面。

"甗" *ŋar，炊具。"献" *s-ŋars > *hjans，甗盛牲品供奉。

*q-（*ʔ-）前缀把名词、形容词变为动词，如：

"耀" *ljek-s，日光也。"爍（烁）" *q-ljek > *hljek，灼烁。

"络" *k-rak，"约" *ʔrak < *q-rak。

"漾" *ljaŋ-s，水流长。"畅" *q-laŋ-s > *thaŋs，通也、达也。

*-k 后缀把名词、形容词变为动词，如：

"肖" *stje > *sjeu，小也。"削" *ste-k > *sjek。

"蓼" *gʷ-rju-ʔ，辛苦。"勠（戮）" *gʷ-rju-k，并力也。

"箫" *siu，参差管乐。"啸" *siu-k，吹声也。

*-ʔ 后缀把名词、形容词变为动词，如：

"巫" *mʷa，"舞" *mʷa-ʔ。

"卬" *ŋaŋ，高也。"仰" *ŋjaŋ-ʔ。

"树" *dʷjo-s，*dʷjo-ʔ 树立。

*-s 后缀把名词变为动词，如：

"子" *skə-ʔ，"孳" *skə-s。

"道" *lu-ʔ，道路。"導（导）" *lu-s，导引也。

*-r- 中缀把名词变为动词，如：

"行" *gaŋ，大道。*graŋ < g-r-aŋ，行走。

"名" *mjeŋ，"命" *m-r-eŋ-s。

*-j- 中缀把名词变为动词，如：

"辬" *ban-ʔ，交也，"编" *pjan。

---

[1] 梅祖麟：《四声别义中的时间层次》，载《梅祖麟语言学论文集》，商务印书馆 2000 年版。

"冬" *tʷom，"终" *tʷjom。

"刀" *te，"钊" *tje 刓也。

2. 动词派生形容词和名词

*g-（*gʷ-）前缀把动词变为形容词，如：

"扬" *ljaŋ，举也。"尚" *g-ljaŋ-s > *ʑaŋs，高也。

"覃" *ləm《尔雅》："延也。""融" *gʷ-ljəm > *ljoŋ，长也。

*m- 前缀把动词变为形容词，如：

"毁" *hʷral，烧毁。"埙" *m-kʷral，毁坏。

"揉、蹂" *nju，"柔" *m-nju 从木矛声。

*-t 后缀把名词、动词变为形容词，如：

"淤" *qʷja 淀滓。"阏" *qja-t > *ʔjat，淤也。

"枯" *khʷa，"竭" *qja-t 水干涸。

*-s 后缀把动词变为名词，如：

"入" *njəp《说文》："内也。""内" *nəp-s《说文》："入也。"

"责" *skrek > *tsrek，"债" *skrek-s > *tsres。

"列（排列）" *rjat，"例" *rjat-s > *rjas。

四、古汉语的词源关系

（一）汉语和藏缅语的词源关系

汉藏语系中汉语和藏缅语的词源关系最为密切，也是历来研究者讨论最多的，两者的分歧和对应都甚为复杂。其基本词的关系可以下列的几个词项为代表：

语言	太阳	月亮	水	火
汉语	*nit	*ŋat	*qlir-ʔ	*smʷal
藏语支	*ni	*səla	*kru	*me、*mi
缅语支	*ni	*la	*gri	*mi

"太阳"藏文 n̥i，缅文 ne² < *ni，跟汉语"日"的词根对应。"热"（动词）扎坝语 ə⁵⁵n̥i⁵⁵，缅文 hnwe³（< *s-ni）等的词根也是如此。

"日"汉语 *nit，对应于南岛语如"太阳、热"菲律宾北部的卡林阿语（Kalinga）īnit。"热"他加洛语 īnit，巴厘语 m-init。南岛语系的这个词可能来自早期的汉语，*-t 是早期汉语的后缀。

汉语甲骨卜辞的"月"可以解释为"月"和"夕"。当时这个字可能有两个读法,"月"*ŋat 和"夕"*slak。

汉语"夕"*sljak > *zjak,《说文》:"莫也。""夜"*ljag,暮也。"夜"藏文 zag < *ljak。

汉语"水"*qʷ-lir-ʔ。"洟"*ljir《说文》:"鼻液也。""涕"*thir < *qlir-ʔ,眼泪。

"流、漏"夏河藏语 zər < *ljər。

"火"汉语 *s-mʷal,有词源关系的是藏缅语的另一种说法。喜马拉雅语支塔米语(Thami)meh,库基–那加语支安德罗语(Andre)wɑl < *mel。

汉语和藏缅语基本词的语音对应可分述如下。

1. 声母辅音的对应

古汉语和古藏缅语唇、齿和舌根清、浊塞音的分别对应。

古藏语前缀 g-、d-、b-、r-、l- 和 s- 后的清塞音不送气,前缀 m- 和 ʔ- 后送气。[①]

(1)清塞音声母的对应

古汉语和古藏语唇塞音声母的对应:

"飞"*pʷjər。藏文 ɦphur < *m-pur。

"卜"*pʷok。"推测"藏文 dpog < *d-pok。

"蹯"*bʷar《尔雅》:"兽足。"藏文"手掌"sbar,"爪子"spar。

古汉语和古藏语舌尖塞音声母的对应:

"对"*tʷəps。"回答"藏文 ɦdebs < *m-debs。

"滴"*tik《说文》:"水注也。""滴"藏文 ɦthig,嘉戎语 nthɐk < *m-tik。藏文"零碎"tsig < *tik,"肉丁"sti ga。

"識"*s-thjək > *hjək,《说文》:"常也、知也。"藏文"知道"rtog < *r-tok。

"徒"*dʷa,步行。藏文"过、超过"ɦda > *m-da,ɦdas。

"投"*do《说文》:"摘也。""石头"藏文 rdo < *r-do。"扔"藏文 dor < *do-r,义都珞巴语 ndo⁵³ < *m-do。

"嬋"*djal > *zan,《说文》:"婵娟,态也。"藏文"安闲"dal、gdal。

古汉语和古藏语舌根塞音声母的对应:

---

① P. K. 本尼迪克特:《汉藏语言概论》,第 17 页。

汉语"勾"*ko《说文》："曲也。"藏文"钩子"kyu。

"酸"*skʷar > *suan。"酸的"藏文 skyur，墨脱门巴语 tɕur < *skjur。

"荷"*gal。藏文"驮、荷、承当"gal，"（肩）背"sgal < *s-gal。

"割"*kat《说文》："剥也。"藏文"隔断"cad < *kjat，"弄断"gchod < *g-khjot。"劈"藏语阿力克话 kwat < *kʷat。

"椵"*kra-ʔ，坚固。"硬、好"藏文 krag < *kra-g。

"莊（庄）"*skraŋ > *tsraŋ，艸大也。藏文"肿"skraŋ、sraŋ，"撑开"brgyaŋs < *b-graŋ-s。

（2）送气塞音声母的对应

藏缅语塞音的清、送气清和浊三分在藏羌、彝缅语支语言里保持较好。藏羌、彝缅语支语言和汉语送气清塞音声母的对应词应有某种共同的来源。如：

"口"*kho-ʔ。"嘴"藏文 kha，嘉戎语 tə kha。

"苦"*khʷa-ʔ。"苦"藏文 kha（mo）。缅文 khɑ³，普米语兰坪话 qhɑ¹³，羌语 qhaχ。

"空"*khoŋ《说文》："窍也。""腔"*khroŋ，内空也。"控"*khoŋ-s，使空。"孔、穴"藏文 khuŋ，"腾空"shoŋ < *s-khoŋ。"洞"纳西语 kho³³。

汉语与藏缅语塞音不送气对送气的对应如：

"胞"*pru，子宫。"子宫"藏文 phru-ma < *pru。

"甲"*krap。"鳞"藏文 khrab。

"角"*kruk。"角落"藏文 khug。

藏语支语言中可能发生过 *Cr- > *Chr-。

（3）古汉语词根 *l- 跟古藏语的对应

古汉语词根 *l- 跟藏语的对应词有三类主要的对应关系，反映了古藏语不同方言 *l- 的演变情况不同，也有不同时期汉、藏语之间的借用。

汉语 *lj- 和古藏语 l- 的对应：

"尚"*g-ljaŋ-s，高也。"上升"藏文 laŋs < *laŋ-s。

"用"*ljoŋ-s，施行。"用、享受"藏文 loŋs。

"容"*ljoŋ，从容。"安闲"藏文 loŋ。

"痒"*ljaŋ-ʔ《说文》："疡也。""一种疱疮"藏文 glaŋ。

汉语 *lj- 和古藏语 j-（y-）的对应：

"常"*g-ljaŋ > *ljaŋ，《说文》："下帬也，尚声。""兽皮的衣服"藏文 g-jaŋ。

"淫" *ljəm > *liəm，乱也，迷惑。"淫欲、行淫"藏文 g-jem < *g-lem。

"祥" *gljaŋ。"幸福"藏文 g-jaŋ。

"誃" *dar < *lar，离散。藏文"散开"yar < *lar，"流浪"qjar < *g-lar。

"易" *ljaŋ《说文》："一曰飞扬。"藏文"轻"yaŋ < *ljaŋ，"飘浮"g-jeŋ < *g-laŋ。

"嗌" *qlik > *ʔik，喉也。"縊（缢）" *qlik-s，《说文》："经也。""脖子"景颇语 tuʔ³¹ < *luk。"打嗝"藏文 g-jig-s < *g-liks。

汉语 *l- 和古藏语 d- 的对应：

"扬" *ljaŋ。藏文"起床"ldaŋ，"出现"ldaŋ-s，"上升"laŋs < *laŋ-s。

"地" *lar-s，"泥土"藏文 lder。

"谈" *lam《说文》："语也。"藏文"教导"gdams，"誓言"dam，"话"gtam。

古藏语词根 l- 和 d- 的交替，有的跟动词或名词的前缀有关。如：

"返回"log，"倒回"sdog。

"坨子"log，"颗、粒"rdog。

"学会"lob、ldob。

"上升"laŋs < *laŋ-s，"出现"ldaŋ-s。

（4）古汉语词根 *r- 和古藏语的对应

"裂" *rat，"别" *b-rat，"拔" *b-rat，"揠" *q-rat > *ʔrat，《说文》："拔也。"藏文"撕开"ɦbrad < *mb-rat。

"體" *s-ril《说文》："总十二属也，豊声。"藏文"整个"ril、hril，"圆的"hril-hril。

"離" *ral，去也、分也。"蠡" *ral-ʔ《方言》卷六："分也。"藏文"破"ral，"撕"phral，"分开"bkral，"缝隙"sral，"分离"ɦbral < *mb-ral，"撕裂的"ral-ba，"撕碎"hral-ba。

"立" *g-rəp > *rəp，《说文》："住也。""站"博嘎尔珞巴语 rop，缅文 rap，他杭语 rappa，独龙语 ɹɛp⁵⁵ < *rap。

古汉语和古藏语 *-r- 类复辅音的对应：

"所" *s-gʷra-ʔ > *sraʔ。《诗经·小雅·出车》："自天子所，谓我来矣。"藏文"场地"grwa < *gʷra，"院子"rwa < *gʷra。

"纍" *gʷrəl《说文》："缀得理也，一曰大索也。"藏文"卷"sgril < *s-gril，"被绕"ɦgril < *m-gril。

"赫"*hrak，赤也，威严貌。藏文"血"khrag，"害怕"skrag。

"领"*mreŋʔ。"脖子"藏文 mgriŋ。

"八"*prat。"八"藏文 brgyad。

2. 古汉语和古藏语流音韵尾的比较

（1）歌部 *ar 和藏缅语词的对应

"燔"*bʷjar > *bʷjan，烤也。藏文"燃烧"vbar < *m-bar。卡瑙里语"烧"bar（不及物），par（及物）。

"翻"*phʷjar > *phʷjan 孚袁切，《说文》："飞也。"藏文"跳动、升高"ɦphar，"跳跃"par。

"蹯"*bʷar《尔雅》："兽足。"藏文"手掌"sbar，"爪子"spar。

"酸"*skʷar > *suan。"酸的"藏文 skyur，墨脱门巴语 tɕur < *skjur。

"地（墜）"*lar-s > *dars 徒内切。"泥土"藏文 lder。

"惴"*tʷjar《说文》："忧惧也。"藏文"发抖"ɦdar，"怯懦"sdar。

"垂"*dʷjar > *ʐuar。藏文"下滴状"tsar < *tjar，"垂着"ɦdzar < *m-djar。

"垣"*gʷjar > *ɣʷjan，《说文》："墙也。"藏文"营地、寺院"sgar，"碉堡"mkhar < *m-khar。

"弛"*qljar-ʔ > *hljarʔ，《说文》："弓解也。"藏文"散开"yar < *ljar，"流浪"gyar < *g-ljar。

（2）微部 *ər 和藏文词的对应

"围"*gʷjər，"帏"*gʷjər，"军"*kʷjər《说文》："圜围也。"藏文"圆的"sgor，"弯曲"ɦkhyor，"使弯曲"skyor。

"運（运）"*gʷjər-s《说文》："迻徙也。"藏文"携带"khur，"背"ɦkhur < *m-khur。

"飞"*pʷjər。藏文 ɦphur < *m-phur。

"逡"*s-khʷjər > *tshjuən。藏文"携带"khur，"背"vkhur < *m-khur。

"喷"*phʷər。藏文"喷出、溢出"ɦphur < *m-pjur。

"撚"*nər > *nən 乃殄切，《说文》："执也，一曰蹋也。"藏文"挪动"rnur，"被揉好"nur。

"帷"*gʷjər 洧悲切《说文》："在旁曰帷。"藏文"帐篷"gur。

（3）脂部 *ir 和藏文词的对应

"抵" *tir-ʔ 丁礼切《说文》："挤也。"藏文"挤、拧" ɦchir < *m-thjir，"浸出" ɦdzir < *m-djir。

"泥" *nir《说文》："尼声。"藏文"抹（泥）" nul，"泥" nul。

"水" *qʷ-lir-ʔ。"流、漏"夏河藏语 ʐər < *ljər。

（4）歌部 *al 和藏文词的对应

"荷" *gal《说文》："儋也。"藏文"驮、荷、承当" gal，"（肩）背" sgal < *s-gal。

"加" *kral《说文》："语相增加也。"藏文"差税" khral，"征派" bkral。

"披" *phral《方言》卷六："东齐器破曰披。"藏文"撕" phral。

"波" *pʷral 博禾切《说文》："水涌流也。"藏文"额纹" spral。

"離" *rjal > *rjej。藏文"分离" ɦbral < *m-b-ral，"缝隙" sral。

"繟" *thjal-ʔ > *thjanʔ，《说文》："带缓也。"藏文"散布" rdal，"摊开、蔓延" gdal。

"嬋" *djal > *ʑan，《说文》："婵娟，态也。"藏文"安闲" dal、gdal。

"過" *kʷal-s《说文》："度也。"藏文"跨过、经过" rgal < *r-gal。

"凸（剐）" *kʷral《说文》："剔人肉置其骨也。""剮" *kʷrat《说文》："刮去恶创肉也。""别" *brat 分解也。藏文"解开" sgrol，"使分离" phral。

（5）微部 *əl 和藏文词的对应

"纍" *gʷ-rəl > *rəl，《说文》："缀得理也。"藏文"卷" sgril < *s-gril，"被绕" ɦgril < *m-gril，"缠绕" ɦkhril < *m-kril。

"壞（坏）" *gʷrəl-s、*kʷrəl-s《说文》："败也。"[1] 藏文"腐烂" rul，"落下" khrul < *kh-rul，"碎" brul < *b-rul。

"洗" *səl-ʔ《说文》："洒足也。"藏文"冲洗" bɕəl < *b-səl，"沐浴" bsil < *b-sil。

"银" *ŋrəl《说文》："白金也。"藏文"银子" dŋul。

"諄" *tʷjəl《说文》："告晓之孰也。"藏文"温顺" ɦdul < *m-dul，"约束" rtul < *r-dul。

---

① 《广韵》：胡怪切，自破也，又古坏切。

"椎" *dʷəl《说文》："击也。"藏文"穿透" thol，"弄穿" rdol < *r-dol。

"開（开）" *khəl《说文》："张也。"藏文"一旁" khol，"分开" ɦgol < *m-khol。

"铣" *səl > *sən，《说文》："金之泽者。"藏文"金子"藏文 gser，"黄的" ser。

"迺" *nəl-ʔ > *nəʔ 往也，远也。藏文"漫游、巡行" njul，"巡查" gnjul，"漫游" mjul < *m-njul。

（6）脂部 *il 和藏文词的对应

"體（体）" *s-ril。藏文"整个" ril、hril，"圆的" hril-hril。

"屖" *stil > *sil 滞留不进。藏文"受挫折" ɦjil < *m-djil。

早在东汉时汉语中部方言读书音的流音尾丢失，汉语和古藏缅语流音尾的借词当早于此。

3. 古汉语和古藏缅语鼻音韵尾的对应

（1）*-m 的对应

"躳（躬）" *kʷjəm > *kʷjoŋ，《说文》："身也。""身体"景颇语 khum³¹，纳西语 gu³³mu³³，哈尼语绿春话 ɣo⁵⁵mo⁵⁵ < *gum。

"濫（滥）" *gram-ʔ《说文》："泛也。"藏文"散开" gram，"洒" bgram < *b-gram。

"嚴（严）" *ŋjam《说文》："教命急也。"藏文"威严" ŋam，"威风" dŋom。

（2）*-n 的对应

"捆" *khʷən-ʔ。藏文"捆、束" chun < *khun，"约束" vjun < *m-gun。

"聯（联）" *k-rjan > *rjan，《说文》："连也。"藏文"经线" ran，"牵引" bran < *b-ran。

（3）*-ŋ 的对应

"蒙" *mʷoŋ，覆也。"蒙蔽"藏文 rmoŋs < *r-moŋ-s。

"空" *khoŋ《说文》："窍也。""孔、穴"藏文 khuŋ。

"上" *g-ljaŋ-s，动词 *g-ljaŋ-ʔ。"上升"藏文 laŋs < *laŋ-s。

"祥" *g-laŋ《说文》："福也，一云善。""幸福"藏文 g-yaŋ < *g-laŋ。

"量" *g-rjaŋ > *rjaŋ。"数数、计算"藏文 ɦgrangs < *m-graŋ-s。

4. 古汉语和古藏语塞音韵尾的对应

（1）唇塞音韵尾的对应

"甲" *krap《释名》："孚甲。""鳞"藏文 khrab。

"疊（叠）"*dəp > *diəp。"沓"*dəp > *dəp，重也。藏文"折"ldeb < *l-dep，"增添"rdzob < *r-djop，"堆积"bstebs-vdzogs。

"熠"*gljəp > *ljəp。藏文"照耀"lheb < *s-lep。

"習"*g-ljəp > *zjəp。藏文"学"slab，"学会"lob、ldob。

（2）古汉语和古藏缅语舌尖塞音韵尾的对应

"八"*prat。"八"藏文brgyad。

"契"*khiat-s 契刻。《诗经·大雅·绵》："爰契我龟。""刻"藏文khjad。

"泄"*slat-s > *siats，漏也。《诗经·大雅·民劳》："惠此中国，俾民忧泄。""滑的"独龙语tɯ³¹klat⁵⁵ < *klat。阿昌语tʂhuat⁵⁵，浪速语tʃat⁵⁵ < *klat。

古藏语*-d韵尾有的来自后缀*-t。后缀*-t可以与韵尾*-n、*-l、*-r等结合，八九世纪脱落。巴尔蒂语中这个后缀还可以是成音节的形式。

汉语*-t对应藏缅语-ø：

"日"*nit。"太阳"藏文ɳi（ma），缅文ne²，卢舍依语ni < *ni。

"筆（笔）"*prət。"写、画"藏文bri。

（3）舌根塞音韵尾的对应

"曲"*khok，"局"*gok，"角"*krok < *k-r-ok（*-r- 表示成对）。藏文"弯曲的"gug，"弯"（名词）khug，"弄弯"figug。

"滴"*tik《说文》："水注也。"藏文"滴下"fithig < *m-tik，"零碎"tsig < *tik，"肉丁"sti ga。

"識"*s-tjək > *hjək，《说文》："常也、知也。""知道"藏文rtog < *r-tog。

"織"*tjək。藏文"织"fithag < *m-thak，"织物"thags < *thak-s。

"赫"*hrak。《诗经·邶风·简兮》："赫如渥赭，公言锡爵。""赫"，赤也。藏文"血"khrag，"害怕"skrag。

"目"*muk。"眼睛"藏文mig < *mik。

*-k对应藏缅语-ø

"百"*prak。"百"藏文brgya，拉达克语rgya < *b-gra。

"麝"*glak。"麝、獐"藏文gla。

5. 古汉语和古藏语元音的对应

（1）古汉语*a的对应

"所"*sgʷra-ʔ > *sruaʔ，处所。藏文"场地"grwa < *gʷra。

"語" *ŋʷja-ʔ《说文》："论也。"藏文"话语"ŋa-g。

"挭" *kra-ʔ 坚固。"硬、好"藏文 krag < *kra-g。

（2）古汉语 *e 的对应

"兆" *le-ʔ > *deuʔ，《说文》："分也。"藏文"枝"le，"编织"sle，"背筐"gle。

"交" *kre《说文》："交胫也。"藏文"缠绕"skri，"打滚"ɦgre < *m-gre。

"驚" *kjeŋ《说文》："马骇也。"藏文"吃惊"ɦkhyeŋ（ba）< *m-kjeŋ。

（3）古汉语 *i 的对应

"是" *dji-ʔ > *ʑiʔ 指示代词。藏文"这"ɦdi < *m-di。

"日" *nit < *ni-t。"太阳"藏文 ȵi，缅文 ne[2]，卢舍依语 ni < *ni。

"吉" *kjit《说文》："善也。""愉快"藏文 skyid < *s-kjit。

"犀" *stil > *sil，滞留不进。藏文"受挫折"ɦjil < *m-djil。

"體（体）" *s-ril。藏文"整个"ril、hril。

（4）古汉语 *o 的对应

"谕" *ljo-s，告也。藏文"说"slos < *s-lo-s。

"尌" *dʷjo-s > *ʑuos，立也。藏文"石堆"tho，"高"mtho < *m-tho。

"鬥" *to-s。藏文"对手"do。

（5）古汉语 *u 的对应

"浮" *bju，泛也。"气泡"藏文 sbu。"漂浮"缅文 pɔ[2]，彝语 bu[33] < *bu。

"寥" *g-ru > *ru，空也。藏文"去壳"bgru < *b-gru。

"包" *pru《说文》："象人裹妊，已在中。""子宫"藏文 phru-ma < *pru。

（6）古汉语 *ə 的对应

笔者推测，古汉语西周时期从五元音演变为六元音，东部方言为五元音，中部和西部方言六元音。春秋时 *e 已演变为 *eu，单元音仍是五个。

古汉语 *ə 元音可对应藏缅语 *e：

"怠" *lə-ʔ《说文》："慢也。""迟"拉祜语 lɛ[33]，哈尼语绿春话 lɤ[33] < *le。

"右" *gjəs。"右（边）"藏文 g-jas，道孚语 ʁje < *gjes。

古汉语鼻音、流音韵尾音节中 *ə 可对应藏缅语 *u：

"遵" *stʷən《说文》："循也。"藏文"按照、遵循"thun pa，"同意"stun pa。

"捆" *khʷən-ʔ。藏文"捆、束"chun < *khun。

"壞" *gʷrəl-s《说文》："败也。"藏文"腐烂"rul。

"迺" *nəl-ʔ，往也。藏文"漫游、巡行"njul。

6. 古汉语和藏缅语的词源关系

汉语和藏缅语有自然事物、身体部位名称、身体的基本动作方面的对应词，可说明两者历史上有密切的关系。

"日" *nit < *ni-t。[①] "太阳"藏文n̩i，缅文ne[2]，卢舍依语 ni < *ni。"神"拉祜语 ne[53]，傈僳语 ni[31] < *ni。

"昊" *gu-ʔ > *ɣuʔ 天也。"高的"哈尼语 go[31] < *gu。

"地（墬）" *dar-s。"泥土"藏文 lder < *l-der。

"火" *hʷəlʔ < *smʷəl-ʔ。"火"塔米语 meh，那加-库克语支安德罗语 wɑl < *mʷel。

"江" *kroŋ，长江专名。"河"怒苏语 khɹoŋ[55] < *kroŋ。

"阜" *bju《释名》："土山曰阜。""山"彝语喜德话 bo[33]，木雅语 mbo[53] < *bo。

"冈（岗）" *kaŋ < *m-kaŋ，《说文》："山骨也。""小山"藏文 sgaŋ。

"碌" *b-rok。"岩石"藏文 brag，嘉戎语 prak < *brak。

"巉（岩）" *ŋram。"巉" *dzramʔ < *s-gram-ʔ。藏文"石" rgyam < *r-gjam，"威严" rŋam < *ŋram。

"溝（沟）" *ko《说文》："水渎。""沟"藏文 rka。

"谷" *kʷlok > *kʷok，泉出通川为谷。"峪" *ljok《玉篇》："山也。""山谷"纳西语 lo[21]，吕苏语 luo[33]ku[55] < *loku。

"窟" *khʷət 窟穴。藏文"山沟" khud，"挖掘" rkod。

"涵" *gəm《说文》："水泽多也。""潗" *s-gʷəm，水汇流之地。藏文"泥塘、泥" adʑim < *agim。

"雲（云）" *gʷjən。"烟"错那门巴语 me[35]kun[55]，傈僳语 mu[31]khu[31] < *me-gun（火-烟）。

"雾" *mog《说文》："地气发，天不应。""雺" *mok。"雾"藏文 smug。"云"墨脱门巴语 muk pa。

"雷" *gʷ-ril > *rəl。藏文"滚动" ril，"卷" sgril < *s-gril。

"晦" *s-mʷə-s > *hʷəs，《说文》："月尽也。"藏文"雾" rmu，"（天）阴" dmus pa。

---

① *-t 后缀表示结果或状态。如"淤" *qʷja（《说文》："淀滓。"），"阏" *qja-t > *ʔjat（淤也）。

"夕" *sljak > *zjak,《说文》："莫也。""夜" *ljag，暮也。"夜" 藏文 ʐag < *ljak 一夜的 "夜"。

"昏（昬）" *smʷən > *hʷən,《说文》："日冥也，一曰民声。" 藏文 "暗" mun，"黄昏" mun（rub）< *mun，"愚昧" dmun。

"年" *nin < *niŋ,《说文》："谷孰也。""年" 错那门巴语 niŋ⁵⁵，景颇语 niŋ³¹，博嘎尔珞巴语 n̪in < *niŋ。

"人" *nin《说文》："天地之性最贵者也。""家属、亲戚" 藏文 ɦnyen < *m-njen。

"男" *nəm《说文》："从田从力，用力于田也。""农民" 藏文、墨脱门巴语 so nam pa，道孚语 sə naəm pa < *so-nam（-pa）。

"女" *nʷa-ʔ《说文》："妇人也。" 藏文 "女人" nag < *na-g，"女方亲戚" snag。

"婦（妇）" *bjə-ʔ。"妇女" 独龙语 pɯ⁵⁵（ma⁵⁵）< *bə。

"甫" *pʷja-ʔ《说文》："男子美称也。""父" *bʷja-ʔ。"父亲" 藏文 pha，博嘎尔珞巴语 a bo。"巫师、巫婆" 墨脱门巴语 pa wa。

"子" *skə-ʔ > *tsəʔ。"字" *sgjə-s > *dzjəs,《说文》："乳也。""婴儿" 格曼僜语 sɑ⁵⁵kɯ³¹ŋɑ³⁵ < *sakə-ŋa。"男人" 藏文 skjes pa。

"兒" *ŋji《说文》："孺子也。""小" 缅文 ŋaj²，浪速语 ŋai³¹ < *ŋi。

"主" *tjo-ʔ 主人。"主人" 博嘎尔珞巴语 a to。

"氓" *mraŋ《说文》："民也。" 藏文 "民众" dmaŋs < *d-maŋ-s。

"敌" *dik《说文》："仇也。" 藏文 "怕" ɦjigs < *m-diks，"恐吓" sdig < *s-dik，"威胁" rdzig < *r-dik。

"名" *mjeŋ。"名字" 藏文 miŋ，载瓦语 mjiŋ⁵¹ < *miŋ。

"我" *ŋar < *ŋa-r。"我" 藏文 ŋa，缅文 ŋɑɑ² < *ŋa。

"爾（尔）" *njir < *ni-r。"你" 道孚语 n̪i，土家语 n̪i³⁵ < *ni。

"定" *deŋ-s > *dieŋs，额。《诗经·周南·麟之趾》："麟之定。" 藏文 "额" mdaŋs。

"顶" *teŋ-ʔ《说文》："颠也。""上面" 藏文 steŋ < *s-teŋ。

"鬓" *pjin。藏文 "外" phyin < *phjin。

"口" *kho-ʔ。"嘴" 藏文 kha，嘉戎语 tə kha，卢舍依语、哈卡钦语 ka。

"目" *muk《说文》："人眼。""眼睛" 藏文 mig < *mik。

"齿" *khjə-ʔ《说文》:"止声。""牙齿"泰语 khiəu³,水语 ɕu¹ < *s-kho-ʔ。

"龂(龈)" *ŋjər > *ŋjən,《说文》:"齿本也。""牙齿" 喜马拉雅语支杜米语（Dumi）、吉姆达尔语（Jimdar, Rai）ŋilo < *ŋilo。

"唇(脣)" *sdʷjən > *dzjuən,《说文》:"口端也。"藏文"嘴唇" mtɕhu < *m-du。

"舌" *s-ljat > *zljat > *dʑat。"舌"景颇语 ʃiŋ³¹let³¹ < *s-let。

"辅" *bʷja-ʔ,脸颊。"哺" *bʷa-s,《说文》:"哺咀也。""腮"嘉戎语（tə）ʐba < *r-ba,缅文 pa³。哈尼语 ba³¹ ba³³。

"耳" *njə-ʔ。"刵" *njə-s《说文》:"断耳也。""而" *njə《说文》:"颊毛也。""耳朵"藏文 rna。巴尔蒂语 sna,哈卡钦语 hna < *s-na。

"胡" *gʷa,胡须,《说文》:"牛顄垂也。"藏文"胡须" rgya,"老" rga。

"颈" *kjeŋ-ʔ,项也。"茎" *greŋ《说文》:"枝柱也。""胫" *gieŋ。"干,本,腿"藏文 rkaŋ。

"翁" *qʷloŋ > *ʔuoŋ,《说文》:"颈毛也。""脖子"博嘎尔珞巴语 lɯŋ poŋ,缅文 laŋ²paŋ² < *loŋ-poŋ。

"肠" *laŋ《说文》:"大小肠也。""肛门"藏文 gzaŋ < *gljaŋ。"男生殖器"墨脱门巴语 loŋ < *laŋ。

"手" *s-nuʔ《说文》:"拳也。""丑" *s-nuʔ > *thuʔ,《说文》:"亦举手时也。""手指"阿昌语 -n̩au³¹,怒苏语 -n̩ɯ⁵⁵ < *snu。

"爪" *skru-ʔ > *tsruʔ,手足甲也。"指甲"嘉戎语 ndzru,道孚语 ldzə< *l-gru。"爪子"缅文 khre² < *kri。

"脯" *bʷas < *bʷa-s。"胸脯"藏文 sbo。

"亦" *ljak,"腋" *ljak。"掖" *ljak《说文》:"以手持人臂投地也,一曰臂下也。""腋"纳西语 la²¹ko⁵⁵ < *laku。"手"藏文 lag,缅文 lɑk⁴ < *lag。"五"拉达克语 rgɑ。

"乳" *njo-ʔ《说文》:"人及鸟生子曰乳。""乳房"藏文 nu ma,道孚语 nu nu < *nu。缅文 no¹um² < *nu-ʔum。

"腹" *pʷjuk。"肚子"缅文 bok,嘉戎语 tə pok,那加语奥方言 te pok < *pok。

"胁(脅)" *hjap 腋下,肋骨。"挟" *gap《说文》:"俾持也。""肋骨"错那门巴语 kep⁵³ < *kep。"拥抱"藏文 khyab < *khjap。

"疋"*sŋʷra-ʔ《说文》："足也，上象腓肠，下从止。""膝盖"嘉戎语 tə mŋa < *m-ŋa，道孚语 rŋə。

"止"*kjə-ʔ，带趾的足形。"趾"字后起。"脚"道孚语、却域语 ṣko < *s-ko。

"體（体）"*s-ril《说文》："总十二属也，豊声。""肌"*k-ril《说文》："肉也。"藏文"整个"ril、hril，"圆的"hril-hril。

"躬"*kʷjəm > *kʷjoŋ 居戎切，《说文》："身也。""身体"景颇语 khum³¹，纳西语 gu³³mu³³，哈尼语绿春话 ɣo⁵⁵mo⁵⁵ < *gum。

"髏"g-ro《说文》："髑髏也。""骨"藏文 rus，哈卡钦语 ru < *ru-s。

"心"*snəm。"念"*niəm-s《说文》："常思也。""心"景颇语 sǎ³¹lum³³ < *sni-lum。"想法"藏文 nyams。

"包"*pru《说文》："象人裹妊，巳在中。""子宫"藏文 phru-ma < *pru。

"毛"*mʷe。"毛"缅文 mwe³，阿昌语 mui³¹ < *mʷi。

"髆"*pak《说文》："肩甲也。""肩"嘉戎语 rpak < *r-pak。

"髎"*gru《广韵》："髋骨。""肘"藏文 gru，嘉戎语 kru < *gru。

"液"*ljak，津液。藏文"滴下"zags < *lak-s，"滴下、滴落"vdzag < *m-lak，"使滴下"tshag。

"尿"*niek-s《说文》："人小便也。""污垢"藏文 nyig < *njik。

"虎"*hʷla-ʔ《说文》："山兽之君。""老虎"史兴语 la⁵⁵，彝语喜德话 lɑ⁵⁵，纳西语 lɑ³³ < *la。

"象"*gljaŋ-ʔ > *zjaŋʔ。藏文"大象"glaŋ-。

"熊"*gʷjəm。"熊"史兴语 gĩ³⁵，格曼僜语 kum⁵⁵ < *gʷum。

"羊"*g-ljaŋ > *ljaŋ。"绵羊"达让僜语、义都珞巴语 kɯ³¹joŋ³⁵ < *kəloŋ。

"鳦（乚）"*bʷja《说文》："鳦也。""鸟"藏文 bye，格曼僜语 wa < *bʷa。

"鳩"*kju。"布谷鸟"藏文 khu，木雅语 kə⁵⁵ ku³³。

"魚"*ŋʷa 语居切《说文》："水虫也。""鱼"*ŋa。景颇语 ŋa⁵⁵，缅文 ŋa³ < *ŋa。

"蹯"*bʷar《尔雅》："兽足。"藏文"手掌"sbar，"爪子"spar。

"甲"*krap。藏文"鳞"khrab < *krap。

"木"*mok。"竹子"藏文 smyug < *s-mjug。

"葉（叶）"*ljap《说文》："草木之叶也。""枼"*ljap《说文》："薄也。""叶子"景颇语 lap³¹，独龙语 lɑp⁵⁵，格曼僜语 lop⁵³ < *lap。藏文"叶子"lob ma，"扁"leb，"片"lheb < *slep，"压扁"gleb < *g-lep。

"稼" *kra-s《说文》："在野曰稼。""草"义都珞巴语 kɑ⁵⁵ɹe⁵⁵ < *kara。

"薪" *skiŋ > *sin，《说文》："荛也。粗为薪，细为蒸。""树枝"景颇语 khjiŋ³¹，毕苏语 khjaŋ³¹。"树"墨脱门巴语 çiŋ < *skiŋ。"木头"藏文 çiŋ < *skiŋ。

"殼（壳）" *khrok，皮壳。藏文"壳" khog、skog，"硬" krag、khregs。

"芑" *khjəʔ，白黍。"小米"景颇语 ʃã³³kji³³。

"巷" *groŋ-s > *ɣroŋs，里塗也。"村庄、人家"藏文 groŋ。

"宫" *kʷjəm《说文》："室也。""宋" *s-kʷəm-s > *soŋs，《说文》："居也。""房子"独龙语 cim⁵³，错那门巴语 chem⁵³ < *kjum。"家、住宅"藏文 khyim。

"方" *pʷjaŋ，筏、渡水。"船"义都珞巴语、达让僜语 peŋ³⁵ < *peŋ。"船"布拉安语 awəŋ，鲁凯语 avaŋ，邹语 abaɲ< *ʔabaŋ。

"墙（坟）" *bʷjər > *bʷjən，《说文》："墓也，贲声。"藏文"坟" aphel。

"鍼" *kjəm《说文》："所以缝也。"藏文"缝" fitshem < *m-khjem。

"斧" *pʷja-ʔ《说文》："斫也。""斧子"嘉戎语 tə rpɑ < *r-pa。

"仓" *skhaŋ。"藏" *sgaŋ《说文》："匿也。"藏文"房子" khaŋ pa，"注满" bkaŋ。"藏起来（的物品）" sgoŋ ba，"藏" skuŋ。

"庭" *deŋ 庭院，《说文》："宫中也。""廷" *deŋ《说文》："朝中也。"藏文"草地，院子" daŋ。

"垣" *gʷjar > *ɣʷjan，《说文》："墙也。""院（寏）" *gʷjar-s > *ɣʷjans，《说文》："寏，周垣也，奂声。"藏文"营地、寺院" sgar，"碉堡" mkhar < *m-gar。

"墙" *sgjaŋ > *dzjaŋ，《说文》："垣蔽也。"藏文"土墙" gyaŋ。

"汀" *theŋ《说文》："平也。"藏文"平地" thaŋ。

"场" *laŋ > *daŋ，《说文》："祭神道也，一曰田不耕，一曰治谷田也。""（田）地"错那门巴语 leŋ³⁵，嘉戎语 sɐ ʒən < *sa-leŋ。

"所" *sgʷra-ʔ > *sruaʔ，处所。《诗经·小雅·出车》："自天子所，谓我来矣。"藏文"场地" grwa < *gʷra，"院子" rwa < *gʷra。

"径" *keŋ-s > *kieŋs，《说文》："步道也。""直"藏文 kyaŋ。

"簟" *dəm-ʔ《说文》："竹席也。"藏文"卧室，睡床" gzim < *g-dim。

"织" *tjək。藏文"织" fithag < *m-thak，"织物" thags < *thak-s。

"筵" *sral-ʔ《说文》："筵簟，竹器也。"藏文"分开" sral，"缝隙" bsral。

"炷" *tjo-ʔ《说文》："灯中火主也。""火"彝语巍山话 ɑ⁵⁵to³³，傈僳语 ɑ⁵⁵to⁵⁵ < *ʔa-tu。

"枕" *təm-ʔ《说文》："卧所荐首者。"藏文"门槛，阶梯，枕木"them。

"砧" *tam《说文》："石栭也。"藏文"夹，挤"stem。

"珍" *tjən《说文》："宝也。"藏文"高贵，尊者"btsun < *b-tjun。

"橐" *thak，无底囊。藏文"包袱"rdog。

"臽" *gram-s《说文》："小阱也。""臼"错那门巴语 tshum < *khum。

"兆" *le-ʔ > *deuʔ，《说文》："分也。"藏文"枝"le，"编织"sle，"背筐"gle。

"祸" *gal。《诗经·小雅·正月》："祸矣富人，哀此惸独。""祸"，欢乐。"机缘，天命"藏文 skal。

"咎" *gu-ʔ，灾也、病也。"雔（仇）" *gju。"痛、病"藏语夏河话 khu，纳西语 gu²¹。

"宄" *krju-ʔ《说文》："外为盗，内为宄。"藏文"偷盗"rku < *kru，"贼"rkun < *kru-n。

"俗" *gljok > *zjok，《说文》："习也。""风俗"藏文 lugs。

"昱" *ljək《说文》："明日也。""后面"藏文 mdzug < *m-ljuk。

"右" *gjəs。"右（边）"藏文 g-jas，道孚语 ʁje < *gjes。

"络" *grak《说文》："絮也，一曰麻未沤也。""绳子、线"藏文 sgrogs。

"波" *pʷral 博禾切《说文》："水涌流也。"藏文"额纹"spral。

"食" *djək > *dzək，饮食。藏文"舔"ldag < *l-dak，"舌头"ljags < *ljak-s。

"睹（覩）" *tʷa-ʔ《说文》："见也。""看"藏文 lta，普米语 sto < *s-ta。

"茹" *nʷja。"嚼"阿侬怒语 ŋa⁵⁵u³¹ < *snja-ʔu。吕苏语 na³³ta⁵³ta⁵³ < *na-。

"奔" *pʷər > *pʷən。"搬迁"藏文 spor、spar。"跑"错那门巴语 pir⁵⁵ < *pir。

"諭" *ljo-s，告也。藏文"说"slos < *s-los，"说、念诵、叫喊"zlo < *s-lo。

"贻" *ljə《说文》："赠遗也。""给"土家语 lie³⁵ < *le。

"立" *g-rəp > *rəp，《说文》："住也。""位" *gʷrəp-s。"站"博嘎尔珞巴语 rop，缅文 rap，他杭语 rappa，独龙语 ɹɛp⁵⁵ < *rap。

"企" *khi-ʔ《说文》："举踵也。""跂" *khji-s，《方言》卷一："登也。""站"却域语 ʂkhe⁵⁵ < *s-khe。

"住" *djo-s，"驻" *tjo-s 中句切，《说文》："马立也。""逗" *do-s，《说文》："止也。""站"义都珞巴语 de⁵⁵。"停止"博嘎尔珞巴语 daː。

"啟（启）" *khi-ʔ，跪。"跪"土家语 khɯ⁵³ < *khi，基诺语 kho⁴²。

"卧" *ŋʷar-s《说文》："休也。""睡眠，卧"藏文 ɳal。

"言" *ŋjan，"谚" *ŋran-s《说文》："传言也。"藏文"听见"ŋyan。

汉语"飞"*pʷjər。"飞"藏文ɦphur < *m-pur。

"諾" *nak《说文》："譍也。"藏文"回报"mnog < *m-nok。

"欣" *s-ŋjər > *hjən，《说文》："笑喜也。""笑"墨脱门巴语 ŋar。

"燔" *bʷjar > *bʷjan。"燃烧"藏文 ɦbar，夏河藏语 mbar < *m-bar。

"入" *njəp《说文》："内也。""内" *nəp-s，《说文》："入也。"藏文"落下、西"nub。

"取" *sthjo-ʔ > *tshjoʔ，《周礼》："获者取左耳。"藏文"采集、拾取"ɦthu。

"聚" *sdʷjo-ʔ。藏文"会聚"ɦdu < *m-du，"凑（分子）"sthu。

"浮" *bju，泛也。"漂浮"缅文 pɔ²，彝语 bu³³ < *bu。"气泡"藏文 sbu。

"達（达）" *lat > *dat。藏文"到达、延伸"sled < *s-let。

"徙" *sjal-ʔ《说文》："迻也。"藏文"移走"sel，bsal（完成体）。

"洗" *səl-ʔ《说文》："洒足也。"藏文"冲洗"bɕəl < *b-səl，"沐浴"bsil < *b-sil。

"濡" *njo。《诗经·曹风·候人》："维鹈在梁，不濡其翼。""濡"湿也，渍也。"洗"博嘎尔珞巴语 nuɯ < *nu，义都珞巴语 ɑ⁵⁵nu⁵⁵ < *ʔanu。

"泣" *khrəp。"哭"景颇语 khɹap³¹，博嘎尔珞巴语 kap < *khrap。

"禽（擒）" *grəm，网捕禽兽。"抓住"藏文 sgrim。

"抓" *skru，"爪" *skruʔ。"指甲"嘉戎语 ndzru，道孚语 ldzə < *l-gru。

"开" *khəl《说文》："张也。"藏文"一旁"khol，"分开"ɦgol < *m-gol。

"闡" *thjal-ʔ > *thjanʔ，《说文》："开也。"藏文"散布"rdal，"摊开、蔓延"gdal。

"图" *dʷa 考虑，《说文》："难意也。""想"缅文 twe³，拉祜语 dɔ⁵³ < *dʷe。

"正" *tjeŋ，卜辞义为征伐。"征" *tjeŋ。藏文"走、去"ɦdeŋ < *m-deŋ。

"圍" *ljak《说文》："回行也。""来"梅梯语 lāk < *lak。

"捕" *bʷa-s，取也。"拿"墨脱门巴语 bu。

"缚" *bʷjak《说文》："束也。""把、捆"藏文 bag、sbag。

"扯" *ljat-s《说文》："捈也。""解开"藏文 glod < *g-lot，"松开"klod < *k-lot。"滑的"独龙语（tuɯ³¹）klat⁵⁵，阿昌语 tʂhuat⁵⁵，浪速语 tʃat⁵⁵ < *klat。"释放"嘉戎语 ka lɐt < *ka-lot。缅文 hlot < *s-lot。

"流" *rju，择也。"选择"缅文 rwe³ < *rʷe。

"引"*ljin-ʔ《说文》："开弓也。""拉"博嘎尔珞巴语 ɕe len < *si-len。

"挺"*deŋ-ʔ《说文》："拔也。""峥"*s-dreŋ > *dzreŋ，《方言》卷六："高也。"藏文"高举"gdeŋ < *g-deŋ，"高举、竖起"gzeŋ < *g-djeŋ。

"俞"金文𦨦（鲁伯俞父盘）以"舟"之"越"示义。纳西语"越过"lo⁵⁵，阿昌语"跳"lə³¹，缅文"穿（针）"hljo²。

"语"*ŋʷja-ʔ《说文》："论也。"藏文"话语"ŋa-g，"赞扬"sŋag。

"令"*mrjeŋ-s《说文》："发号也。"藏文"说"smreŋ。

"识"*sthjək > *hjək，《说文》："一曰知也。""帜（帜）"*tjək-s。藏文"知道"rtog < *r-tog。

"擎"*greŋ 古茎切，举也。藏文"支撑"ɦgreŋ，"举起、竖立"sgreŋ。

"降"*krəm-s > *kroŋs，从高处下。"临"*grəm《说文》："监临也。""放下"藏文 ɦgrem < *m-grom。

"翻"*phʷjar > *phʷjan，《说文》："飞也。"藏文"跳动、升高"ɦphar，"跳跃"par。

"淫"*ljəm，乱也、迷惑，《说文》："侵淫随理也。"藏文"淫欲、行淫"g-yem < *g-lem，"晃荡"yom < *lom、vkhyom < *m-khlom。

"摇"*lje。"摇"彝语南华话 li³³，基诺语 lɛ⁴²，仙岛语 l̥ɛ³⁵ < *sle。"摇"墨脱门巴语 jum，却域语 ɬa⁵⁵ɬa⁵⁵。

"惴"*tʷjar《说文》："忧惧也。"藏文"发抖"ɦdar，"怯懦"sdar。

"熠"*gljəp > *ljəp。"照耀"藏文 lheb < *s-lep。

"燎"*rje《说文》："放火也。"藏文"晒、烤"sro < *s-ro。

"习（习）"*gljəp > *zjəp，《说文》："数飞也。"藏文"学"slab，"学会"lob、ldob。"学"嘉戎语 sləp，独龙语 suɯ³¹lɑp⁵⁵ < *sə-lap。

"嗌"*qlik > *ʔik，《说文》："咽也。""缢"*qlik-s，《说文》："经也。""脖子"景颇语 tuʔ³¹ < *luk。"打嗝"藏文 g-yig < *g-ljik。

"喷"*phʷər《说文》："咤也，一曰鼓鼻。""愤"*bʷjər-ʔ《说文》："懑也。"藏文"喷出、溢出"ɦphyur < *m-phjur，"吹"spur。

"排"*brər《说文》："挤也。"藏文"搬迁"spo，spor < *s-por。

"泄"*slat-s > *siats，漏也；*ljats，水名。"滑的"独龙语 tuɯ³¹klat⁵⁵ < *klat。阿昌语 tʂhuat⁵⁵，浪速语 tʃat⁵⁵ < *klat。

"舂"*skhrap《说文》："舂去麦皮也，干所以舂之。"藏文"踩"skrab <

*s-krap。

　　"柞"*skak > *tsak，砍树。《诗经·周颂·载芟》"载柞"。"砍"藏文 gҫags < *g-skak-s。

　　"措"*skhʷak-s《说文》："置也。"藏文"放置"skyog < *s-kjok，"做"rgyag < *grak。

　　"抵"*tir-ʔ《说文》："挤也。""牴"*tir-ʔ，《说文》："触也。"藏文"挤、拧"ҫchir < *m-thjir，"浸出"ҫdzir < *m-djir。

　　"呈"*leŋ，示也，《说文》："平也。"藏文"出现"laŋ。

　　"滥（灆）"*gram-ʔ《说文》："泛也。"藏文"散开"gram，"洒"bgram < *b-gram。

　　"薦（荐）"*s-tjən-s > *tsjəns 进献，《说文》："兽之所食艸。"藏文"饲料，喂"gzan < *g-djan。

　　"覆"*phuk-s《说文》："覂也，一曰盖也。"藏文"洞穴"phug。

　　"加"*kral《说文》："语相增加也。"藏文"差税"khral，"征派"bkral。

　　"闢"*bʷjik《说文》："开也。""分离"藏文 ҫbreg，bregs（命令式）。"打开"墨脱门巴语 phek。

　　"侵"*s-khjəm《说文》："渐进也。""浸"*s-kjəm-s > *tsjəms，灌溉、滋润。藏文"受损"tshems < *khjem-s。

　　"垂"*dʷjar > *ʐuar。"唾"*thʷar，《说文》："口液也。""朵（朵）"*tʷar-ʔ，《说文》："树木垂朵朵也。"藏文"下滴状"tsar < *tjar，"垂着"ҫdzar < *m-djar。

　　"蹋（蹹）"*dap-s《说文》："践也。""塌"*thap，"踏"*thəp（著地）。藏文"拍打、踩"rdeb，"磕碰"brdab < *b-rdab。

　　"犯"*bʷjam-ʔ《说文》："侵也。"藏文"打败"spam，"失败"ҫpham。

　　"差"*sthral > *tshral，择也，派遣。藏文"求，择"btsal > *b-tjal。

　　"尌"*dʷjo-s > *ʐuos，立也。"樹（树）"*dʷjo-s > *ʐuos，《说文》："生植之总名。"*dʷjo-ʔ > *ʐuoʔ，树立。"竖"*dʷjo-ʔ > *ʐuoʔ，立也。藏文"石堆"tho，"高"mtho < *m-tho。"直"嘉戎语 sto < *s-to，却域语 sto⁵⁵sto³³。

　　"封"*pʷjoŋ《说文》："爵诸侯之土也。""邦"*proŋ《说文》："国也。"藏文"领有"dbaŋ < *d-baŋ。

　　"闭"*pit-s《说文》："阖门也。""藏，秘密"藏文 sbed。

　　"葬"*skaŋ-s > *tsaŋs。"坟墓"缅文 tθɑŋ³khjoŋ³ < *saŋ-khjoŋ。

"冒" *mək-s，盖也。《诗经·邶风·日月》："日居月诸，下土是冒。""烟"道孚语 mkhə，墨脱门巴语 mu gu < *mugu。

"椓" *tok > *tjok 劈。"斲" *tʷok《说文》："啄也。""叔" *s-tʷjuk 拾取。"劈"博嘎尔珞巴语 peː tak < *pe-tak。"裂"阿昌语 tiak³⁵ < *tak。"捡"景颇语 thaʔ³¹ < *thak。"啄"藏语阿力克话 ntok < *m-tok。

"凡" *bʷjam《说文》："最括也。""捆"藏文 sbam < *s-bam。

"終" *tʷjəm > *tʷjoŋ，《说文》："絿丝也。""冬" *tʷəm > *tʷoŋ。藏文"捆" sdem < *s-dem，"归总、捆" sdom < *s-dom，"紧握" vthoms < *m-thom-s。

"椎" *dʷəl《说文》："击也。""摧" *s-dʷəl > *dzuəl，《说文》："挤也，一曰捔也，一曰折也。"藏文"穿透" thol，"弄穿" rdol < *r-dol。

"冲" *dʷəm > *dʷoŋ，《说文》："涌摇也。"藏文"震动" ldem < *l-dem，"使震动" snem < *s-dem。

"投" *do《说文》："擿也。""殳" *dʷjo > *ʑo，《说文》："以杸殊人也。"藏文"石头" rdo < *r-do。"扔" dor < *do-r。

"谋" *mjə。《诗经·小雅·皇皇者华》："载驰载驱，周爰咨谋。""谋"，咨事。"问"缅文 me³，怒苏语 mi⁵⁵ < *mi。

"联" *g-rjan > *rjan，《说文》："连也。"藏文"经线" ran，"牵引" bran < *b-ran。

"系" *gig > *ɣih，《说文》："繫也。""锁住、妨碍"藏文 ɦgegs < *m-gek-s。

"贖（赎）" *m-lok《说文》："贸也，賣声。"藏文"返回" log，"返回、颠倒" ldog，"遣回" slog。"返回"墨脱门巴语 lok < *lok。

"協（协）" *gap > *ɣiap。藏文"保护、帮助" skyabs < *s-kjap-s。

"夹" *krap《说文》："持也。""挟" *krap，夹取。藏文"拥抱" khyab。

"摄" *s-nap > *hjap，《说文》："引持也。""捏起来"藏文 ȵab < *njap。

"合" *gəp > *ɣəp，《说文》："合口也。""集" *sgjəp > *dzjəp，《说文》："群鸟在木上也。"藏文"全份、所有的" kob。

"壓（压）" *q-rap > *ʔrap，《说文》："坏也，一曰塞补。""瘞" *q-rap-s，埋也。藏文"遮蔽" g-jab > *g-rjap，"遮蔽物" jab > *rjap。

"歙" qljap > *hjap，《说文》："缩鼻也。"藏文"摆动" jab < *ljap，"扇子" g-jab < *g-ljap。

"對（对）" *tʷəp-s，相配、回答。"答" *təp。"憝" *dʷəp-s《说文》："怨

也。"藏文"回答"ɦdebs < *m-debs，"相称的"bteb < *b-teb。

"偿（偿）"*g-ljaŋ-s《说文》："还也。""赏"*s-ljaŋ-ʔ《说文》："赐有功也。"藏文"价钱，货"loŋ。"给"藏文slaŋ < *s-laŋ。

"泼"*phʷat。"泼"藏文phot、ɦpho，"倒（水）"错那门巴语phot⁵³。

"盖（盖）"*kap-s《说文》："苫也。""阖（阖）"*gap《说文》："门扇也，一曰闭也。""盍"*gap-s《说文》："覆也。"藏文"躲藏"gab，"覆盖"sgab，"覆盖物"khjebs，"保护"skjob。

"浮"*bju 泛也。"稃"*phʷju 种子外皮。"捊"*bu《说文》："引取也。""气泡"藏文sbu。"漂浮"缅文pɔ²，彝语bu³³ < *bu。

"交"*kre《说文》："交胫也。""爻"*gre《说文》："交也。""淆"*gre > *ɣreu，《说文》："相杂错也。""笅"*kre-ʔ《说文》："竹索也。""绞"*kre-ʔ，《说文》："缢也。"藏文"缠绕"skri，"性交"rgyo < *gro，"打滚"ɦgre < *m-gre。

"用"*ljoŋ-s《说文》："可施行也。""用、享受"藏文loŋs。

"圆"*gʷjan > *ɣʷjan，《说文》："圜全也。""卷"*kʷran-ʔ《说文》："厀曲也。""圈"*khʷran，曲木也。""绻"*khʷran-ʔ，曲也。"蜷缩"景颇语khǎ⁵⁵wan⁵¹ < *kha-gʷan，墨脱门巴语gun。

"撚"*nər > *nən，《说文》："执也，一曰蹂也。"藏文"挪动"rnur，"被揉好"nur。

"缀"*tʷat，连补也，《说文》："合箸也。"藏文"连接"btud，"结子"mdud。

"辍"*tʷat-s，止也。"滞"dat-s，《说文》："凝也。"藏文"坐、停、住"sdod（命令式），bsdad（未来式及过去式）。

"褺"*dap 徒叶切《说文》："重衣也。"藏文"重复"ldab，ldabs（命令式）。

"易"*ljaŋ《说文》："开也。""释放"独龙语sl̩³¹ laŋ³¹ u³¹ < *si-laŋ-。

"畜"*thuk-s《广雅》："养也。"《说文》："田畜也。""蓄"*s-thjuk > *hjuk，《说文》："积也。"藏文"群、集会"tshogs < *thjok-s，"家畜、商品"zog < *djok，"累积"sog < *stok。

"烛"*tjok《说文》："庭燎。"藏文"火"ʑug < *djuk。

"属"*dʷjok，依附。《诗经·小雅·小弁》："不属于毛，不罹于里。"藏文"放置"adzug < *adjuk。

"共"*gʷjoŋ-s《说文》："同也。""抬"独龙语a³¹graŋ⁵³ < *graŋ。

"功"*kʷoŋ《说文》："以劳定国也。""攻"*kʷoŋ《说文》："击也。"藏

文 "履行、完成" skoŋ, bskaŋs（完成体）。"戒备、防御" skyoŋ, bskyaŋs（完成体）。

"候" *go-s > *ɣos。"等待" 藏文 sgug < *sgu-g。"站" 却域语 ʂkhe⁵⁵ < *s-ke。

"撼" *gəm-s。"感" *kəm-ʔ《说文》："动人心也。" 藏文 "震动，摇荡" skyom < *s-kjom。

"骇" *grəq > *ɣrəʔ，《说文》："惊也。""害怕" 藏文 skrag < *s-grak。缅文 krək，怒苏语 gɻu⁵³ < *grok。

"惊" *kjeŋ《说文》："马骇也。" 藏文 "吃惊" ɦkhyeŋ（ba）< *m-kjeŋ。

"谓" *gʷjəd《说文》："报也。" 藏文 "声音、话语" skad。

"亶" *tan-ʔ。《诗经·大雅·板》："靡圣管管，不实于亶。""亶"，诚信。藏文 "信约" dan，"信奉" dad，"坚决" brtan，"决心、郑重" athan。

"聝" *kʷrək《说文》："军战断耳也。""收集" 藏文 sgrug < *s-gruk。

"鬥" *to-s。藏文 "对手" do，"较量" sdo，"拼" sdor < *s-do-r。

"驱" *khʷjo-s《说文》："马驰也。" 藏文 "逃跑" ɦkhyus < *m-khju-s，"奔驰" ɦgyus < *m-gju-s，"驱驰" dkyu < *d-kju。

"刮" *kʷrat《说文》："掊把也。""擦" *s-khrat。"刮" 嘉戎语 khrot，缅文 rit。

"歼" *skjam > *tsjam，《说文》："微尽也。" 藏文 "杀、毁灭" ɦgem。

"渐" *sgjam-s > *dzjams，《广雅》："进也。" 藏文 "散开、蔓延" gram，"散布、铺开" kroms。

"将" *skjaŋ，拿、扶，《说文》："帅也。" 藏文 "拳、握" changs < *khjaŋ-s。"柄" ɦchangs < *m-khjaŋ-s。

"叠" *dəp > *diəp。"褶" *gljəp > *zəp, *kləp > *tjəp，《广韵》："叠也。" 藏文 "折" ldeb，"增添" rdzob < *r-djop，"褶子" lteb，"加倍、重叠" lteb < *l-tep。

"沓" *dəp，重也，《说文》："语多沓沓也。" 藏文 "加倍、重叠" lteb < *l-tep，"重复" ldab < *l-dap。

"屏" *pieŋ-ʔ《说文》："屏蔽也。""摒（拼）" *p-r-eŋ，排除。"蒙盖" 却域语 spho¹³ < *s-pho。

"痛" *phʷa，病、累。"累的" 景颇语 pa⁵⁵，博嘎尔珞巴语 a peː < *pe。

"熬" *ŋe《说文》："干煎也。" 藏文 "炒" rŋo，"炒熟" rŋos。

"炒（煼）" *s-khro-ʔ > *tshroʔ，《集韵》："熬也。""烤" 木雅语 khə⁵⁵rø⁵⁵ <

*kəro。

"发" *pʷjat，弓弩的发射。"泼" *phʷat。"泼（水）"错那门巴语 phɔt⁵³。"呕吐"格曼僜语 phɑt⁵⁵。

"剖" *pho《说文》："判也。""劈"吕苏语 pha⁵³，嘉戎语 phjɑ < *pha。

"扑" *bʷok《说文》："挨击背也。""打"藏文 dbyug < *d-bjuk。

"摄" *s-nap > *hjap，《说文》："引持也。""捏起来"藏文 ɳab < *njap。

"卜" *pʷok。《诗经·小雅·楚茨》："卜尔百福，如几如式。""卜"，给。"给予"藏文 ɦibog < *m-bok。

"卜" *pʷok《说文》："灼剥龟也。""推测"藏文 dpog < *d-pok。

"占" *tjam《说文》："视兆问也。"藏文"话、消息"gtam，"誓言"dam。

"沈（沉）" *djəm。"潭" *dəm（深水貌）。藏文"陷阱"ldem，"下沉、陷入"dim。

"覃" *dəm《尔雅》："延也。"《诗经·大雅·荡》："内奰于中国，覃及鬼方。"藏文"罩上，盖上"ɦithum。

"丮" *kjak《说文》："持也。""攫" *gʷak-s《说文》："握也。"藏文"卡住"ɦigag < *m-gak，"凝固"dkag < *d-kak。

"获（获）" *gʷak，刈也。*gʷrak《说文》："猎所获也。""穫" *gʷrak《说文》："刈谷也。""攫" *kʷjak 夺取，《说文》："扟也。"藏文"获得"rag pa。"抓"景颇语 kʒaʔ³¹ < *grak。

"却" *khjok《说文》："节欲也。"藏文"勒、卡住"sgog < *s-gok，"凝固"dkag < *d-kak。

"奠" *din-s《说文》："置祭也。"藏文"依托，礼品"rten。

"挺" *deŋ-ʔ《说文》："拔也。""登" *təŋ《说文》："上车也。"藏文"高举"gdeŋ < *g-deŋ，"高举、竖起"gzeŋ < *g-djeŋ。

"扬" *ljaŋ，举也。藏文"上升"laŋs < *laŋ-s。

"涤" *luk > *duk，《说文》："洒也。"藏文"流淌、泻"lug，"注入"ldug、zlug < *s-luk。

"离" *rjal > *rjej，*rej-s 力智反。藏文"裂缝"ral，"撕裂的"ral-ba，"分离"ɦibral < *m-b-ral，"撕碎"hral-ba，"破"ral，"撕"phral，"分开"bkral，"缝隙"

sral。藏文"散"grol < *g-rol，"解开"sgrol，"撕开"dral。"使分离"phral。

"冎（剐）"*kʷral《说文》："剔人肉置其骨也。""猗"*qral 摘。藏文"解开"sgrol，"使分离"phral。

"分"*pʷjən《说文》："别也。"藏文"借给"bun，"不合"dbyen。

"融"*gʷ-ljəm > *ljoŋ。"浸润"藏文 lum。

"列"*rjat《说文》："分解也。""裂"*rjat。藏文"撕开"ɦbrad < *m-b-rat。

"割"*kat《说文》："剥也。"藏文"隔断"cad < *kjat。"劈"藏语阿力克话 kwat。

"介"*krat-s 间隔，《说文》："划也。""夬"*kʷrat-s，分决也。藏文"张开"bsgrad、dgrad。

"契"*khiat-s，契刻。藏文"裂开"gad，"裂口"gas，"分开"ɦgyed pa。

"刻"*khək《说文》："镂也。""则"*s-kək《说文》："等画物也。"藏文"劈开"gshog < *g-skhok。

"戮"*g-rjuk《说文》："杀也。""割绳"嘉戎语 kɐ rzək < *rək。

"采"*skhə-ʔ《说文》："捋取也。""菜"*skhə-s《说文》："草之可食者。""摘"道孚语 khvɛ < *khʷe。

"弛"*qljar-ʔ > *hljarʔ，《说文》："弓解也。"藏文"散开"yar < *ljar，"流浪"gyar < *g-ljar，"失散"vkhyar < *m-khljar。

"葆"*skjəm > *hjəm，《说文》："丧藉也。"藏文"收缩、收回"skum。

"畫（画）"*gʷrik-s《说文》："界也，象田四界。"藏文"排列、安排、整理"sgrig。

"害"*gad《说文》："伤也。"藏文"灾害"god。

"击"*kik《说文》："攴也。"藏文"毁坏"bshigs < *b-s-khik-s。

"搅"*kruq > *kruʔ，《说文》："乱也。"藏文"搅动、弄乱"dkrug < *d-kruk，"搅棍"krugs < *kruk-s。

"学"*gruk《说文》："觉悟也。""觉"*kruk《说文》："寤也。""觉醒"藏文 dgrog < *d-grok。

"遵"*stʷən《说文》："循也。"藏文"按照、遵循"thun pa，"同意"stun pa。

"求"*gju 索也。"需要"独龙语 guɯ⁵⁵ < *gə。

"衛（卫）"*gʷjad《说文》："宿卫也。"藏文"力（士）"gyad。

"限"*grəl-ʔ > *ɣrənʔ，《说文》："阻也，一曰门榍。"藏文"限制"skyil ba。

"捆" *khʷən-ʔ，"困" *khʷən-s 围困。藏文"捆、束"chun < *khun，"顺从"ɦchun < *m-khun，"约束"ɦjun < *m-gjun。

"蒙" *mʷoŋ，覆也。藏文"糊涂、蒙蔽"rmoŋs < *r-moŋ-s。

"镶" *s-naŋ，放在里面。"里面"藏文、博嘎尔珞巴语 naŋ，错那门巴语 neŋ，道孚语 noŋ < *naŋ。

"馑" *grən-s。"穷，饿"藏文 bkren。

"冓" *ko《说文》："交积材也。""遘" *ko-s，《说文》："遇也。"藏文"交媾"rgyo。

"戌" *s-mʷjat > *sjuət，《说文》："灭也。"藏文"中伤、责备"smad pa。

"康" *khlaŋ > *khaŋ《广韵》苦冈切，虚也。"空的"普米语兰坪话 skõ⁵⁵lõ⁵⁵ < *skoŋ-loŋ。

"寥" *gru > *ru，空也，稀少。藏文"去壳"bgru < *b-gru，"去壳的粮食"grus。

"乏" *bʷjap。"累的"嘉戎语 spap < *s-pap。"降下"藏文 vbab < *m-bap。

"韧（靭、牣）" *njən-s《说文》："柔而固也。"藏文"软，韧"mnen。

"柔" *m-nju > *nju，《说文》："木曲直也，矛声。""软的"扎坝语 nu³³nu⁵⁵ < *nunu。"软的"邹语 noinəʔi < *no-ʔi。

"谆" *tʷjəl《说文》："告晓之孰也。"藏文"温顺"ɦdul < *m-dul，"约束"rtul < *r-dul。

"聏" *thʷəl-ʔ，愚也。藏文"笨，钝"rtul < *r-tul。

"嘏" *kra-ʔ。《诗经·周颂·载见》："绥以多福，俾缉熙于纯嘏。""嘏"，坚固。"硬、好"藏文 krag < *kra-g。

"谐" *gril《说文》："詥也。""好的"拉达克语 rgjɑl lɑ < *gral-。

"闔（閤）" *gap《说文》："一曰闭也。""狭" *grap。[1] "窄"景颇语 kjip⁵⁵。"狭窄"缅文 kjɑp。

"巨（鉅）" *gʷja-ʔ《说文》："大刚也。""厚的"普米语兰坪话 ɣa¹³ < *ga。

"丰" *phʷjoŋ敷戎切《说文》："豆之丰满者也。"卡瑠里语"充满的"böŋ，"充满"poŋ。

---

① 同根词如"挟" *krap，"峡" *grap，中缀表示两边相夹。

"严" *ŋjam《说文》："教命急也。"藏文"威严"rŋam，"威风"dŋom。

"笃" *tʷuk，厚也。《诗经·唐风·椒聊》："彼其之子，硕大且笃。""厚"藏文 ɦthug，错那门巴语 tuk⁵⁵ po⁵³，喜德彝语 ɑ³³ tu³³。

"毒" *dʷuk《说文》："厚也。""竺" *tʷuk《说文》："厚也。"藏文"厚"mthug，"密"stug。

"毒" *dʷuk，痛也，《说文》："害人之艸，往往而生。""毒"藏文 dug，错那门巴语 tuk³⁵。墨脱门巴语 ɣduk < *g-duk。

"恶" *ʔak，坏；*ʔak-s，厌恶。"下，恶劣"藏文 ahog。

"慝" *s-nək > *thək，《广韵》："恶也。"藏文"黑的、邪恶"gnag < *g-nak。

"苦" *khʷa-ʔ《说文》："大苦，苓也。"藏文"难"dka < *d-kha，"劳累、辛苦"khag < *kha-g。

"霝" *rieŋ《说文》："雨零也。""零" *rieŋ《说文》："余雨也。"藏文"单独"reŋs，"单身"reŋ，"孤单，分散"rens。

"深" *s-tjəm，深入。藏文"进入、渗透"stim < *s-tim。

"嵘" *ɢʷreŋ > *ɣʷreŋ，高、远。藏文"远处"rgyaŋ ma。

"富" *pjək-s《说文》："备也，一曰厚也。"藏文"富"phyug-pa，"牲畜"phyug-s。

"劲" *kjəŋ-s > *kjəns，《说文》："强也。""硬，结实"藏文 mkhraŋ。

"礐" *krik《说文》："坚也。""硬的"藏文 mkhregs po，阿昌语 kzạk⁵⁵ < *m-krek-s。

"燥" *ske-ʔ > *tseuʔ，《说文》："干也。"① "干的"基诺语 a⁴⁴kɯ⁴⁴ < *-ki。

"酸" *skʷar > *suan。"酸的"藏文 skyur，墨脱门巴语 tɕur < *skjur。

"鬯" *thaŋ-s《说文》："芬芳攸服以降神也。"藏文"神香"bsaŋ < *b-staŋ，"好、有益"bzaŋ < *b-sdaŋ。

"赫" *hrak。《诗经·邶风·简兮》："赫如渥赭，公言锡爵。""赫"，赤也。藏文"血"khrag，"害怕"skrag。

"夏" *gra-s《尔雅》《方言》："大也。"藏文"广大"rgya < *gra，"撑开"brgyaŋs < *b-gra-ŋ-s，"伸展"rkyoŋ。

"京" *kjaŋ《说文》："人所为绝高丘也。""景" *kjaŋ-ʔ 大也。"壮" *s-kraŋ-s，

---

① 谐声字如"杲" *ske-s > *seus。

《说文》："大也。"藏文"肿"skraŋ、sraŋ，"撑开"brgyaŋs < *b-graŋ-s，"伸展"rkyoŋ。

"尚"*g-ljaŋ-s > *ʑaŋs，高也。"堂"*glaŋ > *daŋ，《说文》："殿也。""高"达让僜语 kɑ³¹lɯŋ⁵⁵，格曼僜语 kloŋ⁵³ < *ka-loŋ。"竖起"藏文 loŋ。

"迩"*nir-ʔ，近也。藏文"亲近"nye < *nje，"喜欢"mnye < *m-nje。

"赠"*sdən-s《说文》："玩好相送也。""增"*stəŋ《说文》："益也。"藏文"派遣"rdzoŋ < *r-djoŋ，"送行礼品"rdzoŋs。

"勾"*ko《说文》："曲也。""跔"*gjo、*kjo，《说文》："天寒足跔也。""痀"*gjo、*kjo，《说文》："曲脊也。"藏文"钩子"kyu，"弯曲"ɦgyus、ɦkhyu，"阴谋"gyu。

"空"*khoŋ《说文》："窍也。""腔"*khroŋ，内空也。"控"*khoŋ-s，使空。藏文"孔、穴"khuŋ，"腾空"shoŋ < *s-khoŋ。"洞"藏语拉萨话 sə⁵⁵khuŋ⁵⁵。

"软"*nʷjal-ʔ > *nʷjanʔ。藏文"疲劳"nyel < *njel，mnyel < *m-njel。

"清"*s-thjeŋ > *tshjeŋ，《说文》："澂水之貌。""晴（姓）"*s-djeŋ > *dzjeŋ，《说文》："雨而夜除星见也。""醒"*s-tieŋ-ʔ > *sieŋʔ，《说文》："醉解也。"藏文"晴"thaŋ，"变晴"dwaŋs < *dʷaŋ-s，"洁净"gtsaŋ < *g-thjaŋ。

"辀"*lju，轻也。《诗经·大雅·烝民》："辀人亦有言，德如毛。""轻的"嘉戎语（kə）jo，傈僳语 lo³³，土家语 zu⁵³ < *lo。

"永"*gʷraŋ-ʔ《说文》："长也。"藏文"延伸"rgyoŋ > *groŋ。

"叕"*tʷat，短也。《淮南子·人间训》："愚人之思叕。""短"景颇语 tot⁵⁵ < *tot。

"修"*slu，修长。"悠"*lju，悠久。"长"景颇语 kǎ³¹lu³¹ < *kalu。

"光"*kʷaŋ，"煌"*gʷaŋ > *ɣʷaŋ，《说文》："辉也。""光"独龙语 gɑŋ⁵³。"灯盏"藏文 koŋ po。

"冥"*meŋ，夜也。《诗经·小雅·斯干》："哙哙其正，哕哕其冥。""暗的"缅文 hmɔŋ² < *s-moŋ。

"寒"*gan《说文》："冻也。""冷"彝语喜德话 ŋgo³³，纳木兹语 gæ⁵³ < *ga。

"黄"*gʷaŋ《说文》："地之色也。""黄的"普米语兰坪话 ɣã¹³ < *gaŋ。

"黑"*hmək《说文》："火所熏之色也。""墨"*mək，《说文》："书墨也。""烟"道孚语 mkhə，墨脱门巴语 mu gu < *mugu。

"吉"*kjit《说文》："善也。""愉快"藏文 skyid < *s-kjit。

　　"裕" *g-ljok-s《说文》："衣物饶也。""好"藏文 legs < *lek-s。"美的、好的"墨脱门巴语 lek < *lek。

　　"皎" *kre-ʔ。"白的"巴塘藏语、阿力克藏语 ka ro < *karo。

　　"青" *stheŋ > *tshieŋ。"绿色"藏文 ldʑaŋ khu < *l-djaŋ-。

　　"早" *sku-ʔ《说文》："晨也。""早晨"扎坝语 su⁵⁵khə⁵⁵ɳi⁵⁵，哈尼语 ɔ³¹so³¹。

　　"坏" *gʷ-rəl-s《说文》："败也。"藏文"腐烂"rul，"落下"khrul < *kh-rul，"碎"brul < *b-rul。

　　"婵" *djal > *ʑan，《说文》："婵娟，态也。"藏文"安闲"dal、gdal。

　　"局" *gok《说文》："促也。""曲" *khok。藏文"弯曲的"gug，"弄弯"ɦgug。阿昌语"弯曲"kok⁵⁵，"弄弯"khok⁵⁵。

　　"皎" *kre-ʔ。"白的"巴塘藏语、阿力克藏语 ka ro < *karo。

　　"青" *stheŋ > *tshieŋ。"绿色"藏文 ldʑaŋ khu < *l-djaŋ-。错那门巴语 dʑaŋ³⁵ku⁵³。

　　"屖" *stil > *sil，滞留不进。"遟（迟、遲）" *dil，《说文》："徐行也。"藏文"受挫折"ɦyil < *m-djil。

　　"怠" *lə-ʔ《说文》："慢也。""迟"拉祜语 lɛ³³，哈尼语绿春话 lɤ³³ < *le。

　　"彶" *q-rəp《说文》："急行也。""快"阿昌语 mʐap⁵⁵ < *m-rap。

　　"亟" *kjək《说文》："敏疾也。"藏文"快"mgjogs < *m-gok-s。

　　"紧" *kin-ʔ《说文》："缠丝急也。"藏文"迅速"skyen pa。

　　"疌" sgjap > *dzjap，《说文》："疾也。""箑" *skrap > *srap，《说文》："扇也。"藏文"眨眼"ɦkhreb < *m-khrap，"跳（舞）"ɦkhrab，"不断转动"krab krab。

　　"真" *tjin《说文》："僊人变形而登天也。"藏文"真实"bden。

　　"亹" *mʷjər 勤勉，《诗经・大雅・文王》："亹亹文王，令闻不已。"藏文"快速"myur。

　　"氓" *mʷeg《诗经・大雅・板》："匪我言耄，尔用忧谑。""耄"，昏聩。"昏聩"藏文 rmug < *r-muk。

　　"闷" *mən-s《说文》："懑也。"藏文"暗，模糊"mun，"笨重"rmun。

　　"兹" *skjə > *tsjə，"此" *skhji-ʔ > *tshjiʔ，"斯" *ski。"这"阿昌语 xai⁵⁵ < *khi，土家语 kai³⁵ < *ki-s。

　　"是" *dji-ʔ > *ziʔ 指示代词。藏文"这"ɦdi < *m-di，"今天"de riŋ。"这"景颇语 n³³tai³³ < *n-di。

"上" *g-ljaŋ-s > *ʑaŋs（动词 *-ʔ）。"尚" *g-ljaŋ-s > *ʑaŋs 高也。藏文"上"ya < *lja，"上升" laŋs < *laŋ-s。

"下" *gra-ʔ > *ɣraʔ，《说文》："底也。""下方"缅文ɑ¹kre³，阿昌语 a³¹the³¹ < *kre。

"后" *go-ʔ《说文》："迟也。""后面"吕苏语 ge³³n̦u⁵³，普米语九龙话 go³³n̦o⁵³。

汉语和藏缅语数词的对应参见下文。

汉语和藏语的对应大多来自历史上的接触，和彝缅语支、景颇语支语言的对应情况可以说明这一点。

（二）汉语和南岛语的词源关系

汉语和南岛语的词源关系表现为词根对应，一些汉语的单音节词可能来自复音词。

"首" *qlu-ʔ。"头"排湾语 quɭu，巽他语 hulu，汤加语 ʔulu < *qulu。

"水" *hlir-ʔ。"水"泰雅语赛考利克方言 qəsijaʔ，泽敖利方言 quʃijaʔ < *qəlira。

词根对应，南岛语词有前缀。

"日" *nit。"太阳、热"菲律宾卡林阿语 īnit。

"它" *hlar > *thar。"蛇"印尼语 ular < *ʔular。

汉语和南岛语对应词有关于自然的，也有身体部位的名称，较多描述状态语词的对应。

1. 唇音的对应

"复" *pok，"报" *pək-s。"归还"拉巴努伊语 haka hoki，汤加语 fakafoki < *paka-poki。

"妇" *bəʔ。"女人"印尼语 pər-əmpu-an < *ʔəbu。

"鼻" *bjid《说文》："引气自畀也。""鼻子、鸟嘴"特鲁克语 pʷøt，马绍尔语 bɒt < *pʷot。

"卜" *bok。[1] "给"摩尔波格语 bogoj，他加洛 bigoj < *bigo-ʔi。

"风" *pʷrəm。"旋"阿者拉语 parim < *parim。

"海" *smə-ʔ。萨摩亚语 sami < *sami。

---

① 《诗经·小雅·楚茨》："卜尔百福，如几如式。""卜"，给。

"木"*mok。"木头"罗维阿纳语 muge。

2. 齿音的对应

"昼（昼）"*tjus。"白天"布拉安语（Blaan）du，马达加斯加语 anɗu < *ʔadu。

"塵（尘）"*djən。"土"帕玛语 atan < *ʔatan。宁德娄语 ⁿdʳen < *den。

"对"*tʷəps。"回答"雅美语 tuviṣ < *tubis。卑南语 təmubaŋ < *t-əm-ubaŋ。

"帝"*tig 卜辞指上帝。"雷"依斯那格语 addug < *ʔadug。那大语 təgu < *təgu。

"吊"*tuk 到。《诗经·小雅·天保》："神之吊矣，诒尔多福。""来"马绍尔语 atok < *ʔatok。

"毒"*dok。"毒"巴厘语 tʃətik < *tətik。夸梅拉语 nukune < *tuku-ne。

"乳"*no-ʔ。"乳房"赛德克语 nunuh，吉尔波特语 nunu < *nunu。

"内"*nəp-s。"里面"哈拉朱乌语 nɛpʷē < *nepe。

"软"*nalʔ < *nal-ʔ。"软的"依斯那格语 nalamaʔ < *nala-ma。

3. 舌根音的对应

"指"*kjirʔ < *kir。"手指"锡加语 kikir。

"斤"*kjər > *kjən。"斧子"瓜依沃语 kakar。

"足"*s-kʷok。"脚"印尼语、米南卡保语 kaki < *kaki。

"驱"*khos。"跑"摩尔波格语 koskas < *kos-kas。卑南语 padkas < *pad-kas。

"项"*groŋʔ。"喉结"摩尔波格语 goroŋ。

"雨"*gʷja-ʔ。"雩"*gʷja，《说文》："夏祭，以祈甘雨也。""湖"*gʷa。

"河、水"布鲁语 wae，菲拉梅勒语 vai < *gʷa-ʔi。

"渠"*gʷa，"浣"*gʷan 洗也。"河、水"宁德娄语 gʷa < *gʷa。

"钺"*gat。"斧子"三威治港语 taŋot < *ta-ŋot。

"语"*ŋʷja-ʔ。"词"东部斐济语 ŋaŋa-。"喊"巴布亚新几内亚梅柯澳语 ŋaŋa。

"外"*ŋʷat-s。"外（面）"赛德克语 ŋaŋut < *ŋaŋut。"边"帕玛语 iŋite < *ʔiŋate。

"热"*ŋat。"热的"雅美语 aŋŋet，米南卡保语 aŋeʔ，印尼语 haŋet < *ʔaŋet。

"牙"*ŋra。"齿龈"吉尔波特语 te ŋaro，马绍尔语 ŋar < *ŋaro。

4. 流音的对应

"道"*lu-ʔ，道路，"导"*lu-s《说文》："导引也。""小路"鲁凯语 olo <

*ʔolo。

　　"嗂" *le，喜也。"高兴"莫图语 moale < *mo-ʔale。

　　"惔" *lam-s，烧也。"烧"泰雅语 lɔm < *lom。排湾语 malama < *ma-lama。

　　"翟" *lek，野鸡尾羽。"尾巴"查莫罗语 dadalag < *dadalag。

　　"嫽" *re-ʔ，"僚" *re 美的。^①"美的"马绍尔语 rɑɑ < *re-ʔa。

　　"劳" *res。"累的"马绍尔语 oɻɛ < *ʔore。阿者拉语 raraiʔ < *rara-ʔiʔ。

　　"搜" *sru < *s-ru，春猎。"寻找"姆布拉语 -ru < *ru。

　　"歃" *srap《说文》："歠也。""吸"排湾语 s-əm-rup < *sərup。

---

　　① 《陈风·月出》："月出皎兮。佼人僚兮。"

第四章　藏缅语的历史和词源

一、藏缅语的分类和历史

5000 年前的马家窑文化是古藏缅文化的源头，该文化后演变为齐家文化。青海乐都柳湾墓地发掘中采集到的马家窑文化和齐家文化中头骨的特征基本上一致，有长而狭的头型、较高的头高，面部狭而高，跟东亚蒙古人种华北类型的比较接近，与仰韶文化和大汶口文化居民在体质上有一定差异。[1]

大约 4000 年前，藏缅语南下，先到四川，后至云南、缅甸等地，分布于南亚地区，成为南方的支系。战国时，再从民族走廊南下的藏缅语越过喜马拉雅山成为喜马拉雅东麓地区的语言，留在四川等地成为羌语支语，进入云南等地成为克伦和彝缅语支的语言。

殷商卜辞记录的羌人居于西北地区，这一时期宁夏南部和甘肃东部流行"西戎-羌人"的葬式。

商周至汉末，史书所称羌、氐、戎等人群为藏缅人，也有称其为发羌、西戎等，即藏缅人的北方支系，藏语支是其中的一支。公元七世纪使用藏语古方言的巴尔蒂人在克什米尔建国，史称勃律。

（一）藏缅语的分类

早期藏缅语的北方方言成为藏-羌-喜马拉雅（简称藏-羌语支）、彝缅（或称缅彝）和克伦语支的语言，南方方言成为景颇、库基-那加（Kuki-Naga）和博多-加洛（Bodo-Garo）语支的语言。同一支系语言的语音结构相近。

1. 藏-羌-喜马拉雅语支

我国境内的藏语支（次语支或语组）语言有藏语、白马语、错那门巴语、墨脱门巴语等。不丹有宗卡语（Dzongkha）、戈布姆坦普语（Kebumtamp）等，尼泊尔有坦瓦尔语（Dhanwar）、多尔波语（Dolpo）、塔芒语（Tamang）等。

---

[1] 潘其风:《中国古代居民种系分布初探》，载《考古学文化论集》(1)。

羌语支的语言有道孚语、嘉戎语、羌语、普米语、却域语、扎坝语、木雅语、贵琼语、史兴语、吕苏语等。

喜马拉雅语支（次语支或语组）的语言主要分布在印度，有布南语（Bunan, Gahri）、昌巴拉胡里语（Chamba Lahuli）、朝当西语（Chaudangsi）、达尔米亚语（Darmiya）、卡那西语（Kanashi）、卡瑙里语（Kanauri）、满查底语（Manchati, Patini）、朗加斯语（Rangkas）等。

《旧唐书·吐蕃传》："吐蕃，在长安之西八千里，本汉西羌之地也。""历周及隋，犹隔诸羌，未通于中国。"可见西周之时黄河上游流域有不同支系的羌人。

现代藏语分布于西藏高原、青海、甘肃、四川和云南等地，区分为卫藏、康和安多三大方言。巴尔蒂人七世纪在西域立国，史称勃律，现居住在巴基斯坦的北部地区。巴尔蒂话保留着古藏语的一些特点，可以说是藏语的一种方言。[①]

2. 彝缅语支

我国境内彝缅语支的语言有阿昌语、仙岛语、载瓦语、浪速语、波拉语、勒期语、怒苏语、白语、彝语、基诺语、傈僳语、土家语、纳西语、哈尼语、拉祜语、苦聪语、纳木兹语、嘎卓语等。

分布在缅甸的有缅甸语（Burmese）、阿昌语、阿卡语、阿拉肯语（Arakanese, Maghi）、载瓦语（Atsi, Tsaiwa, Szi）、差温他语（Chauangtha）、哈尼语（Hani, Woni）、潘语（Hpon, Hpun）、荷朗库尔语（Hrangkhol）、荷斯梵语（Hsifan）、因沙语（Intha）、卢依语（Lui）、苦聪语（Kutsung）、拉祜语、傈僳语、马鲁语（Maru）、他翁右语（Taungyo）、杨比语（Yangbye）等。

3. 克伦语支

克伦语支的语言主要分布在缅甸、印度和泰国。分布在缅甸的有克伦语（Karen）、卡雅赫语（Kayah）。

克伦语包括比力克方言（Brek）、比威方言（Bwe）、格巴方言（Geba）、格科方言（Geko）、拉赫他方言（Lahta）、马努马那武方言（Manumanaw）、帕达翁方言（Padaung）、帕库方言（Paku）、帕奥方言（Pa'o）、珀沃方言（Pwo）、因巴乌方言（Yinbaw）、乍叶因方言（Zayein）。

---

① 黄布凡：《从巴尔蒂语看古藏语语音》，载《藏语藏缅语研究论文集》，中国藏学出版社2007年版。

4. 景颇语支

景颇语支的语言原分布在横断山脉山区。中国境内的有景颇语、独龙语、阿侬怒语、达让僜语、格曼僜语、博嘎尔珞巴语、义都珞巴语等。分布在缅甸的景颇语称为克钦语（Kachin），另外还有景颇语的星颇方言（Singpho）。阿博尔语（Abor）和米里语（Miri）是两种相近的方言，分布在印度。阿博尔语和米里语与中国的博嘎尔珞巴语显然是相近的方言。分布在缅甸的独龙语称为日旺语（Rawang）或侬语（Nung）。

5. 库基–那加语支

库基–那加语支由库基–钦（Kuki-Chin）和那加（Naga）两个分支构成。这两支的语言主要分布在印度和缅甸。分布在印度的库基–钦语支的语言有梅梯语（Meithei）、老梅梯语（Old Meithei）、他多语（Thado）、希因语（Siyin）、来语（Lai）等。那加语支有 32 种差别较大的方言，如安格米方言（Angami）、色马方言（Sema）、棱马方言（Rengma）、哥乍马方言（Kezama）、索布窝马方言（Sopvoma）等。

6. 博多–加洛语支

博多–加洛语支（Bodo-Garo）的语言主要分布在印度，有阿迪语（Adi）、阿帕坦尼语（Apatani, Apa）、博多语（Bodo）、丘里卡塔语（Chulikata）、德奥里语（Deori）、迪加洛语（Digaro）、迪马萨语（Dimasa）、加洛语（Garo）、古隆语（Gurung）、卡恰里语（Kachari）、科奇语（Koch）、科克布洛克（Kok Borok）、拉龙语（Lalung）、林布语（Limbu）、罗荷隆语（Lohorong）、马加尔语（Magari, Magar）、梅甘语（Megam）、莫因巴语（Moinba）、姆鲁语（Mru）、尼斯语（Nisi）、拉巴语（Rabha）、朗卡斯语（Rangkas）、利昂语（Riang）、吐龙语（Thulung）、瓦尤语（Vayu）、雅卡语（Yakha）等。

（二）藏缅语的古南北方言

1. 古方言的比较

早期的藏缅语分化为古北方方言和南方方言。古北方方言演变而来的语言归入 A 组，南方方言演变而来的归入 B 组。这两个早期支系的语音演变和形态不同。

A 组的共同创新是舌尖塞音声母演变为舌尖塞擦音声母。如藏-羌-喜马拉雅语、缅彝语。藏语、嘉戎语等为舌尖擦音，B 组语言的对应词仍保留舌尖塞音。

（1）"吃" *da①

A组语言：缅文 tsɑ³，载瓦语 tso²¹，怒苏语 dza⁵⁵，基诺语 tsɔ⁴⁴ < *dza < *da。

藏文 za，嘉戎语（kə）za，卡纳斯语 zu，巴兴语 jɑ < *dza < *da。

B组语言：博嘎尔珞巴语 doː，那加语棱马方言 te < *do。

（2）"热" *tha

A组语言：藏文 tsha < *tha，道孚语 xtsɛ < *s-ta。

B组语言：义都珞巴语 tɯ⁵⁵ < *tu。

（3）"大象" *taŋ

A组语言：缅文 tshɑŋ² < *thaŋ。

B组语言：义都珞巴语 ɑ⁵⁵ tɑŋ⁵⁵ < *ʔa-taŋ。

（4）"干净" *-taŋ

A组语言：藏文 gtsaŋ（ma）< *g-taŋ，道孚语 xtsoŋ（ma）。

B组语言：独龙语 ɕaŋ⁵⁵（ma），景颇语（san³¹）seŋ < *s-taŋ。"清的"义都珞巴语 doŋ⁵⁵。

2. 形态特点

（1）A组语言的 -k 后缀

藏语支、羌语支和喜马拉雅语支的语言中保留有名词和动词的后缀 -k（藏文为 -g）。试比较藏语和汉语的对应词：

藏文"女人" nag < *na-g，"女方亲戚" snag < *s-nag，"儿媳妇" mnafi < *m-na。汉语"女" *nʷa-ʔ，女子。《说文》："妇人也。"

藏文"话语" ŋag < *ŋa-g，"歌颂" sŋag < *s-ŋag，"咒语" sŋags < *s-ŋag-s。汉语"语" *ŋʷja-ʔ，"言" *ŋja-n。

藏文"硬、好" krag < *kra-g，"结实" mkregs < *m-krag-s，"精良" hrag。汉语"嘏" *kra-ʔ。《诗经·周颂·载见》："绥以多福，俾缉熙于纯嘏。""嘏"，坚固。

藏文"弄乱" dkrug < *d-kru-g，"搅棍" krugs < *krug-s。汉语"搅" *kru-q《说文》："乱也。""纠" *kru《说文》："绳三合也。"

藏文"行走、流动" rgyu < *gru，"跑" rgyug < *gru-g。汉语"儦" *kruk《说文》："痴行。"

---

① 本尼迪克特构拟为 *dza。参见 P. K. 本尼迪克特《汉藏语言概论》第 24 页。

藏缅语原生的 *-k 韵尾在缅文中还是 -k，浪速语中通常是 -ʔ 或 -auk。浪速语有 4 个调，带次生 -k 韵尾的读 55 与 31 调。如：

	天	地	水	铜	骨头
缅文	mo^3	mre^2	re^2	kre^2	ro^3
浪速语	muk^{55}	$mjik^{31}$	$\gamma \partial k^{31}$	$kjik^{55}$	γuk^{55}

缅文和浪速语的其他对应词如："乳房" no^1/ nuk^{55}，"屎" $khje^3$/ $khjik^{55}$，"二" $hnas$/ $\int ik^{55}$，"四" le^3/ $pjik^{31}$，"给" pe^3/ $pjik^{55}$，"哭" ηo^2/ ηuk^{31}。

（2）A 组语言的 -s 后缀

藏语的 -s 后缀把动词变成名词。

藏文 "赌博" skug，"赌注" skugs。"藏匿" skuŋ，"藏匿处" skuŋs。"行走、流动" rgju，"熟悉" rgjus。"看" lta，"预兆" ltas。"经久" rtag，"记号" rtags。"吃" za，"食物" zas。"宰割" bsha，"屠夫" bshas。

藏羌、彝缅语支有音节声调的语言中，丢失 *-s 的为促声调。

（3）A 组语言的 -pa 后缀

藏语诸方言身体部位名词有 -pa 后缀。

"腰" 藏文 rked pa，藏语巴塘话 $ke^{55}pa^{55}$，藏语夏河话 hke pa 等。

"手" 藏文 lag pa，藏语巴塘话 $la^{13}pa^{53}$。

藏–羌语时代 -pa 后缀已存在。如：

"脊背" 藏文 sgal pa，藏语夏河话 dʐap，羌语北部方言 tsup，木雅语 $ge^{33}pæ^{53}$。这个后缀的声母在藏语夏河话、羌语北部方言中成为韵尾辅音。

"额头" 藏文 thod pa，藏语巴塘话 $thʊ^{55}pa^{53}$，藏语夏河话 tho pa，木雅语 $thə^{55}pæ^{53}$，却域语 $the^{55}pe^{55}$ 等。

彝缅语支语言中 *-pa 后缀仍有保留，演变为 -po。

（4）B 组语言的 *ma- 前缀

*ma-（*mi-）前缀（表示有生命的词、形容词、自动词前缀）在 B 组语言中或演变为唇塞音，对应于 A 语言 *m- 前缀。

"舌" 那加语坦库尔方言 mɑle，独龙语 $pɯ^{31}lɑi^{53}$ < *ma-li。墨脱门巴语 le，错那门巴语 le^{53} < *le。

"肚子" 那加语他苦米方言 mipo，独龙语 $pɯ^{31}wɑ^{55}$ < *ma-pʷa。克伦尼语 pø < *po，羌语 pu < *pu。

（5）B 组语言的 *ka-（*ki-）前缀

"高的"达让僜语 kɑ³¹luɯ⁵⁵，格曼僜语 kloŋ⁵³ < *ka-loŋ。"竖起"藏文 loŋ。

"年老的"格曼僜语 kɯ⁵⁵nɑŋ³⁵ < *ki-naŋ。"（植物）老的"藏语拉萨话 niŋ⁵⁵。

"忙的"格曼僜语 kɯ³¹tuɯ⁵³ < *ki-tiu。达让僜语 mɑ³¹tiu⁵⁵。

（三）藏文和缅文

1. 藏文文献

藏文是有 1000 多年历史的拼音文字，相传创于公元 7 世纪，反映古藏语词的拼写。9 世纪厘定后的藏文文献中已经见不到 -d 后缀，反映 11 世纪以后的拼写以文字形式保留至今。公元 7 世纪巴尔蒂人在克什米尔建国，克什米尔保留有那一时期的藏文岩刻。

古藏语的拼音文字转写为国际音标，类似构拟。个别字母的转写法有争议。如形如 R 藏文字母有人转写为 ɦ，有人转写为 v。藏语方言的比较说明藏文的 ɦ（或转写为 v）原本是古藏语不及物动词的前缀：

	藏文转写	藏方言拉萨话	康方言巴塘话	安多方言夏河话
动	ɦgul	ky¹³	ŋgy⁵⁵	ŋgu
传染	ɦgo	kø¹³²	ŋgø⁵⁵	ge
吹	ɦbud	—	pu⁵⁵	mbə
燃烧	ɦbar	par¹³	mbɑ¹³	mbar

这个古前缀在声母简化得不那么厉害的康方言巴塘话和安多方言夏河话中使声母带鼻冠音，它原本可能是鼻音，如 *ŋ- 或 *m-。

藏文记录元音结尾的词加 ɦ，是拼写法的规定。

藏文所记录藏语有 -b、-d、-g 塞音韵尾，现代藏语方言为清的 -p、-t、-k 或 -ʔ 韵尾，并和其他藏缅语的 -p、-t、-k 或 -ʔ 韵尾对应，也就是说韵尾的位置上清浊塞音是不对立的。古藏语还有 -bs、-ds、-gs 这样的由于形态变化造成的复辅音韵尾，以及鼻音和流音韵尾。

2. 缅文文献

最早的缅语碑文算起有近千年的历史。国内通用的转写，如黄布凡主编《藏缅语族语言词汇》，多参照现代缅语的读音。早期碑文中的拼写法和后来的也有所不同。与同语支的亲属语比较，通用的转写尚有斟酌的余地。阿昌语是缅语支语言中与缅语最接近的亲属语，仙岛语可以算是阿昌语的一种方言。缅文转写的 tθ- 在现代缅语仰光话中读作 tθ-，在阿昌等缅语支亲属语中有两种对应关系。如：

	缅文（转写）	阿昌	仙岛	载瓦
死	tθe²	ʂ̩⁵⁵	ʂ̩⁵⁵	ʃi⁵¹
肝	a¹tθan³	a³¹ʂən³¹	a³¹ʂɯŋ³¹	siŋ²¹
三	tθum³	sum³¹	sum³¹	sum²¹
血	tθwe³	sui³¹	sui³¹	sui²¹

我们有理由假定古缅语读作 s-。

缅文原转写为 s- 和 sh- 的和亲属语的对应关系为：

	缅文（转写）	阿昌	仙岛	载瓦
骑	si³	tsi³¹	tsi³¹	tʃi²¹
守卫	sɔŋ¹	tɕɔŋ³⁵	kjoŋ³⁵	tsuŋ⁵⁵
十	shaj²	tɕhe⁵⁵	tshi⁵⁵	tshe⁵¹
染	sho³	tʂhau³¹	tʂhau³¹	tshau²¹

以上的对应关系说明现代缅语仰光话的 s- 和 sh- 来自古缅语的塞擦音，古缅语的 s- 并无送气不送气之分。

二、藏缅语的语音

（一）藏缅语的塞音和塞擦音

藏缅语普遍为塞音清、送气清和浊三分，没有送气和不送气对立的是受底层语言的影响。

1. 藏缅语的送气清塞音

（1）藏语的送气清塞音

藏语清塞音在非鼻音前缀 g-、d-、b-、r-、l- 和 s- 后面都是不送气的，在鼻音前缀 m- 等后面是送气的。如：藏文"滴下"ɦithig < *m-thik，"零碎"tsig < *tik，"肉丁"sti ga。藏文"房子"khaŋ pa，"注满"bkaŋ。"藏起来（的物品）"sgoŋ ba，"藏"skuŋ。

藏语形态变化中的情况如："刺穿"藏文 ɦibug（现在时），dbug（将来时），phug（完成时）。"抢夺"藏文 ɦiprog（现在时），dbrog（将来时），phrogs（将来时）。

藏文中其他送气音和浊音的对应如：

"（粉尘）飞扬"ɦithul，"粉、尘"rdul。"蔓延"gdal，"摊开"rdal。

"单独"kher，"个人"sger。"鄙人"phran，"奴"bran。

（2）藏缅语送气清塞音的比较

"嘴"藏文 kha，嘉戎语 tə kha，卡瑙里语 khaŋ，那加语坦库尔方言 kha-mor。卢舍依语、哈卡钦语 ka。

"苦"藏文 kha（mo）。缅文 kha³，普米语兰坪话 qhɑ¹³，羌语 qhaχ。

"孔、穴"藏文 khuŋ。"洞"纳西语 kho³³。

2. 藏缅语的小舌塞音

有的藏羌语有小舌音跟藏语等舌根音（或缅语的零声母）对应。

（1）普米语兰坪话小舌音的对应

普米语兰坪话的小舌音跟藏语等舌根音的对应如：

"针"兰坪话 qho⁵⁵，却域语 qha⁵⁵ < *qho。缅文 ap⁴ < *ʔap。藏文 khab。

"蛋"兰坪话 qu⁵⁵ < *qu。缅文 û¹ < *ʔu-ʔ。

"力气"兰坪话 qɑ¹³ < *qaq。缅文 a³ < *ʔah。

"苦"兰坪话 qhɑ¹³，羌语 qhaχ < *qhaq。藏文 kha（mo）。缅文 kha³ < *khah。

（2）藏缅语的小舌音声母

古藏缅语的小舌音声母藏语中演变为舌根音，对应于南亚语词的小舌音声母。如：

"针"藏文 khab，兰坪话 qho⁵⁵，却域语 qha⁵⁵，缅文 ap⁴ < *qhap。南亚语系"针"巴琉语 qaːp，佤语 qaːp⁸ < *qap。

"沟"藏文 rka。兰坪话（tʃə⁵⁵）qhɑ⁵⁵，史兴语（ʒi¹³）qo⁵⁵ < *qha。南亚语系"沟"布赓语 qho⁴⁴。

也有反过来的情况，兰坪话舌根音对其他语言的小舌音，如：

"碗"兰坪话 khuɑ¹³，道孚语 qhuə（zi）。

"牛鼻圈"兰坪话 gue⁵⁵，却域语 ʁua¹³。

兰坪话中有的小舌音声母跟藏语等舌根浊声母的对应，这一情况可能是原本的清小舌音前缀造成的。如：

"头"兰坪话 qho⁵⁵，道孚语 ʁə。藏文 mgo < *m-go。

"核桃"兰坪话 ta⁵⁵qa⁵⁵。扎坝语 ta³³ga⁵⁵。

"蹭（痒）"兰坪话 qa⁵⁵。藏语夏河话 ʁar < *q-dar，藏文 rdar < *r-dar。

"熬"兰坪话 xqo⁵⁵ < *q-Go。史兴语 ngu³⁵。

"牛"兰坪话 quɑ⁵⁵ < *q-gʷa。土家语 wu³⁵，纳西语 ɣɯ³³ < *gʷu。

3. 藏语的舌尖塞擦音

（1）*t- > *ts-，*k- > *ts-

藏文"高耸"tsog < *tok，"（帽子）顶珠"tog，"山顶"tɕog < *tjok。[①]

藏文"（期）满"gtsaŋ < *g-taŋ，"满数"theŋ-theŋs。

"干净"藏文 gtsaŋ（ma）< *g-taŋ，独龙语 ɕaŋ⁵⁵（ma）< *s-taŋ。

"肋骨"藏文 rtsib < *r-kip，错那门巴语 kep⁵³。

（2）*th- > *tsh-，*kh- > *tsh-

藏文"稳当、坚定"ɦtshan（po）< *m-than，"稳定、坚固"rton < *s-ton。

藏文"行列"tshar < *thar，"行列、串儿"bstar，"排列"bdar。

"热"藏文 tsha < *tha，道孚语 xtsɛ < *s-tha，义都珞巴语 tɯ⁵⁵ < *tu。

"骨节"藏文 tshigs < *khik-s，嘉戎语 tshək < *khik。

"盐"藏文 tshwa < *khʷa。"咸的"藏语夏河话 kha kha，道孚语 tshɛ khə，傈僳语 khuɑ³¹ < *khʷa。

（3）*d- > *dz-（z-），*g- > *dz-

藏文"满的"rdzag < *r-dak，"满满的、多得很"sdag sdag。

藏文"虚伪"rdzob < *r-dob，"虚伪、狡猾"ldob < *l-dob。

藏文"城堡"rdzoŋ < *r-doŋ。汉语"城"*djeŋ《说文》："以盛民也。"

藏文"垂着、耷拉"ɦdzar < *m-dar，"下滴状"tsar < *tar，"悬挂"gzer。

藏文"爱"mdza（ba）< *m-ga。藏语夏河话 ga，嘉戎语 rga。

藏文"美的"mdzes（po）< *m-ges。

4. 藏语舌尖塞擦音和舌尖擦音的交替

本尼迪克特认为，藏缅语的舌尖塞擦音来自原始藏缅语。他认为在一些语言中 *ts- > s- 是弱化。[②] 如果一种语言或方言缺少舌尖塞擦音，它的 s- 有可能是用来代替借词中 ts-。

古藏语的舌尖塞擦音声母从词根的来历看，当来自塞音。藏缅语 ts- 和 s- 的交替比较多见，如藏文"明天"saŋ、stsaŋ，说明部分舌尖塞擦音的形成可能跟塞音前有 *s- 有关。dz- 和 z- 的交替也说明这一点。

[①] 这一部分有关藏文表示的词的派生的例子参见张济川《藏语词族研究》（社会科学文献出版社2009年版）。

[②] P. K. 本尼迪克特《汉藏语言概论》第24、25页。

（1）ts- 和 s- 的交替

藏文"明天"saŋ、stsaŋ < *staŋ。

藏文"听、听信"gstsan < *g-stan，"听、听见"gson < *g-ston。

藏文"寻找、谋求"btsal < *b-stal，"请求"gsol < *g-stol。

（2）dz- 和 z- 的交替

藏文"听"gzan < *g-dan。墨脱门巴语"听见"than。

藏文"滴"gzar、bzar，gdzar < *g-dar。

藏文"贤明"mdzaŋs < *m-daŋ-s，"好、有益"bzaŋ < *b-daŋ。

5. 藏语的舌面塞擦音

藏语塞音加 *-j-（腭化塞音）或后随高元音演变为舌面塞擦音，其他藏缅语也常有这类演变。

（1）*tj-、*kj-、*pj- > tɕ-（tɕ- 藏文或转写为 c-）

藏文"滴沥"ltɕig < *l-tik，"（一）滴"thigs < *thik-s。

藏文"一"gtɕig，巴尔蒂语 tshik，林布语 thik < *g-tik。

藏文"舌头"ltɕe < *l-tje。

藏文"不严肃的（人）"tɕal < *kjal，"变坏"ɦikhjal < *m-khjal。

藏文"伉俪"staŋs dpjal，staŋs gɕal。

藏文"蝌蚪"ltɕoŋ < *l-kjoŋ，"椭圆的"kjoŋ。

（2）*thj-、*khj-、*phj- > tɕh-（tɕh- 藏文或转写为 ch-）

藏文"水"tɕhu < *thu。加洛语 tʃi，普米语 tʃə⁵⁵ < *ti。

藏文"青稞酒"tɕhaŋ < *thjaŋ，rtsaŋ < *r-taŋ。

藏文"散步"ɦitɕham < *m-khjam，"游荡"khjam。

藏文"升起"ɦitɕhar < *m-khjar，"东方"ɕar < *skar。"东方"嘉戎语 ʃer < *skar。

藏文"说"ɦitɕhad < *m-khjat。藏语阿力克话"话"rkat < *r-kat。

藏文"起作用"phjot，tɕhod < *phjot。

（3）*dj-、*gj-、*bj- > dz-（dz- 藏文或转写为 j-）

藏文"舌头"ldzags < *l-djak-s，"舔"ldag < *l-dak。

藏文"削"ɦidzog < *m-djok，"刨花"zogs < *sdok-s。

藏文"吮"ɦidzip，藏语夏河话 ndəp < *m-djep。缅文 tso < *top。

藏文"蝌蚪、椭圆形"ɦidzoŋ < *m-gjoŋ，"椭圆的"kjoŋ。

藏文"泻"bjaŋ，ɦdʑaŋ < *m-bjaŋ。

6. 缅语的塞擦音

（1）缅语的舌尖塞擦音

缅文几种转写方案解释古缅语有舌尖塞擦音，黄树先教授的 *ts-、*tsh-、*dz-（dzh-）系列可作为讨论的基础。[①]

*t-、*k- > *ts-：

"锥子"缅文 tsu < *tu，载瓦语 tun²¹。

"唱"缅文 tso² < *to，载瓦语 tho⁵¹。

"插"缅文 tsok < *tok，藏文 mdzugs < *m-duk-s，独龙语 tuɯ³¹tɕaʔ⁵⁵ < *tu-djak。

"吮"缅文 tso，阿昌语 tʂɔp⁵⁵ < *top，藏文 ɦdʑip < *m-djep。

"水稻"缅文 tsɑ¹（pɑ³）< *keʔ，仙岛语 kuʔ，义都珞巴语 ke。

*th-、*kh- > *tsh-：

"十"缅文 tshɑj² < *thei，藏文 btɕu < *b-tju。

"大象"缅文 tshaŋ² < *thaŋ，义都珞巴语 a⁵⁵ taŋ⁵⁵ < *ʔa-taŋ。

"臼"缅文 tshuṃ < *thum，景颇语 thum³¹。

"盐"缅文 tshɑ³ < *kha，藏文 tshwa < *khʷa。景颇语 tʃum³¹ < *gʷa-m。

*d- > *dz-（> ts-）：

"吃"缅文 tsa³，载瓦语 tso²¹，怒苏语 dza⁵⁵，基诺语 tsɔ⁴⁴ < *dza < *da。

"核"缅文 tse¹ < *dziʔ，怒苏语 dzɿ³¹ < *di。

"流"缅文 tsi³ < *dzi，怒苏语 ʑe³³ < *de。

缅彝语支的语言普遍有舌尖塞擦音和舌面塞擦音，有的舌面塞擦音来自舌尖塞擦音。

（2）缅彝语的舌面塞擦音

*kj-、*kr- > *tɕ-：

"棋"仰光话 tɕɑ⁵⁵，缅文 kja³ < *kja。

"想法"仰光话 tɕɑ̃²² < *，缅文 kraṃ² < *kram。

"下方"仰光话 ɑ⁵³tɕe²²，缅文 ɑ¹kre²。

*khj-、*khr- > *tɕh-：

---

① 黄树先：《汉缅语比较研究》，华中科技大学 2003 年版，第 22 页。

"条"仰光话 tɕʰãu⁵⁵，缅文 khjoŋ³，纳西语 khɯ²¹ < *khjoŋ。

"宽敞"仰光话 tɕʰãu²²，缅文 khjoŋ² < *khjoŋ。

*gj- > *dʑ-（j-）：

古缅语 *gj- > *dʑ- > *j-。*dʑ- 和 *ʑ- 交替，缅彝语有 ʑ- 和 ç- 的读法，如：

"个"缅文 jɔk⁴ < *ʑok < *gjok。傈僳语 ʐo̱³³，基诺语 ço⁴²。

"歪的"缅文 jwaŋ³ < *ʑuaŋ < *gʷjak。哈尼语 jo³¹，纳西语 gʏ²¹ < *gʷjak。

*gr- > *dʑ-（kr-）：

古缅语 *gr- > *kr- > tɕ-。

"大的"仰光话 tɕi⁵⁵，缅文 kri³，怒苏语 ɣɹi⁵⁵ < *gri。

"鼠"仰光话 tɕwaʔ⁴，缅文 krwak⁴，怒苏语 ɣɹuaʔ < *gʷrak。

7. 景颇语的塞擦音

（1）景颇语的舌尖塞擦音

*kj-、*kr- > ts-：

"舅舅、岳父"景颇语 tsa̱⁵¹ < *kja。羌语 kuɑː < *kʷa。

"爱"景颇语 tso̱⁵⁵ < *kjak。藏文 tɕʰags，缅文 khjas⁴ < *khjak-s。

"八"景颇语 tsat⁵⁵，独龙语 çat⁵⁵ < *krat。藏文 brgyad < *b-grat。

"站"景颇语 tsa̱p⁵⁵ < *krap。缅文 rɑp⁴ < *grap。

*gj-、*bj-、*br-、*gr- > *dz- > ts-：

"生的"景颇语 tsiŋ³³ < *gjiŋ。藏文 rdʑen < *r-gjen。

"轻的"景颇语 tsaŋ³³ < *gjaŋ。藏文 jaŋs < *gjaŋ-s。

"上（面）"景颇语 tsa̱³³ < *gja。藏文 sgaŋ < *s-gaŋ。

"药"景颇语 tsi̱³¹ < *bji-ʔ。吕苏语 pi⁵³。

"穷的"景颇语 mǎ³¹tsan³¹ < *mǎ-bran-ʔ。阿昌语 phzan³⁵ < *bran。

"百"景颇语 tsa̱³³ < *bra。藏文 brgja < *b-gra。

（2）景颇语的舌面塞擦音

后随高元音的塞音和腭化塞音演变为舌面塞擦音。

*t-、*kj- > tʃ-：

"硬的"景颇语 tʃa̱ʔ³¹ < *tjak。

"刺儿"景颇语 tʃu⁵⁵ < *tu。缅文 tshu³ < *thu。

"帽子"景颇语 po³³tʃop⁵⁵ < *bo-kjop。载瓦语 muʔ²¹kjup⁵⁵ < *mo-kjop。

*d- > *dʒ- > tʃ-：

"蚯蚓" 景颇语 tʃin³³tʃai³³ < *din-di。缅文 ti² < *ti。

"小的" 景颇语 kǎ³¹tʃi³¹ < *gǎdi-ʔ。道孚语 ge de。

"对的" 景颇语 tʃo³¹ < *djo-ʔ。独龙语 a³¹dzu⁵⁵。

"好的" 景颇语 kǎ³¹tʃa³³ < *gǎ-dja。拉祜语 dɑ²¹。

"尿" 景颇语 tʃit³¹ < *di-t。缅文 tshi³ < *thi。

（二）藏缅语的复辅音

1. 藏语的复辅音

（1）*sC- 的演变

*sl- > zl-、ʐ-：

"月亮" 藏文 zla（ba）< *sla。卢舍依语 thlɑ，拉达克语 ldɑ-wɑ < *dla-ba。哈卡钦语 ktla pa < *k-dla。

"注入" 藏文 zlug < *sluk，"流淌、泻" lug。

"香的" 藏文 ʐim（po）< *slim。错那门巴语 ʂi⁵⁵lim³⁵（pa⁵³）< *si-lim。

*st-、*sk- > ɕ-（ɕ- 藏文或转写为 sh-）：

"死" 藏文 ɕi，墨脱门巴语 ɕi，卡纳斯语 ɕig，阿博尔语 ɕig，迪马萨语 ti < *sti。

"死" 藏文 ɦitɕh（现在时）< *m-thi。

"木头" 藏文 ɕiŋ，却域语 ke⁵⁵ < *skiŋ。

"劈" 藏文 gɕags < *g-stak-s。博嘎尔珞巴语 pe: tak < *pe-tak。

"径直" 藏文 ɕar < *star，"追猎" ɦitɕhor < *m-thor。

"肉" 藏文 ɕa，巴塘话 xha⁵⁵，缅文 sɑ³，怒苏语 ʂa⁵⁵，白语 ka⁴² < *ska。

*sd-、*sb- > ʐ-（ʐ- 藏文或转写为 zh-）：

藏文 "洼地" ʐoŋ < *sdoŋ，"洼、坑" ltɕoŋ < *l-tjoŋ。

藏文 "刨花" ʐogs < *sdok-s，"削" ɦidʐog < *m-djok。

藏文 "奶、酸奶" ʐo < *sbo，"奶" vo < *bʷo。

*skh- > s-：

"土" 藏文 sa，羌语 khia，景颇语 ka⁵⁵ < *skha。彝语巍山话 tshe²¹ < *kha。

"谁" 藏文 su，嘉戎语 sə < *skhu。怒苏语 khe³¹，彝语南华话 se²¹ < *skhe。

（2）*Cr- 的演变

*gr-、*br- > dr-：

"六"藏文 drug < *gruk。错那门巴语 kroʔ⁵³ < *krok。

"暖和"藏文 dron < *gron。错那门巴语 kro³⁵ < *kro。

"直的"藏文 draŋ（po）< *braŋ。缅文 phrəŋ¹ < *broŋ-ʔ。

"正（面）"藏文 draŋ（phjogs）< *braŋ。基诺语 pro³³ < *bro。

（3）*Cl- 的演变

*gl- > gʑ-，*bl- > bʑ-：

"肛门"藏文 gʑaŋ < *glaŋ。"男生殖器"墨脱门巴语 loŋ < *laŋ。

"歌"藏文 gʑas，夏河话 hlə < *gla-s。

"四"藏文 bʑi < *bli，错那门巴语 pli⁵³。独龙语 ɑ³¹bli⁵³ < *bli。

（4）*C-l- 的演变

*g-l- > g-j-：

"打嗝"藏文 g-jigs < *g-lik-s。"脖子"景颇语 tuʔ³¹ < *luk。

"兽皮的衣服"藏文 g-jaŋ > *g-ljaŋ。汉语"常"*gljaŋ > *ʑaŋ，《说文》："下裙也。"

*b-l- > bla、ʑ-：

"灵魂"藏文 bla < *b-la。

"铜"藏文 ʑaŋs < *laŋ-s。道孚语 bʑaŋ < *b-laŋ-s。

*g-r- > j-：

"轻的"藏文 jaŋs（po）< *g-raŋ-s。景颇语 tsaŋ³³，阿昌语 ʑaŋ⁵⁵ < *graŋ。

"右"藏文 g-jas > *g-ra-s，景颇语 khʒa⁵⁵ < *khra。

2. 缅语的复辅音

（1）*sC- 的演变

*sp-、*st-、*sk- > s-：

"抽（烟）"缅文 sɔk⁴，载瓦语 pok⁵⁵ < *spok。

"死"缅文 se²，藏文 çi，阿力克话 xhə，迪马萨语 ti < *sti。

"肉"缅文 sɑ³，怒苏语 ʂa⁵⁵，藏文 ça，巴塘话 xha⁵⁵，白语 ka⁴² < *ska。

"灌"缅文 swɑŋ³ < *stʷoŋ，藏文 gtoŋ。

"合适的"缅文 sɑŋ¹ < *staŋ，博嘎尔珞巴语 tə təŋ。

"走"缅文 swɑ³，怒苏语 sua⁵⁵ < *skʷo。

"血"缅文 swe³，怒苏语 sui⁵⁵，独龙语 çɯi⁵⁵，道孚语 she < *skʷi。

*sm- > hm-，*sn- > hn-，*sŋ- > hŋ-：

"鼻涕"缅文 hnɑp⁴，阿昌语 n̥ap⁵⁵ < *snap。藏文 snabs < *s-nap-s。

"火钳"缅文 mi³ hnɑp⁴，阿昌语 tam⁵⁵ n̥ap⁵⁵ < - *snjap。

"鸟"缅文 hŋɑk⁴，怒苏语 ŋ̊a⁵³ < *sŋak。

*sr- > s-、hr-：

"生命"缅文 sɑk⁴ < *srak。藏文 srag < *srak。

"绵羊"缅文 so²，拉祜语 ʐɔ³¹ < *sro。"山羊"藏文 ra。

"败"缅文 hruṁ³，载瓦语 sum²¹ < *srum。

*sl- > hl-：

"炒"缅文 hlɔ³，彝语南华话 lu³³ < *slo。

"穿（针）"缅文 hljo²，彝语南华话 sə³³ < *slu。

（2）*Cr- 的演变

*kr- > kj-，*khr- > khj-：

"断"缅文 kjo³，阿昌语 kʐau³¹ < *kru。"弄断"缅文 khjo³，阿昌语 khʐau³¹ < *khru。

"破"缅文 kwai³，阿昌语 kʐop⁵⁵ < *krop。"打破"缅文 khwai³，阿昌语 khʐop⁵⁵ < *khrop。

"角"缅文 khjo²，阿昌语 khʐau³⁵ < *khru。

"汗"缅文 khjwe³，怒苏语 xɹi⁵⁵ < *khʷri。

*phr-、*khr-、*gr- > r-：

"叶子"缅文 rwɑk⁴，阿昌语 xʐo⁵⁵，彝语武定话 pha̠⁵⁵ < *phʷrak。

"刮"缅文 rit⁴，阿昌语 khʐə̠t³⁵ < *khrit。

"敢"缅文 rɑi³，阿昌语 kaiʔ³¹，载瓦语 ʒip⁵⁵ < *grap。

"疯"缅文 ru³，拉祜语 ɣu⁵³ < *gru。

"水"缅文 re² < *gri，道孚语 ɣrə < *gro。

"骨头"缅文 ro³，怒苏语 ɣrɯ⁵⁵ < *gru。

（3）*Cl- 的演变

*pl- > pj-、l-，*kl- > kj-、ts-、l-：

"人"缅文 lu²，载瓦语 pju⁵¹ < *plu。

"风"缅文 le²，阿昌语 l̠i⁵⁵ < *pli。扎坝语 vli⁵⁵ < *bʷli。

"经过（了）"缅文 lon²，阿昌语 pən⁵⁵ < *plon。

"虎"缅文 kja³，阿昌语 lɔ³¹ < *klo。

"弓"缅文 le³ < *kli，克伦语阿果话 khli³¹。

"歪"缅文 tsɔŋ³、jwɑŋ³ < *kʷloŋ。景颇语 n³¹kjeŋ³¹。

"等待"缅文 tsɔŋ³，阿昌语 luaŋ³⁵ < *kloŋ。博嘎尔珞巴语 kəjaŋ。

*ml- > l-：

"尸体"缅文 lɔŋ³，载瓦语 maŋ⁵¹ < *mloŋ。

"干活"缅文 lup⁴，仙岛语 mu⁵⁵lɤ³¹ < *mlup。

3. 景颇语的复辅音

景颇语复辅音的演变较晚，期间与缅语等有密切接触。

（1）*sC- 的演变

*sp- > s-，*st- > t-，*sk- > k-：

"败"景颇语 sum⁵⁵ < *spum，博嘎尔珞巴语 pam。藏文"打败"spam，"失败"ɦpham < *m-pam。

"剪刀"景颇语 n³¹tep⁵⁵ < *n-step。羌语 qu sep。

"土"景颇语 ka⁵⁵。藏文 sa，羌语 khia < *ska。

*sb-、*sd-、*sg- > *ʒ- > ʃ-：

"前"景颇语 ʃoŋ³³ < *sboŋ。博嘎尔珞巴语 ɦioŋ < *boŋ。

"肉"景颇语 ʃan³¹ < *sdanʔ。格曼僜语 çin⁵³，博嘎尔珞巴语 din < *sdin。

"冷的"景颇语 kǎ³¹ʃuŋ³³ < *kə-sguŋ。达让僜语 dzoŋ⁵³ < *sgoŋ。

*sd-、*sg-、*sr- > *s-：

"清的"景颇语 san³¹ < *sdanʔ。独龙语 seŋ⁵⁵，达让僜语 duɯŋ⁵⁵ < *sdeŋ。

"鳞"景颇语 sep³¹ < *sgep。仙岛语 - kɤp³⁵。

"深的"景颇语 suŋ³¹ < *sruŋ。博嘎尔珞巴语 a rɯŋ。

*sl- > *l-：

"船"景颇语 li³³，缅文 hle² < *sle。

"改变"景颇语 lai³³，怒苏语 l̥e⁵⁵ < *sli。

*sn- > *n-、*d-，*sŋ- > *ŋ-：

"池塘"景颇语 noŋ⁵⁵，阿昌语 n̥ɔŋ³⁵，缅文 oŋ² < *snoŋ。

"按"景颇语 tip³¹，缅文 hnip⁴ < *snip。

"瘪的"景颇语 ŋjop⁵⁵ < *sŋop。独龙语 a çɯp⁵⁵。

*sm- > *w-：

"竹子" 景颇语 kǎ⁵⁵wa⁵⁵ < *kə-sma。怒苏语 m̥a³³ < *sma。

"肺" 景颇语 sin³¹wop⁵⁵ < *si-mop。

"漂浮" 景颇语 wo⁵⁵，载瓦语 mju²¹ < *smo。

（2）*Cr- 的演变

*pr- > pʒ-，*kr- > kʒ-:

"东" 景颇语 sin³¹pʒoʔ⁵⁵ < *sin-prok。

"粗的" 景颇语 la⁵⁵pʒau⁵⁵ < *lə-pru。

"散" 景颇语 pʒa⁵⁵ < *pra。格曼僜语 pɹa < *pra。

"胆" 景颇语 ʃǎ³¹kʒi³¹ < *sə-kri。藏文 mkhris < *m-kri-s。

*phr- > phʒ-、ph-:

"岩石" 景颇语 luŋ³¹phʒa⁵⁵ < *luŋ-phra。独龙语 praʔ⁵⁵luŋ⁵⁵ < *prak-luŋ。

"犁" 景颇语 lǎ⁵⁵phʒi⁵⁵ < *lə-phri。

"胳膊" 景颇语 lǎ³¹phum³¹ < *lə-phrum。义都珞巴语 a⁵⁵pɹu⁵³。

"肩膀" 景颇语 kǎ³¹phaʔ³¹ < *kə-phrak。独龙语 raʔ⁵⁵ < *prak。

*khr- > khʒ-、khj-:

"蹄" 景颇语 lǎ³¹khʒuʔ³¹ < *lə-khruk。

"屎" 景颇语 khji⁵⁵ < *khri。怒苏语 khɹi⁵⁵ < *khri。

*br- > j-、dz-（> ts-）:

"手指" 景颇语 lǎ³¹juŋ³³ < *lə-bruŋ。达让僜语 a³¹bɹuuŋ⁵⁵。

"全部" 景颇语 joŋ³¹ < *broŋ。博嘎尔珞巴语 kə baŋ。

"穷的" 景颇语 mǎ³¹tsan̥³¹ < *mǎ-bran-ʔ。阿昌语 phzan̥ < *bran。

*gr- > ʒ-、j-:

"雨" 景颇语 mǎ³¹ʒaŋ³³ < *mə-graŋ。怒苏语 muɯ⁵⁵ɣɹua³³ < *mə-gʷra。

"炭" 景颇语 n³¹ʒaʔ³¹ < *n-grak。独龙语 muɯ³¹kɛʔ⁵⁵ < *mə-krek。

"喉咙" 景颇语 mǎ³¹juʔ³¹ < *mə-gruk。

"犄角" 景颇语 n³¹juŋ³³ < *n-gruŋ。格曼僜语 kɹǎŋ < *krəŋ。

（3）*Cl- 的演变

*kl- > l-:

"晒" 景颇语 lam³³，博嘎尔珞巴语 kam < *klam。

"元（钱）" 景颇语 lap < *klap。缅文 kjɑp⁴。

*phl- > ph-，*bl- > p-：

"后（边）"景颇语 phaŋ³³ < *phlaŋ。达让僜语 pluːu⁵³。

"风"景颇语 n³¹puŋ³³ < *nu-bluŋ。博嘎尔珞巴语 ȵu luŋ。

*bl- > l-：

"森林"景颇语 mǎ³¹liŋ³³ < *mə-bliŋ。达让僜语 xɑ³¹bɯŋ⁵⁵。

"画"（名词）景颇语 sum³¹la³³ < *su-bla。

"四"景颇语 mǎ³¹li³³ < *mə-bli。"四"藏文 bʑi，缅文 le³ < *bli。

（三）藏缅语的声调

1. 藏羌语的声调

（1）错那门巴语的声调

藏语支错那门巴语 55、53、35、31 四个声调，同源词的对应如：

	错那门巴语	墨脱门巴语	嘉戎语	藏文
金子	ser⁵⁵	ser	khser	gser
飞	phir⁵⁵	phen	—	ɦphur
黏	dʑar⁵⁵	dʑar	ndzok	sbjar
天	nam⁵³	ŋam	nɛm	gnam
湖	tsho⁵³	tsho	mtsho	mtsho
眼睛	meʔ⁵³	miŋ	mȵak	mig
手	laʔ⁵³	—	jɐk	lag
火	me³⁵	mi	—	mi
骨头	ru³⁵ko⁵³	—	ʃa rə	rus
二	nai³⁵	ȵik	nɛs	gȵis
九	tu³¹ku⁵³	gu	ngu	dgu
干活	ja³⁵ka³¹	lai ʔa	—	las ka bjed

55 调的音节部分标为长音，如"发芽"ciː⁵⁵，"肺"lɔː⁵⁵，"渡"poː⁵⁵ 等。53 调为短元音韵的声调。带 -ʔ 的 53 原本有 *-p、*-t、*-k 韵尾。35 调的音节原本有 *-s 等擦音尾。31 调通常只在复音词出现。

（2）普米语的声调

普米语兰坪话 55、13 两个声调，普米语九龙话 55、35、11 三个声调。试比较：

	兰坪话	九龙话	木雅语	藏文
豹子	syi⁵⁵	sui⁵⁵	ndzi⁵³	gzig
竹子	mzʑ⁵⁵	mɐ³⁵	mbə⁵⁵	smjug
弓	ʒə⁵⁵	ji³⁵	zə³³	gʑu
肺	tshy¹³	tshu⁵⁵	tshə⁵³	glo
毒	tu¹³	du³⁵	tu²⁴	dug
星星	dzə¹³	dzʅ³⁵	ndzɿ²⁴	skar
骡子	dzɐ¹³	tʂy³⁵	tha²⁴	drel

普米语兰坪话当初声调产生的条件可能是清高、浊低。55 调伴随清声母和鼻音声母，13 出现在原本声母为浊塞音和浊塞擦音的音节。55 调的浊塞音声母原本可能带鼻冠音。

九龙话和兰坪话的声调有对应关系，清声母为 55 调，浊声母为 35、11 调。11 调原本为浊塞音声母。如：

	九龙话	兰坪话	木雅语	藏文
蛇	bu¹¹zɛi⁵⁵	bɐ¹³za⁵⁵	ro⁵³	sbrul
一	ta¹¹	ti¹³	tɕi⁵³	gtɕig
四	ʒə¹¹	ʒɛ⁵⁵	zɿ⁵³	bʑi

（3）木雅语的声调

木雅语元音分松紧，单音节词有 53、24 两个调，55、33 调见于复音词，15 调为长音的伴随特征。[①]

声调最初产生的条件可能是舒高、促低。试比较：

	木雅语	兰坪话	藏语夏河话	藏文
霜	vɐ⁵³	fpy⁵⁵	wal	ba
火	mə⁵³	mɐ⁵⁵	ɲe	me
岩石	tʂua²⁴	zgɑ¹³	tʂɑχ	brag
肩膀	ʁua²⁴	ʃtʃua¹³	tʂhaχ	phrag

2. 缅语支语言的声调

（1）缅语的声调

缅文第 1 调在现代缅语方言和阿昌语仍保留有 -ʔ，第 4 调来自塞音和 *-s

---

① 参见黄布凡等主编的《藏缅语族语言词汇》，描写为 5 个声调。

韵尾。①

第 3 调的音节可对应浪速语同源词 -k 尾，藏语同源词 -g 尾。如：

	缅文	浪速语	彝语南华话	藏文
虫子	po^3	puk^{55}	bə^{21}mɯ^{33}	bu
毛	mwe^3	muk^{55}	mə^{33}	spu
竹子	wɑ^3	vɔ^{35}	mo^{33}	smjug
剖	khwai^3	khɔʔ^{55}	khæ^{21}	gɕags（< *g-skag-s）

浪速语同源词 -k 尾是后来才有的，原来词根的 *-k 尾已演变为 -ʔ。藏语的 -g 尾有来自词根的，也有来自后缀。藏语和缅语"竹子""剖"对应，说明古缅语第 3 调原本可能带 *-g 韵尾。这一类韵尾可来自词根，也可以是形态成分。

（2）怒苏语的声调

怒苏语的元音有松、紧对立，声调四个。怒苏语和缅语声调的对应为：

怒苏语	31	33（31）	55	53
缅语	第 1 调	第 2 调	第 3 调	第 4 调

3. 土家语的声调

土家语的语音、词汇和形态方面有缅彝语支语言的特点。北部方言龙山话的语音历史演变特点为：

① 浊塞音声母清化，舌尖塞擦音声母来自舌尖塞音声母，舌面塞擦音声母来自低元音前的塞音声母。

② 塞音韵尾、*-s 和 *-m 丢失。

③ 有 55、53、35、21 四个调。② 声调产生于复辅音声母简化时期。声调的产生和韵的舒、促有关，分化与声母的清、浊有关。促音（塞音和擦音 *-s）尾为 35 调，舒音尾为 55 调和 21 调，喉塞音尾 53 调。双音节词的第二音节声母为塞音，第一音节读 35 调的可为舒声。

4. 彝语的声调

（1）彝语喜德话声调的比较

喜德话松元音有 i、o、ɯ、u、ʅ，紧元音有 e、a、ɔ、ɯ̰、ṵ、ʅ̰。③

四个声调 55、44、33、21，都能在松、紧元音音节中出现，可分析为八个

---

① 吴安其：《汉藏语同源研究》，中央民族大学出版社 2002 年版，第 131 页。
② 参见黄布凡主编的《藏缅语族语言词汇》，中央民族学院出版社 1992 年版。
③ 陈士林等：《彝语简志》，民族出版社 1985 年版，第 10 页。

调类。55 调在紧元音音节中出现，部分松元音音节中不出现。21 调在松元音音节中出现，部分紧元音音节中不出现，和声调分化和再演变有关。

巍山话三个声调，55、33、21。武定话四个声调，55、33、2、11。

怒苏语四个声调，55、53、33、31。

喜德话、巍山话、武定话和怒苏语的声调有一定的对应关系。

① 33 调的对应

松元音 33 调：

	喜德	巍山	武定	怒苏语	缅文
天	muɯ^{33}	m̩^{21}dṳ^{55}	mv^{33}	muɯ^{55}	mo^3
雪	vo^{33}	va^{21}	vɣ^{33}	va^{55}	—
尿	zl̩^{33}	zl̩^{21}	zi^{33}	zi̯^{55}	tsi^3
吹	m̥o^{33}	ʔm̩^{33}	mṳ^2	mo̤^{53}	mut^4

紧元音 33 调：

	喜德	巍山	武定	怒苏语	缅文
石头	lṳ^{33}ma^{33}	—	lɣ^{11}bɣ^{11}	lṳ^{53}	—
鼠	he^{33}	hɑ^{55}	hɑ̤^{2}	ɣɹṳɑ^{53}	krwak^4
鸟	he^{33}	n̩^{33}	ŋɑ̤^{2}	ŋ̊a̤^{53}	hŋak^4

② 55 调的对应

松元音 55 调：

	喜德	巍山	武定	怒苏语	缅文
手	lo^{55}	lɩ^{21}ph̩ɩ^{33}	lɑ̤^{55}	la̤^{53}	lak^4
猪	vo^{55}	vɩ^{21}	va̤^{55}	va̤^{53}	wak^4

紧元音 55 调：

	喜德	巍山	武定	怒苏语	缅文
鸡	va^{55}	zɩ̯^{33}	zi̯^{33}	ɣɹa̤^{53}	krak^4
虎	la^{55}	lɑ^{21}	lu^{55}	la^{55}	kja^3

③ 21 调的对应

松元音 21 调：

	喜德	巍山	武定	怒苏语	缅文
肝	si^{21}	sl̩^{21}tsɛ^{55}	sl̩^{55}	tsɔ̃^{55}	san^3
懂	sl̩^{21}	sa^{21}	sə̩^{55}	su̩^{55}	—
一	tshl̩^{21}	tʂhl̩^{21}	thɑ^{11}	thi̤^{53}	tas^4

紧元音 21 调：

	喜德	巍山	武定	怒苏语	缅文
鼻子	n̥a²¹bi⁵⁵	ʔna⁵⁵	nu³³	n̥a⁵⁵	hnɑɑ²
打手势	lo⁵⁵va²¹	—	lɑ̠⁵⁵phɑ³³tɔ¹¹	la⁵³uɔ⁵³	lak⁴pra¹
查（帐）	tʂha²¹	tʂha²¹	ŋtʂha̠²	tʂha³¹	tsas⁴

④ 44 调的对应

松元音 44 调：

	喜德	巍山	武定	怒苏语	缅文
叶子	tɕhi⁴⁴tɕhi³³	phɿ̠²¹	phɑ̠⁵⁵	pha̠⁵³l̠a⁵⁵	—
看使动	po⁴⁴	—	—	—	pra¹

紧元音 44 调：

	喜德	巍山	武定	怒苏语	缅文
肩膀	le⁴⁴ba³³	lɿ̠²¹pha²¹tsɿ³³	—	—	—
花	ve⁴⁴ve³³	—	vi̠²	si̠⁵³vɹə⁵³	—

（2）彝语声调的历史

彝语喜德话、巍山话、武定话和怒苏语的声调有一定的对应关系，可能来自两舒一促的原始调。彝语诸方言和怒苏语的促调来自塞音和 *-s 尾，怒苏语的促调不分化，彝语的先分化为两个调。

喜德话基本舒声调为 33 和 21，基本促声调为 55 和 33。原始调为 ABC：

舒声韵	A（33）
舒声韵	B（21）
促声韵	C₁（55）　　　C₂（33）　　　C₃（21）

舒声韵　　　A（33）

舒声韵　　　B（21）

促声韵　　　C₁（55）　　　C₂（33）　　　C₃（21）

紧 44 来自变调。紧 21 出现于塞音声母前的音节，如"鼻子"n̥a²¹bi⁵⁵ < *snap-bi。"胡子"me²¹tsɿ⁵⁵ < *mit-ti（嘴唇 mi²¹pu²¹ < *mi-pu）。

喜德话松的 33、21 调的对应如：

	喜德	巍山	武定	怒苏语	缅文	拟音
水	ʐɿ³³	ɣuɯ⁵⁵	ji¹¹	ɣɹi³³	re²	*gri
金子	ʂɿ³³	ʂɑ⁵⁵	ʂɔ³³	tɕi³¹	hrwe²	*ksir
铁	ʂuɯ³³	ɕy⁵⁵	ʂe¹¹	ʂa³³	sam²	*sam
身体	ko²¹po³³	gu̠⁵⁵	guɯ¹¹	guɯ³¹	koj²	*go
拇指	lo⁵⁵mo²¹	—	lɑ̠⁵⁵mu̠²	la̠⁵³ma³¹	lak⁴ma¹	*lak-maʔ
满的	dʑi²¹	vi³³	də¹¹	bɹə³¹	pran̥¹	*braŋʔ

喜德话松 33 调大抵对应巍山话松 55、33，武定话松 11 调，怒苏语 33、31 调，缅文记录古缅语第 1 调和第 2 调的同源词，可推测喜德话松的 21 调来自 *-ʔ。

5. 景颇语的声调

景颇语有 55、33、31 三个基本声调，元音分松、紧，韵尾有舒、促之别。

促音节因声母清浊分化为 55 和 31 两个调。

51 调是 55 调的变调，松元音音节中的 55 调读 35 调。

分布情况为：舒声韵，清声母 55，浊声母 33；促声韵，不送气清声母 55，送气清声母和浊声母 31。[①] 部分 31 调不带塞音尾，可能原本有 *-ʔ 后缀。如：

"清的" 景颇语 san[31] < *sdan-ʔ。独龙语 sɛŋ[55]，达让僜语 duɯŋ[55] < *sdeŋ。

"肉" 景颇语 ʃan[31] < *sdan-ʔ。格曼僜语 çin[53]，博嘎尔珞巴语 din < *sdin。

"对的" 景颇语 tʃo[31] < *djo-ʔ。独龙语 a[31]dzu[55]。

"药" 景颇语 tsi[31] < *bji-ʔ。吕苏语 pi[53]。

（四）古藏缅语的语音

1. 古藏缅语辅音

古藏语没有音节声调，有五个元音，单辅音 30 个。222 个声母中包括二合复辅音 115 个，三合复辅音 71 个，四合复辅音 6 个。[②] 繁复的复辅音声母与古藏语的形态有关。

古藏缅语有唇、舌尖、舌根和小舌 4 个系列的塞音，清不送气、清送气及浊对立；有唇、舌尖、舌根鼻音。辅音系统为：

p	ph	b	m				w
t	th	d	n	s	z	r	l
k	kh	g	ŋ	h	ɦ	j	
q	qh	ɢ					

塞音及 s、z 可与流音 l 和 r 构成复辅音声母，塞擦音后起。

2. 古藏缅语的元音和韵尾

古藏缅语的元音系统为：a e i o u。有 -m、-n、-ŋ、-p、-t、-k、-ʔ、-s、-l、-r、-g 韵尾。

藏语的 -b、-d、-g 塞音韵尾与其他藏缅语 -p、-t、-k 或 -ʔ 的对应关系如：

---

① 吴安其：《汉藏语同源研究》，中央民族大学出版社 2002 年版，第 145 页。
② 黄布凡等主编：《藏缅语族语言词汇》，中央民族学院出版社 1992 年版，第 629 页。

	藏文	墨脱门巴语	缅文	景颇语	加洛语
眼睛	mig	miŋ	mjɑk	mji$ʔ^{31}$	mik-rǒn
手	lag	ga daŋ	lak	ta̱$ʔ^{55}$	jāk
六	drug	khuŋ	khrɔk	kʒu$ʔ^{55}$	dǒk

藏语的 -g，对应于墨脱门巴语的 -ŋ 和景颇语的 -ʔ，来自藏缅共同语的 *-k。
从藏缅语的词源看，古藏缅语词仍可能有 -b、-d、-g 塞音韵尾。

三、藏缅语的形态

萨丕尔把古藏语称为"综合（轻度）"的语言，现代藏语归入分析型。[①] 早期藏缅语可能是黏着形态为主的语言。前缀有 *s-、*r-、*b-、*g-、*d- 和 *m-，后缀有 *-s、*-r（*-l）、*-t、*-k、*-g、*-m、*-n 和 *-ŋ。

（一）前缀和后缀

古藏语是注重动作和时间关系的语言，动词有现在时、未来时、过去时和命令式（简称三时一式），可区分为"及物自主""及物不自主"和"不及物"三类。[②] 藏语的前缀比较复杂，前缀辅音和后面的声母辅音有的还换位。动词的命令式变化元音，有多种复辅音韵尾。古藏缅语的形态主要特点是：

*s-（*r-）和 *m- 可为身体部位词的前缀，*s-、*b-、*g- 为数词前缀；动词前缀 *m- 表示自动，*s-、*d-、*b-、*g- 表使动，后缀 *-g 可表使动和把名词变为动词；*g-（*G-）为形容词前缀；*-n、*-t 为名词后缀。

多位学者已说明藏语的名词或名物化 -s 后缀是较晚才有的。[③] 张济川先生指出古藏语有 -g、-ŋ、-d、-n、-r、-s 等后缀。[④]

-d："行走" rgju > "传统" rgjud，"重" lei > "重量" leid，"主人" rje > "尊敬" rjed，"看" lta > "热闹" ltad，"咳" lu > "痰" lud，"赎" blu > "赎命物" blud。

-n："老" rga > "老师" rgan，"青草" sŋo > "蓝色" sŋon，"细" phra > "鄙人" phran，"疮" rma > "生疮" rman，"虚假" rdzu > "谎言" rdzun，"吃" za > "食物" zan，"早" sŋa > "先" sŋan。

---

① 萨丕尔《语言论》商务印书馆 2011 年版，第 130—131 页。
② 黄布凡：《古藏语动词的形态》，《民族语文》1981 年第 3 期。
③ 金理新：《上古汉语形态研究》，黄山书社 2006 年版，第 289 页。
④ 张济川：《藏语词族研究》，社会科学文献出版社 2009 年版，第 191 页。

-r："早"sŋa＞"以前"sŋar，"二、对手"do＞"双"dor，"总、共"spji＞"通常"spjir，"分开"ɦbje＞"逃散"ɦbjer。

1. *s- 前缀

藏缅语中 *s- 前缀在藏语有使动和名谓化（把名词变成动词）的功用。如"燃烧"藏文 ɦbar，"点火"spar；"倒下"log，"弄倒"slog。

缅语中 *s- 前缀在使后随的声母成为清辅音。如"转动"缅文 lɑn²，"使转动"hlɑn¹；"温"（水）nwe³，"热"（饭）hnwe³。

*s- 又是生物和身体部位词的前缀。如藏文表示的古藏语："生命"srog，"男子"skyes，"喜鹊"skya（ga），"虮子"sro（ma），"脖子"ske，"背"sgal，"胸"sbo，"牙齿"so（＜*s-ko），"痣"sme（ba），"心脏"sɲiŋ。

古藏语词送气音自动词加 s- 前缀派生为使役动词时，成为不送气的。*s- 可为 r- 和 l- 所替代，表示身体部位和使动。

2. *g- 前缀

藏缅语中 g- 为形容词前缀和动词的使动前缀，藏语中 g- 和 d- 互补，较少用于完成体。

"精美，（金）纯"藏文 gzum＜*g-dum。

"毒"藏文 dug，错那门巴语 tuk³⁵。墨脱门巴语 ɣduk＜*g-duk。

"黑的、邪恶"藏文 gnag＜*g-nak。

"劈开"藏文 gshog＜*g-skhok。

藏文"散开"yar＜*ljar，"流浪"gyar＜*g-ljar，"失散"vkhyar＜*m-khljar。

藏文"犯错"lan，"过失"klan＜*k-lan，"斥责"glan＜*g-lan。

藏文"隔断"cad＜*kjat，"弄断"gchod＜*g-khjot。

藏文"叶子"lob ma，"扁"leb，"压扁"gleb＜*g-lep。

*g- 也是藏语支和部分博多语支语言数词前缀。

自动动词加 g- 和 d- 前缀也使派生动词的声母不送气。如：

thug"相遇"/gtug、gtugs"会见"，thos"听到"/gdas"述说"，thoŋ"收到"/gtoŋ、gtaŋ"发出"，ɦthom"糊涂"/gtom"使糊涂"，ɦkhrigs"密布"/dkrig"笼罩"，ɦkhrug"乱"/dkrug"搅"等。

3. *m- 前缀

（1）名词前缀

表示有生命和有人活动的地方。早期可能是 *ma-。

藏文"肾"mkhal < *m-kal,"后背"sgal < *s-gal。

藏文"城堡"mkhar < *m-kar,"营地"sgar < *s-gar。

"舌"那加语坦库尔方言 mɑle,独龙语 puɯ³¹lɑi⁵³ < *ma-li。

"肚子"那加语他苦米方言 mipo,独龙语 puɯ³¹wɑ⁵⁵ < *ma-pʷa。

（2）自动词前缀

藏文 v-（ɦ-）前缀当自 *m-,本尼迪克特提到古藏缅中的 *m- 前缀有"中间态"的作用,表示动词的持续、不及物或反身的性质,今为 b-、ph- 所替代。①

藏文"晃荡"vkhyom < *m-khlom,"淫欲、行淫"g-yem < *g-lem。

藏文"喜欢"mnye < *m-nje,"亲近"nye < *nje。

藏文"疲劳"nyel < *njel,mnyel < *m-njel。

藏文"圆的"sgor,"弯曲"ɦikhyor < *m-khjor。

4. *d- 前缀

藏缅语的 *d- 前缀,藏语中作为名词、数词、形容词和表示使动的前缀。如:

藏文"辛苦"khag,"难"dkags、dka。

藏文"帐篷"sgar,"搭帐篷"dgar。

藏文"峡"ɦgag,"凝固"dkag。

5. *-t 后缀

藏缅语的 *-t 后缀,本尼迪克特曾提到。他说:"后缀 *-t 在一些例子中显然是表示使役或命令的意思,如藏语 ɦbjed-pa '开,分离'（及物）< ɦbje-ba（不及物）,ɦnud-pa '哺乳' < nu-ba '吮吸'。""克钦语（景颇语）中也有使役后缀 *-t,如克钦语 mədit '弄湿,淋湿' < mədi '潮湿的,湿的'。""藏语 rko-ba~ rkod-pa '挖,刻上',克钦语 got '舀出'。"② 其他如:

藏文 ɦdu "（聚）集",sdud "集合",bstud "连接"。景颇语 mǎ³¹tut⁵⁵ "连接"。

藏文 ɦtshos "熟",ɦtshod "煮"。景颇语 ʃã³¹tu³³ "煮"。墨脱门巴语"煮"dur。古藏语 ɦtshod "煮"的后缀 *-d 似乎是后来才有的。

藏文 na "病", nad- "病人";sros "天黑",srod "黄昏"。

古方言中还有用 *-d 后缀构成名词的。景颇语"偷"lǎ³¹ku⁵⁵ > "贼"lǎ³¹kut³¹。

6. *-k 后缀

藏缅语有 *-k（*-ku）后缀表示名词的复数。如:

---

① P. K. 本尼迪克特:《汉藏语言概论》,第 124 页。
② 同上,第 105 页。

"眼睛"古隆语 mi < *mi。格曼僜语 min。藏文 mig，巴尔蒂语 mik，墨脱门巴语 miŋ < *mi-k。

"耳朵"藏文 rna，古隆语 hnə < *s-na。羌语 ŋə kų̱ < *na-ku。

"骨头"藏文 rus（pa），缅文 ə¹ro³。格曼僜语 çiŋ⁵⁵ɹak⁵⁵。

浪速语次生的 -k 韵尾为较晚发展起来，分布于诸类实词，可与缅语比较。

7. *-g 后缀

藏语中 *-g 后缀有把名词变为动词等功能，如：

藏文"烟"du，"用烟熏"gdug ~ bdug。功能相同的双重使动形态。

藏文"声音"sgra，"出声"grag，"流传"sgrag。

藏文"放光彩"bkra，"光泽"bkrag。

藏文"苦"kha，"辛苦"khag。

如"死"藏文 çi，墨脱门巴语 çi /çak，喜马拉雅语支的卡纳斯语 çig，与博嘎尔珞巴语相近的阿博尔语、米里语（Miri）çig。[1] 卡纳斯语有 -k、-g 韵尾的不同。

藏缅语的 *-g 后缀后来渐不活跃，只在少数语言中仍活跃，来自 *-g 后缀的 *-k 韵尾在不同的藏缅语中不对应。

8. *-r 后缀

（1）代词后缀

-ra、-re、*-ri、*-lu（*-du）大约是早期藏缅语人称代词复数的后缀，如拉达克语"我们"ŋa-ʒa（包括式），"你们"hjo-ʒa。喜马拉雅语支巴尼语（Patni）"我们"ɲje-re，"你们"kje-re。怒苏语"我们"na³³duɯ³¹，"你们"n̪u³³duɯ³¹。

*-r 也是古藏缅语南方方言人称代词复数的后缀。那加语中还有索布窝马方言和夸侬佬方言有这样的情况：

	我	我们	你	你们
索布窝马方言	ji	i-kru	ni	ni-le-kru
夸侬佬方言	ī	ī-rō	naŋ	na-rō

（2）名词后缀

"鼻子"藏文、拉达克语 sna，道孚语 sni，阿侬怒语 sl̩³¹na⁵⁵ < *s-na。库基钦语支朗隆语 nar。

---

① 两种相近的方言，分布在印度阿萨姆邦。

"嘴" 林布语 mu rā，朗隆语 mūr。

9. *-ŋ 后缀

*-ŋ 后缀在藏文中如 "痛苦" sme，"呻吟" smeŋ。"他" kho，"他" khoŋ。

"上" ya < *la，"上唇" ya mtʃhu，"上举" yer < *ler。"上升" laŋs < *laŋ-s。"上（楼）" 景颇语 luŋ³¹ < *luŋ。"高" 达让僜语 kɑ³¹luŋ⁵⁵，格曼僜语 kloŋ⁵³ < *ka-loŋ。

"直的、竖的" 嘉戎语 stu < *s-du。"竖（的）" 藏文 gzuŋ < *g-duŋ。墨脱门巴语 thaŋ，缅文 dɔŋ² < *duŋ。

（二）屈折形态

1. 清、浊声母交替的变化

本尼迪克特认为 "原始藏缅语" 有词根辅音声母清、浊交替以及元音交替的形态变化。如 "焚烧" *bar ~ *par，"破碎的、打破" *be ~ *pe，"直、弄直" *bleŋ ~ *pleŋ，"满的、注满" *bliŋ ~ *pliŋ，"溢出、涌出" *brup ~ *prup，"打" *tup ~ *tip，"满的" *dyam ~ *tyam 等。[①]

藏文 "燃烧" vbar < *m-bar。卡瑙里语 "烧" bar（不及物），par（及物）。

藏文 "弯曲的" gug。巴兴语 "弯的" guk，"做成弯形" kuk。

卡瑙里语 "充满的" böŋ，"充满" poŋ。

卡瑙里语 "害怕" byaŋ，"惊吓" pyaŋ。

2. 浊声母和送气交替的变化

藏语浊音声母词根换成送气音声母，可使动词派生名词，或有使动的功能。

藏文 "躲藏" gab，"覆盖物" kheb。

藏文 "圆的" sgor < *s-gor，"帐房" sgar，"城堡" mkhar。

藏文 "驮、荷、承当" gal，"（肩）背" sgal < *s-gal，"驮子" khal，"承受" vkhel。

藏文 "弯曲的" gug，"弯、角落" khug，"衰老" vkhogs < *m-khok-s。

藏文 "滚动" ril，"被绕" figril < *m-gril，"环绕" fikhril < *m-khril。

藏文 "滴下" zags < *lak-s，"滴下、滴落" fidzag < *m-lak，"使滴下" tshag。

藏文 "不严肃" cal < *kjal，"下流" shal < *s-khal，"变坏" fikhyal < *m-khjal。

古藏语屈折的变化是形态的残留，有的还表现为与后来的形态变化结合在一

---

① P. K. 本尼迪克特：《汉藏语言概论》，第 132 页。

起。如：

khal "驮子"，gal "承当"，khel "承载"。

khug "弯"（名词），gug "弯曲"（动词），bkug "弯曲"（动词）。

kheŋ "满、自满"，gaŋ "满"。

thaŋ "晴"，dwaŋs "变清"。

缅语支语言送气声母可表示使动，彝语武定话用清化表示使动。如：

	缅文	载瓦语	怒苏语	彝语武定话
断	kjo³	kjui²¹	gɹɯ⁵⁵	dɯ³³
弄断	khjo³	khjui²¹	khɹɯ⁵⁵	tɯ³³

3. 声母不送气和送气交替的变化

古藏语词根声母不送气成为送气的极少出现，也是形态的残留。如：gab "藏、躲藏"，kheb "被遮住"。ɦgul "动"，ɦkhul "听使唤"。[①]

其他如 "弯"（动词）藏文 gug，阿昌语 kok⁵⁵，景颇语 mǎ³¹koʔ³¹，古藏缅语词根 *gok。"弄弯" 藏文 ɦgug，错那门巴语 chɔk⁵³，阿昌语 khok⁵⁵。"弯的"（形容词），藏文 gug po，巴塘藏语 ŋgu¹³ŋguʔ⁵³，缅文 kɔk，阿昌语 kok⁵⁵。

独龙语 "弯" du³¹gɔʔ⁵⁵，"弄弯" du³¹gɔːʔ⁵⁵，长元音表示使动。

四、藏缅语词的比较

（一）古南北方言词

1. 人称代词

（1）第一人称单数

A 组：藏文、马加尔语 ŋa，缅文 ŋaa² < *ŋa。

巴兴语、瓦由语 gō，吐龙语 go < *go。克伦语叶因巴方言（Yeinba）kē。

克伦语阿果话 je³¹，普沃话、斯戈话 ja < *ŋa。

B 组：博多语 āŋ，迪马萨语 aŋ，加洛语 āŋā < *ʔaŋa。

那加语南桑亚方言（Namsangia）mi。他多语（Thado）kē，格曼僜语 ki < *ki。

（2）第二人称单数

A 组：嘉戎语 no，加龙语 no，义都珞巴语 ɳo³⁵ < *no。阿昌语 nuaŋ⁵⁵ < *snu-ʔaŋ。

---

① 这一部分藏文形态的情况主要引自张济川研究员的著作。

道孚语 n̠i，土家语 n̠i³⁵。迪马萨语 niŋ < *ni-ŋ。

缅文 mɑŋ³，阿兹语（Atsi）mjàŋ < *maŋ。

B 组：独龙语 nɑ⁵³，加洛语 nā < *na。墨脱门巴语 nan < *nan。

博多语、朗龙语 nɑŋ，马加尔语 naŋ，景颇语 naŋ³³，载瓦语 naŋ³¹ < *naŋ。那加语莫桑方言 mnɑŋ < *m-naŋ。

那加语索布窝马方言 ni。

2. 近指指示代词

指示代词通常为两分和三分，也有不同方式的四分。三分的通常区分为近指、中指和远指，也有在两分的基础上在远指中再区分出一种"近的远指"。

A 组：藏文 ɦdi，藏语夏河话 ndə < *m-di。缅语仰光话 di²²，普米语兰坪话 di¹³。

缅语仰光话 tθi²²，怒苏语 ʂi³³ < *si。

加龙语 sɯ gɯ < *sugu。扎坝语 kʊ¹³ < *ku。

B 组：格曼僜语 an < *ʔan。达让僜语 e⁵⁵ < *ʔe。

景颇语 n³³tai³³ < *n-li。

3. 远指指示代词

A 组：藏文 de，阿昌语 the < *de。彝语喜德话 a³³di⁵⁵。

错那门巴语 mo，格曼僜语 we < *bʷe。

缅文 ho²，拉祜语 o⁵³ < *qu。

傈僳语 go³³ < *gu（近指），ko⁵⁵ < *ku（远指）。土家语 ai⁵⁵ < *ʔi。

B 组：博嘎尔珞巴语 aː < *ʔa。

景颇语 wo⁵⁵ < *pʷo（近指），wo⁵¹ < *pʷoʔ（远指）。

（二）基本词的分歧和解释

藏缅语常有两三个分布较广的词根（词干）表示一项意义，其中之一通常见于藏–羌–喜马拉雅语支语言。藏缅语受印欧语较大影响，相关对应词通常不见于其他汉藏语。

1. 太阳

（1）*ni

该词根分布最广，见于藏–羌–喜马拉雅语支、彝–缅语支和库基–那加语支。

藏文 n̠i（ma），缅文 ne²，卢舍依语 ni < *ni。彝语南华话 mə²¹n̠i³³ < *mə-ni。

加龙语 don̠i，塔金语（Tagin）doni，博嘎尔珞巴语 doŋ n̠i < *do-ni。

（2）*bʷi

该词根见于羌、克伦语支的语言。

却域语 pu⁵⁵，载瓦语 pui⁵¹，普米语兰坪话 by，九龙话 bi < *bʷi。

羌语 mu-，克伦语因他拉方言 my，帕当方言 maɯ，阿果方言 mɯ³¹ < *mʷi。

（3）其他

那加语夸依令方言（Kwoireng）ni-mit，加布依方言（Kabui）nāi-hmik < *ni-mik（白天−眼睛）。

那加语耽鲁方言（Tamlu）gàŋ-hi，达布棱方言（Tableng）wàŋ-he < *gaŋ-hi。那加语荷罗达方言（Hlota）eŋ < *ʔeŋi。豪尔巴语（Haurpa）ŋà，吐苦米方言（Thukumi）ŋē < *ŋa。

达让僜语 ɹɯ53 < *run。

景颇语 tʃan³³ < *gjan。"太阳"维吾尔语 kyn，撒拉语 gun，土耳其语 gyn（-eʃ）< *gun。

加洛语 sāl，柴热尔语（Chairel）sɑl，拉龙语 sālɑ < *sala。"太阳"葡萄牙语 sol，意大利语 sole，瑞典语、丹麦语 sol < *sole。

逊瓦尔语（Sunwar）nɑ < *na。那加语奥方言（Ao）āna < *ʔana。"太阳"古英语 sunne，古高地德语、撒克逊语 sunna，哥特语 sunno < *suna。

卡那西语（Kanashi）dupe < *dupe。"白天"梵语 diva < *dibʷa。

"天、太阳"墨脱门巴语 ŋam。"太阳"瓦由语（Vāyu）numa < *numa。"天"藏文 gnam < *g-nam。

昌巴拉胡里语（Chamba Lahuli）jegi < *legi。

错那门巴语 plaŋ < *plaŋ。

2. 月亮

东亚的语言中通常有"新月"和"满月"的区分。"满月"或用"满的−月亮"一类的方式表示。

（1）*la

该词根分布于藏语支和喜马拉雅语支、彝−缅语支和库基语支等。

加洛语 jɑ，克伦语、巴兴语 lɑ < *la。缅文 lɑ¹ < *laʔ

藏文 zla（ba）< *sla。景颇语 ʃã³³ tʂ³³，独龙语 sɯ³¹lɑ⁵⁵ < *sula。

（2）*balo（*polo）

加龙语 polo，塔金语 polu，博嘎尔珞巴语 poŋ lo < *polo。

阿昌语 phă³¹lɔʔ³¹，哈尼语 ba³³la³³ < *balo。

（3）其他

墨脱门巴语 la ni，木雅语 lẹ³³ nə⁵³，他杭语 lanji < *lani。

那加语索布窝马方言（Sopvoma） khro，哥乍马方言（Kezama）kry < *kro。

梅梯语 thā，卢舍依语 thlɑ，他多语 hlā < *dla。哈卡钦语 ktla（pa）< *k-dla。

豪尔巴语（Haurpa）slik-no。字面意思可能是"夜-太阳"。

3. 水

（1）*khʷi

藏文 tɕhu，克伦语阿果话 thi⁵⁵ < *thʷi。卢舍依语 tui，古隆语 kui < *kʷi。

他杭语 ki，勒期语 kjei³¹，加洛语 tʃi，普米语 tʃə⁵⁵ < *kji。

（2）*gri

墨脱门巴语 ri，缅文 re²，道孚语 ɣrə，怒苏语 ɣri³³ < *gri。

白语剑川话 ji³³ < *gri（见于地名），"雨"碧江话 dʑe¹⁴² < *gre-s。

（3）其他

格曼僜语 a³¹li³⁵，博嘎尔珞巴语 a li < *ʔali。

那加语坦库尔方言（Tangkhul）tɑrɑ，邝奥依方言（Khangoi）dērū < *daru。

4. 火

（1）*mi

藏文、拉达克语、他杭语 me，缅文、克伦尼语 mi，梅梯语 mɑi，卢舍依语、哈卡钦语 mei < *mi。

（2）*tu

彝语喜德话 mu²¹tu⁵⁵，武定话 mu³³tu⁵⁵ < *mitu。彝语南华话 ɑ⁵⁵tṳ⁵⁵ < *ʔatu。博多语 àt < *ʔatu。

（3）其他

塔米语（Thami）meh，安德罗语（Andre）wɑl < *mel。

5. 人

（1）*mi

*mi 见于藏-羌-喜马拉雅语支、彝语支、那加语和库基语支。

（2）*plu

阿昌语 tʂo⁵⁵，仙岛语 tʂu⁵⁵，载瓦语 pju⁵¹，勒期语 pju³¹，彝语喜德话 tʂo³³，

彝语撒尼话 tso³³，哈尼语绿春话 tsho⁵⁵ < *plu。

缅文 lu²，土家语 lo⁵³ < *lu。

（3）其他

景颇语（ma³¹）ʃa³¹ < *sba。克伦语阿果话 bua³³ < *bʷa。

白语 n̪i²¹ < *ni。木雅语 mə³³ni⁵⁵ < *mi-ni。

马鲁语 mru。

6. 头

（1）*go

藏文 mgo < *m-go，巴尔蒂语、拉达克语、夏尔巴语 go < *go。

缅文 khɔŋ³，缅语仰光话 gãu⁵⁵ < *go-ŋ。

（2）*klu

卢舍依语（Lusei）、来语（Lai）、班尤几语（Banjogi）lū，哈卡钦语 lu < *lu。

克伦语乍叶因方言（Zayein）gø klo，帕他翁方言（Padaung）kɑ klɑo < *klo。

达让僜语 kru。

（3）其他

白语剑川话 tɯ²¹po²¹ < *du-bo，彝语南华话 u⁵⁵də³³ < *ʔu-də。"头"俄语 otden < *ode-。

景颇语 po³³ < *bo。

卡那西语（Kanashi）卡瑙里语（Kanauri）bɑl，那加语棱马方言（Rengma）peh < *bɑl。"头、头发"古英语 polle。"头、顶"中古荷兰语 pol < *pole。

7. 眼睛

（1）*mik

藏文 mig，巴尔蒂语 mik，墨脱门巴语 miŋ，马加尔语 mi-mik < *mik。

梅梯语、哈卡钦语 mit < *mit。"眼泪"格曼僜语 mit⁵⁵ti³⁵ < *mit-ti。

（2）*mi

木雅语 mi，古隆语、木尔米语 mi，那加语班巴拉方言（Banpara）mi < *mi。

格曼僜语 min，却域语 mn̪e < *mi-ne。"眼泪"克伦语阿果话 mi³³thi⁵⁵ < *mi-thi。

（3）其他

缅文 mjak，马鲁语 mja < *mjak，怒苏语 mɹa̠ < *mrak。那加语雅楚米方言（Yachumi）mak < *mak。

塔金语 njik，那加语登沙方言（Tengsa）te-n̪ik < *nik，加龙语 anjik < *ʔa-nik。

阿卡语 ni，阿侬怒语 ȵi⁵⁵luŋ⁵⁵。

义都珞巴语 e⁵⁵lo⁵⁵bɹɑ⁵⁵ < *ʔelo-bra，克伦语比威方言（Bwe）mudu plø < *mudu-plo。

白语剑川话 ŋui³³ < *ŋur。"脸"错那门巴语 ŋur⁵⁵，格曼僜语 a³¹gul³⁵ < *ŋur。

8. 耳朵

（1）*na

藏文 rna，巴尔蒂语 sna，哈卡钦语 hna < *s-na。独龙语 ɑ⁵⁵nɑ⁵³。

博嘎尔珞巴语、塔金语 ɳa ruŋ < *nja-ruŋ，他杭语 napiŋ < *na-piŋ。

梅梯语 nā koŋ < *na-koŋ。

（2）其他

卢舍依语 beŋ < *be-ŋ，他多语 bil < *be-l。

达让僜语 kɹu⁵³naŋ³⁵ < *kru-naŋ。

9. 鼻子

（1）*sna

藏文、拉达克语 snɑ，道孚语 sni，阿侬怒语 sĺ³¹nɑ⁵⁵ < *sina。马加尔语 mi-nha < *mi-sna。

旦戎加语（Danjongka）、荷罗戈语（Hloke）nɑ < *na。

加龙语 njepum，博嘎尔珞巴语 ɳa pum < *na-pum。

那加语吐苦米方言（Thukumi）nɑniki < *na-niki，塔金语 nɑŋ < *naŋ。

缅文 hnɑː ²khɔŋ³，阿昌语 n̥ɔŋ⁵⁵ < *sina-guŋ。

（2）*guŋ

拉龙语（Lalung）guŋ，迪马萨语（Dimasa）gōŋ < *guŋ。

提普拉语（Tipura）bu-kuŋ < *bu-guŋ。

（3）其他

景颇语（lă⁵⁵）ti⁵¹，星颇方言 nā dī < *na-di。克伦语乍叶因方言 nɒ dɒ < *na-da。

卢舍依语 hnār，哈卡钦语（a）hnarr < *snar。克伦语威瓦乌方言（Wewaw）nɒ zɒ < *nara。

10. 嘴

（1）*kha

藏文 kha，嘉戎语（tə）kha < *kha。卢舍依语 kā，哈卡钦语 ka < *ka。

克伦语阿果话 kho³¹bu³³。景颇语 n³¹kup³¹ < *n-gup。

（2）*mʷe

哈尼语绿春话 me³¹bɔ³¹ < *me-po，基诺语 mø⁴⁴ mø⁴⁴ < *momo。

荷朗库尔语（Hrangkhol）ā-mur，朗龙语（Langrong）、爱摩尔语（Aimol）mūr < *mu-r。

钦本语 ɑ mon < *ʔa-mo-n。

（3）其他

阿昌语 n̥ot⁵⁵，载瓦语 nṳt⁵⁵ < *snot。

那加语棱马方言（Rengma）maŋ，加布依方言（Kabui）hmoŋ < *s-maŋ。

缅文 pa³sɑp⁴，载瓦语 pə²¹sop⁵⁵ < *pə-sop。

加龙语 nappa，博嘎尔珞巴语 nap paŋ < *nap-paŋ。

白语剑川话 tɕui³³kɛ⁵⁵，大理话 tɕui³³keˈ³⁵ < *gur-ker。

11. 牙齿

（1）*skʷa

藏文 so，拉达克语 so-ga，嘉戎语 swɑ，缅文 swa³，怒苏语 suɑ⁵⁵ < *sgʷo。

景颇语 wa³³ < *gʷa，卡瑙里语 gɑr < *ga-r。

（2）*pha

朗龙语 hā，那加语达布棱方言 phā < *pha。

（3）其他

却域语 ski⁵⁵，格曼僜语 si，土家语 si⁵⁵si⁵⁵ < *ski。

杜米语（Dumi）、吉姆达尔语（Jimdar, Rai）ŋilo < *ŋilu。

巴兴语 khlo，逊瓦尔语 khrui < *kroʔ。

12. 舌头

（1）*le

卡瑙里语 lē，那加语坦库尔方言（mɑ-）lē < *le。

缅文 hljā²，博多语 silɑ < *s-le。

（2）*tje

藏文、拉达克语 ltɕe，巴尔蒂语 ltɕē（-a）< *l-tje。

藏语拉萨话 tɕe⁵⁵lē⁵² ，塔米语 tɕi li < *tje-le。

白语剑川话 tse⁴²，碧江话 teɹ⁴² < *ders。

（3）其他

马加尔语 let。景颇语 ʃin³¹let³¹ < *s-let。

道孚语 vlʒɛ，克伦语阿果话 ble³³ < *ble。格曼僜 blai，因他拉语 pli < *bli。

雅卡语（Yakha）、坎布语（Khambu）lem < *lem。

13. 手

（1）*lag

藏文 lag，缅文 lɑk⁴ < *lag。景颇语 taʔ⁵¹，嘉戎语 ta jak < *ta-lak。

（2）*gʷut

卡瑙里语（Kanauri）、荷朗库尔语（Hrangkhol）gut < *gʷut。

梅梯语 khut，钦本语（Chinbon）ɑ-kwit，马加尔语 hut < *kʷut。

"肘"西班牙语 codo，法语 coude < *kode。"肩"威尔士语 ysgwydd < *us-gʷud。

（3）其他

普米语九龙话 ja¹³ < *lja，"手臂"道孚语 ʐa < *lja。

杜米语（Dumi）、吉姆达尔语（Jimdar, Rai）khar。

克伦语格科方言（Geko）sidɛi < *sidi。

独龙语 uɹ⁵⁵ < *ʔul。

14. 肚子

（1）*pok

缅文 bok，嘉戎语 tə pok，那加语奥方言 te pok < *pok。哈卡钦语 paw < *pak。

那加语马林方言（Maring）ŭk，加洛语 ŏk，提普拉语（Tipura）hŏk < *pok。

（2）*tok

格曼僜语 dǎk⁵³ < *dak，马加尔语 tuk < *tuk，浪速语 vẽtuk < *be-tuk。

"背"那加语耽鲁方言（Tamlu）tok，昌方言（Chang）thāk < *dok。

（3）其他

巴尔蒂语 ltō（-ɑ）< *l-to。"肚脐"藏文 lte（ba）< *l-te，哈尼语绿春话 u³¹de³¹ < *ʔu-de。

藏文 grod < *grod。

帕他翁方言（Padaung）pou，克伦尼语 pø < *po。羌语 pu < *pu。

15. 脚

（1）*koŋ

藏文、拉达克语 rkaŋ < *r-koŋ。梅梯语 khoŋ，他多语（Thado）keŋ < *keŋ。

达让僜语 gɹoŋ⁵³ < *g-r-oŋ。

（2）*ke

基诺语 ʃɔ³¹khi³³，哈尼语 a³¹khɯ⁵⁵，纳西语 khɯ³³ < *khi。

道孚语、却域语 ʂko < *s-ko，哈卡钦语 ke < *ke，缅文 khre²thɔk⁴ < *khri-thok。

"爪子"缅文 khre² < *khri。

（3）其他

格曼僜语 pla⁵⁵ < *pla。"大腿"藏文 brla < *r-bla，却域语 bla。

那加语耽鲁方言（Tamlu）lā，达布棱方言 jā < *la。

嘉戎语（tɑ）me < *me。

（三）藏缅语和阿尔泰语的比较

1. 语音的对应

（1）藏缅语复音词和阿尔泰语词的对应

"大腿"彝语武定话 bv¹¹tɤ³³ < *butə。"大腿"维吾尔语 put，哈萨克语 but < *put。

"骨头"拉祜语 ɔ³¹mv²¹ku³³ < *ʔa-muku。"骨头"西部裕固语 səmək。

"臂"拉祜语 la²¹ɣɔ⁵³ < *lago。"手"蒙古语 alag，达斡尔语 xaləg < *qalag。

"话"普米语 gu⁵⁵tʃə⁵⁵ < *gutə。"话"满文、锡伯语、赫哲语 gisun < *gitu-n。

（2）复辅音声母词和阿尔泰语词的对应

"说"阿昌语 kzai⁵⁵，载瓦语 tai²¹ < *kri。"嘴"古突厥语、土耳其语 aɣiz，维吾尔语 eʁiz，撒拉语 ɑʁəz < *ʔagir。

"编"基诺语 phrœ⁵⁵ < *pro。"缠绕"土族语 furoː，蒙古语 oroːx < *puro-。

"劈"格曼僜语 bla⁵³ < *bla。"分开"图瓦语、哈萨克语 bøl- < *bole。

2. 词的对应

"天"道孚语 pqa。"天"满文 abka，赫哲语 abqa < *ʔabqa。

"太阳"普米语九龙话 bi³⁵。"太阳"朝鲜语 hɛ < *bʷe，"火、太阳"日语 hi < *pi。

"地"藏文 thal。"平原"纳西语 di²¹lo²¹ < *dilo。"草原"蒙古语 tɑl，东部裕固语 tɑlɑ < *tala。

"石头"史兴语 ra³³ʁa⁵⁵ < *raga。"崖、岸"蒙古语 ərəg，达斡尔语 ərigj < *ʔərigi。

"山洞"基诺语 a³³khro⁴⁴，纳西语 æ²¹kho³³ < *ʔa-kro。"山洞"鄂温克语

aguj < *ʔa-gur，日语 kura < *kura。

"云"缅文 tim² < *tim，嘉戎语 zdɛm < *s-dem，加龙语 doːme < *dome。"雾"维吾尔语 tumɑn，撒拉语（bus）dumɑn < *tum-an。

"脸"错那门巴语 ŋur⁵⁵ < *gur。"脸"古突厥语、维吾尔语、土耳其语 jyz，哈萨克语 dʒyz < *gur。

"眼睛"昌巴拉胡里语（Chamba Lahuli）ʈir，满查底语（Manchati）ʈirā < *tira。"脸"维吾尔语 tʃirɑj，哈萨克语 ʃirɑj < *tira-ʔi。锡伯语 dər，鄂伦春语 dərə < *dere。

"嘴"昌巴拉胡里语 ɑg。"鸟嘴"土耳其语 gaga < *gaga。

"胸"傈僳语 o̠³³mu³¹ < *ʔomə。"乳房"赫哲语 məmə < *məmə。

藏文"手掌"sbar，"爪子"spar。"爪子"蒙古语 salbar < *sal-bar，图瓦语 sobar < *so-bar。"脚"朝鲜语 par < *bar。

"臂"拉祜语 la²¹ɣɔ⁵³ < *lago。"手"蒙古语 ɑlag，达斡尔语 xɑləg < *qalag。

"手指"藏文 mdzub < *m-dup。"抓"锡伯语 dʒavə-，鄂伦春语 dʒawa- < *dabʷa。朝鲜语 tʃapta < *dab-。

"膝盖"藏文 pus，他杭语 pui < *put-s。"大腿"彝语武定话 bv¹¹tʏ³³ < *butə。"大腿"维吾尔语 put，哈萨克语 but < *put。"脚"满文 bethe，锡伯语 bətk < *bat-qa。

"骨头"拉祜语 ɔ³¹mv²¹ku³³ < *ʔa-muku。"骨头"西部裕固语 səmək，乌孜别克语 sypɛk < *su-mek。

"血、红的"缅文 swe³，怒苏语 sui⁵⁵，独龙语 ɕui⁵⁵，道孚语 she < *skʷi。"红色"达让僜语 ɕi⁵⁵ < *ski，道孚语 ngi < *ŋgi。"血"鄂温克语 ʃəːʃʃi，鄂伦春语 ʃəːkʃə，赫哲语 səxəsə < *səkə-。

"油"独龙语 tɯ³¹mɑɹ⁵³，藏文 mar（酥油），达杭语 mahr < *mar。"油"哈萨克语、柯尔克孜语 mɑj < *mar。

"屎"藏文 skjag，夏河藏语 htɕax，道孚语 ʂɕça < *s-kak。"屎"东乡语 hɑnɣɑ < *qaga，满文 kaka < *kaka。（小儿屎）

"狗"古龙语 nɑ-ki，达杭语 naki < *naki。"狗"蒙古语 noxœ，达斡尔语 nogu < *noqu。

"花"藏文 me tog，嘉戎语 men tok，木雅语 mi³³to⁵³ < *me-tok。"花"东部裕固语 medoɢ，保安语 matəg < *ma-dog。"香的"西部裕固语 dadəɣ < *dadəg。

"根"博嘎尔珞巴语 pa puur < *pa-pur。"根"朝鲜书面语 ppuri < *s-pure。

"绿色"藏文 sŋon < *sŋon。"草"图瓦语 sigiːn < *sigin。

"话"藏文 skad- < *s-gad。普米语 gu⁵⁵tʃə⁵⁵ < *gutə。"话"满文、锡伯语、赫哲语 gisun < *gitu-n。

"名字"缅文 naɑ²manʑ² < *na-ma-ŋ。"名字"日语 namae < *na-ma-ʔe。

"路"藏文 lam，缅文 lam³，景颇语 lam³³ < *lam。蒙古语 dʒam < *dam。

"吹"夏河藏语 χwor < *por。"吹"撒拉语 fur- < *pur，朝鲜语 pur- < *bur。

"舔"缅文 jak，博嘎尔珞巴语 jak < *lak。"舌头"满文 ileŋgu，锡伯语 iliŋ，赫哲语 iləŋgu < *ʔi-ligi。

"跑"博嘎尔珞巴语 dʑuk < *duk。"跳"鄂伦春语 ətəkən-，鄂温克语 tuʃʃan- < *ʔə-tək-an。

"去、走"缅文 sɑ³，阿昌语 so³¹ < *so。"去"日语 saru < *sa-ru。

"飞"羌语 da la < *dala。"飞"女真语（得勒）*tele < *dele。

"吐"吕苏语 nphʑi < *m-plu。"吐"锡伯语 tɕivələ-，赫哲语 tifulə- < *ti-puli。

"吃"缅文 tsɑ³，载瓦语 tso²¹，怒苏语 dza⁵⁵，基诺语 tsɔ⁴⁴ < *dza < *da。"吃"蒙古语、达斡尔语 idə- < *ʔide-。满文 dʒe-，锡伯语 dzʐ- < *de-。

"说"阿昌语 kʐai⁵⁵，载瓦语 tai²¹ < *kri。"嘴"古突厥语、土耳其语 aɣiz，维吾尔语 eʁiz，撒拉语 aʁəz < *ʔagir。

"说"达让僜语 mɑ³¹ɹo⁵⁵ < *maro。"说"朝鲜语 marhata < *mar-。

"推"藏语夏河话 ndel < *m-del。"扔"维吾尔语 taʃla-，哈萨克语 tasta- < *tal-。

"拉"藏文 ɦthen < *m-ten。"拉"鄂伦春语、鄂温克语 taːn- < *tan。

"抖"藏文 ɦdar < *m-dar。"摇"图瓦语 dʒajʁɐ-，西部裕固语 jejqa- < *dar-qa。

"摸"景颇语 ma³¹sop³¹，独龙语 sɔp⁵⁵，墨脱门巴语 sup < *sop。"抚摸"塔塔尔语 sipɑ-，西部裕固语 sovɑ- < *siba。日语 sawaru < *saba-ru。

"扫"博嘎尔珞巴语 pək < *pək。日语 haku < *paku。

"编"基诺语 phrœ⁵⁵ < *pro。"缠绕"土族语 furoː，蒙古语 oroːx < *puro-。

"缠绕"却域语 kɯ⁵⁵ta⁵⁵ < *kuta。"缠绕"达斡尔语 kotʃigu < *koti-。

"给"傈僳语 go，巍山彝语 gu²¹ < *gu。"给"蒙古语 ege- < *ʔe-ge，朝鲜语 tʃuta < *gu-。

"劈"格曼僜语 bla⁵³ < *bla。"分开"维吾尔语 bøl-（分），图瓦语、哈萨克

语 bøl-，西部裕固语 ule- < *bole。

"暗的" 独龙语 dɯ⁵³ < *du。"暗的" 朝鲜语 ətupta < *ʔədu-。

"新的" 藏文 gsar pa，独龙语 -ɕaɹ⁵⁵ < *g-sar。"新的" 朝鲜语 seropta < *sero-。

"老的" 藏文 rga，"老太太" rgan mo，"老头" rgan po。"旧的" 西部裕固语 ehrgə，图瓦语 ergi，撒拉语 esgi < *ʔe-rgi。

"好的" 浪速语 kai³¹，波拉语 kai⁵⁵，载瓦语 ke⁵¹ < *ke。"好的" 图瓦语 ekke < *ʔeke。

"黄的" 独龙语 guɑɹ⁵³ < *gʷar。"黄的" 满文 suwajan，鄂温克语、鄂伦春语 ʃɪŋarɪn < *su-gʷara-。

"细的" 藏文 ʑib ʑib，墨脱门巴语 ze mo < *rip。"薄的" 维吾尔语、乌孜别克语 nepiz < *repi-r，乌孜别克语 jofqɛ < *ropʷ-qe。

"细的" 土家语 ɕi²¹ka²¹li²¹ < *si-kali。"薄的" 满文 nekelijen < *ʔekeli-ren。

"钝的" 缅文 tuṁ³，阿昌语 təm³⁵，载瓦语 tum²¹ < *tum。"钝的" 鄂温克语 təːmu < *təmu。

"胖的" 羌语 bɛd < *bed。"胖的" 日语 futoru < *puto-ru。"粗的" futoi < *puto-ʔi。

"不" 藏文 mi，羌语 mi⁵⁵ < *mi。"不" 维吾尔语 ɛmɛs < *ʔe-me-s。"不" 维吾尔语 mi < *mi。"不要" 满文 ume，锡伯语 əm < *ʔume。

"现在" 浪速语 a³¹na⁵⁵ < *ʔana。"现在" 满文 ne < *ne。

"那" 藏文 de，阿昌语 the < *de。彝语喜德话 a³³di⁵⁵ < *ʔadi。"那" 土族语 te，赫哲语 ti < *ti。

藏缅语、阿尔泰语词的对应来自共同的底层和历史上在西北地区的接触。

（四）藏缅语和印欧语的比较

藏缅语和印欧语语词的对应大约分属于这样几种情况：

① 旧石器晚期高加索人迁入东西伯利亚和黄河中游地区，带来古高加索语言的语词。

② 新石器早期随着农业文明的扩散，亚欧两地移民和语言的接触为西北和西南地区带来前印欧语的语词。

③ 青铜时代印欧人的移民为西北和西南地区带来印欧语词。如罗布泊、哈密地区有夏商时期的印欧人遗址，四川地区商周时期的三星堆文化遗址中夹有西来文明的因素。

④ 秦汉至唐宋印欧语不同支系语言和藏缅语的交流，其中包括经由阿尔泰语进入藏缅语的语词。当时进入东亚的西部地区的印欧语有古伊朗语、塞语、粟特语、吐火罗语等。如吐火罗人（Tocharian）居住在从喀什到吐鲁番的塔里木盆地的北部边缘，东南直到楼兰。

1. 词的对应

"天"藏文 gnam，墨脱门巴语 ŋam < *g-nam < *g-nab。"天"梵语 nabhas-。

"太阳"卡那西语（Kanashi）dupe < *dupe。"白天"梵语 diva < *dibʷa。

"月亮"墨脱门巴语 la ni，木雅语 le³³ nə̣⁵³，他杭语 lanji < *lani。"月亮"希腊语 selene，拉丁语、古教堂斯拉夫语 luna，阿尔巴尼亚语 hënë。

"星星"藏文 skar < *skar。白语剑川话 ɕeɹ⁵⁵，鹤庆话 sheɹ⁵⁵ < *sker。"星星"普米语兰坪话 dzə̣¹³ < *ger。"星星"俄语 zvezda，立陶宛语 žvaigžde < *sgʷegr-da。波兰语 gwiazda < *gʷer-da。

"云"缅文 tim² < *tim，嘉戎语 zdɛm < *s-dem，加龙语 doːme < *dome。"烟"梵语 dhumah，古教堂斯拉夫语 dymu，古波斯语 dumis，立陶宛语 dumai。

"云"扎坝语 khə⁵⁵li³³ < *khəli。"烟"亚美尼亚语 xel < *kel。

"风"扎坝语 vli⁵⁵ < *bʷli，土家语 zie³⁵su⁵⁵ < *blisu，白语剑川话 pi⁵⁵si⁵⁵ < *plisi。"风"立陶宛语 vijas < *bʷila-s。

"水"那加语坦库尔方言（Tangkhul）tarɑ，邝奥依方言（Khangoi）dērū < *daru。"水"希腊语 ydor < *udor，威尔士语 dwfr < *dʷur。

"河"土家语 tsie²¹la²¹ < *dila。"河"乌尔都语 darya < *darja。"山谷"古英语 dale，古高地德语 tal，古教堂斯拉夫语 dolu < *dale。

"山坡"土家语 pa⁵⁵za²¹ < *pala。"山"古挪威语 fiall < *pʷel。

"岩石"藏文 brag，嘉戎语 prak < *brak。独龙语 pɹɑʔ⁵⁵luŋ⁵⁵ < *prak-luŋ。"山"德语、瑞典语 berg，丹麦语 bjerg。"冰山"英语 iceberg < *ice-berg。

"石头"缅文 kjɔk < *krok。"石头"威尔士语 carreg < *kareg。"岩石"古英语 crag。

"岩石"土家语 ɣa²¹kho²¹ < *gaga。"石头、岩石"粟特语 sang < *saga。

"沙子"嘉戎语（ke）wek < *bʷek。"沙盘"拉丁语 abacus，希腊语 abax（计算用桌）< *abaku-。

"灰尘"错那门巴语 pra⁵³，却域语 ptʂa⁵⁵ < *pra。"泥"西班牙语 barro。

"洞"缅文 a³pɔk⁴，藏文 phog < *bok。"空的"拉丁语 vacuus < *bʷaku-。

"空隙"道孚语 bar（ma）< *bar。"空的"葡萄牙语 vazio < *bʷaro。粟特语 wāre，和阗塞语 vāra < *bʷare。

"头"土家语 kho⁵⁵（pa⁵⁵），巴尔蒂语、拉达克语、夏尔巴语 go < *go。"头"阿尔巴尼亚语 kokë < *koke。

"额"史兴语 lɜ⁵³pɜ³³ < *lepe。"额、前面"俄语 lob < *lob。"头盖骨"吐火罗语 lap。

"眼睛"土家语 lo³⁵pu⁵⁵ < *lopu。"额、前面"俄语 lob < *lob。"头盖骨"吐火罗语 lap。

"嘴"格曼僜语 nap（paŋ）< *nap。"嘴唇"阿侬怒语 n̩i bu < *nibu。"鸟嘴、鼻子、脸"古英语 nebb、古挪威语 nef < *neb。

"嘴"土家语 tsa³⁵tɕhi⁵⁵ < *tathi。"牙齿"梵语 danta，古爱尔兰语 det，法语 dent，意大利语 dente < *dete。

"鼻涕"藏文 snabs，缅文 hnɑp，却域语 sna⁵⁵pɔ⁵⁵。"鸟嘴、鼻子"古英语 nebb，古挪威语 nef < *neb。"鼻涕"古英语 snofl < *snupʷl。

"牙齿"巴兴语 khlo，逊瓦尔语 khrui < *kroʔ。"牙齿"亚美尼亚语 akra < *akra。

"舌头"土家语 ji³⁵la⁵⁵ < ji²¹la⁵⁵ < *rila。"舌头"亚美尼亚语 lezu < *leru，古教堂斯拉夫语 jezyku < *leru-ku。

"脖子"藏文 ske < *s-ke。"脖子"俄语 ʂejk < *sek，pereʂeːk < *pere-sek。"声音"意大利语 secondo < *sekodo。

"肩"嘉戎语 rpak < *r-pak。"肩"粟特语 fek < *pʷek。"肩、臂"古英语 bog，古高地德语 buog（指骨）< *bog。"手臂、肩"梵语 bhuja < *buga。

"肩"藏文 phrag < *prak，独龙语 ɹɑʔ⁵⁵ < *rak。"臂"意大利语 braccio，葡萄牙语 braço，葡萄牙语 braço < *brako。

"胸"傈僳语 o̱³³muu³¹ < *ʔomə。"肩"希腊语 omos，梵语 amsah < *amusa-。

"肚子"格曼僜语 dɐ̌k⁵³ < *dak，马加尔语 tuk < *tuk。"胸"亚美尼亚语 snduk < *s-duk。拉丁语 hutica，法语 huche < *qutika。

"肚子"土家语 muɯ²¹ko²¹ < *mrego。"肚子"阿尔巴尼亚语 bark，波兰语 brzuh < *bruk。

"身体"加龙语 ador < *ʔador。"背"意大利语 dorso，法语 dor。"屁股"西班牙语 cadera < *ka-dera。

"胳膊、手"道孚语 ʐa < *lja。"肩"亚美尼亚语 uln，拉丁语 āla。

"手"卡瑙里语（Kanauri）、荷朗库尔语（Hrangkhol）gut < *gʷut。"手"梅梯语 khut，钦本语（Chinbon）ɑ-kwit，马加尔语 hut < *kʷut。"肘"西班牙语 codo，法语 coude < *kode。

"手"克伦语格科方言（Geko）sidɛi < *side。"手臂"乌尔都语 asteːn < *aste-。"拇指"和阗塞语 aʃti < *asti。

"手"藏文 lag，缅文 lɑk⁴ < *lag。"手"威尔士语 llaw < *lagʷ。亚美尼亚语 sëlakh < *selag。

"手腕"土家语 tɕie³⁵lo³⁵pu⁵⁵ < *kit-lopu（手-眼睛）。"手"钦本语 kwit < *kʷit。"肘"西班牙语 codo，法语 coude < *kode。

"屁股"藏文 rkub < *r-kup。"腿"白语剑川话 khuɛ²¹pi⁵⁵ < *gʷepi。"屁股"古英语 hype，哥特语 hups，荷兰语 heup < *kupe。

"大腿"土家语 ʔan⁵⁵pi⁵⁵tha⁵⁵ < *ʔa-pita，彝语武定话 bv¹¹tɤ³³ < *butə。"脚"英语 foot，法语 pied，意大利语 piede，亚美尼亚语 fut，希腊语 podi。

"骨头"藏文 rus < *gru-s。缅文 ɑ¹ro³，哈卡钦语 ru，怒苏语 ɣ.ɪɯ⁵⁵ < *gru。"骨头"威尔士语 asgwrn < *as-gur-。

"骨头"土家语 lu⁵⁵ka⁵⁵ < *luka。"腿，腿、臂的骨头"古挪威语 leggr < *leg。"手"俄语 ruka，波兰语 reka < *reka。

"血"藏文 khrag < *krak。"血"俄语 krovj，波兰语 krew < *kregʷ。"红的"波兰语 tʃerwony < *kergʷo-ni。

"血"哈卡钦语 a hti < *ʔa-sti，"血"粟特语 itʃi < *isti。

"血"格曼僜语 -ɹui³⁵，墨脱门巴语 ji < *rui。博嘎尔珞巴 u jiː < *ʔuri。"血"亚美尼亚语 aryun < *aru-n。

"血"缅文 swe³，道孚语 she < *skʷe。"血"西班牙语 sangre，意大利语、葡萄牙语 sangue。希腊语 syggeneia < *segene-。

"血"土家语 mie⁵³ < *mje-ʔ。"血"希腊语 aima < *a-ima。

"肺"景颇语 sin³¹wop⁵⁵ < *sin-pʷop。"肺"梵语 phupphusah < *bubusa-。

"灵魂"藏语拉萨话 nam⁵⁵ɕe⁵² < *namse，夏河话 hnam ɕe < *s-namse。"理性的灵魂、心灵"拉丁语 animus < *a-nim-us。

"神"藏文 lha，墨脱门巴语 ɬa，荷罗戈语（Hloke）hla < *sla。"灵魂"古弗里斯语 sele，古挪威语 sala < *sela。

"神"拉祜语 ne⁵³，傈僳语 ni³¹ < *ni。"灵魂"亚美尼亚语 anjn < *ani-，威尔士语 enaid < *ena-。

"年"藏文 lo，格曼僜语 lau⁵³ < *lo。"年"和阗塞语 salye < *s-lje。

"白天"拉祜语 tɑ⁵³vɑ⁵³ < *tabʷa。"白天"梵语 divasa，diva < *dibʷa。

"熊"却域语 wɛr¹³ < *bʷer。"熊"古英语 bera，古高地德语 bero，古挪威语 björn < *beron。（原指"棕色"）

"马"墨脱门巴语 kur（ta），坎布语 ghorɑ < *gora。"马"克什米里语（Kāʃmiri，印度伊朗语族）gurᵘ。

"马"藏文 sta < *sta。"马"科瓦尔语（Kowar，印度伊朗语族）istōr。

"牛"土家语 wu³⁵，纳西语 ɣɯ³³ < *gʷu。"母牛"古英语 cu，古弗里斯语 ku < *gʷu。乌尔都语 gaːɛ，梵语 gau < *gau。

"狗"藏文、巴尔蒂语 khji，吐龙语 khle bā，巴兴语 khlī-tʃɑ < *khli。"狗"土家语 xa⁵⁵lie²¹ < *skhli。"狗"希腊语 skuli、skolos < *skuli。欧洲吉卜赛语 dʒukel < *gukel。

"狗"独龙语 dɯ³¹gui⁵⁵ < *dugʷi。"狗"古英语 docga，法语 dogue，丹麦语 dogge < *doge。

"鸟"格曼僜语 wa < *bʷa。"鸟"赫梯语 suwais < *suba-is，拉丁语 avis < *abʷis，阿维斯陀经 viʃ < *bʷis。

"翅膀"加龙语 alap，博嘎尔珞巴语 a lap < *ʔalap。"翅膀"法语 ailef，西班牙语 alaf，意大利语 ala < *alap。

"蛋"藏文 sgo < *s-go。"睾丸"嘉戎语 lgo。缅文 gwe³tse¹ < *gʷe -。"蛋"古英语 æg，希腊语 augo，古教堂斯拉夫语 aja，古高地德语 ei < *ago。

"蛇"哈尼语 o⁵⁵lo⁵⁵ < *ʔolo。"鳗鱼"古英语 æl，古高地德语 all < *al。

"蛇"错那门巴语 breː³⁵ < *bre。"蛇"波兰语 ẓmija，俄语 zmeja < *ri-mira。波兰语 wąz < *bʷar。

"蛇"土家语 wo⁵³ < *go-ʔ。"蛇"亚美尼亚语 oj < *ogi。

"蛇、虫"独龙语 bɯ⁵³，阿侬语 bɯ³¹，达让僜语 ta³¹bu⁵⁵ < *bu。"大蛇"古英语 boa < *bo-a。"毒蛇"拉丁语 aspis，古法语 aspe。

"跳蚤"土家语 li⁵⁵li²¹ < *slili。独龙语 sɯ³¹li⁵³，拉祜语 phɯ⁵³çe³³ < *pusli。"跳蚤"希腊语 psylla。阿尔巴尼亚语 pleʃt < *ples-t。

"蜻蜓"土家语 zan³⁵pu⁵⁵li⁵⁵ < *lapuli。"蝴蝶"威尔士语 pili-pala，格鲁吉亚

语 pepela。"飞"匈牙利语 repül < *repul。

"蝴蝶"彝语南华话 bə²¹lu³³ < *bəlu。缅文 lip⁴prɑɑ² < *lippra。"蝴蝶"威尔士语 pili-pala。

"尾巴"哈尼语绿春话 dɔ³¹mi³¹，基诺语 to⁴⁴mi⁴⁴ < *domi。"尾巴"乌尔都语 dum，和阗塞语 dumaa-。

"爪"缅文 khre² < *kri。"爪子"亚美尼亚语 tʃiran < *kira-n。

"种子"景颇语 li³³，墨脱门巴语 li < *li。"种"义都珞巴语 li³⁵ < *li。"大麦、谷物"苏米尔语 ʃe < *le。

"种子"义都珞巴语 a⁵⁵pɹi⁵⁵ < *ʔapri。"种子"粟特语 βize < *bʷire。

"种子"武定彝语 ʂ̩⁵⁵mu¹¹ < *simu。"小米"普米语 sy¹³mi⁵⁵ < *sumi。"种子"拉丁语、古普鲁士语 semen。"播种"法语 semer < *seme-。

"种子"哈尼语绿春话 a⁵⁵zø³¹ < *ʔaro。"种子、谷粒、玉米"俄语 zerno < *rer-no。"黍、小米"粟特语 arzan < *arr-an。

"水稻、糯米、米"藏文 fibras < *m-bras。"水稻"嘉戎语 mbrɛ < *m-bre。"稻子"古波斯语 brizi < *bʷrisi，梵语 vrihi-s < *bʷris-。

"小麦"藏文 gro。"种子、谷物"古法语 grain < *gra-。"谷物"和阗塞语 gritʃa < *gri-。

"小米"土家语 ɣɯ²¹ < *gri，藏文 khre < *kre。"米"嘉戎语 khri。"谷物"和阗塞语 gritʃa < *gri-。"大麦"拉兹语 keri。

"粮食"土家语 jie²¹ < *re。"小麦"拉祜语 zi³³zɛ⁵³ < *rirje。"种子、谷粒、玉米"俄语 zerno < *rer-no。"黍、小米"粟特语 arzan < *ar-ran。

"水果"土家语 pu³⁵li⁵⁵ < *puli。"苹果、水果"古英语 æpple，古弗里斯语 appel，古挪威语 eple < *aple。

"花"傈僳语 si³⁵sɯ³¹ < *sisu。"百合花"粟特语 swsn < *sus-。

"根"博嘎尔珞巴语 pa pɯr < *papur。加龙语 ɯsɯ apirr < *ʔusu-ʔapir。"根"和阗塞语 virä < *bʷiro。

"根"怒苏语 gɯɯ⁵⁵ < *gru。"根"俄语 korenj，波兰语 korzeɲ < *kore-n。威尔士语 gwraidd < *gura-。

"房子"缅文 im² < *ʔim。"居处、房子、村子"古英语 ham，古弗里斯语 hem。"家"中古荷兰语 heem < *qem。

"路"怒苏语 khɹa³³ < *kra。"路"中古法语 carriere，意大利语 carriero <

*karero。

"绳子"贵琼语 ʒa³¹pu⁵⁵ < *rapu。"绳子"古英语 rap，古挪威语 reip，中古荷兰语 reep < *rep。

"针"藏文 khab。"针"希腊语 koruphe < *korube。"缝"希腊语 rabo。

"盐"独龙语 suɯ³¹lɑʔ⁵⁵ < *sulaʔ。"咸的"俄语 solenij，波兰语 słony < *sole-。威尔士语 hallt < *sal-。

"晚上"嘉戎语 tə mor < *mor。希腊语"黑的"mayros < *maro-。

"现在"彝语喜德话 ɑ²¹m̩³³ < *ʔamu。墨脱门巴语 ʔo ma < *ʔoma。"现在"（副词）希腊语 omos。和阗塞语"今天"imu，"现在"mi。

"年"史兴语 khu⁵⁵，怒苏语 khɹu⁵³ < *kruʔ。"季节"波兰语 okres。

"年"义都珞巴语 i nu < *ʔinu，缅文 hnɑs < *snos。"年"意大利语 anno，葡萄牙语 ano，拉丁语 annus < *ano。

"名字"他杭语、博嘎尔珞巴 min < *min。"名字"古教堂斯拉夫语 ime，古教堂斯拉夫语 imene（生格）。

"话"藏文 skad < *skat，土家语 sa²¹ < *sat。"声音"意大利语 secondo < *sekodo。"嘲笑声"古挪威语 skuta。

"声音"土家语（a³⁵）zie⁵⁵ < *kle。克伦语阿果话 a³¹gǎ³¹lø³¹ < *ʔa-gəlo。"声音"波兰语 odgłos < *od-glos。"声音、噪音"和阗塞语 ṣkalä < *skalo。

"响声"藏文 sgra grags < *s-gra-。"声音的"希腊语 geros，"嚎叫"古挪威语 grenja。"喉咙"法语 gorge。

"朋友"撒尼彝语 pe⁴⁴le² < *pele。"朋友"希腊语 philos、phile: < *bilo-，波兰语 kumpela < *ku-pela。

"灵魂"土家语 pu⁵⁵tshi⁵⁵ < *pudi。"鬼、恶魔"梵语 bhuːta < *buta，乌尔都语 bhoːt < *bot。

"鬼"土家语 a⁵⁵jie²¹ < *ʔa-re。"灵魂"乌尔都语 roh < *roq，粟特语 əruwān < *əru-an。

"灵魂"藏文 bla。独龙语 puɯ³¹la⁵³，阿侬怒语 phuɯ³¹la³¹ < *pəla。"灵魂"古英语 sawol，古撒克逊语 seola，哥特语 saiwala < *sebʷola。

"鬼"博嘎尔珞巴语 dit < *dit。"妖精"藏文 bdud < *b-dut。"鬼"粟特语 tʃēte < *tete。

"上（面）"缅文 ɑ¹nɑː²，拉祜语 ɔ³¹nɑ³³ < *ʔana。"往上"（副词）希腊语

ane。

"上（方）"藏文 phu，嘉戎语 phə < *bu。"头"景颇语 po³³ < *bo。"上面、高"古高地德语、撒克逊语 oban、德语 oben。

"下面"景颇语 teʔ³¹ < *lek。"低的"古英语 lah，古挪威语 lagr，古弗里斯语 lech，中古荷兰语 lage < *lage。

"中（间）"藏文 dbus < *d-bus。"中间"希腊语 meso，阿尔巴尼亚语 mes。

"前面"土家语 tsi⁵⁵kɯe⁵⁵ < *ti-kre。缅文 hre¹，怒苏语 xɹu³³ < *kre-ʔ。"前面、在前、事前"梵语 agre。

"去、走"藏文 ɦgro < *m-gro。"去"阿尔巴尼亚语 ʃkoj < *skor。"去、走、经过"粟特语 ɣyr- < *ger。

"走"土家语 ɣɯ³⁵，傈僳语 gi³³ < *git。"来"粟特语 āɣət < *agət。

"跑"错那门巴语 pir⁵⁵。缅文 pre³ < *pre-s。"逃跑"和阗塞语 pari，粟特语 pārēz。

"出去"土家语 tsu³⁵ < *duk。"跑"博嘎尔珞巴语 dʑuk < *duk。"经过而来"威尔士语 digwydd < *digu-。

"跳"藏文 ɦphag，嘉戎语 mtsɐk < *m-pjak。"跑"波兰语 biegatʃ，俄语 biegatj < *bega-。"去"希腊语 pegaina < *pega-na。"脚"和阗塞语 pāka- < *paka。

"跳动"景颇语 kǎ³¹lop³¹ < *kalop。"跳"古英语 hleapan，古挪威语 hlaupa，古弗里斯语 hlapa < *klupa。"跑"德语 laufen < *lupʷe-。

"飞"土家语 za⁵⁵ < *pla。吕苏语 bʑe³⁵ < *bla。"飞"法语 voler，意大利语 volarē < *bʷole-re，*-re 动词后缀。

"飞"道孚语 bjo，吕苏语 bʑe < *bro。"飞"波兰语 fruwatʃ < *pru-。希腊语"鸟"poyli < *poli，"飞"pheylo < *belo。

"飞"阿侬怒语 dɛm⁵⁵ < *dem。"飞"亚美尼亚语 thmel < *dme-l。

"坐"阿昌语 ni⁵⁵，怒苏语 ȵi³³ < *ni。"坐着"和阗塞语 āna- < *ana。

"躺"他杭语 nupa < *nupa。"打盹"古英语 hnappian，德语方言 nafzen，挪威语 napp。

"睡"缅文 ip，独龙语 ip⁵⁵ < *ʔip。"睡"阿维斯陀经 hufsa-，粟特语 ufs < *qupʷ-。

"睡"土家语 ȵie³⁵ < *nip，阿侬怒语 ȵim⁵³ < *nim。"打盹"古英语 hnappian，德语方言 nafzen，挪威语 napp。

"舔"土家语 la³⁵ < *lap，阿昌语 liap⁵⁵。"舔"拉丁语 lambere < *labe-。"舔、喝"古英语 lapian。

"咬"土家语 ka³⁵ < *kak。"嚼"古英语 ceawan，中古德语 keuwen < *kekʷe-。波斯语 javidan < *gekʷi-。

"吃"土家语 ka³⁵ < *gas。"吃"俄语 jestj < *ges-。

"吐"达让僜语、义都珞巴语 me⁵⁵ < *me。"呕吐"希腊语 emein。

"吐"道孚语 ʂphə < *sphlə。吕苏语 nphʐi，怒苏语 phiu < *phlu。"吐"（动词）波兰语 plutʃ < *plu-。"吐"（名词）俄语 plevok、波兰语 plwotsina < *plo-。

"呕吐"土家语 phi³⁵，阿昌语 phat⁵⁵，格曼僜语 phɑt⁵⁵ < *phat。"吐"希腊语 ptyo、phtyno。

"吹"藏文 fibud < *m-but，土家语 mie³⁵ < *mit。"吹"捷克语 vat < *pʷat，亚美尼亚语 phtʃel < *bute-。

"谈、话、消息"藏文 gtam < *g-tam，"誓言"dam。"说、说话、告诉"阿尔巴尼亚语 them < *dem。"嘴、谈话"希腊语 stoma。

"告诉"藏文 gjod < *god。"说、告诉"粟特语 ɣuðar < *guda-。"说"梵语 gadati < *gada-。

"听见"缅文 krɑ³ < *kra-s。"听见、听"阿昌语 kʐuɑ³¹ < *kra-s。"听"希腊语 akroemai < *akre-。

"问"藏文 fidri < *m-dri。"问"亚美尼亚语 xndrel < *qdre-l。粟特语 pəsðar- < *pəs-dar。

"回答"缅文 phre² < *phre。"回来"（名词）俄语 vozrazenje < *bʷore-。

"回答"土家语 thi³⁵ < *dip，藏文 fidebs < *m-dep-s。"回答"威尔士语 ateb。

"看"土家语 pa⁵³ < *pa-ʔ，"（给）看"彝语喜德话 po⁴⁴ < *po-ʔ。"看见"阿维斯陀经 vaēna < *bʷa-。

"笑"缅文 rɑj²，阿昌语 zʐ̩⁵⁵ < *ro。白语剑川话 so³¹ < *ro。"笑"法语 rire，西班牙语 reir，葡萄牙语 rir < *ri-。

"哭"达让僜语 khro⁵³ < *kro。"哭"俗拉丁语 critare，意大利语 gridare，古西班牙语 cridar，英语 cry < *kri-。"哭"亚美尼亚语 goral < *gora-。"悲伤"古挪威语 angra。

"哭"博嘎尔珞巴语 kap。"哭泣"英语 weep，古挪威语 op，古高地德语 wuef < *kʷop。"生气"梵语 kopa。

"咳嗽"藏文 glo rgjag < *glo-grak。"喉咙"意大利语 gola，"喉咙、脖子、吞咽"梵语 gala，"脖子"意大利语 collo。

"点火"藏文 spar < *s-par，独龙语 wɑɹ⁵⁵ < *bʷar。"火"吐火罗语 ʙ por。puwar < *pubʷar。"烧"亚美尼亚语 varvel < *bʷar-。

"沉"景颇语 lup³¹ < *lup。"坟"景颇语 lup³¹，独龙语 tɯ³¹lɯp⁵⁵ < *lup。"沉"亚美尼亚语 suzvel < *sulubʷ-。

"埋"藏文 sba < *s-ba。"坟、尸体"梵语 savam < *sabam。

"埋"缅文 hmrup⁴ < *s-mrup。"埋"粟特语 māʃẽp- < *ma-rep。

"藏"缅文 hwɑk，仰光话 phwɛʔ < *bʷek。"盖"和阗塞语 pvetʃa < *pʷeka。

"记得"独龙语 mit⁵⁵ < *mit，缅文 hmɑt⁴mi¹ < *smat-miʔ。"想"景颇语 mjit³¹。"思想"梵语 matih < *mati-。"记得"俄语 pamjat，波兰语 pamię tatʃ < *pa-meta-。

"爱"拉祜语 ga，彝语喜德话 ŋgu³³ < *go。白语剑川话 ko²¹ < *go。"爱"和阗塞语 jūh- < *gug。"笑"威尔士语 gwenu < *gʷe-。

"爱"土家语 a³⁵tshi⁵⁵ < *ʔadi。彝语萨尼话 n⁴⁴tæ³³。"高兴的、富有的"古英语 ead。"高兴的"威尔士语 dedwydd < *dedʷi-。

"想"土家语 tie³⁵ < *tek。仙岛语 tak⁵⁵。"想"古英语 þencan，古弗里斯语 thinka，古高地德语 denken < *teka-。

"拆"土家语 çia³⁵ < *sjak。藏文 bçig < *b-sik。"劈、割"波兰语 siekatʃ < *seka-。"斧子"意大利语 askia，拉丁语 ascia < *suki-a。

"刮"阿昌语 khzət，嘉戎语（ka）khrot < *krot。"摩擦、刮"瑞典语 kratta，丹麦语 kratte < *krate。

"种"土家语 zi⁵⁵ < *sli。义都珞巴语 li³⁵ < *li。"种子"巴斯克语 ale。

"藏"藏文 skuŋ < *sku-ŋ。"沉"古英语 sincan，古挪威语 sökkva < *sikʷa-。

"扔"缅文 pɑs⁴ < *pas。"丢失"阿尔巴尼亚语 humbas < *qubas。"落、落地"俄语 upastj < *upas-。

"抖"藏文 ɦdar < *m-dar。"摇"希腊语 trantazo < *tra-taro，"摇、颤抖"俄语 drozątj < *drora-。

"滴"藏文 dor < *dor。"漏"希腊语 diarreo < *dare-，"滴"（名词）和阗塞语 ttre。

"磨"（磨刀）藏文 rdar < *r-dar。"擦、刮"和阗塞语 dar- < *dar。

"磨"（磨刀）道孚语 fsi < *psu。"磨（碎）"乌尔都语 peːsna < *pes-。"触摸"粟特语 psāw < *psau。

"摸"藏文 reg < *reg。"得到"藏文 rag。"触摸"亚美尼亚语 zgal < *rga-。

"得到"藏文 fithob < *m-dop，"手指"藏文 mdzub < *m-dup。"抓住、得到"波兰语 dopaʃtʃ < *dopas-。"抓住、拍打"俄语 udapitj < *udapi-。①

"卷"土家语 khu⁵⁵li⁵⁵ < *khuli。"滚"英语 wheel，希腊语 kylo。波兰语 wkulatʃ < *ukula-。

"转动"土家语 jie²¹lo²¹ < *relo。"滚"嘉戎语 zə le < *rele。"滚"英语 roll，古法语 roeller < *rol-。

"缠绕"藏文 dkri < *d-kri。"缠绕"俄语 krutitj < *kruti- < *kru-。

"编"傈僳语 phi³¹，基诺语 phrœ⁵⁵ < *phro。"捆绑"俄语 svazivatj < *sbʷaribʷa-。"绳子、线"波兰语 powroz < *poro-r。

"转动"土家语 jie²¹lo²¹ < *relo。"滚"嘉戎语 zə le < *rele。"滚"英语 roll，古法语 roeller < *rol-。

"滚"纳木兹语 bu³³li⁵⁵ < *buli。"滚"（名词）波兰语 bułka < *bul-。

"射"藏文 fiphen < *m-pen。"箭"和阗塞语 pūna < *puna。

"追猎"藏文 fichor < *m-khor，"径直"shar < *s-khar。"寻找"阿尔巴尼亚语 kërkoj < *ker-kor。"跑"拉丁语 currere，法语 courir，西班牙语 correr，意大利语 correre < *kure-。

"走"基诺语 zo⁴⁴，史兴语 ru⁵⁵ < *ro。"跑、流"希腊语 reo < *re-。

"拍"土家语 phɯe³⁵ < *p-r-et。阿昌语 phat⁵⁵，"打"载瓦语 pat²¹ < *bat。"打击、打"古英语 beatan，古高地德语 bozan < *bed-an。

"分开"嘉戎语 ka kro < *kro，"劈"道孚语 krə < *kro。"分开"希腊语 tʃorizo < *kori-。

"分开"藏文 bgo < *b-go。博嘎尔珞巴语 guː，怒苏语 gɔ³⁵ < *go。"劈"古英语 heawan，古挪威语 hoggva，古弗里斯语 hawa < *qogʷa。

"劈"格曼僜语 bla⁵³ < *bla。"分开"亚美尼亚语 baʒanel < *bala-。

"落"土家语 pi⁵⁵lie²¹ < *pile。"落"古英语 feallan，古弗里斯语 falla，立陶宛语 puola < *pola-。

---

① "抓"锡伯语 dʒavə-，鄂伦春语 dʒawa- < *dabʷa。朝鲜语 tʃapta < *dab-。

"晒、烤"景颇语 kʒa³¹ < *gra-ʔ。俄语"烤、使暖"gretj < *gre-，"烧掉" sgoratj < *s-gora-。

"晾晒"独龙语 lam⁵³ < *lam。"照耀"希腊语 lampo。

"大，长大"缅文 kri³，阿昌语 kzə³¹ < *kri-s。"（植物）生长"西班牙语 crecer，意大利语 crescere < *kre-ske-。

"大的"羌语 brɛ < *bre。"大的"乌尔都语 bara。"多的"（不可数）梵语 bhuːri < *buri。

"小的"道孚语 ge de < *gede。"小、细"景颇语 kǎ³¹tʃi³¹ < *kədi。"小的、少的、短的"乌尔都语 tʃotta < *kota。

"满的"缅文 prɑȵ¹，阿昌语 pzəŋ³⁵，景颇语 phʒiŋ⁵⁵ < *preŋ。"满的"梵语 purna, paripuːrȵa。

"多的"缅文 mja³ < *mla。"多的"威尔士语 aml。"满的"梵语 majaḥ < *mala-。

"多的"他杭语 jahko < *lako，墨脱门巴语 zak < *lak。"长的"古英语 long，古弗里斯语 lang，哥特语 laggs < *lag-。

"近的"嘉戎语 kə wat < *bʷat。"近"梵语 abhitah < *abita-。"近的"亚美尼亚语 mot < *bʷot。

"弯曲的"博嘎尔珞巴语 pa kar < *pakar。"弯曲的"梵语 vakraː < *bʷak-ra。

"弯曲的"嘉戎语 rgo。"弯曲的"波兰语 zagięty < *rage-。

"新的"景颇语 n̩³¹nan³³ < *m-nan。"新的、新鲜的"丹麦语、瑞典语 ny，古弗里斯语 nie < *ne-。希腊语 neos < *neo-。

"新的"藏文 gsar pa，他杭语 tʃhar，独龙语 -ɕɑɹ⁵⁵ < *g-sar。"未煮的"俄语 siroj < *siro-。"生的"波兰语 surowy < *suro-。

"多的"土家语 zi²¹ < *li。"满的"亚美尼亚语 li < *li。

"软的"土家语 puɯe²¹puɯe³⁵ < *bre-bre-s。缅文 pjɔ¹，基诺语（a⁴⁴）prø⁵⁵ < *pro-ʔ。"软的"西班牙语 blando，葡萄牙语 brado。

"旧的"土家语（a³⁵）phuɯe⁵⁵ < *pre。"老的"乌尔都语 puraːna < *pura-。"老的、以前的"俄语 preznij < *prer-。

"新的"土家语（a³⁵）si⁵⁵ < *sir，藏文 gsar（pa）< *g-sar。"未煮的"俄语 siroj < *siro-。"生的"波兰语 surowy < *suro-。

"细的"土家语 ɕi²¹ka²¹li²¹ < *si-kali。"小的"阿侬怒语 tɕi⁵⁵lɑ⁵⁵ < *kila。"瘦

的、薄的"古英语 hlæne < *kla-ne。"细的"希腊语 kalligramos < *kali-gra-。

"薄的"土家语 sa²¹sie³⁵ < *sa-sib，藏文 srab（po）。"薄的、脆的"俄语 slavij < *slabʷi-。

"厚的"土家语 la³⁵ < *lak，嘉戎语（kə）jak。"重的、迟钝的"荷兰语 log，英语 logy < *log-i。

"弯的"土家语 khu²¹khui⁵⁵ < *gukhʷi，藏语拉萨话 ku¹³ku⁵²。"弯曲的、钩状"古英语 hoced < *kok-。

"干净的"土家语 so³⁵li⁵⁵ < *so-kli，达让僜语 gle。"干净的"古英语 klæne，古弗里斯语 clene，古高地德语 kleini < *kle-ni。

"脏的"土家语 ɣɯe⁵³sie⁵⁵ < *gre-si。"黑的"希腊语 agrios < *agri-。梵语 kriʃna < *kris-。"脏的"俄语 grjaznij < *grar-。

"痛、病"藏语夏河话 khu，纳西语 gu²¹ < *gu。"痛苦、消沉"希腊语 akhos < *ago-s。

"痛"缅文 kok < *kok，独龙语 dʑiʔ⁵⁵ < *gik。希腊语"病"kako < *kako，"病的"kakkos < *kako-。

"痛、有病"藏文 na，彝语喜德话、傈僳 nɑ³³，拉祜语 nɑ³¹（病、伤）< *na。"痛苦的"和阗塞语 iṇa < *ina。

"病"墨脱门巴语 mar < *mar。"生病"乌尔都语 mareːz < *mare-。

"游（水）"藏文 rgyal < *r-gjal。他杭语 kjal pa < *kjal-。"游水"希腊语 kolympo < *kolu-bo。

"大的"史兴语 mɜ³³duɜ⁵³ < *madu。"大的"粟特语 məzēx < *mede-。"胖的"梵语 medaḥ < *meda-。

"老的"扎坝语 o⁵⁵lo⁵⁵ < *ʔolo。"老的、旧的"古英语、古弗里斯语 ald，"年老的，岁数较大的"西撒克逊语 eald，动词"成长"*ala 的过去分词。

"坏的"错那门巴语 tuk³⁵，墨脱门巴语 duk（pin）< *duk。"错的"希腊语 adikos < *adik-。"散发气味"古英语 stink，高地德语 stinkan < *sdik。

"亮的"藏文 gsal，嘉戎语 khsɐl < *g-sal。"光"希腊语 selas < *sela-。

"酸的"景颇语 khʒi³³，达让僜语 hɹɯɯ⁵⁵ < *kri。"酸的"法语 aigre、西班牙语 agrio、意大利语 agro < *agro，俄语 ugrjumij < *ugrum-。

"白的"景颇语 phʒo³¹，缅文 phru²，基诺语 phro⁴⁴，纳西语 phə²¹ < *phro。"白的"希腊语 aspros < *aspro-，梵语 supra。"雪"阿尔巴尼亚语 borë < *bore。

"白的"加龙语 japu na < *lapu。"白的"西班牙语、葡萄牙语 albino，拉丁语 alba，古英语 albe。赫梯语"白的"alpa，"云"alpaʃ。

"黑的"藏文 nag，缅文 nak < *nak。"晚上"景颇语 sǎ³¹naʔ⁵⁵ < *sa-nak。"夜、黑"古英语 niht，"夜里"梵语 nak。

"热的"独龙语 a³¹kɑt⁵⁵ < *ʔa-kat。"热的"古英语 hat，古弗里斯语 het，古挪威语 heitr，哥特语 heito < *keta。

"热的"藏文 thab < *thab。"热的"和阗塞语 ttab-，粟特语 tafs < *tabʷ-s。

"热的"阿昌语、仙岛语 pu < *pu。"火"梵语 pu。

"活的"景颇语 khʒuŋ³³ < *kruŋ。"生的"法语、葡萄牙语 cru，意大利语 crudo < *kru-。

"深的"阿昌语 lək⁵⁵ < *lək。"下面"景颇语 teʔ³¹ < *lek。"低的"古英语 lah，古挪威语 lagr，古弗里斯语 lech，中古荷兰语 lage < *lage。

"浅的"缅文 tin² < *tin。"薄的、细的"拉丁语 tenuis < *tenu-。

"香的"缅文 hmwe³ < *smʷi。"香的"希腊语 eyosmos < *osmo，"气味"osme。

"软的"藏文 sȵi mo < *s-ni，扎坝语 nu³³nu⁵⁵ < *nunu。"软的"和阗塞语 nona-。

"硬的"藏文 mkhregs po < *m-krek-s，阿昌语 kʐak⁵⁵ < *krak。"硬的"亚美尼亚语 kartsr < *kart-。"力量"希腊语 kratos。

"硬的"道孚语 rgi rgi < *rugi。"硬的"粟特语 ʒuɣ < *rug。

"胖的"独龙语 buɯ⁵³ < *bur。"强壮的"阿尔巴尼亚语 fortë < *bʷor-。

"饱的"基诺语 pruɯ³³ < *bru，仙岛语 pʐuŋ < *pruŋ。"多的"和阗塞语 pharu < *baru。"满的"梵语 purna。

"饱的"独龙语 ɑ³¹gɹɑ⁵³，怒苏语 gɹɑ⁵⁵ < *gra。"弯曲的"梵语 vakraː < *bakra。"圆的"希腊语 gyro。

"滑的"博嘎尔珞巴语 a lap < *lap。"滑的、秃的"拉丁语 glaber < *glab-。"光滑的、平的"俄语 rovnij < *robʷ-。

"滑的"独龙语 tɯ³¹klat⁵⁵ < *klat。"光滑的"古弗利斯语 gled。"光滑的、亮的、高兴的"古挪威语 glaðr < *glad-。

"对的"藏文 ɦgrig < *m-grik。"正确的、直的"古英语 riht，古撒克逊语 reht，古弗里斯语 riutʃt < *rik-。"直的"梵语 ɹidʒuḥ < *rigu-。

"对的"缅文 hmɑn² < *s-man。"正确的"拉丁语 emendo < *emendo。

"重的"木雅语 ɣə³³ɣə⁵³ < *gəgə。"重的、丑的"阿尔巴尼亚语 kekj < *keki。

"腐烂的"景颇语 jat³¹ < *g-rat，墨脱门巴语 jit < *rit。"腐烂的"英语 rotten，古挪威语 rotna（腐烂）< *rot-na。

"愚蠢的"独龙语 dɯ³¹baŋ⁵⁵ < *dubaŋ。"傻"粟特语 δywyāk < *dibʷi-。

"愚蠢的"格曼僜语 kɯ³¹tɑ³⁵ < *kəta。"愚蠢的"希腊语 koytos < *koto-，tʃhados < *gado-。

"快"独龙语 ɑ³¹bɹɑ⁵⁵ < *abra。"快"俄语 borzoj，"迅速地"捷克语 brzy，"匆忙"立陶宛语 bruzdeti < *buro-。

"快"达让僜语 kɑ³¹ɹoɹ⁵³ < *karo。"快的"希腊语 gorgos < *gorgo-，gregoros < *gore-。

"快"景颇语 lă³¹wan³³ < *labʷan。"快"梵语 javana < *labʷa-。"跑"德语 laufen < *lupe-。"飞"芬兰语 liehua，匈牙利文 lebeg < *lebe-。

"快的"藏文 mgjogs < *m-grog-s，独龙语 khɹɑʔ < *krak。"快的"希腊语 gorgos < *gorgo-s。

"慢"缅文 hne³，拉祜语 nɑi⁵³ < *s-ni。"慢的"梵语 ʃnaiḥ < *sna-。

"慢的"藏文 dal < *dal。"慢的"俄语 miedlennij < *medle-。

"迟的"墨脱门巴语 phit pe < *bit。"晚上"古英语 æfen，古高地德语 aband，古弗里斯语 ewnd < *a-bʷed。

"不"藏文 mi，羌语 mi⁵⁵ < *mi。拉萨藏语 ma¹³，缅文 mɑ¹ < *maʔ。"不"希腊语 me（亚欧语言普遍以鼻音表示否定）。

"那（近指）"错那门巴语 mo³⁵ < *mo。"这"梵语 imaṃ < *ema-m。和阗塞语 mū，粟特语 mu < *mu。

"我"卡纳斯语 gu，巴兴语、瓦尤语（Vayu）gō，吐龙语 go < *go。"我"拉丁语、希腊语 ego，丹麦语 jeg < *egʷe，俄语、波兰语 ja < *ga。

"我"那加语奥方言 ni < *ni。"我们"他杭语 njiː < *ni。土家语 a³⁵ȵi⁵⁵ < *ʔani。

"我"那加语南桑亚方言（Namsangia）mi < *mi。"我"（宾格）古英语 me，古弗里斯语 mi < *mi-。古高地德语 mir < *mi-r。

"我们"土家语 a³⁵ȵi⁵⁵ < *ʔani，他杭语 njiː < *ni。"我们"（主格、宾格）阿尔巴尼亚语 ne < *ne，古爱尔兰语、威尔士语 ni。

"你"独龙语nɑ⁵³，墨脱门巴语nan < *na-n。"你们"阿尔巴尼亚语njeriu < *ne-ru。

"什么"义都珞巴语kɑ⁵⁵di⁵⁵ < *kadi。"什么"古英语hwæt，古高地德语hwaz，古弗里斯语hwet < *kʷat。

"什么"他杭语taː < *ta，独龙语a³¹ta⁵⁵ < *ʔata。"什么"希腊语ti < *ti-，波兰语tso < *to。

"谁"景颇语kǎ³¹tai³³，彝语喜德话kha³⁴ti³³ < *kadi。"谁"古教堂斯拉夫语kuto，俄语kto < *kuto。波兰语ktory < *kuto-。

"谁"怒苏语khe³¹，阿博尔语sēko < *s-ke。"谁"古英语、古弗里斯语hwa，古高地德语hwer，哥特语hvo < *kʷa。梵语kaː，阿尔巴尼亚语kjë < *ke。和阗塞语kye < *kje。阿维斯陀经ko，乌尔都语kon < *ko-n。

"多少"博嘎尔珞巴语ɦiːdu < *gidu，木雅语ɦiæ³³ti⁵³ < *gati。"多少"和阗塞语tʃada < *kada，粟特语wat < *gʷat。

"一"满查底语（Manchati）idi，卡瑙里语（Kanauri）id < *ʔidi。"一"俄语odin，波兰语jedno < *odino。

关于汉藏人和印欧人接触的关系，蒲立本是这样叙述的："据文献记载，汉代中原人发现的尔羌或婼羌（Re Qiang）很可能就是藏缅人。他们居住在新疆的一些绿洲小国（Oasis State）的南部，沿丝绸之路往南穿过楼兰、和阗和莎车，即靠近西藏北部边境（胡尔斯艾维和罗艾维1979：80，85，96，103）的地方。在当时，新疆的绿洲小国为印欧人所盘踞，西南的和阗和喀什噶尔（Kashgar）为伊朗人所占，而吐火罗人（Tocharian）则居住在从喀什到吐鲁番的塔里木盆地的北部边缘，东南直到楼兰。那里也有其他一些游牧民族，如月氏、乌孙和康居。他们生活在绿洲居民的东北部和西部，很可能他们也说吐火罗语。""公元前第三世纪末的汉藏人和印欧人的接触，当然和这两个语系的发生学关系毫不相关。但是，如果汉藏人在公元前五千纪或更早时期就已经生活在新疆一带，他们就有可能和金帕塔所提出的从中亚西部进入黑海地区的原始印欧人有过接触。"① 蒲立本的这一段描述可参考。

2. 白语的印欧语对应词

唐代白族先民定居于洱海一带，史称白蛮，联合不同民族建立南诏国。宋代

---

① 蒲立本：《汉语的历史和史前关系》，载王士元主编《汉语的祖先》，中华书局2005年版，第308页。

的白族大理国年祚与宋王朝相当。白语区分为剑川、大理和碧江三个方言。从语音和词汇看，白语与彝语支的语言相近。彝缅语通常元音低化，白语可进一步低化。白语、纳西语和彝语的卷舌辅音容易丢失，成为元音的卷舌特征。如：

"屎"碧江话 $ʂe^{ɿ33}$，纳西语 $tɕhə^{33}$，怒苏语 $khri^{55} < *skhri$。

"怕"大理话 $ke^{ɿ35}$，土家语 $kɯe^{55} < *kre$。纳西语 $zɚ^{33} < *gre$。

"白的"大理话 $pe^{ɿ42} < *bres$。纳西语 $phɚ^{21}$，缅文 $phru^2 < *bro$。

以下依据徐琳、赵衍荪《白语简志》讨论白语语音的历史特点。

① 剑川和大理方言中古浊塞音、塞擦音声母清化，有的成为同部位的送气清音。低元音前的塞音可演变为舌面塞擦音，舌尖塞擦音绝大部分来自舌尖塞音：

"砍"剑川话、大理话 $tso^{44} < *tok$。藏文 $gtɕog < *g-tjok$。基诺语 $tə^{42}$。

"断"大理话 tse^{33}，碧江话 $tʂe^{55} < *ter$。藏语夏河话 $tɕhel < *thjel$。

② 剑川方言 6 个调，元音有松紧对立。声调和元音松紧的搭配为：

松调类	1调	33	3调	31	4调	55	5调	35
紧调类	2调	42	6调	44	7调	21	8调	55

紧 55 调仅见于近晚西南官话去声借词。松 35 调是变调，也见于近晚的汉借词。

声调的产生和元音松、紧的对立有关，舒声韵为松调，古塞音尾和 *-s 尾的促声韵为紧调。中古汉语借词去声和入声一样，读作紧元音调。如去声字汉语借词"救" $kɯ^{42}$、"大" to^{42}、"胃" vu^{42}、"用" $jõ^{42}$ 等。

推测古白语原本有 ABC 3 个原始调，A、B 是舒声调，C 为促声调，分化后读法为（括号中为现代剑川方言的声调）：[①]

	清声母	流音、鼻音和擦音	全浊声母
舒声韵	A_1（55）	A_3（31）	A_2（21）
舒声韵	B（33）		
促声韵	C_1（44）		C_2（42、21）

一些古汉语借词，如上声字"瓦" $ŋuɛ^{42}$、"买" $mɛ^{42}$ 为紧调，当时的汉语上声带 *-ʔ 韵尾。中古上声字读 33 调，如"手" $sɯ^{33}$、"犬" $khuã^{33}$、"弟" thi^{33}，*-ʔ 韵尾已丢失。

汉语中古借词因清浊不同分别读作 A_1（55）调和 A_2（21）调，可能是分化

---

① 吴安其：《白语的语音和归属》，《民族语文》2009 年第 1 期。

而来。A$_1$ 调在剑川和碧江地区以外的方言中还可读作 35、24、44 调，是再分化的结果。

A$_3$ 出现在流音、鼻音和擦音声母的音节，方言中还出现于鼻冠塞音声母的音节。如：

"他" 剑川话 mo^{31}，大理话 pɔ^{31} < *mpo。"那" 剑川话 mɯ^{31}，大理话 pɯ^{31} < *mpi。

B 调的产生也可能跟声母有关。下关、祥云、泸水和漾濞等南部方言因声母清、浊分化为 B$_1$（44，31）和 B$_2$（33）两个调。白语 B 调的藏羌语同源词带前缀 r-，如：

"耳朵" 剑川话 juĩ^{33}（tɯ^{21}kuã^{55}）< *mi。怒苏语 n̩ɑ^{55}，缅文 na^3，藏文 rna。

"尾巴" 剑川话 ŋv^{33}（tṽ^{55}）< *rŋu。藏文、道孚语 rŋa，却域语 rnə^{13}。

"老" 剑川话 ku^{33} < *rgu。藏文 rga。

"躺" 大理江西话、漾濞石坪话 gɯ^{33}。道孚语 rgə。

"煮" 剑川话 tsv^{33} < *rko。藏语阿力克话 rku，博嘎尔珞巴语 keː。

古白语 B 调大约发生于带 *r- 或 *s- 的音节，声母为 *gr-、*br- 的音节也有读 B 调。

③ 中古书母的汉语词读 ç-。古白语和古汉语借词 *sk-、*st- > ç-、s-。如：

"星星" 剑川话 çeɹ^{55}，鹤庆话 sheɹ^{55} < *sker。藏文 skar < *skar。

"腥" 剑川话 çĩ^{55}，大理话 çeɹ^{35} < *sker。道孚语 mtsher < *m-kher。

"心" 剑川话 çĩ^{55}，鹤庆话 shĩ^{55} < *skiŋ。普米语兰坪话 skhyɛ^{55}。

"柴" 剑川话 çĩ^{55}，鹤庆话 çhĩ^{55} < *skiŋ。汉语 "薪" *skiŋ > *sin，《说文》："荛也。"

"小的" 剑川话 se^{31}，碧江话 sẽ^{42} < *steŋ。独龙语 tiŋ^{53} < *tiŋ。

*sd- > ʐ- > ç-。如：

"姓" 剑川话 çɛ̃^{42}，大理话 çe^{42}，碧江话 tshe^{42} < *sdreŋs。汉语 "姓" *steŋs > *sieŋs。

中古匣母的汉借词读 ɣ-。古汉语借词和古白语 *gr- > ɣ-、z-。如：

"读、学" 剑川话 ɣɯ^{42} < *gruk。汉语 "學（学）" *gruk > *ɦeuk，《说文》："觉悟也。"

"漏" 剑川话 ɣɯ^{42} < *gros。汉语 "漏" *gro-s > *ros。

"来" 剑川话 ɣɯ^{35}，大理话 jɯ^{35} < *gri。纳西语 lɯ^{33}，彝语巍山话 li^{55}，阿昌

语 zə³⁵。

"饭"大理话 xeˈ⁵⁵zi³¹ < *skre-gri。唐代樊绰《蛮书》记"喻"*ju。"米"嘉戎语 khri < *kri。"饭"普米语兰坪话 dzi。"米"土家语 tsi²¹ɣɯe²¹ < *di-gre（饭-小米）。

古白语和古汉语借词 *hr-、*hl- > x-。如：

"生的"剑川话 xɛ̃⁵⁵，大理话 xeˈ⁵⁵ < *hreŋ。"活的"缅文 hraŋ²，达让僜语 sɯŋ < *sreŋ。

"看"剑川话 xɑ̃⁵⁵，大理话 xɑ⁵⁵ < *hraŋ。"看见"缅文 mrɑŋ² < *m-raŋ。

"汤"剑川话 xɛ̃⁵⁵，大理话 xeɹ⁵⁵ < *hleŋ。汉语"湯（汤）"*hlaŋ > *thaŋ，热水也。

剑川话和大理话的音节中有鼻化没有卷舌，有卷舌没有鼻化。

④ *-r- 引起元音卷舌化和鼻化。

"听"剑川话 tɕhɛ̃⁵⁵，大理话 tɕheˈ⁵⁵ < *kre。"插"剑川话 pe⁴²，碧江话 pɛ̃ɹ⁴² < *bres。

"病"大理话 peˈ³¹ < *mbre，剑川话 pɛ̃³¹sṽ³¹ < *mbre-zoŋ（病-恙）。

⑤ *-r 也引起元音卷舌化。如"裂开"碧江话 peˈ⁵⁵ < *per。

《蛮书》：白蛮语"盐谓之宾"。[①]"盐"大理话 pĩ⁵⁵ < *plin。达让僜语 plɑ³⁵。唐代复辅音声母已简化，元音尚未鼻化。

⑥ "买"剑川话 mɛ⁴²，大理话 meˈ⁴² < *mreʔ。"山"碧江话 sɛ̃ˈ⁵⁵ < *sren。*-r- 保留有中古早期汉语的特点。

"卖"剑川话、大理话 kɯ²¹，碧江话 qɯ²¹ < *gus。可能来自中古早期汉语"沽"*kos。碧江话中声母读小舌音，应是后来演变的。

彝语支语言对白语的影响较大。唐宋以来白语受汉语影响，接受较多汉语词。印欧语的对应词除了上文讨论的，另有：

"天"剑川话 xɛ̃⁵⁵ < *hleŋ。阿侬怒语 mo laŋ，格曼僜语 nauŋ。"天"意大利语、西班牙语 cielo < *qelo。"天、太阳"希腊语 helios < *qeli-。

"平原"大理话 peˈ²¹tɑ³¹，碧江话 pɑ̃²¹deˈ³³ < *ber-der。"泥"西班牙语 barro。"土"意大利语、葡萄牙语 terra，梵语 dhara < *dera。

"山"剑川话 ɣo²¹ < *go（tɕɯ³³ɣo²¹ 雉山，tɕĩ⁵⁵tso⁵⁵ɣo²¹ 点苍山）。"岩石"普

---

① 傅京起、徐琳：《从〈蛮书〉等古籍中看白语词汇的演变》，《民族语文》2004 年第 6 期。

米语兰坪话 zgo¹³ < *rgo。"岩石"俗拉丁语 rocca，古北方法语 roque，古英语 rocc < *rogʷe。

"火"剑川话 xui³³，碧江话 fi³³ < *spʷi。阿昌语 poi³¹ < *pʷi。"火"梵语 pu。

"水"剑川话 ji³³ < *gri（见于地名）。"雨"碧江话 dʑeˑ⁴² < *gre-s。"水"墨脱门巴语 ri，怒苏语 ɣri³³ < *gri。"湿的"希腊语 ygros < *i-gro-s。"跑、流"希腊语 reo < *re-。

"雾"剑川话 muɯ²¹kõ⁴²。"云、雾"碧江话 muɯ²¹ko⁴² < *mugons。"云"梵语 megha < *mega。

"冰"剑川话 so⁵⁵lo⁴⁴，碧江话 ɕõ⁵⁵khɑ⁴⁴ < *sko-klas。彝语撒尼话 kɑ³³lr⁵⁵mɒ³³。"冰"阿尔巴尼亚语 akuḷḷ < *akul。"冷的"古英语 cald，哥特语 kalds < *kal-。

"头"剑川话 tuɯ²¹po²¹ < *də-bo。彝语南华话 u⁵⁵də³³ < *ʔu-də。"头"俄语 otden < *ode-。

"眼睛"剑川话 ŋui³³ < *ŋur。"脸"错那门巴语 ŋur⁵⁵，格曼僜语 a³¹gul³⁵ < *ŋur。"脸"俄语 gronj < *guro-。

"脖子"剑川话 kv⁴²lv⁴²mi⁴² < *gulu-mi。"喉咙"拉丁语 gula，意大利语 gola。

"喉咙"剑川话 ku²¹tsi³³te⁴⁴ < *gudi-tes。格曼僜语 gɑ³¹duɯŋ³⁵ < *gaduŋ。"脖子、喉咙"和阗塞语 gaḍaa- < *gada。"脸、颊"梵语 gaṇḍa。

"肩膀"剑川话 po³³tuɯ²¹ < *podi。基诺语 phi³¹tha⁵⁵ < *bitha。"身体、胸"古英语 bodig，古高地德语 botah < *bota-k。

"乳房"剑川话 pɑ⁴²，大理七里桥话 pɑ⁴¹ku²¹ < *bag。"乳房"和阗塞语 pija- < *pig。"胸"梵语 vakʃa < *bʷak-sa。

"肺"剑川话 phiɑ⁴⁴ < *phjat。"胸"意大利语 petto，葡萄牙语 peito。

"脚"剑川话 ko⁴⁴ < *kok。道孚语 ʂko < *sko。"膝盖"亚美尼亚语 tʃunk < *kuk。"（马）后腿关节"古英语 hohsinu < *kok-sinu。

"肉"剑川话 kɛ²¹，大理话 keˑ²¹ < *gre。"肌肉"希腊语 kreas，意大利语、西班牙语 crane（肌肉、肉）< *kra-。

"牛"唐代《蛮书》记"舍"*ɕi < *ski。"牛"纳西语 ɣuɯ³³ < *gi。"牛"吐火罗语 ko。"母牛"梵语 gau < *gʷu。

"鸟"剑川话 vu⁵⁵tso⁴² < *ʔutos，大理话 tso⁴² < *tos。羌语 wu tsɛ。"鹰"希腊语 aietos < *a-etos。

"蛙"剑川话õ²¹mɛ⁵⁵，大理话ou²¹meˈ³⁵ < *ʔobre。彝语喜德话ɔ³⁴pɑ³³。"蟾蜍"希腊语 phryne < *bru-ne。"蛙"古英语 frosc < *pros-k。

"臭虫"剑川话 pi⁵⁵si⁵⁵（tsi³³）< *pisi。"虱子"土家语 si⁵⁵si⁵⁵ < *sisi。

"虱子"粟特语 ʃpiʃ，阿维斯陀经 spiʃ < *spis。

"蝴蝶"剑川话 ko⁵⁵li⁴⁴ < *pʷeli。"蜻蜓"tɕi⁵⁵ko⁵⁵lo⁵⁵ < *kipʷele。"蝴蝶"威尔士语 pili-pala，格鲁吉亚语 pepela。

"翅膀"剑川话 ji³³khv⁵⁵ < *rikhu。"翅膀、手、手臂"俄语 ruka。

"翅膀"元江话 pe⁵⁵juɯ⁴⁴ < *peri。"羽毛、翅膀"和阗塞语 pārra- < *para。

"根"剑川话 mi⁴⁴，碧江话 meˈ⁴² < *mels。"根"梵语 mula。

"叶子"剑川话 se⁴⁴，碧江话 ʂeˈ⁴⁴ < *srep。克伦语阿果话 tθe³¹lạ³¹ < *selap。"叶子"亚美尼亚语 terev < *te-rebʷ。

"铜"剑川话 kẽ³³，大理话 keˈ³³ < *gre。缅文 kre³。"铜"中古朝鲜语 kuri < *guri，匈牙利语 garas。（缺印欧语例）

"名字"剑川话 mie⁵⁵，大理话 meˈ³⁵ < *smre。怒苏语 m̥ɹə³³。"名字"俄语 branj < *bra-ni。

"名字"碧江话 n̥o⁵⁵ < *no。缅文 nɑɑ²maɳ² < *na-miŋ。"名字"古威尔士语 anu。亚美尼亚语 anun < *anu-n。

"走"剑川话 pe⁴⁴ < *pet。"走"希腊语 badizo < *badi-。"脚"英语 foot，法语 pied，意大利语 piede，希腊语 podi。

"坐、住"剑川话 kv⁴² < *guk。"跪"乌尔都语 jhukna < *guk-。

"看"xɑ̃⁵⁵ < *hlan。彝语喜德话 huɯ²¹ < *li。"看"威尔士语 syllu < *sil-。

"听"剑川话 tɕhẽ⁵⁵，大理话 tɕheˈ⁵⁵ < *kre。"听、听见"阿昌语 kʐua³¹ < *kra。"听"希腊语 akroemai < *akre-。"听见、听"古英语 heran < *kera-。

"吃"剑川话 juɯ⁴⁴ < *kris。"咬"羌语 ɛ ɣri。"牙齿"亚美尼亚语 akra < *akra。"呲牙、咧嘴"古挪威语 grena < *gre-。

"嚼"剑川话 tso⁴² < *dot。"吃"博嘎尔珞巴语 doː < *do。"吃"希腊语 edonti < *edoti。"牙齿"粟特语 δandăk < *dada-。

"咬、啃"剑川话 ŋa⁴⁴ < *hŋat。载瓦语 ŋat²¹。"吃"梵语 khaːdati < *gada-。"咬"乌尔都语 kaːt < *kat。

"呕吐"剑川话 tɕhɛ⁴⁴，碧江话 tʂheɹ⁴⁴ < *phres。怒苏语 phɹə⁵³。"吐"波兰语 plutʃ < *plu-。

"摘"剑川话 khuɑ⁴⁴ < *khʷak。浪速语 khjuk⁵⁵ < *khuk。"劈"古挪威语 hoggva，古弗里斯语 hawa < *kogʷa。

"捉"剑川话 kɛ⁴⁴ < *kep。阿昌语 tʂhɔp⁵⁵ < *khjop。"取"和阗塞语 tʃev- < *kebʷ。

"插"剑川话 pe⁴²，碧江话 pẽɹ⁴² < *bres。土家语 pie³⁵ < *pjes。"推、压"波兰语 przetʃ < *pre-。"压"拉丁语 pressare。

"捆"剑川话 kuɯ⁴⁴ < *kuk。"(一)捆"藏语拉萨话 tɕhak（pa）< *khjak。"绳子"波兰语 skakanka < *skaka-。

"杀"剑川话、大理话 çɑ⁴⁴，泸水话 tçɑ⁵⁴ < *skat。景颇语 sat³¹，独龙语 sat⁵⁵。"杀"梵语 hantum，希腊语 skotono < *skotu-。

"砍"剑川话 tso⁴⁴ < *tok。藏文 gtçog < *g-tjok。"打"波兰语 stukatʃ < *stuka-。"触碰"吐火罗语 tek。

"埋"剑川话 ko⁴² < *gop。"躲藏"藏文 gab。"藏"梵语 guph。

"问"剑川话 piɛ⁴⁴ < *pet。格曼僜语 ɑ³¹wăt⁵⁵ < *ʔapʷat。"寻找、调查、研究"波兰语 badatʃ < *bada-。

"懂"剑川话 suɯ⁴⁴ < *sis。"知道"藏文 çes，藏语巴塘话 xhe⁵⁵ < *ses。"看见"古英语 seon，高地德语 sehen，古弗里斯语 sia，古挪威语 sja < *siqa。

"记得"碧江话 ʈɯ⁴⁴khuɯ³¹ < *tigi。"知道"藏文 rtog < *r-tog。"想"贵琼语 di³⁵gi⁵⁵ < *digi。"想"古英语 þencan，古弗里斯语 thinka，古高地德语 denken < *teka-。

"爱"剑川话 ko²¹ < *go。道孚语 rga，拉祜语 ga。"高兴"英语 joy，古法语 joie < *go-i。"笑"威尔士语 gwenu < *gʷe-。

"追"剑川话 tçi⁴² < *git。"打猎"古英语 huntian，哥特语 hunds < *kʷud-。

"来"剑川话 ɣɯ³⁵ < *gi。克伦语阿果话 ge。"来"粟特语 āɣət < *agə-。

"牵"剑川话 khẽ⁵⁵，碧江话 qheɹ⁵⁵ < *khre。"拉"粟特语 xarʃ < *har-s。

"赢"剑川话 tuɯ⁴⁴ < *tup。藏文 thob < *thop。"抓住、得到"波兰语 dopaʃʃ < *dopas-。

"输"剑川话 tshi⁵⁵，碧江话 tʃheɹ³⁵ < *thri。"失去"波兰语 traʈçitʃ < *traki-。"丢失、浪费"俄语 terjatj < *terga-。

"晒"剑川话 xo³¹ < *hlo。"照耀"梵语 ullah < *ula-。

"滚"剑川话 lui⁴²，大理话 kui³¹ < *kʷli。"卷"土家语 khu⁵⁵li⁵⁵ < *khuli。"滚"

希腊语 kylo < *kilo。波兰语 wkulatʃ < *ukula-。

"滴"剑川话 to⁴⁴，大理话 tie˩⁴²< *tros。"丢失、浪费"俄语 terjatj < *terja-。"滴"（名词）和阗塞语 ttre < *dre。

"掷"剑川话 sɛ²¹，大理话 lio⁴⁴ < *los。傈僳语 lo⁵⁵。"失去"古英语 losian，古挪威语 los < *losi。

"贴"剑川话 tɕɑ⁴⁴，碧江话 phẽ˞⁴² < *phres。"压"拉丁语 pressare，希腊语 presro < *pres-。波兰语 przetʃ < *pre-。

"借"剑川话 tɕe⁴⁴，大理话 tɕe˩⁴⁴ < *pres。基诺语 pa⁴⁴。"借来、买"俄语 bratj < *bra-。"借出"古英语 borgian。

"娶"剑川话 u⁵⁵vu³³，大理话 thu⁵⁵vu³³ < *thubʷu。"抢"基诺语 ty⁵⁵。"抓住、得到"波兰语 dopaʃtʃ < *dopas-。

"分（配）"碧江话 so⁵⁵fe˩⁵⁵ < *sopʷre。格曼僜语 pɹɑ。"平分的"拉丁语 separatus < *separa-。"分开"古法语 partir < *par-。

"裂开"碧江话 pe˩⁵⁵ < *per。"裂缝"史兴语 pa⁵⁵ra⁵⁵ < *para。"分开"粟特语 yiwār < *ibʷar。

"断"大理话 tse˩³³，碧江话 tʂe˩⁵⁵ < *ter。藏语夏河话 tɕhel < *thjel。"分开"希腊语 diairo < *dar-o。

"剪"剑川话 kɛ⁴²，大理话 ke˩⁴² < *gres。"分开"嘉戎语（ka）kro。"分开"希腊语 tʃorizo < *kori-。

"腐烂"剑川话 ço⁴² < *srot。景颇语 jat³¹ < *rat。"腐烂的"英语 rotten、古挪威语 rotna（腐烂）< *rot-。

"大的"剑川话 to⁴² < *dot。纳西语 dɯ²¹。"厚的"景颇语 that³¹，独龙语 tat⁵⁵ < *tat。"厚的"阿尔巴尼亚语 dendur < *ded-。

"圆的"碧江话 ve˩²¹ < *bʷer。"圆的"和阗塞语 parbira < *par-bira。

"直的"大理话 mio⁴² < *mjot。缅文 mɑt⁴ < *mat。"树"瑞典语 ved，古爱尔兰语 fid < *bʷed。

"直的"剑川话 tuĩ⁵⁵ < *tur。藏文 draŋ（po）< *dra-ŋ。"直的"法语 droit，意大利语 diritto < *dire-。

"细的"剑川话 mo⁴² < *mot。"薄的"阿尔巴尼亚语 i mët < *i-mot。

"软的"剑川话 phɯ⁵⁵，大理话 phe˩⁵⁵ < *pre。基诺语（a⁴⁴）prø⁵⁵ < *pro。"软

的"西班牙语 blando，葡萄牙语 brado。

"硬的"剑川话 ŋɛ̃⁴²，大理话 ŋeɹ⁴² < *ŋres。怒苏语 ŋə⁵⁵。"硬的、锐利的"阿维斯陀经 tiɣra，粟特语 tarɣ < *ti-gra。

"红的"大理话 tshe⁴⁴，碧江话 thõ⁴⁴ < *khrek。"血"藏文 khrag。"红的"波兰语 tʃerwony < *kergʷo-。

"黄的"大理话 ŋv²¹，碧江话 ŋo²¹ < *ŋo。却域语 ŋɯ⁵⁵ŋɯ³³ < *ŋiŋi。"黄的、绿的"和阗塞语 gvā- < *gʷa。

"白的"剑川话 pɛ⁴²，大理话 pe˩⁴² < *bres。羌语 phɹiʂ。"白的"景颇语 phʒo³¹，基诺语 phro⁴⁴，纳西语 phə²¹ < *bro。"白"梵语 ʃubrata: < *subra-。"白的"梵语 supra。

"暗的"剑川话 mie⁴²，大理话 mie˩⁴² < *mres。"黑的"希腊语 mayros < *maro-s。"暗的"波兰语 mrotʃny < *maro-。

"深的"唐代《蛮书》记"诺"*nok。剑川话 nɛ⁴² < *nek。"深的"缅文 nɑk，嘉戎语 rnak。"黑的"藏文 nag，缅文 nak。"夜、黑"古英语 niht，高地德语 naht，古弗里斯语、德语 natʃt < *nak-t。

"坏的"剑川话 kuɛ⁴²，碧江话 que˩⁴² < *gʷrep。"丑的"梵语 kurupah < *kurupa-。"坏的"桑塔利语 kharap < *garap。

"远的"剑川话 tuĩ³³，大理话 tui³³ < *tur。"远的"梵语 du:ra < *dura，粟特语 ðūr < *dur。

"低的"剑川话 pi³³，碧江话 dzuĩ³³ < *bʷri。普米语九龙话 bʒɑ⁵⁵ < *bra。"较低的"梵语 apara:。"下面"俄语 pravo。

"老（人）"大理话 ku³³，碧江话 kv³³ < *r-gu。藏文 rga。"老的"亚美尼亚语 tser < *ke-，粟特语 utʃnē < *uk-。

"好的"大理话 kɛ⁴⁴ < *kes。载瓦语 ke⁵¹，浪速语 kai³¹，波拉语 kai⁵⁵ < *ke。"好的"乌尔都语 atʃa < *aka。

"懒的"大理话 lɑ³¹vu³⁵ < *lagu。"慢"道孚语 le lve。"慢的、懒的"古英语 slaw，古挪威语 sljor < *slogʷo。

早期的白语当分布于四川、云南等地，唐代定居于洱海一带，语音、形态和彝语支其他语言相近，为彝语支古语。对应于印欧语词的白语词，如"平原""山""头"等，也对应于其他彝语支的语言。

第五章　侗台语的历史和词源

一、侗台语的历史分布和分类

（一）侗台语的历史分布

浙江北部的河姆渡文化距今约 7000 年，分布在余姚、宁波、慈溪一带。早期阶段陶器中釜类和支架、罐最多，晚期阶段釜和鼎的数量最多。有较多双耳陶器，罐、甑、钵等，如同贾湖。浙江北部、上海和江苏东南部太湖一带的早期马家浜文化距今 6000 多年，晚期的常见器形有釜和支架、鼎、豆等。经济生活以农业为主，水稻是主要农作物。江苏江宁县湖熟镇命名的湖熟文化，商周时期分布在江苏、安徽的长江两岸，石器有有肩石斧、有段石锛、石矛、石镞，陶器有鼎、带角形把手鬲、豆、甗、钵、研磨盆等。故设想早期南下的汉藏语支系分布至长江下游流域和江浙一带成为侗台语。

历史上"越"民族的称呼始于商周时，春秋时东南沿海有"于越"。战国末年越的支系称为"百越"，汉初仍有"瓯越""闽越"和"南越"，汉末三国之时东南沿海山地的越人称为"山越"。古代把台湾的南岛人也归为"越"。民族学的"百越"是一个众多"越人支系"的通称，其中包括南岛人的支系。

侗台语的基本词和其他汉藏语、南岛语和南亚语对应，一些农耕文化相关的词和汉语、苗瑶语一致，身体部位的名称词通常对应于其他汉藏语和南岛语，飞禽走兽和虫鱼之类的说法通常对应于苗瑶语。壮泰、侗水语的数词借自汉语，黎语和仡央语的一些数词来自南岛语。

侗台语基本词的跟其他汉藏语、南岛语和南亚语对应的最多，其南岛语和南亚语的对应词在表示的意义上通常较少引申义的对应，这说明往往是后来才有的。

侗台语和南岛语有关天体、人体部位名称词的对应说明较早时期的密切关系。侗台语和苗瑶语禽兽虫鱼的诸多对应词是这些语言长期分布于同一地区留下的。南亚语和侗台语的一些对应词应是共同的底层成分，有的是从侗台语扩散出去的。

侗台语可区分为南北朝以前的早期侗台语（四个声调发生以前），南北朝至唐宋的古侗台语和宋代以后的近现代侗台语。

（二）侗台语的分类

侗台语族分析为壮傣、侗水、黎和仡央四个语支。壮傣语支的壮语、布依语、傣语、临高语主要分布在中国境内，泰语分布在泰国，老挝语分布在老挝。这一语支的掸语（Shan）、昆语（Khun）分布在缅甸，坎提语（Khamti）分布在缅甸和印度，阿含语（Ahom）分布在印度（已消亡），石家语（Saek）主要分布在老挝，侬语（Nung，壮语南部方言）分布在越南，诺语（Nyo, Nyaw）分布在泰国。侗水语支的语言主要分布在中国境内。

黎语支的黎语和村语（又称村话）分布在海南岛。黎语划为十个方言，其中加茂方言与其他方言的差别较大。

仡央语支有仡佬、木佬、拉基、羿、普标、布央、耶容等语言，分布在云南、贵州以及越南。木佬语、羿语、普标语趋于消亡或已消亡。越南除了仡佬语外还有拉梯语（lati）和拉瓜语（laqua）。梁敏先生认为越南的拉梯语就是中国境内的拉基语。

1. 壮傣语支和侗水语支

壮傣（台语）、侗水语的四个声调有对应关系，当有共同的起源。因声母清、浊，四个声调分化为八个调，通常分别用阿拉伯数字从 1 到 8 来表示。清声母音节的声调为单数调，浊声母音节的声调为双数调。中古汉语借词的声调和汉语的四声有较为严整的对应关系，表明当时汉语的四个声调和壮傣、侗水语的四个声调分别有相近的调值。

临高语较晚的汉语上声借词不带 -ʔ 韵尾，早期的上声汉借词带 -ʔ 韵尾，读促声调。如"马"maʔ^8，"韭（菜）"kuʔ^7，"奶"noʔ^7，"赌"deʔ^7，"改"keʔ^7。

壮傣、侗水语支语言舌尖塞擦音的来历如：

"车"临高语 sia^1，毛南语 tsha^1 < *skha。壮语邕宁话 tshi$^{1'}$ < *skhe。[1]

"肘"壮语邕宁话 tsuk^8，泰语 sɔːk^9 < *s-gok。

"沉"壮语邕宁话 tshim^2，泰语 tsom^2 < *sgum。毛南语 tsəm^5 < *skom-s。

"抽（烟）"泰语 sup^7，壮语邕宁话 tsəp^7，仫佬语 hɣop^7（喝）< *skrop。

---

[1]　古汉语借词，古汉语"车"*khja《说文》舆轮之总名。

2. 黎语支

黎语、村语的声调有一定的对应关系，应有共同的声调起源。黎语保定话有三个舒声调和三个促声调，黎语杞方言通什话的第 9 调是从第 7 调分化出来的。

黎语方言的舌尖塞擦音来自塞音，如 ts- 有 *t-、*k- 等不同来历，元门话往往保留舌尖塞音的形式。

"鞭子"西方话 tsui³，元门话 tui³ < *tuiʔ。"鞭子"保定话 tsɯ²tsui³，中沙话 kɯ³tsui³ < *ki-tuiʔ。

"插"保定话 tshoŋ³，元门话 doŋ⁵ < *ʔdoŋʔ。

"沉"保定话 tsoːn¹，元门话 tuːn¹ < *tun。

"洞"保定话 tshuːŋ³，元门话 tshuŋ³ < *khuŋʔ。"洞"苗语养蒿话 qhaŋ³，巴哼语文界话 khoŋ³ < *qhoŋ-ʔ。"孔、穴"藏文 khuŋ。

3. 仡央语支

仡央语支的仡佬语、布央语等词汇差异较大。声调有对应关系，来自四个原始声调。[1]

仡央语来自塞音的舌尖塞擦音如：

"火焰"仡佬语贞丰话 tsho³¹pai³⁵，拉基语 kha²pei⁴³ < *khaᴮpiᴬ。

"耳朵"仡佬语六支话 vei³¹，仡佬语贞丰话 tso³⁵ < *bʷeᴬ。

"山"仡佬语六支话（qə³¹）dzo³¹，布央语 po³² < *boᶜ。

"七"仡佬语贞丰话 tsau³⁵ < *tu，布央语 tu³³ < *duᴬ。

"（鸟）窝"仡佬语六支话（qə³³）dzu³³，布央语 to²² < *doᶜ。

二、侗台语的语音和形态

这一部分的侗台语材料主要引自梁敏、张均如《侗台语族概论》(中国社会科学出版社 1996 年版) 和中央民族学院少数民族语言研究所第五研究室编《壮侗语族语言词汇集》(中央民族学院出版社 1985 年版)，词的出处不一一说明。今侗台语亲属语大约是商代在南方地区分化出来的，内部亲属语同源词较为一致的对应词反映此后的语音演变，跟其他语族对应词的比较可以发现此前的语音和形态变化的情况。

---

① 参见拙作《汉藏语同源研究》第六章的讨论。

（一）声韵调的历史

1. 辅音和辅音声母

壮傣、侗水语塞音四分，古侗台语的内爆音（先喉塞音）今语中可演变为鼻冠塞音。水语水庆话现在标为浊音的 b- 和 d- 实际上是 mb- 和 nd-，一些语言中对应的是 ʔb- 和 ʔd-。ŋg- 和 ʔg- 一类声母不稳定。毛南语环江下南话有 mb-、nd-、nḍ- 和 ŋg-，ʔm-、ʔn-、ʔɲ- 和 ʔŋ-，没有内爆塞音和舌尖塞擦音，塞音、擦音和鼻音有圆唇和非圆唇的对立。

早期侗台语的辅音系统为：

p   ph   b   m
t   th   d   n   s   z   r   l
k   kh   g   ŋ   j   w
q   ɢ   N
ʔ   h

塞音和 -l- 和 -r- 构成的复辅音声母有：

*pr-、*phr-、*br-、*kr-、*khr-、*gr-、*hr-、*qr-、*ɢr-，*pl-、*phl-、*bl-、*kl-、*khl-、*gl-、*ɢl-，*sr-、*sl-。

s- 构成的复辅音声母有：

*sp-、*sph-、*sb-、*sk-、*skh-、*sg-、*sn-、*sm-、*sŋ- 等。

古侗台语塞音、擦音和鼻音有圆唇和非圆唇的对立。

从早期侗台语经历复辅音简化，塞音从清、清送气和浊三分演变为带先喉塞声母的四分。部分方言塞音没有清、清送气的对立，当为底层语言的表现。

古侗台语复辅音声母简化的同时，又有复音词紧缩产生新的复辅音声母，并在接触中传播。现代的语言中仍保留塞音和流音构成的复辅音声母。古侗台语内爆音（先喉塞音）声母在不同语言中的演变有所不同。

侗台语有两类清化的鼻音：m̥、n̥、ŋ̊ 和 ʔm、ʔn、ʔŋ。第一类多来自 s- 和鼻音的结合。第二类 ʔ- 和鼻音结合的声母，多来自元音前缀。

古侗台语可能有 *-j 和流音韵尾 *-l、*-r。

2. 元音

古侗台语的元音音系为 a e i ə o u，现代壮语武鸣话单元音是这个结构。早期侗台语可能是五元音 a e i o u。元音的演变的情况有：

（1）*u > au

"我"泰语 ku²，老挝语、布依语 ku¹，壮语龙州话 kau¹ < *ku。南岛语系语言，卑南语 ku < *ku。鲁凯语 kunaku < *ku-naku。

"草木灰"泰语 thau³，拉珈语 pleu⁴，侗语南部方言 pu³ < *blu-ʔ。

"酒"泰语 lau³，侗语南部方言 khwaːuʒˊ，侗语北部方言 tuʒˊ，仫佬语 khɣəiʒˊ，标语 lɔ³ < *kluʔ。汉语"酒"*klju-ʔ > *tsjuʔ（《说文》："酉亦声。"）。

"烧"泰语 phau⁵，侗语taːu³，水语 plaːu⁶ < *blu-s。

（2）*i > ai

"旱地"布依语 zi⁶，仫佬语 hɣaːi⁵ < *gli-s。

"是"泰语 tshai³，壮语邕宁话 ɬei⁶ < *ʑiʔ。汉语"是"*dji-ʔ > *ʑiʔ（判断词）。

"这"德宏傣语 lai⁴ < *liʔ。

"蛋"泰语 khai⁵，壮语邕宁话 hlai⁶，侗语南部方言 ki⁵ < *khli-s。

（3）元音裂化

如 ə > aɯ（əu）：

"子"西双版纳傣语 tsăi³，德宏傣语 tsaɯ³ < *tsəʔ。汉语"子"*skə-ʔ > *tsəʔ。

"巳"西双版纳傣语 săi³，德宏傣语 saɯ³ < *ʑəʔ。汉语"巳"*sgjə-ʔ > *ʑəʔ。

"给"傣语 haɯ³，布依语 ɣaɯ³ < *ʔlə-ʔ。汉语"诒"*lə-ʔ。

"牙齿"泰语 khiəu³，水语 ɕu¹ < *s-khoʔ。汉语"齿"*khjəʔ。

后来的借词中元音的这一类变化不能得到完整的表现。

长元音和复元音应是复辅音声母简化时期发展起来的，不同语言有产生长元音和复元音的相同机制，包括单元音在开音节和闭音节中的裂化，以及相近的补偿流音韵尾消失产生的元音韵尾。

3. 声调的来历

（1）B 调的来历

壮傣、侗水语 B 调主要来自 *-ʔ。南岛语对应词如：

"雷"壮语武鸣话 pla³，仫佬语 pɣa³ < *plaʔ。"雷"吉利威拉语 pilapala，大瓦拉语 palele。

"母亲"侗语 nəi⁴，仫佬语 ni⁴ < *niʔ。"母亲"沙巴语、马来西亚木鲁特语（Murut）、印度尼西亚萨萨克语（Sasak, Lombok）inaʔ。

"乳房"德宏傣语 ʔu¹tau³ < *ʔutuʔ。"乳房"巴拉望语 tutuʔ，沙巴语 duduʔ。

"看见"水语 ndo³，莫语 djo³ < *ʔdoʔ。"看见、看"沙巴语 andaʔ < *ʔado-ʔ。

"疤"临高语 leu³，武鸣话 piəu³，毛南语 pjeu³ < *l-puʔ。"疤"沙巴语 limpaʔ。

（2）C 调的来历

C 调或主要来自 *-s，南岛语对应词如：

"沙子"壮语柳江话 hje⁵，邕南话 hle⁶ < *gles。"沙子"萨萨克语 gəres，木鲁特语（Murut）agis，菲律宾的摩尔波格语 ogis。

"井"壮语、布依语 bo⁵ < *ʔbus。贡诺语（Kondjo）"泉水"timbusu < *ti-busu，"井"buhuŋ < *busu-ŋ。

"睾丸"壮语 ɣai⁵- < *ʔlis，仫佬语 kɣa:i⁵ < *klis。"男生殖器"贡诺语、布吉斯语 laso，"睾丸"布昂语 ros < *los。

"猪"水语 m̥u⁵，佯僙语 məu⁵ < *ʔ-bos。泰语 mu¹ < *ʔ-bo。"猪"所罗门群岛劳语（Lau）boso，马林厄语（Maringe）bosu。

"时间、时候"老挝语 muɯ⁵，壮语武鸣话 mə⁶ < *mas。"时间"米南卡保语 maso。

"老"泰语 kɛ⁵，壮语柳江话 ke⁵，仫佬语 ce⁵ < *kes。"旧"壮语 ke⁵，毛南语 ce⁵ < *kes。"老、旧的"泰雅语 mənəkis < *mənə-kis，所罗门群岛夸梅拉语 akʷas < *ʔakʷas。

"腮"毛南语、仫佬语、侗语南部方言 ŋai⁶ < *ŋis。"腮"木鲁特语 piŋas，他加洛语 pisŋi < *piŋis。

古代侗台语有类似古汉语的 *-ʔ（*-q）和 *-s 后缀，这是两者有类似声调的基础。

（二）语音历史演变的特点

1. 语音的对应

古越人春秋时代分布在江浙等地。《越绝书》："越人谓船为须虑。""越人谓盐为餘。"其所记为古侗台语。按汉语所记"须虑"上古音 *sora，"餘"*gʷlja（>*jo）。

侗台语"肉""盐""船"等词元音的对应关系如：

	泰语	龙州	水语	仫佬语
肉	nɯə⁴	nu⁴	nan⁴	—
盐	klɯə²	ku¹	dwa¹	kɣa¹
船	rɯə²	lu²	lwa¹	—

侗台语"肉"*naʔ，水语 nan⁴，鼻音韵尾为增生。

"盐"泰语 kluɯ²，仫佬语 kɣa¹ < *kʷla。

"船"泰语 rɯə² < *rʷa。水语 lwa¹，佯僙语 rjɛ¹ < *ʔ-rʷa。汉语"舻"*bʷra。

傣语地支字的读法多数是东汉时汉语南方方言的借词，参考其他语言中的读法，从汉语和傣语词声、韵、调三者的对应看有一定规律可循。如：

"子"*skə-ʔ > *tsəʔ。西双版纳傣语 tsǎi³，德宏傣语 tsauɯ³ < *tsəʔ。

"寅"*lir > *lin。西双版纳傣语、德宏傣语 ji²，侗语 jən² < *jən。

"卯"*mru-ʔ。西双版纳傣语 mǎu³，德宏傣语 mau³ < *ʔmuʔ。

"辰"*djən > *ʑən。西双版纳傣语、德宏傣语 si¹，侗语 ɕən² < *ʑən。

"巳"*sgjə-ʔ > *zjəʔ。西双版纳傣语 sǎi³，德宏傣语 sauɯ³，水语 ɕi⁴ < *ziʔ。

"午"*ŋʷa-ʔ。西双版纳傣语 sǎ¹ŋa²，德宏傣语 si¹ŋa⁴ < *sŋaʔ。

"未"*mʷjət-s。西双版纳傣语 met⁸，德宏傣语 mot⁸ < *mʷet。

"申"*sljin > *hjin。西双版纳傣语 sen¹，德宏傣语 liŋ² < *slin。

"酉"*lju-ʔ。西双版纳傣语 lǎu³，德宏傣语 hau⁴ < *luʔ。

"戌"*s-mʷjit > *suit。西双版纳傣语 set⁷，德宏傣语 met⁸ < *smet。

"丑"*s-nuʔ > *thjuʔ。西双版纳傣语 pǎu⁵，德宏傣语 pau³ < *puʔ 的读法似另有来历。"午"的傣语读法说明古汉语的方言中原本可以有 *s- 前缀。

"亥"*gə-q > *ɣəʔ，西双版纳傣语 kǎi⁴，德宏傣语 kau⁴ < *gəʔ 和"子""巳"的元音、声调有一致的对应关系，借用的时代相同。可能是东汉时期汉语和古侗台语有相近的声调发生的语音基础，六朝时有类似的声调构成。

2. 声母的简化

侗台语不同支系复辅音简化的情况有所不同，复辅音声母 *pl- 如"鱼""白蚁"等，现代方言中的情况为：①

	泰语	龙州	临高语	水语	拉珈语	黎语
鱼	pla²	pja¹	ba¹	—	phla¹	ɬa¹
白蚁	pluək⁹	kuːk⁷	bup⁷	—	—	pluːk⁷

汉语"灼"*plek > *tjak 烧、照亮，明也。"晒"壮语龙州话 phjaːk⁷，壮语武鸣话 taːk⁷，德宏傣语 taːk⁹ < *plak。

---

①　梁敏、张均如：《侗台语族概论》，中国社会科学出版社 1996 年版，第 128、129 页。

"眼睛"和"死""竹篾"原本可能是复音词，现代诸语中的情况为：

	泰语	龙州	临高语	水语	拉珈语
死	ta:i^2	ha:i^1	dai^1	tai^1	plei^1
竹篾	tɔːk^9	phjoːk^7	və^7	ndjuk^7	pluk^7

"死"壮语武鸣话ɣaːi^1，龙州话ha:i^1，临高语dai^1 < *ʔli。拉珈语plei < *p-li。

"竹篾"古侗台语 *plok < *p-lok。

古侗台语中一些复辅音声母在壮傣、侗水语言中的简化有两个主要的演变方向，包括中古侗台语内爆音（先喉塞音）声母 *ʔb- > *mb-，*ʔd- > *nd-，*ʔg- > *ŋg- 等在不同语言中的演变。如：

"月亮"泰语duɯən^2，西双版纳傣语dən^1，水语njeːn^1 < *ʔdən < *ʔ-lən。壮语邕宁话mliːn$^{1\prime}$，龙州话bəːn^1，标语phyːn^1 < *ʔblən。

"含"泰语om^2，毛南语ŋam^1 < ʔ-gəm。对应于汉语"函（圅）"甲骨文⿰（粹1564）*gəm > *ɣəm。

"香的"壮语武鸣话ɣaŋ^1，柳江话pjaŋ^1，仫佬语m̥yaːŋ^1，拉珈语plaŋ^1 < *ʔblaŋ。

跟汉语复辅音声母词的对应的古侗台语 *Cl-。如：

"酒" *klju-ʔ > *tsjuʔ。"酒"泰语lau^3，侗语南部方言khwaːu$^{3\prime}$，侗语北部方言tu$^{3\prime}$，仫佬语khɣəi$^{3\prime}$，标语lɔ^3 < *kluʔ。

"湛" *kləm > *təm 没也。"蒙（头）"壮语龙州话kəːm^1，邕宁话kləːm^1，武鸣话kjuəm^1 < *kləm。

汉语对应词看古侗台语 *Cr- > *Cl- 的历史。如：

"甲" *krap。"指甲"泰语lep^8 < *lap。

"煮" *bru（蒸煮）。"烧（饭）"侗语taːu^3，"烧（茶）"水语plaːu^6 < *blu-s。

"闌（阑）" *gran。"房子、家"壮语武鸣话ɣaːn^2，布依语zaːn^2，侗语jaːn^2 < *glan。

"競" *graŋ-s 强也。"硬的"邕宁壮语hleːŋ$^{1\prime}$，保定黎语hjeːŋ^2 < *gleŋ。

3. 壮傣、侗水语复辅音声母的演变

壮傣语支、侗水语支复辅音声母演变主要有如下情况：

*pl- > *t-、*l-、*p-，*phl- > *phj-，*bl- > *d-、*b-；

*pr- > *p-、*pl-，*phr- > *phj-，*br- > *b-、*bj-；

*kl- > *t-、*k-、*kɣ-，*khl- > *khj-、*kj-、*khɣ-，*gl- > *d-、*g-；

*kr- > *k-、*ʔr-（*s-），*khr- > *khj-，*gr- > *g-、*l-、*r-、*dz-；

*ql- > *k-、*ʔl-、*tɕ-，*Gl- > *d-、*l-；

*sp- > *s-、*ph-、*t-，*st- > *s-、*th-、*t-，*sk- > *s-、*k-、*ts-。

先喉塞音（内爆音）声母演变主要有如下情况：

*ʔl- > *ʔd-、*ʔj-，*lj- > *j-，*ʔnj- > *ʔj-，*nj- > *j-；

*ʔb- > *mb-，*ʔd- > *nd-，*ʔg- > *ŋg-。

（1）*pl- > *t-、*l-、*p-，*phl- > *phj-，*bl- > *d-、*b-

"翻"壮语邕宁话 phloːn⁵，临高语 len³ < *pʷlen-ʔ。侗语北部方言 wen¹ < *pʷlen。

"月亮"泰语 duɯən²，壮语龙州话 bəːn²，侗语北部方言 ljan¹，黎语 ŋaːn¹ < *blən。

（2）*pr- > *p-、*pl-，*phr- > *phj-，*br- > *b-、*bj-

"分离"泰语 phraːk¹⁰，壮语龙州话 pjaːk⁸ < *phrak。

（3）*kl- > *t-、*k-、*kɣ-，*khl- > *khj-、*kj-、*khɣ-，*gl- > *d-、*g-

"蛋"泰语 khai⁵，壮语邕宁话 hlai⁶，仫佬语 kɣəi⁵，侗语南部方言 ki⁵ < *khle-s。

（4）*kr- > *k-、*ʔr-（*s-），*khr- > *khj-，*gr- > *g-、*l-、*r-、*dz-

"缠绕"老挝语 kiəu⁴ < *gro-ʔ。壮语武鸣话 keːu³，仫佬语 kɣəu³ < *kro-ʔ。

"鹿"壮语龙州话 kjoːk⁸，临高语 tsok⁸ < *grok。

"烫"壮语龙州话 luːk⁸，泰语 ruək¹⁰ < *gruk。

（5）*ql- > *k-、*ʔl-、*tɕ-，*Gl- > *d-、*b-

"远"泰语 klai²，壮语武鸣话 kjai¹，黎语通什话 lai¹ < *qli。

"后"布依语、德宏傣语 laŋ¹ < *ʔlaŋ < *qlaŋ。

（6）*sp- > *s-、*ph-、*t-，*st- > *s-、*th-、*t-，*sk- > *s-、*k-、*ts-

"主人"壮语邕宁话 tsou³，泰语 tsau³，临高语 tsu³ < *skju。

"沉"壮语邕宁话 tshim²，泰语 tsom² < *sgum。

"肘"壮语邕宁话 tsuk⁸ < *sgok。

复辅音声母简化的同时，又有复音词的紧缩产生新的复辅音声母，并在接触中传播，现代的语言中仍保留塞音和流音构成的复辅音声母。古侗台语内爆音声母在不同语言中的演变有所不同。

4. 元音的演变

一些语言声调出现之后阴声韵音节经历了元音的链移。

"父亲"泰语 phɔ³，侗语 pu⁴，锦语 pəu⁴ < *boʔ。"巫师"泰语 mɔ¹，布依语 mo¹，毛南语 mu¹ < *ʔmo。汉语"巫"*mʷja。

*u > au

"酉"（汉语借词）西双版纳傣语 lǎu³，德宏傣语 hau⁴ < *luʔ。汉语"酉"*lju-ʔ。

"卯"（汉语借词）西双版纳傣语 mǎu³，德宏傣语 mau³ < *ʔmuʔ。汉语"卯"*mru-ʔ。

"烧"泰语 phau⁵，侗语 taːu³，水语 plaːu⁶ < *blu-s。汉语"烌"*bru。

"漂浮"黎语通什话 bau¹ < *ʔbu。"轻"布依语 bau¹ < *ʔbu。汉语"浮"*bʷju（泛也）。

"烟囱"水语 lau¹，毛南语 lu¹ < *ʔ-lu。

（三）前缀

早期侗台语有一批词根和汉语的有共同的来源，前缀有 *s-、*m-、*p-、*k- 和 *q-，后来这些前缀不再活跃，形成新的复辅音声母，不同支系中复辅音简化的情况不同。

1. 前缀 *s-

动词前缀 *s- 表示使动，可把名词变成动词：

"摸"西双版纳傣语 sum¹，壮语柳江话 lum⁶，布依语 tɕum⁶ < *s-lum-s。

"洗"德宏傣语 çuk⁷，毛南语 zuk⁷ < *s-ruk。

"抽"泰语 sup⁷，壮语邕宁话 tsəp⁷ < *s-rop。

"撕"壮语 bek⁷ < *ʔ-bek，布依语 sik⁷ < *s-pek。

名词前缀 *s- 表示有生命。如：

"蜜蜂"泰语 phɯŋ³，临高语 saŋ³ < *s-bəŋ。

"喜鹊"傣语 tsaːk⁷，壮语邕宁话 tshaːk¹⁰，临高语 siak⁷ < *s-khjak。

"蜘蛛"傣语 -kaːi¹，壮语邕宁话 -khlaːu¹ʼ，标语 -so¹ < *s-khlo。

"蚯蚓"临高语琼山话 sɛn⁴，仫佬语 tan⁴，莫语 zan⁴，德宏傣语 si¹lən⁶ < *s-lən-ʔ。

"上腭"泰语 ŋɯək⁹，壮语柳江话 huɯk⁷，黎语 ŋeːk⁷ < *s-ŋek。汉语"颚"*ŋak。

"牙齿"泰语 khiəu³，水语 ɕu¹ < *s-khoʔ。汉语"齿"*khjəʔ。

2. 前缀 *m-

自主动词和自动动词前缀 *m-：

"睁"泰语 lɯːn²，老挝语 mɯːn² < *m-lən。

"打（人）"壮语武鸣话 mop⁸，布依语 tup⁸ < *m-dop。

"闪（电）"泰语 lɛːp¹⁰，壮语龙州话 meːp⁸ < *m-lep。

形容词前缀 *m-：

"光滑"泰语 lɯːn³，老挝语 mɯːn⁵，壮语邕宁话 liːn³ < *m-lən-ʔ。

"滑的"壮语武鸣话 mlaːk⁸，临高语 miak⁸ < *m-lak。

"亮的"西双版纳傣语 leŋ²，布央语郎架话 ma⁰loŋ³¹² < *m-leŋ。

"粗"德宏傣语 mu³，毛南语 laːu⁴ < *m-lu-ʔ。

"热的"黎语通什话 tiːt⁷，元门话 vut⁸，加茂话 hiːt⁸ < *m-tit。

3. 使动前缀 *k-

"磕（开）"老挝语 ket⁷，临高语 leʔ⁷，标语 lat⁷ < *k-lat。

"拔"毛南语 cun¹，锦语 ljuːn¹，水语 djon¹ < *k-lun。

"钻进"侗语南部方言 lan³ < *ʔlon-ʔ。壮语柳江话 doːn⁵，拉珈语 luːn⁵ < *ʔlon-s。"合并"德宏傣语 hoːn³，壮语武鸣话 kjoːn⁵，佯僙语 run² < *k-lon-s。

"蒙（头）"壮语龙州话 kəm¹，邕宁话 kləm¹，武鸣话 kjuəm¹ < *k-ləm。

4. 前缀 *p-

*p- 为动词使动前缀。

"裂开"泰语 tɛk⁷，壮语武鸣话 ɣɛk⁹，拉珈语 phɛːk⁹ < *p-lek。"裂缝"临高语 lek⁷ < *ʔlek。

"脱（粒）"壮语柳江话 pjet⁷，仫佬语 pɣət⁷ < *p-let。"脱（把）"泰语 lut⁷，侗语 ljot¹⁰ < *ʔ-lot。

"忘记"泰语 lɯːm²，壮语龙州话 lum²，邕宁话 ləm² < *ləm。拉珈语 phlem¹，侗语 laːm² < *p-lem。

5. 前缀 *q-

古侗台语名词和动词前缀 *q- > *ʔ-：

"晴、天旱"壮语邕宁话 hleːŋ⁴，布依语 zeŋ⁴，临高语 daŋ⁴ < *ʔ-leŋʔ < *q-leŋ-ʔ。

"草"布依语 ȵɯ³，傣语 ja³ < *ʔnjəʔ < *q-njə-ʔ。汉语"而"*njə《说文》：

"颊毛也。"

"堆"布依语 lap[8]，水语、毛南语 tap[8] < *lap。"叠"（量词）佯僙语 le:p[9] < *ʔlep < *q-lep。

"洗"水语 lak[7]，德宏傣语 sak[8] < *ʔlek < *q-lek。汉语"浴"*lok < *g-lok。

"拉"水语 da:k[7] < *ʔlak < *q-lak。壮语武鸣话 ɣa:k[8]，西双版纳傣语 lak[8] < *lak。

"抓"侗语 sap[7]，西双版纳傣语 jap[7] < *ʔrap < *q-rap。"指甲、爪子"泰语 lep[8]，壮语武鸣话 kjap[8]，佯僙语 rip[8] < *krep。

"抓"壮语柳江话 ɲap[7]，毛南语 ȵap[8] < *ʔnjap < *q-njap。汉语"摄"*s-nap。

"灭（灯）"泰语 dap[7]，临高语 jap[7]，莫语 ʔdap[7] < *ʔ-lap < *q-lap。

（四）后缀

早期侗台语有类似古汉语的 *-ʔ（*-q）和 *-s 后缀，这是两者声调相近的基础。

1. 后缀 *-ʔ

后缀 *-ʔ 为名词标记：

"扬（麦子）"壮语 la:ŋ[6] < *laŋ-s，仫佬语 ja:ŋ[2] < *laŋ。"簸箕"壮语 doŋ[3]，傣语 loŋ[3] < *ʔloŋ-ʔ。

"蓝靛草"泰语 khra:m[2]，壮语武鸣话 ça:m[2] < *gram。"蓝靛草"西双版纳傣语 hɔm[3]，水语 khum[3]，拉珈语 sũm[3] < *khram-ʔ。

"箱"壮语龙州话 loŋ[4]，仫佬语 lɔŋ[4] < *loŋ-ʔ。

"天旱"泰语 lɛŋ[4]，布依语 zeŋ[4]，临高语 daŋ[4] < *leŋ-ʔ。水语 li:ŋ[3] < *ʔleŋ-ʔ。

2. 后缀 *-n

后缀 *-n 为名词标记：

"舔"壮语武鸣话 ɣi[2]，傣语 le[2] < *li。"舌头"壮语武鸣话、傣语 lin[4]，黎语 ɬin[3] < *lin-ʔ。

"说"毛南语 la[4] < *lo-ʔ。"句子"壮语武鸣话 çon[2] < *ljon，莫语 dan[1] < *ʔlon。

3. 后缀 *-s

后缀 *-s 标记形容词和动词：

"饱"仫佬语 kɣaŋ[5]，水语 tjaŋ[5]，拉珈语 tsiaŋ[5] < *klaŋ-s。

"饱的"壮语武鸣话、傣语 im[5] < *ʔim-s。

"酿"壮语武鸣话 om[5]，侗语北部方言 həm[5] < *qəm-s。"捂"壮语武鸣话

kam³，临高语琼山话 um³ < *kəm-ʔ。

"摸" 西双版纳傣语 sum¹，壮语柳江话 lum⁶，布依语 tɕum⁶ < *s-lum-s。

"低、矮" 泰语 tam⁵，临高语 dɔm³，仫佬语 hɣam⁵ < *k-lom-s。"低（头）"泰语 kom³，临高语 dɔm³，莫语 kəm³ < *k-lom-ʔ。

后缀 *-s 表示不自主：

"陷" 德宏傣语 lom⁵，壮语武鸣话、柳江话 lom⁵，毛南语 lam⁵ < *ʔ-lom-s。"淹" 泰语 thuəm³，壮语柳江话 tum⁴，黎语 łom¹ < *ʔ-lom-ʔ。

"落" 泰语 lon⁵，布依语 lɔn⁵ < *ʔlon-s。"溢" 泰语 lon⁴，壮语武鸣话 ɣon⁴ < *lon-ʔ。

三、汉语和侗台语的比较

（一）汉语与侗台语语音的对应

1. 唇音声母的对应

"反" *pʷan-ʔ 反转，*pʷan 纠正。"转" 壮语、傣语、水语 pan⁵ < *pan-s。

"肺" *phat-s。"肺" 壮语 puut⁷，傣语 pɔt⁹ < *pʷət。

"浮" *bu。"漂浮" 黎语通什话 bau¹ < *ʔbu。

"冒" *mək-s，盖也。"埋、藏" 壮语、侗语 mok⁷，仫佬语 m̥ɔk⁷ < *smok。

2. 舌尖音声母的对应

"蝃蝀" *tət-toŋ < *to-toŋ。"彩虹" 布依语 tuə²toŋ² < *dudoŋ。

"叕" *tʷjat 短也。"短" 黎语 that⁷ < *tat。"剪裁" 泰语 tat⁷。

"特" *dək《说文》："牛父。""雄性" 老挝语 thək⁷，仫佬语 tak⁸ < *dək。

"而" *njə《说文》："颊毛也。""草" 布依语 ȵɯɯ³，傣语 ja³ < *ʔnjə-ʔ。

"摄" *s-nap《说文》："引持也。""抓" 壮语柳江话 ȵap⁷，毛南语 ȵap⁸ < *ʔnjap。

3. 舌根音声母词的对应

"齿" *khjəʔ《说文》："止声。""牙齿" 泰语 khiəu³，水语 ɕu¹ < *s-khjo-ʔ。

"契" *khiat-s 契刻。"写" 泰语 khiːt⁷ < *khit。

"挟" *gap《说文》："俾持也。""夹" 壮语邕宁话 kap⁸，毛南语 ŋgəp⁷ < *ʔ-gap。"捉" 壮语 kap⁸ < *gap。

"颚" *ŋak。"上腭" 泰语 ŋɯək⁹，壮语柳江话 huk⁷，黎语 ŋeːk⁷ < *s-ŋek。

4. 流音声母词的对应

古汉语 *l- 对应于侗台语 *l-：

"择" *lrak > *drak。"选" 壮语龙州话 lə:k⁸，西双版纳傣语 lə:k⁸ < *lək。

"浴" *lok < *g-lok。"洗" 水语 lak⁷，德宏傣语 sak⁸ < *ʔ-lek。

"峪" *lok > *lok。"山谷" 壮语龙州话、柳江话 luk⁸ < *luk。

古汉语 *l- 对应于侗台语 *ʔ-l-：

"失" *slit < *s-lit。"落" 水语 ljət⁷ < *ʔ-lət。

"犹" *lu 考虑、担心。"怕" 壮语武鸣话、布依语 la:u¹ < *ʔ-lu。

"田" *din。"地" 泰语 din²，布依语 dɛn¹，德宏傣语 lin⁶ < *ʔ-lin。

"泰" *s-lat-s > *thats，《说文》："滑也。""脱（把）" 泰语 lut⁷，侗语 ljot¹⁰ < *ʔ-lot。

古汉语 *r- 对应于侗台语 *r-：

"猎" *rap。"抓" 侗语 sap⁷′，西双版纳傣语 jap⁷ < *ʔrap。

"冷" *m-reŋ-ʔ > *rieŋʔ，"霜" *sraŋ。布依语 çeŋ⁴ < *reŋ。

"缩" *s-ruk 约束。"捆" 侗语 çuk¹⁰，毛南语 zuk⁸ < *ruk。

5. 小舌音声母词的对应

早期的汉藏语有小舌音，后来多并入舌根音和喉塞音。古汉语构拟的小舌音对应于侗台语喉塞音。

"翁" *qʷloŋ > *ʔuoŋ，《说文》："颈毛也。""脖子" 黎语通什话 ɯ³ɬoŋ⁶ < *ʔuloŋ。

"隐" *qən-ʔ 痛苦。《诗经·邶风·柏舟》："耿耿不寐，如有隐忧。""痛苦" 壮语、布依语 in¹ < *ʔin。

"暗" *qrəms。"深的" 侗语 jam¹，水语 ʔjam¹ < *ʔram。

"餍" *qjam-s > *ʔjams。"饱的" 壮语武鸣话、傣语 im⁵ < *ʔims。

古汉语 *ql-（*qʷl-）对应于侗台语 *ql-：

"首" *qlu-ʔ。"头" 壮语邕宁话 hlau⁵，武鸣话 ɣau³，仫佬语 kɣo³ < *qlu-ʔ。

"水" *qʷlir-ʔ。"溪" 泰语 huəi³，壮语邕宁话 hlei⁵，水语 kui³ < *qʷlər。

"臭" *qlu-s > *thjus。"臭的" 壮语武鸣话 hau¹，布依语 ɣau¹ < *ʔlu < *qlu。

6. 擦音声母词的对应

"歃" *s-khrap > *srap，《说文》："歠也。""抽（烟）" 泰语 sup⁷，壮语邕宁话 tsəp⁷，仫佬语 hɣop⁷（喝）< *s-khrop。

"索" *srək。"绳子" 仫佬语 l̥uk⁷，水语 lak⁷ < *slek。

"漱" *srok-s《说文》："荡口也。""洗" 毛南语 zuk⁷，德宏傣语 ɕuk⁷ < *sruk。

（二）古汉语词和侗台语词的对应

1. 商周汉语词和侗台语词的对应

这一部分以商周时代汉语书面语的词为比较对象，其中有的对应词可能是汉藏语系形成时代的语言传播的，有的可能是商周时或此前部落联盟时代的借词。

"田" *din，甲骨文指"田猎"或"农耕之地"。"地"泰语 din²，布依语 dɛn¹，德宏傣语 lin⁶ < *ʔ-lin。

"水" *qʷlir-ʔ 河流通名。"溪"泰语 huəi³，壮语邕宁话 hlei⁵ < *qʷlər。

"蝃蝀" *tət-toŋ < *to-toŋ。"彩虹"布依语 tuə²toŋ² < *dudoŋ。

"風（风）" *pʷləm > 秦汉 *pʷjəŋ 方戎切。"风"泰语 lom²，壮语武鸣话 lum² < *lom。

"澤（泽）" *glak > *drak。"深的"壮语武鸣话 lak⁸，傣语 lək⁸，黎语保定话 ɬoːk⁷ < *lok。

"岡（岗）" *kaŋ < *m-kaŋ，《说文》："山骨也，网声。""山"西双版纳傣语 kɑŋ²，黎语通什话 gaŋ¹ < *ʔ-gaŋ。

"峪" *g-lok。"山谷"壮语龙州话、柳江话 luk⁸ < *luk。

"坎" *kham-ʔ《说文》："陷也。""洼"壮语邕宁话 kəm²，水语 qom²，莫语 kom² < *gom。

"暮" *mʷag > *may，黄昏。"灰色"壮语龙州话 moːk⁷ < *ʔmok。

"首" *qlu-ʔ。"头"壮语邕宁话 hlau⁵，武鸣话 ɣau³，仫佬语 kɣo³ < *qlu-ʔ。

"喉" *go。"脖子"壮语龙州话 ko²，水语 ɢo⁴ < *go-ʔ。

"齿" *khjəʔ《说文》："止声。""牙齿"泰语 khiəu³，水语 ɕu¹ < *s-khjo-ʔ。

"手" *s-nu-ʔ《说文》："拳也。""手指"阿昌语 -ŋau³¹，怒苏语 -ŋɯ⁵⁵ < *s-nu。"手指、脚趾"泰语 niu⁴，壮语武鸣话 niːu⁴，临高语琼山话 niau < *nju-ʔ。

"亦"甲骨文夨（甲 896），"腋" *ljag。"腋"泰语 rak⁸-，临高语 -lek⁸ < *lak。仫佬语 kɣaːk⁷ < *klak。"肋骨"侗语 laːkʰhət⁷，水语 ʔdaːk⁷ xət⁷ < *ʔlak-kət（腋–骨）。

"脅（胁）" *hjap，腋下，肋骨。"挟" *gap《说文》："俾持也。""膈肢窝"德宏傣语 koŋ¹kaːp⁹ < *ka-kap。"（腋下）夹"布依语 kaːp⁸ < *gap。

"足" *s-kʷok。"脚"黎语 khok⁷ < *kok。

"肺" *phʷjat-s。"肺"壮语 puut⁷，傣语 pət⁹ < *pʷət。

"骨" *kʷət。"肋骨"侗语 laːkʰhət⁷，水语 ʔdaːk⁷ xət⁷ < *ʔlak-kət（腋–骨）。

"父" *bʷja-ʔ。"父亲" 泰语 phɔ³，侗语 pu⁴，锦语 pəu⁴ < *bo-ʔ。"雄" 泰语 phu³，壮语柳江话、布依语 pu⁴，武鸣话 pau⁴ < *bu-ʔ。

"公" *kloŋ。"公公" 侗语 ljoŋ⁶ < *ljoŋ-s，毛南语 luŋ² < *loŋ。

"巫" *mʷja。"巫师" 泰语 mɔ¹，布依语 mo¹，毛南语 mu¹ < *ʔmʷo。

"魃" *bʷat《说文》："旱鬼也。""鬼" 黎语通什话 vot⁷ < *ʔ-bʷot。

"匋" *b-lu《说文》："瓦器也。""陶" *blu（陶丘、陶灶），"窑" *b-lju > *lju。"锅" 布依语 ça:u⁵，侗语 ta:u¹，黎语 thau¹ < *plu。"灶" 仫佬语 tɔ⁵ < *plo-s。"窑" 泰语 tau²，老挝语 tau¹ʹ < *plu。

"斧" *pʷja-ʔ。"斧子" 黎语保定话 bua²，通什话 bua⁵，佯僙语 ba⁴（柴刀）< *ʔbʷa-ʔ。

"壇" *dan。"晒谷场" 泰语 la:n²，水语 ɣa:n⁶，毛南语 nda:n¹ < *ʔlan。

"鹿" *rok。"鹿" 壮语龙州话 kjo:k⁸，临高语 tsok⁸ < *grok。

"舊" *gəs，猫头鹰。"猫头鹰" 泰语 -khau⁴，临高语 ku² < *gu。

"蝇" *m-ljəŋ > *ljəŋ。"苍蝇" 临高语 vaŋ⁴，水语 ljan³，壮语邕宁话 jan¹ < *mʷljaŋ-ʔ。"飞虫" 泰语 mlɛ:ŋ²，壮语邕宁话 mlɛ:ŋ²，布依语 neŋ² < *mlaŋ。

"薪" *skiŋ > *sin，《说文》："荛也。粗为薪，细为蒸。""树枝" 西双版纳傣语 kiŋ⁵ < *kiŋ-s。

"酒" *klju-ʔ > *tsjuʔ，《说文》："酉亦声。""酒" 泰语 lau³，侗语南部方言 khwa:u³ʹ，仫佬语 khɣəi³ʹ < *kluʔ。

"艫" *rua。"船" 泰语 rɯə² < *rua。水语 lwa¹，佯僙语 rjɛ¹ < *ʔrua。

"牖" *lu-ʔ 木窗，《广雅》："道也。""诱（诱）" *lu-ʔ，引导。"烟囱" 水语 lau¹，毛南语 lu¹ < *ʔ-lu。

"彗（篲）" *s-gʷat-s > *zuiats，《说文》："扫竹也。""扫帚" 泰语 kwa:t⁹，壮语柳江话 sva:t⁷，毛南语 kwa:t⁷ < *s-kʷat。"扫" 布依语、水语、毛南语 kwa:t⁷ < *kʷat。

"臽" 甲骨文 ⚱（续 2.16.4）*gram-s《说文》："小阱也。""臼" 壮语武鸣话 ɣum¹，布依语 zum¹ < *ʔ-grum。

汉语 "索" *srak。"绳子" 壮语武鸣话 ça:k¹⁰，水语 la:k⁷，毛南语 za:k⁷ < *srak。

"右" *gjə-s。"右" 壮语 kva²，侗语南部方言 wa¹ʹ，仫佬语 fa¹ < *gʷe。

"旁" *baŋ《说文》："溥也，方声。""边、面" 壮语龙州话 bə:ŋ³，水语 ʔva:ŋ⁵，毛南语 bo:ŋ⁶ < *ʔ-bʷaŋ-s。

"覝" *hljam-ʔ《说文》："暂见也。""看（病）"德宏傣语 jem³，布依语 çim¹ 看（书）< *s-lem。

"觏" *kos 看见。《诗经·大雅·公刘》："廼陟南冈，乃觏于京，京师之野。""看见"仫佬语 kau⁵-，毛南语 kau⁵- < *kus。①

"躍" *lek，"趰" *qlek。"跳"西双版纳傣语 hok⁷ < *ʔlok。

"复" *bʷjuk，返也。"報（报）" *puk-s，回报、答也。"回（家）"西双版纳傣语 pok⁸，德宏傣语 vaːk⁸ < *bʷak。

"舓" *slik。"舔"水语 ljaːk⁷，临高语 lek⁷ < *lak。

"啜" *dʷjat。"喝"壮语武鸣话 dot⁷ < *ʔdot。

"歃" *s-khrap > *srap。《说文》："歠也。""抽（烟）"泰语 sup⁷，壮语邕宁话 tsəp⁷，仫佬语 hɣop⁷（喝）< *s-krop。

"孕" *ljəŋ-s《说文》："裹子也。""怀孕"壮语 mi²daːŋ¹ < *mi-ʔlaŋ（有一肚子）。"肚子"泰语 thɔːŋ⁴，壮语龙州话 toːŋ⁴ < *loŋ-ʔ。水语 loŋ² < *loŋ。"饱"仫佬语 kɣaŋ⁵，水语 tjaŋ⁵，拉珈语 tsiaŋ⁵ < *k-laŋ-s。"穗"壮语武鸣话 ɣiəŋ²，侗语南部方言 mjeŋ²，北部方言 lieŋ² < *m-leŋ。壮语邕宁话 hluːŋ²，泰语 ruəŋ² < *gʷ-leŋ。

"呕" *qoʔ。"呕吐"黎语黑土话 ʔeːʔ⁷ < *ʔeʔ。

"鬼" *bru，蒸煮。"炮" *phru-s，蒸煮、带毛烧烤。《说文》："毛炙肉也。""烧"泰语 phau⁵，水语 plaːu⁶ < *blu-s。"烧（饭）"侗语 taːu³ < *plu-ʔ。"暖和"壮语龙州话 hau³，武鸣话 ɣau³，仫佬语 hɣo³，拉珈语 phlaːu³ < *plu-ʔ。"沸"邕宁壮语 plaːu⁶，侗语北部方言 tau⁶ < *blu-s。毛南语 phjaːu⁵ < *ʔ-blu-s。

"灼" *plek > *tjek，烧、照亮，明也。"晒"壮语龙州话 phjaːk⁷，武鸣话 taːk⁷，德宏傣语 taːk⁹ < *plaːk。

"熏" *khʷjən > *hʷjən，《说文》："火烟上出也。""烟"壮语武鸣话 hon²，水语 kwan² < *gʷon。

"猎" *rap《说文》："放猎逐禽也。""抓"侗语 sap⁷′，西双版纳傣语 jap⁷ < *ʔrap。

"摄" *snap《说文》："引持也。""抓"壮语柳江话 ɳap⁷，毛南语 ɳap⁸ < *ʔnjap。"撮"泰语 jip⁷，壮语武鸣话 jeːp⁸，标语 niap⁹ < *ʔnjep。

"擦" *s-khrat。"磨"黎语保定话 hwaːt⁷，堑对话 luɯt⁸ < *khʷat < *kʷrat。

---

① "看见"仫佬语 kau⁵ḷən¹，当为不同来历语素的合璧词，如"看"阿卡拉农语 ilan。

"扬" *ljaŋ 举也，《说文》："飞举也。""举（手）"壮语龙州话、锦语 jaŋ^4，仫佬语 ɣaŋ^4 < *laŋ-ʔ。"伸（手）"布依语 zaŋ^4，仫佬语 hɣaːŋ^4 < *g-laŋ-ʔ。"扬（麦子）"壮语 laːŋ^6 < *laŋ-s，仫佬语 jaːŋ^2 < *laŋ。

"浸" *skjəm-s > *tsjəms，滋润。"淦" *kəm《说文》："水入船中也。""沉"泰语 tsom^2，武鸣壮语 ɕam^1 < *skjom。

"作" *s-kʷak，造也《说文》："起也。""做"壮语柳江话 kvak^8，武鸣话 kuək^8 < *gʷak。

"止" *kjə-ʔ。"施、放、装"泰语 sai^5，德宏傣语 sauɯ^5，壮语柳江话 tso^5 < *s-kə-s。

"將（将）" *s-kjaŋ 拿、扶。"打（伞）"西双版纳傣语、壮语武鸣话、毛南语 kaːŋ^1 < *kaŋ。

"逐" *duk（甲骨文 𤙝 为逐兽之义）。"打猎"泰语 tok^7，壮语邕宁话 tik^7 < *tuk。

"養（养）" *g-laŋ-ʔ > *ljaŋʔ，《说文》："供养也。""庠" *g-ljaŋ > *zaŋ，《说文》："礼官养老，殷曰庠。""养、生（孩子）"傣语 leŋ^4，锦语 zaːŋ^4 < *leŋ-ʔ。"养"壮语龙州话 tsəːŋ^4，佯僙语 thaːŋ^4 < *glaŋ-ʔ。

"抴" *ljat-s 余制切《说文》："捈也。""脱（把）"泰语 lut^7，侗语 ljot^{10} < *ʔ-lot。"脱（粒）"壮语柳江话 pjet^7，仫佬语 pɣət^7 < *p-let。

"劈" *phik。"派" *phrik-s，水的支流。"分离"泰语 phraːk^{10}，壮语龙州话 pjaːk^8 < *phrak。

"釋（释）" *s-lak。《说文》"解也。""裂开"泰语 tɛːk^9，壮语龙州话 pheːk^7，武鸣话 ɣeːk^9 < *phlak。"撕"水语 pjaːk^7，临高语琼山话 zɛk^9 < *plak。

"坼、拆" *s-ŋ-r-ak > *thjak，裂也。"劈"水语 m̥ak^7，佯僙语 ŋwaːk^9 < *s-ŋʷak。"雷击"仫佬语 ŋ̊waːk^7，毛南语 maːk^7 < *s-ŋʷak。

"擇（择）" *lrak > *drak（*-r- 表示分开）。"选"壮语龙州话 ləːk^8，西双版纳傣语 ləːk^8 < *lək。

"陽（阳）" *ljaŋ《说文》："高明也。""暢" *q-laŋ-s > *thaŋs，《玉篇》："通也、达也。""敞开"壮语邕宁话 plaŋ^5，水语 plaːŋ^5 < *p-laŋ-s。"掀开"壮语邕宁话 pluːŋ^3，毛南语 pəːŋ^3 < *p-ləŋ-ʔ。"放"仫佬语 laːŋ^6，壮语武鸣话 ɕoŋ^5 < *s-loŋ-s。

"蕩（荡）" *laŋ。"涮"泰语 laːŋ^4，壮语邕宁话 kloːŋ^4，仫佬语 kɣaːŋ^4 < *k-laŋ-ʔ。

"浴" *ljok。"洗"水语 lak^7，德宏傣语 sak^8 < *ʔ-lek。

"浮" *bʷju，泛也。"漂浮" 黎语通什话 bau¹ < *ʔ-bu。"轻" 布依语 bau¹ < *ʔbu。"风筝" 泰语 waːu³ < *ʔ-bʷuʔ。

"伏" *bʷjək《说文》："司也。""孵" 泰语 fak⁸，壮语武鸣话 fak⁸，黎语 phoːk⁷ < *bʷok。"敷" 泰语 phɔːk¹⁰，壮语龙州话 poːk⁸ < *bok。

"囚" *glju > *zju 似由切《说文》："系也，从人在口中。""鸟笼" 侗语南部方言 wəu²，水语 ɣu²，莫语 zau¹ < *glu。

"韬" *qlu，装弓、剑的袋子，纳弓于袋。"藏" 壮语龙州话 jo¹，武鸣话 ʔjo¹ < *qlu-ʔ。侗语南部方言 ɕu¹ʔ < *slu。

"发" *pʷjat，弓弩的发射。"泼" *phʷat，"拨" *pʷat。"扔" 壮语龙州话 vit⁷，黎语通什话 fet⁷ < *pʷet。"甩" 壮语武鸣话 fat⁷ < *pʷat，柳江话 fit⁸ < *bʷet。"打（谷子）" 老挝语 faːt¹⁰，壮语柳江话 faːt⁸，仫佬语 fat⁸ < *bʷat。"挖" 壮语 ʔvaːt⁷，水语 pot⁷，毛南语 ʔwaːt⁷ < *ʔ-bʷat。

"诒" *lə-ʔ 留给。《诗经·小雅·斯干》："无非无仪，唯酒食是议，无父母诒罹。""给" 傣语 hauɯ³，布依语 ɣau³ < *ʔlu-ʔ。

"缩" *s-ruk 约束。"捆" 侗语 ɕuk¹⁰，毛南语 zuk⁸ < *ruk。

"射" *g-ljak-s > *dʑaks。"拉" 壮语武鸣话 ɣaːk⁸，西双版纳傣语 lak⁸ < *lak。

"仰" *ŋjaŋ-ʔ。"卬" *ŋaŋ，高也。"仰" 壮语邕宁话 ŋeːŋ⁵，武鸣话 ŋiən⁴ < *ŋaŋ-ʔ。"仰" 侗语南部方言 ŋaːŋ³，毛南语 ʔŋaːŋ³ < *ʔ-ŋaŋ-ʔ。

"炎" *g-lam > *gjam。"焰（燄）" *lam-s。"烤" 水语 ljaːm³ < *ʔljam-ʔ。

"顧（顾）" *kʷas《说文》："还视也。""看" 壮语柳江话 kau³，水语 qau⁵，毛南语 kau⁵ < *kus。

"函（圅）" 甲骨文 （粹 1564），*gəm > *ɣəm。"含" *gəm《说文》："嗛也。""含" 泰语 om²，毛南语 ŋgam¹ < *ʔ-gəm。"叼" 壮语 kaːm² < gam。"一口" 泰语 kham²，壮语武鸣话 kam² < *gəm。"包围" 壮语武鸣话 hum⁴，布依语 fium⁴，毛南语 hɔːm⁴ < *gom-ʔ。"抱" 仫佬语 ŋəm³，毛南语 ŋum³ < *ʔ-gom-ʔ。

"湛" *kləm > *təm，没也。"沉" 侗语南部方言 jam¹，水语 ʔɣam¹ < *ʔ-lem。"陷" 德宏傣语 lom⁵，壮语武鸣话、柳江话 lom⁵，毛南语 lam⁵ < *ʔ-lom-s。"淹" 泰语 thuəm³，壮语柳江话 tum⁴，黎语 ɬom¹ < *ʔ-lom-ʔ。"蒙（头）" 壮语龙州话 kəːm¹，邕宁话 kləːm¹，武鸣话 kjuəm¹ < *k-ləm。"忘记" 泰语 luɯm²，壮语龙州话 lum²，邕宁话 ləm² < *ləm。拉珈语 phlem¹，侗语 laːm² < *p-lem。

"罙" *s-krəm-s > *srəm、*siəm，《说文》："积柴水中聚鱼也。""陷" 泰语

tsom², 布依语 çam¹ < *skəm。"拢、聚集" 壮语龙州话 tsoːm¹，邕宁话 tsoːm² < *skʷəm。

"滚" *kʷ-lən-ʔ《集韵》："大水流貌。""卷" 壮语邕宁话 kliːn³，龙州话 kwiːn³ < *kʷ-lin-ʔ。"翻" 壮语邕宁话 phloːn⁵，临高语 len³ < *pʷ-len-ʔ。侗语北部方言 wen¹ < *pʷ-len。"搓" 泰语 fan³，壮语武鸣话 lan² < *pʷ-len。毛南语 ljan¹ < *ʔ-len。"爬行" 泰语 khlaːn²，壮语武鸣话 ɣuən² < *gʷ-lən。毛南语 ŋoːn¹ < *ʔgʷon。

"劈" *phik，分为两部分。"撕" 壮语 bek⁷ < *ʔ-bek，布依语 sik⁷ < *s-pek。

"念" *niəm-s《说文》："常思也。""想" 壮语邕宁话 nam³，仫佬语 ŋam³ < *s-nem-ʔ。"心服" 泰语 jɔːm²，老挝语 nɔːm² < *njom。

"隐" *qən-ʔ 痛苦。《诗经·邶风·柏舟》："耿耿不寐，如有隐忧。""痛苦" 壮语、布依语 in¹ < *ʔin。

"犹" *lu，考虑、担心。《诗经·小雅·白华》："天步艰难，之子不犹。""怕" 壮语武鸣话、布依语 laːu¹ < *ʔ-lu。

"犹" *lu。《诗经·小雅·侯人》："兄及弟矣，式相好矣，无相犹矣。""犹"，欺骗。"欺骗" 壮语、布依语 lo⁴，侗语南部方言 lau⁴ < *lu-ʔ。"藏" 壮语龙州话 lo¹ < *ʔ-lu，布依语 ʔjau⁴ < *ʔ-lju-ʔ。

"契" *khiat-s，契刻。"写" 泰语 khiːt⁷ < *khit。

"叠（叠）" *diəp，"沓" *dəp，重也。"堆" 布依语 lap⁸，水语、毛南语 tap⁸ < *lap。"叠"（量词）佯僙语 leːp⁹ < *ʔ-lep。

"冒" *mək-s。《诗经·邶风·日月》："日居月诸，下土是冒。""冒"，盖也。"埋、藏" 老挝语、壮语武鸣话、侗语 mok⁷，仫佬语 m̥ɔk⁷ < *ʔ-mok。

"交" *kre。"爻" *gre《说文》："交也。""缠绕" 老挝语 kiəu⁴ < *gro-ʔ。壮语武鸣话 keːu³，仫佬语 kɣəu³ < *kro-ʔ。

"剥" *prok《说文》："裂也。""分离" 泰语 phraːk¹⁰ < *brak。

"逷" *s-lik，剪除。"剔" *s-lik > *thik。"用手指弹" 壮语武鸣话 plik⁷ < *p-lik。"剔" 壮语龙州话 jak⁷，武鸣话 ʔjak⁷ < *ʔ-ljək。

"濯" *l-r-ek，洒水。"趯" *q-lek，踊也。"洗" 泰语 sak⁸，临高语 dak⁸，水语 lak⁷，仫佬语 suk⁷ < *sulek。

"失" *s-ljit > *hljit，《说文》："纵也。""死" 黎语保定话 huːt⁷，加茂话 lɔːt⁹ < *klot。

"易" *lik-s，倾注、交易。"换"（衣服）泰语 lɛːk[10]，壮语武鸣话 ɣiək[8] < *lik。水语 lik[7] < *ʔ-lik。

"陽（阳）" *ljaŋ《说文》："高明也。""太阳" 普标语 qa[33]łaːŋ[53] < *qa-laŋ。"阳光" 水语 ɕaːŋ[1]，黎语保定话 łuːŋ[1] < *s-laŋ。

"饜" *ʔjams < *ʔjam-s。"饱的" 壮语武鸣话、泰语 im[5] < *ʔim-s。

"冷" *m-reŋ-ʔ。"冷" 布依语 ɕeŋ[4] < *reŋ。

"忒" *q-lək。《诗经·大雅·抑》："取譬不远，昊天不忒。""忒"，错。"错的" 壮语武鸣话 lok[7]，临高语 sok[7]，仫佬语 thaːk[7] < *ʔlak。

"竞" *graŋ-s，强也。《诗经·大雅·抑》："无竞维人，四方其训之。""硬的" 壮语龙州话 kheŋ[1]，傣语 xeŋ[1]，邕宁壮语 hleːŋ[1ʹ]，保定黎语 hjeːŋ[2] < *gleŋ。

"叕" *tʷjat，短也。"短" 黎语 that[7] < *tat。"剪裁" 泰语 tat[7]，临高语 daʔ[7] < *ʔ-dat。

"陰（阴）" *qrəm。"蔭（荫）" *qrəm > *ʔrəm。"荫" 泰语 rom[3]，布依语 zam[6]，标语 jam[3] < *ʔrom-ʔ。

"圆" *gʷən。"手镯" 壮语武鸣话 kon[2]，柳江话 kvan[2]，莫语 gwan[5] < *ʔ-gʷon。

"豐（丰）" *phʷjoŋ《说文》："豆之丰满者也。""凸" 侗语北部方言 boŋ[6]，佯僙语 poːŋ[1] < *poŋ。"高" 泰语 suːŋ[1]，布依语 saːŋ[1]，侗语南部方言 phaːŋ < *s-phoŋ。

"廣（广）" *kʷaŋ-ʔ《说文》："殿之大屋也。"《方言》："卷六，远也。""宽" 壮语武鸣话 kvaːŋ[6]laŋ[6] < *gʷaŋ-laŋ。

"局" *gok《说文》："促也。""跪" 侗语、水语 ʈok[8]，佯僙语 kok[8] < *gok。

"廣（广）" *kʷaŋ-ʔ《说文》："殿之大屋也。""富" 布依语 kvaːŋ[1]，锦语 kwaːŋ[1] < *kʷaŋ。

2. 西周之后汉语和侗台语的对应词

这一部分比较春秋至两汉时期的汉语词和侗台语词，其中一些汉语词也可能来自商周时代的口语而未能见诸于当时的书面语。

"霂" *mok。"雾" 德宏傣语 mɔk[9] < *ʔmok。

"防" *bʷjaŋ-s 堤防。《诗经·陈风·防有鹊巢》："防有鹊巢，邛有旨苕。""河岸" 泰语 faŋ[5]，壮语邕宁话 phaŋ[6] < *bʷaŋ-s。

"孔" *khloŋ-ʔ。"洞、坑" 临高语 soŋ[4] < *gloŋ-ʔ。"洞" 德宏傣语 koŋ[6]，布依

语 çɔŋ⁶ < *gloŋ-s。

"渎" *lok 沟也。"裂缝" 临高语 lek⁷ < *ʔ-lek。

"坋" *bʷən《说文》："尘也。""尘土、粉末" 泰语 fun⁵，壮语邕宁话 phan⁶ < *bʷon-s。水语 von¹ < *ʔbʷon。

"矑" *bra《玉篇》："目童子也。""眼睛" 石家语 pra¹，拉珈语 pla¹ < *pra。

"颌" *kʷəp-s。"嘴" 西双版纳傣语 sop⁷，侗语 ʔəp⁷ < *s-kəp。"咬" 泰语 khop⁷，壮语邕宁话 hop⁸，临高语 kap⁸ < *gʷəp。

"肋" *rək《说文》："胁骨也。""肋骨" 布依语 do⁵zɛk⁷ < *ʔdos-ʔrek，仫佬语 hɣaːk⁷-sɛːk⁷ < *ʔlak-ʔrek。

"臀（臋）" *dʷən，尻髀也。"腰" 水语 dən¹ < *ʔdən。

"胫" *gieŋs。"小腿" 临高语 vɔŋ⁴keŋ⁴ < *bɔŋʔ-geŋʔ。

"肠" *laŋ。"肠子" 侗语 lɔŋ²，壮语 tuŋ⁴ < *loŋ。

"㸿" *gʷjir 古代西南地区的野牛。"水牛" 泰语 khaːi²，壮语武鸣话 vai²，毛南语 kwi² < *gʷi。

"鹊" *skhjak。"喜鹊" 傣语 tsaːk⁷，壮语邕宁话 tshaːk¹⁰，临高语 siak⁷ < *s-khjak。

"虱" *srit。"臭虫" 泰语 rɯət¹⁰ < *rət。

"蜂" *bʷjoŋ。"蜜蜂" 泰语 phɯŋ³，临高语 saŋ³ < *s-bəŋ。

"螾" *ljin《说文》："螾或从引。""蚯蚓" 布依语 diːn¹ < *ʔlin。"蚯蚓" 临高语琼山话 sɛn⁴，仫佬语 tan⁴，莫语 zan⁴，德宏傣语 si¹lən⁶ < *s-lən-ʔ。

"藍（蓝）" *gram《说文》："染青草也。""蓝靛草" 泰语 khraːm²，壮语武鸣话 çaːm² < *gram。西双版纳傣语 hɔm³，水语 khum³，拉珈语 sũm³ < *khram-ʔ。

"鍼" *kjəm《说文》："所以缝也。""针" 泰语 khem¹，壮语武鸣话 çim¹，水语 sum¹ < *s-khjem。

"铜" *loŋ > *doŋ，《说文》："赤金也。""铜" 布依语 luːŋ²，壮语武鸣话 luəŋ²，临高语 hoŋ²，泰语 thɔːŋ² < *loŋ。"铜" 原本叫做 "金"，战国时代开始称为 "铜"，可能与这样的说法有关："黄" 傣语 ləŋ¹，壮语龙州话 ləːŋ¹，黎语保定话 zeːŋ¹ < *ʔleŋ。

"曹" *glu，辈也，群也。"咱们" 壮语龙州话 lau²，邕宁话 hlau² < *glu。毛南语 ndaːu¹ < *ʔlu。

"特" *dək《说文》："牛父。""雄性" 老挝语 thək⁷，仫佬语 tak⁸ < *dək。

"雪" *k-ləp > *tjəp，*s-ləp > *səp，《说文》："雷电貌。""照耀" 藏文 lheb < *lep。"闪（电）" 泰语 lɛːp¹⁰，壮语龙州话 meːp⁸ < *m-lep。"闪（电）" 侗语南部方言 laːp⁹，毛南语 daːp⁷ < *ʔ-lap。

"麸" *phʷja《说文》："小麦屑皮也。""糠" 侗语 va⁶ < *bʷas。"糠（心）" 黎语保定话 hwa³ < *phʷa-。

"糞（粪）" *pʷjən-s《说文》："弃除也。""粪箕" 布依语 puːn² < *bən。

"床" *s-graŋ。"床" 侗语 ɕaːŋ² < *graŋ。"桌子" 侗语、布依语 ɕoŋ² < *groŋ。

"颐" *qlin-ʔ > *hljin《说文》："举眉视人也。""看见" 泰语 hen¹，壮语武鸣话 ɣan¹，布依语 zɛn¹ < *qlen。

"曤" *lap > *diap，闭一目。藏文"遮蔽" gyab < *g-lap，"遮蔽物" yab < *lap。"闭（眼）" 泰语 lap⁷，仫佬语 khɣap⁷ < *k-lap。

"肴" *gre《说文》："啖也。""嚼" 壮语武鸣话 keːu⁴，西双版纳傣语 keu⁶，泰语 khiəu⁶ < *gro-s。①

"噎" *ʔit。"痛、有病" 侗语 qit⁷ < *qit。

"吞" *q-lin > *thin《说文》："咽也。""吞" 老挝语 kluːn¹′，侗语北部方言 lən¹ < *k-lən。"咽" 壮语武鸣话 dɯn³，临高语 luan¹，标语 lan³ < *qʷ-lən-ʔ。

"舓（舐）" *g-lji-ʔ > *dʑiʔ。"舔" 壮武鸣话 ɣi²，傣语 le² < *li。

"扱" *s-khrəp《方言》卷十三："撷也。""接（住）" 壮语邕宁话 tsiːp⁹，拉珈语 tiːp⁷，毛南语 ɕeːp⁷ < *krəp。"捡" 泰语 kep⁷，壮语武鸣话 kip⁷ < *krip。仫佬语 tsəp⁷，锦语 səp⁷ < *krəp。

"汲" *krəp《广韵》："汲引也。""捧（水）" 泰语 kɔːp⁹，壮语邕宁话 koːp⁹，仫佬语 ɣəp⁸ < *krəp。

"讀（读）" *lok，抽也。《诗经·鄘风·墙有茨》："中冓之言，不可读也。""拔" 老挝语、壮语邕宁话 lok⁷，龙州话 lɔk⁷ < *ʔ-lok。

"捉" *s-krok > *tsrok，《说文》："搤也。""掏" 老挝语、西双版纳傣语 tsok⁷，德宏傣语 tsɔk⁹ < *krok。布依语 ʔjɔk⁷ < *ʔrok。

"適、摘" *s-tik（掷）。"掉" 泰语 tok⁷，"丢失" 壮语、水语、侗语 tok⁷ < *tok。

"迭" *lit > *dit，《说文》："更迭也。""拆" 壮语柳江话 lit⁸，毛南语 liːt⁸ < *lit。

---

① 如古汉语借词"桥" 壮语武鸣话 kiəu²，布依语 tɕeu²，临高语 xiu² < *grjoʔ。

"冒" *mək-s，盖也。"埋、藏" 壮语、侗语 mok⁷，仫佬语 m̥ok⁷ < *s-mok。

"炒（煭）" *s-khro-ʔ > *tshroʔ。《集韵》："熬也。""干" 壮语龙州话 khaɯ⁵，水语 siu⁵，佯僙语 kheu⁵ < *khrə-s。

"爆" *bok-s《说文》："灼也。""干涸" 老挝语 bok⁷，壮语邕宁话 mok⁷ < *ʔ-bok。

"摸" *mʷak《方言》卷十三："膜，抚也。""摸" 壮语 buk⁷ < *ʔbuk。

"攫" *lrak < *l-r-ak（*-r- 中缀），《方言》卷三："东齐海岱之间，拔也。""拉" 壮语武鸣话 ɣaːk⁸，西双版纳傣语 lak⁸ < *lak。水语 daːk⁷ < *ʔlak。

"挟" *gap《说文》："俾持也。""夹" 壮语邕宁话 kap⁸，毛南语 ŋgəp⁷ < *ʔ-gap。"捉" 壮语 kap⁸ < *gap。

"踏（蹋）" *dap《说文》："践也。""踏" 布依语 tap⁸，德宏傣语 jep⁹ < *ʔdep。

"慆" *lu，离去。《诗经·唐风·蟋蟀》："今我不乐，日月其慆。""跑" 仫佬语 pɣəu⁵，水语 pjaːu⁵，毛南语 pjeu⁵ < *p-lu-s。

"循" *gʷljən > *zjuən 详遵切，《说文》："行顺也。""钻进" 侗语南部方言 lan³ < *ʔlon-ʔ。壮语柳江话 doːn⁵，拉珈语 luːn⁵ < *ʔlon-s。

"滚" *kʷ-lən。"爬" 泰语 khlaːn²，布依语 zuən²，水语 lwaːn² < *kʷ-lan。

"結（结）" *kit《说文》："缔也，吉声。""凝结" 壮语邕宁话 kiːt⁹，仫佬语、毛南语 ceːt⁷ < *kit。"拥抱" 泰语 koːt⁹，壮语武鸣话 koːt⁹ < *kot。

"㷹（爓）" *ləm《说文》："汤中爚肉也。""煮" 泰语 tom³，壮语柳江话 tum⁵ < *klom-s。黎语通什话 goːm¹ < *ʔgom。

"尋（寻）" *g-ljəm > *ʑəm，探究。"探" *s-ləm-s。"摸" 西双版纳傣语 sum¹，壮语柳江话 lum⁶，布依语 tɕum⁶ < *s-lum-s。"打猎，追" 侗语 lam¹ < *ʔlem。

"搔" *sku > *su，《说文》："括也，蚤声。""搔" 泰语 kau²，壮语武鸣话 kau¹ < *ku。

"缺" *khʷiat《说文》："器破也。""断" 泰语 khaːt⁹，壮语武鸣话 kaːt⁹ < *khat。"啮" 泰语 kat⁷，布依语 kaːt⁷ < *kat。

"涌" *loŋ-ʔ。"滚" 壮语 ɣiŋ⁴，布依语 ziŋ⁴，仫佬语 løŋ⁴ < *loŋʔ。

"塞" *s-lək《说文》："隔也。""堵" 布依语 ɕak⁸，毛南语 sak⁷ < *slək。

"黬" *ʔlam-ʔ《说文》："忘而息也。""忘" 侗语、水语 lam² < *lam。

"絕（绝）" *s-gʷat > *dzujat，《说文》："断丝也。""脆" *s-khʷat-s > *tshujats，

《说文》："小舁易断也。""断"泰语 khaːt⁹ < *khat。

"吕" *ro-ʔ《方言》："卷六，宋鲁曰吕，长也。""长"傣语 jaːu² < *rju。

"爽" *s-kraŋ > *sraŋ，《说文》："明也。""景" *kraŋ > *kjaŋ，《说文》："光也。""阳光"泰语 sɛːŋ¹，水语 ɕaːŋ¹，毛南语 cheːŋ¹ < *skraŋ。

"瘦" *sru-s。"瘦的"壮语都安话 ro² < *ro。

"亞（亚）" *qrak-s《说文》："丑也。""坏"壮语武鸣话 jaːk⁷，黎语保定话 reːk⁷ < *ʔrak。

"健" *gjan-s。《说文》："伉也。""强壮的"布依语 kan³ < *kan-ʔ。

"癡（痴）" *s-ŋə > *thə，《说文》："不慧也，疑声。""傻"泰语 ŋo³，布依语 ʔva⁴，水语 ʔwa³ < *ʔ-ŋʷo-ʔ。

"闌（阑）" *gran《广韵》："晚也。""夜"泰语 khɯːn²，壮语龙州话 kən²，水语 saːn² < *gran。

"鬆" *s-kʷloŋ > *tshʷoŋ，*suoŋ。"松（开）"老挝语 loːŋ⁵，壮语邕宁话 hluːŋ⁶，布依语 zuŋ⁵ < *ʔ-gloŋ-s。

"蓬" *bʷoŋ 蓬松。"松软"壮语武鸣话 boŋ¹，仫佬语 moŋ¹ < *ʔ-boŋ。

"潭" *dəm，深水貌。"池塘"仫佬语 lam¹，水语 ndam¹，壮语龙州话 thum¹ < *ʔ-lom。

"博" *pak。《诗经·鲁颂·泮水》："戎车孔博，徒御无斁。""博"，一说广大。"大的"侗语南部方言 maːk⁹，毛南语 boːk⁸ < *ʔ-bok。

"坏" *gʷ-rəl-s《说文》："败也。""坏的"泰语 raːi⁴，壮语武鸣话 ɣɯəi⁴，锦语 zui⁴ < *ɣrəl-ʔ。

"伴" *bʷan-ʔ，侣也。"陪伴"泰语 phɯən⁴，壮语武鸣话 puən⁴ < *bʷən ʔ。

"滅（灭）" *s-mjat，尽也。"熄灭"壮语 mot⁷，临高语 sit⁷ < *smiat。

"勾、钩" *ko《说文》："曲也。""钩子"泰语 khɔ¹，壮语龙州话 kho¹，武鸣话 ŋo¹ < *ʔgo。

"缓" *gʷan。"慢"毛南语 ŋgan¹ < *ʔ-gan。

（三）侗台语的古汉语借词

"鐵（铁）" *qlit > *thit。"铁"侗语南部方言 khwət⁷，仫佬语 kɣət⁷，锦语 l̥it⁷，布央语 qit⁵⁴ < *qlit。

"雹" *bruk《说文》："雨冰也，从雨包声。""雹子"壮语邕宁话 paːk¹⁰，武鸣话 plaːk^{10}，标语 pɔːk^{10} < *broːk。

"鲤" *mrə > *rə。"鲤鱼" 壮语武鸣话 lai^4，柳江话 pjai^4，仫佬语 mɣai^4 < *mrəʔ。

"牛" *ŋ^{w}jə。"黄牛" 泰语 wuə^2，老挝语 ŋuə^2，壮语龙州话 mo^2 < *ŋ^{w}ə。

"榦" *kal-s > *kans。"茎" 毛南语 kan^6，壮语柳江话 kaːn^6（把儿）< *gans。

"索" *s-rək。"绳子" 仫佬语 ḷuk^7，水语 lak^7 < *slek。

"鬲" *krik。"锅、炒菜锅" 壮语邕宁话 hleːk^7，毛南语 chiːk^7 < *krik。

"词" *slə > *zjə。"字" 侗语南部方言 le^2，水语 le^1 < *ʔle。

"桶" *loŋ-ʔ > *doŋʔ。"打谷桶" 壮语龙州话 loŋ^1 < *ʔloŋ，临高语 loŋ^4 < *loŋʔ。

"箱" *s-laŋ > *sjaŋ，《说文》："大车牝服也。" "箱" 壮语龙州话 loŋ^4，仫佬语 loŋ^4 < *loŋ-ʔ。

"梯" *thir，《说文》："木阶也。" "梯子" 泰语 dai^2，壮语邕宁话 lai^1，临高语 loi^1 < *ʔli 或 *ʔlir。

"橋（桥）" *grje-ʔ《说文》："水梁也。" "桥" 壮语武鸣话 kiəu^2，布依语 tɕeu^2，临高语 xiu^2 < *grjoʔ。

"钱" *s-dan > *dzian。"钱"（重量）壮语 ɕiːn^2，仫佬语 tjen^2，黎语保定话 zjen^2 < *djen。

"撲（扑）" *ph^{w}ok《说文》："挨也。" "敷（药）" 泰语 phɔːk^{10}，壮语龙州话 poːk^8 < *bok。

"般" *b^{w}al > *b^{w}an，象舟之旋。"转" 壮语、傣语、水语 pan^5 < *pans。

"灌" *k^{w}an-s 敬酒，《广韵》："浇也。" "浇水" 仫佬语 hwən^5 < *kh^{w}əns。

"疊（叠）" *diəp。"叠（被子）" 布依语 tap^8，侗语 təp^7 < *dəp。

"晕" *g^{w}jər-s > *g^{w}jəns。"晕" 壮语邕宁话 ŋon^6，侗语 mən^6，仫佬语 ŋwən^6 < *ŋg^{w}əns。

"彤" *d^{w}əm > *d^{w}oŋ，《说文》："丹饰也。" "红" 泰语 dɛŋ^2，壮语武鸣话 diŋ^1 < *ʔ-deŋ。

"汝" *n^{w}ja-ʔ（第二人称代词）。"你" 侗语南部方言、水语、佯僙语 ṇa^2 < *nja。

（四）中古汉语借词

壮泰语 "买" "是" "名字" 等的汉语借词：

	泰语	龙州壮语	柳江壮语	汉语中古音
买	suɯ⁴	ɬuɯ⁴	tsɯ⁴	*ʑə⁴ （市）《说文》："买卖所之也。"
是	tshai³	tsɯ⁶	—	*ʑi⁴ （是）
名字	tsɯ³	—	tso⁶	*dzjə⁶ （字）

"买"和"是"中古汉语为禅母上声字，"字"是从母去声字。台语中如同汉语南方方言，船、禅母，甚至从母也不加区分。

龙州壮语"是"读第六调，因晚唐汉语浊上变去。"名字"老挝语 suɯ⁵，傣语 tsɯ⁶。老挝语中声调分化在后，声母清化在前。

其他中古汉语借词如：

"魂" *gʷən《说文》："阳气也。""魂"泰语 khwan¹，壮语武鸣话 hon²，拉珈语 won² < *gʷon。

"客" *khrak《说文》："寄也。""客人"泰语 khɛ:k⁹，壮语武鸣话 he:k⁷ < *khe:k。

"箸" *dʷjas > *dʐo 去声，筷子。"筷子"泰语 thu⁵ < *doᶜ。仫佬语 tsø⁶，毛南语 tso⁶ < *dzoᶜ。

"簟" *dəm-ʔ《说文》："竹席也。""竹席"壮语邕宁话 ti:m⁴，柳江话 te:m⁴（晒席）< *demʔ。

"市" *djə-ʔ > *ʑəʔ，《说文》："买卖所之也，之省声。""买"泰语 suɯ⁴，壮语武鸣话 çauɯ⁴ < *ʑəᴮ。

"刮" *kʷrat。"刮"泰语 khɔ:t⁹ < *khɔ:t。

"是" *dji-ʔ > *ʑiʔ，判断词。泰语 tshai³，壮语龙州话 tsɯ⁶，邕宁话 ɬei⁶ < *ʑiᶜ。

"象" *glaŋ-ʔ > *zjaŋᴮ，《说文》："长鼻牙，南越大兽。"泰语 tshaŋ⁴，壮语武鸣话 ça:ŋ⁴，临高语 siaŋ⁴ < *dzaŋᴮ。

"字" *sgə-s > *dzjəs。"名字"泰语 tshuɯ⁴，壮语武鸣话 ço⁴，邕宁话 tso⁴ < *dzəᴮ。

"書（书）" *sthʷja > *hʷjo。"书、字"泰语 suɯ¹，壮语武鸣话 θauɯ¹，邕宁话 ɬei¹。

"樣（样）" *laŋ-s > *jaŋs。"样"泰语 ja:ŋ⁵，壮语武鸣话 jiəŋ⁶，仫佬语 ja:ŋ⁶ < *jiaŋᶜ。

"秤" *sthjəŋ-s > *tshjəŋ 去声，量器也。"秤"泰语 tshaŋ³，壮语邕宁话 tsaŋ⁶。

"树" *ʐuos 直竖、立也。"直"西双版纳傣语 suɯ⁶，壮语邕宁话 ɫo⁶，柳江话 so⁶ < *ʐoᶜ。

"剥" *prok《说文》："裂也。""剥"泰语 pɔːk⁹，西双版纳傣语 pɔk⁹，壮语邕宁话 poːk⁹，柳江话 poːk⁷ < *pok。

"铺" *phʷa-s。"床"仫佬语 pho⁵ < *phoᶜ。

"恶（恶）" *qak > *ʔak，坏。"凶恶"壮语龙州话 aːk⁷，武鸣话 ʔjaːk⁹，拉珈语 aːk⁹ < *ʔak。

"雙（双）" *sroŋ > *sjoŋ，《说文》："隹二枚也。""二"泰语 sɔːŋ¹，壮语邕宁话 ɫoŋ¹，武鸣话 θoŋ¹ < *sjoŋ。

"記（记）" *kjə-s。"记得"水语 ʈi⁵ < *kji-s。

四、侗台语词的其他对应

（一）侗台语和南岛语词的对应

南岛语距今 6000 至 3000 年的这段时间里主要分布在粤、闽、台地区，夏商时期分布在江浙沿海一带的部分南岛语成为侗台语的底层语言。

侗台语和南岛语的接触可分为两个不同的阶段。第一个阶段是早期侗台语和南岛语的接触，第二个阶段是侗台语分化之后不同分支和南岛语的接触。从古代文化的分布和迁移情况看来，第一个阶段是夏商时期在长江下游地区，第二个阶段是周以后在长江以南的不同地区。侗台语中的南岛语词大多是南岛人转用侗台语的过程中保留下来的。

侗台语中的早期南岛语底层词大约是夏商时期使用南岛语的越人转用侗台语留下的，不同支系的侗台语中一些词有较为一致的对应关系。后来侗台语不同支系迁往长江以南的不同地区，再与不同的南岛语接触，新的底层词或借词分布在侗台语不同支系中。大约战国之后，华南的南岛语迁至马来半岛和印度尼西亚群岛，大陆的南岛语消失。

南岛语系语言的分化在泰雅-赛夏语迁徙至台湾地区和菲律宾以前，现代侗台语不同支系的分化在南岛语分化之后。所以，来自南岛语的侗台语诸支系同源词与原始泰雅-赛夏语比较，差别较大，而与马来-他加洛语和邹-卑南语的相近。

侗台语还有一批南亚语的对应词，除了后来相互借用的，也有来自底层语言的。侗台语的不同的底层成分反映了古代语言交叉传播的情况。华南古代的语言虽已消失，它们的语词可保存于今天不同语系的语言中，并和后来语言接触带来的语词混杂在一起。

1. 壮傣–侗水语中对应的南岛语词

"月亮"壮语龙州话 bə:n¹，侗语北部方言 ljan¹，标语 phy:n¹ < *ʔ-blən。"月亮"印尼语、爪哇语 bulan，加莱语 blan，卑南语 buɬan < *bulan。

"星星"泰语 da:u²，壮语邕宁话 da:u¹′，莫语 ʔnda:u⁶ < *ʔ-du。"星星"印度尼西亚罗地语（Roti）ⁿdu-k，所罗门帕马语（Paama）hitu < *q-du。

"雷"壮语武鸣话 pla³，仫佬语 pɣa³ < *plaʔ。"闪电"布昂语 billaʔ，卑南语 ʈəməliʔ。"雷"吉利威拉语 pilapala。

"水"泰语、西双版纳傣语、壮语龙州话 nam⁴，水语、毛南语、黎语 nam³ < *nam-ʔ。布农语 danum < *da-num。阿美语 nanum，排湾语 dzalum，沙阿鲁阿语 saɬumu。

"火"侗语南部方言 pui¹，水语 vi¹，拉珈语 pu:i¹，黎语 fei¹ < *puj。"火"鲁凯语 aʔuj，马都拉语、亚齐语 apuj，他加洛语 apoj < *ʔapuj。

"沙子"壮语柳江话 hje⁵，邕南话 hle⁶ < *gles。"沙子"萨萨克语 gəres，木鲁特语（Murut）agis，摩尔波格语 ogis。

"田"壮语、布依语 na² < *na。"地"印尼语、巴厘语 tanah，亚齐语 tanɔh < *tanaq。达阿语 tana < *tana。

"井"壮语、布依语 bo⁵ < *ʔbus。贡诺语（Kondjo）"泉水"timbusu < *ti-busu，"井"buhuŋ < *busu-ŋ。

"舌头"侗语、仫佬语、水语、佯僙语 ma² < *ma。布央语峨村话 ʔe⁰ma³³，贞丰仡佬语 duɯ³⁵mauɯ³¹ < *-ma。"舌头"排湾语 səma，卑南语 səmaʔ，邵语 ðama。锡加语、阿者拉语 ma。

"鼻子"壮语、布依语 daŋ¹ < *ʔ-doŋ。"鼻子"印尼语 hiduŋ，亚齐语 idoŋ，雷德语 adŭŋ，加莱语 aduŋ < *ʔiduŋ。

"牙齿"泰语 fan²，侗语南部方言 pjan¹，侗语北部方言 tjən¹ < *pʷən。"牙齿"布农语 nipun，邵语 nipin，他加洛语 īpin。

"指甲"毛南语 dip⁷ < *ʔ-dip。"手指"毛利语 matihao < *ma-tipaʔo。

"脾"侗语 mja⁵，拉基语 mɑ⁴⁵ < *ʔmas。马京达瑙语（Maguindanao）lemas。

"熊"壮语武鸣话 muɯi¹，布依语 muɯi¹，水语 ʔme¹ < *ʔ-məj。"熊"阿美语（阿眉斯语）tumaj，卑南语 ʈumaj。

"猪"水语 m̥u⁵，佯僙语 məu⁵ < *ʔ-bos。泰语 mu¹ < *ʔ-bo。"猪"所罗门群岛劳语（Lau）boso，马林厄语（Maringe）bosu。

"头虱"水语、毛南语 tu，布央语 ʔa tu²⁴ < *ʔ-tu。"头虱"泰雅语 kuhiŋ，卑南语 kuʈu，阿美语 kutu，鲁凯语 kutsu < *kutu。

"蚂蚁"泰语 mot⁸ < mut。"蚂蚁"印尼语 səmut，婆罗洲纳朱语（Ngaju）mətu < *s-mut。

"黄蜂"侗语 lau¹，毛南语 du¹，黎语 plou¹ < *p-lu。"蜂"鲁凯语 valu，布农语 vanu < *balu。

"树"泰语 mai⁴，仡佬语贞丰话 mo⁴²tai⁴² < *m-taj。"柴火"马达加斯加语 kitai，巴布亚塔儿亚语 (Takia)ai。

"翅膀"傣语 pik⁷，黎语 phiːk⁷ < *pik。"翅膀"沙巴语 pikpik，锡克语 kəpik，阿美语 ʃapikpik。

"毛、羽毛"泰语 khon¹，邕宁壮语 phən¹ʼ，临高语 vun²，侗语 pjɔn¹，黎语保定话 hun³ < *k-blun。① "毛、羽毛"，印尼语 bulu，布鲁语（Buru）folo-n，马达加斯加语 -buruna < *bulu-n。

"女人"布依语 buɯk⁷，水语 bjaːk⁷ < *bjak。巴厘语"姑姑"bibik。爪哇语"姨妈"buliʔ。

"哥哥、姐姐"泰语 phi³，武鸣壮语 paːi⁴，仫佬语 faːi⁴，莫语 vaːi⁴ < *bliʔ。"哥哥"巴厘语 bəli，锡克语 ßue（哥哥、姐姐，弟弟的面称），宁德娄语 bʷeleʔen（最年长的哥哥或姐姐）< *bili。

"儿子"水语 laːk⁸，泰语 luːk¹⁰ < *lak。泰雅语 laqiʔ，鲁凯语 lalak，卑南语 walak，邵语 aðaðak < *ʔa-lak。

"睾丸"壮语 ɣai⁵- < *ʔlis，仫佬语 kɣaːi⁵ < *klis。"男生殖器"贡诺语、布吉斯语 laso。"睾丸"布昂语 ros < *los。

"晚上"泰语 kham³，临高语 ham⁴，侗语南部方言 n̥am⁵，水语 ʔn̥am⁵ < *k-nam-ʔ。"晚上"印尼语 malam，马都拉语 maləm，亚齐语 malam < *ma-lam。

"这"泰语 ni³，拉珈语 ni²，黎语通什话 ni⁵，布央语峨村话 ni³³ ₍A2₎。"这"赛德克语 hini < *qini，阿美语 kuni，赛夏语 hiniʔ。

"吃"壮语龙州话 kin¹，侗语南部方言 ʈaːn¹，峨村话 kaːn²⁴ ₍A1₎ < *kan。"吃"

---

① "羽毛"，布央语峨村话 mui⁵⁵，布央语巴哈话 muut¹¹（毛），"（睫）毛"，水语 min²，毛南语 sən¹，来自 *s-mut。

卑南语 məkan，赛德克语 mekan，印尼语 makan < *ma-kan。

"呕吐"毛南语 ndok⁷ < *ʔdak，布央语巴哈话 taːk³³ < *dak。"呕吐"布农语 mutaχ < *m-utaq。

"微笑"壮语龙州话 jəm⁵，侗语南部方言 ȵem³，佯僙语 ʔnəm³。"微笑"爪哇语 mesəm，马都拉语（Madurese）misəm，巴拉望语 sɔləm。

"借"泰语 juɯːm²，侗语 jaːm¹，拉珈语 lam¹ < *ʔlam。"借"沙巴语 indam，他加洛语 hiram，巴塔克语 idʒdʒam < *ʔidam。

"知道"壮语武鸣话 ɣo⁴，布依语 zo⁴，侗语 wo⁴ < *ɣroʔ。"知道"爪哇语 wəruh。

"咸"壮语武鸣话 daŋ⁵，水语 ʔnaŋ⁵ < *ʔdaŋ-s。"咸"排湾语 qa-padaŋ。

"老"泰语 ke⁵，壮语柳江话 ke⁵，仫佬语 ce⁵ < *kes。"旧"壮语 ke⁵，毛南语 ce⁵ < *kes。"老、旧的"泰雅语 mənəkis < *mənə-kis，夸梅拉语 akʷas < *ʔakʷas。"祖母"雅美语 akəʃ < *ʔakəs。

"黑"壮语龙州话 dam¹，侗语、仫佬语 nam¹，佯僙语 ʔnam¹，黎语通什话 dam³ < *ʔ-dam。"黑"印尼语 hitam，亚齐语 itam，他加洛语 itim < *hitam。

2. 壮傣语中对应的南岛语词

壮傣语支语言独特的南岛语底层词（或借词），大多来自与古马来–他加洛语相近的古南岛语方言。

"阳光"老挝语 dɛːt⁹，德宏傣语 let⁹，壮语武鸣话 dit⁷，临高语 lit⁷ < *ʔ-let。"发光"沙玛语 illat < *ʔilat。"光"鲁凯语 ləɖa。

"晚上"泰语 kham³，临高语 kɔm⁴ < *g-lom。"晚上"萨萨克语（Sasak）kələm，卡格因仁语 kiləm。印尼语 malam，塔立色语（Talise）marum。

"星星"泰语 daːu² < *du。罗地语（Roti）ⁿdu-k。

"石头、石山"仫佬语 pɣa¹ < *pla。"岛"爪哇语、巽他语 pulo，印尼语 pulau < *pula-ʔu。

"乳房"德宏傣语 ʔu¹tau³ < *ʔutuʔ。"乳房"巴拉望语 tutuʔ，沙巴语 duduʔ。

"肿"壮语邕宁话 fak⁸ < *bʷok。布依语 kau⁶，西双版纳傣语 kai⁶ < *gah。"肿"他加洛语 magaʔ，摩尔波格语 bagaʔ，占语 barah < *ba-ʀaq。

"疤"临高语 leu³，武鸣话 piəu³，毛南语 pjeu³ < *pluʔ。"疤"戈龙塔洛语 lo pali，沙巴语 limpaʔ，布吉斯语（Bugis）tʃebbaʔ。

"（鸟）窝"泰语 raŋ²，邕宁壮语 hlaːŋ²，临高语 lɔŋ² < *sraŋ。"鸟窝"印尼语、

布吉斯语（Bugis）saraŋ。

"蝴蝶"泰语suɯ³，壮语龙州话fɯ⁴<*s-bla。"蝴蝶"他加洛语puro paro，摩尔波格语tompolapola<*pula-pula。

"时间、时候"老挝语muɯ⁵，壮语武鸣话mə⁶<*mas。"时间"米南卡保语maso。

"剁"老挝语fak⁸<*bʷak。"剁"巴厘语n-bək，巴拉望语mɔnbak，斐济语西部方言boka-sia。

"弯"泰语kot⁸<*got。"弯"印尼语beŋkok，巴厘语为beŋkot。

3. 侗水语中对应的南岛语词

"脸颊"毛南语、仫佬语ŋai⁶<*ŋis。"脸颊"木鲁特语piŋas，他加洛语pisŋi<*piŋis。

"母亲"侗语nəi⁴，仫佬语ni⁴<*niʔ。"母亲"沙巴语、木鲁特语（Murut）、萨萨克语（Sasak, Lombok）inaʔ。

"名字"侗语南部方言kwaːn¹，北部方言tan¹，仫佬语ʔɣəːn¹，水语、毛南语、佯僙语daːn¹，拉珈语jaːn¹<*ʔgʷadan。"名字"排湾语ŋadan，阿美语ŋaŋan，摩尔波格语ŋadan，巴厘语adan，排湾语ŋadan，阿眉斯语ŋaŋan。

"上（面）"水语ʔu¹，毛南语ʔju¹<*ʔ-lu。"上方"达密语（Dami）ilu-n，卡乌龙语（Kaulong）ili，罗维阿那语（Roviana）-ulu。

"看见"水语ndo³，莫语djo³<*ʔdoʔ。"看见、看"沙巴语andaʔ<*ʔado-ʔ。

4. 黎语和仡央语的南岛语对应词

布央语的构拟请参考拙著《汉藏语同源研究》有关章节。

"额"布央语巴哈话ta⁵⁵raŋ³³。"额"巽他语taraŋ。

"脑髓"黎语保定话ɬuːk⁷，黑土话duːʔ⁷<*ʔduk。"脑"雅美语ətək，阿卡拉农语（Aklanon）utuk，印尼语otak。

"膝盖"黎语保定话go⁶rou⁴<*goro-。"膝盖"瓜依沃语goru，夸梅拉语（Kwamera）nu-kuru-。

"蟑螂"布央语巴哈话bjo⁴⁵<*ʔbos。"蟑螂"印尼语lipos，巴塔克语ipɔs，菲律宾的摩尔波格语ipos。

"乌鸦"黎语ʔaːk⁷，临高语mai⁴²ʔak⁷。"乌鸦"他加洛语uwak，马来西亚沙巴语（Sabah）owak。

"鸟窝"黎语保定话ruːk⁷，通什话ruːʔ⁷<*ruk。达密语（Dami）uru，罗地语

（Roti）^{n}dunu-k。

"路"贞丰仡佬语 qə^{33}ʔlan^{31}。"路"占语支的加莱语 dʒəlan，雷德语 elan，阿眉斯语 lalan，鲁凯语 ka-dalan-anə。

"烤"黎语通什话 ʔɯɯm^5 < *ʔ-umʔ。"焙"马绍尔语 um^w，波那佩语 um^{w}un。

"洗（澡）"峨村话 ðaːu^{11}$_{(C2)}$，郎架话 ðaːu^{24}$_{(C1)}$（洗身、洗碗）< *dus。"洗澡"印尼语 mandi，巽他语 mandus，爪哇语 adus。

"热"黎语 tiːt^7，布央语郎架话 qa^{0}tət^{11} < *ʔ-tit。阿美语 faəɬət，沙阿鲁阿语 matsitsi < *m-liṭ。

仡央共同语与南岛的接触可能在江西，仡央人从江西经湖南进入贵州。黎和仡央有自己的南岛语底层。

江西地区商周时代就有两类文化——赣东北地区的万年文化和樟树市吴城遗址文化。前者的遗址中多出土有段石锛，是越文化。后者的遗址中有鬲，是北方文化的南传。

侗台语中的南岛语底层词通常很难在其他汉藏语中有它们相似的形式，在较晚进入台湾和迁移到中南半岛的南岛语中有相近的形式和表示的意义。这些南岛语底层词较少连带借用当时的南岛语古前缀成分。

（二）基本词的分歧和解释

这一部分讨论侗台语不同分支语词的分歧以及和周边语言语词对应的情况。

1. 太阳

"太阳"壮语武鸣话 taŋ^{1}ŋon^2 < *ta-ŋan（眼睛-白天）。"眼睛"泰语 ta^2，壮语龙州话 ha^1，临高语 da^1，水语 nda^1 < *ʔda。"白天"壮语武鸣话 toŋ^{4}ŋon^2。南岛语"白天"沙外语 ŋɛn-ŋan < *ŋen-ŋan。①

"太阳"水语 da^{1}wan^1 < *ʔda-ʔg^{w}an（眼睛-白天）。"白天"水语 van^1 < *ʔg^{w}an。"太阳"黎语保定话 tsha^{1}van^4 < *ta-ʔg^{w}an（眼睛-白天）。"白天"保定话 pai^{3}hwan^1 < *mi-ʔg^{w}an。

2. 月亮

"月亮"壮语龙州话 bən^1，西双版纳傣语 dən^1，德宏傣语 lən^1，侗语北部方言 ljan^1，标语 phyːn^1 < *ʔ-blən。黎语保定话、通什话 ŋaːn^1 < *ʔnan < *ʔ-dən。

---

① 侗台语"太阳"的构成一半是侗台语自己的"眼睛"，一半是南岛语的"白天"，意思是"白天的眼睛"。

"月亮"印尼语、爪哇语、萨萨克语 bulan，加莱语 blan，布农语 buan，卑南语 buļan，卡那卡那富语 buanœ < *bulan。①

"月亮"布央语（ʔaːŋ³³）tiːn¹¹ < *din-s。

3. 星

"星星"泰语 daːu² < *du。壮语武鸣话 daːu¹dei⁵，壮语龙州话 daːu¹di⁵ < *ʔdu-ʔdis。南岛语"星星"罗地语（Roti）ⁿdu-k。

"星星"拉珈语 tau³blet⁷ < *tuʔ-ʔblet。南岛语"星星"布拉安语 blatik < *blat-ik。

"星星"侗语 çət⁷，水语 zət⁷ < *ʔret。

"星星"黎语通什话 raːu⁴，保定话 raːu¹ < *ʔru。

"星星"布央语郎架话 laːŋ¹¹loŋ³¹² < *laŋ-loŋ。"亮的"maloŋ³¹² < *ma-loŋ。

4. 云

"云"德宏傣语 mɔk⁹ < *ʔmok。墨脱门巴语 muk pa。"雾"藏文 smog pa < *s-mok。

"云"仫佬语 kwa³，水语、西双版纳傣语 fa³，侗语 ma³ < *ʔbʷaʔ。

"云"黎语保定话 deːk⁷fa³（渣淬–天）。"天"fa³，"渣淬"deːk⁷。

"云"黎语通什话"云"feːʔ⁷fa³（渣淬–天）。黎语元门话"渣淬"fiaʔ⁷。

5. 地、田

"旱地"壮语武鸣话 ɣei⁶，布依语 zi⁶，仫佬语 hɣaːi⁵ < *gli-s。南岛语"地"马林厄语 glose < *glo-se。"地、土"东部斐济语 gele，西部斐济语 gʷele < *gʷele。

"地"壮语武鸣话 naːm⁶，侗语、仫佬语 naːm⁶（土）< *nam。南岛语"地、土"雅贝姆语 nom。

"地、干土"黎语保定话 van¹，中沙话 ran¹ < *ʔbʷran。"泥巴"基诺语（a⁴⁴）prᴛ⁵⁵ < *pro。哈卡钦语"土"vole < *bole。

"地"泰语 din²，布依语 dɛn¹，德宏傣语 lin⁶ < *ʔ-lin。汉语"田"*din < *lin。

"田"侗语南部方言 ja⁵，毛南语 ʔja⁵，仫佬语 ʔɣa⁵ < *qla-s。"地"巴哼语毛坳话 qale¹。

6. 山

"山"壮语 pla¹，仫佬语 pɣa¹ < *pla。"石头"布努语 fa³ɣe¹ < *pʷale。南岛语

---

① 侗台语"月亮"*blən 或来自南岛语 *bulan，不排除南岛语的说法来自侗台语。

"岛" 爪哇语、巽他语 pulo，印尼语 pulau < *pula-ʔu。

"山" 黎语通什话 go³ < *ʔgo-ʔ。兰坪普米语 ɣGO，博嘎尔珞巴语 ogo < *ʔo-go。

"山" 傣语版纳话 kɑŋ²，黎语通什话 gaŋ¹ < *ʔ-gaŋ。汉语 "冈（岗）" *kaŋ < *m-kaŋ。

7. 头

"头" 壮语邕宁话 hlau⁵，武鸣话 ɣau³，仫佬语 kɣo³ < *qlu-ʔ。汉语 "首" *qlu-ʔ。"头" 克伦语乍叶因方言 gø klo，帕他翁方言（Padaung）kɑ klɑo < *klo。

"头" 黎语保定话 gwou³，黑土 rau³ < *ʔgru-ʔ。"脖子" 阿侬怒语 go³¹ɹo⁵⁵ < *guro。

8. 眼睛

"眼睛" 泰语 ta²，壮语龙州话 ha¹，临高语 da¹，水语 nda¹ < *ʔda。南岛语 "额" 马都拉语 ɖai < *da-ʔi。

"眼睛" 石家语 pra¹，拉珈语 pla¹ < *pra。汉语 "矑" *bʷra。

9. 鼻子

"鼻子" 壮语武鸣话 daŋ¹，侗语 naŋ¹ < *ʔdaŋ。"鼻子" 布央语峨村话 ʔa⁰tiŋ³³ < *ʔadiŋ。"脸" 黎语保定话 daŋ¹。汉语 "定" *deŋ-s，额。《诗经·周南·麟之趾》"麟之定"。

"鼻子" 黎语通什话 khat⁷，加茂话（kɯ²）hɔːt⁹ < *kat。

10. 嘴

"嘴" 壮语、水语 paːk⁷，西双版纳傣语 paːk⁹ < *pak。"说" 西双版纳傣语 paːk⁹ < *pak。"推测" 藏文 dpog < *d-pok。

"嘴" 西双版纳傣语 sop⁷ < *sop。缅文 pa³sap⁴，载瓦语 pə̱²¹sop⁵⁵ < *pə-sop。南亚语 "嘴" 德昂语南虎话 sop < *sop。

11. 牙齿

"牙齿" 泰语、壮语 fan²，侗语南部方言 pjan¹，仫佬语、黎语 fan¹ < *ʔ-bʷo-n。南岛语 "牙齿" 沙玛语 embon < *ʔibon。布农语 nipun，邵语 nipin，他加洛语 īpin。

"牙齿" 泰语 khiəu³，水语 ɕu¹ < *s-khjo-ʔ。汉语 "齿" *khjəʔ。

12. 舌头

"舌头" 壮语武鸣、傣语 lin⁴，黎语保定话 ɬin³ < *lin-ʔ。"舔" 壮语武鸣话

ɣi²，傣语 le² < *li。"舌头"墨脱门巴语 le，错那门巴语 le⁵³ < *le。

"舌头"侗语、水语 ma² < *ma。"舌头"嘉戎语（tə）ʃmɛ < *sme。

13. 脖子

"脖子"仫佬语 lən³，毛南语 dən⁴ < *ʔləŋ-ʔ。黎语通什话 ɯ³łoŋ⁶ < *ʔuloŋ。"脖子"苗语青岩话 ʔloŋ¹，瑶里话 tlɑ¹，瑶语东山话 klaŋ¹ < *qloŋ。

"脖子"壮语龙州话 ko² < *go，水语 ɢo⁴ < *go-ʔ。"喉"道孚语 qvɑ < *ɢʷa。汉语"喉"*go。

14. 肩

"肩"壮语武鸣话 ba⁵ < *ʔba-s。"肩"苗语先进话 pu⁶，复员话 vuᶜ < *bʷo-s。

15. 乳房

"乳房"德宏傣语 u¹tau³ < *ʔutuʔ。水语 tju⁴ < *duʔ。"乳房"苗语大南山话 ŋtau¹，石门坎话 ŋto¹ < *ʔdu。

"乳房"黎语通什话 tsi⁵，元门话 ti³ < *ti。南岛语"乳房"波那佩语 tī ti，塔希提语 tī tī < *titi。

"乳房"黎语加茂话 ȵen⁵ < *nen。南亚语"乳房"巴琉语 ȵan⁵³ < *nan。

16. 胸

"胸"壮语武鸣话 ak⁷，西双版纳傣语 ho¹ək⁷ < *ʔok。南亚语"胸"布朗语胖品话 ʔɤk³¹，克木语 ʔɔk < *ʔok。

"胸"侗语 tak⁷，水语（te³）tak⁷ < *tak。南岛语"胸"沙玛语 dākan < *daka-n。雅贝姆语 bo-dagi < *dagi。

"胸"拉珈语 pu⁴wiːn² < *bubʷin。南岛语"动物的乳房"亚齐语 abin < *ʔabin。"乳房"嫩戈内语 mimi。

17. 背

"背"壮语武鸣话 daːŋ¹，邕宁话 naːŋ¹ʼ < *ʔdaŋ。"背"傣语德宏话 san¹laŋ¹ < *san-ʔlaŋ。泰语 raːŋ³ < *ʔlaŋ-ʔ。"脊背"勉语罗香话 taːŋ⁴，三江话 tan⁴ < *daŋ-ʔ。

"背"黎语通什话 tsɯ²tshuȵ³ < *gə-kon-ʔ。南岛语"背"宁德娄语 kona-n < *kona。劳语 ʔogina < *ʔogina。

18. 肚子

"肚子"泰语 thɔːŋ⁴，壮语龙州话 toːŋ⁴ < *duŋ-ʔ。"肚、胃"加莱语、占语书面语 tuŋ，印尼语 dʒantuŋ（心），他加洛语支的沙玛语 bottoŋ（胃）、巴拉望语 tɔtɔŋ（胃）。

"肚子"侗语 loŋ² < *loŋ。"肠子"勉语江底话 klaːŋ²，大坪话 kjaŋ² < *glaŋ。"胃"苗语高坡话 ploŋ¹，布努语七百弄话 tləŋ¹ < *ploŋ。

"肚子"黎语 pok⁷ < *pok。汉语"腹"*pjuk。

19. 腋下

"咯吱窝"侗语 saːk⁷，仫佬语 khɣaːk < *s-klak。南岛语"腋下"巽他语 kelek。南亚语"腋下"佤语艾帅话 klaik < *klak。

20. 腰

"腰"毛南语 ndjuːi¹ < *ʔdʷji。"大腿"勉语江底话 tsuːi²，大坪话 si² < *dʷji。

"腰"侗语 qui³lai¹ < *qʷiʔ-li。"腰"苗语先进话 ʈlua³，复员话 qlaᴮ，勉语三江话 lai³ < *qʷle-ʔ。

21. 手

"手"侗语北部方言 lja²，水语 mja¹ < *ʔ-bʷle。"手"苗语养蒿话 pi⁴，绞坨话 ʂe⁴，勉语江底话 pwo⁴ < *bʷre-ʔ。

"手"泰语、傣语、壮语龙州话 muɯ²，黎语保定话 meɯ¹ < *me-ʔu。南岛语"手"布农语、达密语 ima，萨萨克语 imə < *ʔima。

22. 手指

"手指"侗语 lak⁷mja² < *lek-mla（指-手）。傣语德宏话 leu⁴muɯ² < *lek-mu。"手指"仫佬语 nja²laːk⁷ < *ne-lak（手-指）。"儿子"壮语武鸣话 luuk⁸ < *luk。

"手指、脚趾"泰语 niu⁴，壮语武鸣话 niːu⁴ < *nju-ʔ。汉语"手"*s-nu-ʔ。"手指"阿昌语 -ŋau³¹，怒苏语 -ŋuɯ⁵⁵ < *s-nu。

23. 指甲

"指甲"侗语 nəp⁷ < *ʔnap。南岛语"指甲、爪子"夸梅拉语 nəpəspəs < *napəs，乌玛语 kunupa < *kanupa。

"指甲"黎语通什话 tsɯ²liːp⁷ < *gulip。"指甲、爪子"泰语 lep⁸，壮语武鸣话 kjap⁸，佯僙语 rip⁸ < *krep。汉语"甲"*krap。

24. 肘

"肘"壮语邕宁话 tsuk⁸ < *sguk。仫佬语 chiːn¹ʔŋɔk⁷ < *kjin-ʔgok（胳膊-曲）。"弯曲的"藏文 gug，傈僳语 go³¹ < *guk。

"肘"临高语 xak⁷dok⁸ < *sak-dok。南岛语"肘"泰雅语 hikuʔ，雅美语 ʂiko，他加洛语 siko，布拉安语 sigu < *siku。

25. 大腿

"大腿"侗语 pa¹ < *pe。苗语养蒿话 pa¹，高坡话 po¹，巴哼语文界话 pe¹ < *pe。

26. 膝盖

"膝盖"黎语保定话 go⁶rou⁴ < *gos-roʔ。苗语养蒿话 tɕu⁶，复员话 ʐu^C < *gʷru-s。南岛语"膝盖"瓜依沃语 goru，夸梅拉语（Kwamera）nu-kuru-。

"膝盖"仫佬语 ku⁶ko⁵ < *gus-kos。汉语"勾"*ko《说文》："曲也"。

27. 脚

"脚"壮语、侗语 tin¹ < *tin。南岛语"脚后跟"卡加延语 kitin < *kitin。

"脚"黎语 khok⁷ < *kok。汉语"足"*s-kʷok。

28. 骨头

"骨头"水语 laːk⁷，仫佬语 hɣaːk⁷ < *klak。南岛语"头盖骨"印尼语 təŋkorek，米南卡保语 taŋkoraʔ < *ta-korak。

"骨头"黎语通什话 fuːʔ⁷，黑土话 ruːʔ⁷ < *ʔbruk。南岛语"头盖骨"亚齐语 bruəʔulɛə < *bruk-ʔulu（骨–头）。

29. 血

"血"壮语武鸣话 luːt⁸ < *lat。黎语通什话 ɬaːt⁷，黑土话 daːt⁷ < *ʔlat。南亚语"血"柬埔寨文 loːhɣt < *lolot。

"血"临高语 baʔ⁷ < *ʔblat，仫佬语 phɣaːt⁷ < *plat。南岛语"红"沙玛语 pejat < *pelat。"伤害"木鲁特语 pilat < *pilat。

30. 皮

"皮"壮语、傣语 naŋ¹，黎语 noŋ¹ < *ʔnaŋ。"皮"墨脱门巴语 moŋ naŋ < *mo-noŋ。

"皮"布央语峨村话 buŋ²⁴ < *buŋ。南亚语"皮"巴琉语 mbuŋ⁵⁵ < *ʔbuŋ。

31. 毛

"毛、羽毛"壮语龙州话 khun¹，傣语 xun¹，水语 tsən¹，黎语 hun¹ < *khun。

"眉毛"壮语武鸣话 pun¹ta¹，侗语 pjən¹ta¹ < *pʷən-ʔda（毛–眼睛）。"毛"景颇语 mun³³，独龙语 muɯn⁵⁵ < *mun。南岛语"体毛"南密语 pun < *pun。

32. 肺

"肺"壮语 put⁷，傣语 pɔt⁹ < *pot。汉语"肺"*phʷjat-s。

"肺"侗语 pup⁹ < *pup。"肺"景颇语 sin³¹wop⁵⁵ < *sin-pʷop。哈尼语 po̩³¹ < *pop。

33. 肝

"肝"泰语 tap⁷，水语 tap⁷ < *tap。仡佬语 ta⁴²pu³⁵ < *tapu。

"肝"黎语 ŋaːn¹ < *ʔŋan。土家语 a⁵⁵ŋan⁵⁵ < *ʔaŋan。

34. 屎

"屎"泰语 khi³，壮语邕宁话 hai⁴，标语 thai³ < *ʔ-gli-ʔ。"屎"勉语江底话 gai³，罗香话 dai³ < *ʔ-gli-ʔ。

35. 大象

"大象"仫佬语 tjaːŋ⁴，水语 sjaːŋ¹ < *s-djaŋ-ʔ。"大象"苗语养蒿话 shɛ⁵，先进话 ntshu⁵ < *s-thjoŋ-s。

36. 猴子

"猴子"苗语养蒿话 lei¹，大南山话 lei¹，炯奈语长垌话 lai¹ < *ʔli。

"猴子"泰语 liŋ²，壮语龙州话、拉珈语 liŋ² < *ʔliŋ。"猴子"勉语大坪话 bj aŋ¹，江底话 biːŋ¹ < *ʔbliŋ。

37. 熊

"熊"黎语、壮语武鸣话 muui¹，布依语 muːi¹，水语 ʔme¹ < *ʔ-məj。"熊"阿美语（阿眉斯语）tumaj，卑南语 ʈumaj。

38. 猪

"猪"水语 m̥u⁵，佯僙语 məu⁵ < *ʔ-bos。苗语养蒿话 pa⁵，先进话 mpua⁵ < *ʔpʷas。

39. 狗

"狗"壮语 ma¹，水语 m̥a¹，仫佬语 ŋʌwa¹ < *k-mʷa。南岛语"狗"所罗门马林厄语（Maringe）kʰuma < *kuma。

40. 黄牛

"黄牛"水语 po⁴，壮语龙州话 mo² < *bo。藏文 ba。南亚语"黄牛"佤语马散话 mui，孟贡话 boi² < *bʷi。

"黄牛"布依语 ɕie²，壮语武鸣话 ɕuɯ²，临高语 ŋu² < *sŋu。

"黄牛"泰语 wuə²，老挝语 ŋuə²，壮语龙州话 mo² < *ŋʷə。汉语"牛"*ŋʷjə。"水牛"苗语养蒿话 n̥en²，畲语多祝话 ŋjɔ²，勉语大坪话 ŋ̍² < *njo。

41. 水牛

"水牛"侗语 kwe²，水语 kui²，壮语武鸣话、龙州话 vai² < *gʷi。"牛"土家语 wu³⁵，纳西语 ɣɯ³³ < *gʷi。

42. 鸟

"鸟"壮语武鸣话 γok^8，傣语 nok^8，侗语 mok^8，拉珈语 $mlok^8 <$ *mlok。"鸟"勉语江底话 no^8，东山话 $\mathring{n} o^8 <$ *s-nok。

"鸟"仡佬语贞丰话 $mo^{42} na\eta^{42} <$ *mo-nan。"鸟"苗语养蒿话 $n\vartheta^6$，巴哼语文界话 $mo^6 <$ *m-no-s。

43. 鹰

"鹰"西双版纳傣语 $hu\eta^4 <$ *loŋ-ʔ。"鹰"苗语先进话 $t\mathring{l}a\eta^3$，勉语罗香话 $kla:\eta^3$，勉语大坪话 $kja\eta^3 <$ *qlaŋ-ʔ。

44. 冠子

"（鸡）冠"布依语 $vu:n^1$，西双版纳傣语 $b\mathfrak{d}n^1 <$ *ʔbʷen。"冠子"苗语高坡话 vi^1，勉语大坪话 $v\mathfrak{d}n^1 <$ *ʔbʷen。

45. 蛋

"蛋"泰语 $khai^5$，壮语邕宁话 $hlai^6$，仫佬语 $k\gamma\vartheta i^5$，侗语南部方言 $ki^5 <$ *kle-s。"蛋"苗语先进话 qe^5，勉语东山话 $klau^5 <$ *qle-s。

"蛋"黎语 $zu:m^4 <$ *lum-ʔ。

46. 鱼

"鱼"壮语 pja^1，黎语 $\mathfrak{l}a^1 <$ *pla。毛南语 $mbjai^3 <$ *ʔbli-ʔ。"鱼"苗语养蒿话 $z\varepsilon^4$，高坡话 $mpl\mathfrak{æ}^4 <$ *ʔ-ble-ʔ。

47. 田鸡

"田鸡"德宏傣语 $\mathfrak{?}u\eta^1 \mathfrak{?}a:\eta^6 <$ *qə-qaŋ-s。"癞蛤蟆"壮语 $ku\eta^5 sau^1 <$ *kuŋs-su。"蛙"苗语养蒿话 $qa\eta^3$，枫香话 $qo\eta^3$，勉语长坪话 $kje\eta^3 <$ *qʷeŋ-ʔ。

"田鸡"壮语武鸣话 $kop^7 <$ *kop。南亚语"蛙"克木语 $k\breve{o}p <$ *kop。

48. 蛙

"蛙"傣语 xet^9，黎语 $ka:t^7 <$ *khat。南亚语"蛙"佤语马散话 $khiat$。

"蛙"水语 $qup^7 <$ *qup。南岛语"蛙"雅贝姆语 $opoa\mathfrak{?} <$ *ʔopo-ʔaʔ。

49. 螺蛳

"螺蛳"傣语 $h\mathfrak{a}i^1$，水语 $qhui^1 <$ *kʷli。"蜗牛"勉语湘江话 $t\mathfrak{c}wei^3$，大坪话 $kle^1 <$ *kʷle。

50. 蜈蚣

"蜈蚣"泰语 $kha:p^9$，布依语 sip^7，仫佬语 $kh\gamma\vartheta p^7 <$ *s-krap。"蜈蚣"勉语江底话 sap^7，罗香话 $\mathfrak{c}ap^7$，大坪话 $tsap^7 <$ *s-kjap。苗语养蒿话 khu^7，畲语多祝话 $kh\mathfrak{o}^5 <$ *khop。

51. 衣虱

"衣虱"壮语龙州话、傣语 min² < *min。"跳蚤"苗语养蒿话 m̥hen¹，复员话 m̥enᴬ，勉语长坪话 moŋ¹ < *smen。

52. 头虱

"头虱"侗语 taːu¹，水语 tu¹ < *tu。"头虱"苗语养蒿话 ɕhu³，复员话 nʔtshuᴮ < *thju-ʔ。

53. 蚂蚁

"蚂蚁"傣语、壮语武鸣话 mot⁸，侗语 mət⁸，仫佬语 mɣət⁸ < *mlot。"蚂蚁"苗语青岩话 mplou⁸，复员话 mpju⁸ < *ʔ-mlut。

54. 蚱蜢

"蚱蜢"仫佬语 kuŋ² < *guŋ。"蚱蜢"苗语养蒿话 ku²，复员话 ɣoŋᴬ < *guŋ。

55. 蚯蚓

"蚯蚓"壮语武鸣话 duɯn¹，西双版纳傣语 dɤn¹ < *ʔdən。汉语"螼"*ljin。"蚯蚓"勉语江底话 dzuŋ¹，罗香话 duŋ² < *djuŋ。

56. 蛇

"蛇"泰语 ŋu² < *ŋu。亿佬语贞丰话 mo⁴²ŋo⁴²，拉基语 qa²ŋu²³。南岛语"蛇"沙外语 gu < *gu。

"蛇"黎语保定话 za²，通什话 ɬa² < *la。南岛语"鳗鱼"那大语 elo < *ʔelo，亚齐语 ileh < *ʔile-q。

57. 鼠

"鼠"壮语龙州话 nu¹，水语 n̊o³ < *ʔnu。"鼠"勉语大坪话 naːu⁴，苗语石门坎话 nauɯ⁴ < *nu。格曼僜语 si⁵⁵nu⁵³ < *sinu。

58. 蝴蝶

"蝴蝶"黎语通什话 phoŋ³pheːŋ⁵ < *poŋ-peŋ。南亚语"蝴蝶"佤语马散话 phuŋ phɯaŋ，孟杰话 fuŋ faŋ < *puŋ-paŋ。

59. 翅膀

"翅膀"壮语龙州话、德宏傣语 pik⁷ < *pik。南岛语"翅膀"沙玛语 pikpik < *pik，锡克语 kəpik < *kə-pik。

"翅膀"侗语 pa⁵，水语 va⁵ < *ʔbʷas。南岛语"翅膀"吉尔伯特语 bai < *baʔi。

60. 尾巴

"尾巴"壮语 ɣiːŋ¹，布依语 zuːŋ¹，傣语 haːŋ¹ < *ʔlaŋ。

"尾巴"侗语 sut[7]，仫佬语 khɣət[7]，黎语 tshut[7] < *krut。南岛语"尾巴"卡乌龙语 kut < *kut。

61. 花

"花"壮语龙州话 djoːk[7]，西双版纳傣语 dɔk[7]，侗语 nuk[9] < *ʔdok。"花"藏文 me tog，嘉戎语 men tok，木雅语 mi[33]to[53] < *me-tok。

"花"侗语 mjen[2]，仫佬语 mɣaːŋ[2]，水语 ᵐbjaːŋ[1] < *blaŋ。"叶子"苗语大南山话 mploŋ[2]，石门坎话 ndlɦiau[2] < *blaŋ。

"花"黎语保定话 tsheːŋ[1]，元门话 tshiaŋ[1] < *phjeŋ。"花"苗语大南山话 paŋ[2]，石门坎话 bɦiau[2]，勉语江底话 pjaŋ[2] < *boŋ。

62. 青苔

"青苔"布依语 me[2] < *me。"草"勉语江底话 mje[3]，烟园话 ŋwa[3]，东山话 m̥ja[3] < *s-mʷje-ʔ。

63. 叶子

壮语 bauɯ[1]，西双版纳傣语 bai[1] < *ʔbi。"花"义都珞巴语 ɑ[55]pe[55] < *ʔape。

64. 根

壮语龙州话 ɣaːk[8]，傣语 haːk[8] < *gak。南岛语"根、血管"他加洛语 ugat < *ʔugat。

水语 haːŋ[1]，仫佬语 taːŋ[1] < *staŋ。景颇语 toŋ[33] < *daŋ。

黎语中沙话 giːu[1]，黑土话 riːu[1] < *ʔ-gru。怒苏语 gɹɯ[55]，格曼僜语 kɹɑ[53] < *gro。

65. 种子

泰语 phan[2]，壮语龙州话 fan[2]，黎语 fan[1]，拉基语 pjɔ[43] < *bʷan。藏文 sa bon < *sa-bon。

66. 草

布依语 nɯ[3]，傣语 ja[3] < *ʔnə。侗语 ŋaːŋ[3]' < *ʔnaŋ。"叶子"博嘎尔珞巴语 a nə < *ʔane。汉语"而"*njə《说文》："颊毛也。"

67. 树

"树"壮语武鸣话 fai[4]，龙州话、水语、毛南语 mai[4]，侗语 məi[4] < *mi-ʔ。

68. 路

布依语 zon[1]，毛南语 khun[1]，黎语 kuːn[1] < *klun。

西双版纳傣语 taŋ[2] < *daŋ。错那门巴语 -taŋ[55] < *taŋ。

贞丰仡佬语（qə³³）ʔlan³¹ < *lan。南岛语"路"赛夏语 ralan，阿眉斯语 lalan < *ralan。

69. 绳子

壮语武鸣话 ça:k¹⁰，水语 la:k⁷，毛南语 za:k⁷ < *srak。汉语"索"*srak。

70. 臼

壮语武鸣话 ɣum¹，布依语 zum¹ < *ʔ-grum。汉语"臽"*gram-s《说文》："小阱也。"

71. 斧子

黎语保定话 bua²、通什话 bua⁵，佯僙语 ba⁴（柴刀）< *ʔbʷa。达让僜语 pɑ³⁵ < *pa。嘉戎语（tə）rpɑ < *r-pa。

侗语 kwa:n¹，傣语 xwa:n¹ < *kʷan。南亚语"斧子"巴琉语 khun¹³ < *kʷan。布兴语 kan bɔ < *kan-bo。

72. 针

黎语黑土话 ŋut⁷，通什话 kut⁸ < *ŋut。布央语峨村话 ŋa:t⁵⁵ < *s-ŋat。南岛语"针"托莱语 iŋiŋit < *ʔiŋit。

壮语 khim¹，水语 sum¹ < *skhim。苗语养蒿话 tçu¹，勉语江底话 sim¹，东山话 tçɛn¹，大坪话 tsum¹ < *s-kʷjem。

73. 锅

壮语 ɣek⁷，毛南语 chik⁷ < *krik。汉语"鬲"*krik。

水语 tseŋ⁶ < *djeŋ-s。汉语"鼎"*teŋ。

傣语 mo³，布央语峨村话 mo³³ < *ʔmo-ʔ。

布依语 ça:u⁵，侗语 ta:u¹，黎语 thau¹ < *plu。"灶"仡佬语 tɔ⁵ < *plo-s。汉语"匋"*b-lu。《说文》："瓦器也。""陶"*blu 陶丘、陶灶。

74. 船

泰语 rɯə²，德宏傣语 hə²，壮语武鸣话 ɣu²，龙州壮语、布依语 luɯ² < *lu。"木筏"拉祜语 silo。

黎语保定话 va¹ < *ʔbʷa。南岛语"独木舟"那大语 kova < *kobʷa。

仡佬语 søn²，毛南语 zon² < *ron。南亚语"船"佤语艾帅话 rɣ < *ro。

75. 房子

黎语 ploŋ³ < *ploŋ。苗语高坡话 plæ³，勉语东山话 pla³，炯奈语 pja³ < *pla。

"房子、家"壮语武鸣话 ɣa:n²，布依语 za:n²，侗语 ja:n² < *glan。

76. 坟墓

布依语、毛南语 ti^6 < *di-s。勉语江底话 tsou^3，览金话 tθou^3 < *tjo-ʔ。

77. 桌

侗语、布依语 ɕoŋ^2 < *groŋ。苗语先进话 ʈoŋ^2，复员话 zʅoŋ^A（板凳）< *groŋ。

78. 碗

壮语武鸣话、水语 tui^4 < *d^{w}i-ʔ。苗语先进话 tai^4，高坡话 te^4 < *di-ʔ。

79. 年

壮语、傣语 pi^1，水语 ^{m}be^1，仫佬语 mɛ^1 < *ʔbe。南亚语"年"布兴语、克木语 pi < *pi。

80. 声音

侗语 so^6 < *ro-s。"话"嘉戎语 rjo。南岛语"声音"姆布拉语 ororo < *ʔororo。

81. 鬼

"鬼、神"水语、毛南语 maːŋ^1，拉珈语 sieŋ^1 < *s-meŋ。"鬼"勉语湘江话 mjəŋ^3，大坪话 mjɛn^3 < *ʔmeŋ-ʔ。

"鬼"黎语通什话 vot^7 < *ʔ-b^{w}ot。汉语"魃"*b^{w}at《说文》："旱鬼也。"

82. 魂

西双版纳傣语 xvɒn^1，侗语 kwan^1 < *k^{w}an。南亚语"魂"佤语布饶克方言 khuan < *kh^{w}an。

83. 走

壮语 pjaːi^3 < *pi-ʔ。德宏傣语 pai^6 < *pi-s。

侗语 ʈhaːm^3，水语、毛南语 saːm^3 < *stam。

仫佬语 naŋ^2 < *neŋ。"走"勉语江底话 jaŋ^2，东山话 ȵaŋ^2 < *njeŋ。

临高语 dɔk^7 < *ʔdok。南岛语"走"宁德娄语 adek。

84. 跑

仫佬语 pɣəu^5，水语 pjaːu^5，毛南语 pjeu^5 < *p-lu-s。汉语"慆"*lu 离去。《诗经·唐风·蟋蟀》："今我不乐，日月其慆。"

壮语 pli^5 < *pli-s。南岛语"走"劳语 fali < *p^{w}ali。

85. 跳

西双版纳傣语 hok^7 < *ʔlok。汉语"躍（跃）"*ljek。南岛语"跳"姆布拉语 lek < *lek，雅美语 luktun < *luk-tun。

86. 飞

泰语 bin²，壮语 bin¹ < *ʔbin。侗语 pən³，水语 vjən³ < *ʔbʷen-ʔ。墨脱门巴语 phen。

87. 坐

"坐、住"泰语 naŋ³ < *ʔnoŋʔ。"躺"错那门巴语 ɳaŋ³³，仙岛语 ɲɛŋ⁵⁵ < *njaŋ。"坐"毛南语 zuːi⁶，莫语 zəi⁶，水语 fui⁶ < *bʷri-s。

88. 躺

"睡、躺"壮语武鸣话 nin⁴，西双版纳傣语 nɔn²，水语 nun² < *nun。南岛语"睡、躺"多布语 nen < *nen。（第三人称单数）

89. 醒

壮语武鸣话 diu¹，水语 lju¹ < *ʔlju。黎语 ɬɯːn¹ < *ʔlu-n。汉语"怞"*lju-s《说文》："朗也。"

90. 站

壮语武鸣话 soŋ²，侗语 ɕaŋ⁶，仡佬语 laŋ⁴² < *roŋ。南亚语"站"布兴语 ʒɛŋ < *reŋ。

91. 跪

侗语 ʈok⁸，德宏傣语 lɔk⁸ < *dok。缅文 du³thɔk⁴ < *duthok。

布依语 pai⁵ < *pis。"膝盖"藏文 pus。

92. 吃、嚼

"吃"侗语南部方言 ʈaːn¹，峨村话 kaːn²⁴ (A1) < *kan。南岛语"吃"卑南语 məkan，赛德克语 mekan，印尼语 makan < *ma-kan。

"吃、喝"毛南语 na⁴ < *naʔ。汉语"茹"*nʷja。南亚语"吃"布朗语甘塘话 na⁵⁵ < *na。南岛语"吃"罗地语 na-ʔa，伊拉鲁吐语 na < *na。

"嚼"壮语武鸣话 keːu⁴，西双版纳傣语 keu⁶，泰语 khiəu⁶ < *gro-s。汉语"肴"*gre《说文》："啖也。"

93. 喝

"喝"黎语通什话 oːʔ⁹ < *ʔok。

"喝"壮语武鸣话 dot⁷ < *ʔdot。汉语"啜"*dʷjat > *ʐuat，《说文》："尝也。"

"喝"仫佬语 hγop⁷ < *qrop。汉语"吸"*qrəp。南亚语"喝"布兴语 srup，德昂语南虎话 r̥ɯp，佤语马散话 rhγp < *srup。

94. 吐、呕吐

"吐"侗语南部方言 phjui¹′，仫佬语 phy³，拉珈语 phlui¹ < *phʷli。"吐"道孚语 ʂphə < *s-phlə。吕苏语 nphʐi < *m-phli。

"吐"壮语武鸣话 pi⁵ < *pis。"扔"缅文 pɑs⁴ < *pas。

"呕吐"泰语 rak¹⁰，傣语 hak⁸，壮语龙州话 łak⁸，临高语 duak⁸ < *lak。

"呕吐"毛南语 ndok⁷ < *ʔdak，布央语巴哈话 taːk³³ < *dak。南岛语"呕吐"布农语 mutaχ < *m-utaq。

95. 吹

"吹"侗语 səp⁸，毛南语 zəp⁸ < *rəp。南岛语"吹"卑南语 mijup，邵语 məjup < *mə-rup。阿美语 ijuf < *ʔi-rup。

"吹"壮语、傣语 pau⁵ < *pus。南岛语"吹"巴塔克语 obbus < *ʔobus。

"吹"黎语通什话 ou⁵ < *ʔu。南岛语"吹"罗地语 ui < *ʔu-ʔi。

96. 看

"看"布依语 ʔjo³ < *ʔjoʔ。景颇语 ju³³ < *ju。

"看"壮语柳江话 kau³，水语 qau⁵，毛南语 kau⁵，仫佬语 kau⁵ < *ku-s。汉语"觀"*ko-s 看见。"顧（顾）"*kʷas《说文》："还视也。"

97. 听

"听"水语 di³ < *ʔdi-ʔ。南岛语"知道、看见"塔希提语 ʔite < *ʔite。

"听"壮语武鸣话 ŋi¹ < *ʔŋi。南亚语"听"京语 ŋɛ¹ < *ʔŋe。

98. 说

"说"壮语武鸣话 nau² < *nu。"问"阿昌语 ȵi³¹，仙岛语 ni³¹ < *ni。

"说"西双版纳傣语 paːk⁹ < *pak。"嘴"壮语 paːk⁷，西双版纳傣语 paːk⁹ < *pak。

99. 问

"问"侗语 çaːi¹，水语、毛南语 saːi³ < *si-ʔ。南岛语"谁"夸梅拉语 si < *si。

100. 回答

"回答"壮语武鸣话 haːn¹，布依语 ɣaːn¹，德宏傣语 xan¹ < *ʔlan。"回答"墨脱门巴语 len⁵⁵ < *len。

"回答"西双版纳傣语 tɔp⁹，克木语 tɔp。（汉语借词）

101. 抓

"抓"德宏傣语、壮语 kap⁷ < *kap。南岛语"抓住"萨萨克语 naŋkop <

*na-kop。巴塔克语 takkup < *ta-kup。

"抓"侗语 sap[7]，西双版纳傣语 jap[7] < *ʔrap。南岛语"抓"坦纳语 arppərəp-o < *ʔarəp。

"抓"壮语柳江话 ɳap[7]，毛南语 ɳap[8] < *ʔnap。汉语"攝"*s-nap > *hjap，《说文》："引持也。""捏起来"藏文 ɳab < *njap。

102. 死

"死"拉珈语 plei[1] < *pli。"跑"壮语 pli[5] < *pli-s。

"死"壮语武鸣话 ɣaːi[1]，龙州话 haːi[1]，临高语 dai[1] < *ʔli。

"死"黎语保定话 ɬaːu[2]，黑土话 daːu[2] < *lu。

103. 沉

"沉、埋"侗语 jam[1]，水语 ʔɣam[1] < *ʔlam。南亚语"沉"巴琉语 ɬam[53] < *lam。

"沉"临高语 jap[7] < *ʔrap。汉语"瘞"*qrap-s，埋也。

"沉"泰语 tsom[2]，武鸣壮语 ɕam[1] < *skjom。汉语"浸"*skjəm-s > *tsjəms，滋润。"淦"*kəm《说文》："水入船中也。"

104. 藏

"埋、藏"壮语、侗语 mok[7]，仫佬语 mɔk[7] < *smok。缅文 hwɑk，仰光话 phwɛʔ < *sbʷek。汉语"冒"*mək-s，盖也。

"藏"西双版纳傣语 fet[9] < *pʷet。南岛语"藏"巽他语 sumput < *su-put。

105. 来

"来"壮语龙州话 ma[2]，布依语 ma[1] < *ʔba。古隆语 bā < *ba。南岛语"来"阿者拉语 ba，"去"卑南语 va < *bʷa。

"来"水语、毛南语 taŋ[1] < *taŋ。南岛语"来"印尼语、米南卡保语 dataŋ，萨萨克语 datəŋ < *dataŋ。

106. 去

"去"壮语武鸣话 pai[1]，侗语、水语 paːi[1] < *pi。"走"壮语 pjaːi[3] < *pi-ʔ。德宏傣语 pai[6] < *pi-s。

107. 记得

"记得"德宏傣语 tɔŋ[2] < *doŋ。阿昌语 toŋ[35] < *toŋ。

108. 忘记

"忘记"侗语、水语 lam[2] < *lam。壮语武鸣话 lum[2]，黎语通什话 lum[5] <

*lum。"沉、埋"侗语 jam¹，水语 ʔɣam¹ < *ʔlam。

109. 知道

"知道"傣语 hu⁴ < *lu-ʔ。水语 ɕau³ < *hlu-ʔ。南岛语"知道"拉加语 ilo，汤加语 ʔilo < *ʔilo。萨摩亚语 ʔiloa < *ʔilo-ʔa。

110. 想

"想"西双版纳傣语 kɯt⁸ < *gət。南亚语"想"佤语艾帅话 kɤt < *kət。

"想"壮语武鸣话 nam³ < *ʔnam-ʔ。汉语"念"*nəm-s《说文》："常思也。"南岛语"心"南密语 name-n < *name。

"想"壮语武鸣话 ŋei⁴ < *ŋi-ʔ。南亚语"想"京语 ŋi³ < *ʔŋi-ʔ。

111. 喜欢

"喜欢、高兴"壮语武鸣话、侗语、水语 maŋ⁴ < *maŋ-ʔ。南岛语"爱"马京达瑙语 momaŋ < *momaŋ。

112. 笑

"笑"傣语 xo¹，水语 ku¹，黎语保定话 raːu¹ < *kru。怒苏语 ɣɹe³³ < *gre。南岛语"笑"莫图语 kiri < *kiri。

113. 哭

"哭"侗语 ne³，毛南语 ʔɲe³ < *ʔne-ʔ。"哭"苗语大南山话 ŋa³，枫香话 ɲi³ < *ʔna-ʔ。

"哭"临高语 ŋai³，水语 ʔŋe³ < *ʔŋi-ʔ。藏文 ŋu，缅文 ŋo² < *ŋu。

114. 拉

"拉"壮语武鸣话 ɣaːk⁸，西双版纳傣语 lak⁸ < *lak。南亚语"拉"布兴语 lak < *lak。

"拉"壮语武鸣话 peŋ¹，毛南语 pɛŋ¹ < *peŋ。"拉"勉语大坪江话 pɛːŋ¹，布努语 piŋ¹ < *peŋ。

115. 压

"压"布依语 naːp⁷ < *ʔnap。南亚语"压"布朗语胖品话 ʔnep⁵⁵，甘塘话 nip³¹ < *ʔnep。

116. 摇

"摇"壮语武鸣话、毛南语 ŋaːu²，水语 ⁿdjaːu² < *ŋlu。南亚语"摇"克木语 kəm ŋɛl < *kəm-ŋɛl。

"摇"黎语 ȵoŋ⁵ < *ʔnoŋ。布依语 niŋ¹ < *ʔniŋ。

117. 抖

"抖"黎语 ȵan¹ < *ʔnan。阿昌语 nan³⁵ < *nan。

"抖"壮语武鸣话 san²，毛南语 zan²，侗语 taːn² < *djan。汉语"颤"*tjan-s。

118. 丢失

"丢失"壮语、水语、侗语 tok⁷ < *tok。南亚语"落、掉"莽语 dɔk⁵⁵ < *dok。

119. 滴

"滴"水语 ljət⁷ < *ʔlət。汉语"失"*s-lit。南亚语"滴"京语 jɔt⁸ < *lot。

120. 刮

"刮"壮语武鸣话 kvet⁷ < *kʷet。侗语 kwet¹⁰，水语 kot⁸ < *got。南亚语"刮"莽语 get⁵⁵ < *get。

121. 摸

"摸"壮语 buk⁷ < *ʔbuk。南亚语"摸"莽语 bɔk⁵⁵ < *ʔbok。

"摸"黎语 gom³ < *ʔgom。

122. 编

"编"水语 lja¹，仫佬语 pja¹ < *pla。南岛语"编发"布鲁语 pali < *pali。

"编"水语 ȶet⁷，毛南语 cet⁷ < *kjet。"编"勉语江底话 tsje⁷，览金话 sa⁷，东山话 ȶa⁷ < *s-kjet。

123. 捆、缠绕

"捆"侗语 ɕuk¹⁰，毛南语 zuk⁸ < *ruk。汉语"勒"*rək。

"缠绕"壮语武鸣话 keːu³，仫佬语 kɣəu³ < *kro-ʔ。汉语"交"*kre。

124. 转

"转"壮语、傣语、水语 pan⁵ < *pan-s。"转"布努语 pen⁵ < *pan-s。汉语"返"*pʷjan-ʔ。

125. 射

"射"侗语、水语 peŋ⁵，毛南语 pɛŋ⁵ < *peŋ。南亚语"射"佤语马散话 puiŋ，德昂语硝厂沟话 băiŋ，布兴语 pĕŋ < *peŋ。

126. 打猎

"（一个人）打猎"黎语通什话 gip⁸，保定话 gip⁷ < *gip。南亚语"射"莽语 tɕap⁵¹ < *kjap。

"打猎，追"侗语 lam¹＜*ʔlam。南亚语"打猎"布朗语 χap³¹lɔm⁴⁴＜*qap lom。

127. 寻找

"寻找"德宏傣语 lɛm²＜*lem。墨脱门巴语 lam，阿昌语 liam⁵⁵＜*lam。

128. 挑选

"挑选"侗语、水语、毛南语 lai⁶＜*li-s。南岛语"挑选"锡加语 liʔi＜*li-ʔi。

"挑选"壮语龙州话 ləːk⁸，西双版纳傣语 ləːk⁸＜*lək。南亚语"挑选"克木语 luɯak，户语 lɣk³¹，布兴语 luɯk＜*lek。

129. 欺骗

"欺骗"壮语、布依语 lo⁴＜*lo-ʔ。汉语"犹"*lju 欺骗。"引诱、勾引"藏文 slu。

"欺骗"德宏傣语 len¹＜*ʔlen。南亚语"欺骗"佤语艾帅话 lhen＜*ʔlen。

130. 相信

"相信，听"水语 di³＜*ʔdiʔ。南岛语"相信，听"马都拉语 ŋ-idiŋ＜*ʔidi-ŋ。

131. 给

"给"傣语 haɯ³，布依语 ɣaɯ³＜*ʔlu-ʔ。"给"土家语 lie³⁵＜*le。

"给、送"傣语 saːi³，侗语 saːi¹＜*si。南亚语"还"布兴语 sai＜*si。

132. 借

"借（钱）"侗语 jaːm¹，水语 ʔjaːm¹＜*ʔjam。南亚语"借（工具）"布兴语 ʒam，克木语 ʔjuɯm＜*ʔjam。

133. 归还

"归还"壮语武鸣话 poi²＜*boi。

"归还"西双版纳傣语 saːi³＜*si-s。南亚语"还"布兴语 sai＜*si。

134. 烧

"烧火"壮语武鸣话 tuɯk⁷＜*tuk。汉语"燭（烛）"*tjok《说文》："庭燎。""炙"*tjaks，炙肉。

"烧（饭、茶）"侗语 taːu³，水语 plaːu⁶＜*blu-s。汉语"煑"*bru，蒸煮。

135. 烤

"烤"壮语龙州话 hiŋ¹＜*ʔliŋ。南亚语"烤"柬埔寨文 liːŋ＜*liŋ。

"烤"水语 ljaːm³＜*ʔljam-ʔ。汉语"炎"*g-lam＞*gjam，"焰"*lam-s。

136. 晒

"晒"壮语龙州话 phjaːk⁷，壮语武鸣话 taːk⁷，德宏傣语 taːk⁹＜*plak。南亚语

"晒"布朗语甘塘话 prak³³，曼俄话 phɔk³⁵，佤语马散话 hɔk < *prak。"从云后照耀"桑塔利语 pohok < *polok。

137. 生长

"生长"黎语 loŋ¹ < *ʔloŋ。南亚语"生长"户语 ploŋ³¹leŋ³³ < *ploŋ-leŋ。

"生长"水语 laːu⁴ < *lu-ʔ。"长的"景颇语 kǎ³¹lu³¹ < *kalu-ʔ。

138. 痛苦

"痛苦"临高语 ŋai²tu⁴ < *ŋiduʔ。南岛语"痛苦"戈龙塔洛语 ŋoŋoto < *ŋoto。

"痛苦"壮语、布依语 in¹ < *ʔin。汉语"隐"*qən-ʔ 痛苦。《诗经·邶风·柏舟》："耿耿不寐，如有隐忧。"

139. 病

"痛、有病"侗语 qit⁷ < *qit。汉语"噎"*ʔit。南岛语"病"托莱语 məit < *ma-ʔit。

140. 咳嗽

"咳嗽"壮语、傣语 ai¹ < *ʔi。南岛语"脖子"夏威夷语 ai，塔希提语 ʔaʔi < *ʔa-ʔi。

141. 浮

"浮"黎语通什话 bau¹ < *ʔbu。汉语"浮"*bju。"漂浮"彝语 bu³³ < *bo。

"浮"侗语 poŋ²，毛南语 ʔmuŋ¹ < *ʔboŋ。南岛语"浮"印尼语 məŋ-apuŋ，亚齐语 ampoŋ < *ʔapuŋ。爪哇语 ŋambaŋ < *ŋa-baŋ。

142. 游

"游"水语 lui²，莫语 ɗui¹ < *ʔlui。南亚语"游"佤语布饶克方言 loi，布朗语 lɔi < *loi。

143. 倒

"倒（水）"傣语 thɔk⁹ < *thak。阿昌语 thək³⁵，浪速语 tuk⁵⁵（倒过来）< *tuk。

"倒（水）"壮语 poːk⁷，布依语 pɔk⁷ < *pok。南岛语"倒（水）"巴拉望语 i-bɔkbak < *bok-bak。

144. 洗

"洗"水语 lak⁷，德宏傣语 sak⁸ < *ʔlak。汉语"浴"*g-ljok。

"洗"毛南语 zuk⁷，德宏傣语 ɕuk⁷ < *sruk。汉语"漱"*srok-s《说文》："荡口也。"

"洗澡"布依语 ʔaːp⁷，毛南语 zaːp⁸ < *lap。南岛语"洗脸"巴厘语 n-alob < *ʔalob。

"洗（澡）"峨村话 ðaːu¹¹ (C2)，郎架话 ðaːu²⁴ (C1)（洗身、洗碗）< * dus。南岛语"洗澡"巽他语 mandus，爪哇语 adus。

145. 剥

"剥"水语、毛南语 lik⁷ < *lik。南亚语"剥"克木语 laik，户语 lɛʔ³¹ < *lek。

146. 挂

"挂"壮语武鸣话 ven³ < *ʔbʷen。南亚语"挂"克木语 khə vɛn < *kə-bʷen。

147. 分

"分"黎语保定话 kau² < *gu。博嘎尔珞巴语 guː，怒苏语 go³⁵ < *go。

"分"西双版纳傣语 beŋ⁵ < *ʔbeŋ。墨脱门巴语 boŋ，义都珞巴语 beŋ < *beŋ。

148. 劈

"劈"壮语 paːk⁸，毛南语 mak⁷ < *ʔbak。浪速语 pauk³¹ < *pak。南亚语"劈"克木语 bōk < *bok。

"劈"布依语 pa⁵，傣语 pha⁵，侗语 la⁵ < *pla-s。格曼僜语 bla⁵³ < *bla。

149. 大

"大的"侗语、水语 laːu⁴ < *luʔ。苗语大南山话 l̥o¹ < *ʔlo。"长的"景颇语 kǎ³¹lu³¹ < *kalu-ʔ。

"大的"侗语南部方言 maːk⁹，毛南语 boːk⁸ < *ʔ-bok。汉语"博"*pak。《诗经·鲁颂·泮水》："戎车孔博，徒御无斁。""博"，一说广大。

150. 小

"小的"水语 ti³ < *tiʔ。南岛语"小的"塔希提语 iti，拉巴努伊语 ʔiti-ʔiti < *ʔiti。

"小的"毛南语 ni⁵，布依语 ne⁵ < *ʔni-s。"小的"哈尼语绿春话、阿昌语 n̩i⁵⁵，基诺语（a⁴⁴）ni⁵⁵ < *ʔni。

151. 远

"远的"泰语 klai²，壮语武鸣话 kjai¹，黎语通什话 lai¹ < *kli。"远的"苗语先进话 tl̥e¹，复员话 qweiᴬ，勉语三江话 ku¹ < *qʷli。

152. 近

"近的"壮语武鸣话 kjau³，龙州话 khjau³，临高语 lɔ³ < *klo-ʔ。"近的"苗

语养蒿话 ɣi⁵，先进话 zɐ⁵，复员话 ʔwji°，炯奈语长垌话 ŋkja⁵ < *ʔgʷle-s。

153. 长

"长的" 傣语 jaːu² < *ru。南亚语 "长的" 布兴语 ʒau < *ru。

"长的" 壮语龙州话 ɬi²，毛南语 ʔjaːi³ < *ri-ʔ。南亚语 "长的" 京语 jaːi² < *ri。

"长的" 黎语保定话 taːu³ < *tu-ʔ。"长的" 勉语江底话 daːu³，大坪话 du³ < *ʔdu-ʔ。

154. 短

"短的" 壮语武鸣话 tin³ < *tin-ʔ。毛南语 din⁴ < *ʔdin-ʔ。汉语 "短" *tʷan-ʔ。

"短的" 黎语 that⁷ < *tat。"剪裁" 泰语 tat⁷，临高语 daʔ⁷ < *ʔ-dat。汉语 "叕" *tʷat，短也。

155. 高

"高的" 西双版纳傣语 suŋ¹，壮语龙州话 ɬuŋ¹ < *sluŋ。南亚语 "高的" 佤语马散话 ḷɔŋ，布朗语曼俄话 ḷeŋ，布兴语 suŋ < *sleŋ。

156. 低

"低的" 壮语 tam⁵，水语 ndam⁵ < *ʔdam。南亚语 "低的" 布兴语 tăm，佤语艾帅话 tiam < *tam。

"低的" 德宏傣语 ɛm⁵ < *ʔem。南亚语 "低的" 德昂语硝厂沟话 ɛm < *ʔem。

157. 弯

"弯的" 壮语 kau² < *gu。南亚语 "弯的" 京语 ɣɔ² < *go。

"弯的" 傣语 kot⁸ < *got。南岛语 "弯的" 巴厘语 beŋkot < *be-kot。

158. 直

"直的" 仫佬语 ḷɔ³ < *ʔlo-ʔ。南岛语 "直的" 劳语 ʔolo ʔoloa < *ʔolo-ʔa。

"直的" 侗语 son²，毛南语 zjaŋ²，水语 ɕaŋ² < *roŋ。南岛语 "直的" 阿者拉语 rururuŋ < *ruŋ。

159. 圆的

黎语元门话 bom³bau³ < *bobu-ʔ。黎语堑对话 po⁵ < *po-s。南岛语 "圆的" 阿杰语 powe < *pobʷe。达密语 obu < *ʔobu。

侗语 ton²，毛南语 don² < *don。黎语通什话 lun⁵ < *ʔlun-s。勉语罗香话 klun²，东山话 klin² < *glun。

德宏傣语 lum⁶ < *lum-s。阿昌语 lum³¹ < *lum。

水语 qon² < *ɢon。汉语"圆"*gʷjan > *ɣʷjan。

160. 新的

傣语、毛南语 mai⁵，水语 m̥ai⁵ < *ʔmis。南亚语"新的"京语 məi⁵ < *ʔmis。南岛语"新的"布昂语 məwis < *mi-mis。

161. 老的

壮语 ke⁵，毛南语 ce⁵ < *kes。南岛语"老的"夸梅拉语 akʷas < *ʔakʷas。

162. 好的

西双版纳傣语 di¹，水语 dai¹，侗语 lai¹ < *ʔdi。南岛语"美的、好的"马京达瑙语 diʔa < *di-ʔa。

163. 坏的

水语 pha⁵，侗语 pha⁵′ < *phe-s。苗语养蒿话 pa⁴，复员话 vuᴬ < *bʷo-ʔ。

壮语武鸣话 jaːk⁷，黎语保定话 reːk⁷ < *ʔrak。"丑的"傣语版纳话 jɔk⁷ < *ʔrak。汉语"亚"*ʔrak-s《说文》："丑也。"南岛语"坏的、丑的"拉巴努伊语 rake-rake < *rake。

164. 亮的

西双版纳傣语 lɛŋ²，布央语郎架话 ma⁰loŋ³¹² < *m-leŋ。缅文 lɑŋ³ < *leŋ。

165. 暗的

壮语武鸣话 lap⁷，仫佬语 l̥ap⁷ < *ʔlap。南岛语"暗的"印尼语 kə-gəlap-an < *gəlap。

侗语 təŋ⁵，水语 ⁿdjəŋ⁵ < *ʔdəŋ-s。南岛语"暗的"萨萨克语 pətəŋ < *pətəŋ。

166. 干的

壮语龙州话 khauɯ⁵，武鸣话 hauɯ⁵ < *khu-s。基诺语 a⁴⁴kɯ⁴⁴ < *ʔaku。

167. 湿的

壮语 bai⁵ < *ʔbis。南岛语"湿的"卡乌龙语 pis < *pis。

168. 咸的

黎语元门话 kiam² < *gram。汉语"咸"*grəm。

壮语 daŋ⁵，水语 ʔnaŋ⁵，黎语加茂话 taŋ² < *ʔdaŋ-s。南亚语"苦的"京语 daŋ⁵ < *ʔdaŋ-s。

169. 苦

壮语龙州话 khum¹，武鸣话 ham²，黎语什话 hoːm¹，加茂话 ziam⁴ < *krem。

汉语"咸"*grəm。

170. 酸

壮语武鸣话 som³，西双版纳傣语 sum³，毛南语 səm³ < *som-ʔ。南岛语"酸的"印尼语 asam，米南卡保语 masam，巴厘语 masəm < *m-ʔasam。

171. 甜

壮语武鸣话、傣语 vaːn¹，水语、毛南语 faːn¹ < *ʔbʷan。南岛语"香的"拉加语 bon-boni < *bon-ʔi。

172. 红

泰语 deːŋ¹，壮语龙州话 deːŋ¹，临高语 liŋ¹ < *ʔleŋ。苗语枫香话 len¹，大南山话 la¹，布努语七百弄话 ləŋ¹ < *ʔleŋ。

173. 白

壮语武鸣话 ɣaːu¹，傣语 xaːu¹，黎语通什话 khaːu¹ < *klu。苗语野鸡坡话 qlo^A，大南山话 tl̥eu¹ < *qlo。

壮语武鸣话 piːk⁸，侗语 paːk¹⁰，毛南语 pok⁸ < *bek。南亚语"白的"布兴语 bŭk < *buk。

174. 黄

傣语 ləŋ¹，壮语龙州话 ləːŋ¹，黎语保定话 zeːŋ¹ < *ʔleŋ。南亚语"黄的"柬埔寨文 lɯaŋ < *loŋ。

175. 黑

壮语龙州话 dam¹，黎语通什话 dam³，布央语峨村话 ʔdam²⁴ < *ʔdam。南岛语"黑的"卑南语 ʔudʔudam < *ʔud-ʔudam。

176. 热的

泰语 dɯət⁹，武鸣壮语 daːt⁹，布依语 daːt⁷ < *ʔdat。景颇语（kă³¹）thet⁵⁵ < *thet。

177. 冷的

毛南语 jaːm⁵ < *ʔnjam-s。苗语吉卫话 noŋ⁵，勉语江底话、大坪话 nam⁵ < *ʔnem-s。

壮语武鸣话 nit⁷，水语 ʔn̥it⁷ < *ʔdit。（天冷）

布依语 ɕeŋ⁴ < *reŋ。汉语"冷"*m-reŋ-ʔ。

178. 空的

傣语 pau⁵ < *pus。南岛语"空的"马林厄语 beso < *beso。

水语 loŋ¹，壮语 kjoŋ¹ < *kloŋ。缅文 hoŋ³loŋ³ < *qoŋ-loŋ。

179. 懒

壮语龙州话 kjaːn⁴，傣语 xaːn⁴ < *gjan-ʔ。苗语高坡话 ŋkin⁴，复员话 ŋkaŋᴮ < *ʔ-gen-ʔ。

180. 深的

壮语武鸣话 lak⁸，傣语 lək⁸，黎语保定话 ɬoːk⁷ < *lək。南亚语"深的"德昂语硝厂沟话 lɤk，茶叶箐话 läk⁵⁵ < *lək。

181. 浅的

傣语 tɯn³，黎语 thɯm³ < *tən-ʔ。缅文 tin² < *tin。南亚语"浅的"布朗语甘塘话 ten⁵¹ < *ten。

182. 香的

水语 ⁿdaːŋ¹ < *ʔdaŋ。布努语瑶里话 ntəŋ¹，勉语大坪话 daŋ¹ < *ʔdaŋ。

壮语武鸣话 hoːm¹，傣语 hɔm¹ < *hom。南亚语"香的"佤语孟贡话 hōm，德昂语曼俄话 hɔm³⁵，户语 hɔm³³ < *hom。

183. 臭的

壮语武鸣话 hau¹，布依语 ɣau¹ < *ʔlu。南亚语"臭的"莽语 θɯ⁵¹ < *lu。汉语"醜"*qlju-ʔ > *thjuʔ，《释名》："臭也。"《说文》："可恶也。"

184. 软的

壮语武鸣话 un⁵，西双版纳傣语 ɔn³，德宏傣语 on³ < *ʔon。南亚语"软的"佤语马散话 ʔo̩n < *ʔon。

185. 硬的

壮语龙州话 kheŋ¹，傣语 xɛŋ¹，邕宁壮语 hleːŋ¹ʹ，保定黎语 hjeːŋ² < *gleŋ。汉语"竞"*graŋ-s，强也。《诗经·大雅·抑》："无竞维人，四方其训之。"南亚语"硬的"德昂语南虎话 khrɤŋ < *krəŋ。

186. 瘦的

壮语都安话 ro² < *ro。汉语"瘦"*sru-s。

187. 干净

"干净的"壮语武鸣话 seu⁵，仫佬语 sjau⁵ < *su-s。哈尼语绿春话 so⁵⁵ < *so。

188. 脏的

壮语武鸣话 hei²，龙州话 a¹loi¹，布依语 ji² < *li。南岛语"脏的"汤加语

ʔuli < *ʔali。萨摩亚语 ʔeleʔele-ʔa < *ʔele。

189. 饿

壮语武鸣话 iːk⁷，西双版纳傣语 jaːk⁷，水语 ʔjaːk⁷ < *ʔjak。南岛语"饿"拉巴努伊语 maruaki < *maru-ʔaki（饿–饿）。

190. 饱

"饱"壮语武鸣话、傣语 im⁵ < *ʔims。汉语"饜"*ʔiam-s《说文》："饱也。"

191. 滑

"滑"壮语武鸣话 mlaːk⁸，临高语 miak⁸ < *m-lak。南岛语"滑"马京达瑙语 ŋɡəlek < *gə-lek，巴厘语 bəlig < *bə-lig。

"滑"布依语 zau²，毛南语 lau¹ < *ʔlu。南岛语"滑"那大语 milu < *milu。

192. 对的

"对的"西双版纳傣语 mɛn⁶ < *men-s。缅文 hmɑn < *s-man。南亚语"对的"克木语 mɛn，布朗语 men⁴⁴ < *mɛn。

193. 错

"错的"壮语武鸣话 lok⁷，临高语 sɔk⁷，仫佬语 thaːk⁷ < *ʔlak。汉语"忒"*q-lək。《诗经·大雅·抑》："取譬不远，昊天不忒。""忒"，错。

194. 重

"重的"壮语武鸣话、西双版纳傣语 nak⁷ < *ʔnak。南亚语"重的"克木语 nak < *nak。

195. 细

"细的"西双版纳傣语 lep⁸ < *lep。南亚语"细的"布朗语 lɛp⁴⁴ < *lep。

196. 薄

"薄的"壮语 baŋ¹，侗语 maŋ¹ < *ʔbaŋ。南岛语"薄的"贡诺语 seppaŋ < *se-paŋ。

197. 愚蠢

"愚蠢的"壮语龙州话 ŋuːŋ⁶，毛南语 ʔŋaːŋ⁵ < *ʔŋaŋ。南岛语"愚蠢的"西部斐济语 ŋāŋā，锡加语 ŋaŋa-ŋ < *ŋaŋa。

198. 快

仫佬语 hwəi⁵，水语 hoi⁵ < *khʷe-s。"快"苗语养蒿话 xhi⁵，炯奈语长垌话 ɣwei⁵，畲语多祝话 ha⁵ < *s-khʷe-s。

199. 慢

"慢的"毛南语 ŋgan¹ < *ʔgan。汉语"缓"*gʷan > *ɣʷan。

200. 这

"这"泰语 ni³，拉珈语 ni²，黎语通什话 ni⁵，布央语峨村话 ni³³ (A2)。"这"苗语养蒿话 noŋ³，勉语江底话 naːi³，大坪话 na³ < *ʔne-ʔ。南岛语"这"赛德克语 hini < *qini，阿美语 kuni，赛夏语 hiniʔ。南亚语"这"布朗语甘塘话 ni³¹，克木语 n̥iʔ。蒙达语 ne < *ne。

201. 那

"那"仫佬语 ka⁶，侗语 ȶa⁶ < *ge-s。傈僳语 go³³ < *go。汉语"其"*gjə。

"那"临高语 nə⁴ < *ne-ʔ。拉祜语 no⁵³ < *ʔno。

202. 哪

"哪"壮语 -lau¹，西双版纳傣语 -dǎi¹ < *ʔli。"哪"勉语江底话 haːi⁵，罗香话 laːi⁵ < *qli-s。

203. 不

"不"壮语龙州话 mi²，水语 me² < *mi。藏文 mi，羌语 mi⁵⁵ < *mi。

"不"黎语 ta¹ < *ta。南岛语"不"雅美语 ta < *ta。

（三）人称代词

1. 壮傣语的人称代词

（1）第一人称代词

"我"泰语 ku²，老挝语、布依语 ku¹，壮语龙州话 kau¹ < *ku。石家语的人称代词与泰语、傣语的相近，"我" kuː¹ 是亲密者之间的自称，另外还有 hɔi⁴。"我"苗语大南山话 ko³，石门坎话 ku³，绞坨话 koŋ³ < *ku-ʔ。"我"南岛语系爪哇语、达阿语 aku。

"我们"（排除式）泰语 tu²，邕宁壮语 phlouⁱ' < *plu。

"咱们"泰语 rau²，德宏傣语 hau²，石家语 rauⁱ'，布依语（pɔ²）zau²，黎语 gau¹ < *gru。临高语 dəu²（lo⁴），侗语 taːu¹，水语 daːu¹ < *du。

（2）第二人称代词

"你"泰语 mɯŋ²，德宏傣语 mau²，柳江壮语、布依语 mɯŋ²，临高语 mə² < *mə。"你"印度尼西亚语 ka-mu。"你们"印度尼西亚萨武岛的萨武语（Sawu）mew。

"你们"泰语 su¹，德宏傣语 su¹tsǎu³，^① 武鸣壮语 sou¹ < *su。"你"台湾南岛语如布农语 su，鲁凯语 kusu，泰雅语 ʔisuʔ < *su。作为单数第二人称代词未见分布在台湾以外的南岛语，可能来自侗台语。

"你们"临高语 mə²lo⁴ < *məlo-ʔ。临高语复数的后缀 -lo 可能与汉语南方方言如吴、湘方言中这一类后缀有词源关系。

侗台语双数的人称代词"我们俩""你们俩""他们俩"等通常是在代词前加"二"，有的带量词，有的不带。如布依语"我们俩" soŋ¹zau²，"你们俩" soŋ¹pu⁴su¹，"他们俩" soŋ¹pu⁴te¹。

2. 侗水语的称代词

（1）第一人称代词

"我"侗语 jaːu²，水语 ju²，毛南语 ɦie² < *gru。和壮傣语的"咱们"有共同来历。

"我"仫佬语 ʔəi¹ < *qi。

"咱们"侗语南部方言 ȶau¹，侗语南部下坎话 taːu¹，水语 ndaːu¹，仫佬语 hɣaːu¹，毛南语 ndaːu¹，拉珈语 tau¹ < *ʔdu。

（2）第二人称代词

"你"侗语、水语、仫佬语 ȵa²，借自古汉语"汝" *nja。

"你们"侗语 ɕaːu¹ʹ，仫佬语 saːu¹ < *su。和壮傣语的有共同来历。

3. 黎语的人称代词

（1）第一人称代词

"我"黎语通什话 hou¹，加茂话 kau¹，村语 kə²¹ < *ku。与壮傣语第一人称同。

"我们"通什话 fau¹，保定话 fa¹ < *pʷe。

"我们"黎语中沙话 ʔa³tau¹ < *tu，与侗水语"咱们"有词源关系。

"咱们"通什话 gau⁴ < *gru。

（2）第二人称代词

"你"通什话 meɯ¹，中沙话 meɯ¹，加茂话 məi¹ < *mə 与壮傣语的同源。"你们"通什话 tau¹，西方话 sau¹ < *su。中沙话 meɯ¹tau¹ 用 *su 做复数标记。

---

① tsǎu³ < *skju，原义"主人"，后为尊称。

4. 仡央语的人称代词

（1）第一人称代词

"我"布央语峨村话 ku^{24}，郎架话 ku^{54}，巴哈话 ku^{322} < *ku。

"我"拉基语 ki^{24}，仡佬语贞丰话 $?i^{42}$，比贡话 i^{13} < *qi。对应于克伦语叶因巴方言（Yeinba）"我" kē，库基–钦语支他多语（Thado）kē，格曼僜语 ki。

"我们"仡佬语贞丰话 tau^{35} < *tu，与泰语、黎语的同源。

（2）第二人称代词

"你"木佬语 mo^{31}，仡佬语贞丰话 mu^{31}，比贡话 $mɯu^{31}$，布央语巴哈话 $mə^{31}$ < *mɯu。与壮傣语、黎语的 *mə 应有共同来源。

拉基语"你们" $thɛ^{55}me^{33}te^{33}$，"你们俩" $su^{55}k\tilde{i}^{55}thɛ^{55}me^{33}te^{33}$（$su^{55}k\tilde{i}^{55}$ 两个）。

第六章　苗瑶语的历史和词源

一、苗瑶语的历史分布和分类

新石器时代长江中游地区的大溪文化—屈家岭文化—长江中游龙山文化，中原仰韶文化—庙底沟二期文化—黄河中游地区的龙山文化，两个系列有着密切的关系。如仰韶文化的人面鱼纹图为宽鼻者口中含两条鱼，大溪葬俗中也有口含两条鱼的形式。

早期苗瑶语的背景是长江中游地区的大溪文化，分布于长江北岸，主要的支系多已消失。战国两汉时期分布于湘西的苗瑶语分化为后来的支系。

二十世纪初也曾有学者认为苗瑶语与孟高棉语有发生学关系。早期的苗瑶语有南亚语的底层，苗、畲两支语言和藏缅语的对应词较多，勉语和侗台语的对应词较多。从苗瑶语的语音系统、词汇和形态看，跟它们关系最密切的是侗台语，一些农耕文化相关的苗瑶语词和汉语、侗台语一致。

（一）苗瑶语的历史分布

早期的苗瑶文化可能源于长江中游地区的大溪文化，距今 6400 年至 4700 年，遗址的房屋烧土块有稻壳和稻草末，可推测当地居民种植稻子。夏代，长江中游地区这一时期由于中原文化的南下而出现较大的变化。商代，江汉地区的土著文化渐衰弱，发展为楚文化。战国两汉时期湘北、湘西北和湘中的文化可能包含有当时的苗瑶文化。

苗瑶先民史籍称为"武陵蛮""五溪蛮"，有关记载见于南北朝范晔的《后汉书》。[①]《后汉书·马援列传》："二十四年，武威将军刘尚击武陵五溪蛮夷。"东汉时古苗瑶人大约居于沅水中游与酉水下游一带。

唐代樊绰《蛮书》有"黔、泾、巴、夏、四邑苗众"的记载。此时苗瑶人支系南下。瑶族从湖南迁至两广境内，称为"莫徭蛮""莫徭"或"徭人"。[②]

---

① 汉初，秦黔中郡为武陵郡，治下甚广，包括湖南、湖北、贵州和广西。五溪即武陵地区的雄、樠、无、西、辰五溪（见《水经注》）。

② 江应梁：《中国民族史》（中），民族出版社 1990 年版，第 517 页。

　　畲人大约南北朝时沿湘黔边境南下，经桂北、桂东，至广东潮州，聚居于粤、闽、赣交界地区。南宋时部分畲人向福建的不同地区和浙江等地迁移。客家人南下广东，与畲人杂居，大部分畲人渐转用客家话。

（二）苗瑶语的分类和语音特点

　　苗瑶语通常分为苗畲和勉两大支，前者包括苗语支语言和畲语，勉语自成一支。

　　苗语支的语言有苗、布努、巴哼、炯奈等四种语言。苗语区分为黔东、湘西、川黔滇三种方言。川黔滇方言又有 7 种次方言。布努语有布努、瑙格劳两种方言。巴哼语分三江、黎平两种方言，分别分布于广西和贵州。

　　一些瑶族人使用布努语和巴哼语，越南的巴哼语又称那峨语或巴腾语。

　　苗瑶诸语同源词声调对应，说明其分化是在声调产生之后。诸语中古汉语借词声调的对应关系可以说明苗瑶语的分化当在汉语的中古早期。

　　汉代末期之前的苗瑶语，本书称为早期苗瑶语，汉代末期至唐宋时为古苗瑶语，元代以来为近现代苗瑶语。

　　1. 苗瑶语的语音特点

　　（1）苗语的塞音声母

　　畲语声母的构成和勉语相似。词的对应关系说明，苗语 mp- < *ʔp-，mph- < *ʔph-，mb- < *ʔb-。这样就可以看出古苗语和古勉语有一致的辅音声母。

　　（2）苗语的送气擦音声母

　　苗语的送气擦音声母 sh- 主要来自 *sk-，对应于勉语和畲语的 s-。如：

　　① "送"苗语养蒿话 shoŋ⁵，勉语三江话 sjɔŋ⁵，畲语多祝话 suŋ⁵ < *skʷjoŋ-s。

　　② "蓑衣"苗语养蒿话 sho¹，勉语东山话 swəi¹ < *skʷei。[1]

　　③ "骨头"苗语养蒿话 shoŋ³，勉语三江话 sjɔŋ³ < *skʷjoŋ-ʔ。

　　2. 勉语的语音特点

　　（1）勉语辅音声母的构成

　　勉话有勉、金门、标敏和藻敏四种方言，鼻音通常为 m̥ m 两类，擦音通常为 f v 两类。

　　金门方言有 ʔp，ph 只用于读汉语借词。藻敏方言塞音两分，只有 p 和 b。[2]

_____

　　[1]　汉借词。古汉语"蓑"*skhʷəl > *suəl。
　　[2]　陈其光：《苗瑶语文》，中央民族大学出版社 2013 年版，第 388 页。

（2）勉语舌根音的对应

勉语的舌根音声母可对应于苗语的小舌音声母，应是早期小舌音合并于舌根音的缘故。

① "鸡"苗语养蒿话 qei^1，枫香话 qɛ^1，勉语长坪话 kai^1 < *qi。

② "蛙"苗语养蒿话 qaŋ^3，枫香话 qoŋ^3，勉语长坪话 kjeŋ^3 < *qʷeŋ-ʔ。

（三）苗瑶语的人称代词和数词

1. 人称代词

（1）第一人称代词

① "我"苗语大南山话 ko^3，石门坎话 ku^3，绞坨话 koŋ^3 < *ku-ʔ。对应 "我" 泰语 ku^2，老挝语、布依语 ku^1，壮语龙州话 kau^1 < *ku。

② "我"苗语养蒿话 vi^4，畲语 vaŋ^4 < *bʷe-ʔ。

"我们"苗语大南山话 pe^1，石门坎话 pi^1，绞坨话 pæ^1 < *pʷe。勉语江底话 bwo^1 < *ʔbʷe。"我们"黎语通什话 fau^1，保定话 fa^1 < *pʷe。

③ "我"勉语江底话 je^1，览金话 ja^1，龙定话 ʑe^1 < *ʔre。

（2）第二人称代词

"你"苗语养蒿话 moŋ^2，勉语江底话 mwei^2，大坪话 mui^2 < *mʷi。

"你"克木语 me（男），巴琉语 mi^{33}，京语 mai^2，德昂语硝厂沟话 mǎi < *mi。

2. 数词

苗瑶语不同支系的数词基本上有共同来历，"四""七""八""九"跟藏缅语的对应。

"一"苗语养蒿话、大南山话 i^1，勉语东山话 i^1 < *ʔi。

"二"苗语养蒿话 o^1，石门话 a^1，巴哼语文界话 va^1 < *ʔwa。

"三"苗语养蒿话 pi^1，畲语 pi^1，勉语江底话 pwo^1 < *pʷe。

"四"苗语野鸡坡话 plou^1，畲语 pi^6，勉语东山话 pləi^1，江底话 pjei^1 < *pli。

"五"苗语养蒿话 tsa^1，腊乙坪话 pzɑ^1，绞坨话 pzį^1，甲定话 plɑ^1，瑶语罗香话 plɑ^1，江底话 pjɑ^1 < *pla。

"六"苗语养蒿话 ʈu^5，勉语江底话 tɕu^7，长坪话 kju^7，东山话 klɔ^7 < *kruk。

"七"苗语养蒿话 ɕoŋ^6，勉语东山 ni^6，大坪话 sje^6，三江话 ŋi^6 < *g-nis。

"八"苗语养蒿话 ʐa^8，勉语江底话 ɕet^8，大坪话 dzjat^8 < *grjat。

"九"苗语养蒿话 tɕɔ^2，勉语江底话 dwo^2，大坪话 ku^2 < *gʷju。

"十"苗语养蒿话 tçu^8，勉语江底话 tsjop^8 < *dzjop。勉语大坪话 sjep^8 <
*zjep。

二、苗瑶语的语音和形态

（一）苗瑶语声韵调的历史

1. 唇音

古苗语唇音声母归为十二类，唇塞音 *p-、*ph-、*b-、*mp-、*mph- 和
*mb-，唇鼻音 ʔm-、m̥-、m-，唇擦音 *f-、*ʔv-、*v-。

古勉语唇音声母十类，唇塞音 *p、*ph、*b 和 *ʔb，唇鼻音 ʔm-、m̥-、m-
和唇擦音 *f-、*ʔv-、*v-。

（1）p- < *p-

"丈夫"苗语吉卫话 po^3，畲语多祝话 pɣ^3 < *po-ʔ。

"开（门）"苗语养蒿话 pu^7，巴哼语文界话 pɔ^7 < *put。

（2）ph-、fh- < *ph-

"剖"苗语养蒿话 pha^5，先进话 phua^5 < *phas。

"扫"勉语江底话 phwat^7，长坪话 phwət^7 < *ph^{w}at。

"头"苗语养蒿话 fhu^3，高坡话 ho^3 < *ph^{w}lo-ʔ。

（3）双数调 b- < *b-

"孵"苗语养蒿话 pə^6，先进话 pua^6，勉语三江话 pu^6 < *b^{w}os。

"抱"苗语养蒿话 pə^6，先进话 pua^6 < *b^{w}os。

（4）单数调 mp- < *ʔp-

"猪"苗语养蒿话 pa^5，先进话 mpua^5 < *ʔp^{w}as。

"披"苗语养蒿话 pa^5，先进话 mpua^5 < *ʔp^{w}as。

（5）mph- < *ʔph-

"撒（土）"苗语吉卫话 mphu^5，石门话 mphau^5 < *ʔphu-s。

（6）mb- < *ʔb-

"盖（锅）"苗语青岩话 mpau^6，复员话 mpu^C < *ʔbu-s。

（7）单数调 b- < *ʔb-

"灰（色）"勉语江底话 bwo^3，东山话 bau^3 < *ʔb^{w}o-ʔ。

"云"勉语览金 van^5，罗香话 bwən$^{5'}$ < *ʔb^{w}ən-s。

"响"勉语江底话 buːi^1，三江话 bwei^1，大坪话 bai^1 < *ʔb^{w}i。

"瞎"勉语江底话 bwə³，湘江话 bu³ < *ʔbʷe-ʔ。

（8）单数调 v- < *ʔbʷ-

"盖（被子）"苗语青岩话 vau³，复员话 ʔwuᴮ，畲语多祝话 vu³ < *ʔbʷuʔ。

"妻子"布努语七百弄话 ve³，瑶里话 vei³，巴哼语文界话 vo³ < *ʔbʷe-ʔ。

"头"布努语七百弄话 fa³，瑶里话 vɦja³ < *ʔbʷlo-ʔ。

（9）双数调 v- < *bʷ-

"我"苗语养蒿话 vi⁴，畲语 vaŋ⁴ < *bʷeŋ-ʔ。

"园子"苗语养蒿话 vaŋ²，畲语 vun² < *bʷon。

"云"勉语览金 van⁵，罗香话 bwən⁵′ < *ʔbʷən-s。

（10）m- < *m-

"有"苗语养蒿话 mɛ²，勉语三江话 mai² < *mi。

"你"苗语养蒿话 moŋ²，勉语江底话 mwei²，大坪话 mui² < *mʷi。

"人"勉语江底话 mjen²，罗香话 mwan²，东山话 min² < *mʷjen。

（11）ʔm- < *ʔb-

"痛"苗语养蒿话 moŋ¹，复员话 ʔmoŋᴬ，勉语湘江话 muŋ¹ < *ʔben。

"拿"苗语养蒿话 mɛ¹，先进话 mua¹ < *ʔbʷe。

（12）m̥- < *sm-

"晚上"苗语养蒿话 m̥han⁵，勉语江底话 m̥waŋ⁵（暗），大坪话 m̥oŋ⁵ < *smʷaŋ。

"油脂"勉语江底话 m̥ei¹，大坪话 mi < *smir。

"米"勉语江底话 m̥ei³，大坪话 mɛi³ < *smirʔ。汉语"米"*mir-ʔ《说文》："粟实。"

（13）mw- < *ŋʷ-

"眼睛"苗语养蒿话 mɛ⁶，勉语罗香话 mwei⁶，览金话 ŋwei⁶ < *ŋʷe-s。

"鬼"勉语江底话 mjen³，览金话 ŋwaːn³，东山话 m̥jen³ < *s-ŋʷjan。

"草"勉语江底话 mje³，烟园话 ŋwa³，东山话 m̥ja³ < *s-ŋʷje-ʔ。

2. 舌尖齿音

《苗瑶语古音构拟》中舌尖齿塞音声母有 *t-、*th-、*d-、*nt-、*nth-、*nd- 六类，鼻音声母有 *ʔn-、*n̥-、*n- 三类，流音声母有 *ʔl-、*l̥-、*l- 三类。其中：

*nt- < *ʔd-、*ʔ-t-，*nth- < *ʔ-th-，*nd- < *ʔd-，*ʔd- < *ʔl-

（1）t- < *t、*kl-、*q-le

"皮" 苗语养蒿话 tu³，布努语七百弄话 to³ < *to-ʔ。

"杀" 苗语先进话 tua⁵，畲语多祝话 ta⁵ < *tʷa-s。

"酒" 苗语养蒿话 tɕu，勉语江底话 tiu³ < *tjuʔ < *klu-ʔ。

"地" 苗语养蒿话 ta¹，高坡话 qə-tæ¹，巴哼语毛坳话 qale¹ < *q-le。

"虱子" 苗语养蒿话 te³，勉语江底话 tam³，大坪话 dam³ < *ʔdemʔ < *q-lem-ʔ。

（2）*nt- < *ʔd-、*ʔ-t-

"香" 布努语七百弄话 ntəŋ¹，勉语江底话 daːŋ¹，大坪话 dɔŋ¹ < *ʔdaŋ。

"长 的" 苗语养蒿话 ta³，枫香话 nti³，勉语江底话 daːu³，大坪话 du³ < *ʔdu-ʔ。

"烤" 苗语养蒿话 ta⁵，枫香话 nti⁵，勉语大坪话 du⁵ < *ʔdu-s。

"戴（帽）" 苗语养蒿话 tə⁵，枫香话 ntoŋ⁵，勉语江底话 doŋ⁵ < *ʔdoŋ-s。

"爬" 苗语养蒿话 tɕi⁵，复员话 n̩ʔtɕiᶜ，炯奈语长垌话 ntja⁵ < *ʔ-tjo-s。

"记" 苗语复员话 n̩ʔtɕuᶜ，布努语七百弄话 n̩tɕɔ⁵ < *ʔ-tju-s。

（3）n̥- < *sn-

"爪" 勉语湘江话 n̥iu³，览金话 n̥aːu³ < *snju。

"太阳、日" 苗语养蒿话 n̥hɛ¹，勉语江底话 n̥ɔi¹，大坪话 nai¹ < *snʷi。

"听见" 苗语养蒿话 n̥haŋ³，勉语罗香话 nom³，览金话 num³ < *snʷem。

"穿（衣）" 苗语养蒿话 naŋ⁴，吉卫话 n̥hei³，勉语大坪话 nɔŋ³ < *snoŋ-ʔ。

（4）单数调 n- < *ʔn-、*ʔ-n-

"蛇" 苗语养蒿话 naŋ¹，勉语江底话 naːŋ¹，大坪话 nɔŋ¹ < *ʔnaŋ。

"这" 苗语养蒿话 noŋ³，勉语江底话 naːi³，大坪话 na³ < *ʔne-ʔ。

"冷" 苗语吉卫话 noŋ⁵，勉语江底话、大坪话 nam⁵ < *ʔnem-s。

（5）*l̥- < *ql-、*sl-

"烫" 苗语先进话 l̥aŋ¹，枫香话 lhoŋ¹ < *qlaŋ。

"绳子" 勉语江底话 ɬaːŋ¹，东山话 laŋ¹，三江话 ljaŋ¹ < *qlaŋ。

"竹子" 苗语养蒿话 l̥ho³，勉语江底话 ɬau³，大坪话 lau³ < *qlu-ʔ。

"月亮" 苗语养蒿话 l̥ha⁵，勉语三江话 lu⁵，大坪话 lɔu⁵ < *sla-s。

"割" 苗语养蒿话 l̥hei⁷，畲语多祝话 l̥ai⁷ < *s-lat。

3. 舌尖后音

《苗瑶语古音构拟》构拟的舌尖后齿塞音声母有 *ʈ-、*ʈh-、*ɖ-、*nʈ-、*nʈh-、

* nɖ- 六类，鼻音、流音和复辅音声母类推。

（1）单数调 ʈ- < *tj-

"回"苗语养蒿话 ʈaŋ³，先进话 ʈau³，复员话 tʂoŋ^B < *tjaŋ-ʔ。

"蹄子"苗语养蒿话 ʈi⁵，先进话 ʈou⁵，复员话 tʂu^C < *tju-s。

"脚"苗语养蒿话 tu⁵，先进话 teu⁵，复员话 to^C < *tu-s。

（2）双数调 ʈ- < *dj-

"竹子"苗语青岩话 ʈau⁸，高坡话 ʈə⁸ < *djuk。

"中打中"苗语吉卫话 ʈə⁶，先进话 ʈou⁶，宗地话 ʈo⁶ < *djo-s。

（3）双数调 ʈ- < *gr-（苗语先进话 ʈ-，复员话 zʐ-）

"步"苗语养蒿话 ʈə²，先进话 ʈo²，复员话 zʐu^A < *gro。

"门"苗语先进话 ʈu²，先进话 ʈoŋ²，复员话 zoŋ^A < *gro。

"桌子"苗语先进话 ʈoŋ²，复员话 zoŋ^A（板凳）< *groŋ。

"肥"苗语先进话 ʈaŋ⁶，石门话 dlo⁶，复员话 zoŋ^C < *groŋ-s。

（4）ʈh- < *thj-

"拔"苗语养蒿话 ʈhə⁵（拉），宗地话 ʈo⁵，复员话 tʂhu^C < *thjo-s。

"插"苗语养蒿话 ʈhi⁷，先进话 ʈhai⁷，复员话 tʂhe^D，勉语江底话 tsjep⁷ < *thjep。

（5）nʈ- < *ʔ-gj-

"胸"苗语大南山话 nʈau¹，石门坎话 nʈo¹ < *ʔ-gju。

（6）ɭ-、ȵ- < *lj-

"量"苗语青岩话 loŋ²，宗地话 ɭoŋ < *ljaŋ。

"里"苗语青岩话 li⁴，养蒿话 ȵi⁴ < *ljiʔ。

4. 舌尖塞擦音

《苗瑶语古音构拟》中的舌尖塞擦音声母有 *ts-、*tsh-、*dz-、*nts-、*ntsh-、*ndz- 六类，带塞擦音的复辅音声母依此类推。苗、瑶语塞音和塞擦音声母对应，多数舌尖塞擦音声母是塞音和介音结合的产物。

（1）来自塞音的舌尖塞擦音

"水果"苗语先进话、石门话 tsi³，青岩话 pji³，勉语湘江话 pjou³ < *pjo-ʔ。

"床"苗语养蒿话 tɕhu⁵，勉语江底话 tshou⁵，大坪话 fu⁵ < *phjo^C。

"编"苗语先进话 ntsa⁴，青岩话 mpjen⁴，勉语三江话 pjen⁴ < *ʔ-bjen-ʔ。

"辫子"苗语石门话 ndzie⁴，勉语览金话 bin⁴（编，辫子）< *ʔ-bjen-ʔ。

"干净"苗语吉卫话 ntsha¹，布努语七百弄话 nthuɯ¹ < *ʔ-thje。"洗（手）"苗语吉卫话 ntsa³，布努语七百弄话 ntθai³，巴哼语文界话 nte³ < *ʔ-tje-ʔ。"洗（衣）"苗语吉卫话 ntsho⁵，畲语多祝话 tsɔ³ < *ʔ-tjo-s。"洗（手）"勉语大坪话 dɔu⁵ < *ʔ-do-s。

"散雾散"勉语江底话 dzaːn⁵，罗香话 daːn⁵，三江话 thən⁵ < *ʔdjan-s。

"蚯蚓"苗语养蒿话 tɕoŋ¹ < *tjoŋ，畲语多祝话 zuŋ¹ < *ʔdoŋ。"蚯蚓"勉语江底话 dzuŋ¹ < *ʔ-djuŋ，罗香话 duŋ² < *djuŋ。

（2）来自复辅音的舌尖塞擦音

"烧"苗语青岩话 tshi³，先进话 phe³，枫香话 tshei³，石板寨话 phzi³ < *phli-ʔ。

"吹"苗语养蒿话 tsho¹，高坡话 phlu¹ < *phlo。

"大象"苗语养蒿话 she⁵，先进话 ntshu⁵ < *sthjoŋ-s。① 勉语江底话 tsaːŋ⁴，樑子话 tjaːŋ⁴ < *djaŋ-ʔ。勉语览金话 kjaːŋ⁴ < *glaŋ-ʔ。

"根"畲语多祝话 khjuŋ²，勉语江底话 dzuŋ²，罗香话 duŋ²，览金话 duːŋ² < *gluŋ。

"瘦"苗语先进话 ntsou⁶，枫香话 zou⁶，畲语多祝话 tse⁶ < *ʔ-djo-s < *ʔ-glo-s。勉语江底话 tɕai⁶，三江话 klai⁶ < *gli-s。

5. 舌根音

《苗瑶语古音构拟》构拟的舌尖后齿塞音声母有 *k-、*kh-、*g-、*ŋk-、*ŋkh-、*ŋg- 六类，鼻音和复辅音声母类推。

*ŋk- < *ʔ-k-、*ʔg-，*ŋkh- < *ʔ-kh-，*ŋg- < *ʔ-g-、*g-。

（1）ŋk- < *ʔg-

"泥泞"苗语先进话 ŋko⁷，布努语七百弄话 ŋku⁸ < *ʔguk。

（2）ŋkh- < *ʔ-kh-

"弯"苗语吉卫话 ŋkhu⁷，宗地话 ŋko⁷ < *ʔ-khuk。

（3）ŋg- < *ʔ-g-、*g-

"牛圈"苗语养蒿话 ŋə²，宗地话 ŋka²，勉语大坪话 dzu² < *ʔ-gjə。

"含"勉语江底话 gɔm¹，览金话 gjɔːm¹ < *ʔgjom。

6. 小舌音

《苗瑶语古音构拟》构拟的小舌塞音声母有 *q-、*qh-、*ɢ-、*ɴq-、*ɴqh-、

---

① "大象"缅文 tshɑŋ² < *thaŋ。

*NG- 六类，鼻音和复辅音声母类推。笔者认为其中鼻冠小舌声母的来历为：

ɴq- < *ʔ-q-、*ʔɢ-，ɴqh- < *ʔ-qh-，ɴɢ- < *ʔ-ɢ-、*ɢ-。

（1）单辅音声母

"香" 苗语养蒿话 qaŋ¹，复员话 qoŋ¹ < *qoŋ。

"屎" 苗语养蒿话 qa³，先进话 quaᵃ³ < *qʷa-ʔ。

"蛙" 苗语养蒿话 qaŋ³，枫香话 qoŋ³，勉语长坪话 kjeŋ³ < *qʷeŋ-ʔ。

"叫（公鸡叫）" 苗语养蒿话 qa⁵ < *qe-s。

"洞" 苗语养蒿话 qhaŋ³，巴哼语文界话 khoŋ³，炯奈语长峒话 khuŋ³ < *qhoŋ-ʔ。

"雾" 苗语养蒿话 ho¹，高坡话 hu¹，青岩话 ho¹ < *qhu。

"编" 苗语养蒿话 hen¹，高坡话 hɛn¹，青岩话 hwen¹ < *qhʷen。

"螺蛳" 苗语青岩话 qou²，宗地话 hu² < *ɢo。

（2）ɴq- < *ʔ-q-

"鸽子" 苗语养蒿话 qo¹，先进话 ɴqua，炯奈语长峒话 ŋku¹ < *ʔ-qʷa。

"茅草" 苗语养蒿话 qɛ¹，先进话 ɴqen¹，炯奈语长峒话 ŋkan¹ < *ʔ-qen。

"吞" 苗语高坡话 ɴqau⁵，宗地话 ɴqə⁵，勉语江底话 kɔŋ⁵ < *ʔ-qeŋ-s。

（3）ɴqh- < *ʔ-qh-

"渴、干燥" 苗语养蒿话 qha¹，青岩话 ɴqho¹，炯奈语长峒话 ŋkhei¹ < *ʔ-qho。

（4）ɴɢ- < *ʔ-ɢ-、*ɢ-

"窄" 苗语养蒿话 ŋi⁸，先进话 ɴqai⁸ < *ʔ-ɢep。勉语江底话 hep⁸ < *ɣep。

"肉" 苗语养蒿话 ŋa²，先进话 ɴqai²，勉语东山话 dʑi² < *ɢʷje。

"下（山）" 苗语养蒿话 ŋa⁴，先进话 ɴqe⁴ < *ʔ-ɢa-ʔ。勉语江底话 dʑe⁶ < *ɢja-s。

7. 喉塞音

早期苗瑶语清喉塞音声母和清小舌塞音声母可能对立。

"苦" 苗语养蒿话 i¹，勉语江底话 iːm¹，大坪话 jem¹ < *ʔjem。

"一" 苗语养蒿话、大南山话 i¹，畲语 i⁶，勉语东山话 i¹ < *ʔi。

"二" 苗语养蒿话 o¹，石门话 a¹，巴哼语文界话 va¹ < *ʔwa。

"水" 苗语养蒿话 ə¹，石门话 au¹，勉语览金话 wɔm¹ < *ʔom。

"肉" 勉语江底话 ɔ³，览金话 a³ < *ʔoʔ < *qo-ʔ。

"妻子" 勉语江底话、长坪话 au³ < *ʔu-ʔ。

8. 擦音

（1）舌面擦音

"年" 苗语先进话 ɕoŋ⁵，巴哼文界话 tɕõ⁵ < *sjoŋ-s。

"伸"苗语先进话 ȵaŋ¹，布努语七百弄话 shoŋ¹，勉语湘江话 suŋ¹ < *sjen。

（2）卷舌擦音

"小"苗语养蒿话 ʐu⁵，炯奈语长垌话 ju⁵ < *ʔru-s。

"要"苗语先进话 ʐua³，巴哼语文界话 ja³ < *ʔljua-ʔ。

"蚊子"苗语先进话 ʐoŋ³，布努语瑶里话 joŋ³ < *ʔljoŋ-ʔ。

"撒（米）"勉语江底话 ȵaːm⁵，大坪话 jaːm⁶ < *s-ram-s。

（3）送气擦音

苗语养蒿话单数调的 ȵh- 和 sh- 主要来自 *sk-：

"站、起来"苗语养蒿话 ȵhu³，复员话 so^B，勉语三江话 siu³ < *skju-ʔ。

"灰"（草木灰）苗语养蒿话 ȵhu³，复员话 sho^B，勉语三江话 ȵi³ < *skju-ʔ。

"暖和"苗语养蒿话 ȵhə³，复员话 su^B，勉语大坪话 sju³ < *skjo-ʔ。

"擦"苗语养蒿话 ȵhaŋ⁵，复员话 soŋ^C < *skjoŋ-s。

"筋"苗语养蒿话 ȵhu³，复员话 su^B，布努语瑶里话 tȵei³ < *skʷji-ʔ。

"熟"苗语养蒿话 ȵhaŋ³，高坡话 sæin³，畲语多祝话 sin³ < *skjeŋ-ʔ。

苗语养蒿话单数调的 sh- 也有来自 *s-th- 的，如：

"干净"苗语养蒿话 sha¹，布努语七百弄话 nthɯ¹ < *s-thje。

"洗（衣服）"苗语养蒿话 sho⁵，苗语吉卫话 ntsho⁵ < *s-thjo-s。

"大象"苗语养蒿话 shɛ⁵，先进话 ntshu⁵ < *s-thjoŋ-s。

9. 舌面塞擦音

舌面塞擦音声母大多来自 *kj- 一类的声母。

"金"苗语养蒿话 tȵen¹，勉语东山话 ȶan¹，大坪话 kem¹，览金话 san¹ < *kjem。

"针"苗语养蒿话 tȵu¹，勉语江底话 sim¹，东山话 tȵen¹，大坪话 tsum¹ < *s-kʷjem。

"臭"苗语吉卫话 tȵə⁵，勉语江底话 tswei⁵，大坪话 ti⁵ < *skʷji-s。

"男人"苗语养蒿话 tȵaŋ⁶，勉语三江话 kjaŋ² < *ɡjeŋ-s。

10. 复辅音声母

（1）唇复辅音

苗语青岩话、勉语东山话 pl- < *pl-：

"毛"苗语养蒿话 ɭu¹，青岩话 plou¹，勉语东山话 pli < *plu。

"心"苗语绞坨话 pɭə³，野鸡坡话 plo³ < *plo-ʔ。

"头" 苗语养蒿话 fhu³，吉卫话 pzɛi³，勉语东山话 pli³，罗香话 pje³ < *pʷlo-ʔ。

"树" 苗语青岩话 ho¹，枫香话 fa¹ < *pʷle。

"面粉" 苗语青岩话 plou³，高坡话 plo³ < *plo-ʔ。

苗语养蒿话 z-、高坡话 mpl- < *bl-：

"鱼" 苗语养蒿话 zɛ⁴，高坡话 mplæ⁴ < *ʔ-ble-ʔ。

"耳朵" 苗语养蒿话 zɛ²，高坡话 mplæ² < *ʔ-ble。

"鼻子" 苗语养蒿话 zɛ⁶，高坡话 mpluɯ⁶ < *ʔ-blə-s。勉语东山话 bli⁶ < *bli-s。

（2）舌根复辅音

"螺蛳" 勉语东山话 kli¹，长坪话 kwjei¹ < *kʷli。

"斗笠" 勉语江底话 lap⁸，览金话 qjap⁸，勉语罗香话 gap⁸ < *glap。

"种"（动词）苗语养蒿话 tɕen⁴，复员话 zeᴮ < *gle-ʔ。

"碓" 苗语养蒿话 tɕə⁴，复员话 ziᴮ < *gli-ʔ。

"石头" 苗语养蒿话 ɣi¹，先进话 zɛ̱¹，炯奈语长垌话 ŋkja¹ < *ʔgle。

（3）小舌复辅音

"河" 苗语先进话 tl̥e²，野鸡坡话 ʁlei^A，勉语三江话 twei² < *Gli。

"桃子" 苗语先进话 tl̥ue²，野鸡坡话 ʁlei^A，勉语三江话 klɔ² < *Gʷli。

"远" 苗语先进话 tl̥e¹，复员话 qwei^A，勉语三江话 ku¹ < *qʷli。

"狗" 苗语先进话 tl̥e³，复员话 qlei^B，勉语三江话 klu³ < *qʷli-ʔ。

"天" 苗语甲定话 Nqəŋ²，野鸡坡话 Nqwaŋ^A，勉语长坪话 ðuŋ² < *Gleŋ。

（4）擦音的复辅音

s- 和塞音结合的复辅音声母：

"臭" 苗语吉卫话 tɕə⁵，勉语江底话 tswei⁵，大坪话 ti⁵ < *skʷji-s。

"针" 苗语养蒿话 tɕu¹，勉语江底话 sim¹，东山话 tɕen¹，大坪话 tsum¹ < *skʷjem。

"初初一" 苗语先进话 sa¹，勉语江底话 sɛŋ¹，大坪话 heŋ¹ < *skhraŋ。

"细" 苗语先进话 ʂoŋ¹，复员话 son^A，布努语七百弄话 shaŋ¹ < *skjoŋ。

"线" 苗语养蒿话 fhə³，石门话 so³ < *spʷə-ʔ。

s- 和流音结合的复辅音声母：

"腋下" 苗语先进话 ɕə⁵，复员话 tsu^C，布努语七百弄话 sɔ⁷ < *slok。

"放（走）" 苗语养蒿话 ɕaŋ⁵，吉卫话 tɕaŋ⁵，布努语瑶里话 sẽ⁵ < *sleŋ-s。

"老虎"苗语养蒿话 çə³，吉卫话 tço³，布努语瑶里话 suo³ < *slo-ʔ。

"苦胆"苗语养蒿话 çen¹，吉卫话 tçi¹，布努语瑶里话 sai¹ < *sli。

s- 和塞音、流音结合的复辅音声母：

"高的"苗语养蒿话 xhi¹，炯奈语长垌话 ŋkeŋ¹′ < *skhreŋ。"高的"勉语罗香话 gaŋ¹，大坪话 ɬaŋ¹ < *ʔgreŋ。

"写"苗语养蒿话 xho⁵，高坡话 ʂho⁵ < *skhro-s。

"声音"苗语养蒿话 xhə¹，炯奈语长垌话 ŋkjeu¹′，畲语多祝话 saŋ¹ < *skhreŋ。

11. 元音

（1）元音结构的历史演变

王辅世先生构拟的古苗语有 i e æ a ɔ o u ə o 九个单元音，ei ai oi eu au ɑu ou ou 八个复元音。笔者以为古苗语和古苗瑶语的元音或许比较简单，有六个单元音，若干个复元音。苗瑶语声调的发生和分化补偿了复辅音的简化，元音结构因此没有很大的变化。古苗语到了近现代苗语方言时代，辅音韵尾基本丢失，元音的结构才变得比较复杂，并有长短元音的对立。

苗瑶语 ei ai 类的产生和流音韵尾的丢失有关。

（2）元音的链移

苗瑶语元音的链移可能发生在音节简化、声调发生之后。

"砍"苗语养蒿话 to³，复员话 nʔtu⁸，勉语大坪话 dau³ < *ʔ-du-ʔ。

"等候"勉语江底话 tswo³，东山话 ʈu³ < *kʷjo-ʔ。

"吹"苗语养蒿话 tsho¹，高坡话 phlu¹ < *phlu。

"中打中"苗语吉卫话 tʐ⁶，先进话 ʈou⁶，宗地话 to⁶ < *djo-s。

（3）长、短元音的对立

苗瑶语长元音和复元音应是复辅音声母简化时期发展起来的，圆唇辅音的特征通常可转移为 -w- 介音和使元音后移，鼻音韵尾可产生鼻化元音。

勉语诸方言跟侗台语一样，有产生长元音和复元音的机制。

"后边"苗语养蒿话 qaŋ¹，勉语长坪话 daːŋ¹，樋子话 daŋ¹ < *qlaŋ。

"打鼾"勉语江底话 dʐaːŋ²，湘江话 gaŋ²，览金话 daːŋ² < *glan。

"肠子"勉语江底话 klaːŋ²，大坪话 kjaŋ² < *glaŋ。

12. 韵尾

（1）流音韵尾

早期苗瑶语可能有流音韵尾，后丢失。如：

"蓑衣"苗语养蒿话 sho¹，勉语东山话 swəi¹ < *skʷei。汉语"蓑"*skʷal > *suəi。

"米"勉语江底话 m̥ei³，大坪话 mei³ < *smir-ʔ。汉语"米"*mir-ʔ。

"油脂"勉语江底话 m̥ei¹，大坪话 mi < *smir。"油脂"布兴语（lɣ）m̥vih < *smir。

"藤子"苗语吉卫话 ɕi¹，勉语江底话 m̥ei¹，大坪话 mei¹ < *smʷir。"藤子"布兴语（tsɣr）mɣh < *mər。

（2）鼻音韵尾

苗语支语言丢失鼻音韵尾，近晚 o 元音韵增生 -ŋ 韵尾。如：

"我"苗语大南山话 ko³，石门坎话 ku³，绞坨话 koŋ³ < *ku-ʔ。

"爬"（虫子爬）苗语养蒿话 n̠oŋ⁶，先进话 ŋkaŋ⁶，布努语瑶里话 n̠tɕʋ⁶ < *ʔ-gjo-s。

"七"苗语养蒿话 ɕoŋ⁶，勉语东山 ni⁶，大坪话 sje⁶，三江话 ŋi⁶ < *g-nis。

13. 声调

中古汉语借词的声调分别对应于汉语的平上去入。假定两汉至隋唐时期古苗瑶语有着类似汉语的四声，分别以 ABCD 表示，如：

汉语"厚"*go-ʔ > *ɣoʔ，《说文》："山陵之厚也。""厚"勉语江底话、长坪话 hu⁴，览金话 hau⁴ < *ɣuᴮ。

汉语"净"*s-geŋ-s > *dzjeŋs，无垢。"净"勉语江底话 dzeŋ⁶，罗香话 daŋ⁶，长坪话 ðaŋ⁶ < *djeŋᶜ。

试比较苗瑶语和侗台语的对应词：

（1）苗瑶语 B 调对应词

"妻子"布努语七百弄话 ve³，瑶里话 vei³，巴哼语文界话 vo³ < *ʔbʷe-ʔ。"妇女"壮语武鸣话 pa²，仫佬语 pwa² < *bʷo。汉语"妇"*bjə-ʔ。

"老"苗语养蒿话 lu⁴ < *lu-ʔ。"老"仫佬语 lo⁴ < *lu-ʔ。

"编"苗语先进话 ntsa⁴，青岩话 mpjen⁴，勉语三江话 pjen⁴ < *ʔ-bjen-ʔ。"编"布依语 saːn¹，水语 haːn¹ < *spʷan。临高语 fen³ < *pʷan-ʔ。汉语"辮"*ban-ʔ《说文》："交也。"

（2）苗瑶语 C 调对应词

"煮"苗语养蒿话 hu⁵，先进话 hou⁵，畲语多祝话 fu⁵ < *spʷo-s。"烤"毛南语 pɔ⁶ < *bo-s。汉语"焙"*bʷə-s。

"好"苗语养蒿话 ru⁵，野鸡坡话 ʔwjoŋ° < *ʔgroŋ-s。"美"临高语 luaŋ³，毛南语 ca:ŋ⁶ < *graŋ-s。

"蛋"苗语先进话 qe⁵，勉语东山话 klau⁵ < *qle-s。"蛋"仫佬语 kɣəi⁵，德宏傣语 xai⁵ < *kle-s。

苗瑶语的四声跟汉语和侗台语的四声应有相近的来历。B 调和 C 调分别与早期苗瑶语的后缀 *-ʔ 和 *-s 有关。

（二）早期苗瑶语的语音

下文早期苗瑶语的读音为笔者所拟，可与侗台语的比较。

1. 早期苗瑶语的辅音和声母

早期苗瑶语塞音三分。古苗语时代声母简化，鼻冠音和内爆音与一系列成音节的前缀有关，如 *qa-（*ʔa-）一类的前缀使词根或词干的塞音和塞擦音声母带鼻冠音，*q-（*ʔ-）一类的前缀使词根或词干的塞音和塞擦音声母成为内爆音。

早期苗瑶语的单辅音系统构拟为：

p	ph	b	m				
t	th	d	n	s	z	r	l
k	kh	g	ŋ			j	w
q		G	N				
ʔ							

我们假定早期苗瑶语唇音声母有 *p-、*ph-、*b- 和 *m-，另外还有 *pʷ-、*phʷ-、*bʷ- 和 *mʷ- 以及带 *-j- 的 *pj-、*phj-、*bj- 和 *mj- 等。

2. 早期苗瑶语的元音和韵

早期苗瑶语为 a、e、i、o、u 五元音。

以下几组词可以说明苗瑶语和侗台语的密切关系和元音的对应。

	天	园子	肩膀	糠
苗瑶语	*bʷen	*bʷon	*bʷos	*s-pʷjas
侗台语	*ʔbʷən	*bʷin	*ʔbas	*bʷas

"天"苗语养蒿话 vɛ²，勉语大坪话 vaŋ² < *bʷen。"云"勉语览金 van⁵，罗香话 bwən⁵′ < *ʔbʷən-s。"天"泰语 bon²，壮语邕宁话 mən¹′，武鸣话 buun¹ < *ʔbʷən。

"园子"苗语养蒿话 vaŋ²，畲语 vun² < *bʷon。"园子"黎语保定话 vi:n² < *bʷin。

"肩膀"苗语先进话 pu⁶，复员话 vu^C < *bʷos。"肩膀"壮语武鸣话 ba⁵ < *ʔbas，黎语保定话 tsɯ²va² < *kəbʷa。

"糠"苗语养蒿话 fha⁵，石门话 sa⁵ < *s-pʷjas。"糠"侗语 va⁶ < *bʷas。

	尾巴	戴（帽）	中打中	长
苗瑶语	*ʔdʷiʔ	*ʔdoŋs	*djos	*ʔduʔ
侗台语	*diʔ 屁股	*ʔdiŋ	*ʔdoʔ	*tuʔ

"尾巴"苗语养蒿话 te³，勉语江底话 dwei³，大坪话 dui³ < *ʔdʷiʔ。"屁股"布依语 taːi⁴ < *diʔ。

"戴（帽）"苗语养蒿话 tə⁵，枫香话 ntoŋ⁵，勉语江底话 doŋ⁵ < *ʔdoŋs。"戴（帽）"临高语 diŋ¹ < *ʔdiŋ。

"中打中"苗语吉卫话 tʐ⁶，先进话 tou⁶，宗地话 to⁶ < *djo-s。"中打中"临高语 do³ < *ʔdoʔ。

"长的"苗语养蒿话 ta³，枫香话 nti³，勉语江底话 daːu³，大坪话 du³ < *ʔduʔ。"长的"黎语保定话 taːu³ < *tuʔ。

	我	菌子	蜗牛	中间
苗瑶语	*kuʔ	*s-gje	*kʷle	*kloŋ
侗台语	*ku	*ʔge 蘑菇	*kʷli 螺蛳	*klaŋ

"我"苗语大南山话 ko³，石门坎话 ku³，绞坨话 koŋ³ < *kuʔ。"我"泰语 ku²，老挝语、布依语 ku¹，壮语龙州话 kau¹ < *ku。

"菌子"苗语吉卫话 ŋkɯ¹，畲语多祝话 kja，勉语览金话 sɔu¹ < *s-gje。"蘑菇"仫佬语 ŋa¹ < *sŋe，毛南语 ŋga¹ < *ʔge。

"蜗牛"勉语湘江话 tɕwei³，大坪话 kle¹ < *kʷle。"螺蛳"傣语 hɑi¹，水语 qhui¹ < *kʷli。

"中间"苗语养蒿话 toŋ¹，先进话 ŋtaŋ¹，复员话 ŋʔtʂoŋ^A < *kloŋ。"中间"泰语 klaːŋ²，壮语武鸣话 kjaːŋ¹，布依语 tɕaːŋ¹ < *klaŋ。

（三）前缀

1. 前缀 *s-

（1）名词前缀 *s-

名词前缀 *s- 表示独一无二和有生命的事物。

"月亮"苗语养蒿话 l̥ha⁵，勉语三江话 lu⁵，大坪话 lɔu⁵ < *sla-s。

"太阳、日"苗语养蒿话 n̥he¹，勉语江底话 ŋɔi¹，大坪话 nai¹ < *snʷi。

"额头" 苗语养蒿话 n̥haŋ¹，宗地话 n̩i¹ᵇ，石门话 n̥ie¹ < *snje。

"肠子" 苗语吉卫话 çe³，布努语瑶里话 ŋ̍ŋ³，炯奈语长峒话 njɔ³ < *snjo-ʔ。

"筋" 勉语江底话 tɕaːn¹，览金话 saːn¹，东山话 t̩wan¹ < *skʷjen。

"蜈蚣" 勉语江底话 sap⁷，罗香话 çap⁷，大坪话 tsap⁷ < *skjap。

"爪" 勉语湘江话 n̥iu³，览金话 n̥aːu³ < *snju。

（2）动词前缀

动词前缀 *s- 表示主动和自动。

"听见" 苗语养蒿话 n̥haŋ³，勉语罗香话 nom³，览金话 num³ < *s-nʷem-ʔ。

"闻、嗅" 勉语江底话 n̥om³，览金话 hɔːm⁵′ < *s-nom-s。

"穿（衣）" 苗语养蒿话 naŋ⁴，吉卫话 n̥hei³，勉语大坪话 nɔŋ³ < *s-noŋ-ʔ。

"搓" 畲语多祝话 fa¹，勉语大坪话 sjet⁷ < *s-pʷat。

"歇（休息）" 苗语养蒿话 tɕhə⁵，复员话 suᶜ < *s-kju-s。

"站、起来" 苗语养蒿话 çhu³，复员话 soᴮ，勉语三江话 siu³ < *s-kju-ʔ。

"烧" 苗语养蒿话 l̩hə¹，勉语三江话 lu¹ < *s-ljo。

"熟" 苗语养蒿话 çhaŋ³，高坡话 sæin³，畲语多祝话 sin³ < *s-kjeŋ-ʔ。

2. 前缀 *m-

（1）名词前缀 *m-

"鸟" 苗语养蒿话 nə⁶，巴哼语文界话 mo⁶ < *m-no-s。

"蝴蝶" 苗语先进话、枫香话 ntsi⁵，高坡话 mõ⁴mpi⁵，复员话 mʔple⁵ < *m-ple-s。

"叶子" 苗语大南山话 mploŋ²，养蒿话 nə²，勉语江底话 nɔm² < *m-blom。

（2）形容词前缀 *m-

"光滑" 苗语高坡话 mplɛ⁶，勉语湘江话 bwaŋ⁶ < *m-loŋ-s。

"清" 苗语养蒿话 çhi¹，复员话 nʔtsheᴬ < *m-thjeŋ。

3. 名词前缀 *qʷ- 和 *ɢʷ-

前缀 *qʷ- 和 *ɢʷ- 标记形容词，后来用 *g-。

"宽" 苗语先进话 t̩laŋ³，勉语罗香话 kwaŋ³，勉语大坪话 kjaŋ³ < *qʷ-laŋ-ʔ。

"黄" 苗语先进话 t̩laŋ²，勉语江底话 wjaŋ²，勉语大坪话 vjaŋ² < *ɢʷ-ljaŋ。

"远" 苗语先进话 t̩le¹，复员话 qweiᴬ，勉语三江话 ku¹ < *qʷ-li。

"黑" 苗语先进话 t̩lo¹，枫香话 t̩loŋ¹ < *qʷ-loŋ。

"亮" 苗语养蒿话 faŋ²，先进话 kaŋ²，枫香话 qwoŋ² < *ɢʷ-laŋ。

4. 名词和动词前缀 *ʔ-

（1）名词前缀 *ʔ-

"妻子" 布努语七百弄话 ve³，瑶里话 vei³，巴哼语文界话 vo³ < *ʔ-bʷe-ʔ。

"树" 苗语养蒿话 tə⁵，勉语览金话 gjaŋ⁵，勉语大坪话 djaŋ⁵ < *ʔ-glaŋ-s。

"茅草" 苗语养蒿话 qɛ¹，先进话 Nqen¹，炯奈语长垌话 ŋkan¹ < *ʔ-qen。

（2）动词前缀 *ʔ-

"洗（衣服）" 苗语吉卫话 ntsho⁵ < *ʔ-thjo-s。勉语大坪话 dɔu⁵（洗手）< *ʔ-do-s。"干净" 苗语吉卫话 ntsha¹，布努语七百弄话 nthuɯ¹ < *s-thje。

"披" 苗语养蒿话 pa⁵，先进话 mpua⁵ < *ʔ-pʷa-s。

"撒（土）" 苗语吉卫话 mphu⁵，石门话 mphau⁵ < *ʔ-phus。"撒（种子）" 布依语 swaːu⁵，西双版纳傣语 phau⁵ < *s-phus。

（四）后缀

1. 后缀 *-ʔ

（1）名词后缀 *-ʔ

"（鸟）窝" 苗语养蒿话 ɣi⁴，炯奈语长垌话 ŋkja⁴，勉语罗香话 gau⁴ < *gre-ʔ。

"屎" 苗语养蒿话 qa³，先进话 qua³ < *qʷa-ʔ。

"洞" 苗语养蒿话 qhaŋ³，巴哼语文界话 khoŋ³，炯奈语长垌话 khuŋ³ < *qhoŋ-ʔ。

"丈夫" 苗语吉卫话 po³，畲语多祝话 pv³ < *po-ʔ。

"妻子" 布努语七百弄话 ve³，瑶里话 vei³，巴哼语文界话 vo³ < *ʔbʷe-ʔ。

"头" 苗语养蒿话 fhu³，吉卫话 pʐei³，勉语东山话 pli³，罗香话 pje³ < *pʷlo-ʔ。

（2）动词后缀 *-ʔ

动词后缀 *-ʔ 标记持续态。

"流" 苗语先进话 ntu⁴ < *nduʔ < *ɢlu-ʔ，复员话 qlu^B < *ɢlu-ʔ。

"埋" 苗语吉卫话 ɬaŋ⁴，高坡话 loŋ⁴ < *ljoŋ-ʔ。

"回" 苗语养蒿话 ʈaŋ³，先进话 ʈau³，复员话 tʂoŋ^B < *tjaŋ-ʔ。

"穿（衣）" 苗语养蒿话 naŋ⁴，吉卫话 n̥hei³，勉语大坪话 nɔŋ³ < *snoŋ-ʔ。

"要" 苗语先进话 ʐua³，巴哼语文界话 ja³ < *ʔlja-ʔ。

2. 后缀 *-s

苗瑶语后缀 *-s 标记使动和构成及物动词，也是形容词后缀。

"洗（衣服）" 苗语吉卫话 ntsho⁵ < *ʔ-thjo-s，勉语大坪话 dɔu⁵（洗手）< *ʔ-do-s。"干净" 苗语吉卫话 ntsha¹，布努语七百弄话 nthuɯ¹ < *ʔ-thje。

"梳"苗语养蒿话 ɣə⁶，先进话 ʐua⁶，炯奈语长峒话 ŋi⁶ < *ŋʷra-s。

"害怕"勉语大坪话 dzje⁵，览金话、樣子话 ɖa⁵′ < *s-qjas。

"煮"苗语养蒿话 hu⁵，先进话 hou⁵，畲语多祝话 fu⁵ < *s-pʷo-s。

"臭的"苗语吉卫话 tɕə⁵，勉语江底话 tswei⁵，大坪话 ti⁵ < *skʷji-s。

"老的"巴哼语文界话 qo⁵ < *qlu-s。"老的"仫佬语 lo⁴ < *lu-ʔ。

以下可能是连同形态成分的中古早期汉语借词：

"用"勉语江底话 loŋ⁶，湘江话 noŋ⁶ < *loŋ-s。

"养"苗语复员话 ʐoŋᶜ，畲语多祝话 zaŋ⁶ < *ljaŋ-s。

"抱"苗语养蒿话 pə⁶，先进话 pua⁶ < *bʷo-s。

"孵"苗语养蒿话 pə⁶，先进话 pua⁶，勉语三江话 pu⁶ < *bʷo-s。

"剖"苗语养蒿话 pha⁵，先进话 phua⁵ < *pha-s。

动词后缀 *-s 表示使动和构成及物动词。

"干净"苗语吉卫话 ntsha¹，布努语七百弄话 nthuɯ¹ < *ʔ-thje。"洗（衣服）"苗语吉卫话 ntsho⁵ < *ʔ-thjo-s，勉语大坪话 dɔu⁵（洗手）< *ʔ-do-s。

"梳"苗语养蒿话 ɣə⁶，先进话 ʐua⁶，炯奈语长峒话 ŋi⁶ < *ŋʷra-s。

"抱"苗语养蒿话 pə⁶，先进话 pua⁶ < *bʷo-s。

"孵"苗语养蒿话 pə⁶，先进话 pua⁶，勉语三江话 pu⁶ < *bʷo-s。

"用"勉语江底话 loŋ⁶，湘江话 noŋ⁶ < *loŋ-s。

"养"苗语复员话 ʐoŋᶜ，畲语多祝话 zaŋ⁶ < *ljaŋ-s。

"剖"苗语养蒿话 pha⁵，先进话 phua⁵ < *pha-s。

"披"苗语养蒿话 pa⁵，先进话 mpua⁵ < *ʔpʷa-s。

名词后缀 *-s 表示复数或集合，如：

"云"勉语览金 van⁵，罗香话 bwən⁵′ < *ʔbʷən-s。

"雨"苗语养蒿话 noŋ⁶，巴哼语文界话 mo⁶ < *m-noŋ-s。

"鸟"苗语养蒿话 nə⁶，巴哼语文界话 mo⁶ < *m-no-s。

"蝴蝶"苗语先进话、枫香话 ntsi⁵，高坡话 mõ⁴mpi⁵，复员话 mʔple⁵ < *m-ʔ-ple-s。

"糠"苗语养蒿话 fha⁵，石门话 sa⁵ < *s-pʷja-s。

"蛋"苗语先进话 qe⁵，勉语东山话 klau⁵ < *qle-s。

"双"勉语江底话 lɛŋ⁶，览金话 geŋ⁶ < *gleŋ-s。

"眼睛"苗语养蒿话 mɛ⁶，勉语罗香话 mwei⁶，览金话 ŋwei⁶ < *ŋʷe-s。

"脚"苗语养蒿话 tu⁵，先进话 teu⁵，复员话 to^C < *tu-s。

3. 名词后缀 *-ŋ

"被子"苗语大南山话 paŋ⁶，勉语江底话 swaŋ⁵，大坪话 suŋ⁵ < *s-ba-ŋ-s。"盖"苗语养蒿话 mə⁶，先进话 mpo⁶ < *ʔ-bo-s。"盖（被子）"苗语青岩话 vau³，复员话 ʔwu^B，畲语多祝话 vu³ < *ʔ-bʷu-ʔ。

"坟"苗语吉卫话 ntsei⁵，高坡话 nzoŋ⁵，巴哼语文界话 n̩tɕe⁵ < *ʔ-tjoŋ-s。"坟"勉语江底话 tsou³，览金话 tθou³ < *tjo-ʔ。

"初₍初一₎"苗语先进话 sa¹，勉语江底话 sɛːŋ¹，大坪话 hɛŋ¹ < *s-khra-ŋ。汉语"初" *s-khʷra > *tshra。

"动物油"苗语先进话 ȶaŋ²，先进话 ȶau²，复员话 zo̩ŋ^A < *groŋ。"油"布依语 zu̩² < *rju。"油"黎语保定话 gwei³，黑土话 zuːi³ < *ʔgʷri。

4. 动词后缀 *-t

动词后缀 *-t 标志完成体。

"看"勉语江底话 maŋ⁶，大坪话 mɔŋ⁶ < *mʷeŋ-s。"看见"苗语复员话 mpu^D，勉语江底话 pwat⁸，览金话 fat⁸ < *ʔ-bʷat。

"搓"苗语养蒿话 fha¹，石门话 sa¹，畲语多祝话 fa¹ < *s-pʷa。"搓"勉语大坪话 sjɛt⁷ < *s-pʷja-t。

三、词 的 比 较

苗瑶语的基本词包括部分基本数词和其他汉藏语对应，不同支系的苗瑶语中保留南亚语词作为底层的成分。

（一）汉苗语词的对应

1. 古汉语和苗瑶语词的对应

"日" *nji-t。"太阳、日"苗语养蒿话 n̩he¹，勉语江底话 n̩o̩i¹，大坪话 nai¹ < *snʷi。

"氤" *qʷjən > *ʔjuən。"云"苗语养蒿话 en⁵，先进话 oŋ⁵ < *ʔon。

"阜" *bju《释名》："土山曰阜。""山"苗语养蒿话 pi⁴，复员话 vei^B < *bʷe-ʔ。

"峪" *glok。"山坳口"苗语先进话 ȶleu⁸，枫香话 tl̥ɛ⁸ < *Gʷlok。

"田" *din < *lin。"田"苗语养蒿话 l̩i²，畲语多祝话 nin²，勉语览金话 giːŋ² < *glin。

"沟" *ko。"沟" 苗语养蒿话 koŋ¹，炯奈语长垌话 kjɐŋ¹，勉语大坪话 ku¹ < *kjo。

"炷" *tjo-ʔ《说文》："灯中火主也。""柴、火" 苗语养蒿话 tu⁴，"火" 勉语三江话 teu⁴ < *du-ʔ。

"荧" *ɢʷleŋ > *ɣʷieŋ，《说文》："屋下灯烛之光。""星" 苗语养蒿话 qɛ¹，复员话 qaŋᴬ，炯奈语龙华话 nteŋ¹ < *qleŋ。

"人" *nin。"人" 苗语养蒿话 nɛ²，先进话 nen¹ < *s-nen。

"妇" *bjə-ʔ。"妻子" 布努语七百弄话 ve³，巴哼语文界话 vo³ < *ʔbʷe-ʔ。

"夫" *pʷja。"丈夫" 苗语吉卫话 po³，畲语多祝话 pɤ³ < *po-ʔ。

"甫" *pʷja-ʔ《说文》："男子美称也。""青年男子" 勉语江底话 bjaːu²，览金话 baːu² < *bjo。

"子" *skə-ʔ。"小孩" 勉语江底话 tɕwei³，长坪话 kwjei³，览金话 sei³ < *skʷe-ʔ。

"面" *mjan-s。"脸" 勉语江底话 m̥jen¹，览金话 min¹ʹ < *s-mjen。

"辅" *bʷja-ʔ，脸颊。"臼齿" 苗语吉卫话 pa²，先进话 pua¹ < *pʷa。

"哺、饷" *bʷas < *bʷa-s，《说文》："哺咀也。""胸脯" 藏文 sbo。"肩膀" 苗语先进话 pu⁶，复员话 vuᶜ < *bʷo-s。

"舌" *s-ljat > *zljat > *dʐat。"舌头" 苗语先进话 mplai⁸，勉语长坪话 blet⁸ < *ʔ-blat。"舔" 苗语先进话 ʐai⁸，炯奈语长垌话 ŋklai⁸ < *ʔ-glat。

"翁" *qʷloŋ > *ʔuoŋ，《说文》："颈毛也。""脖子" 苗语养蒿话 qoŋ³，大南山话 tɬaŋ¹ < *qloŋ。

"手" *s-nuʔ《说文》："拳也。""爪" 勉语湘江话 n̻iu³，览金话 n̻aːu³ < *snju-ʔ。

"筋" *kjən。"筋" 勉语江底话 tɕaːn¹，览金话 saːn¹，东山话 t̻wan¹ < *s-kʷjen。

"象" *glaŋ-ʔ > *zjaŋʔ。"大象" 勉语江底话 tsaːŋ⁴，樑子话 tjaːŋ⁴，览金话 kjaːŋ⁴ < *glaŋ-ʔ。

"羊" *g-ljaŋ。"羊" 苗语养蒿话 ʑoŋ²，勉语东山话 wjə²，勉语大坪话 dziŋ² < *glaŋ。

"猪" *tʷa。"猪" 勉语江底话 tuŋ⁴，三江话 tjɔŋ⁴，东山话 twə⁴ < *dʷo-ʔ。

"龙" *bʷ-rjoŋ。"龙" 苗语养蒿话 ɣoŋ²，先进话 zaŋ²，勉语大坪话 luŋ² < *groŋ。

"巢" *s-gre > *dzre。"（鸟）窝"苗语养蒿话 ɣi⁴，先进话 zɛ⁴，炯奈语长峒话 ŋkja⁴，勉语罗香话 gau⁴ < *gre-ʔ。

"蝇" *m-ljəŋ。"蚊子"苗语先进话 zoŋ³，布努语瑶里话 joŋ³ < *ʔljoŋ-ʔ。

"竹" *tʷjuk。"竹子"苗语青岩话 ʈau⁸，高坡话 ʈə⁸ < *djuk。

"薑（姜）" *kjaŋ。"姜"苗语养蒿话 khi³，复员话 qhwjen³，布努语七百弄话 khjəŋ³ < *khʷjəŋ-ʔ。

"桃" *le。"桃子"苗语先进话 tˌua²，勉语罗香话 ka²，勉语三江话 klɔ² < *gʷle。

"蘇（苏、稣）" *s-ŋʷa《方言》卷三："草也。""草"勉语江底话 mje³，烟园话 ŋwa³，东山话 m̥ja³ < *s-ŋʷje-ʔ。

"窑" *b-lju > *lju，"陶" *blu > *du，《说文》："再成丘也。""房子、家"苗语吉卫话 pzɯ³，勉语三江话 plɔu³ < *plo-ʔ。

"麫（麵、面）" *mjan-s，麦末也。"（面粉）细"苗语养蒿话 moŋ⁴，布努语瑶里话 mə⁴，勉语大坪话 mun⁴ < *mon-ʔ。

"鍼" *kjəm《说文》："所以缝也。" *krəm（以针治病）。"针"苗语养蒿话 tɕu¹，勉语江底话 sim¹，东山话 tɕen¹，大坪话 tsum¹ < *s-kʷjem。"刺"（名词）勉语江底话 dʑim³，罗香话 jim³ < *ʔ-qjem-ʔ。

"绳" *m-ljəŋ。"绳子"勉语江底话 ɬaːŋ¹，东山话 laŋ¹，三江话 ljaŋ¹ < *q-laŋ。

"米" *mir-ʔ。"米"勉语江底话 m̥ei³，勉语大坪话 mɛi³ < *ʔmir-ʔ。

"酒" *klu-ʔ。"酒"苗语养蒿话 tɕu，勉语江底话 tiu³ < *tjuʔ < *klu-ʔ。

"麸" *phʷja。"糠"苗语养蒿话 fha⁵，石门话 sa⁵ < *s-pʷja-s。

"蕎（荞）" *gre《玉篇》："荞麦也。""荞麦"苗语先进话 tɕe²，复员话 ziᴬ < *gre。

"鼎" *teŋ-ʔ。"锅"勉语江底话 tshɛːŋ¹，长坪话 sjeŋ¹ < *s-thjeŋ。

"笠" *grəp。"斗笠"勉语江底话 lap⁸，览金话 gjap⁸，勉语罗香话 gap⁸ < *grap。

"舽" *gjoŋ《玉篇》："小船也。""船"苗语吉卫话 ŋaŋ²，畲语多祝话 kjuŋ² < *ʔ-gjoŋ。

"牀" *s-graŋ。"桌子"苗语先进话 toŋ²，复员话 zoŋᴬ（板凳）< *groŋ。

"煮（鬻）" *tʷjaʔ。"煮"勉语江底话 tsou³，樜子话 ʈou³ < *tjoᴮ。

"茹" *nʷja。"吃"苗语养蒿话 naŋ²，枫香话 noŋ² < *na。"饭"苗语石门话

ŋau⁵，勉语江底话n̥aːŋ⁵，大坪话noŋ⁵<*s-naŋ-s。

"输" *sljo，倾委也。"倒（入）"苗语先进话lou¹，宗地话lo̩¹（铸）<*ʔ-ljo。

"饑（饥）" *kjər。"饿"苗语吉卫话ɕi¹，石门话tʂhai¹，勉语江底话sje¹<*s-khji。

"上" *g-ljaŋ-s > *ʑaŋs（动词 *g-ljaŋ-ʔ）。"高"苗语养蒿话xhi¹，炯奈语长垌话ŋkheŋ¹′<*ʔgləŋ。

"中" *tʷjəm。"半"苗语养蒿话taŋ⁴，勉语江底话daːm²，三江话tœn²<*dom。

"当（当）" *klaŋ > *taŋ，中也。"中间"苗语养蒿话ʈoŋ¹，先进话n̩ʈaŋ¹，复员话ŋʔtʂoŋᴬ<*kloŋ。

"声" *s-khjeŋ > *hjeŋ，《说文》："音也。""声音"苗语养蒿话xhə¹，炯奈语长垌话ŋkjeu¹′，畲语多祝话saŋ<*s-khreŋ。

"污（汙）" *qʷa《说文》："薉也。""屎"苗语养蒿话qa³，先进话qua³<*qʷa-ʔ。

"联" *grjan > *rjan，《说文》："连也。""缝"勉语罗香话gwən²，长坪话ðun²<*gʷ-lon。

"企" *khi-ʔ。"站、起来"苗语养蒿话ɕhu³，复员话soᴮ，勉语三江话siu³<*sko-ʔ。

"挟" *gap《说文》："俾持也。""捉"勉语江底话tso⁷，览金话ʈop⁷<*kjop。

"割" *kat《说文》："剥也，害声。""钺（戉）" *gʷjat > *ɣʷjat。"割"勉语江底话kaːt⁷，大坪话kɔt⁷<*kat。

"候" *go-s > *ɣos。"等候"勉语江底话tswo³，东山话ʈu³<*kʷjo-ʔ。

"休"（甲骨文人在树下休息，会意）*hju。"歇（休息）"苗语养蒿话tɕhə⁵，复员话suᶜ<*s-kju-s。

"悠" *lu 悠久。"久"苗语先进话le²，勉语江底话lau²，大坪话lu²<*lu。

"屏" *pieŋ-ʔ《说文》："屏蔽也。""藏"（躲藏）勉语江底话piːŋ⁵，大坪话bɔŋ⁵<*ʔbʷeŋ-s。

"养" *g-laŋ-ʔ > *ljaŋʔ。"养"苗语复员话zoŋᶜ，畲语多祝话zaŋ⁶<*ljaŋ-s。

"孵" *pʷju。"孵"苗语养蒿话pə⁶，先进话pua⁶，勉语三江话pu⁶<*bʷo-s。

"保" *pu-ʔ《说文》："养也。""抱"苗语养蒿话pə⁶，先进话pua⁶<*bʷo-s。

"捕" *bʷa-s，取也。"拿"苗语养蒿话mɛ¹，先进话mua¹<*ʔbʷe。"端"勉

语江底话 pou², 长坪话 pau² < *bu。

"用" *ljoŋ-s。"用" 勉语江底话 loŋ⁶, 湘江话 noŋ⁶ < *loŋ-s。

"肜" *dʷəm > *dʷoŋ,《说文》："丹饰也。""血" 苗语养蒿话 ɕhaŋ³, 勉语大坪话 dzem³, 览金话、樏子话 saːm³ < *s-djem-ʔ。

"函" *gəm > *ɣəm。"含" 勉语江底话 gom¹, 览金话 gjɔːm¹ < *ʔgjom。

"辡" *ban-ʔ《说文》："交也。""编" 苗语先进话 ntsa⁴, 青岩话 mpjen⁴, 勉语三江话 pjen⁴ < *ʔ-bjen-ʔ。

"令" *m-reŋ-s, 好的。"好" 苗语养蒿话 ɣu⁵, 先进话 zoŋ⁵, 炯奈语长峒话 ŋwaŋ⁵ < *ʔgroŋ-s。

"捭" *pri-ʔ《说文》："两手击也。""拍" 苗语先进话 ma², 复员话 mpzi^A < *ʔ-bre。

"注" *tjo-s《说文》："灌也。""泡（饭）" 苗语先进话 ɳtʂe⁵, 复员话 nʔtsi^C < *ʔ-tjo-s。

"记" *kjə-s。"记" 苗语复员话 nʔtɕu^C, 布努语七百弄话 ntɕɔ⁵ < *ʔ-kju-s。"记"（记得）勉语江底话 tɕaŋ⁵, 览金话 saŋ⁵, 大坪话 keŋ⁵ < *s-kjeŋ-s。

"寝" *s-khjəm > *tshjəm,《说文》："卧也。""睡着" 勉语江底话 dʑom², 樏子话 gjɔm² < *gjom。

"焙" *bʷə-s。"煮" 苗语养蒿话 hu⁵, 先进话 hou⁵, 畲语多祝话 fu⁵ < *spʷo-s。

"撥" *pʷat。"挖" 勉语罗香话 vet⁷, 大坪话 vet⁷ < *ʔbʷet。

"嚥" *qan-s > *ʔans。"吞" 苗语高坡话 Nqau⁵, 宗地话 Nqə⁵, 勉语江底话 kɔŋ⁵ < *ʔ-qeŋ-s。"吞" 苗语高坡话 ŋaŋ⁴, 宗地话 Nqau⁴ < *ʔGoŋ-ʔ。

"逾（踰）" *lo, 越进也。"过" 苗语养蒿话 fa⁵, 石门话 tɬua⁵, 勉语湘江话 kwje⁵ < *qʷle-s。

"躐" *s-lat-s > *thats, 跳也。"脱（逃脱）" 苗语先进话 tɬi⁶ < *Gʷlas。高坡话 ka⁸, 复员话 ʁwa^D < *Gʷ-let。

"聽（听）" *s-njəm《说文》："聆也, 壬声。""耳朵" 勉语龙定话 m³¹noːm³¹ < *m-nom。

"梳" *s-ŋʷra《说文》："理发也, 疏省声。""梳" 苗语养蒿话 ɣə⁶, 先进话 zua⁶, 炯奈语长峒话 ŋi⁶ < *ŋʷra-s。

"湛" *gləm-ʔ > *drəmʔ,《说文》："没也。""浇" 勉语大坪话 dzum², 罗香话

gjem², 长坪话 ðjəm² < *glem。

"立" *grəp > *rəp。"竖" 勉语江底话 ljap⁸, 览金话 gjap⁸, 罗香话 gjep⁸ < *g-rep。

"趨" *skho-s > *tshios, 疾行也。"快" 苗语养蒿话 xhi⁵, 炯奈语长峒话 ɣwei⁵, 畲语多祝话 ha⁵ < *s-khʷe-s。

"屠" *dʷa《说文》："刳也。""杀" 苗语先进话 tua⁵, 畲语多祝话 ta⁵ < *tʷa-s。

"椓" *tok > *tjok 劈。《诗经·小雅·正月》："民今之无禄, 天夭是椓。""斧头" 苗语养蒿话 to⁵, 畲语多祝话 tu⁷ < *tok。

"斟" *kljəm > *tjəm,《说文》："勺也。""探" *sləm-s。"舀" 勉语江底话 dam³ < *ʔlemʔ < *q-lem-ʔ。

"治" *lə-s > *dəs, 理也。"摘（猪草）" 苗语养蒿话 ȵu⁶, 复员话 ŋtʂuᶜ, 畲语多祝话 tju⁶ < *ʔ-djos < *ʔ-lo-s。

"闻" *s-mʷjən。"闻、嗅" 苗语养蒿话 m̥hi⁵, 复员话 m̥jenᶜ < *s-mjen-s。

"烫" *qlaŋ-s。"烫" 苗语先进话 l̥aŋ¹, 枫香话 lhoŋ¹ < *qlaŋ。

"秧" *ʔjaŋ。"秧" 苗语养蒿话 ʑi¹, 勉语长坪话 wjaŋ¹, 览金话 jaːŋ¹ < *ʔljaŋ。

"包" *pru。"包" 勉语江底话 peu¹, 长坪话 pjəu¹ < *pru。

"香" *qjaŋ > *hjaŋ,《说文》："芳也。""香" 苗语养蒿话 qaŋ¹, 复员话 qoŋ¹ < *qoŋ。

"崇" *sgʷrəm > dzroŋ。"高的" 苗语养蒿话 xhi¹, 炯奈语长峒话 ŋkeŋ¹ʼ < *s-khreŋ。"高的" 勉语罗香话 gaŋ¹ < *ʔgreŋ。

"腐" *bʷjo-ʔ《说文》："烂也。""坏" 苗语养蒿话 pa⁴, 复员话 vuᴬ < *bʷo-ʔ。

"狭（狭）" *grap > *ɣrap。"窄" 苗语养蒿话 ŋi⁸, 先进话 ɴqai⁸ < *ʔ-Gjep。"窄" 勉语江底话 hep⁸, 长坪话 hjep⁸ < *ɣjep。

"長（长）" *laŋ > *daŋ "宽" 苗语先进话 tl̥aŋ³, 勉语罗香话 kwaŋ³, 大坪话 kjaŋ³ < *qʷlaŋ-ʔ。

"陽" *ljaŋ《说文》："高明也。""暴" *q-laŋ-s, 明也。"亮" 苗语先进话 kaŋ², 枫香话 qwoŋ² < *Gʷ-laŋ（参见《苗瑶语古音构拟》347 页）。"黄" 苗语先进话 tl̥aŋ², 勉语江底话 wjaŋ², 大坪话 vjaŋ² < *Gʷ-ljaŋ。

"空" *khoŋ《说文》："窍也。""洞" 苗语养蒿话 qhaŋ³, 巴哼语文界话 khoŋ³, 炯奈语长峒话 khuŋ³ < *qhoŋ-ʔ。

"项" *groŋ-ʔ, 肥大。《诗经·小雅·节南山》："驾彼四牡, 四牡项领。""肥"

苗语先进话 ȶaŋ⁶，石门话 dlo⁶，复员话 zoŋ^C < *groŋ-s。

"渴（竭）" *gjat，水干涸。"渴" *khjat，欲饮也。"渴" 苗语先进话 Nqhe⁷，勉语江底话 gaːt⁷，大坪话 gɔt⁷ < *ʔ-ɢat。

"惧" *gʷas《说文》："恐也。""害怕" 苗语养蒿话 ȶhi¹，勉语大坪话 dzje⁵，览金话、樏子话 ɖa⁵ʹ < *s-gjes。

"皂" *sgu-ʔ > *dziu，黑色。"灰"（草木灰）苗语养蒿话 ȶhu³，复员话 sho^B，勉语三江话 ȶi³ < *skju-ʔ。

"騒（骚）" *sku > *su，《说文》："扰也。""臭" 苗语吉卫话 tɕə⁵，勉语江底话 tswei⁵，大坪话 ti⁵ < *skʷji-s。

"字" *s-gə-s > *dziəs，《说文》："乳也。""胸" 苗语大南山话 ɳȶau¹，石门坎话 ɳȶo¹ < *ʔ-gju。

"霅" *k-ləp > *tjəp，*s-ləp > *səp，《说文》："雷电貌。""闪（电）" 勉语江底话 dzap⁸，湘江话 gja⁸，长坪话 ðja⁸ < *g-ljep。

"燥" *ske-ʔ > *tseuʔ，《说文》："干也。""炒" 苗语养蒿话 ka¹，复员话 tɕe^A，布努语七百弄话 kjai¹ < *kje。

"薄" *bak。"薄" 勉语江底话 pie⁸，罗香话 pwa⁸ < *bʷjok。

"糙" *skhu-s > *tshus，《玉篇》："粗米未舂。""米" 苗语养蒿话 shɛ³，先进话 tsho³（小米）< *tshe-ʔ < *s-khjeʔ。

"寒" *gan。"凉" 苗语养蒿话 sei⁴，先进话 tsa⁴，枫香话 sen⁴ < *gjen-ʔ。

"盖" *kap-s。"关（门）" 苗语养蒿话 shu⁷，畲语多祝话 tshɔ⁷ < *skhop。

"畅" *q-laŋ-s > *thaŋs。"放（走）" 苗语养蒿话 ɕaŋ⁵，吉卫话 tɕaŋ⁵，布努语瑶里话 sẽ⁵ < *sleŋ-s。

"拈" *s-nəm。"偷" 苗语养蒿话 ȵaŋ⁶，勉语大坪话 ȵam⁶ < *njem-s。

"翔" *g-ljaŋ > *zjaŋ。"飞" 苗语养蒿话 zaŋ⁵，枫香话 zoŋ⁵，畲语多祝话 ȵi⁵ < *ʔgljoŋ-s。

"怠" *lə-ʔ《说文》："慢也。""迟" 苗语先进话 li⁶，青岩话 le⁶ < *le-s。

"新" *s-kiŋ > *sin。"新" 苗语养蒿话 xhi¹，巴哼语长峒话 ŋkheŋ¹，勉语大坪话 sjaŋ¹ < *s-kjeŋ。

"清" *sthjeŋ > *tshjeŋ。"清" 苗语养蒿话 ȶhi¹，复员话 nʔtshe^A < *m-thjeŋ。勉语湘江话 dzaŋ¹ < *ʔ-djeŋ。

"後（后）" *go-ʔ《说文》："迟也。""完" 苗语养蒿话 tɕu⁴，布努语七百弄话 tɕaŋ⁴ < *gjo-ʔ。

"勾、钩" *ko。"钩子"苗语养蒿话 qa⁵，先进话 nqe⁵，布努语瑶里话 nqei⁵ < *ʔ-qe-s。

"早" *sku-ʔ《说文》："晨也。""早"苗语养蒿话 so³，石门话 ntsou³，高坡话 nzə³ < *s-ŋkuʔ < *s-gu-ʔ。"早"勉语江底话 dzjou³，长坪话 gjou³ < *s-gju-ʔ。

"甘" *kam。"甜"苗语养蒿话 qaŋ¹，畲语多祝话 kwa¹，勉语江底话 kaːm¹ < *qʷam。"好"勉语江底话 khu³，大坪话 kɔm¹ < *khom。

"煌" *gʷaŋ > *ɣʷaŋ，《说文》："辉也。""亮"苗语先进话 kaŋ²，枫香话 qwoŋ² < *Gʷoŋ。"光亮"勉语江底话 gwjaŋ¹ < *ʔ-gʷjeŋ。

2. 古汉语借词

"骑"东汉音 *grai > 中古音 *gjei。"骑"苗语养蒿话 tɕi²，先进话 tɕai²，复员话 ʑe² < *grei。勉语江底话 tɕei¹¹ < *gjei。

"跪" *gʷral-ʔ > *gʷjai?，屈膝着地，《说文》："拜也。""坐"勉语江底话 tswei⁴，览金话 tθei⁴，大坪话 hɛi⁴ < *gʷei-ʔ。

"两" *grjaŋ-ʔ > *rjaŋʔ，《说文》："二十四铢为一两。""两"苗语养蒿话 laŋ⁴，勉语罗香话 guŋ⁴ < *gljaŋʔ。

"聋（聳）" *bʷroŋ > *roŋ，《说文》："无闻也。""聋"苗语养蒿话 l̥oŋ²，勉语江底话 duŋ¹，大坪话 dɔŋ¹ < *ʔ-loŋ。

"十" *djəp > *zəp。"十"勉语大坪话 sjep⁸ < *zjep。

"初" *skhʷra > *tshra。"初 初一"苗语先进话 sa¹，勉语江底话 sɛːŋ¹，大坪话 heŋ¹ < *s-khraŋ。

"千" *snin > *tshin。"千"苗语先进话 tsha¹，勉语江底话 tshin¹，大坪话 hun¹ < *tshen。

"枕" *tjəm-ʔ《说文》："卧所荐首者。""枕头"苗语先进话 ntɕoŋ⁵ < *ʔ-tjom-s。勉语江底话 dzom⁵，览金话 ɖam⁵ < *ʔ-djom-s。

"坐" *s-gʷar-ʔ > *dzuarʔ > *dzuaiʔ。"坐"勉语江底话 dzwei⁴，览金话 tθei⁴ < *dzaiʔ。

"送" *s-kʷloŋ-s > *soŋs。"送"苗语养蒿话 shoŋ⁵，勉语三江话 sjɔŋ⁵ < *s-kʷjoŋ-s。

"量" *ljaŋ。"量"苗语青岩话 loŋ²，宗地话 l̥oŋ < *ljaŋ。

"急" *krəp > *kjəp，《说文》："褊也，及声。""快"勉语江底话 sjop⁷，罗香

话 tɕep⁷ < *s-kjop。

"下" *gra-ʔ > ɣraʔ。"下（山）"苗语养蒿话 ŋa⁴，先进话 ɴqe⁴ < *ʔ-ɢa-ʔ。勉语江底话 dʑe⁶ < *ɢjaᶜ。

3. 中古汉语借词

苗瑶语这一类借词与中古汉语的语音特点较为接近，如知、章组字声母为塞擦音，来母已演变为 l-。二等字的读音中 *-r- 或丢失，或成为 -j-。

"金" *krəm《说文》："五色金也。""金"苗语养蒿话 tɕen¹，勉语东山话 ʈan¹，大坪话 kem¹，览金话 san¹ < *kjem。

"竈（灶）" *sku-s > *tsus，《说文》："炊灶也。""灶"苗语养蒿话 so⁵，先进话 tso⁷ < *tso。勉语江底话 dzu³ < *ʔdzoᶜ。

"里" *mrjə-ʔ > *rjəʔ。"里"苗语青岩话 li⁴，养蒿话 ɭi⁴ < *ljiᴮ。

"嫌" *gram > *ɣiam。"嫌"勉语江底话 dʑiːm²，览金话 ɖiːm²，东山话 qjɛn² < *giəm。

"滑" *gʷrət > *ɣwjət。"滑"炯奈语长垌话 ŋkɔ⁸，勉语长坪话 kwət⁸，览金话 gɔt⁸ < *gʷot。

"補" *pʷa-ʔ。"补"苗语养蒿话 pu³，勉语江底话 bje³，罗香话 bwa³ < *ʔbʷjo-ʔ。

"借" *s-kjak-s > *tsjaks。"借"苗语先进话 tsai⁷，枫香话 se⁷ < *tsak。

"蒸" *tjəŋ > *tʃjəŋ。"蒸"苗语养蒿话 tɕi¹，先进话 tɕo¹，勉语大坪话 tsaŋ¹ < *tʃoŋ。

"擔（担）" *tam《说文》："何荷也。""挑"布努语七百弄话 ntəŋ⁵，勉语江底话 daːm¹，勉语大坪话 dɔm¹ < *ʔdam。

"桥" *gre > *gjou。"桥"苗语养蒿话 tɕu²，勉语江底话 tɕou²，大坪话 ku² < *gju。

"牵" *khin《说文》："引前也。""牵"勉语江底话 tɕhiːn¹，长坪话 khjen¹ < *khjin。

"紧" *kjinʔ。"紧"勉语江底话 tɕen³，长坪话 kjen³，览金话 sen³ < *kjinᴮ。

"穿" *khʷjan > *tshjan。"穿（针）"苗语石门话 tɕhaŋ¹，勉语罗香话 ɕwən¹，东山话 ʈhwən¹ < *tshwen。

"槽" *glu > *dzu。"槽"勉语江底话 tsu²，长坪话 θu² < *dzu。

"牛" *ŋʷjə。"水牛"畲语多祝话 ŋjɔ²，勉语大坪话 ŋ̍² < *ŋjo。

"钱" *sdan > *dzjan。"钱"（重量）苗语养蒿话 saŋ²，勉语江底话 tsin²，长坪话 θin² < *dzen。

"匠" *sgjaŋ-s > *dzjaŋs。"匠"苗语养蒿话 ɕaŋ⁶，勉语江底话 tsaːŋ⁶，长坪话 θεŋ⁶ < *dzaŋᶜ。

"鋪（铺）" *phʷa-s。"床"苗语养蒿话 tɕhu⁵，勉语江底话 tshou⁵，大坪话 fu⁵ < *phjoᶜ。

"稱（秤）" *thjəŋ-s，量器也。"称"勉语江底话 ntjaŋ⁵，大坪话 dzaŋ⁵ < *ʔdjeŋᶜ。

"窟" *khʷət 窟穴。"洞眼"勉语江底话 khot⁷，三江话 khwε⁷ < *khʷet。

"密" *mrit。"密"勉语江底话 ma⁸，大坪话 məu⁸ < *met。

"疮" *skhʷraŋ > *tshjuaŋ。"疮"苗语养蒿话 shaŋ¹，先进话 tshaŋ¹ < *tshaŋ。

"艟" *djoŋs《广韵》："短船名。""船"勉语江底话 dzaːŋ³，长坪话 ðaŋ³，览金话 daːŋ³ < *ʔdjaŋᴮ。

"粥" *kljuk > *tjuk > *tʃjuk，糜也。"粥"勉语江底话 tswo⁷，三江话 tɕɔ⁷ < *tsjuok。

"沈（沉）" *dəm。"沉"勉语江底话 tsem²，览金话 siːm²，东山话 tin² < *djem。

"遲（迟）" *di。"迟"勉语江底话 tsai²，樱子话 ʈai² < *dji。

（二）苗瑶语和侗台语词的对应

苗瑶语和侗台语有较为密切的关系，尤其是勉语较多侗台语对应词。

1. 语音的对应

以下几组词可以说明古苗瑶语和古侗台语语音的对应关系：

（1）鼻塞音的对应

	天	园子	肩膀	糠
苗瑶语	*bʷen	*bʷon	*bʷos	*s-pʷjas
侗台语	*ʔbʷən	*bʷin	*ʔbas	*bʷas

"天"苗语养蒿话 vε²，勉语大坪话 vaŋ² < *bʷen。"云"勉语览金 van⁵，罗香话 bwən⁵′ < *ʔbʷən-s。"天"泰语 bon²，壮语邕宁话 mən¹′，武鸣话 buun¹ < *ʔbʷən。

"园子"苗语养蒿话 vaŋ²，畲语 vun² < *bʷon。"园子"黎语保定话 viːn² < *bʷin。

"肩膀"苗语先进话 pu⁶，复员话 vuᶜ < *bʷos。"肩膀"壮语武鸣话 ba⁵ < *ʔbas。黎语保定话 tsɯ²va² < *kəbʷa。

"糠"苗语养蒿话 fha⁵，石门话 sa⁵ < *s-pʷjas。"糠"侗语 va⁶ < *bʷas。

（2）舌尖塞音的对应

	尾巴	戴（帽）	中_{打中}	长
苗瑶语	*ʔdʷiʔ	*ʔdoŋs	*djos	*ʔduʔ
侗台语	*diʔ屁股	*ʔdiŋ	*ʔdoʔ	*tuʔ

"尾巴"苗语养蒿话 tɛ³，勉语江底话 dwei³，大坪话 dui³ < *ʔdʷiʔ。"屁股"布依语 taːi⁴ < *diʔ。

"戴（帽）"苗语养蒿话 tə⁵，枫香话 ntoŋ⁵，勉语江底话 doŋ⁵ < *ʔdoŋs。"戴（帽）"临高语 diŋ¹ < *ʔdiŋ。

"中_{打中}"苗语吉卫话 ţɔ⁶，先进话 ţou⁶，宗地话 ţo⁶ < *djo-s。"中_{打中}"临高语 do³ < *ʔdoʔ。

"长的"苗语养蒿话 ta³，枫香话 nti³，勉语江底话 daːu³，大坪话 du³ < *ʔduʔ。"长的"黎语保定话 taːu³ < *tuʔ。

（3）舌根塞音的对应

	我	菌子	蜗牛	中间
苗瑶语	*kuʔ	*s-gje	*kʷle	*kloŋ
侗台语	*ku	*ʔge 蘑菇	*kʷli 螺蛳	*klaŋ

"我"苗语大南山话 ko³，石门坎话 ku³，绞坨话 koŋ³ < *kuʔ。"我"泰语 ku²，老挝语、布依语 ku¹，壮语龙州话 kau¹ < *ku。

"菌子"苗语吉卫话 ŋkɯ¹，畲语多祝话 kja，勉语览金话 sɔu¹ < *s-gje。"蘑菇"仫佬语 ŋ̊a¹ < *sŋe。毛南语 ŋga¹ < *ʔge。

"蜗牛"勉语湘江话 tɕwei³，大坪话 kle¹ < *kʷle。"螺蛳"傣语 hɑi¹，水语 qhui¹ < *kʷli。

"中间"苗语养蒿话 ţoŋ¹，先进话 ŋţaŋ¹，复员话 ŋʔʈsoŋᴬ < *kloŋ。"中间"泰语 klaːŋ²，壮语武鸣话 kjaːŋ¹，布依语 tɕaːŋ¹ < *klaŋ。

2. 词的对应

"天"苗语养蒿话 vɛ²，勉语大坪话 vaŋ² < *bʷen。"天"泰语 bon²，壮语邕宁话 mən¹ʼ，武鸣话 buɯn¹ < *ʔbʷən。

"星星"苗语养蒿话 qɛ¹，复员话 qaŋᴬ，炯奈龙华话 nteŋ¹ < *qleŋ。"亮的"

西双版纳傣语 lɛŋ²，布央语郎架话 ma⁰loŋ³¹² < *m-loŋ。

"闪（电）"勉语江底话 dʐap⁸，湘江话 gja⁸，长坪话 ðja⁸ < *gljep。"闪（电）"泰语 lɛːp¹⁰，壮语龙州话 meːp⁸ < *m-lep。"闪（电）"侗语南部方言 laːp⁹，毛南语 daːp⁷ < *ʔ-lap。

"雷"勉语江底话 bwo⁴，大坪话 bjau⁴ < *bju-ʔ。"雷"毛南语 va³ < *ʔbʷe-ʔ。

"雾"勉语江底话 mou⁶，大坪话 mu⁶ < *mo-s。"雾"西双版纳傣语 məi¹ < *s-mə。

"雨"勉语三江话 pljɔŋ⁶ < *blu-ŋ-s。"雨"壮语武鸣话 fuɯn¹，侗语北部方言 ljən¹ < *pʷli-n。

"河"苗语先进话 tl̪e²，野鸡坡话 ʁlei^A，勉语三江话 twei² < *Gʷli。"沟"黎语保定话 daːi²，毛南语 caːi¹ < *gli。

"山"苗语养蒿话 pi⁴，复员话 vei^B < *bʷe-ʔ。"山坡"布依语 po¹，黎语保定话 pho³ < *po。

"山坳口"苗语先进话 tl̪eu⁸，枫香话 tl̪ɛ⁸ < *Gʷlok。"山谷"壮语龙州话、柳江话 luk⁸ < *luk。

"岭"苗语养蒿话 ɣaŋ²，炯奈语长垌话 kjɔŋ²，勉语江底话 tɕiːm² < *gjem。"山坳"布依语 tɕem⁶，侗语 ȵtɯɯm⁶ < *gjem-s。

"石头"布努语 fa³ɣe¹ < *pʷale。"石头、石山"仫佬语 pɣa¹ < *pla。

"地"苗语养蒿话 ta¹，高坡话 qə-tæ¹，巴哼语毛坳话 qale¹ < *q-le。"田"侗语南部方言 ja⁵，毛南语 ʔja⁵，仫佬语 ʔɣa⁵ < *qla-s。

"田"苗语养蒿话 l̪i²，畲语多祝话 nin²，勉语览金话 giːŋ² < *glin。"地"泰语 din²，布依语 dɛn¹，德宏傣语 lin⁶ < *ʔ-lin。

"霜"苗语养蒿话 ta⁵，巴哼语长垌话 ða⁵ < *ʔdeŋ-s。"霜、雪"勉语烟园话 toŋ¹ < *teŋ。"霜"临高语 tuaŋ² < *doŋ。

"头"苗语养蒿话 fhu³，吉卫话 pzei³，勉语东山话 pli³，罗香话 pje³ < *pʷlo-ʔ。"头"布努语七百弄话 fa³，瑶里话 vɦija³ < *ʔbʷlo-ʔ。"额"布依语 na³pja⁵ < *snaʔ-pla-s（脸-头）。

"额头"苗语养蒿话 ŋ̊haŋ¹，宗地话 ȵi¹ᵇ，石门话 ȵie¹ < *s-nje。"额"布依语 na³pja⁵ < *ʔnaʔ-pla-s（脸-头）。"脸"壮语武鸣话、西双版纳傣语、侗语 na³ < *ʔna-ʔ。

"额"勉语览金话 plɔŋ²，大坪话 paŋ² < *bloŋ。"额"黎语保城话 feːŋ¹daːu¹ <

*pʷlaŋ-ʔdu，保定话 pla³daːu¹ < *pla-ʔdu。

"耳朵" 苗语养蒿话 zɛ²，高坡话 mplæ² < *ʔ-ble。"耳朵" 布央语峨村话 ʔbaːi⁵⁵ða³³ < *ʔbila。

"脸" 苗语石门话 pau⁴，枫香话 pɔ⁴ < *bo-ʔ。"嘴" 布依语 pa⁵ < *pa-s。

"嘴" 勉语罗香话 dʐut⁷，樔子话、览金话 dut⁷ < *ʔdjut。"说、告诉" 临高语琼山话 tɔt⁷'，侗语北部方言 ɕot⁹，水语 sot⁷，仫佬语 søːt⁷ < *s-tot。

"啄" 苗语养蒿话 tɕu⁷，吉卫话 ntɕu⁷，畲语多祝话 tju⁷ < *ʔ-tjot。"啄" 勉语罗香话 dʐo⁷，湘江话 dzou⁷ < *ʔ-djot。"啄" 壮语武鸣话 toːt⁷，布依语 sot⁷ < *s-tot。

"牙齿" 苗语养蒿话 m̥hi³，布努语瑶里话 m̥ai³，勉语三江话 mjen < *s-mjen。"牙齿" 壮语 fan²，侗语 pjen¹，黎语保定话 fan¹ < *bʷjen。

"胡须" 勉语江底话 sjaːm¹，览金话 tθɔːm¹，三江话 tswɔn¹ < *s-pʷjom。"胡须" 黎语保定话 puːm³ < *pəm-ʔ。

"脖子" 苗语养蒿话 qoŋ³，大南山话 tɬaŋ¹ < *qloŋ。"脖子" 黎语通什话 ɯ³ɬoŋ⁶ < *ʔuloŋ。

"肩膀" 苗语先进话 pu⁶，复员话 vuᶜ < *bʷo-s。"肩膀" 壮语武鸣话 ba⁵ < *ʔbas，黎语保定话 tsɯ²va² < *kəbʷa。

"腋下" 苗语先进话 ɕə⁵，复员话 tsuᶜ，布努语七百弄话 sɔ⁷ < *slok。"咯吱窝" 侗语 saːk⁷，仫佬语 khjaːk < *s-klak。

"手" 苗语养蒿话 pi⁴，绞坨话 ʂe⁴，勉语江底话 pwo⁴ < *bʷrə-ʔ。"手" 壮语武鸣话 faɯ²，侗语北部方言 lja²，水语 mja¹ < *ʔ-bʷlə。

"大腿" 苗语养蒿话 pa¹，高坡话 po¹，巴哼语文界话 pe¹ < *pe。"大腿" 侗语 pa¹ < *pe。

"大腿" 勉语江底话 tsuːi²，大坪话 si² < *dʷji。"腰" 毛南语 ndjuːi¹ < *ʔdʷji。

"腰" 苗语先进话 tɬua³，复员话 qlaᴮ，勉语三江话 lai³ < *qʷle-ʔ。"腰" 侗语 qui³lai¹ < *qʷiʔ-li。

"脊背" 勉语罗香话 taːŋ⁴，三江话 tan⁴ < *daŋ-ʔ。"背" 壮语武鸣话 paːi⁶laŋ¹¹ < *bis-ʔlaŋ，德宏傣语 san¹laŋ¹ < *san-ʔlaŋ。

"膝盖" 苗语养蒿话 tɕu⁶，复员话 zuᶜ < *gʷru-s。"膝盖" 黎语保定话 go⁶rou⁴ < *gos-roʔ。

"肠子" 勉语江底话 klaːŋ²，大坪话 kjaŋ² < *glaŋ。"肚子" 侗语 lɔŋ² < *loŋ。"肠子" 壮语 tuŋ⁴ < *loŋ-ʔ。

"胃"苗语高坡话 ploŋ¹，布努语七百弄话 tləŋ¹ < *ploŋ。"肚子"壮语 tuŋ⁴ < *doŋ-ʔ。侗语 loŋ² < *loŋ。

"肚子"苗语养蒿话 tɕhu¹，石门话 tɕhau¹，宗地话 tɕɔ¹ᵇ < *thju。"肚脐"毛南语 do² < *du。

"肝"苗语吉卫话 ʂe¹，勉语湘江话 ɬaŋ¹，樔子话 gjen¹ < *s-gen。"肝"黎语保定话 ŋaːn¹，加茂话 ŋuən¹ < *ʔgʷan。

"筋"勉语江底话 tɕaːn¹，东山话 ʈwan¹ < *kʷjen。"筋"壮语 ŋin²，毛南语 ʔjin¹ < *ʔgjin。

"翅膀"苗语养蒿话 ta⁷，勉语江底话 daːt⁷，大坪话 dɔt⁷ < *ʔdat。"（鸡）爪子"黎语保定话 tet⁷ < *tet。

"尾巴"苗语养蒿话 tɛ³，勉语江底话 dwei³，大坪话 dui³ < *ʔdwi-ʔ。"屁股"布依语 taːi⁴ < *di-ʔ。

"屎"苗语养蒿话 qa³，先进话 qua³ < *qʷa-ʔ。"屎"侗语、水语 qe⁴，布依语 ʔɛ⁴ < *ʔ-ɢe-ʔ。

"大象"苗语养蒿话 shɛ⁵，先进话 ntshu⁵ < *s-thjoŋ-s。"大象"仫佬语 tjaːŋ⁴，水语 sjaːŋ¹ < *s-djaŋ-ʔ。

"水牛"苗语养蒿话 ȵen²，畲语多祝话 ŋjɔ²，勉语大坪话 ŋ̍² < *ȵjo。"黄牛"泰语 wuə²，老挝语 ŋuə²，壮语龙州话 mo² < *ŋʷə。

"猴子"勉语大坪话 bjaŋ¹，江底话 biːŋ¹ < *ʔbliŋ。"猴子"泰语 liŋ²，壮语龙州话、拉珈语 liŋ² < *ʔliŋ。

"猪"苗语养蒿话 pa⁵，先进话 mpua⁵ < *ʔpʷas。"猪"水语 m̥u⁵，侤僙语 məu⁵ < *ʔ-bos。

"穿山甲"苗语吉卫话 zə̌⁶，复员话 wjoŋᴬ，勉语览金话 gjai⁶ < *groŋ-s。"穿山甲"侗语 ləŋ⁶ < *loŋ-s。

"老鼠"苗语石门话 naɯ⁴，先进话 naŋ⁴，勉语大坪话 naːu⁴ < *nu。"鼠"壮语龙州话 nu¹ < *ʔnu，水语 n̊o³ < *ʔnu-ʔ。

"鱼"苗语养蒿话 zɛ⁴，高坡话 mplæ⁴ < *ʔ-ble-ʔ。勉语三江话 plɔu⁴ < *blu-ʔ。"鱼"壮语 pja¹，黎语 ɬa¹ < *pla。毛南语 mbjai³ < *ʔbli-ʔ。

"乌龟"勉语江底话 tu⁶，樔子话 to⁶ < *dus。"乌龟"西双版纳傣语 tǎu⁵，德宏傣语 tau⁵ < *tus。

"蛇"苗语养蒿话 naŋ¹，勉语江底话 naːŋ¹，大坪话 nɔŋ¹ < *ʔnaŋ。"虫子"壮

语 neŋ²，德宏傣语 meŋ² < *m-neŋ。

"鸟" 苗语养蒿话 nə⁶，巴哼语文界话 mo⁶ < *m-no-s。"鸟" 仡佬语贞丰话 mo⁴²naŋ⁴² < *mo-naŋ。

"鸟" 勉语江底话 no⁸，东山话 n̥ɔ⁸ < *s-nok。"鸟" 泰语 nok⁸，拉珈语 mlok⁸，黎语加茂话 nɔːk⁸ < *mlok。

"鹰" 苗语先进话 tl̥aŋ³，勉语罗香话 klaːŋ³，勉语大坪话 kjaŋ³ < *qlaŋ-ʔ。"鹰" 西双版纳傣语 huŋ⁴ < *loŋ-ʔ。

"鸽子" 苗语养蒿话 qo¹，先进话 Nqua，炯奈语长垌话 ŋku¹ < *ʔ-qʷa。"鸽子" 西双版纳傣语 ka¹kɛ¹ < *kake。

"冠子" 苗语高坡话 vi¹，勉语大坪话 vɔn¹ < *ʔbʷen。"（鸡）冠" 布依语 vuːn¹，西双版纳傣语 bɔn¹ < *ʔbʷen。

"蛋" 苗语先进话 qe⁵，勉语东山话 klau⁵ < *qle-s。"蛋" 泰语 khai⁵，壮语邕宁话 hlai⁶，仫佬语 kɣəi⁵，侗语南部方言 ki⁵ < *kle-s。

"蛙" 苗语养蒿话 qaŋ³，枫香话 qoŋ³，勉语长坪话 kjeŋ³ < *qʷeŋ-ʔ。"田鸡" 德宏傣语 ʔɯŋ¹ʔaːŋ⁶ < *qə-qaŋ-s。"癞蛤蟆" 壮语 kuŋ⁵sau¹ < *kuŋs-su。

"蜗牛" 勉语湘江话 tɕwei³，大坪话 kle¹ < *kʷle。"螺蛳" 傣语 hai¹，水语 qhui¹ < *kʷli。

"蜈蚣" 苗语养蒿话 khu⁷，畲语多祝话 khɔ⁵ < *khop。"蜈蚣" 侗语 khəp⁷，毛南语 -chap⁷ < *khep。

"蜈蚣" 勉语江底话 sap⁷，罗香话 ɕap⁷，大坪话 tsap⁷ < *s-kjap。"蜈蚣" 泰语 khaːp⁹，布依语 sip⁷，仫佬语 khɣəp⁷ < *s-krap。

"跳蚤" 苗语养蒿话 m̥hen¹，复员话 m̥en^A，勉语长坪话 moŋ¹ < *smen。"衣虱" 壮语龙州话、傣语 min² < *min。

"头虱" 苗语养蒿话 ɕhu³，复员话 nʔtshu^B < *thju-ʔ。"头虱" 勉语湘江话 dzei³ < *ʔ-dju-ʔ。侗语 taːu¹，水语 tu¹ < *tu。

"蚂蚁" 苗语青岩话 mplou⁸，复员话 mpju⁸ < *mblut < *ʔ-mlut。"蚂蚁" 傣语、壮语武鸣话 mot⁸，侗语 mət⁸，仫佬语 mɣɐt⁸ < *mlot。

"蚱蜢" 苗语养蒿话 ku²，复员话 ɣoŋ^A < *guŋ。仫佬语 kuŋ² < *guŋ。

"蚯蚓" 勉语江底话 dzuŋ¹，罗香话 duŋ² < *djuŋ。"蚯蚓" 壮语武鸣话 duːn¹，西双版纳傣语 dɤn¹ < *ʔdən。

"爪" 勉语湘江话 n̠iu³，览金话 n̠aːu³ < *ʔnju。"爪子" 侗语 ŋəu¹，壮语 ɕaːu³ <

*ʔnju-ʔ。

"树"苗语养蒿话 tə⁵，勉语览金话 gjaŋ⁵，大坪话 djaŋ⁵ < *ʔ-glaŋ-s。"树林"壮语武鸣话 doŋ³，侗语北部方言 loŋ³，莫语 ʔdoŋ³ < *q-loŋ-ʔ。

"树"苗语青岩话 ho¹，枫香话 fa¹ < *pʷle。"树梢"壮语 plaːi¹fai⁴，西双版纳傣语 pai¹mǎi⁴ < *pli-mʷi-ʔ。

"竹子"苗语养蒿话 l̥ho³，勉语大坪话 lau³ < *qlo-ʔ。"笋"德宏傣语 lo⁵ < *ʔlo-s。"薄竹"黎语保定话、中沙话 laːu¹ < *ʔlu。

"竹笋"苗语吉卫话 mzɤ⁶，勉语大坪话 plai⁶ < *ʔ-blo-s。"竹子"壮语武鸣话 pla² < *bla。

"柿子"苗语养蒿话 mi⁴，复员话 menᴮ < *men-ʔ。侗语、水语 min⁴ < *men-ʔ。

"种子"苗语大南山话 noŋ¹，甲定话 n̥hoŋ¹，勉语大坪话 num¹ < *s-nom。"芽"壮语龙州话、西双版纳傣语 naːm¹ < *ʔ-nam。

"菌子"苗语吉卫话 ŋkuu¹，畲语多祝话 kja，勉语览金话 sɔu¹ < *s-ŋkje。"蘑菇"仫佬语 ŋ̊a¹ < *sŋe，毛南语 ŋga¹ < *ʔŋe。

"房子、家"苗语吉卫话 pzɯ³，勉语三江话 plɔu³ < *plo-ʔ。"窑"泰语 tau²，老挝语 tau¹ʼ < *plu。

"船"勉语江底话 dzaːŋ³，长坪话 ðaŋ³，览金话 daːŋ³ < *ʔdjaŋ-ʔ。"船"黎语白沙话 tuŋ⁵，通什话 tuːn² < *duŋ。

"风箱"勉语江底话 lou²，三江话 lu² < *lu。侗语 lou² < *lu。

"簸箕"苗语石门话 vauu¹，巴哼语长垌话 ven¹ < *ʔbʷen。"粪箕"布依语 puɯːn² < *bən。

"斗笠"勉语江底话 lap⁸，览金话 gjap⁸，勉语罗香话 gap⁸ < *grap。"斗笠"老挝语 kup⁷，壮语邕宁话 klap⁷，锦语 ləp⁷ < *gləp。

"丈夫"苗语吉卫话 po³，畲语多祝话 pv³ < *po-ʔ。"丈夫"泰语 phuə¹，西双版纳傣语 pho¹ < *pho。"父亲"黎语保定话 pha³ < *po-ʔ。

"妻子"布努语七百弄话 ve³，瑶里话 vei³，巴哼语文界话 vo³ < *ʔbʷe-ʔ。"妇女"壮语武鸣话 pa²，仫佬语 pwa² < *bʷo。

"妻子"勉语江底话、长坪话 au³ < *ʔu-ʔ。"人"拉基语侗台语仡央语支 qu²¹ < *qu，黎语保定话 u²aːu¹ < *ʔu-ʔu。

"男人"苗语养蒿话 tɕaŋ⁶，勉语三江话 kjaŋ² < *gjeŋ-s。"男人"临高语

da³xian⁴ < *-ɣjaŋ-ʔ。

"青年男子"勉语江底话bjaːu²，览金话baːu² < *bjo。"父亲"侗语、水语pu⁴ < *bo-ʔ。

"舅舅"苗语吉卫话ne⁴，先进话no⁴ < *ne-ʔ。布依语na⁴ < *ne-ʔ。

"叔父"苗语养蒿话ʐu⁵，勉语览金话jɔu⁴ < *ʔljo-s。"公公"侗语ljoŋ⁶ < *ljoŋ-s。毛南语luŋ² < *loŋ。

"小孩"勉语江底话tɕwei³，长坪话kwjei³，览金话sei³ < *skʷe-ʔ。"小孩"毛南语laːk⁸ce³ < *lak-kjeʔ。

"粮仓"苗语高坡话zɘŋ⁴，勉语览金话gjam⁴，大坪话dzum⁴ < *glom。"谷仓"黎语保定话ɬom² < *lom。

"柱子"苗语吉卫话ȵuɯ²，巴哼语文界话ŋkɦo²，勉语檫子话gjou² < *ʔ-gjo。"柱子"黎语保定话ŋwou² < *gʷo。

"园子"苗语养蒿话vaŋ²，畲语vun² < *bʷon。勉语江底话hun¹，大坪话von¹ < *ʔbʷon。"园子"黎语保定话viːn² < *bʷin。壮语suːn¹，仫佬语、毛南语fjen¹ < *s-pʷjen。

"糠"苗语养蒿话fha⁵，石门话sa⁵ < *s-pʷja-s。"糠"侗语va⁶ < *bʷas。

"姜"苗语养蒿话khi³，复员话qhwjen³，布努语七百弄话khjɘŋ³ < *khʷjɘŋ-ʔ。"姜"壮语kjɯːŋ¹，仫佬语hiŋ¹，水语siŋ¹ < *krɘŋ。

"肉（猎物）"苗语养蒿话ŋa²，先进话ɴqai²，勉语东山话dʑi² < *ʔ-ɢʷje。"油脂"黎语保定话gwei³ < *ʔgʷri。

"线"苗语养蒿话fhə³，石门话so³ < *s-pʷə-ʔ（应与"搓"*s-pʷa有词源关系）。"线"水语fan⁶，毛南语son⁵ < *sbʷən-s。

"床"苗语养蒿话tɕhu⁵，勉语江底话tshou⁵，大坪话fu⁵ < *phjo-s。"床"仫佬语pho⁵ < *pho-s。

"桌子"苗语先进话ʈoŋ²，复员话ʐoŋᴬ（板凳）< *groŋ。"桌子"侗语、布依语ɕoŋ² < *groŋ。

"锅"勉语江底话tshɛŋ¹，长坪话sjeŋ¹ < *s-thjeŋ。水语tseŋ⁶ < *djeŋ-s。

"碗"苗语先进话tai⁴，高坡话te⁴ < *di-ʔ。"碗"壮语武鸣话、水语tui⁴ < *dʷi-ʔ。

"茶"苗语养蒿话tɕen⁴，复员话ʑiᴮ，青岩话ki⁴ < *gle-ʔ。"茶"西双版纳傣语la⁴ < *le-ʔ，黎语保定话de¹ < *ʔle。

"药"苗语养蒿话 tɕa¹，炯奈语长垌话 ðia¹，畲语多祝话 kja¹ < *ʔ-kle。"药"仫佬语 kɣa² < *gle。

"针"苗语养蒿话 tɕu¹，勉语江底话 sim¹，东山话 tɕɛn¹，大坪话 tsum¹ < *s-kʷjem。"针"泰语 khem¹，壮语武鸣话 ɕim¹，水语 sum¹ < *s-khjem。

"布"苗语吉卫话 ntei¹，勉语江底话 dje¹，大坪话 dɛi¹ < *ʔ-lje。"布"侗语、仫佬语 ja¹ < *ʔlja。

"手镯"勉语江底话 tɕom²，长坪话 kjəm²，览金话 sam² < *qjem。"手镯"仫佬语 cem² < *qjem。

"动物油"苗语先进话 ȵaŋ²，先进话 ȵau²，复员话 zoŋᴬ < *groŋ。"油"布依语 zu² < *rju。

"酒"苗语养蒿话 tɕu³，勉语江底话 tiu³ < *tjuʔ < *klu-ʔ。"酒"勉语三江话 diu³ < *ʔdjuʔ < *klu-ʔ。"酒"泰语 lau³，侗语北部方言 tu³ʹ，仫佬语 khɣei³ʹ，标语 lɔ³ < *klu-ʔ。

"坟墓"勉语江底话 tsou³，览金话 tθou³ < *tsjo-ʔ < *tjo-ʔ。"坟墓"苗语吉卫话 ntsei⁵，高坡话 nzoŋ⁵，枫香话 zoŋ⁵ < *ʔdjo-s。"坟"布依语、毛南语 ti⁶ < *di-s。

"钱"（重量）苗语养蒿话 saŋ²，勉语江底话 tsin²，长坪话 θin² < *djen。"钱"（重量）壮语 ɕiːn²，仫佬语 tjen²，黎语保定话 zjen² < *djen。

"升"苗语养蒿话 ɕhen¹，先进话 ʂa¹，樑子话 tθeŋ¹ < *s-tjeŋ。"升"黎语保定话 tiŋ¹ > *tiŋ。

"个"苗语养蒿话 lɛ²，巴那语 lon¹（块）< *lon。"条（扁担）"德宏傣语 lon³ < *ʔlon-ʔ。"棵（树）"临高语 dun³ < *ʔlon-ʔ。

"力气"苗语吉卫话 zo⁶，巴哼语文界话 ŋkjeu⁶，勉语大坪话 dza⁶ < *gro-s。"力气"泰语 rɛːŋ²，壮语邕宁话 hlɛːŋ²，布依语 zeŋ²，西双版纳傣语 heŋ² < *greŋ。

"块（地）"勉语江底话 ljou⁵，罗香话 lau⁵ʹ，长坪话 leŋ⁵ʹ < *ʔlon-s。"块（地）"德宏傣语 lon² < *lon。

"中间"苗语养蒿话 ȵoŋ¹，先进话 nȵaŋ¹，复员话 ŋʔtʂoŋᴬ < *kloŋ。"中间"勉语江底话 doŋ⁵，三江话 doŋ⁵ < *ʔdoŋ-s。"中间"泰语 klaːŋ²，壮语武鸣话 kjaːŋ¹，布依语 tɕaːŋ¹ < *klaŋ。

"后边"苗语养蒿话 qaŋ¹，勉语长坪话 daːŋ¹，樑子话 daŋ¹ < *qlaŋ。"后"布依语、德宏傣语 laŋ¹ < *ʔlaŋ < *qlaŋ。

"前边"勉语江底话 daːŋ⁶（先），湘江话 daŋ⁶ < *daŋ-s。"前（边）"壮语

ta:ŋ⁵，黎语保定话 daŋ⁵ < *ʔdaŋ-s。

"下边"勉语江底话 dje³，大坪话 di³ < *ʔ-le-ʔ。"下边"壮语武鸣话、布依语 la³ < *ʔla-ʔ。

"有"苗语养蒿话 mɛ²，勉语三江话 mai² < *mi。"有"泰语 mi²，壮语邕宁话 mei² < *mi。

"披"苗语养蒿话 pa⁵，先进话 mpua⁵ < *ʔpʷa-s。"披"壮语 pe⁵，侗语 pəi⁵，毛南语 ʔma⁵ < *ʔ-bos。

"散雾散"勉语江底话 dza:n⁵，罗香话 da:n⁵，三江话 thən⁵ < *ʔdjan-s。"散人散"仫佬语 ta:n⁵，水语 ha:n⁵ < *than-s。

"撒（土）"苗语吉卫话 mphu⁵，石门话 mphau⁵ < *ʔ-phus。"撒（种子）"布依语 swa:u⁵，西双版纳傣语 phau⁵ < *s-phus。

"中打中"苗语吉卫话 tʂɔ⁶，先进话 tou⁶，宗地话 tʂo⁶ < *djo-s。"中打中"临高语 do³ < *ʔdo-ʔ。

"养"苗语养蒿话 ʑi⁶，复员话 ʐoŋ⁶，畲语多祝话 zaŋ⁶ < *ljeŋ-s。"养、生（孩子）"壮语 ɕi:ŋ⁴，傣语 leŋ⁴，锦语 za:ŋ⁴ < *g-leŋ-ʔ。

"烫"苗语养蒿话 l̥hu⁷，勉语览金话 n̻ut⁷，东山话 plu⁷ < *p-lut。"烫"黎语通什话 vu:t⁷ < *ʔbʷlut，毛南语 lɔt⁷ < *ʔ-lut。

"种"（动词）苗语养蒿话 tɕen⁴，复员话 ʐeᴮ < *gre-ʔ。"种"（动词）黎语保定话 gwa¹，中沙话 ra¹ < *gra。

"藏"（躲藏）勉语江底话 pi:ŋ⁵，大坪话 bɔŋ⁵ < *ʔbʷeŋ-s。"埋"泰语 faŋ¹，壮语龙州话 phaŋ¹，水语 ha:ŋ⁵ < *phʷaŋ-s。

"端"勉语江底话 pou²，长坪话 pau² < *bu。"端"布依语 puɯ¹ < *pə。

"还（钱）"苗语养蒿话 pə²，复员话 vuᴬ < *bʷe。"还（钱）"临高语 fɔ⁴ < *bʷe-ʔ，侗语 pəi³ < *bi-ʔ。

"爬"苗语养蒿话 tɕi⁵，复员话 n̻ʔtɕiᶜ，炯奈语长垌话 ntja⁵ < *ʔ-tjo-s。"爬"毛南语 tjeu⁵ < *tju-s。

"戴（帽）"苗语养蒿话 tə⁵，枫香话 ntoŋ⁵，勉语江底话 doŋ⁵ < *ʔdoŋ-s。"戴（帽）"临高语 diŋ¹ < *ʔdiŋ。

"砍"苗语养蒿话 to³，复员话 n̻ʔtuᴮ，勉语大坪话 dau³ < *ʔdu-ʔ。"砍"毛南语、仫佬语 tɛ⁵，水语 te⁵ < *te-s。

"拔"苗语养蒿话 ʈhə⁵（拉），宗地话 tʂo⁵，复员话 tʂhuᶜ < *thjo-s。"拔（草）"

德宏傣语 thui³ < *thʷe-ʔ。"拔（火罐）"侗语 to³ < *to-ʔ。

"记"苗语复员话 n̩ʔtɕuᶜ，布努语七百弄话 n̩tɕɔ⁵ < *ʔ-kju-s。"记得"水语 ȶi⁵ < *kji-s。

"搓"苗语养蒿话 fha¹，石门话 sa¹，畲语多祝话 fa¹ < *s-pʷa。"搓"勉语大坪话 sjet⁷ < *s-pʷjat。"搓"布依语 ɕat⁷，仫佬语 tsaːt⁷，黎语保定话 phat⁷ < *spjat。

"开（门）"苗语养蒿话 pu⁷，巴哼语文界话 pɔ⁷ < *put。"开（门）"西双版纳傣语 puut⁷ < *put。

"打"苗语养蒿话 pɑŋ³，炯奈语长垌话 pɔŋ³，勉语江底话 pwan³ < *pʷeŋ-ʔ。"打（枪）"侗语、仫佬语 peŋ⁵，毛南语 pɛŋ⁵ < *peŋ-s。

"扫"勉语江底话 phwat⁷，长坪话 phwət⁷ < *phʷat。"扫"壮语、德宏傣语 pat⁷ < *pat。"扫"巴厘语 sampat，亚齐语 sampoh，萨萨克语 sampat（扫帚）< *s-pat。

"看"勉语江底话 maŋ⁶，大坪话 mɔŋ⁶ < *mʷeŋ-s。"看见"水语 ʔmen⁶ < *ʔ-beŋ-s。

"挖"勉语罗香话 vet⁷，大坪话 vɛt⁷ < *ʔbʷet。"挖"壮语 ʔvaːt⁷，水语 pot⁷，毛南语 ʔwaːt⁷ < *ʔbʷat。

"弹"勉语江底话 dit⁷，湘江话 di⁷ < *ʔlit。"弹（琴）"西双版纳傣语 let⁹，德宏傣语 det⁷ < *ʔlit。

"关（门）"苗语养蒿话 shu⁷，畲语多祝话 tshɔ⁷ < *skhop。"关（门）"临高语 hɔp⁷，西双版纳傣语 hǎp⁷ < *hop。水语 ŋap⁸ < *ŋgop。

"簸"苗语吉卫话 pzɯ³，布努语七百弄话 ptsɔŋ³，炯奈语长垌话 pjɔŋ³ < *p-lɔŋ-ʔ。"扬（麦子）"壮语 laːŋ⁶ < *laŋ-s。仫佬语 jaːŋ² < *laŋ。"簸箕"壮语 doŋ³，傣语 lɔŋ³ < *ʔ-lɔŋ-ʔ。

"吹"苗语养蒿话 tsho¹，高坡话 phlu¹ < *phlo。"吐"侗语南部方言 phjui¹′，仫佬语 phy³，拉珈语 phlui¹ < *phlu。

"吹"苗语先进话 tsho³，勉语长坪话 phləm³ < *phlomʔ < *p-lom-ʔ。"风"泰语 lom²，壮语武鸣话 lum² < *lom。

"编"苗语养蒿话 hen¹，高坡话 hɛn¹，青岩话 hwen¹ < *spʷen。"编"布依语 saːn¹，临高语 fen³，水语 haːn¹ < *spʷan。

"喝"苗语养蒿话、高坡话 hə⁷，勉语江底话 hop⁷，览金话 hɔp⁷ < *spʷop。"吸"黎语保定话 hwɯp⁷，通什话 vɯp⁸ < *ʔ-bʷəp。

"煮"苗语养蒿话 hu⁵，先进话 hou⁵，畲语多祝话 fu⁵ < *spʷo-s。"烤"毛南语 pɔ⁶ < *bo-s。

"盖"勉语览金话 hɔːm³，大坪话 hum³ < *hom-ʔ（侗台语借词）。"盖"泰语、壮语柳江话 hom⁵，侗语北部方言 əm⁵ < *khəm-s。

"烧"勉语江底话 pwo³，大坪话 pu³ < *pʷo-ʔ。"烧"苗语养蒿话 phi³，石门坎话 tshi³，巴哼语文界话 pho³ < *phʷjo-ʔ。"烧"黎语保定话 mou¹，临高语 bau¹ < *ʔbo。

"剖"苗语养蒿话 pha⁵，先进话 phua⁵ < *pha-s。"劈"泰语、西双版纳傣语 pha⁵ < *pha-s。

"脱（逃脱）"苗语先进话 tl̥i⁶，高坡话 ka⁸，复员话 ʁwa^D < *ɢʷ-let。"脱（粒）"壮语柳江话 pjet⁷，仫佬语 pɣət⁷ < *p-let。"脱（把）"泰语 lut⁷，侗语 ljot¹⁰ < *ʔ-lot。"滑脱"黎语保定话 plat⁹，元门话 plət⁷ < *p-let。

"撕"苗语先进话 tl̥ua⁵，高坡话 ʔlo⁵，复员话 qla^C < *qʷla-s。"劈"侗语 la⁵ < *ʔla-s，仫佬语 phɣa⁵ < *p-la-s。

"擦"勉语江底话 sot⁷，长坪话 θwət⁷ < *sot。"擦"壮语 ɕaːt⁷，临高语 sat⁷，毛南语 sət⁷ < *sjat。

"爬"（虫子爬）苗语养蒿话 n̠oŋ⁶，先进话 ŋkaŋ⁶，布努语瑶里话 n̠tɕɔ⁶ < *ʔ-gjo-s。"爬（小孩爬）"毛南语 ŋgon < *ʔgon¹。

"害羞"勉语江底话、览金话 n̠ai³ < *ʔn̠ji-ʔ。"害羞"黎语保定话 gei¹ < *ʔŋi。

"放（走）"苗语养蒿话 ɕaŋ⁵，吉卫话 tɕaŋ⁵，布努语瑶里话 sẽ⁵ < *sleŋ-s。"放"仫佬语 laːŋ⁶，壮语武鸣话 ɕoŋ⁵ < *sloŋ-s。

"滴"苗语先进话 n̠ʈo⁶，石门话 ndlo⁶ < *ʔ-glo-s。"漏"壮语武鸣话 ɣo⁶，柳州话 hjo⁶，布依语 zo⁶ < *lo-s。

"写"勉语览金话 kja³，樏子话 tja³ < *kla-ʔ。"写"仫佬语 tja³，临高语 tia³ < *kla-ʔ。

"捉"勉语江底话 tso⁷，览金话 ʈɔp⁷ < *kjop。"捉"壮语 kap⁸ < *gap。毛南语 sap⁷ < *krap。

"等候"勉语江底话 tswo³，东山话 ʈu³ < *kʷjo-ʔ。"等待"布依语 ɕa³，毛南语、侗语 ka³ < *s-kje-ʔ。

"磨（刀）"勉语江底话 dzjou⁵，览金话 gjɔu⁵′ < *ʔ-gjo-s。"磨（面）"毛南语 ŋwa⁵ < *ʔgʷe。

"抬"勉语江底话 tɕɛːŋ¹，长坪话 kjeŋ¹，览金话 ȶeːŋ¹ < *kjeŋ。"抬"仫佬语 kɣŋ¹，毛南语、锦语 tjuŋ¹ < *kjeŋ。

"扫"苗语养蒿话、石门话 tɕhi¹，宗地话 tɕæ¹ᵇ < *thje。"抹（药）"傣语 ta² < *de。侗语 to³ < *to-ʔ。

"走"勉语江底话 jaŋ²，东山话 n̪aŋ² < *njeŋ。"走"仫佬语 naŋ² < *neŋ。

"要"苗语先进话 ʐua³，巴哼语文界话 ja³ < *ʔlja-ʔ。"要"（表示愿望）布依语 la³ < *ʔla-ʔ。

"磨（谷子）"苗语吉卫话 ʐo⁸，复员话 wjuᴰ，枫香话 ɣau⁸ < *gʷrot。"磨"黎语保定话 hwaːt⁷，堑对话 luːt⁸ < *khʷat < *kʷrat。

"挟"苗语养蒿话 tɑ⁷，勉语江底话 dʐap⁷ < *ʔdjap。"挟"黎语保定话 thiːp⁷ < *tip。

"打鼾"勉语江底话 dʑaːn²，湘江话 gaŋ²，览金话 daːn² < *glan。"打鼾"泰语 kron²，壮语邕宁话 klan¹，临高语 lɔn² < *klan。

"含"勉语江底话 gɔm¹，览金话 gjɔːm¹ < *ʔ-gjom。"含"泰语 om²，毛南语 ŋgam¹ < *ʔ-gəm。"叼"壮语 kaːm² < gam，毛南语 ŋgam¹ < *ʔ-gəm。

"拿"苗语养蒿话 mɛ¹，先进话 mua¹ < *ʔbʷe。"手掌"泰语 fa⁵ < *ʔbʷe-s，布依语 va¹ < *ʔbʷe。

"回（家）"勉语罗香话、大坪话 mu⁴ < *mo-ʔ。"回来"泰语 ma²，水语 m̥a¹ < *s-me。

"炒"勉语江底话 tshaːu³，长坪话 saːu³，东山话 ȶha³ < *skhju-ʔ。"炒"老挝语 khuə³，傣拉语 kho³，侗语 ɕeu³ < *skhju-ʔ。

"缩"苗语养蒿话 xhu⁷，勉语江底话 su⁷，长坪话 ðut⁷ < *slut。"缩"壮语 suːt⁷，布依语 zɔt⁷ < *slot。

"藏"苗语养蒿话 ɣi⁷，吉卫话 ʐɑ⁷，畲语多祝话 ŋi⁷ < *ʔglek。"藏"西双版纳傣语 sɣk⁹，德宏傣语 lak⁸- < *s-lek。

"借"苗语吉卫话 qɑ³，勉语湘江话 ka³ < *qe-ʔ。傣语 ku³ < *ko-ʔ。

"骂"苗语复员话 qeᶜ，大南山话 lua⁵，勉语江底话 heːm⁵ < *qʷ-lem-s。"恨"傣语 ham² < *lem。

"哭"苗语大南山话 n̪a³，枫香话 n̪i³ < *ʔna-ʔ。"哭"侗语 ne³，毛南语 ʔn̪e³ < *ʔne-ʔ。

"叫（狗叫）"勉语江底话 dʑuŋ⁵，湘江话 ʐuŋ⁵，东山话 ɖwə⁵ < *ʔglu-s。"叫

（狗叫）"仫佬语 kɣau⁵，壮语 ɣau⁵ < *klu-s。

"生"（下蛋）苗语养蒿话 na⁶，宗地话 nte⁶，畲语多祝话 ta⁶ < *ʔ-des < *ʔ-le-s。"生"（下蛋）勉语江底话 dau⁶，大坪话 du⁶ < *do-s < *glo-s。"下（小猪）"布依语 li⁴ < *li-ʔ。"下（来）、下（小猪）"仫佬语 lui⁶ < *lwi-s。

"埋"苗语吉卫话 ȵaŋ⁴，高坡话 loŋ⁴ < *ljoŋ-ʔ。"坟"德宏傣语 loŋ⁶ < *loŋ-s。

"穿"勉语江底话 taːp⁸，湘江话 da⁸ < *dop。"戴（手镯）"毛南语 zap⁸，德宏傣语 sup⁷ < *s-lop。

"穿"苗语养蒿话 ȶi⁵，布努语七百弄话 ȶu⁵ < *tju-s。"戴（项圈）"临高语、德宏傣语 tɯ² < *də。

"穿（衣）"苗语养蒿话 naŋ⁴，吉卫话 n̥hei³，勉语大坪话 noŋ³ < *snoŋʔ。"穿（衣）"西双版纳傣语 nuŋ⁶ < *noŋ-s。"皮"西双版纳傣语 năŋ¹，壮语、布依语 naŋ¹ < *ʔ-naŋ。

"脱"勉语江底话 dut⁷，湘江话 du⁷ < *ʔlut。"脱（把）"泰语 lut⁷，侗语 ljot¹⁰ < *ʔ-lot。

"沸"苗语先进话 mphou⁵，复员话 mʔpuᶜ，勉语大坪话 bui⁵ < *m-pʷju-s。"沸"邕宁壮语 plaːu⁶，侗语北部方言 tau⁶，毛南语 phjaːu⁵ < *blu-s。

"洒（水）"苗语吉卫话 mphu⁵，复员话 mʔphoŋᶜ，勉语长坪话 bwan⁵ < *ʔbʷon-s。"洒（水）"壮语 fan⁵ < *pʷen-s，仫佬语 hwon⁵ < *phʷon-s。

"告诉"勉语江底话 bwo⁵，湘江话 bau⁵ < *ʔbʷu-s。"告诉"临高语 bo⁴ < *bu-ʔ。

"进"苗语养蒿话 pə⁶，勉语江底话 pje⁸，长坪话 pja⁸ < *bjek。"回"傣语 pok⁸ < *bok。

"拉"勉语大坪江话 peːŋ¹，布努语 piŋ¹ < *peŋ。"拉"壮语武鸣话 peŋ¹，毛南语 pɛŋ¹ < *peŋ。

"拍"勉语江底话 bɛ⁷，长坪话 bje⁷ < *ʔbjep。"拍"临高语 bap⁸ < *bep。

"吃"苗语养蒿话 naŋ²，枫香话 noŋ² < *na。"吃、喝"毛南语 na⁴ < *na-ʔ。

"抱"勉语江底话 ɬəp⁷，湘江话 ɬɔ⁷ < *s-lop。"套（上）"傣语 sup⁷，临高语 lop⁷ < *s-lop。

"塞"苗语先进话 ntʂeu⁷，复员话 nʔtsuᴰ，勉语江底话 tsot⁷ < *s-pjut。"塞"水语 but⁷ < *ʔbut，壮语武鸣话 suɯt⁷ < *s-pət。

"看"布努语七百弄话 nta¹ < *ʔdo。"看见"水语 ndo³，莫语 djo³ < *ʔdo-ʔ。

280 ▶▶▶

"滴"勉语江底话 djop^{7}，大坪话 dɛp^{7} < *ʔlop。"漏"黎语通什话 zop^{7}，堑对话 zap^{7} < *ʔlop。

"是"苗语石门话 ʑau^{6}，枫香话 ʑaŋ^{6} < *ljoŋ-s。"是"侗语 ȶaːŋ^{3}，布依语 teŋ^{1} < *klaŋ。

"痛"苗语养蒿话 moŋ^{1}，勉语湘江话 muŋ^{1}，东山话 mən^{1} < *ʔben。"病"德宏傣语 pen^{6} < *ben-s。

"坏"苗语养蒿话 pa^{4}，复员话 vu^{A} < *b^{w}o-ʔ。"坏"水语 pha^{5}，侗语 pha$^{5'}$ < *phe-s。

"轻"苗语养蒿话 fha^{1}，石门话 ʂi^{1}，畲语多祝话 fui^{1} < *s-p^{w}ji。"轻"布依语 bau^{1} < *ʔbu。"快"壮语武鸣话 vaːi^{5} < *ʔb^{w}is。

"稠"勉语江底话 dʑat^{8}，览金话 kat^{8} < *gjat。"浓"壮语 kɯt^{8}，临高语 kɔt^{8} < *got。

"香"布努语七百弄话 ntəŋ^{1}，勉语江底话 daːŋ^{1}，大坪话 dɔŋ^{1} < *ʔdaŋ。"香"侗语 taŋ^{1}，水语 daŋ^{1} < *ʔdaŋ。

"懒"苗语高坡话 ŋkin^{4}，复员话 ŋkaŋ^{B} < *ʔ-gen-ʔ。"懒"壮语龙州话 kjaːn^{4}，傣语 xaːn^{4} < *gjan-ʔ。

"锐利"苗语养蒿话 ɣa^{6}，巴哼语文界话 ŋkja^{6}，勉语东山话 lai^{6} < *gle-s。"锋利"壮语 ɣai^{6}，侗语 jai^{6}，仫佬语 hɣaːi^{6} < *gli-s。

"长的"苗语养蒿话 ta^{3}，枫香话 nti^{3}，勉语江底话 daːu^{3}，大坪话 du^{3} < *ʔdu-ʔ。"长的"黎语保定话 taːu^{3} < *tu，卡林阿语 andu < *ʔadu。

"宽"苗语先进话 tl̥aŋ^{3}，勉语罗香话 kwaŋ^{3}，勉语大坪话 kjaŋ^{3} < *q^{w}laŋ-ʔ。"宽"壮语武鸣话 kvaːŋ^{6}laŋ^{6} < *g^{w}aŋ-laŋ。

"亮"苗语养蒿话 faŋ^{2}，先进话 kaŋ^{2}，枫香话 qwoŋ^{2} < *ɢ^{w}-laŋ。"亮的"西双版纳傣语 lɛŋ^{2}，临高语 baŋ^{1}，布央语郎架话 ma^{0}loŋ^{312} < *m-leŋ。"太阳"普标语 qa^{33}ɬaːŋ^{53} < *qa-laŋ。"星星"布央语郎架话 laːŋ^{11}loŋ^{312} < *laŋ-loŋ。"亮的"maloŋ^{312} < *ma-loŋ。

"黄"苗语先进话 tl̥aŋ^{2}，勉语江底话 wjaŋ^{2}，大坪话 vjaŋ^{2} < *ɢ^{w}laŋ。"黄"临高语 laŋ^{1}，德宏傣语 ləŋ^{1} < *ʔleŋ。

"肿"苗语养蒿话 aŋ^{5}，勉语江底话 om^{5}，览金话 ɔm^{5} < *ʔom-s。"肿"黎语保定话、通什话 un^{1} < *ʔun。

"光滑"苗语高坡话 mplɛ^{6}，勉语湘江话 bwaŋ^{6} < *m-loŋ-s。"光滑"泰语

luːn³，老挝语 muːn⁵，壮语邕宁话 liːn³ < *m-lən-ʔ。

"绿"苗语高坡话 mplu⁵，勉语长坪话 mjeŋ¹ < *ʔmleŋ。"黄"傣语 ləŋ¹，壮语龙州话 ləːŋ¹，黎语保定话 zeŋ¹ < *ʔleŋ。

"黑"勉语江底话 tɕe⁷，三江话 klja⁷ < *qlek。"黑"黎语保定话 lok⁷ < *qlok。

"短"苗语养蒿话 lɛ³，小章话 ʔlenᴮ，勉语大坪话 naŋ³ < *ʔlen-ʔ。"短"水语 din³，毛南语 din⁴ < *ʔlin-ʔ。

"密"勉语江底话 ma⁸，大坪话 mɔu⁸ < *met。"密"壮语武鸣话 mat⁸ < *met。

"灰（色）"勉语江底话 bwo³，东山话 bau³ < *ʔ-bʷo-ʔ。"灰（色）"水语、毛南语 pha¹ < *pho。

"（面粉）细"苗语养蒿话 moŋ⁴，布努语瑶里话 mə⁴，勉语大坪话 mun⁴ < *mon-ʔ。"粉末"临高语 bɔn⁴，拉珈语 won⁴ < *bon-ʔ。"粉末"布依语 muːn⁶，莫语 mən⁶ < *mən-s。

"冷"苗语吉卫话 noŋ⁵，勉语江底话、大坪话 nam⁵ < *ʔnem-s。"冷"毛南语 jaːm⁵ < *ʔnjam-s。

"辣"苗语吉卫话 mzɛi⁸，勉语大坪话 bjet⁸ < *ʔ-blet。"辣"布依语 ɕaːt⁸，西双版纳傣语 phet⁷ < *blet。

"泡"勉语罗香话 θei⁶，览金话 tθei⁶ < *dzi-s。"泡"布依语 ɕe⁶，西双版纳傣语 tsɛ⁶ < *dze-s。

"凉"苗语养蒿话 sei⁴，先进话 tsa⁴，枫香话 sen⁴ < *gjen-ʔ。"凉"黎语保定话 gan¹，保城话 han⁴ < *gan。

"好的"苗语养蒿话 ɣu⁵，先进话 zoŋ⁵，炯奈语长垌话 ŋwaŋ⁵ < *ʔgʷreŋ-s。"美"临高语 luan³，毛南语 caːŋ⁶ < *graŋ-s。

"小"苗语养蒿话 ʐu⁵，炯奈语长垌话 ju⁵ < *ʔru-s。"少"黎语保定话 rau² < *ru。

"老"巴哼语文界话 qo⁵ < *qlu-s。"老"仫佬语 lo⁴ < *lu-ʔ。

"美丽"勉语罗香话 dzwei⁶，长坪话 ðei⁶ < *gʷjis。"美"布依语 ɕau⁶ < *gjus。

"红"苗语枫香话 len¹，大南山话 la¹，布努语七百弄话 ləŋ¹ < *ʔleŋ。"红"泰语 dɛːŋ¹，壮语龙州话 deːŋ¹，临高语 liŋ¹ < *ʔleŋ。

"这"苗语养蒿话 noŋ³，勉语江底话 naːi³，大坪话 na³ < *ʔne-ʔ。"这"泰语 ni³，壮语武鸣话 nai³，标语 naːi³ < *ʔni-ʔ。

"一"苗语养蒿话、大南山话 i¹，畲语 i⁶，勉语东山话 i¹ < *ʔi。"一"黎语通

什话 ʔɯ³，中沙话、加茂话 kɯ² < *qe。

"双" 勉语江底话 suŋ¹，东山话 swə¹ < *soŋ。"二" 壮语武鸣话 soːŋ¹，傣语 sɒŋ¹ < *soŋ。

"几"（多少）勉语江底话 tsje⁵，东山话 ʈa⁵，樱子话 sa⁵ < *s-kje-s。"多少" 壮语武鸣话 kei³laːi¹，龙州话 ki³laːi¹ < *kiʔ-li（几-多）。

"编" 勉语江底话 tsje⁷，览金话 sa⁷，东山话 ʈa⁷ < *s-kjet。"编" 水语 ʈet⁷，毛南语 cet⁷ < *kjet。

"早" 苗语养蒿话 so³，石门话 ntsou³，高坡话 nzə³ < *s-ŋkuʔ < *s-gu-ʔ。"早" 壮语武鸣话 ɕau⁴ < *gju-ʔ。

"痒" 苗语石门话 khau⁷，勉语览金话 set⁷ < *skhet。水语 ʈit⁸，毛南语 cit⁸ < *git。

"迟" 苗语先进话 li⁶，青岩话 le⁶ < *le-s。傣语 la³ < *ʔle-ʔ。

"大" 苗语先进话 l̩o¹，宗地话 l̩o¹ < *slu。布依语、水语 laːu⁴ < *lu-ʔ。

"淡" 苗语先进话 tʂua⁶，复员话 ziᶜ < *dʷje-s。"浅" 毛南语 djai⁶ < *dji-s。

"稠" 苗语先进话 ŋkoŋ⁶，青岩话 ŋken⁶ < *ʔ-gen-s。"稠" 西双版纳傣语 xun³ < *khon-ʔ。

"浊" 勉语江底话 dʐu⁸，罗香话 glo⁸ < *glok。"浑浊" 布依语 kuk⁷ < *gək。

"老" 勉语江底话 ku⁵，樱子话 ko⁵ < *kos。"老" 泰语 kɛ⁵，壮语柳江话 ke⁵，仫佬语 ce⁵ < *kes。

"圆" 勉语罗香话 klun²，东山话 klin² < *Glun。"圆" 壮语武鸣话 duːn¹，黎语通什话 lun⁵ < *qlun。

"远" 苗语先进话 tl̩e¹，复员话 qweiᴬ，勉语三江话 ku¹ < *qʷli。"远" 泰语 klai²，壮语武鸣话 kjai¹，黎语通什话 lai¹ < *qli。

"近" 苗语养蒿话 ɣi⁵，先进话 zə⁵，复员话 ʔwjiᶜ，炯奈语长垌话 ŋkja⁵ < *ʔgʷle-s。"近" 壮语武鸣话 kjaɯ³，龙州话 khjaɯ³，临高语 lɔ³ < *klo-ʔ。

"快" 苗语养蒿话 xhi⁵，炯奈语长垌话 ɣwei⁵，畲语多祝话 ha⁵ < *s-khʷe-s。"快" 仫佬语 hwəi⁵，水语 hoi⁵ < *khʷe-s。

"我" 苗语大南山话 ko³，石门坎话 ku³，绞坨话 koŋ³ < *ku-ʔ。"我" 泰语 ku²，老挝语、布依语 ku¹，壮语龙州话 kau¹ < *ku。

"我们" 苗语大南山话 pe¹，石门坎话 pi¹，绞坨话 pæ¹，勉语江底话 bwo¹ < *pʷe。"我们" 黎语通什话 fau¹，保定话 fa¹ < *pʷe。

"他"苗语养蒿话、勉语江底话 nen²，东山话 nin² < *nen。"那"（最远指）西双版纳傣语 năn⁴ < *nen-ʔ。

"哪"勉语江底话 haːi⁵，罗香话 laːi⁵ < *qli-s。"哪"壮语 -laɯ¹，西双版纳傣语 -dăi¹ < *ʔli。

（三）苗瑶语和南亚语的比较

1. 历史背景

新石器时代湘西北地区石门皂市为细石器和砾石打制的盘状器文化，是新石器时代大溪文化的底层文化。南亚语系语言新石器时代早期的背景为长江中游流域的大溪文化。战国两汉时代湘南、湘西南、湘北地区分布着南亚、苗瑶和越文化，百濮当为使用南亚语言的民族。此时南下的南亚语已分布于云南、东南亚等地。

今南亚语系分为孟-高棉、蒙达和尼科巴 3 个语族，主要分布在越南、柬埔寨、老挝、中国、泰国、马来西亚、缅甸和印度，约 150 种语言。蒙达语族的语言主要分布在印度的中部和东北部，有科尔库-克瓦里安、纳哈里和中央蒙 3 个语支。尼科巴诸语分布在印度的尼科巴群岛上。中国境内孟-高棉语族的语言有佤语、德昂语、布朗语、京语（越南语）、徕语（巴琉语）、莽语、克木语、布赓语等。

苗瑶语和南亚语一些语词的对应可以说明早在南亚语南迁之前在湘西地区两者有着接触关系。

2. 词的对应

"天"苗语甲定话 ɴqəŋ²，野鸡坡话 ɴqwaŋᴬ，勉语长坪话 ðuŋ² < *ʔ-Gleŋ。"天"尼科巴语 haliøŋo < *qaloŋ-ʔo。

"土、地"布努语 ka¹te¹。"地"佤语马散话 katɛʔ。

"河"苗语先进话 tḻe²，野鸡坡话 ʁleiᴬ，勉语三江话 twei² < *Gli。"雨"德昂语硝厂沟话 glai，南虎话 klăi < *gli。

"水"苗语养蒿话 ə¹，石门话 au¹，勉语览金话 wɔm¹ < *ʔom。"水"德昂语 ʔom，布朗语 ʔum³⁵ < *ʔom。

"冰"苗语先进话 tḻou⁷，石门话 tḻau⁷ < *qluk。"冷"京语 juk⁷ < *ʔluk。尼科巴语 leuitʃ < *le-ʔuk（身子冷）。

"妻子"勉语江底话、长坪话 au³ < *ʔu-ʔ。"人"布朗语胖品话、巴塘话 ʔu⁵¹ < *ʔu。

"额"勉语览金话 ploŋ², 大坪话 paŋ² < *bloŋ。"额"蒙达语 moloŋ < *moloŋ。

"眼睛"苗语养蒿话 me⁶, 勉语罗香话 mwei⁶, 览金话 ŋwei⁶ < *ŋʷe-s。"脸、眼睛"布朗语甘塘话 ŋai³¹, 德昂语南虎话 ŋai, 恩语（En）ŋai < *ŋi。

"嘴"苗语养蒿话 n̪u²（鸟嘴）, 青岩话 ntɕu², 勉语东山话 tɕi² < *ʔdju。"嘴"桑塔利语 thuti < *duti。

"胃"苗语高坡话 ploŋ¹, 布努语七百弄话 tɬəŋ¹ < *ploŋ。"胃"布赓语 loŋ⁵⁵ < *ʔloŋ。

"骨头"苗语养蒿话 shoŋ³, 勉语三江话 sjɔŋ³ < *s-kʷjoŋ-ʔ。"骨头"莽语 ma³¹tɕaŋ³¹ < *ma-kjaŋ。

"脚"苗语养蒿话 tu⁵, 先进话 teu⁵, 复员话 toᶜ < *tu-s。"大腿"布赓语 da⁴⁴ < *do。

"手指"苗语养蒿话 ta³, 复员话 nʔtaᴮ, 先进话 nti³ < *ʔde-ʔ。"手"德昂语、京语 tai¹, 桑塔利语、布兴语 ti, 克木语 tiʔ < *ti-ʔ。

"肚脐"苗语养蒿话 tu⁷, 枫香话 ntɛ⁷, 勉语江底话 nuːt⁷, 览金话 duːt⁷ˈ < *ʔ-lut。"肚脐"莽语 plut⁵⁵。

"猪"勉语江底话 tuŋ⁴, 三江话 tjɔŋ⁴, 东山话 twə⁴ < *dʷo-ʔ。"猪"布赓语 tau²⁴ < *du。

"尾巴"苗语养蒿话 tɛ³ < *te-ʔ。"尾巴"佤语马散话 si taʔ, 艾帅话 si da̠ʔ, 格木语曼买话 n̪taʔ。

"蛋"苗语先进话 qe⁵, 勉语东山话 klau⁵ < *qle-s。"蛋"尼科巴语 uhøː < *ʔulo。

"虱子"苗语养蒿话 tɛ³, 勉语江底话 tam³, 大坪话 dam³ < *ʔdem-ʔ。"虱子"佤语马散话 tiap, 布朗语曼俄话 tep³⁵ < *tep。

"针"苗语养蒿话 tɕu¹, 勉语江底话 sim¹, 东山话 tɕɛn¹, 大坪话 tsum¹ < *s-kʷjem。"针"克木语 si kăm < *sikem, 京语 kim¹ < *kim。

"鬼"勉语江底话 mjen³, 览金话 ŋwaːn³, 东山话 m̥jɛn³ < *s-ŋʷjan。"鬼"布朗语胖品话 si ŋar⁵¹ < *si-ŋar。

"油脂"勉语江底话 m̥ei¹, 大坪话 mi < *smir。"油脂"布兴语（lɣ）m̥vih < *smir。

"藤子"苗语吉卫话 ɕi¹, 勉语江底话 m̥ei¹, 大坪话 mɛi¹ < *smʷir。"藤子"布兴语（tsɣr）mvɣh < *mər。

"铁"勉语罗香话 gja^7，大坪话 ljɛ^7 < *ʔgljek。"铁"莽语 tak^{55} < *klek。布芒语 lɯɯk^{21}，佤语布饶克方言 lhek < *khlek。

"路"苗语养蒿话 ki^3，勉语江底话 tɕau^3，三江话 klɔu^3 < *klo-ʔ。"路"莽语 gɣa^{51} < *gla，巴琉语 muɔ^{31}kɣɔ^{53} < *mo-glo。

"唱"勉语江底话 paːu^5，湘江话 pa^5 < *po-s。"唱"布朗语布朗方言 m'pɣ^{44} < *m-pə。

"藏"（躲藏）勉语江底话 piːŋ^5，大坪话 bɔŋ^5 < *ʔb^{w}eŋ-s。"藏"佤语艾帅话 si bauŋ < *si-baŋ，德昂语 puŋ。

"盖（锅）"苗语养蒿话 mə^6，先进话 mpo^6 < *ʔ-bo-s。"盖（被子）"苗语青岩话 vau^3，复员话 ʔwu^B，畲语多祝话 vu^3 < *ʔ-b^{w}u-ʔ。"藏"布朗语曼俄话 ka mo^{55}，佤语马散话 mɔʔ，孟贡话 bɔʔ < *boʔ。

"住、在"苗语养蒿话 ȵaŋ^1，畲语多祝话 ȵjuŋ^1，勉语览金话 jam^1 < *ʔȵjom。"坐"佤语艾帅话 ŋɔm，阿佤方言 ŋom < *ŋom。

"哭"苗语养蒿话 ȵaŋ^1，畲语多祝话 ȵin^3，勉语览金话 ȵjim^3 < *ʔȵjom-ʔ。"哭"克木语 jăm，户语 jam^{33}，布兴语 ȵam < *ȵjam。

"埋"勉语江底话 pjop^7，罗香话 plop^7 < *p-lop。"埋"尼科巴语 lāpŋø < *lap-ŋe。

"燃烧"苗语养蒿话 tɕen^6，勉语江底话 tsje^8，东山话 ʈha^8 < *djet。"烧"莽语 tet^{51} < *tet。

"咬"苗语先进话 to^8，勉语江底话 tap^8 < *dop。"吃，咬"桑塔利语 tsablɛu < *tab-lu。

"流"苗语先进话 ntu^4，复员话 qlu^B < *ɢlu-ʔ。"流"勉语江底话 ljou^6，罗香话 qjeu^6，长坪话 ðjəu^6 < *ɢlu-s。"流"莽语 ly^{55}，克木语 lʊʔ < *ʔlu-ʔ。

"烧"苗语养蒿话 ʈhə^1，勉语三江话 lu^1 < *s-ljo。"烧"桑塔利语 lɔ < *lo。

"洗"苗语吉卫话 ntsa^3，布努语七百弄话 ntθai^3，巴哼语文界话 nte^3 < *ʔ-tje-ʔ。"水"巴琉语 ⁿde < *ʔde。

"吃"苗语养蒿话 naŋ^2，枫香话 noŋ^2 < *na。"饭"苗语石门话 n̥au^5，勉语江底话 n̥aːŋ^5，大坪话 nɔŋ^5 < *s-naŋ-s。"吃"布朗语甘塘话 na^{55} < *na。尼科巴语 nja < *nja。

"避（雨）"苗语先进话 ȵʈai^8，石门话 ndlɦai^8 < *ʔ-glak。"藏"苗语养蒿话 ɣi^7，吉卫话 zɑ^7，畲语多祝话 ŋi^7 < *ʔglek。"藏"柬埔寨文 lɛək < *lek。

"醒"苗语先进话 tʂi⁶，复员话 za^D < *djek。"醒"布朗语佤方言 dʑak < *djak。

"近"苗语养蒿话 ɣi⁵，先进话 zə̣⁵，复员话 ʔwji^c，炯奈语长垌话 ŋkja⁵ < *ʔgʷlje-s。"近"布朗语胖品话 kle³⁵ < *kle。"短"柬埔寨文 khlyj < *kli。

"干燥"苗语养蒿话 qha¹，青岩话 Nqho¹，畲语多祝话 ŋkhei¹ < *ʔ-qhe。"渴"苗语养蒿话 qha¹，青岩话 Nqho¹，巴哼语文界话 ŋkhei¹ < *ʔ-qhe。"干的"莽语 ʔo < *qo。

"烧"苗语青岩话 tshi³，先进话 phe³，枫香话 tshei³，石板寨话 phzi³ < *phli-ʔ。"火"柬埔寨文 phlyːŋ < *phleŋ。

"熟"苗语养蒿话 ɕhaŋ³，高坡话 sæin³，畲语多祝话 sin³ < *skjeŋ-ʔ。"熟"莽语 θeŋ⁵¹ < *seŋ。

"软"苗语高坡话 mləŋ⁶，枫香话 mjoŋ⁶ < *mleŋ-s。"软的、弱的"莽语 ləŋ³¹mø⁵¹ < *leŋ-。

"红"苗语养蒿话 ɕo⁷，勉语东山话 ɕi⁷，大坪话 sjɛ⁷ < *skjek。"红"布朗语曼俄话 saʔ³¹khχak³⁵。

"冷"勉语江底话 tɕwan³，长坪话 kjəŋ³，览金话 sɔŋ³ < *skʷjoŋ-ʔ。"冷"巴琉语 kəŋ⁵³ < *kəŋ。

"热"苗语青岩话 koŋ¹，勉语江底话 tɕɔm¹，三江话 klœn¹ < *krom。"热"桑塔利语 gorom̩ < *gorom。

"渴、干燥"苗语养蒿话 qha¹，青岩话 Nqho¹，炯奈语长垌话 ŋkhei¹ < *ʔ-qho。"干的"莽语 ʔo < *qo。

"甜"苗语养蒿话 qaŋ¹，畲语多祝话 kwa¹，勉语江底话 kaːm¹ < *qʷam。"甜"德昂语硝厂沟话、南虎话 ŋam < *ŋam。

"咸"苗语先进话 tl̥eu⁵，布努语瑶里话 tlou⁵ < *qlo-s。"咸"户语 lo³³ < *lo。

"不成熟的"勉语江底话 n̩om⁴，览金话 ŋjim⁴ < *ŋim。"生的、新鲜的"户语 ʔŋim³¹ < *ʔŋim。

"这"苗语养蒿话 noŋ³，勉语江底话 naːi³，大坪话 na³ < *ʔne-ʔ。"这"布朗语甘塘话 ni³¹，克木语 n̩iʔ < *sniʔ。蒙达语 ne < *ne。

"我们"苗语大南山话 pe¹，石门坎话 pi¹，绞坨话 pæ¹，勉语江底话 bwo¹ < *pʷe。"我们"布赓语 pɛ³¹ < *pe。

"我"勉语江底话 je¹，览金话 ja¹，龙定话 ʑe¹ < *ʔre。"我"布兴语 ʐɔ < *ro。

"你"苗语养蒿话 moŋ²，勉语江底话 mwei²，大坪话 mui² < *mʷi。"你"克木

语 me（男），巴琉语 mi³³，京语 mai²，德昂语硝厂沟话 măi，茶叶箐话 măi⁵¹ < *mi。柬埔寨文 muɯŋ < *moŋ。

"二"苗语养蒿话 o¹，石门话 a¹，巴哼语文界话 va¹ < *ʔa。"二"布朗语胖品话 ʔa⁵¹，德昂语硝厂沟话 ʔa < *ʔa。

"三"苗语养蒿话 pi¹，畲语 pi¹，勉语江底话 pwo¹ < *pʷje。"三"蒙达语 ɑpi-ā，桑塔利语 pẹ，古尔古语 āpɑi < *ʔapi。

（四）基本词的分歧及其解释

苗瑶语不同支系基本词的分歧较大，其中苗语支语言跟藏缅语、侗台语和汉语的词较多有词源关系，勉语诸方言和侗台语的关系最为密切。

1. 天

苗语养蒿话 vɛ²，勉语大坪话 vaŋ² < *bʷen。泰语 bon²，壮语邕宁话 mən¹ʼ，武鸣话 buun¹ < *ʔbʷən。

苗语甲定话 Nqəŋ²，野鸡坡话 Nqwaŋᴬ，勉语长坪话 ðuŋ² < *ʔ-Gleŋ。南亚语"天"尼科巴语 haliøŋo < *qaloŋ-ʔo。

2. 太阳

苗语养蒿话 n̥hɛ¹，勉语江底话 n̥oi¹ < *s-nʷi。藏文 n̥i（ma），缅文 ne² < *ni。炯奈语 ntuŋ⁶ < *ʔnuŋ-s。瓦由语（Vāyu）numa < *nu-ma。

3. 月亮

苗语养蒿话 l̥ha⁵，勉语三江话 lu⁵，大坪话 lɔu⁵ < *sla-s。藏文 zla（ba）< *sla。景颇语 ʃă³³ta³³，独龙语 sɯ³¹lɑ⁵⁵ < *səla。

布努语 po³ɬo⁵ < *po-lo-s。阿昌语 phă³¹lɔʔ³¹，哈尼语 ba³³la³³ < *balo。

4. 星星

苗语养蒿话 qɛ¹，复员话 qaŋᴬ，炯奈语龙华话 nteŋ¹ < *qleŋ。汉语"荧" *Gʷleŋ > *ɣʷieŋ，《说文》："屋下灯烛之光。"

勉语龙定话 ɬei⁵ < *ʔdis。壮语武鸣话 daːu¹dei⁵，壮语龙州话 daːu¹di⁵ < *ʔdu-ʔdis。

5. 云

苗语养蒿话 en⁵，先进话 oŋ⁵ < *ʔon。汉语"䨣" *qʷjən > *ʔjuən。

勉语览金话 van⁵，罗香话 bwən⁵ʼ < *ʔbʷən-s。"天"泰语 bon²，壮语武鸣话 buun¹ < *ʔbon。

6. 风

苗语大南山话 tɕua⁵，甲定话 tɕa⁵，野鸡坡话 tɕiᶜ < *kʷle-s。嘉戎语 khali，哈

卡钦语 ktli < *kali。

布努语西山话 zəm² < *lom。布依语 zum²，侗语 ləm² < *lom。

7. 雨

苗语养蒿话 noŋ⁶，勉语长坪话 bloŋ⁶ < *m-loŋ-s。博嘎尔珞巴语 me doŋ。景颇语 mǎ³¹ʒaŋ³³ < *ma-loŋ。

勉语三江话 pljɔŋ⁶ < *blu-ŋ-s。壮语武鸣话 fuɯn¹，侗语北部方言 ljən¹ < *pʷli-n。

8. 山

苗语养蒿话 pi⁴，复员话 veiᴮ < *bʷe-ʔ。汉语"阜"*bju《释名》："土山曰阜。"彝语喜德话 bo³³，木雅语 mbo⁵³ < *bo。

勉语烟园话 kjem²，江底话 tɕiːm²，炯奈语长垌话 kjɔŋ²（岭）< *gem。"石头"藏文 rgyam < *r-gjam。"山坳"布依语 tɕem⁶，侗语 ȶum⁶ < *gjem-s。

9. 石头

苗语养蒿话 ɣi¹，勉语烟园话 gjau¹，双龙话 lau¹ < *ʔ-gle。"沙子"壮语柳江话 hje⁵，邕南话 hle⁶ < *gle-s。

布努语 fa³ɣe¹ < *pʷale。"石头、石山"仫佬语 pɣa¹ < *pla。

10. 火

"火、柴"苗语养蒿话 tu⁴ < *du-ʔ。彝语巍山话 ɑ⁵⁵to³³，傈僳语 ɑ⁵⁵to⁵⁵ < *ʔato。苗语石板寨话（qo⁰）zoᴮ < *lo-ʔ。南亚语"火"越南语 luɯə³ < *ʔlu-ʔ。

11. 头

苗语吉卫话 pʐei³，勉语东山话 pli³，罗香话 pje³ < *pʷlo-ʔ。"额"布依语 na³pja⁵ < *snaʔ-pla-s（脸–头）。

苗语养蒿话 qho¹，高坡话 ho³ < *qo。

炯奈语龙华话 ŋkau³ < *ʔ-gu。藏文 mgo < *m-go，巴尔蒂语、拉达克语、夏尔巴语 go < *go。

12. 脸

苗语石门话 pau⁴，枫香话 pɔ⁴ < *bo-ʔ。"腮"哈尼语 ba³¹ba³³ < *baba。"嘴"布依语 pa⁵ < *pa-s。

勉语江底话 m̥jen¹，览金话 min¹ʹ < *s-mjen。景颇语 man³³ < *man。

13. 眼睛

苗语养蒿话 mɛ⁶，勉语罗香话 mwei⁶，览金话 ŋwei⁶ < *ŋʷe-s。"脸、眼睛"布

朗语甘塘话 ŋai³¹，德昂语南虎话 ŋai，恩语（En）ŋai < *ŋi。

勉语油岭话 mai²teŋ¹ < *mi-teŋ。木雅语 mi < *mi。格曼僜语 min，却域语 mɲe < *mi-ne。

14. 耳朵

苗语养蒿话 zɛ²，高坡话 mplæ² < *ʔ-ble。布央语峨村话 ʔbaːi⁵⁵ða³³ < *ʔbila。

勉语龙定话 m³¹noːm³¹ < *ma-nom。错那门巴语 nem³⁵nɛʔ⁵³ < *nem-neʔ。

15. 鼻子

苗语腊乙坪话 mzɘ⁶，石门坎话 mby⁶，甲定话 mpluɯ⁶ < *blu-s。勉语东山话 bli⁶ < *bli-s。南亚语"鼻子"孟贡话 buɯih，克木语 buh < *bul。

16. 嘴

勉语罗香话 dʑut⁷，樟子话、览金话 dut⁷ < *ʔdut。南亚语"嘴"桑塔利语 thuti < *duti。

苗语养蒿话 lo⁵ < *ʔlo-s。

17. 舌头

苗语先进话 mplai⁸，勉语长坪话 blet⁸ < *blat。汉语"舌"*s-ljat。

18. 牙齿

苗语养蒿话 m̥hi³，布努语瑶里话 m̥ai³，勉语三江话 mjen < *s-mjen。壮语 fan²，侗语 pjen¹，黎语保定话 fan¹ < *bʷjen。

19. 胡须

勉语江底话 sjaːm¹，览金话 tθɔːm¹，三江话 tswɔn¹ < *s-pʷjom。黎语保定话 puɯːm³ < *pəm-ʔ。

20. 脖子

苗语养蒿话 qoŋ³，大南山话 tɬaŋ¹ < *qloŋ。黎语通什话 uɯ³ɬoŋ⁶ < *ʔuloŋ。博嘎尔珞巴语 luɯŋ poŋ，缅文 laŋ²paŋ² < *loŋ-poŋ。

21. 肩膀

苗语先进话 pu⁶，复员话 vuᶜ < *bʷos。壮语武鸣话 ba⁵ < *ʔbas。

22. 脊背

苗语复员话 ʁoᴰ，巴哼语长垌话 kɔ⁸ < *ɢop。"后边"藏语阿力克话 rʄjap < *r-qjap。"屁股"藏文 rkub。

勉语罗香话 taːŋ⁴，三江话 tan⁴ < *daŋ-ʔ。"背"壮语武鸣话 paːi⁶laŋ¹¹ < *bis-

ʔlaŋ。德宏傣语 san¹laŋ¹ < *san-ʔlaŋ。

23. 腋下

苗语先进话 çɔ⁵，复员话 tsuᶜ，布努语七百弄话 sɔ⁷ < *slok。"咯吱窝"侗语 saːk⁷，仫佬语 khɣaːk < *s-klak。

24. 手

苗语养蒿话 pi⁴，绞坨话 ʂe⁴，勉语江底话 pwo⁴ < *bʷrə-ʔ。壮语武鸣话 fauɯ²，侗语北部方言 lja²，水语 mja¹ < *ʔ-bʷlə。

苗语大南山话 te⁴ < *de-ʔ。南亚语"手"德昂语、京语 tai¹，桑塔利语、布兴语 ti，克木语 tiʔ < *ti-ʔ。

25. 手指

苗语养蒿话 ta³，复员话 nʔtaᴮ，先进话 nti³ < *ʔde-ʔ。南亚语"手"德昂语、京语 tai¹，桑塔利语、布兴语 ti，克木语 tiʔ < *ti-ʔ。

勉语江底话 du⁷，勉语三江话 tɔ⁷ < *ʔdup。藏文 mdzub < *m-dup。

26. 指甲

勉语双龙话 gli⁷ < *ʔglip。"指甲、爪子"黎语通什话 tsɯ²liːp⁷ < *gulip。

27. 腰

苗语先进话 tḷua³，复员话 qlaᴮ，勉语三江话 lai³ < *qʷle-ʔ。侗语 qui³lai¹ < *qʷiʔ-li。"肠子"黎语保城话 laːi⁶ < *li-s。

28. 大腿

苗语养蒿话 pa¹，高坡话 po¹，巴哼语文界话 pe¹ < *pe。侗语 pa¹ < *pe。

勉语江底话 tsuːi²，大坪话 si² < *dʷji。"腰"毛南语 ndjuːi¹ < *ʔdʷji。

29. 脚

苗语养蒿话 tu⁵，先进话 teu⁵，复员话 toᶜ < *tu-s。南亚语"大腿"布赓语 da⁴⁴ < *do。

苗语养蒿话 lɛ¹ < *ʔle。那加语耽鲁方言（Tamlu）lā，达布棱方言（Tableng）jā < *la。

30. 肚子

苗语养蒿话 tɕhu¹，石门话 tɕhau¹，宗地话 tɕɔ¹ᵇ < *thju。"肚脐"毛南语 do² < *du。

苗语大南山话 plaŋ¹。"胃"苗语高坡话 ploŋ¹，布努语七百弄话 tɬəŋ¹ < *ploŋ。

"肚子"侗语 loŋ² < *loŋ。

"肚子"布努语七百弄话 pau⁵ < *pus。汉语"腹"*pʷjuk。

31. 肠子

勉语江底话 klaːŋ²，大坪话 kjaŋ² < *glaŋ。"肠子"壮语 tuŋ⁴ < *doŋ-ʔ。

苗语吉卫话 çe³，勉语三江话 nɔu³（腹部）< *sno-ʔ。

32. 肝

苗语吉卫话 ʂe¹，勉语湘江话 ɬaŋ¹，樟子话 gjen¹ < *s-gen。黎语保定话 ŋaːn¹，加茂话 ŋuən¹ < *ʔgʷan。

33. 肺

苗语高坡话 mpluɯ⁵，巴哼语文界话 mpjɔ⁵ < *ʔblo-s。南岛语"肺"阿美语 falaʔ，赛夏语 bæļæʔ，邵语 baaq < *bala-q。

34. 心

苗语绞坨话 plə³，野鸡坡话 plo³ < *plo-ʔ。"肚子"怒苏语 va³¹lɔ⁵³ < *bʷalo。

35. 皮

苗语养蒿话 tu³，布努语七百弄话 to³ < *to-ʔ。

勉语江底话 dop⁷，湘江话 dəu⁷ < *ʔdop。

36. 骨头

苗语养蒿话 shoŋ³，勉语三江话 sjɔŋ³ < *s-kʷjoŋ-ʔ。南亚语"骨头"莽语 ma³¹tɕaŋ³¹ < *ma-kjaŋ。

37. 血

苗语养蒿话 çhaŋ³，勉语大坪话 dzɛm³，览金话、樟子话 saːm³ < *s-djem-ʔ。汉语"肜"*dʷəm > *dʷoŋ，《说文》："丹饰也。"

38. 屎

苗语养蒿话 qa³，先进话 qua³ < *qʷa-ʔ。侗语、水语 qe⁴，布依语 ʔɛ⁴ < *ʔ-ɢe-ʔ。

勉语江底话 gai³，罗香话 dai³ < *ʔ-gli-ʔ。

39. 水牛

苗语养蒿话 ȵen²，畲语多祝话 ŋjɔ²，勉语大坪话 ŋ² < *ŋjo。"黄牛"泰语 wuə²，老挝语 ŋuə²，壮语龙州话 mo² < *ŋʷə。汉语"牛"*ŋʷjə。

40. 大象

苗语养蒿话 she⁵，先进话 ntshu⁵ < *s-thjoŋ-s。仫佬语 tjaŋ⁴，水语 sjaːŋ¹ < *s-djaŋ-ʔ。

勉语江底话 tsaːŋ⁴，樏子话 tjaːŋ⁴，览金话 kjaːŋ⁴ < *glaŋ-ʔ。汉语"象"*glaŋ-ʔ。

41. 老虎

苗语养蒿话 ɕə³，吉卫话 tɕo³，布努语瑶里话 suɔ³ < *slo-ʔ。史兴语 la⁵⁵，彝语喜德话 lɑ⁵⁵，纳西语 lɑ³³ < *sla。

勉语江底话 sjen²，览金话 gjaːn²，三江话 tɕwən² < *gʷjen。缅文 kjɑ³ < *kje。

42. 熊

苗语养蒿话 tl̥ai⁷，勉语烟园话 kjap⁷ < *qlap。景颇语 tsap⁵⁵ < *krap。①

43. 猪

勉语江底话 tuŋ⁴，三江话 tjɔŋ⁴，东山话 twə⁴ < *dʷo-ʔ。汉语"猪"*tʷa。

44. 猴子

勉语大坪话 bjaŋ¹，江底话 biːŋ¹ < *ʔbliŋ。泰语 liŋ²，壮语龙州话、拉珈语 liŋ² < *ʔliŋ。

苗语养蒿话 lei¹，大南山话 lei¹，炯奈语长垌话 lai¹ < *ʔli。

45. 鸟

勉语江底话 no⁸，东山话 ŋɔ⁸ < *s-nok。壮语武鸣话 ɣok⁸，傣语 nok⁸，侗语 mok⁸，拉珈语 mlok⁸ < *mlok。

苗语养蒿话 nə⁶，巴哼语文界话 mo⁶ < *m-no-s。仡佬语贞丰话 mo⁴²naŋ⁴² < *mo-naŋ。

46. 翅膀

苗语养蒿话 ta⁷，勉语江底话 daːt⁷，大坪话 dɔt⁷ < *ʔdat。"（鸡）爪子"黎语保定话 tet⁷ < *tet。

47. 爪子

勉语湘江话 ȵiu³，览金话 ȵaːu³ < *snju。侗语 ȵəu¹，壮语 ɕaːu³ < *snju-ʔ。汉语"手"*snju-ʔ。

48. 尾巴

苗语养蒿话 tɛ³，勉语江底话 dwei³，大坪话 dui³ < *ʔdʷi-ʔ。"屁股"布依语 taːi⁴ < *di-ʔ。

49. 蜈蚣

苗语养蒿话 khu⁷，畲语多祝话 khɔ⁵ < *khop。侗语 khəp⁷，毛南语 -chap⁷ <

---

① 如"站"景颇语 tsap⁵⁵ < *krap。缅文 rɑp⁴ < *grap。

*khep。

勉语江底话 sap⁷，罗香话 ɕap⁷，大坪话 tsap⁷ < *s-kjap。泰语 khaːp⁹，布依语 sip⁷，仫佬语 khɣəp⁷ < *s-krap。

50. 鱼

苗语养蒿话 zɛ⁴，高坡话 mplæ⁴ < *ʔ-ble-ʔ。勉语三江话 plɔu⁴ < *blu-ʔ。毛南语 mbjai³ < *ʔbli-ʔ。

51. 蛇

苗语养蒿话 naŋ¹，勉语江底话 naːŋ¹，大坪话 nɔŋ¹ < *ʔnaŋ。"虫子"壮语 neŋ²，德宏傣语 mɛŋ² < *m-neŋ。

52. 草

勉语江底话 mje³，烟园话 ŋwa³，东山话 m̥ja³ < *s-ŋʷje-ʔ。道孚语 rŋə rŋa < *sŋa。汉语"苏"*sŋa。

53. 根

苗语养蒿话 tɕoŋ²，苗语野鸡坡话 zoŋᴬ，勉语江底话 dzuŋ² < *groŋ。怒苏语 ɡɹɯ⁵⁵，格曼僜语 kɹɑ⁵³ < *gro。

54. 叶

苗语大南山话 mploŋ²，石门坎话 ndlɦau² < *blaŋ。南岛语"叶子"巴塔克语 buluŋ < *buluŋ。

55. 花

苗语大南山话 paŋ²，石门坎话 bɦɯ²，勉语江底话 pjaŋ² < *boŋ。缅文 a¹pwɑŋ¹，浪速语 pəŋ³⁵ < *poŋ。

56. 种子

苗语大南山话 noŋ¹，甲定话 ň̥hoŋ¹，勉语大坪话 num¹ < *snum。"芽"壮语龙州话、西双版纳傣语 naːm¹ < *ʔnam。

57. 路

苗语养蒿话 ki³，勉语江底话 tɕau³，三江话 klɔu³ < *klo-ʔ。南亚语"路"莽语 ɡɣa⁵¹ < *glo，巴琉语（muɔ³¹）kɣɔ⁵³ < *klo。

58. 绳子

勉语江底话 ɬaːŋ¹，东山话 laŋ¹，三江话 ljaŋ¹ < *q-laŋ。汉语"绳"*m-ljəŋ。

59. 斧子

苗语养蒿话 to⁵，巴哼语长垌话 ðei⁵ < *ʔdo-s。羌语 stɛj < *ste-r。

60. 针

苗语养蒿话 tɕu¹，高坡话 koŋ¹，畲语多祝话 kjɔŋ¹ < *kjom。汉语"针" *gjəm。

61. 锅

勉语江底话 tshɛːŋ¹，长坪话 sjeŋ¹ < *s-thjeŋ。汉语"鼎" *teŋ-ʔ。

苗语养蒿话 vi⁴，复员话 wen^B，宗地话 ʑein⁴ < *bʷlen-ʔ。布依语 ɕaːu⁵，侗语 taːu¹，黎语 thau¹ < *plu。

62. 坟

勉语江底话 tsou³，览金话 tθɔu³ < *tjo-ʔ。布依语、毛南语 ti⁶ < *di-s。

苗语先进话 ntsaŋ⁵，枫香话 zoŋ⁵ < *kroŋ。缅文 sɑŋ³khjoŋ³ < *sa-khjoŋ。

63. 名字

苗语养蒿话 pi⁵，勉语江底话 bwo⁵ < *ʔbʷe-s。南亚语"名字"巴琉语 mi¹³ < *mi。

64. 鬼

勉语湘江话 mjən³，大坪话 mjen³ < *ʔmeŋ-ʔ。南亚语"鬼"佤语马散话 ʔa muɯaŋ，布饶克方言 miaŋ < *ʔa-maŋ。

65. 前（边）

勉语江底话 daːŋ⁶（先），湘江话 daŋ⁶ < *daŋ-s。壮语 taːŋ⁵，黎语保定话 daŋ⁵ < *ʔdaŋ-s。

66. 后（边）

苗语养蒿话 qaŋ¹，勉语大坪话 kɔŋ¹ < *qaŋ。南亚语"背"佤语马散话 si ʔaŋ < *si-ʔaŋ。

67. 下（面）

勉语江底话 dje³，大坪话 di³ < *ʔ-le-ʔ。壮语武鸣话 la³ < *ʔla-ʔ。

68. 有

苗语养蒿话 me²，勉语三江话 mai² < *mi。泰语 mi²，壮语邕宁话 mei² < *mi。

69. 走

勉语江底话 jaŋ²，东山话 ȵaŋ² < *njeŋ。仫佬语 naŋ² < *neŋ。

70. 来

苗语养蒿话 lo⁴，枫香话 lau⁴ < *lo-ʔ。缅文 lɑː²，哈尼语 la⁵⁵ < *lo。

71. 飞

畲语多祝话 ŋi⁵，勉语江底话、罗香话 dai⁵ < *ʔgli-s。义都珞巴语 li⁵⁵ < *li。

72. 吃

苗语养蒿话 naŋ²，枫香话 noŋ² < *na。汉语"茹"*nʷja。"饭"苗语石门话 ŋ̥au⁵，勉语江底话 ŋ̥aːŋ，大坪话 nɔŋ⁵ < *s-naŋ-s。

73. 喝

苗语养蒿话、高坡话 hə⁷，勉语江底话 hop⁷，览金话 hɔp⁷ < *spʷop。"吸"黎语保定话 hwɯp⁷，通什话 vɯp⁸ < *ʔ-bʷəp。

74. 睡

苗语腊乙坪话 ɴqwe¹，石门坎话 ṇ̊l au¹ < *qʷle。"躺"布依语 ziŋ⁴ < *liŋ-ʔ。

75. 杀

苗语先进话 tua⁵，畲语多祝话 ta⁵ < *tʷa-s。汉语"屠"*dʷa《说文》："刳也。"

76. 戴（帽）

苗语养蒿话 tə⁵，枫香话 ntoŋ⁵，勉语江底话 doŋ⁵ < *ʔdoŋ-s。临高语 diŋ¹ < *ʔdiŋ。

77. 种（动词）

苗语养蒿话 tɕen⁴，复员话 ʑeᴮ < *gre-ʔ。黎语保定话 gwa¹，中沙话 ra¹ < *gra。

78. 砍

苗语养蒿话 to³，复员话 nʔtuᴮ，勉语大坪话 dau³ < *ʔdu-ʔ。毛南语、仫佬语 te⁵，水语 te⁵ < *te-s。

79. 拔

苗语养蒿话 ʈhə⁵（拉），宗地话 ʈo⁵，复员话 tʂhuᶜ < *thjo-s。"拔（草）"德宏傣语 thui³ < *thʷe-ʔ。"拔（火罐）"侗语 to³ < *to-ʔ。

80. 站

苗语养蒿话 ɕhu³，畲语多祝话 sou³，勉语东山话 səu³ < *sko-ʔ。却域语 ʂkhe⁵⁵ < *skhe。

81. 叫

"叫（鸟叫）"苗语复员话 ʁiᴬ，勉语东山话 hjaːu³ < *ɢi-ʔ。"叫（公鸡叫）"独龙语 gui⁵³ < *gi。

"叫（公鸡叫）" 勉语三江话 kwei⁵，大坪话 kɔi⁵ < *kʷi-s。扎坝语 ke。

"叫（公鸡叫）" 苗语养蒿话 qa⁵ < *qʷe-s。"叫（啼叫）" 却域语 qa⁵⁵ < *qa。"叫（猫叫）" 缅文 ɔ² < *ʔo。

82. 拿

苗语养蒿话 mɛ¹，先进话 mua¹ < *ʔbʷe。"端" 勉语江底话 pou²，长坪话 pau² < *bu。汉语 "捕" *bʷa-s，取也。

83. 用

勉语江底话 loŋ⁶，湘江话 noŋ⁶ < *loŋ-s。汉语 "用" *ljoŋ-s。

84. 含

勉语江底话 gɔm¹，览金话 qjɔːm¹ < *ʔqjom。汉语 "函" *gəm > *ɣəm。

苗语养蒿话 mpua³，复员话 mʔpziᴮ < *ʔbʷre-ʔ。"叼" 却域语 bzo¹³ < *bro。

85. 落

苗语先进话 poŋ¹，布努语七百弄话 paŋ¹ < *poŋ。载瓦语 voŋ⁵¹，勒期语 vaːŋ³¹ < *bʷoŋ。

86. 死

苗语养蒿话 ta⁶，先进话 tua⁶，勉语江底话 tai⁶ < *dʷes。羌语 dɛ ʂɛ < *de-si。

87. 开（门）

苗语养蒿话 pu⁷，巴哼语文界话 pɔ⁷ < *put。西双版纳傣语 puɯt⁷ < *put。

88. 打

苗语养蒿话 pɑŋ³，炯奈语长垌话 pɔŋ³，勉语江底话 pwan³ < *pʷeŋ-ʔ。"打（枪）" 侗语、仫佬语 peŋ⁵，毛南语 peŋ⁵ < *peŋ-s。

89. 扫

勉语江底话 phwat⁷，长坪话 phwət⁷ < *phʷat。壮语、德宏傣语 pat⁷ < *pat。

90. 看

勉语江底话 maŋ⁶，大坪话 mɔŋ⁶ < *mʷeŋ-s。"看见" 水语 ʔmeŋ⁶ < *ʔ-beŋ-s。

91. 听见

苗语养蒿话 n̥haŋ³，勉语罗香话 nom³，览金话 num³ < *snʷem。他杭语 njempa < *njem-pa。

92. 挖

勉语罗香话 vet⁷，大坪话 vɛt⁷ < *ʔbʷet。壮语 ʔvaːt⁷，水语 pot⁷，毛南语 ʔwaːt⁷ < *ʔbʷat。

93. 做

苗语先进话 ua⁵，复员话 aᶜ，勉语江底话 ɔ⁵ < *ʔe-s。墨脱门巴语 ʔa，哈尼语绿春话 ɔ⁵⁵ < *ʔa。

94. 舀（水）

苗语养蒿话 hei⁷，巴哼语文界话 fɤ⁷ < *spʷek。嘉戎语 kɐ phok < *-phok。

95. 煮

苗语养蒿话 hu⁵，先进话 hou⁵，畲语多祝话 fu⁵ < *spʷo-s。"烤"毛南语 pɔ⁶ < *bo-s。

96. 晒

勉语江底话 phuːi¹，大坪话 fai¹ < *phʷi。"烤"拉祜语 pi³¹ < *pi。

97. 盖

勉语览金话 hɔːm³，大坪话 hum³ < *hom-ʔ。泰语、壮语柳江话 hom⁵，侗语北部方言 əm⁵ < *khəm-s。

98. 烧（山）

勉语江底话 pwo³，大坪话 pu³ < *pʷo-ʔ。黎语保定话 mou¹，临高语 bau¹ < *ʔbo。

苗语青岩话 tshi³，先进话 phe³，枫香话 tshei³，石板寨话 phzi³ < *phli-ʔ。"烧（饭）"侗语 taːu³ < *plu-ʔ。

99. 等待

"等待"勉语江底话 tswo³，东山话 ʈu³ < *ko-ʔ。侗语、水语、毛南语 ka³ < *ko-ʔ。

100. 大

苗语先进话 l̥o¹，宗地话 l̥o¹ < *slu。布依语、水语 laːu⁴ < *lu-ʔ。

101. 多

苗语养蒿话 tɛ⁵，复员话 nʔtuᶜ，勉语览金话 duːŋ⁵ < *ʔdoŋ-s。南亚语"多"莽语 dɔ⁵¹ < *do，巴琉语 ⁿdɔŋ⁵⁵ < *ʔdoŋ。

102. 少

苗语先进话 tʂeu⁶，复员话 zoᶜ，勉语江底话 tsu⁸ < *gjut。南亚语"少"桑塔利语 giɖi < *giɖi，户语 kot³¹ < *kot。

103. 重

苗语养蒿话 ŋ̊hoŋ³，复员话 ŋ̊oŋᴮ，勉语三江话 ŋe³ < *s-njo-ʔ。南亚语"重"

莽语 ȵan⁵¹ < *njan。

104. 黑

苗语先进话 tl̥o¹，枫香话 tl̥oŋ¹ < *qʷ-loŋ。南亚语"黑"佤语马散话 lauŋ，艾帅话 luŋ，孟贡话 loŋ，户语 laŋ < *loŋ。

勉语罗香话 ke⁷，三江话 klja⁷ < *qlak。南亚语"黑"布朗语胖品话 lak⁵⁵，甘塘话 lɔk⁵⁵ < *ʔlak。

105. 薄

苗语养蒿话 ȵaŋ⁴，炯奈语长垌话 ȵiŋ⁴，畲语多祝话 ŋjin⁴ < *ŋjen-ʔ。"小"缅文 ŋaj²，浪速语 ŋai³¹ < *ŋi。

106. 远的

苗语先进话 tl̥e¹，复员话 qwei^A，勉语三江话 ku¹ < *qʷli。泰语 klai²，壮语武鸣话 kjai¹，黎语通什话 lai¹ < *qli。

107. 近的

苗语养蒿话 ɣi⁵，先进话 ze⁵，复员话 ʔwjiᶜ，炯奈语长垌话 ŋkja⁵ < *ʔgʷle-s。壮语武鸣话 kjaɯ³，龙州话 khjaɯ³，临高语 lɔ³ < *klo-ʔ。

从上文的比较中可以看出，苗瑶语词大多对应于侗台语、藏缅语和汉语，少数对应于南亚语。侗台语与苗瑶语之间飞禽走兽和虫鱼类说法的对应，可说明二者曾分布于同一区域。

第七章　汉藏语的历史和词源

一、汉藏语的源头和传播

（一）早期的汉藏语

1. 早期汉藏语的分布

汉藏语始于距今八九千年前黄淮平原的贾湖文化，稍晚的裴李岗文化、磁山文化和仰韶文化皆继承该文化的特点。此外，与贾湖文化有共同之处的还有黄河下游的后李文化和西河文化。

早期的汉藏语可能经历塞音清、浊两分演变为清、浊、送气三分，三者的对立有区分词义和形态变化的作用，有别于南岛语和阿尔泰语。

五千年前中原为新石器时代末期，汉语分布于黄淮平原、山西和山东等地，藏缅语分布在西部的陕甘地区，侗台语分布于长江下游北岸，苗瑶语分布于长江中游北岸。

2. 早期汉藏语的南北方言

汉藏语的第一人称代词如汉语"我" *ŋa-r-ʔ，"吾" *ŋʷa-ʔ。"我"藏文、马加尔语 ŋa，缅文 ŋaa² < *ŋa。第二人称代词汉语"尔" *ni-r。"你"道孚语 ɳi，那加语索布窝马方言 ni。代表当初汉、藏缅方言中人称代词的情况。

侗台语和苗瑶语如"我"泰语 ku²，老挝语、布依语 ku¹，壮语龙州话 kau¹ < *ku。"我"布央语峨村话 ku²⁴，郎架话 ku⁵⁴，巴哈话 ku³²² < *ku。"我"苗语大南山话 ko³，石门坎话 ku³，绞坨话 koŋ³ < *ku-ʔ。第二人称代词"你"泰语 muɯŋ²，德宏傣语 maɯ²，柳江壮语、布依语 muɯŋ²，临高语 mə² < *mə。"你"通什话 meɯ¹，中沙话 meɯ¹，加茂话 məi¹ < *mə 与壮傣语的同源。"你"木佬语 mo³¹，仡佬语贞丰话 mu³¹，比贡话 məɯ³¹，布央语巴哈话 mo³¹ < *məu。"你"苗语养蒿话 moŋ²，勉语江底话 mwei²，大坪话 mui² < *mʷi。它们来自当初苗瑶、侗台方言。

早期汉藏语的北方言分化为汉语和早期藏缅语，受北方语言影响。汉语人称

代词的复数标记 *-r 和古阿尔泰语的一致，如：

"我"古突厥语、土耳其语 ben。蒙古语 biː，满文、锡伯语、赫哲语 bi，鄂温克语、鄂伦春语 biː < *bi。"我们"土耳其语、维吾尔语 biz，图瓦语 bis < *bi-r。

"你"古突厥语 sen，维吾尔语 sɛn < *sen。满文 si，鄂伦春语、鄂温克语 ʃiː，赫哲语 çi < *si。"你们"维吾尔语 siler，撒拉语 selər < *si-ler。哈萨克语 sizder < *sir-ler。图瓦语 silɛlɛr < *sile-ler。

南岛、南亚语系语言的第一第二人称代词如：

南岛语"我"卑南语 ku。鲁凯语 kunaku < *ku-naku。赛德克语、邵语 jaku，布农语 ðaku，赛夏语 jako < *la-ku。

南亚语"你"巴琉语 mi³³，京语 mai²，德昂语 mǎi < *mi。莽语 ʔa³¹mi³¹ < *ʔami。柬埔寨文 muɯŋ < *mi-ŋ。

侗台语和苗瑶语第一第二人称代词和南岛、南亚语系语言的普遍对应关系可说明侗台语和苗瑶语是在黄淮平原以南的地区发展起来的。

曾经北上后南下的南岛语为侗台语带来另外的第二人称代词：

"你们"壮语武鸣话 sou¹，布依语 su¹，水语 saːu¹ < *su。

南岛语"你"布农语 su。泰雅语 ʔisuʔ，赛德克语 isu < *ʔi-su。排湾语 sun < *su-n。

阿尔泰语"你们"鄂伦春语 ʃuː，赫哲语 su < *su。满文 suwe < *su-bʷe。

印欧语"你"希腊语 sy < *su。

南岛语和侗台语第二人称代词 *su 和北方阿尔泰语、印欧语有关的对应可能是四五千年前南下的北方语言带来的。

（二）同根词的传播

早期汉藏语的主要支系在四外扩散期间传播了它们的语词。以下试比较汉语、藏缅语、侗台语和苗瑶语几组同根词的情况。

（1）词根 *laŋ 义为"长"，引申指"久"，派生动词义为"放开""飞扬"等

汉语："易" *ljaŋ《说文》："一曰长也，开也。""羕" *ljaŋ > *zjaŋ、*ljaŋ，《说文》："水长也。""畅" *q-laŋ-s > *thaŋs，长也，《玉篇》："通也、达也。""颺" *ljaŋ《说文》："风所飞扬也。"

藏缅语："宽"藏语夏河话 jaŋ mo < *ljaŋ-。"长"达让僜语 kɑ³¹lɯŋ⁵⁵。"释放"

独龙语 s̩³¹ laŋ³¹ u³¹ < *si-laŋ-。

侗台语:"宽"壮语武鸣话 kva:ŋ⁶laŋ⁶ < *gʷaŋ-laŋ-s。"敞开"壮语邕宁话 plaŋ⁵,水语 pla:ŋ⁵ < *p-laŋ-s。"掀开"壮语邕宁话 pluːŋ³,毛南语 pəːŋ³ < *p-ləŋ-ʔ。"放"仫佬语 la:ŋ⁶,壮语武鸣话 ɕoŋ⁵ < *s-laŋ-s。

苗瑶语:"宽"苗语先进话 tl̩aŋ³,勉语罗香话 kwaŋ³,勉语大坪话 kjaŋ³ < *qʷlaŋ-ʔ。"放(走)"苗语养蒿话 ɕaŋ⁵,吉卫话 tɕaŋ⁵,布努语瑶里话 sẽ⁵ < *sleŋ-s。

(2)词根 *kaŋ 义为"光",引申义为"光明""清楚的"等

汉语:"光"*kʷaŋ《说文》:"光明意也。""景"*kjaŋ《说文》:"光也。""煌"*gʷaŋ > *ɣʷaŋ,《说文》:"辉也。""晃"*gʷaŋ-ʔ,明也。"炯"*gʷieŋ《广韵》:"火明貌。"《说文》:"光也。"

藏缅语:"光"独龙语 gaŋ⁵³。"清楚的"波拉语 khjɔ̃⁵⁵ < *khjoŋ。"灯盏"藏文 koŋ po。

侗台语:"阳光"泰语 sɛːŋ¹,水语 ɕaːŋ¹ < *skjaŋ。毛南语 cheːŋ¹ < *khjeŋ。"亮"水语 qaːŋ¹,毛南语 caːŋ¹ < *kjaŋ。

苗瑶语:"亮"苗语养蒿话 faŋ²,枫香话 qwoŋ² < *ɢʷoŋ。"光亮"勉语江底话 gwjaŋ¹,大坪话 vjaŋ¹ < *ʔgʷjeŋ。

(3)词根 *dʷat 义为"嘴",派生词义为"尝""啄""说"等

汉语:"啜"*dʷjat > *ʑuat,《说文》:"尝也,一曰喙也。""噬"*djat-s《方言》卷十二:"食也。""说"*s-thʷjat > *hʷjat。

藏缅语:"嘴"土家语 tsa³⁵tɕhi⁵⁵ < *tathi。

侗台语:"啄"壮语武鸣话 toːt⁷,布依语 sot⁷ < *s-tot。

苗瑶语:"嘴"勉语罗香话 dʐut⁷,樟子话、览金话 dut⁷ < *ʔ-dut。"啄"畲语多祝话 tju⁷,苗语养蒿话 tɕu⁷ < *tut。

古汉藏语分化的过程中这一类同根词在不同语言中保持着各自的语音、形态的特点。

二、汉藏语的语音

(一)辅音

根据汉藏语系不同语族同根词的对应情况,我们推测古汉藏语辅音有唇、

舌尖、舌根和小舌 4 个系列的塞音，塞音和鼻音有圆唇和非圆唇的对立。其系统为：

p	ph	b	m				w
p^w	ph^w	b^w	m^w				
t	th	d	n	s	z	r	l
t^w	th^w	d^w	n^w				
k	kh	g	ŋ	h	ɦ	j	
k^w	kh^w	g^w	ŋ^w				
q	qh	ɢ					

有 -m、-n、-ŋ、-p、-t、-k、-q、-ʔ、-b、-d、-g、-s、-l、-r 韵尾，包括圆唇化的塞音尾。

以下几组词可以说明汉藏诸语同根词语音的对应关系。

1. 唇塞音的对应

	甫	婦	阜	脯
汉语	*p^{w}jaʔ	*bjəʔ	*bju	*b^{w}as
藏缅语	*bo 父亲	*pə	*bo 山	*s-bo 胸
侗台语	*b^{w}o-ʔ 父亲	*b^{w}o	*po 山坡	*ʔ-bas 肩膀
苗瑶语	*p^{w}jo-ʔ 父亲	*ʔb^{w}eʔ 妻	*b^{w}e-ʔ 山	*b^{w}os 肩膀

"甫" *p^{w}ja-ʔ《说文》："男子美称也。""父" *b^{w}ja-ʔ。"父亲"藏文 pha，博嘎尔珞巴语 a bo。泰语 pho³，侗语 pu⁴，锦语 pəu⁴ < *b^{w}o-ʔ。"父亲"苗语养蒿话 pa³，布努语七百弄话 po³ < *p^{w}jo-ʔ。

"婦（妇）" *bjə-ʔ。"妇女"独龙语 pɯ⁵⁵（mɑ⁵⁵）< *pə。壮语武鸣话 pa²，仫佬语 pwa² < *b^{w}o。"妻子"布努语七百弄话 ve³，瑶里话 vei³，巴哼语文界话 vo³ < *ʔb^{w}e-ʔ。

"阜" *bju《说文》："大陆山无石者。""山"彝语喜德话 bo³³，木雅语 mbo⁵³ < *bo。"山坡"布依语 po¹，黎语保定话 pho³ < *po。"山"苗语养蒿话 pi⁴，复员话 vei^B < *b^{w}e-ʔ。

"脯" *p^{w}ja-ʔ《说文》："干肉也。""胸脯"藏文 sbo。"肩膀"壮语武鸣话 ba⁵ < *ʔ-bas。黎语保定话 tsuɯ²va² < *kə-b^{w}a。"肩膀"苗语先进话 pu⁶，复员话 vu^C < *b^{w}o-s。

2. 舌尖塞音的对应

	嗎（喙也）	烓	刀	睹
汉语	*tʷok	*tjoʔ	*te	*tʷaʔ
藏缅语	*pe-tak 劈	*mu-tu 火	*a-tho	*s-ta 看
侗台语	*s-tok 啄	*ʔdi-ʔ 灯	*tes 砍	*ʔda 眼睛
苗瑶语	*ʔdjut 嘴	*du-ʔ 火	*ʔduʔ 砍	*ʔdo 看

"嗎" *tʷok《说文》："喙也。""柝" *tok > *tjok 劈。"劈" 博嘎尔珞巴语 peː tak < *pe-tak。"打破" 藏文 gcog < *g-tjok。"啄" 毛南语 tjɔk⁷，傣语德宏话 sak⁷ < *s-tok。"嘴" 勉语罗香话 dzut⁷，樣子话、览金话 dut⁷ < *ʔdjut。

"烓" *tjo-ʔ《说文》："灯中火主也。""火" 彝语喜德话 mu²¹tu⁵⁵，武定话 mu³³tu⁵⁵ < *mu-tu。"灯" 临高语 dəi³ < *ʔdi-ʔ。"柴、火" 苗语养蒿话 tu⁴ < *du-ʔ。"火" 勉语三话 teu⁴ < *dju-ʔ。

"刀" *te。"钊" *tje《说文》："刓也。""刀" 拉祜语 ɑ³⁵thɔ³³ < *ʔa-tho。"砍" 毛南语、仫佬语 tɛ⁵，水语 te⁵ < *te-s。"砍" 苗语养蒿话 to³，复员话 nʔtuᴮ，勉语大坪话 dau³ < *ʔdu-ʔ。

"睹（覩）" *tʷa-ʔ《说文》："见也。""看" 藏文 lta，普米语 sto < *s-ta。"预兆" 藏文 ltas。"眼睛" 泰语 ta²，壮语龙州话 ha¹，临高语 da¹，水语 nda¹ < *ʔda。"看" 布努语七百弄话 nta¹ < *ʔdo。

3. 舌根塞音的对应

	鸠	盖	勾	空
汉语	*kju	*kaps	*ko	*khoŋ
藏缅语	*khu 布谷鸟	*khep 覆盖物	*kju 钩子	*khuŋ 孔
侗台语	*gu 斑鸠	*s-khop 关	*ʔgo 钩子	*khjoŋʔ 窟窿
苗瑶语	*ɢuʔ 布谷鸟	*khop 关	*ʔ-qes	*qhoŋ-ʔ 洞

"鸠" *kju 斑鸠。"布谷鸟" 藏文 khu，木雅语 kə⁵⁵ ku³³。"斑鸠" 仫佬语 kau² < *gu。黎语通什话 khou¹ < *ku。"布谷鸟" 苗语腊乙坪话、大南山话 qu⁴ < *ɢu-ʔ。

"蓋（盖）" *kap-s《说文》："苫也。""阖" *gap《说文》："门扇也，一曰闭也。""覆盖物" 藏文 kheb。"关（门）" 苗语养蒿话 shu⁷，畲语多祝话 tshɔ⁷ < *skhop。"关（门）" 临高语 hɔp⁷，西双版纳傣语 hǎp⁷ < *khop。水语 ŋap⁸ <

*ŋgop。

"勾、钩" *ko《说文》："曲也。"藏文"钩子"kyu < *kju。"弯曲"vgyus < *m-gju-s。"钩子"泰语 khɔ¹，壮语龙州话 kho¹，武鸣话 ŋo¹ < *ʔgo。"钩子"苗语养蒿话 qa⁵，先进话 nqe⁵，布努语瑶里话 nqei⁵ < *ʔ-qe-s。

"空" *khoŋ《说文》："窍也。""孔、穴"藏文 khuŋ。"窟窿"泰语 tshɔŋ³ < *khjoŋ-ʔ。"洞"苗语养蒿话 qhaŋ³，巴哼文界话 khoŋ³，炯奈语长垌话 khuŋ³ < *qhoŋ-ʔ。

4. 流音的对应

	谕	养	湧	扬
汉语	*ljos	*g-ljaŋʔ	*ljoŋʔ	*ljaŋ
藏缅语	*s-los 说	*s-loŋ 生	*g-loŋ 翻滚	*loŋ 竖起
侗台语	*loʔ 说	*leŋʔ 生养	*kʷliŋʔ 滚	*kloŋ 抬
苗瑶语	*ʔlos 话	*ljaŋ-s 养	*qloŋʔ 滚	*qloŋs 跳

"谕" *ljo-s，告也。藏文"说"slos < *s-los，"说、念诵、叫喊"zlo < *s-lo。"说"毛南语 la⁴ < *lo-ʔ。"话"苗语石门坎话 lu⁵ < *ʔlo-s。大南山话 lo⁴ < *lo-ʔ。

"养" *g-ljaŋ-ʔ > *ljaŋ，《说文》："供养也。""庠" *gljaŋ > *zaŋ，《说文》："礼官养老，殷曰庠。""生（孩子）"土家语 loŋ⁵³，达让僜语 a³¹suɯ⁵⁵ < *s-loŋ。"养、生（孩子）"傣语 leŋ⁴，锦语 zaːŋ⁴ < *leŋ-ʔ。"养"苗语复员话 ʐoŋᶜ，畲语多祝话 zaŋ⁶ < *ljaŋ-s。

"湧" *ljoŋ-ʔ《说文》："滕也。""翻滚"藏文 loŋ。"滚"壮语邕宁话 kliŋ³，武鸣话 ɣiŋ⁴，仫佬语 løːŋ⁴ < *kʷliŋ-ʔ。"滚"苗语石门坎话 tl̥o³，野鸡坡话 qloŋᴮ < *qloŋ-ʔ。①

"扬" *ljaŋ，举也，《说文》："飞举也。""竖起"藏文 loŋ。"竖（起）"水语 laŋ⁵ < *ʔleŋ-s。"跳"苗语大南山话 tɬha⁵ < *qloŋ-s。

（二）元音

1. 元音的构成

上文讨论过古汉语的 a、e、i、ə、o、u 六元音来自五元音，藏缅语、侗台语和苗瑶语为五元音。早期的汉藏语当为 a e i o u 五元音。

---

① "滚"爪哇语 ŋ-guluŋ，萨萨克语 guluŋ < *guluŋ。克木语 klvŋ < *kləŋ。就词源而言苗瑶语的说法并不代表汉藏语的早期形式。

2. 元音的对应

（1）元音 *a 的对应

	甫	脯	睹	肠	胁
汉语	*pʷjaʔ	*bʷas	*tʷaʔ	*laŋ	*hjap
藏缅语	*bo 父亲	*s-bo 胸	*s-ta 看	*gljaŋ 肛门	*khjap 拥抱
侗台语	*pho 丈夫	*ʔbas 肩膀	*ʔda 眼睛	*loŋ 肚子	*ka-kap 胳肢窝
苗瑶语	*pʷjo-ʔ 父亲	*bʷos 肩膀	*ʔdo 看	*glaŋ 肠子	*ʔ-qjap 挟

汉语"肠"*laŋ。"肛门"藏文 gʑaŋ < *gljaŋ。"男生殖器"墨脱门巴语 loŋ < *laŋ。"肚子"侗语 loŋ² < *loŋ。"肠子"勉语江底话 klaːŋ²，大坪话 kjaŋ² < *glaŋ。

汉语"胁"*hjap 腋下，肋骨。"挟"*gap，《说文》："俜持也。""拥抱"藏文 khyab < *khjap。"肋骨"错那门巴语 kep⁵³ < *kep。"胳肢窝"德宏傣语 kɒŋ¹ kaːp⁹ < *ka-kap。"（腋下）夹"布依语 kaːp⁸ < *gap。"夹"壮语邕宁话 kap⁸，毛南语 ŋgəp⁷ < *ʔ-gap。"挟（菜）"勉语江底话 dʐap⁷，湘江话 ʐap⁷ < *ʔ-gjap。

（2）元音 *o 的对应

	勾	谕	翁（颈毛）	共	局
汉语	*ko	*ljos	*qʷloŋ	*gʷjoŋ-s	*gok
藏缅语	*kju 钩子	*s-los 说	*loŋ 脖子	*graŋ 抬	*guk 弯曲
侗台语	*ʔgo 钩子	*loʔ 说	*ʔuloŋ 脖子	*kjoŋ 抬	*gok 跪
苗瑶语	*ʔ-qes	*ʔlos 话	*qloŋ 脖子	*kjeŋ 抬	*ʔ-khuk 弯

汉语"翁"*qʷloŋ > *ʔuoŋ，《说文》："颈毛也。""脖子"博嘎尔珞巴语 luɯŋ poŋ，缅文 laŋ²paŋ² < *loŋ-poŋ。"脖子"黎语通什话 ɯ³łoŋ⁶ < *ʔuloŋ。苗语养蒿话 qoŋ³，大南山话 tɬaŋ¹ < *qloŋ。

汉语"共"*gʷjoŋ-s《说文》："同也。""抬"独龙语 a³¹graŋ⁵³ < *graŋ。仫佬语 kyŋ¹，毛南语、锦语 tjuŋ¹ < *kjeŋ。"抬"勉语江底话 tɕɛːŋ¹，长坪话 kjeŋ¹，览金话 ʈɛːŋ¹ < *kjeŋ。

汉语"局"*gok《说文》："促也。""弯曲的"藏文 gug，傈僳语 go³¹ < *guk。"跪"侗语、水语 ʈok⁸，佯僙语 kok⁸ < *gok。"弯"苗语吉卫话 ŋkhu⁷，宗地话 ŋko⁷ < *ʔ-khuk。

（3）元音 *u 的对应

	鸠	阜	首	手	浮
汉语	*kju	*bju	*qlu-ʔ	*snu-ʔ	*bju
藏缅语	*khu 布谷鸟	*bo 山	*lu 头	*snu 手指	*bu 漂浮
侗台语	*gu 斑鸠	*po 山坡	*qlu-ʔ 头	*snju-ʔ 爪子	*ʔbu 漂浮
苗瑶语	*Guʔ 布谷鸟	*bʷe-ʔ 山	*ʔlu 脑髓	*snju-ʔ 爪子	*bu 漂

"头"卢舍依语、来语（Lai）lū，哈卡钦语 lu < *lu。史兴语 ʁʊ³³qhʊ³³luʔ⁵³。"额头"普米语 ɬo¹³，木雅语 - lø³³（头）< *lo。"头"壮语邕宁话 hlau⁵，武鸣话 ɣau³，仫佬语 kɣo³ < *qlu-ʔ。"脑髓"苗语宗地话 ɬəu¹，勉语烟园话 lauᴬ < *ʔlu（< *qlu）。

"手指"阿昌语 -ŋau³¹，怒苏语 -ŋɯ⁵⁵ < *snu。"爪子"侗语 ŋəu¹，壮语 ɕaːu³ < *snju-ʔ。勉语湘江话 ȵiu³，览金话 naːu³ < *ʔnju-ʔ。

"漂浮"缅文 pɔ²，彝语 bu³³ < *bu。"漂浮"黎语通什话 bau¹ < *ʔbu。"漂"勉语江底话 bjou²，东山话 bjau² < *bu。

（4）元音 *e 的对应

	毛	鼎	清	针
汉语	*mʷe	*teŋ-ʔ	*sthjeŋ	*kjəm
藏缅语	*s-me	*thjaŋ 坛子	*g-thjaŋ 洁净	*kham 针
侗台语	*me 青苔	*djeŋ-s 锅	*deŋ-ʔ 晴	*s-khrem 针
苗瑶语	*s-mʷje-ʔ 草	*s-thjeŋ 锅	*ʔ-djeŋ 清	*s-kʷjem 针

"毛"缅文 mwe³，阿昌语 mui³¹，古龙语（Kulung）mūi < *mʷi。"青苔"布依语 me² < *me。"草"勉语江底话 mje³，烟园话 ŋwa³，东山话 mja³ < *s-mʷje-ʔ。

"坛子"藏文 tɕʰaŋ ban < *thjaŋ -。"锅"水语 tseŋ⁶ < *djeŋ-s。勉语江底话 tsheːŋ¹，长坪话 sjeŋ¹ < *s-thjeŋ。

藏文"晴"thaŋ，"变晴"dwaŋs < *dʷaŋ-s，"洁净"gtsaŋ < *g-thjaŋ。"晴"临高语 daŋ⁴ < *deŋ-ʔ。"清"勉语湘江话 dzaŋ¹ < *ʔ-djeŋ。

汉语"鍼"*kjəm《说文》："所以缝也。""针"墨脱门巴语 kham < *kham，"缝"藏文 ʄtshem < *m-khem。"针"泰语 khem¹，壮语武鸣话 ɕim¹，水语 sum¹ < *s-khrem。"针"苗语养蒿话 tɕu¹，勉语江底话 sim¹，东山话 tɕen¹，大坪话 tsum¹ < *s-kʷjem。

（5）元音 *i 的对应

	支	田	日	劈
汉语	*kji	*din	*njit	*phik
藏缅语	*khi 脚	*liŋ 田地	*ni 太阳	*phek 打开
侗台语	*ki-ŋ-s 树枝	*ʔ-din 地	—	*phik 裂
苗瑶语	*gi-ʔ 树枝	*glin 田	*s-ni 太阳	—

汉语"支" *kji，木别生条也。"肢（胑）" *kji《说文》："体四胑也。""脚"基诺语 ʃɔ³¹khi³³ < *so-khi。哈尼语 a³¹khɯ⁵⁵，纳西语 khɯ³³ < *khi。"树枝"傣语金平话 kiŋ⁵ < *ki-ŋ-s。苗语枫香话（qa¹）tɕi⁴ < *gi-ʔ。

"田地"错那门巴语 leŋ³⁵ < *liŋ。藏文 sa ʑiŋ < *sa-liŋ。"地"泰语 din²，布依语 dɛn¹，德宏傣语 lin⁶ < *ʔ-din。"田"苗语养蒿话 ʎi²，畲语多祝话 nin²，勉语览金话 giːŋ² < *glin。

"太阳"藏文 ȵi ma，缅文 ne² < *ni。"太阳、日"苗语养蒿话 ŋ̥ɛ¹，勉语江底话 ŋɔi¹，大坪话 nai¹ < *s-ni。

"分离"藏文 ɦbreg，bregs（命令式）。"打开"墨脱门巴语 phek。"裂"毛南语 phik⁷ < *phik。"区别"侗语 phje⁵pjik⁹。

三、汉藏语的形态

古汉语注重表达施动者的主观态度，动词有较为复杂的形态变化，名词、代词和数词的形态较简单。古藏语注重动作和时间关系。参考汉语、藏缅语、侗台语和苗瑶语残存的形态，可推测早期汉藏语的动词有较为复杂的形态，名词、代词和数词的形态较简单。主要形态范畴有：使动（致使），自动，主动态，自主和不自主，完成体和持续体等。

汉藏诸语可追溯的形态成分，如前缀 *s-、*m-、*p-、*k- 和 *q-，后缀如 *-ʔ（*-q）和 *-s。古汉语有中缀 *-r-，其他语族的语言中可能有过 *-r-。汉藏语中塞音送气和不送气对立构成形态手段，在亚欧语言中较为独特。

汉藏语的前缀 *s- 容易和词干首辅音结合演变为复辅音声母，后缀 *-s 在不同语族语言中保持较久，或演变为 *-h，声调成为伴随特征后丢失。

（一）前缀

1. *s- 前缀

汉藏诸语的 *s- 前缀可表示使动，也作为身体部位词的前缀。

（1）动词前缀 *s-

*s- 前缀可表示使动，如：

汉语"偿"*g-laŋ-s《说文》："还也。""给"藏文 slaŋ <*s-laŋ。

汉语"捨"*slja-s > *hjas《说文》："释也。""遗落"藏文 las < *la-s。

汉语"柞"*skak > *tsak，砍树。《诗经·周颂·载芟》："载芟载柞，其耕泽泽。""砍"藏文 gçags < *g-skak-s。

汉语"遵"*stʷən《说文》："循也。"藏文"按照、遵循"thun pa，"同意"stun pa。

（2）名词前缀 *s-

*s- 前缀可为生命体以及某一类名词的标记。汉语如"心"*s-nəm，"手"*s-nuʔ，"爪"*s-kruʔ，"体"*s-ril，"星"sieŋ <*s-teŋ，"森"s-krəm 等。

汉语"苏"*sŋʷa 草也。藏文"青草"sŋo，"蓝色"sŋon。"草"勉语江底话 mje³，烟园话 ŋwa³，东山话 m̥ja³ < *s-ŋʷje-ʔ。

汉语"鹊"*skhjak。"喜鹊"藏文 skya ga。"喜鹊"傣语 tsaːk⁷，壮语邕宁话 tshaːk¹⁰，临高语 siak⁷ < *s-khjak。

2. *m- 前缀

汉藏诸语的 *m- 前缀表示有生命和有人活动的地方，表示自动，也作为形容词的前缀。早期可能是 *ma-。

（1）自动词前缀 *m-

自动词前缀 *m- 分布于汉语和藏缅语的如：

"给予"藏文 vbog < *m-bok。汉语"卜"*pʷok。《诗经·小雅·楚茨》："卜尔百福，如几如式。""卜"，给。

藏文"分离"fibral < *mb-ral，"撕碎"hral-ba，"分开"bkral，"缝隙"sral。汉语"离"*rjal > *rjej，*rej-s。"蠡"*ral-ʔ《方言》卷六："分也。"

藏文"性交"rgyo < *gro，"打滚"vgre < *m-gre、sbre < *s-bre。汉语"交"*kre，"爻"*gre《说文》："交也。"

藏文"淫欲、行淫"g-yem < *g-lem，"晃荡"vkhyom < *m-khlom。汉语"淫"*ləm > *liəm，乱也，迷惑。

藏文"亲近"nye < *nje，"喜欢"mnye < *m-nje。汉语"迩"*nirʔ < *nir-ʔ（近也），"弥"*m-nir > *mir。

（2）形容词前缀 *m-

形容词前缀 *m- 分布于汉语和藏缅语的如：

"輭（软）" *njal-ʔ > *njan。藏文"疲劳" nyel < *njel，mnyel < *m-njel。

"围" *gʷjər，"帏" *gʷjər，"军" *kʷjər《说文》："圜围也。" 藏文"圆的" sgor，"弯曲" ɦkhyor < *m-khjor。

（3）名词前缀 *m-

苗瑶、侗台语的名词前缀 *m- 可塞化为 *b-。

"舌头"墨脱门巴语 le，错那门巴语 le⁵³ < *le。那加语坦库尔方言 male，独龙语 puɯ³¹lai⁵³ < *ma-le。苗语先进话 mplai⁸，勉语长坪话 blet⁸ < *b-let。

"胆"藏文 mkhris（pa）< *m-kri-s。道孚语 skrə < *s-krə。"胆"壮语武鸣话 bai¹，布依语 di¹，临高语 lɔi¹ < *ʔ-bli。

3. *g-（*gʷ-）前缀

*g-（*gʷ-）为形容词标记。

汉语"尚" *g-ljaŋ-s > *ʑaŋs，高也。"堂" *glaŋ > *daŋ，《说文》："殿也。""高" 达让僜语 kɑ³¹luɯ⁵⁵，格曼僜语 kloŋ⁵³ < *ka-loŋ。"高"勉语江底话 ɬaŋ¹，罗香话 gaŋ¹，炯奈语长垌话 ŋkjeŋ¹ < *ʔg-ljeŋ。

汉语"熠" *g-ljəp > *ljəp，盛光也。"照耀"藏文 lheb < *s-lep。"闪（电）"墨脱门巴语 taŋ lep < *ta-lep。"闪电"勉语江底话 dʑap⁸，湘江话 gja⁸，长坪话 ðja⁸ < *g-ljep。

藏文"洁净" gtsaŋ < *g-tjaŋ。汉语"清" *sthjeŋ > *tshjeŋ。"清"苗语养蒿话 ɕhi¹，复员话 nʔtsheᴬ < *m-thjeŋ。勉语湘江话 dzaŋ¹ < *ʔ-djeŋ。

"嫩"苗语养蒿话 ɣaŋ⁵，吉卫话 zaŋ⁵，勉语湘江话 luŋ⁵，樔子话 gun⁵ < *ʔg-lon。"嫩"景颇语 khǎ³¹luŋ³³ < *-luŋ。土家语 lən³⁵。

汉语"鬆" *s-kʷloŋ > *tshʷoŋ，*soŋ。"松（开）"老挝语 loːŋ⁵，壮语邕宁话 hluːŋ⁶，布依语 zuŋ⁵ < *ʔ-g-loŋ-s。"松的"缅文 ljɔ¹ < *lo-ʔ。道孚语 gɛ ɬho < *g-lo。

4. *q-（*qʷ-）前缀

*q-（*qʷ-）为名词前缀。

汉语"翁" *qʷ-loŋ > *ʔoŋ，《说文》："颈毛也。""脖子"博嘎尔珞巴语 luŋ poŋ < *loŋ-poŋ。黎语通什话 ɯ³ɬoŋ⁶ < *ʔu-loŋ。苗语养蒿话 qoŋ³，大南山话 tɬaŋ¹ < *qloŋ。

汉语"首" *q-lu-ʔ > *hlju。"头"卢舍依语 lū，哈卡钦语 lu < *lu。壮语邕宁

话 hlau⁵，仫佬语 kɣo³ < *qlu-ʔ。"脑髓"苗语宗地话 ɬəu¹，勉语烟园话 lauᴬ < *ʔlu（< *q-lu）。

汉语"嗌"*q-lik > *ʔik，《说文》："咽也。""缢"*qlik-s，《说文》："经也。""脖子"景颇语 tuʔ³¹ < *luk。"打嗝"藏文 g-yig < *g-ljik。

（二）后缀和中缀

1. *-n 后缀

汉语的 *-n 可为名词、形容词后缀：

"濺"*diən < *də-n，《说文》："浑滋也。""待"*də-ʔ。《说文》："竢也。"

"寒"*gan < *ga-n。"冱"*gʷa-s，寒凝也。

"言"*ŋjan < *ŋja-n。"语"*ŋʷja-ʔ。

"敏"*mrə-ʔ > *mrə-n，《说文》："疾也，每声。"

"昏"*smʷə-n > *hʷən，"晦"*smʷə-s。

藏缅语的 *-n 名词后缀，可能受阿尔泰语影响和 *-ŋ 可交替。如：

"名字"博嘎尔珞巴语 min < *min。藏文 miŋ，载瓦语 mjiŋ⁵¹ < *miŋ。"名字"嘉戎语 rmɛ < *r-mi。白语剑川话 mie⁵⁵，大理话 meɹ³⁵ < *s-mri。

"肝"藏文 mtɕin < *mi-kin。墨脱门巴语 tʃhiŋ < *khiŋ。"肝"错那门巴语 tsi mo < *ki-mo。

"肝"独龙语 puɯ³¹ɕin⁵⁵，阿侬怒语 buɯ³¹ɕin⁵⁵ < *busin。载瓦语 siŋ²¹。"肝"嘉戎语 tə pʃu < *pəsu。

"白天"藏文 n̩in < *nin。义都珞巴语 hiŋ⁵⁵bo⁵⁵mɑ⁵⁵ < *s-niŋ-。"白天"景颇语 sǎ³¹ni⁵⁵ < *sǎni。

2. *-ŋ 后缀

*-ŋ 为上古早期汉语动词、形容词和代词后缀。藏语的 *-ŋ 后缀有类似于汉语的功能。苗瑶语中仍为名词后缀。

（1）动词的后缀

藏文"上"ya < *la，"上唇"ya mtʃhu，"上举"yer < *ler。藏文"上升"laŋs < *laŋ-s，"高举"gzeŋ < *g-leŋ，"起床"ldaŋ，"出现"ldaŋ-ldaŋs；"（心）浮"yeŋ。"上（楼）"景颇语 luŋ³¹ < *luŋ。藏文"蒸汽"rlaŋs pa < *r-laŋ-s，"热气"lhaŋs < *s-laŋ-s。汉语"上"*g-ljaŋ-s，"尚"*g-laŋs，"扬"*ljaŋ。

藏文"竖起"loŋ，"使立起"sloŋ < *s-loŋ。"竖（的）"藏文 gzuŋ，墨脱门巴语 thaŋ，缅文 dɔŋ² < *-duŋ。汉语"异"*ljə-s《说文》："举也。""腾"*dəŋ，

上跃。

（2）形容词的后缀

藏文"广大"rgya < *gra。藏文"肿"skraŋ、sraŋ，"撑开"brgyaŋs < *b-graŋ-s，"伸展"rkyoŋ。

汉语词根 *kra 义"大"，派生词"嘏"*kra-ʔ，"夏"*gra-s（《尔雅》《方言》："大也。"）。"壮（壮）"*s-kraŋ-s > *tsraŋs，《说文》："大也，爿声。""莊（庄）"*s-kraŋ > *tsraŋ（段玉裁《说文解字注》："艸大也。"）等。

藏文"延伸"rgyoŋ > *groŋ。汉语词根"遐"*gra，远也。"永"*gʷraŋ-ʔ，《说文》："长也。"

3. *-s 后缀

汉藏诸语的 *-s 后缀功能复杂。古汉语中有表示主动态、使动态的功能，也用来表示动词的方向，标记不自主动词和动词名词化等。藏语的 -s 是动词的不自主、使动和命令式，名词或名物化后缀。侗台语中后缀 *-s 标记形容词和动词。苗瑶语后缀 *-s 标记使动和构成及物动词，也是形容词后缀，表示名词的复数或集合。

古汉语名词加 *-s 后缀较为活跃，构成动词，藏语中这样的例子较少。如藏文"大便"baŋ ba，"解大便"baŋs po；"眼睛"dmyig，"看、针对"dmigs。另外可以比较的有：

藏文"上升"laŋs < *laŋ-s。汉语"上"*g-ljaŋ-s，"尚"*g-ljaŋ-s。

藏文"说"slos < *s-lo-s，"念诵"zlo < *s-lo。汉语"喻"*lo-s，告也（主动）。

"打嗝"藏文 g-yig-s < *g-lik-s。汉语"噫"*qlik > *ʔik，喉也，"缢"*qlik-s《说文》："经也。"

藏文"派遣、馈赠"rdzoŋ，"送行礼品"rdzoŋ-s。汉语"送"*s-kʷloŋ-s，遣也（主动）。

以下的例子中汉、藏语的词根同，-s 的功能不同：

藏文"钩子"kyu，"弯曲"vgyus < *m-gju-s。汉语"句"*kʷjo-s《说文》："曲也。"

"遗落"藏文 las，ldas < *s-las，ldus < *s-lus。

包拟古认为："藏语和上古汉语都有 *-s，这一点跟两者都具有前缀 *s- 一样，对于确定两个音系之间的关系来说都是十分重要的。在词的派生方面，上古汉语和藏语的 *-s 显然都有形态功能，所以在这种意义上它的重要性也就更大了。藏语 *-s 作为已行时后缀出现在某些动词之后，也出现在某些现在时的动词形式中，并具有使动词变为名词的显著功能。"①

4. *-r 后缀

*-r 为汉语代词复数后缀，汉语、藏缅语中也表示分歧、分离。

（1）代词复数后缀

"吾" *ŋʷa-ʔ《说文》："自称也。""我" 藏文、马加尔语 ŋa，缅文 ŋaa² < *ŋa。"我" *ŋa-r-ʔ，殷商为第一人称复数形式，西周开始指单数，*-r 为复数后缀。

"尔" *ni-r，殷商为第二人称单、复数形式，西周开始指单数，*-r 为复数后缀。

喜马拉雅语支满查底语（Manchati, Patini）-re 这样的人称复数后缀。

"我们" 博嘎尔珞巴语 ŋo:lu，加龙语 ŋolu < *ŋa-lu。博嘎尔珞巴语、米里语（Miri）等有 -lu 复数后缀。

（2）动词和名词的后缀

表示分歧、分离：

汉语 "支" *kji，木别生条也。"跂" *gji，足多指也。"肢（胑）" *kji《说文》："体四胑也。""指" *kji-r-ʔ《说文》："手指也。"

汉语 "尤" *gjə > *ɣjə，《说文》："异也。""韦" *gʷjər《说文》："相背也。"

藏文 "分开" bje，"逃散" bjer。

藏文 "融化" ʐu，"流淌" bʐur < *b-ʐur，"熔化物" ʐun。

藏文 "书" dpe，"印版" par。

*-r 代词复数后缀见于阿尔泰语、南岛语和印欧语，是古亚欧语言的区域性特征。汉语、藏缅语表示分歧、分离的这个后缀当来自早期汉藏语。

5. *-k 后缀

（1）动词的 *-k 后缀

把名词或形容词变为动词。

汉语 "肤" *pʷra > *pʷja。"剥" *pro-k。"皮" 义都珞巴语 ko⁵⁵pɹɑ⁵⁵ < *ko-pra。"分离" 泰语 phraːk¹⁰ < *brak。

汉语 "劳" *gʷrju-ʔ，辛苦。"戮" *gʷrju-k，并力也。

汉语 "肖" *stje > *sjeu，小也。"削" *ste-k > *sjek。

汉语"胎"*hlə > *thə。"育"*lju-k《说文》："养子使作善也。"

（2）名词的 *-k 后缀

藏缅语名词 *-k 后缀的情况上文已及。

"眼睛"拉珈语 pla[1] < *pla。"额"黎语保定话 pla[3]da:u[1] < *pla-ʔdu。"额"侗语 pja:k[9] < *plak。壮语 na[3]pla:k[7]，仫佬语 ŋə[6]pʲa:k[7]。

"脖子"阿侬怒语 go[31]ɹo[55] < *goro。"声音"藏文 sgra < *s-gra。"喉咙"景颇语 mǎ[31]juʔ[31] < *mə-gruk。

6. *-r- 中缀

汉藏语的中缀 *-r- 表示动作重复或"分开""成双"。

汉语"契"*khiat-s，契刻。"介"*krat-s《说文》："划也。""夬"*kʷrat-s，分决。藏文"裂开"gad，"分开"ɦgyed pa，"张开"bsgrad、dgrad。

汉语 *khaŋ-s，高也。藏文"突出的山"sgaŋ。汉语"擎"*greŋ，举也。藏文"支撑"ɦgreŋ，"举起、竖立"sgreŋ。

汉语"剐（剮）"*kʷral《说文》："剔人肉置其骨也。"藏文"解开"sgrol。

汉语"刮"*kʷrat。"擦"*skhrat。"刮"壮语武鸣话 kvet[7] < *kʷet。阿昌语 khzət，嘉戎语 ka khrot < *krot。

"眼睛"藏文 mig，巴尔蒂语 mik，马加尔语 mi-mik < *mik。缅文 mjak，怒苏语 mɹa，马鲁语 mja < *mrak。

（三）屈折形态

汉语、藏缅语清声母和浊声母的对立中，清送音表示使动，使名词、形容词成为动词。浊音表示动词的持续体或不自主态。苗瑶、侗台语也有类似的情况。

1. 清、浊声母对立的形态功能

清声母和浊声母对立，浊音表示持续。

汉语"盖"*kap-s《说文》："苫也。""闔（阖）"*gap《说文》："一曰闭也。"藏文"躲藏"gab，"覆盖物"kheb。

汉语"军"*kʷjər《说文》："圜围也。""围"*gʷjər。藏文"圆的"sgor < *s-gor，"帐房"sgar，"城堡"mkhar。

汉语"降"*krəm-s > *kroŋs，从高处下。"放下"藏文 ɦgrem < *m-grom。

汉语"剥"*prok《说文》："裂也。""分离"泰语 phra:k[10] < *brak。

"渴（竭）"*gjat 水干涸。"渴"*khjat，欲饮也。"渴"苗语先进话 ɴqhe[7]，勉语江底话 ga:t[7]，大坪话 gɔt[7] < *ʔ-ɢat。

2. 送气音和不送气声母对立的形态功能

送气音和不送气声母对立, 送气音表示使动。

汉语"局"*gok《说文》: "促也。""曲"*khok。藏文"弯曲的"gug。阿昌语"弯曲"kok⁵⁵, "弄弯"khok⁵⁵。"弯"苗语吉卫话ŋkhu⁷, 宗地话ŋko⁷ < *ʔ-khuk。

汉语"圐"*gʷjən《说文》: "回也。""捆"*khʷən-ʔ。藏文"约束"vjun < *m-gun, "捆、束"chun < *khun。

汉语"啄"*tʷuk。"叔"*s-thʷjuk 拾取。"捡"景颇语 thaʔ³¹ < *thak。

汉语"发"*pʷjat 弓弩的发射。"泼"*phʷat。

"泼（水）"错那门巴语 phɔt⁵³。"呕吐"格曼僜语 phɑt⁵⁵。

3. 元音 e 的功能

元音屈折为 e 有使动功能。

汉语"亢"*kaŋ《说文》: "人颈也。"*khaŋ-s, 高也。藏文"突出的山"sgaŋ。汉语"擎"*greŋ, 举也。藏文"支撑"ɦgreŋ, "举起、竖立"sgreŋ。

汉语"長（长）"*m-daŋ > *daŋ,《说文》: "久远也。"汉语"挺"*deŋ-ʔ。《说文》: "拔也。""崝"*s-dreŋ > *dzreŋ《方言》卷六: "高也。""生"*s-treŋ > *sreŋ,《说文》: "进也,象草木生出土上。"藏文"高举"gdeŋ < *g-deŋ, "高举、竖起"gzeŋ < *g-djeŋ。

汉语"褺"*dap《说文》: "重衣也。""疊（叠）"*dəp < *dep。藏文"重复"ldab。"折"ldeb < *l-dep, "增添"rdzob < *r-djop。

汉语"養（养）"*g-ljaŋ-ʔ > *ljaŋ,《说文》: "供养也。""养"壮语龙州话 tsəːŋ⁴, 佯僙语 thaːŋ⁴ < *glaŋ-ʔ。"养、生（孩子）"傣语 leŋ⁴, 锦语 zaːŋ⁴ < *leŋ-ʔ。

汉语"扬"*ljaŋ, 举也。《说文》: "飞举也。"藏文"竖起"loŋ, "使立起"sloŋ < *s-loŋ。"抬"仫佬语 kyŋ¹, 毛南语、锦语 tjuŋ¹ < *kleŋ。"竖（起）"水语 laŋ⁵ < *ʔleŋ-s。

汉语"摄"*snap《说文》: "引持也。""捏起来"藏文 ɲab < *njap。"抓"壮语柳江话 ɲap⁷, 毛南语 ɲap⁸ < *ʔnjap。"撮"泰语 jip⁷, 壮语武鸣话 jeːp⁸, 标语 ɲiap⁹ < *ʔ-njep。

汉语"逾（踰）"*lo, 越进也。纳西语"越过"lo⁵⁵, 阿昌语"跳"lə³¹。"过"苗语养蒿话 fa⁵, 石门话 tɬua⁵, 勉语湘江话 kwje⁵ < *qʷ-le-s。

汉语"熠"*g-ləp > *ləp、*ɦəp。"闪（电）"侗语南部方言 laːp⁹, 毛南

语 daːp⁷ < *ʔ-lap。"闪（电）"勉语江底话 dʑap⁸，湘江话 gja⁸，长坪话 ðja⁸ < *g-ljep。"闪（电）"泰语 lɛːp¹⁰，壮语龙州话 meːp⁸ < *m-lep。

四、汉藏语的词源关系

藏缅语有较多印欧语、阿尔泰语的对应词，汉语和侗台语有较多南岛语对应词，苗语支语言有南亚语的对应词，勉语语音和词汇和侗台语相近，和苗语支语言差异较大。这些都是汉藏语诸分支的语言在不同底层语言的基础上扩张带来的，也是汉藏诸语在不同底层语言的基础上扩张的证明。

汉藏语不同语族语言的对应词中包括早期农业文明和定居带来的词，诸语中有所保留。也说明汉藏语系形成于中原地带早期农业文明开始繁荣的那一段时间里。

（一）汉藏语基本词的比较

1. 汉藏语的同根词

汉语"日"*nji-t。"太阳"藏文 ɳi ma，缅文 ne² < *ni。加龙语 doɳi，塔金语（Tagin）doni，博嘎尔珞巴语 doŋ ɳi < *do-ni。"太阳、日"苗语养蒿话 n̥he¹，勉语江底话 n̥ɔi¹，大坪话 nai¹ < *s-ni。

汉语"烛"*dog，庭燎。"熟"*dʷjuk > *ʐuk，饪也。"炙"*tjaks，炙肉。藏文"火"ʐug < *djuk。"烧火"壮语武鸣话 tuuk⁷ < *tuk。

汉语"炷"*tjo-ʔ《说文》："灯中火主也。""火"彝语喜德话 mu²¹tu⁵⁵，武定话 mu³³tu⁵⁵ < *mu-tu。"灯"临高语 dəi³ < *ʔdi-ʔ。"柴、火"苗语养蒿话 tu⁴ < *du-ʔ。"火"勉语三话 teu⁴ < *dju-ʔ。

汉语"谷"*kʷlok > *kʷok，《说文》："泉出通川为谷。""峪"*gljok > *ljok。"山谷"壮语龙州话、柳江话 luk⁸ < *luk。纳西语 lo²¹，吕苏语 luo³³ku⁵⁵ < *loku。"山坳口"苗语先进话 tɬeu⁸，枫香话 tɬe⁸ < *Gʷlok。

汉语"岩（巌）"*ŋram《玉篇》："峰也。""巉"*s-gram-ʔ > *dzramʔ。"悬崖"景颇语 n³¹kam³¹ < *-gam。"山坡"达让僜语（xɑ³¹）guɯm⁵⁵ < *-gem。藏文"石"rgyam < *r-gjam，"崖"ɳam，"威严"rɳam < *ŋram。"岭"苗语养蒿话 ɣaŋ²，炯奈语长垌话 kjɔŋ²，勉语江底话 tɕiːm² < *grom。"山坳"布依语 tɕem⁶，侗语 ȶuum⁶ < *gjem-s。

汉语"阜"*bju《释名》："土山曰阜。""山"彝语喜德话 bo³³，木雅语 mbo⁵³ < *bo。"山坡"布依语 po¹，黎语保定话 pho³ < *po。"山"苗语养蒿话 pi⁴，

复员话 vei^B < *b^{w}e-ʔ。

汉语 "水" *q^w-lir-ʔ，甲骨卜辞指洪水、发洪水，或为河流之通名。"洟" *ljir，《说文》："鼻液也。""流、漏" 夏河藏语 zər < *ljər。"溪" 泰语 huəi^3，壮语邕宁话 hlei^5，水语 kui^3 < *kh^{w}lər-ʔ。"河" 苗语石板寨话 ʁlei^A，大南山话 tɬe^2 < *ɢ^{w}ler（或 *ɢ^{w}le）。

汉语 "雲" *g^{w}jən《说文》："山川气也。""烟" 壮语武鸣话 hon^2，水语 kwan^2 < *g^{w}on。"烟" 错那门巴语 me^{35}kun^{55}，傈僳语 mu^{31}khu^{31} < *me-gun（火-烟）。"云" 勉语双龙话 xwan^5 < *kh^{w}on-s。勉语油岭话 von^4 < *b^{w}on-ʔ。

汉语 "霂" *mok。"霿（雾）" *mog《说文》："地气发，天不应。""雾" 藏文 smug。"云" 墨脱门巴语 muk pa。壮语 mo:k^7，西双版纳傣语 mɔk^9 < *ʔmok。"雾" 勉语江底话 mou^6，大坪话 mu^6 < *mo-s。

汉语 "涵" *gəm《说文》："水泽多也。""泥塘、泥" 藏文 adʑim < *agim。"坑" 壮语武鸣话 kum^2，毛南语 tsəm^2 < *gum。

汉语 "妇" *bjə-ʔ。"妇女" 独龙语 pɯ^{55}（mɑ^{55}）< *bə。"妇女" 壮语武鸣话 pa^2，仫佬语 pwa^2 < *b^{w}o。"妻子" 布努语七百弄话 ve^3，瑶里话 vei^3，巴哼语文界话 vo^3 < *ʔ-b^{w}e-ʔ。

汉语 "子" *skə-ʔ > *tsəʔ。"婴儿" 格曼僜语 sa^{55}kuɯ^{31}ŋa^{35} < *sakə-ŋa。"男人" 藏文 skjes pa。"小孩" 毛南语 la:k^{8}ce^3 < *lak-kjeʔ。"小孩" 勉语江底话 tɕwei^3，长坪话 kwjei^3，览金话 sei^3 < *sk^{w}e-ʔ。

汉语 "胎" *hlə > *thə，《尔雅》："始也。""下（蛋）" 景颇语 ti^{31} < *li-ʔ。"蛋" 白语剑川话 sẽ^{42} < *len-s。"下（小猪）" 布依语 li^4 < *li-ʔ。仫佬语 lui^6 < *lwi-s。

汉语 "首" *qlju-ʔ。[①] "头" 卢舍依语、来语（Lai）、班尤几语（Banjogi）lū，哈卡钦语 lu < *lu。史兴语 ʁu^{33}qhu^{33}lu^{53}。"额头" 普米语 ɬo^{13}，木雅语 - lø^{33}（头）< *lo。"头" 壮语邕宁话 hlau^5，武鸣话 ɣau^3，仫佬语 kɣo^3 < *qlu-ʔ。"脑髓" 苗语宗地话 ɬɯ^1，勉语烟园话 lau^A < *ʔlu（< *qlu）。

汉语 "定" *deŋ-s 额。《诗经·周南·麟之趾》："麟之定。""顶" *teŋ-ʔ，《说文》："颠也。""挺" *deŋ-ʔ《说文》："拔也。"藏文 "高举" gdeŋ < *g-deŋ，"高举、竖起" gzeŋ < *g-djeŋ。藏文 "额" mdaŋs < *m-daŋ-s。"上面" steŋ < *s-teŋ。"鼻

---

① 南岛语 "头" 排湾语 quɭu，木鲁特语、巴塔克语 ulu，巽他语 hulu，汤加语 ʔulu < *qulu。

子”壮语、布依语 daŋ¹ < *ʔ-doŋ。“戴（帽）”苗语养蒿话 tə⁵，枫香话 ntoŋ⁵，勉语江底话 doŋ⁵ < *ʔdoŋ-s。

汉语“辅”*bʷja-ʔ，脸颊，引申指车两旁的木头，又引申指“辅助”。“腮”哈尼语 ba³¹ ba³³ < *baba，嘉戎语 tə ʒbɑ < *r-ba，缅文 pɑ³。“嘴”布依语 pa⁵ < *pa-s。“耳朵”仡佬语六支话 vei³¹，仡佬语贞丰话 tso³⁵ < *bʷe。“脸”苗语石门话 pau⁴，枫香话 pɔ⁴ < *bo-ʔ。

汉语“齿”*khjəʔ《说文》：“止声。”“牙齿”泰语 khiəu³，水语 ɕu¹ < *s-khjo-ʔ。“牙齿”藏文 so，嘉戎语 swɑ，缅文 swɑ³，怒苏语 suɑ⁵⁵ < *sgʷo。

汉语“舌”*s-ljat > *zljat > *dzat。“舌”景颇语 ʃiŋ³¹let³¹ < *s-let。“舌头”苗语先进话 mplai⁸，勉语长坪话 blet⁸ < *ʔ-blat。“舔”苗语先进话 ʑai⁸，炯奈语长垌话 ŋklai⁸ < *g-lat。

汉语“耳”*njə-ʔ。“刵”*njə-s《说文》：“断耳也。”“而”*njə《说文》：“颊毛也。”“耳朵”藏文 rna。巴尔蒂语 sna，哈卡钦语 hna < *s-na。“耳朵”彝语喜德话 n̩a²¹po³³，拉祜语 na¹¹pɔ³³ < *sna-po。“脸”壮语武鸣话 na³，水语 ʔna³ < *ʔna-ʔ。“胡须”苗语宗地话 n̩a¹ < *ʔna。

汉语“翁”*qʷloŋ > *ʔuoŋ，《说文》：“颈毛也。”“脖子”博嘎尔珞巴语 luŋ poŋ，缅文 laŋ²paŋ² < *loŋ-poŋ。“脖子”黎语通什话 ɯ³ɬoŋ⁶ < *ʔuloŋ。“脖子”苗语养蒿话 qoŋ³，大南山话 tɬaŋ¹ < *qloŋ。

汉语“肠”*laŋ《说文》：“大小肠也。”“昜”*ljaŋ《说文》：“一曰长也。”“肠子”侗语 loŋ²，壮语 tuŋ⁴ < *loŋ。“肚子”侗语 loŋ² < *loŋ。“男生殖器”墨脱门巴语 loŋ < *laŋ。

汉语“手”*s-nuʔ《说文》：“拳也。”“手指”阿昌语 -n̥au³¹，怒苏语 -n̥u⁵⁵ < *snu。“爪子”侗语 n̥əu¹，壮语 ɕaːu³ < *ʔnju-ʔ。勉语湘江话 n̩iu³，览金话 n̩aːu³ < *ʔnju-ʔ。

汉语“亦”甲骨文 夨（甲896）*ljak，“腋”*ljag。“腋”纳西语 lɑ²¹ko⁵⁵ < *laku。“腋”仡佬语 kɣaːk⁷ < *klak。“肋骨”侗语 laːk⁹ hət⁷，水语 ʔdaːk⁷ xət⁷ < *ʔlak-kət（腋—骨）。“腋下”苗语先进话 ɕɔ⁵，复员话 tsuᶜ，布努语七百弄话 sɔ⁷ < *slok。

汉语“胁”*hjap 腋下，肋骨。“挟”*gap《说文》：“俾持也。”“肋骨”错那门巴语 kep⁵³ < *kep。“拥抱”藏文 khyab < *khjap。“胳肢窝”德宏傣语 kɔŋ¹ kaːp⁹ < *ka-kap。“夹（腋下）”布依语 kaːp⁸ < *gap。“夹”壮语邕宁话 kap⁸，毛南语 ŋgəp⁷ < *ʔ-gap。“挟（菜）”勉语江底话 dzap⁷，湘江话 ʑap⁷ < *ʔ-gjap。

汉语"腹"*pʷjuk。"肚子"缅文 bok，嘉戎语 tə pok，那加语奥方言 te pok < *pok。"肚子"临高语 boʔ[8] < *bok。黎语通什话 pok[7] < *pok。"肚子"布努语七百弄话 pau[5] < *pus。

汉语"跋"*bat，步行、踏。"大腿"彝语武定话 bv¹¹tɤ³³ < *butə。"女阴"水语 pat[7] < *pət。苗语先进话 pi[7]，养蒿话 pu[7] < *pʷit。

汉语"髎"*gru《广韵》："髋骨。""骹"*khre《说文》："胫也。""膝盖"勉语东山话 ʈwai[6] < *gʷri-s。"膝盖"黎语保定话 go[6]rou[4] < *gosru-ʔ。"肘"藏文 gru，嘉戎语 kru < *gru。

汉语"止"甲骨文 ⺌（甲 600）*kjə-ʔ，带趾的足形。"趾"字后起。"脚"道孚语、却域语 ʂko < *s-ko。"脚后跟"布依语 tɕeu[3] < *kjuʔ。

汉语"甲"*krap《释名》："孚甲也。""鳞"藏文 khrab < *krap。"指甲"布依语 zip[8]，壮语武鸣话 kjip[7]，水语 ʔdjap[7] < *krjap。

汉语"鸟"*tu-ʔ 男人、雄畜的生殖器（书面语见于五代）。"男生殖器"白语剑川话 tu³³ < *tu。却域语 ҫto¹³ < *s-to。"女阴"藏文 stu < *s-tu。错那门巴语 du³⁵，墨脱门巴语 thu < *du。"尾巴"苗语大南山话 tu³，布努语 tau³ < *tu-ʔ。

汉语"污"*qʷa《说文》："薉也。""屎"普米语兰坪话 xqa⁵⁵ < *s-qa。缅文 khje³ < *qheh。拉祜语 qhɛ⁵³。"屎"侗语、水语 qe⁴，布依语 ʔɛ⁴ < *ʔ-ɢe-ʔ。"屎"苗语养蒿话 qa³，先进话 qua³ < *qʷa-ʔ。

汉语"虎"*hʷla-ʔ《说文》："山兽之君。""老虎"史兴语 la⁵⁵，彝语喜德话 lɑ⁵⁵，纳西语 lɑ³³ < *la。"老虎"苗语养蒿话 ҫə³，吉卫话 tҫo³，布努语瑶里话 suɔ³ < *slo-ʔ。

汉语"鹰"*ʔjəŋ < *ʔləŋ。"鹰"苗语先进话 tl̥əŋ³，勉语罗香话 klaːŋ³，勉语大坪话 kjaŋ³ < *qlaŋ-ʔ。"鹰"傣语版纳话 huŋ⁴ < *loŋ-ʔ。"鹰、鹞子"格曼僜语 glăŋ < *gləŋ。

汉语"鸠"*kju，斑鸠。"布谷鸟"藏文 khu，木雅语 kə⁵⁵ ku³³。"斑鸠"仫佬语 kau² < *gu。黎语通什话 khou¹ < *ku。"布谷鸟"苗语腊乙坪话、大南山话 qu⁴ < *ɢu-ʔ。

汉语"蝇"*mljəŋ > *ljəŋ。"苍蝇"剑川话 sɯ²¹，碧江话 zu²¹ < *liŋ。"苍蝇"临高语 vaŋ⁴，水语 ljan³，壮语邕宁话 jan¹ < *mʷljaŋ-ʔ。"飞虫"泰语 mlɛːŋ²，壮语邕宁话 mlɛːŋ²，布依语 neŋ² < *mlaŋ。"蚊子"苗语先进话 ʐoŋ³，布努语瑶里话 joŋ³ < *ʔljoŋ-ʔ。"蚊子"藏文 ɦibu luŋ < *mbu-luŋ（虫-蚊子）。

"蝴蝶"彝语南华话 bə²¹lu³³ < *bəlu。"蜜蜂"普米语九龙话 bi³⁵lĩ⁵⁵ < *bili-ŋ。"蝴蝶"苗语野鸡坡话 mʔpleᶜ，摆脱话 mpji⁵ < *m-ʔ-ple-s。"蜻蜓"土家语 zan³⁵pu⁵⁵li⁵⁵ < *lapuli。"黄蜂"侗语 lau¹，毛南语 du¹，黎语 plou¹ < *plu。

汉语"膋"*gre 脂肪。《诗经·小雅·信南山》："以启其毛，取其血膋。""脂肪"扎坝语 zi¹³，吕苏语 zɯ³⁵ < *ru。"油"布依语 zu² < *rju。"油"黎语保定话 gwei³，黑土话 zu:i³ < *ʔgʷri。"动物油"苗语先进话 ȶaŋ²，先进话 ȶau²，复员话 zoŋᴬ < *groŋ。

汉语"葉（叶）"*ljap《说文》："草木之叶也。""枼"*ljap《说文》："薄也。""叶子"景颇语 lap³¹，独龙语 lɑp⁵⁵，格曼僜语 lop⁵³ < *lap。藏文"叶子"lob ma，"扁"leb，"片"lheb < *slep，"压扁"gleb < *g-lep。"细"傣语版纳话 lɛp⁸ < *lep。

汉语"薪"*s-kiŋ > *sin，《说文》："荛也。粗为薪，细为蒸。""树"墨脱门巴语 ɕiŋ < *skiŋ。"木头"藏文 ɕiŋ < *skiŋ。"树枝"傣语版纳话 kiŋ⁵ < *kiŋ-s。

汉语"支"*kji，木别生条也。"肢（胑）"*kji。《说文》："体四胑也。""脚"基诺语 ʃɔ³¹khi³³ < *so-khi。哈尼语 a³¹khɯ⁵⁵，纳西语 khɯ³³ < *khi。"树枝"苗语枫香话（qa¹）tɕi⁴ < *gi-ʔ。

汉语"蘇（苏）"*s-ŋʷa《方言》卷三："草也。"藏文"青草"sŋo，"蓝色"sŋon。"草"道孚语 rŋə rŋa < *r-ŋa。"草"勉语江底话 mje³，烟园话 ŋwa³，东山话 m̥ja³ < *s-ŋʷje-ʔ。

汉语"毛"*mʷe。"毛"缅文 mwe³，阿昌语 mui³¹，古龙语（Kulung）mūi < *mʷi。基诺语 mɯ⁵⁵，博嘎尔珞巴语 a mɯ < *mu。怒苏语 m̥e⁵⁵ < *s-me。"青苔"布依语 me² < *me。"草"勉语江底话 mje³，烟园话 ŋwa³，东山话 m̥ja³ < *s-mʷje-ʔ。

汉语"鍼"*kjəm《说文》："所以缝也。"*krəm，以针治病。① "针"墨脱门巴语 kham < *kham，"缝"藏文 fitshem < *m-khem。"针"泰语 khem¹，壮语武鸣话 ɕim¹，水语 sum¹ < *s-khrem。"针"苗语养蒿话 tɕu¹，勉语江底话 sim¹，东山话 tɕen¹，大坪话 tsum¹ < *s-kʷjem。"刺"（名词）勉语江底话 dʑim³，罗香话 jim³ < *ʔ-gjem-ʔ。

---

① "针（鍼）"说法可能来自进入义的动词，如"淦"*kəm《说文》："水入船中也。""侵"*skhjəm，《说文》："渐进也。"金属针或锥子最早的使用可能不会晚于距今四千年前，此前还有骨、竹、石等磨制的针。

汉语"斧"*pʷja-ʔ。"斧子"达让僜语 pɑ³⁵ < *pa。嘉戎语 tə rpa < *r-pa。"斧子"黎语保定话 bua²，通什话 bua⁵，佯僙语 ba⁴（柴刀）< *ʔ-bʷa-ʔ。

汉语"昏"*smʷən > *hʷən，《说文》："日冥也。"藏文"暗"mun，"黄昏"mun（rub）< *mun。"黄昏"侗语 lap⁷ mən¹ < *lap-ʔmen（暗–黄昏）。"晚上"苗语养蒿话 m̥haŋ⁵，勉语江底话 m̥waŋ⁵（暗），大坪话 mɔŋ⁵ < *smʷaŋ。

汉语"当（当）"*klaŋ > *taŋ，中也。"中间"怒苏语 goŋ³³ < *goŋ。"中间"泰语 klaːŋ²，壮语武鸣话 kjaːŋ¹，布依语 tɕaːŋ¹ < *klaŋ。"中间"苗语养蒿话 toŋ¹，先进话 ŋtaŋ¹，复员话 ŋʔtʂoŋᴬ < *kloŋ。

汉语"捕"*bʷa-s，取也。"手掌"泰语 fa⁵，布依语 va¹ < *ʔbʷe。"拿"墨脱门巴语 bu。苗语养蒿话 me¹，先进话 mua¹ < *ʔbʷe。

汉语"抴"*ljat-s。《说文》："捈也。""解开"藏文 glod < *g-lot，"松开"klod <*k-lot。"滑的"独龙语（tɯ³¹）klat⁵⁵，阿昌语 tʂhuat⁵⁵，浪速语 tʃat⁵⁵ < *klat。"释放"嘉戎语 ka lɛt < *ka-lot。缅文 hlot < *s-lot。"脱（把）"泰语 lut⁷ < *q-lot。侗语 ljot¹⁰ < *lot。"脱（逃脱）"苗语先进话 tl̥i⁶ < *ɢʷlas。高坡话 ka⁸，复员话 ʁwaᴰ < *ɢʷ-let。

汉语"茹"*nʷja。"吃"苗语养蒿话 naŋ²，枫香话 noŋ² < *na。"饭"苗语石门话 ȵau⁵，勉语江底话 ȵaːŋ⁵，大坪话 nɔŋ⁵ < *s-naŋ-s。"吃、喝"毛南语 na⁴ < *na-ʔ。"嚼"阿侬怒语 ȵa⁵⁵u³¹ < *snja-ʔu。吕苏语 na³³ta⁵³ta⁵³ < *na-。

汉语"含"*gəm《说文》："嗛也。""喝"墨脱门巴语 dʑam < *qjem。"含"泰语 om²，毛南语 ŋgam¹ < *ʔ-gəm。"叼"壮语 kaːm² < *gam。"含"勉语江底话 gɔm¹，览金话 gjɔːm¹ < *ʔgjom。

汉语"食"*djək > *dʑək。"饲"*djək-s，使食。"蚀"*djək > *dʑək，虫伤。"舔"藏文 ldag < *l-dak。"嚼"黎语通什话 teːʔ⁷，保定话 taːk⁷ < *tak。

汉语"沁"*s-nəm-s，渗入。"听见"他杭语 njempa < *njem-pa。"闻、嗅"藏文 snom。"耳朵"错那门巴语 nem³⁵nɛʔ⁵³ < *nem-neʔ。"耳朵"勉语龙定话 m³¹noːm³¹ < *ma-nom。"闻、嗅"勉语江底话 nom³，览金话 hɔːm⁵ʼ < *s-nom-s。"听见"苗语养蒿话 n̥haŋ³，勉语罗香话 nom³，览金话 num³ < *snʷem。

汉语"记"*kjə-s。"记得"毛南语 ci⁵，水语 ti⁵ < *kji-s。"记"苗语复员话 n̥ʔtɕuᶜ，布努语七百弄话 ntɕɔ⁵ < *ʔ-kju-s。"记"（记得）勉语江底话 tɕaŋ⁵，览金话 saŋ⁵，大坪话 keŋ⁵ < *s-kjeŋ-s。

汉语"注"*tjo-s《说文》："灌也。""水"藏文 tɕhu < *thju。扎坝语 tʌ¹³，阿

昌语 ti⁵⁵ < *ti。"泡（饭）"苗语先进话 ŋʈʂe⁵，复员话 nʔtsiᶜ < *ʔ-tje-s。

汉语"共"*gʷjoŋ-s《说文》："同也。""拱"*kʷjoŋ-ʔ。"抬"独龙语 ɑ³¹graŋ⁵³ < *graŋ。"抬"仫佬语 kɤŋ¹，毛南语、锦语 tjuŋ¹ < *kjeŋ。"抬"勉语江底话 tɕɛːŋ¹，长坪话 kjeŋ¹，览金话 ʈeŋ¹ < *kjeŋ。

汉语"住"*djo-s。"驻"*tjo-s《说文》："马立也。""在"*s-də-ʔ。"站"义都珞巴语 de⁵⁵。"停止"博嘎尔珞巴语 daː。"停"傣语德宏话 sau² < *dju。"等候"勉语江底话 tswo³，东山话 ʈu³ < *tʷjo-ʔ。

汉语"企"*khi-ʔ《说文》："举踵也。""跂"*khji-s，《方言》卷一："登也。""站"却域语 ʂkhe⁵⁵ < *s-khe。"脚"哈尼语（ɑ³¹）khɯ⁵⁵，纳西语 khɯ³³ < *khi。"站"苗语养蒿话 ɕhu³，畲语多祝话 sou³，勉语东山话 səu³ < *sko-ʔ。"起来"勉语江底话 kwje⁴，大坪话 kjɛ⁴ < *gʷje-ʔ。

汉语"候"*go-s > *ɣos。"等待"藏文 sgug < *sgu-g。布依语 ɕa³，毛南语、侗语 ka³ < *s-kje-ʔ。

汉语"予"*lja，"与"*gʷ-lja，"贻"*lə，"诒"*lə-ʔ。"给"景颇语 ja³³ < *la。土家语 lie³⁵ < *le。那加语南桑亚方言、昌方言 lā < *la。"给"傣语 hauɯ³，布依语 ɣauɯ³ < *ʔlə-ʔ。

汉语"擒"*grəm，网捕禽兽。"抓住"藏文 sgrim < *s-grim。"抓"壮语武鸣话 kam⁶ < *gəm-s。

汉语"鬥（斗）"*to-s《说文》："两士相对，兵杖在后，象斗之形。"藏文"对手"do，"较量"sdo，"拼"sdor < *s-do-r。"打架"壮语武鸣话 to⁴ < *do-ʔ。水语 tu³ta³ < *-to-ʔ。"打架"苗语大南山话 ŋtou⁵，枫香话 nʈɕou⁵ < *tju-s。

汉语"易"*ljaŋ《说文》："开也。""释放"独龙语 sl³¹ laŋ³¹u³¹ < *si-laŋ-。"敞开"壮语邕宁话 plaŋ⁵，水语 plaːŋ⁵ < *p-laŋ-s。"掀开"壮语邕宁话 pluːŋ³，毛南语 pəːŋ³ < *p-ləŋ-ʔ。"放"仫佬语 laŋ⁶，壮语武鸣话 ɕoŋ⁵ < *s-laŋ-s。"放（走）"苗语养蒿话 ɕaŋ⁵，吉卫话 tɕaŋ⁵，布努语瑶里话 sẽ⁵ < *sleŋ-s。

汉语"拯（抍）"*tjəŋ-ʔ。"升（昇）"*s-tjəŋ《说文》："日上也。"藏文"高举"gdeŋ，"高举、竖起"gzeŋ。"举"临高语 doŋ² < *doŋ。"跳"勉语烟园话 djaŋᴬ，巴哼滚董话 tjaŋ¹ < *tjoŋ。

汉语"将"*s-kjaŋ，拿、扶。藏文"拳、握"changs < *khjaŋ-s，"柄"ɦchangs < *m-khjaŋ-s。"打（伞）"西双版纳傣语、壮语武鸣话、毛南语 kaːŋ¹ <

*kaŋ。"拿"畲语下水村话 khwaŋ³⁵。①

汉语"叠"*dəp > *diəp。藏文"折"ldeb < *l-dep，"增添"rdzob < *r-djop，"加倍、重叠"lteb < *l-tep。"叠"临高语 dap⁸，布依语 tap⁸ < *dep。

汉语"启"*khi-ʔ。《诗经·小雅·采薇》："不遑启居，玁狁之故。""启"，跪。"跪"土家语 khɯ⁵³ < *khi。黎语元门话 khui⁵ < *khʷi-s。"坐"勉语江底话 tswei⁴，罗香话 θwei⁴ < *s-gʷi-ʔ。

汉语"发"*pʷjat，弓弩的发射。"泼"*phʷat。"泼（水）"错那门巴语 phɔt⁵³。"呕吐"格曼僜语 phɑt⁵⁵。"扔"壮语龙州话 vit⁷，黎语通什话 fet⁷ < *pʷet。"甩"壮语武鸣话 faːt⁷ < *pʷat，柳江话 fit⁸ < *bʷet。

汉语"剖"*pho《说文》："判也。""劈"吕苏语 pha⁵³，嘉戎语 phjɑ < *pha。泰语、西双版纳傣语 pha⁵ < *pha-s。"剖"苗语养蒿话 pha⁵，先进话 phua⁵ < *pha-s。

汉语"辟"*bʷjik《说文》："开也。""辟"*bik，卜辞"辟门"为宫室之门。"壁"*pik，隔墙。"僻"*phik《说文》："避也。""劈"*phik《说文》："破也。""分离"藏文 fibreg, bregs（命令式）。"打开"墨脱门巴语 phek。"裂"毛南语 phik⁷。"区别"侗语 phje⁵pjik⁹。

汉语"劈"*phik。"派"*phrik-s，水的支流。"分离"泰语 phraːk¹⁰，壮语龙州话 pjaːk⁸ < *phrak。"缝隙"仙岛语 pzak̩³⁵ < *prak。

汉语"割"*kat《说文》："剥也。""害"*gad《说文》："伤也。"藏文"隔断"cad < *kjat，"弄断"gchod < *g-khjot，"分割"bgod < *b-got。"割"毛南语、仫佬语 kat⁷。

汉语"刮"*kʷrat《说文》："掊把也。""擦"*s-khrat。"刮"嘉戎语 khrot，缅文 rit。"磨"黎语保定话 hwaːt⁷，堑对话 luut⁸ < *kʷrat。"磨（谷子）"苗语吉卫话 zo̩⁸，复员话 wjuᴰ，枫香话 ɣau⁸ < *gʷrot。

汉语"摄"*s-nap > *hjap，《说文》："引持也。""捏起来"藏文 ŋab < *njap。"抓"壮语柳江话 ŋap⁷，毛南语 ŋap⁸ < *ʔ-njap。

汉语"胁"*hjap，腋下，肋骨。"挟"*gap《说文》："俾持也。""拥抱"藏文 khyab < *khjap。"肋骨"错那门巴语 kep⁵³ < *kep。"胳肢窝"德宏傣语 kɔŋ¹ kaːp⁹ < *ka-kap。"（腋下）夹"布依语 kaːp⁸ < *gap。"夹"壮语邕宁话 kap⁸，

---

① 陈其光《苗瑶语文》该词的原文为 kwhaŋ³⁵。

毛南语 ŋgəp⁷ < *ʔ-gap。"挟（菜）"勉语江底话 dʑap⁷，湘江话 zap⁷ < *ʔ-gjap。

汉语"寻"*ljəm > *zəm，探究。"找"景颇语 tam³³，墨脱门巴语 lam，阿昌语 liam⁵⁵ < *lam。"打猎，追"侗语 lam¹ < *ʔ-lem。"摸"勉语龙定话 lom¹，油岭话 lum³ < *ʔ-lom-ʔ。

汉语"盖"*kap-s《说文》："苫也。""关（门）"藏语阿力克话 wɟjap < *rɡjap。藏文"覆盖物"kheb。"关（门）"苗语养蒿话 shu⁷，畲语多祝话 tshɔ⁷ < *skhop。"关（门）"临高语 hop⁷，西双版纳傣语 hǎ p⁷ < *hop。水语 ŋap⁸ < *ŋgop。

汉语"挟"*gap《说文》："俾持也。""拥抱"藏文 khyab < *khjap。"胳肢窝"德宏傣语 kɒŋ¹ kaːp⁹ < *ka-kap。"（腋下）夹"布依语 kaːp⁸ < *gap。"夹"壮语邕宁话 kap⁸，毛南语 ŋgəp⁷ < *ʔ-gap。

汉语"易"*ljik，倾注。"赐"*s-lik-s > *siks，《说文》："予也。""倒（水）"博嘎尔珞巴语 luɯk < *lik。"斟酌"藏文 gzig < *g-lik。"换"（衣服）泰语 lɛːk¹⁰，壮语武鸣话 ɣiək⁸ < *lik。水语 lik⁷ < *ʔ-lik。

汉语"念"*nəm-s > *niəms《说文》："常思也。""想法"藏文 nyams。"想"壮语邕宁话 nam³，仫佬语 n̥am³ < *s-nem-ʔ。"心服"泰语 jɔːm²，老挝语 n̥ɔːm² < *njom。"想"勉语江底话 n̥am³，罗山话 lam³ < *s-nem-ʔ。

汉语"猶"*lju，欺骗。《诗经·小雅·侯人》："兄及弟矣，式相好矣，无相犹矣。""引诱、勾引"藏文 slu。"欺骗"壮语、布依语 lo⁴，侗语南部方言 lau⁴ < *lu-ʔ。

汉语"啄"*tʷuk。"嚄"*tʷok《说文》："喙也。""叔"*s-tʷjuk，拾取。"劈"博嘎尔珞巴语 peː tak < *pe-tak。"打破"藏文 gcog < *g-tjok。"捡"景颇语 tha ʔ³¹ < *thak。"啄"藏语阿力克话 ntok < *m-tok。"啄"毛南语 tjok⁷ < *tjok。傣语德宏话 sak⁷ < *stok。"啄"苗语养蒿话 tɕu⁷，吉卫话 ntɕu⁷，畲语多祝话 tju⁷ < *ʔ-tjuk。

汉语"屏"*pieŋ-ʔ《说文》："屏蔽也。""摒（拼）"*p-r-eŋ，排除。"蒙盖"却域语 spho¹³ < *s-pho。"埋"泰语 faŋ¹，壮语龙州话 phaŋ¹，水语 haːŋ⁵ < *pʰʷaŋ-s。"藏"（躲藏）勉语江底话 piːŋ⁵，大坪话 bɔŋ⁵ < *ʔbʷeŋ-s。

汉语"弇"*kəm《说文》："盖也。""潜"*s-gjəm-s > *dzjəms，《说文》："一曰藏也。""藏"墨脱门巴语 gum。"盖（上）"黎语 kom¹ < *kom。水语 kəm⁵，壮语武鸣话 kom⁵ < *kom-s。

汉语"挺"*deŋ-ʔ《说文》："拔也。""梃"*s-dreŋ > *dzreŋ，《方言》卷六："高也。"藏文"高举"gdeŋ < *g-deŋ，"高举、竖起"gzeŋ < *g-djeŋ。"举"临高语doŋ² < *doŋ。

汉语"扬"*ljaŋ，举也。《诗经·小雅·大东》："维南有箕，不可以簸扬。""上升"藏文laŋs < *laŋ-s。"举（手）"壮语龙州话、锦语jaŋ⁴，仫佬语ɣaŋ⁴ < *leŋ-ʔ。"伸（手）"布依语zaŋ⁴，仫佬语hɣaːŋ⁴ < *g-laŋ-ʔ。"扬（麦子）"壮语laːŋ⁶ < *laŋ-s。仫佬语jaːŋ² < *ljaŋ。"簸箕"壮语doŋ³，傣语loŋ³ < *ʔ-loŋ-ʔ。"簸（米）"苗语吉卫话pzu³，布努语七百弄话ptsɔŋ³，炯奈语长峒话pjɔŋ³ < *p-loŋ-ʔ。

汉语"湧"*ljoŋ-ʔ《说文》："滕也。"藏文"翻滚"loŋ，"翻动"gloŋ < *g-loŋ，"旋涡、波浪"kloŋ。"滚"壮语邕宁话kliŋ³，武鸣话ɣiŋ⁴，仫佬语løːŋ⁴ < *kʷliŋ-ʔ。"滚"苗语石门坎话tlo³，野鸡坡话qloŋᴮ < *qloŋ-ʔ。

汉语"餍"*ʔiam、*ʔiam-s，《说文》："饱也。""饱"壮语武鸣话、傣语im⁵ < *ʔims。藏文"贪婪"ʔam。

汉语"浮"*bju，泛也。"孵"*pʷju。"漂浮"缅文pɔ²，彝语bu³³ < *bu。"气泡"藏文sbu。"漂浮"黎语通什话bau¹ < *ʔbu。"漂"勉语江底话bjou²，东山话bjau² < *bu。"漂浮"景颇语wo⁵⁵，载瓦语mju²¹ < *s-mo。

汉语"阳"*ljaŋ《说文》："高明也。""旸"*ljaŋ《说文》："日出也。""炀"*ljaŋ-s《说文》："炙燥也。""太阳"错那门巴语plaŋ < *p-laŋ。"亮的"缅文laŋ³ < *laŋ。"太阳"普标语qa³³łaːŋ⁵³ < *qa-laŋ。"阳光"水语ɕaːŋ¹，黎语保定话łuːŋ¹ < *s-laŋ。"亮的"西双版纳傣语leŋ²，临高语baŋ¹，布央语郎架话ma⁰loŋ³¹² < *m-leŋ。"亮的"苗语大南山话kaŋ²，野鸡坡话ʁwenᴬ，枫香话qwoŋ² < *Gʷleŋ。

汉语"荧"*Gʷleŋ > *ɣʷieŋ，《说文》："屋下灯烛之光。""莹"*Gʷleŋ>*ɣʷieŋ，《说文》："玉色。""亮的"西双版纳傣语lɛŋ²，布央语郎架话ma⁰loŋ³¹² < *m-laŋ。"星星"布央语郎架话laːŋ¹¹loŋ³¹² < *laŋ-loŋ。"亮的"maloŋ³¹² < *ma-loŋ。"光"缅文laŋ³rɔŋ² < *leŋ-groŋ。"星星"苗语养蒿话qɛ¹，复员话qaŋᴬ，炯奈语龙华话nteŋ¹ < *qleŋ。

汉语"令"*m-reŋ-s，好的。"幸"*g-reŋ-ʔ > *ɣreŋʔ，吉而免凶也。"好"藏语夏河话zaŋ。"好"苗语养蒿话ɣu⁵，先进话zoŋ⁵，炯奈语长峒话ŋwaŋ⁵ < *ʔgreŋ-s。"美"临高语luaŋ³，毛南语caːŋ⁶ < *graŋ-s。

汉语"清"*sthjeŋ > *tshjeŋ。"晴"*s-djeŋ > *dzjeŋ,《说文》:"雨而夜除星见也。""晟"*djeŋ-s > *ʑeŋs,《说文》:"明也。""醒"*s-tieŋ-ʔ > *sieŋʔ,《说文》:"醉解也。"藏文"晴"thaŋ,"变晴"dwaŋs < *dʷaŋ-s,"洁净"gtsaŋ < *g-thjaŋ。"干净的"独龙语 ɕaŋ⁵⁵(ma),景颇语(san³¹)seŋ < *s-taŋ。"清的"义都珞巴语 doŋ⁵⁵。"晴"临高语 daŋ⁴ < *deŋ-ʔ。"清"勉语湘江话 dzaŋ¹ < *ʔ-djeŋ。"清"苗语养蒿话 ɕhi¹,复员话 nʔtsheᴬ < *m-thjeŋ。勉语湘江话 dzaŋ¹ < *ʔ-djeŋ。"晴"临高语 daŋ⁴ < *deŋ-ʔ。

汉语"燥"*ske-ʔ > *tseuʔ,《说文》:"干也。""干的"基诺语 a⁴⁴ku⁴⁴ < *-kə。"炒"老挝语 khuə³,傣拉语 kho³,侗语 ɕeu³ < *s-khju-ʔ。"炒"勉语江底话 tshaːu³,长坪话 saːu³,东山话 ʈha³ < *s-khju-ʔ。"炒"苗语养蒿话 ka¹,复员话 tɕeᴬ,布努语七百弄话 kjai¹ < *kje。

汉语"旧"*gjəs《说文》:"留也。""老(人)"白语大理话 ku³³,碧江话 kv³³ < *r-gu。"旧"哈尼语墨江话 ke⁵⁵ < *ke。"老、旧"泰语 kɛ⁵,仫佬语 ce⁵,壮语武鸣话 ke⁵,毛南语 ce⁵ < *kes。"老"勉语江底话 ku⁵,梁子话 ko⁵ < *kos。

汉语"尚"*g-ljaŋ-s > *zaŋs,高也。"堂"*glaŋ > *daŋ,《说文》:"殿也。""高"达让僜语 kɑ³¹luɯ⁵⁵,格曼僜语 kloŋ⁵³ < *ka-loŋ。"竖起"藏文 loŋ。"站"仫佬语 laŋ⁴ < *laŋ-ʔ。"长(大)"黎语通什话 loŋ¹ < *ʔloŋ。"高"勉语江底话 ɬaŋ¹,罗香话 gaŋ¹,炯奈语长垌话 ŋkjeŋ¹ < *ʔgljeŋ。

汉语"局"*gok《说文》:"促也。"藏文"弯曲的"gug。阿昌语"弯曲"kok⁵⁵,"弄弯"khok⁵⁵。"弯"苗语吉卫话 ŋkhu⁷,宗地话 ŋko⁷ < *ʔ-khuk。"跪"侗语、水语 ʈok⁸,佯僙语 kok⁸ < *gok。"肘"壮语邕宁话 tsuk⁸,泰语 sɔːk⁹ < *s-guk。

汉语"叕"*tʷat,短也。《淮南子·人间训》:"圣人之思修,愚人之思叕。""短"景颇语 toʈ⁵⁵ < *tot。"短"黎语 that⁷ < *tat。"剪裁"泰语 tat⁷,临高语 daʔ⁷ < *ʔ-dat。

汉语"修"*slu,修长。"悠"*lju,悠久。"长"景颇语 kǎ³¹lu³¹ < *kalu。"长"勉语江底话 daːu³,大坪话 du³ < *ʔlu-ʔ。"久"江底话 lau²,大坪话 lu² < *lu。"大"布依语、水语 laːu⁴ < *lu-ʔ。

汉语"狭"*grap。"窄"景颇语 kjip⁵⁵。"狭窄"缅文 kjap。"窄"壮语武鸣话 kap⁸ < *gap。"窄"苗语先进话 ɴqai⁸,瑶里话 ŋkja⁸,勉语江底话 hep⁸ < *ɢjap。

汉语"熠"*g-ljəp > *ljəp,《说文》:"盛光也。""照耀"藏文 lheb < *s-lep。

"闪（电）"怒苏语 l̥a⁵³ < *s-lep。"闪（电）"墨脱门巴语 taŋ lep < *ta-lep。泰语 lɛːp¹⁰，壮语龙州话 meːp⁸ < *m-lep。"闪（电）"侗语南部方言 laːp⁹，毛南语 daːp⁷ < *ʔ-lap。"闪电"勉语江底话 dʑap⁸，湘江话 gja⁸，长坪话 ðja⁸ < *gljep。

汉语"光" *kʷaŋ。"煌" *gʷaŋ > *ɣʷaŋ，《说文》："辉也。""光"独龙语 gɑŋ⁵³。"灯盏"藏文 koŋ po。"阳光"泰语 sɛːŋ¹，水语 ɕaːŋ¹ < *skjaŋ。毛南语 cheːŋ¹ < *khjeŋ。"亮"水语 qaːŋ¹，毛南语 caːŋ¹ < *kjaŋ。苗语先进话 kaŋ²，枫香话 qwoŋ² < *ɢʷoŋ。"光亮"勉语江底话 gwjaŋ¹ < *ʔ-gʷjeŋ。

汉语"寒" *gan《说文》："冻也。""冷"彝语喜德话 ŋo³³，纳木兹语 gæ⁵³ < *ga。"凉"黎语保定话 gan¹，保城话 han⁴ < *gan。"凉"苗语养蒿话 sei⁴，先进话 tsa⁴，枫香话 sen⁴ < *gjen-ʔ。

汉语"淫" *ljəm《说文》："侵淫随理也。"藏文"浸润"lum，"酒糟"glum（ro）< *g-lum。"水"壮语武鸣话 ɣam⁴ < *lem-ʔ。"湿的"傣语德宏话 jam² < *lem。"沉"侗语南部方言 jam¹，水语 ʔɣam¹ < *ʔ-lem。"沉"勉语江底话 tsem²，览金话 siːm²，东山话 tin² < *djem。

汉语"恶" *ʔak，坏的，*ʔak-s，厌恶。"凶恶"壮语龙州话 aːk⁷，武鸣话 ʔjaːk⁹，拉珈语 aːk⁹ < *ʔak。"脏的"阿昌语 ək⁵⁵ < *ʔek。

汉语"早" *sku-ʔ《说文》："晨也。""早晨"扎坝语 su⁵⁵khə⁵⁵ni⁵⁵，哈尼语 ɔ³¹so³¹。"早"黎语通什话 kaːu³ < *ku-ʔ。"早"苗语养蒿话 so³，石门话 ntsou³，高坡话 nzə³ < *s-ŋgju-ʔ。"早"勉语江底话 dzjou³，长坪话 gjou³ < *ʔ-gju-ʔ。

汉语"怠" *lə-ʔ《说文》："慢也。""迟"拉祜语 lɛ³³，哈尼语绿春话 lɤ³³ < *le。"慢"哈尼语绿春话 lo³³je³³ < *lole。"迟"傣语 la³ < *ʔle-ʔ。苗语先进话 li⁶，青岩话 le⁶ < *le-s。

汉语"喋" *k-lap > *tiap，血流貌。"滴"勉语江底话 djop⁷，大坪话 dɛp⁷ < *ʔlop。"漏"黎语通什话 zop⁷，堑对话 zap⁷ < *ʔlop。"滴"格曼僜语 dzɑp³⁵ < *dap。

汉语"趋" *s-kho-s > *tshios，疾行也。"快"苗语养蒿话 xhi⁵，炯奈语长垌话 ɣwei⁵，畲语多祝话 ha⁵ < *s-khʷe-s。"快"仫佬语 hwəi⁵，水语 hoi⁵ < *khʷe-s。"快"纳木兹语 khu⁵³，纳西语 tʂhu²¹ < *khju。

汉语"畴" *du《尔雅》："谁也。""什么"却域语 ndie¹³ < *ʔdje。"哪个"壮语武鸣话 ʔan¹laɯ¹，傣语版纳话 ʔǎn¹dǎi¹ < *ʔa-ʔdi。"哪"苗语养蒿话 tei⁶，先进话 tu⁶ < *djo-s。复员话 ðuᴮ < *djo-ʔ。

汉语"毋"*mʷja，卜辞义"不会""不要"。"无"*mʷja，《说文》："亡也。""不"拉萨藏语 ma¹³，缅文 mɑ¹ < *ma-ʔ。"不"布努语 ma² < *ma。

以上有的对应可能是后来不同语族语言之间的借用，多数对应可说明其同源关系。

2. 早期文明的相关词

早期农业文明和定居带来的词，诸语中有所保留，有的是早期的借词。

汉语"场"*laŋ > *daŋ，一曰田不耕，一曰治谷田也。"（田）地"错那门巴语 leŋ³⁵，嘉戎语 sɐ ʒəŋ < *sa-leŋ。"田地"藏文 sa ʑiŋ < *sa-liŋ。"（田）地"却域语 le⁵⁵，土家语 li⁵³ < *le。"田"侗语南部方言 ja⁵，毛南语 ʔja⁵，仫佬语 ʔɣa⁵ < *ʔ-la-s。"地"巴哼语毛坳话 qa-le¹ < *q-le。

汉语"田"*din。"畋"*din《说文》："平田也。""地"泰语 din²，布依语 den¹，德宏傣语 lin⁶ < *ʔ-lin。"田"苗语养蒿话 ȵi²，畲语多祝话 nin²，勉语览金话 giːŋ² < *glin。

汉语"陶"*blu > *du。"窑"*blju > *lju。[①]"房子"道孚语 jo < *lo。"窑"泰语 tau²，老挝语 tauˀ < *plu。"房子、家"苗语吉卫话 pʐɯ³，勉语三江话 plou³ < *plo-ʔ。

汉语"缶"*pʷlu-ʔ《说文》："瓦器，盛酒浆，秦人鼓之以节歌。""罐子"达让僜语 khɯ³¹phluɯ³⁵。"锅"布依语 ɕaːu⁵，侗语 taːu¹，黎语 thau¹ < *plu。"锅"苗语宗地话 ʑein⁴，复员话 wenᴮ < *bʷle-n-ʔ。

汉语"鼎"*teŋ-ʔ。"锅"白语剑川话 tshẽ⁵⁵ < *theŋ。"罐子"格曼僜语 nthuŋ³⁵，独龙语 tɕuŋ⁵⁵ < *thjuŋ。"锅"水语 tseŋ⁶ < *djeŋ-s。"锅"勉语江底话 tsheːŋ¹，长坪话 sjeŋ¹ < *s-thjeŋ。

汉语"芑"*khjə-ʔ，白黍。"小米"景颇语 ʃã³³kji³³。"米"墨脱门巴语 khu，义都珞巴语 ke⁵⁵。"小米"勉语江底话 tsai¹，樧子话 ȶi¹ < *kji。"米"苗语养蒿话 she³，先进话 tsho³（小米）< *skhje-ʔ。"米"巴哼语文界话 ȵtɕʊ⁵，巴哼语长垌话 ŋtʃei⁵ < *ʔ-kje-s。

汉语"麪（麵）"*mjan-s，麦末也。[②]"面粉"阿昌语 mun³⁵ < *mun。怒苏语 sa³³mɔ³³ < *samo。"（面粉）细"苗语养蒿话 moŋ⁴，布努语瑶里话 mə⁴，勉语

---

① "匋"*b-lu《说文》："包省声。"

② 麦子在东亚的种植历史约四千年，汉语"麪（面）"与"绵"*mjan-ʔ（《说文》："联微也。"）可能有词源关系。

大坪话 mun⁴ < *mon-ʔ。"粉末" 布依语 muun⁶，莫语 mən⁶ < *mən-s。

汉语 "麸" *phʷja《说文》："小麦屑皮也。""糠" 缅文 phwai³ < *phʷi。吕苏语 pha⁵⁵ < *pha。"糠" 苗语养蒿话 fha⁵，石门话 sa⁵ < *s-pʷja-s。"轻的" 苗语养蒿话 fha¹，石门话 ʂi¹，畲语多祝话 fui¹ < *s-pʷje。"糠" 侗语 va⁶ < *bʷas。黎语保定话 hwa³ < *phʷa-。

汉语 "酒" *klju-ʔ > *tsjuʔ《说文》："酉亦声。""酒" 墨脱门巴语 ju < *lju。泰语 lau³，侗语南部方言 khwaːu³ˊ，仫佬语 khɣəi³ˊ < *kluʔ。"酒" 苗语养蒿话 tɕu³，勉语江底话 tiu³，三江话 diu³ < *tjuʔ < *klu-ʔ。

汉语 "羊" *g-ljaŋ > *ljaŋ。① "绵羊" 达让僜语、义都珞巴语 kɯ³¹joŋ³⁵ < *kəloŋ。"羊" 布依语 ʑuːŋ² < *ljuŋ。黎语通什话 zeːŋ⁴ < *leŋ-ʔ（古汉语借词）。"羊" 苗语养蒿话 zoŋ²，勉语东山话 wjə²，大坪话 dziŋ² < *gljəŋ。

3. 汉语和藏缅语的数词

汉语和藏缅语的数词可以说明两者的历史关系。

古藏语 "一""二""三" 用 g- 前缀，"四" 用 b- 前缀，"五" 用 l- 前缀。景颇语数词用 lă-、mă- 前缀。卢舍依语（Lusei）用 pa- 前缀，如 "一" pa-khat，"二" pa-hni，"三" pa-thum，"四" pa-lī，"五" pa-ŋa。缅语用过 -s 后缀。喜马拉雅语支的吐龙语（Thulong）-le 后缀。如 "一" kole，"二" na-le，"三" su-le，"四" bo-lē，"五" ŋo-lo。

"一" 汉语 *ʔjit。藏文 gtɕig，巴尔蒂语 tshik，林布语 thik < *g-tik。克伦语阿果话 tø⁵⁵，缅文 tɑs。喜马拉雅语支的卡纳斯语 idˈ，罗东语 itto。喜马拉雅语支的马加里语（Magari）kat，与卢舍依语等库基语支语言的读法相近。达让僜语 khun⁵⁵，义都珞巴语 khun⁵⁵ge⁵⁵。景颇语 lă⁵⁵ŋai⁵¹。土家语 la³⁵，载瓦语 ʒa²¹ < *la。

"二" 汉语 *njis。藏文 gnyis，巴尔蒂语 n̩is，缅文 hnɑs < *g-nis。独龙语 ani。林布语 netshi。景颇语 lă⁵⁵khoŋ⁵¹。克伦语阿果话 khi⁵⁵，载瓦语 i⁵⁵。*g- 为藏语支和部分博多语支语言数词前缀。

"三" 汉语 *səm。藏文 gsum，嘉戎语 gə sam < *g-sum。景颇语 mă⁵⁵sum³³，克伦语唐土方言（Taungthu）θoum。克伦语阿果话 tθø⁵⁵ < *sum-k。

"四" 汉语 *s-lid。藏文 bʑi，缅文 le³，马加尔语 buli < *b-li。嘉戎语（kə）

---

① 这可能是北方地区后来传播的。南方 "羊" 的说法如：德宏傣语 me³ < *ʔbeʔ。佤语岩帅话 peʔ。

wdi，那加语色马方言（Sema）bi-di < *bi-li。克伦语唐土方言 li^t，克伦语阿果话 lui³¹ < *li-t；土家语 zie⁵⁵ < *li-e。景颇语 mǎ⁵⁵li³³，载瓦语 mji²¹，阿昌语 mi³¹ < *ma-li。博嘎尔珞巴语 a pi: < *-pli。

"五"汉语 *ŋʷa-ʔ。藏文 lŋa，拉达克语 rga < *l-ŋa。缅文 ŋa³。独龙语 pɯ³¹ŋa⁵³，阿侬怒语 phaŋ³¹ < *pə-ŋa。阿博尔语 pil-ŋ̊å < *pil-ŋa。克伦语唐土方言 ŋàt < *ŋa-t。景颇语 mǎ⁵⁵ŋa³³，载瓦语 ŋo²¹，阿昌语 ŋɔ³¹ < *ma-ŋa。

"六"汉语 *khrjuk > *rjuk，谐声字"罿"，《广韵》："七宿切。"藏文 drug，巴尔蒂语 truk，巴兴语 ruk ba，卡瑙里语 ʈug < *gruk。缅文 khrɔk⁴，阿昌语 xzɔ̰⁵⁵，克伦语阿果话 xṵi⁵⁵ < *khruk。景颇语 khʒṵ³⁵，载瓦语 khjuʔ⁵⁵ < *khruk。格曼僜语 kɯ³¹tɯm⁵³。

"七"汉语 *snit > *tshit。藏文 bdun < *b-dun。巴尔蒂语 rdun < *r-dun。嘉戎语（kə）ʃnəs < *s-nis。缅文（khu¹）hnas⁴ < *sni-as。载瓦语 ŋjit⁵⁵ < *khu-nit。景颇语 sǎ³¹ nit³¹，独龙语 sɯ³¹n̠it⁵⁵ < *sə-nit。土家语 n̠ie²¹ < *ni-e。博多语 sini < *si-ni。

"八"汉语 *prat。藏文 brgyad < *b-grat。格曼僜语 gɹun < *grət。景颇语 tsat⁵⁵，独龙语 çat⁵⁵ < *krat。缅文 hras < *srat-as。博嘎尔珞巴语 pi: n̠i（四二）。老梅梯语（Old Meithei）nipāl（二四）。

"九"汉语 *kju-ʔ。藏文 dgu，独龙语 dɯ³¹gɯ⁵³ < *d-gu，缅文 ko³ < *gu，土家语 kɯe⁵⁵ < *gu-e。景颇语 tʃǎ³¹khu³¹ < *sa-gu。博嘎尔珞巴语 ko noŋ。老梅梯语 mā pal（五加四）。

"十"汉语 *gjəp > *djəp > *zəp。白语剑川话 tsɛ⁴²，碧江话 tʂe¹⁴² < *drep。格曼僜语 kiap⁵⁵ mu⁵³，米左语 kap。藏文 btçu < *b-tju。缅文 tshaj，克伦语阿果话 tshi⁵⁵ < *thi。迪马尔语 tai < *ti。景颇语 ʃi³³ < *zi。博嘎尔珞巴语 ɯ juŋ。老梅梯语 ta rā。

"百"汉语 *prak。藏文 brgya < *b-gra，缅文 raa²。克伦语阿果话 gǎ³¹ja³¹ < *gara。景颇语 tsa̠³³ < *bra。卢舍依语 zä < *ra。独龙语 ça⁵⁵ < *sja。

汉藏语数词的对应关系：

藏缅语"一""二"差异较大，有多个不同的词源，有的来自早期的底层语言。"三"*sum"四"*b-li"五"*ŋa 基本一致。

格曼僜语"六"kɯ³¹tɯm⁵³，博嘎尔珞巴语"八"pi: n̠i，用倍数表示总数。

"十"藏羌、缅彝语的说法比较一致，喜马拉雅语支、景颇语支、那加语支、加洛语支的说法各不同。

藏缅语多数语言的"七"是以"二"为语素合成，藏缅语的数词原本为五进位。比"五"大的数往往不对应，应是分化以后有几个不同的词源传播开来。

"五"藏文 lŋɑ、拉达克语 rgɑ < *l-ga 可与"手"的说法比较，如藏文 lag、缅文 lak^4。"五"的说法应来自"手"的说法。

"五"独龙语 puɯ^{31}ŋɑ^{53}，阿侬怒语 phɑŋ^{31}，阿博尔语 pil-ŋǎ < *pi-l-ŋa。*pi- 是后来的数词前缀。

4. 数词的比较

（1）汉语数词的比较

"一"汉语 *ʔjit 对应于卡纳斯语 idᵗ、罗东语 itto，"二"至"十"分别对应于藏缅语一些分支语言。

"七"汉语 *snit 来自五进位，对应于景颇语 sǎ^{31} nit^{31}，独龙语 suɯ^{31}ṇit^{55} < *sə-nit。

"百"汉语 *prak 对应于藏文 brgya < *b-gra，缅文 rɑɑ^2。*-k 应来自表示复数的后缀。

（2）苗瑶语数词的比较

"四"苗语野鸡坡话 plou^1，勉语东山话 pləi^1，江底话 pjei^1 < *pli。错那门巴语 pli^{53}。

"五"苗语养蒿话 tsa^1，甲定话 plɑ^1，瑶语罗香话 pla^1 < *pla。可能跟阿博尔语 pil-ŋǎ < *pi-l-ŋa 有词源关系。

（3）侗台语数词的比较

壮傣–侗水语大于二的数词是上古末期和中古的汉语借词，黎语和仡央语的数词来自南岛语。

"一"壮语有 deu^1，ʔjit^7 和 he^1 三种说法。ʔjit^7 来自汉语。

"一"壮语 deu^1，水语 ʔdau^3，毛南语 dɛu^2 < *ʔ-du（？）。水语又有 to^2 < *do。这跟印欧语、藏缅语情况类似，不同分支有各自的说法，来自底层语言。

（二）汉藏语词根的历史

汉藏语词根的历史包括语系形成以前和形成以后语词扩散多个阶段的历史。

1. 指示代词

（1）词根"这"*di

汉语"是"*dji。"这"藏文 ɦdi，藏语夏河话 ndə < *m-di。普米语兰坪话

di¹³ < *di。

南岛语"这"卑南语 idini < *ʔidi-ni。

"这"古英语 Þes，古挪威语 Þessi，荷兰语 deze < *te-si。梵语 idaṃ < *ida-。

达罗毗荼语系"这"曼达语 id。

尼罗–撒哈拉语系"这"卡努里语 aðə < *a-də。

（2）词根"那"*de

"那"藏文 de，阿昌语 the < *de。彝语喜德话 a³³di⁵⁵ < *ʔadi。

"那"土族语 te，赫哲语 ti < *ti。

"那"俄语、波兰语 to，希腊语、梵语、古教堂斯拉夫语定冠词 to。

达罗毗荼语系"那"曼达语 ad。

尼罗–撒哈拉语系"那"卡努里语 todə。

（3）词根"这"*ni

"这"侗语、水语 naːi⁶ < *ni-s。壮语龙州话 nai³，畲语 ni³ < *ʔni-ʔ。

南亚语"这"蒙达语 ne < *ne。桑塔利语 niɛ < *ni-ʔa。

南岛语"这"夏威夷语 nei < *ne-ʔi。占语 ni < *ni。"这"粟特语 ēnē < *ene。

科伊桑语系"这"科伊科伊语 nē < *ne。

（4）词根"那、其他"*na

"那"加龙语 a-e-na < *ʔa-ʔena。拉祜语 no⁵³ < *ʔno。

南亚语"那"蒙达语 ena < *ʔena。桑塔利语 ona < *ʔona。

南岛语"那"汤加语 na < *na。查莫罗语 enao < *ʔena-ʔo。"其他"和阗塞语 aɳa- < *ana。

（5）词根"这"*ke

汉语"斯"*s-ki，"兹"*skjə。"这"阿昌语 xai⁵⁵ < *khi，土家语 kai³⁵ < *ki-s。

南亚语"这"桑塔利语 isko < *ʔi-sko。

"这"满文 eke，蒙文 eke < *ʔeke。"这"阿尔巴尼亚语 kjo < *ko。

（6）词根"那"*ge

汉语"其"*gjə。"那"傈僳语 go³³ < *go。仫佬语 ka⁶，侗语 ȶa⁶ < *gje-s。

南亚语"那"户语 ɣe³¹ < *ge。京语 kiə¹ < *kjə。

"那"朝鲜语 kɯ < *gi（近的远指）。"那"匈牙利文 hogi < *qo-gi。

（7）词根"这"*li

"这"德宏傣语 lai⁴ < *li-ʔ。景颇语 n³³tai³³ < *n-li。白语剑川话 lɯ³¹ < *li。

"这"意大利语 il，梵语 iyaṃ < *ila-。亚美尼亚语 ays < *al-。

尼日尔-科尔多凡语系"这"祖鲁语 le、leli。斯瓦希里语 hili < *lile。

（8）词根"那、他"*la

"那里"义都珞巴语 ɔ⁵⁵ɑ³⁵ < *ʔo-la。"他"米基尔语 lā < *la。

"他、那"古突厥语 ol，图瓦语 ol，柯尔克孜语 ɑl < *ʔol。

南岛语"那"赛德克语 hija < *qila。邵语 huja < *qula。查莫罗语 ajo < *ʔalo。

"那"拉丁语 illa < *ila。阿尔巴尼亚语 tsila < *kila。

尼日尔-科尔多凡语系"那"祖鲁语 lelo。

科伊桑语系"那"科伊科伊语 ǁná < *ʔla。

（9）词根"这"*ʔi

"这"义都珞巴语 i⁵⁵he⁵⁵ < *ʔi-he。达让僜语 e⁵⁵ < *ʔe。

南亚语"这"布兴语 ʔe < *ʔe。布芒语、佤语艾帅话 ʔi < *ʔi。

南岛语"这"马绍尔语 e < *ʔe。

"这"朝鲜语 i < *ʔi。"这"乌尔都语 yeː < *ie。

（10）词根"那"*ʔa

"那"义都珞巴语 i⁵⁵he⁵⁵ < *ʔa-he。博嘎尔珞巴语 aː < *ʔa。拉祜语 o⁵³ < *ʔo。"你"他杭语 eː < *ʔe。

南亚语"那"莽语 ʔa³¹ʔy⁵¹ < *ʔa-ʔi。

南岛语"你"多布语 ʔa < *ʔa。"那"乌尔都语 wo < *ʔo。

汉藏语、印欧语和东亚其他的语言"这"*di /"那"*de，"这"*ni /"那"*na，"这"*li /"那"*la，"这"*ʔi /"那"*ʔa，"这"*ke /"那"*ge 五组近指和远指的代词分别以元音屈折和辅音清浊区分意义。非洲的语言，如祖鲁语第一人称单数前缀 ŋi-，"你们"nina，"这"le、leli，"那"lelo。卡努里语"你"ni，"这"aðə < *a-də，"那"todə。其对应可说明其历史的悠久。早期语言屈折形态情况不明。

2. 形容词

（1）词根"低的、下面"*pʷi

汉语"卑"*pji，下也，《说文》："贱也。""下面"普米语兰坪话 po⁵⁵ < *po。

"下面、低的"维吾尔语 pes，柯尔克孜语 bas < *bes。

南岛语"下面"马都拉语 baba-na，锡加语 βaβa < *baba。

"低的"法语 bas，意大利语 basso < *baso；"下面"阿尔巴尼亚语 poʃtë <

*pos-to。

"低的、短的"祖鲁语 -fiʃa ＜ *-pisa。

（2）词根 "高的、上面" *bʷe

南岛语 "上面" 瓜依沃语 fofo-na ＜ *pʷopʷo。多布语 ɸiɸin ＜ *pʷipʷin。

南亚语 "高的" 柬埔寨文 khpuəh ＜ *k-pus。

"上面、高" 古高地德语、撒克逊语 oban，德语 oben ＜ *o-be-n。

（3）词根 "小的、短的、浅的" *ti、*tu

"小的" 水语 ti³ ＜ *tiʔ。

南岛语 "小的" 塔希提语 iti，拉巴努伊语 ʔiti-ʔiti ＜ *ʔiti。

南亚语 "小的" 布朗语曼俄话 ʔiat ＜ *ʔiat。

"很小的" 古英语 tyne ＜ *dune，"尖" 古挪威语 tindr。

科伊桑语系科伊科伊语 "短的" !nubu ＜ *ʔnt̪u-。

（4）词根 "大的、厚的、远的" *ta、*da

"大的" 普米语兰坪话 ta⁵⁵ ＜ *ta。

南岛语 "远的" 莫图语 daudau，巴塔克语 dao，劳语 tau ＜ *da-ʔu；"远的"
印尼语 dauh，萨萨克语 dʒaoʔ ＜ *da-ʔuq。

"厚的" 和圜塞语 dara- ＜ *da-ra。

（5）词根 "小的、滴、短的" *tik、*duk

藏文 "一点儿" tig。汉语 "滴" *tik《说文》："水注也。"

"小的" 满文 adʒige，锡伯语 adʒig ＜ *ʔa-dig。达斡尔语 utʃikən ＜ *ʔu-tik-ən。

南岛语 "小的" 赛德克语 tikoh ＜ *tiko-s。鲁凯语 tikia ＜ *tiko-ʔa。

科伊桑语系 "短的" 三达维语 tʰúŋkâ ＜ *duka。

（6）词根 "大的、厚的、高的" *tek、*dok

"高的" 土耳其语 jyksek ＜ *dik-tek；日语 takai ＜ *taka-ʔi。

南岛语 "高的" 马绍尔语 aetok ＜ *ʔa-ʔe-tok，"高的、长的" 瓜依沃语、劳语
tekʷa ＜ *teka。

"大的" 车臣语、印古什语 dokkxa ＜ *dok-。

3. 动词

（1）词根 "推" *del、*tul

"推" 藏语夏河话 ndel ＜ *del。

"推" 古突厥语 tul- ＜ *tul。"扔" 东部裕固语 tʃiludɑ- ＜ *tilu-。

南岛语"推"萨摩亚语 tulei，塔希提语 tūrai < *tule-ʔi。

"推"俄语 tolkatj < *tol-ka，"扔"波兰语 dorzutɕitʃ < *doru-ki，"拉"阿尔巴尼亚语 tёrheky < *tor-ke。

（2）词根"拉"*dar、*tal

"拉、抽"古突厥语、维吾尔语、哈萨克语 tɑrt-，西部裕固语 dɑhrt- < *tarə-t。

南岛语"拉"印尼语、摩尔波格语、巴厘语 tarik，亚齐语 tareʔ < *tari-k。

南亚语"拉"桑塔利语 dhara dhɛri < *dara-dari。

亚欧大陆的语言中屈折形态的派生较多出现。

五、亚欧语言中的汉藏语

新石器时代前夕，东亚、北亚、中亚和欧洲地区的古语系可能构成一个有相近特点的古语系群。比起达罗毗荼语系、亚非语系和澳大利亚土著的语言，今阿尔泰、印欧和芬兰–乌戈尔、汉藏、南岛和南亚语系语言的同根对应词较多，语音和形态比较接近，可能来自亚欧地区的这一古语系群。五六千年前出自亚欧古语系的苏美尔语分布在古两河流域，后为西来的亚非语系的阿卡德语所替代。

新石器时代早期，来自古语系群的语言分别形成汉藏、南岛和南亚语系。这三个语系语言的语音和形态方面接近，同根对应词较多。有圆唇塞音和小舌音声母，*m-（*ma-）为动词自动态和形容词的前缀，使动前缀 *s-（*si-），名词、动词或形容词有前缀 *ʔa-、*ʔi-、*ʔu- 等，名词后缀 *-n。阿尔泰、印欧和芬兰–乌戈尔的语音结构有所不同，形态有相近的特点。鼻音、流音和塞音后缀皆见于该古语系群的语言。

（一）亚欧语系群语言的语音特点及其对应

1. 亚欧语系群语言的圆唇辅音

亚欧语言中原本可能有圆唇塞音声母 pʷ、phʷ、bʷ、tʷ、thʷ、dʷ、kʷ、khʷ、gʷ、qʷ、qhʷ、ɢʷ，圆唇鼻音声母 mʷ、nʷ、ŋʷ。不同部位圆唇塞音的平行演变：

*gʷ（*kʷ）> *b（*p）、*d（*t）；

*bʷ（*pʷ）> *g（*k）、*d（*t）。

（1）"牛"*gʷi > *gʷu

印欧语"牛"希腊语 bus < *bʷu-s。"母牛"古英语 cu，古弗里斯语 ku <

*gu。

侗台语"水牛"侗语 kwe²，水语 kui² < *gʷi。"水牛"壮语武鸣话、龙州话 vai² < *bʷi。黎语 tui³ < *tʷi。

（2）"熊" *gʷam > *dum、*bam

东亚和北亚的语言中，圆唇唇塞音、舌根塞音也可交替，也可演变为舌尖塞音，下文的说法可以说明这一点。

汉语"熊" *gjəm。格曼僜语 kum⁵⁵，史兴语 gĩ³⁵，吕苏语 ŋu³³mu⁵³ < *gʷum。"熊"日语 kuma，朝鲜语 kom < *goma。"神"日语 kami，"鬼"古突厥语 kam。"黑色"朝鲜语 kəmta < *gəm-。"神，精灵，熊"阿伊努语 kamuj < *kamuʔi。

首辅音演变，*gʷam > *dom：

"熊"藏文 dom，道孚语 dəm < *dom。"神"阿昌语 tam³¹ < *dam。

首辅音演变，*gʷam > *bʷam：

缅文 wam²，载佤语 vam⁵¹，仙岛语 om⁵⁵ < *bʷam。

（3）"火、太阳、烧" *gʷal

"火"蒙古语 gal，保安语 χal，东部裕固语 ɢal < *gal。

首辅音演变，*gʷal > *dal 等：

"火焰"维吾尔语 jalqun，哈萨克语 dʒalən < *dal-qun。"点火"撒拉语 deʃ- < *del。"烧"蒙古语 tʉlə-，达斡尔语 tulu-，土族语 tuleː < *tule。

南岛语"火焰"马京达瑙语 dila，达阿语 dʒela，乌玛语 dʒelaʔ < *dila；"太阳"萨萨克语 dʒəlo < *delo。

"太阳"阿尔巴尼亚语 diell < *del。

"火"芬兰语 tuli，匈牙利语 tūz < *tuli。

"火"格鲁吉亚语 tsɛtsxli，车臣语 tsle，印古什语 tsli < *tli。"火"印第安那瓦特尔语 tle-tl。

（4）"头、额、眼睛" *bʷali

"额"道孚语 kɛ pə la < *ke-pela。"头"土耳其语、维吾尔语 baʃ，哈萨克语 bas，西部裕固语 baş < *bal。

首辅音演变，*bʷali > *dili，*pʷoli > *tele 等：

"头"赫哲语 dili，鄂伦春语 dɪli < *tʷoli。

"眼睛"格鲁吉亚 tvali，拉兹语 toli < *tʷoli。

2. 语音演变区域性特点

亚欧地区这一古语系群语言语音变化的特点如：

① 流音 *l 可塞化为 *d 和 *ʃ。如汉语的 *l- 可塞化为 *d-，阿尔泰语中发生过 *d 演变为 *ʃ。

② 流音 *r 和 *l 交替。

③ *l 和 *n 交替，*b 和 *m 交替，*g 和 *ŋ 交替。

藏缅语古南部方言演变而来的语言往往带弱元音的辅音前缀，古北部方言演变而来的语言往往采用辅音前缀。后来的藏缅语名词和数词加成音节的后缀成两个音节，以满足两个音节的韵律。汉语也是如此。

印欧语和阿尔泰语单音节词根名词派生的动词加带元音后缀，如：

"坟"阿尔巴尼亚语 varr < *bʷar。"埋"阿尔巴尼亚语 varros < *bʷaro-s。"封上"古教堂斯拉夫语 vora < *bʷora。"埋葬"古英语 byrgan，"盖、藏"古挪威语 bjarga，"保护"哥特语 bairgan。"坟"古英语 byrgel < *burge-l。

"爪子"藏文 sder，道孚语 zder < *s-der。"抓、拿"日语 toru < *tor-u。"抓"清代蒙文 ʃurgu- < *tur-gu。

汉藏语复辅音声母词根跟印欧语、南岛语和阿尔泰语的双音节词根对应，如：

"烧"苗语先进话 phe³，枫香话 tshei³，炯奈语长峒话 ɣa³ < *phla-ʔ。南岛语"热的"马绍尔语 pʷil < *pʷila。汤加语 vela，塔希提语 veʔaveʔa < *bʷela。"热的"阿尔巴尼亚语 valë < *bʷalo，"火、火焰"芬兰语 palo。

"石头"苗语养蒿话 ɣi¹，勉语览金话 gjau¹，三江话 lɔu¹ < *ʔ-gle。"沙子"壮语柳江话 hje⁵，邕南话 hle⁶ < *gles。"山"蒙古语书面语 ɑɣulɑ，东部裕固语 uːlɑ < *ʔagula。"山"拉丁语 collis，古英语 hyll，希腊语 kolonos，哥特语 hallus（岩石）< *koli-。

这大约可以说明汉藏语的复辅音声母来自首音节元音的丢失。

3. 语音的对应

汉藏语词和其他语系语言的词源关系表现为词根对应。汉藏语的单音节词可来自复音词，区分为 CVlV（CVrV）> ClV（CrV）和 CVCV > CVC 两种情况。

下面以几类对应的情况说明跨亚洲、欧洲和非洲不同语系语言的词根有早期的词源关系，并不说明各项对应有共同的来历。

（1）唇塞音类词根的对应

	汉藏语	南岛语	印欧语	非洲语言
胸	*s-bo	*bʷa	*sbʷi 心	*sibʷo 胃
花	*bla-ŋ	*bʷela	*plu	*-bali
肺	*blo-s	*bʷala	*plu	*-bele 乳房
肺	*pʷət	*bʷat 胸	*peto 胸	*bidi 肝

"胸脯"藏文 sbo，"奶"vo < *bʷo；汉语"哺"*bʷas < *bʷa-s。南岛语"胸"拉加语 bʷabʷa- < *baba，莫图语柯勒布努方言 oba < *ʔoba。"心"和圜塞语 svi < *sbʷi；"肩"希腊语 omos，梵语 amsah < *amusa-。科伊桑语系"乳房、奶"科伊科伊语 bī-s < *bi-。尼罗–撒哈拉语系"胃"卡努里语 siwo < *sibʷo。

"花"侗语 mjen²，仫佬语 mɣa:ŋ²，水语 ᵐbja:ŋ¹ < *bla-ŋ。南岛语"花"马京达瑙语 vela < *bʷela；阿美语 falu < *pʷalu。"花"古爱尔兰语 blath < *bla-d；阿尔巴尼亚语 fletë < *ble-to。尼日尔–科尔多凡语系"花"祖鲁语 imbali < *-bali。

"肺"苗语吉卫话 mzɣ⁵，高坡话 mpluɯ⁵ < *ʔ-blo-s。南岛语"肺"阿美语 falaʔ，赛夏语 bælʲæʔ，邵语 baaq < *bʷala-q。"肺"波兰语 plutʃo，拉丁语 pulmo，希腊语 pleumon < *plu-。尼日尔–科尔多凡语系"乳房"祖鲁语、科萨语 ibele < *-bele。

汉语"肺"*phjat-s；"肺"壮语 puut⁷，傣语 pɔt⁹ < *pʷət。南岛语"胸"萨摩亚语、汤加语、罗图马语 fatfat，雅美语 vatavat < *bʷat-bʷat。"胸"意大利语 petto，葡萄牙语 peito < *peto。尼日尔–科尔多凡语系"肝"祖鲁语 isibindi < *-bidi。

（2）齿塞音类词根的对应

	汉藏语	南岛语	印欧语	非洲语言
火	*du	*do	*et	*do- 烤
给	*tu 借	*de	*de	*ʔnda
地	*dar	*tero	*dera 土	*tara 灰尘
爪子	*s-der	*dari	*doro 手	*-adla 手

"火"苗语养蒿话 tu⁴（柴、火），布努语 ka¹tu⁴，勉语 tou⁴ < *du-ʔ。南岛语"火"梅柯澳语西部方言 ido < *ʔido。"篝火"古高地德语 eit < *et。"烤"祖鲁语

thosa < *do-sa。

"借"扎坝语 ty⁵⁵ < *tu。南岛语"给"宁德娄语 adeu < *ʔa-de-ʔu。马京达瑙语 tei，那大语 tiʔi < *te-ʔi。"给"梵语 dadati，乌尔都语 deːna < *de-，和阗塞语 dā- < *da。科伊桑语系"给"科洪语 ĩàa < *ʔnda-。他罗第语 ʈɛ。

汉语"地"*dar-s。南岛语"地"邹语 tseoa < *tero-ʔa。"土"意大利语、葡萄牙语 terra，梵语 dhara < *dera；"陆地"梵语 deʃe < *dere。科伊桑语系"灰尘"科伊科伊语 tsara-b < *tara。

"爪子"藏文 sder，道孚语 zder < *s-der。南岛语"手指"印尼语、米南卡保语 dʒari < *dari。"手"阿尔巴尼亚语 dorë < *doro。"膝盖"祖鲁语、科萨语 idolo < *-dolo，"手"祖鲁语、科萨语 isandla < *-adla。

（3）舌根塞音类词根的对应

	汉藏语	南岛语	印欧语	非洲语言
太阳	*qjan	*gonə 白天	*guni 火	*gʷaj-na
蛋	*go	*gogo 滚	*ago	*-qada
圆的	*gʷal 圜	*gili	*s-gʷel 轮	*ŋəgəl 蛋
什么	*gat	*kudə 多少	*kʷat	*gudu 谁

"太阳"景颇语 tʃan³³ < *qjan。南岛语"白天"伊拉鲁吐语（Irarutu）gonə < *gonə，瓜依沃语 gani < *gani。"火"梵语 ɑgni，帕拉克利特语（Prakrit）ɑggi，班加利语（Bengali）ɑgun。尼罗-撒哈拉语系"太阳"扎尔马语 wayna < *gʷaj-na。

"蛋"藏文 sgo < *s-go。南岛语"滚"锡加语 gogo < *gogo。"蛋"古英语 æg，希腊语 augo，古教堂斯拉夫语 aja，古高地德语 ei < *ago。"蛋"哥特语 ada < *ada（< *agʷa）。尼日尔-科尔多凡语系"蛋"祖鲁语 -!ada < *-ʔʈada。

汉语"丸"*gʷal > *ɣʷan，《说文》："圜，倾侧而转者。"南岛语"圆的"西部斐济语 giligli < *gili。"轮子"古英语 hweogol，古挪威语 hvel，古弗里斯语 hwel < *s-gʷel。尼罗-撒哈拉语系"蛋"卡努里语 ngəwəl < *ŋəgəl。

汉语"曷"*gat，"什么"义都珞巴语 kɑ⁵⁵di⁵⁵ < *kadi。南岛语"多少"巴厘语 kudə < *kudə，乌玛语 haŋkudʒa < *qa-kuda。"什么"古英语 hwæt，古高地德语 hwaz，古弗里斯语 hwet < *kʷat。尼罗-撒哈拉语系"谁"卡努里语 wundu < *gudu。

（4）流音类词根的对应

	汉藏语	南岛语	印欧语	非洲语言
亮的	*lek 日光	*lag	*laga	*ʔlaka 太阳
说	*lo-s	*lelo 舌头	*lelu	*ʔul
翅膀	*lap	*sa-lap	*lapʷ	*ʔlabo
睡	*q-le	*les 躺	*lul	*lala

汉语"耀"*lek，日光也；"太阳"昌巴拉胡里语 jegi < *legi。南岛语"亮的"查莫罗语 malag < *ma-lag。"亮的、光"拉丁语 lucidus < *luki-，"光"梵语 laghaḥ < *laga-。科伊桑语系"太阳"三达维语 lʹakasu < *ʔlaka-。

汉语"喻"*ljo-s，告也。藏文"说"slos < *s-los。南岛语"舌头"汤加语 ʔelelo，夏威夷语 ǎlělǒ < *ʔalelo。"语言"亚美尼亚语 lezu < *lelu。尼罗-撒哈拉语系"说"卡努里语 wulðu < *ʔul-。

"翅膀"加龙语 alap，博嘎尔珞巴语 a lap < *ʔa-lap。南岛语"翅膀"印尼语 sajap < *sa-lap。"飞"马京达瑙语 lelap，卡乌龙语 jap < *lap。"翅膀"法语 ailef，西班牙语 alaf，意大利语 ala < *a-lapʷ。科伊桑语系"翅膀"科伊科伊语 ǁgawo-b < *ʔlabo-。

"睡"苗语腊乙坪话 ɴqwe[1]，石门坎话 ntl̩au[1] < *q-le。南岛语"躺"宁德娄语 ales < *ʔ-les。"安静入睡"古英语 lull。"睡"祖鲁语 -lala，斯瓦希里语 lala。

（5）唇鼻音类词根的对应

	汉藏语	南岛语	印欧语	非洲语言
嘴	*mʷa 舌头	*me 舌头	—	*ʔam-
血	*mje	*mi 红的	*-ima	bu
树	*mat 直的	*bʷit	*bʷed	mti

"舌头"侗语、仫佬语、水语、佯僙语 ma[2]，拉珈语 ŋwa[2] < *mʷa。南岛语"舌头"马那姆语 meme < *meme，三威治港语 memen < *memen。科伊桑语系"嘴"科伊科伊语 am-s < *ʔam-。

"血"土家语 mie[53] < *mje-s。南岛语"红的"南密语 mia < *mi-ʔa，拉加语 memea < *meme-ʔa。"血"希腊语 aima < *a-ima。尼罗-撒哈拉语系"血"卡努里语 bu。

"直的"缅文 mɑt[4] < *mat。南岛语"树"查莫罗语 atbot < *ʔat-bot，爪哇语 wit < *bʷit。"树"瑞典语 ved，古爱尔兰语 fid < *bʷed。"树"斯瓦希里语 mti， miti（复数）。

（6）齿鼻音类词根的对应

	汉藏语	南岛语	印欧语	非洲语言
吃喝	*na	*na	*na-鼻子	*-no 嘴、鼻子
软的	*nʷa	*nʷa	nona	-anana
什么	*ni	*ni 谁	*ini	*ni-
水	*nam-ʔ	nanum	*nom-潮湿	*nama-尿

汉语"茹"*na。"吃、喝"毛南语 na⁴ < *naʔ。南岛语"吃"罗地语 na-ʔa，伊拉鲁吐语 na < *na。"脸、嘴、鼻子"梵语 aːna。"鼻子"古英语 nosu，粟特语 nas < *na-su。尼日尔-科尔多凡语系"牙齿"祖鲁语 izinyo，科萨语 inja，斯瓦希里语 jino < *-no。

汉语"茹"*nʷja 弱的。"软的"藏文 sn̩i mo < *s-ni，扎坝语 nu³³nu⁵⁵ < *nunu。南岛语"软的"邹语 noinəʔi < *no-ʔi。"软的"和圜塞语 nona-。尼日尔-科尔多凡语系"软的"斯瓦希里语 -anana。

"谁"纳西语 ə³³ne²¹ < *ʔə-ni，"什么"毛南语 ni⁴nam² < *niʔ-nam。南岛语"谁"巴拉望语 nɨʔ < *ni-，爪哇语 əndi < *ʔə-ni。"什么"亚美尼亚语 intʃh < *ini-k。尼日尔-科尔多凡语系"什么"祖鲁语 ni-。

"水"泰语、壮语龙州话 nam⁴ < *nam-ʔ，水语、毛南语、黎语 nam³ < *ʔ-namʔ。南岛语"水"阿美语 nanum。"湿的"阿尔巴尼亚语 njomë < *nom-o。尼罗-撒哈拉语系"尿"卡努里语 namasu < *nama-su。

（7）s- 类词根的对应

	汉藏语	南岛语	印欧语	非洲语言
眼睛	*se 知道	*si 看	*su	*-so
盐	*sula-	*-sila	*soli	—
慢的	*sda 迟钝	*sita	*-sta	*doda

"知道"藏文 ҫes，墨脱门巴语 se，缅文 si¹ < *se。南岛语"看见"那大语 iso < *ʔi-so，"看、看见"汤加语 sio < *si-ʔo。"看见"古英语 seon，高地德语 sehen，古弗里斯语 sia，古挪威语 sja < *siqa。"眼睛"阿尔巴尼亚语 sy < *su。"眼睛"祖鲁语 iso < *-so。

"盐"独龙语 sɯ³¹lɑʔ⁵⁵ < *sula-ʔ。南岛语"盐、咸"劳语、瓜依沃语 asila < *ʔa-sila。"盐"俄语 solj，波兰语 sol，古教堂斯拉夫语 soli < *soli。

汉语"伹"*sdja > *zja，迟钝，《说文》："拙也。"南岛语"慢的"吉利威拉语 sitana-sitana < *sita-na。"慢的"乌尔都语 ahista < *aqi-sta，和阗塞语 asttāṇa- < *a-sta-。"慢的"祖鲁语 -dondä < *doda。

（二）亚欧语系群语言的形态特点

汉藏、南岛和南亚语系的语言语音和形态方面比较接近，同根对应词较多，形态方面也有类似的特点。

亚欧语言，汉藏、南岛、南亚阿尔泰、印欧、芬兰-乌戈尔和高加索语系的语言在形态方面有一些相近的范畴和附加成分：

名词前缀 *a-、*i-、*u-，*ta-（*ti-、*tu-）等。

名词后缀 *-n（*-ŋ）、*-m、*-k（*-g）、*-t（*-d）、*-s、*-r 等。

人称的复数后缀 *-r 和 *-ri。

动词前缀 *m- 表自动，*s- 表使动。

动词后缀 *-k、*-g（*-ki、*-ga）、*-s、*-i 等。

形容词前缀 *ma-（*m-）、*la-、*ga-（*g-）、*da- 等。

形容词后缀 *-ma（*-m）、*-l（*-la）、*-i 等。

1. 名词前缀 *a-、*i-（*e-）、*u-

亚洲、欧洲和非洲语言保留着来自古前缀的 *a-、*i-（*e-）、*u- 名词前缀。

"火、太阳"日语 hi < *pi，"火"阿伊努语 abe < *a-be。南岛语"火"印尼语、马京达瑙语 api，汤加语、萨摩亚语 afi< *ʔa-pʷi。

"眼睛"满文 jasa，锡伯语 jas，鄂伦春语 jɛʃa < *ʔila。"眼睛"法语 œil，意大利语 ojo < *ole，古爱尔兰语 suil < *su-il。"眼睛"爱斯基摩语 ije< *ʔile（复数 ijet）。印第安语"看"玛雅语楚吉方言（chuj）ʔilaʔ，优卡特克方言（Yucatec）il < *ʔila-。

南岛语"胸"拉加语 bʷabʷa- < *baba。尼日尔-科尔多凡语系"肺"科萨语 ewe < *ebʷe，祖鲁语 iphaphu。

2. 前缀 *s-

古汉语 *s- 可作为自然事物、生命体词的前缀，表示使动，也可使名词派生为动词。藏语的 *s- 有表使动的功能，作为生物及称谓的前缀。阿尔泰语身体部位词和生物名称词的前缀为 *sa-（*su-、*si-），动词前缀有 *se-（*si-、su-）。南岛语有名词前缀 *sə- 和使动前缀 *s-（*sa-）。南岛语和南亚语有使动前缀 *se-（*sa-、*sa-），但较少出现。

印欧语有形容词前缀 *s-（*si-、*se-、*sa-、su-、*so-）和动词前缀 *s-（*so-）。高加索语系的语言也有动词、形容词的 *s-（*se、*sa-）前缀。

早期亚欧语言的前缀 *s- 用于表示自然事物、生命体的词，如：

"星星"缅文 krɑj²，阿昌语 khzə̩⁵⁵，载瓦语 kji̠⁵¹ < *kra-ʔi。

*kar > *s-kar：

"星星"藏文 skar，巴尔蒂语 skar-ma < *skar。"星星"梵语 star-，古高地德语 sterro，古弗里斯语 stero < *staro。

"脖子"嘉戎语 mki < *m-ki，"脖子"藏文 ske < *s-ke。"肩"古突厥语 egin < *ʔegi-n。

*ge > *s-ge：

"肩"朝鲜语 əske < *ʔə-sge。"脖子"俄语 şejk < *sek，"肩、肩胛骨"拉丁语 scapula < *ska-pula。

"草"朝鲜语 phur < *pur。"绿的"芬兰语 vihreä < *bʷire-，匈牙利语 friss < *pʷris。

*per > *su-per：

南岛语"草"赛德克语 superaq < *su-pera。"绿的"乌尔都语 sabaz < *sa-bar。"绿的、新鲜的"俄语 svezij < *sbʷeri-。

3. 名词后缀 *-r

印欧语代词和名词的后缀 *-r（*-ra、*-re、*-ro）见于日耳曼语、斯拉夫语、罗曼语和亚美尼亚语等，对应于阿尔泰语名词、数词和代词的后缀，突厥语 *-r（*-ri）、蒙古语族语言 *-re（*-ri）、满-通古斯语和朝鲜语的名词后缀 *-r（*-ri）。

*-r 是古藏语名词的后缀，如"早"sŋa，"以前"sŋar。"二、对手"do，"双"dor。

"手"日语 te < *te。"手指"意大利语 dito，西班牙语、葡萄牙语 dedo。

*de > *de-r：

"爪子"藏文 sder，道孚语 zder < *s-der。

"水"格曼僜语 a³¹li³⁵，博嘎尔珞巴语 a li < *ʔa-li。"流"壮语、傣语 lai¹ < *ʔ-li。南岛语"流"爪哇语 m-ili，乌玛语 mo-ʔili < *ʔili。

*li > *li-r：

汉语"水"*qʷ-lir-ʔ，甲骨卜辞指洪水、发洪水，或为河流之通名。"洟"*ljir《说文》："鼻液也。""涕"*thir < *qlir-ʔ，眼泪。"水"阿尔巴尼亚语 ujëra <

*u-lora，亚美尼亚语 jur < *lur。

4. 后缀 *-k（*-g、*-ga）

（1）名词后缀 *-k（*-g）

"山"俄语 gora。"石头"阿尔巴尼亚语 guri < *gur-i，亚美尼亚语 khar < *gar。

*gora > *gora-gi，*bra > *bra-gi：

"山"格鲁吉亚语 gɔrakhi < *goragi。"山"德语、瑞典语 berg，丹麦语 bjerg。"岩石"藏文 brag，嘉戎语 prak < *brak。汉语"碌"*brok。

"灰尘"错那门巴语 pra⁵³，却域语 ptʂa⁵⁵ < *pra；"泥巴"基诺语 a⁴⁴prœ⁵⁵ < *ʔa-pro。

*bura > *bura-gi，*puru > *puru-k：

"灰尘"满文 buraki，赫哲语 burəŋgi < *buragi。"土"朝鲜语 huurk < *pʷurəg。南岛语"灰尘"巴拉望语 purək < *puruk。"脏的"意大利语 sporco < *s-porko，波兰语 brudzątsy < *bruga-ti。

南岛语"肩"罗维阿纳语 avara < *ʔabʷara；马林厄语 fafra < *bʷabʷra。"肋骨"日语 abara < *ʔa-bara。

*pra > *pra-k，*bra > *bra-ko：

"肩"藏文 phrag < *prak，独龙语 ɹɑʔ⁵⁵ < *rak。"臂"意大利语 braccio，葡萄牙语 braço < *brako。"前臂"梵语 prakoʃthaḥ < *prakos-。

（2）动词后缀 *-k、*-g（*-ki、*-ga）

汉语"扶摇"*bʷalu，"风"*bʷlə-m。"风"扎坝语 vli⁵⁵ < *bʷli；缅文 le²，阿昌语 li⁵⁵ < *pli。"风"立陶宛语 vijas < *bʷila-s，"吹"古英语 wajan < *bʷala-n。

*bil > *bil-gi，*bul > *bul-gi：

"风"土耳其语 bilgi < *bilgi。"吹"满文 fulgiʔe-，赫哲语 fulgi-，锡伯语 filxi- < *pulgi-ʔe。

汉语"坟"*bʷjər > *bʷjən，《说文》："墓也。""坟"阿尔巴尼亚语 varr < *bʷar，"埋"阿尔巴尼亚语 varros < *bʷaro-s。"藏、盖"梵语 aːvri- < *a-bʷri-。

*bur > *bur-ki，*bar > *bar-ga：

"下葬"满文 burki- < *burki。"埋葬"古英语 byrgan，"盖、藏"古挪威语 bjarga，"保护"哥特语 bairgan。

5. 后缀 *-n（*-ŋ）

亚欧语言有名词、动词和形容词的后缀 *-n（*-ne、*-na、*-ŋ 等）。如：

南岛语 "雨" 乌玛语 uda，东部斐济语 uða，劳语 uta，汤加语、夏威夷语 ua < *ʔuda。"水" 古教堂斯拉夫语、俄语 voda < *u-ada。"水" 巴斯克语 uda-。

*da > *da-n：

"雨" 罗地语 udan < *ʔuda-n。印尼语 hudʒan，亚齐语 udʒuɯn < *qudan。"水" 古波斯语 wundan，古挪威语 vatn < *u-adan。

"听见" 景颇语 na³¹ < *na。"听" 藏文 ɳan < *na-n。南亚语 "听" 桑塔利语 sunɛn < *su-nan。

"暗的" 独龙语 duɯ⁵³ < *du。"暗的" 朝鲜语 ətupta < *ʔədu-。"暗的" 古爱尔兰语 donn，"深色的" 古英语 dun。

"蛋" 哥特语 ada < *ada。亚美尼亚语 havkith < *qabʷk-id（鸟-蛋）。"蛋" 祖鲁语 i!anda < *-ʔʈada。

*do > *do-n：

"圆的" 侗语 ton²，毛南语 don² < *don。"滚" 独龙语 tan⁵⁵ < *dan。南亚语 "圆的" 越南语 tɔn² < *don。土耳其语 "旋转" døn- < *don。"绕" dønmak < *don-。

"蝴蝶" 布依语 bi⁶ba⁴ < *bisbe-ʔ。木雅语 mbe³³mbə⁵³ < *bebe。南岛语 "蝴蝶" 瓜依沃语 bebe，斐济语 bēbē < *bebe。尼日尔-科尔多凡语系 "蝴蝶" 斯瓦希里语 kipepeo。

*pa > *pa-ni：

南岛语 "翅膀" 布农语 pani < *pani，雅美语 paniɖ < *pani-t。"翅膀、翅膀上的羽毛" 俗拉丁语 pinnionem < *pino-，拉丁语 pinno。尼日尔-科尔多凡语系 "蝴蝶" 祖鲁语 umvemvane < *-bʷebʷane。

后缀 *-n 广泛地分布于诸大陆的语言。印欧语只有 *-n（*-no、*-ni 等），阿尔泰语中 *-n 和 *-ŋ 无严格区分或可交替，汉藏语中后缀 *-n 和 *-ŋ 功能不同。

6. 后缀 m

*-m 印欧语为主格标记，阿尔泰语中为名词后缀，古汉语为名词和动词后缀。

7. 后缀 l

-l（-la）为构词和形态成分分布于东亚、欧洲、南亚、澳大利亚土著、中东和非洲语言。大约早期智人晚期的语言中已出现 *-l 名词后缀。

（1）*dʷa > *dʷa-l

南岛语"太阳"萨萨克语 dʒəlo < *delo，"白天"爪哇语、萨萨克语 dʒəlo < *dolo。高加索语系"火"格鲁吉亚语 tsɛtsxli，车臣语 tsle，印古什语 tsli < *tli。"火"印第安那瓦特尔语 tle-tl。

（2）*bʷa > *bʷa-la

"肺"苗语吉卫话 mzʐ⁵，高坡话 mpluɯ⁵ < *ʔ-blo-s。南岛语"肩"赛夏语 æbaḷaʔ，阿美语 afala < *ʔa-bala；巴厘语 palə < *pala。"肩"法语 epaule < *epula，"肩、肩胛骨"拉丁语 scapula < *ska-pula。尼日尔–科尔多凡语系"乳房"祖鲁语、科萨语 ibele < *-bele。

-le（-l）为名词、指示代词和形容词后缀见于阿尔泰语。印欧语 *-lo（*-le、*-la、*-l）为名词后缀。*-r 后缀流行后和 *-l 后缀交替。

8. 动词、形容词后缀 -i

汉语"巨"*gʷja-ʔ《说文》："大刚也。""厚"*go-ʔ《说文》："山陵之厚也。"

*gʷa > *gʷa-i：

"生长"亚美尼亚语 adʒel < *age-。"增加"希腊语 autʃhein < *age-i-n。科伊桑语系"大的"科伊科伊语 gei < *ge-i。

汉语"远"*ɣjan < *gar，《说文》："辽也。""长的"朝鲜语 kirta < *gir-。

*gʷar > *gʷar-i：

"上面、往上"古突厥语 jygery < *giger-ʔi。"生长"古弗里斯语 groia < *gro-i-a。

"白的"他杭语 tar < *tar。

*tar > *tar-i：

"白的"格鲁吉亚语 dɛdri < *dedri。"老的、头灰白的"俄语 starij < *s-tari-。科伊桑语系"白的"科伊科伊语 !uri < *ʔʈuri。

*-i 为南岛语、日语的形容词后缀，亦见于非洲的语言。

9. 后缀 -t

古汉语 *-t 后缀把名词、动词变为形容词，藏缅语中 *-t 为名词后缀。

突厥语 *-ta（*-de、*-ti、*-t）为名词方位词后缀，名词复数标记。

古印欧语流行 *-ra 和 *-ta 两类复数后缀。如"手"阿维斯陀经 zasta-，古波斯语、和阗塞语 dasta-，粟特语 δost- < *gʷas-ta。"手指"阿尔巴尼亚语 giʃt < *gis-t。

*-t 可能是亚欧大陆北方古语系语言的名词后缀，爱斯基摩语中为名词复数后缀。

10. 中缀 *-r-

古汉语的中缀 *-r- 有表示突出、分开、成对、重复等义，有使名词成为动词和使动等功能。亚欧语言中缀 *-r- 表示分开、重复等意义。

汉语"挟"*gap《说文》："俾持也。""拥抱"藏文 khyab。"抓住"阿尔巴尼亚语 kap。"记得"威尔士语 cofio < *kop-。汉语"夹"*krap《说文》："持也。"南亚语"抓"德昂语南虎话 grăp，克木语 grɤp < *grop。"夹"古英语 cramp < *krap。

"擦"壮语武鸣话 kvet[7] < *kʷet。"擦"莽语 get[55]，桑塔利语 ge tʃ（刮掉）< *get。"磨"梵语 kuʈʈati < *kuta-。汉语"刮"*kʷrat，"擦"*s-khrat，"刷"*s-kʷrat > *sruat。"磨"黎语 hwaːt < *khrat。"磨"佤语艾帅话、德昂语硝厂沟话 krit < *krit。"摩擦、刮"古法语 grater，瑞典语 kratta，丹麦语 kratte < *krate。"刮"法语 gratter < *grat-，俄语 skarednitçatj < *skred-。

"劈"壮语 paːk[8] < *bak。浪速语 pauk[31] < *pak。"分开"梵语 bhadʒati < *baga-。"斧子"匈牙利语 fejsze < *pʷeg-s。"断"罗维阿纳语 poraka < *porak。阿卡拉农语、他加洛语 bariʔ < *bariq。"断"古英语 brecan，哥特语 brikan < *breka-n。古弗里斯语 breka < *breka。

"分开"藏文 bgo < *b-go。博嘎尔珞巴语 guː，怒苏语 go[35] < *go。"分开"黎语保定话 kau[2] < *gu。"劈"道孚语 krɤ < *kro。"劈"波兰语 kroitʃ < *kro-，俄语 kroçitj < *krosi-。"劈"格鲁吉亚语 tʃhera < *khera。

中缀 *-r-（*-ur-）可能来自早期的亚欧语。

11. 屈折形态

常见于亚欧语言的屈折形态，大多是后来发展的。汉藏语有五组指示代词以元音屈折和辅音清浊区分近指和远指，其中以元音屈折区分意义的对应于亚欧地区其他语系的语言，这一情况前面已说明。另外的例子如下。

（1）元音屈折

汉语"侲"*s-mʷa > *hʷa，大也。南岛语"大的"嫩戈内语 m̥a < *s-ma。汉语"眇"*mje-s，精微也。"藐"*mje-q，藐视。南岛语"小、少"罗图马语 meʔameʔa < *me-ʔa。"薄的"嫩戈内语 ami < *ʔa-mi。

"大的"嘉戎语 kə ktɛ。南岛语"大的"卡那卡那富语 tatia < *tati-ʔa，"高的"

塔希提语 teitei < *te-ʔi。"小的"嘉戎语 kə kti，水语 ti³ < *ti-ʔ，独龙语 tiŋ⁵³ < *tiŋ。南岛语"小的"塔希提语 iti，拉巴努伊语 ʔiti-ʔiti < *ʔiti。

汉语"远"*ɣjan < *gar，《说文》："辽也。""远"满文 goro，锡伯语 Gorw，赫哲语 goro，鄂温克语、鄂伦春语 gɔrɔ < *goro。"长的"希腊语 makros < *makro-s。汉语"近"*gjər-ʔ > *gjənʔ，《说文》："附也。"（谐声字"沂"，微部）"近的"威尔士语 ger。"很短的"梵语 atʃira < *akira。"短的"匈牙利语 gyorsan < *gors-an，"短促的" kurta < *kur-。

汉语"奕"*ljak《说文》："大也。""翟"*lek。《说文》："山雉尾长者。""濯" *lrek，大也。① "鐸（铎）" *lrak > *drak，《说文》："大铃也。"南岛语"大的"巽他语 ləga < *laga。"大的，广阔的"古弗里斯语 large，拉丁语 largus < *largo-。南岛语"小的"雅美语 likej < *like-ʔi。"小、少"希腊语 oligos、ligos < *ligo-，"少的"和阗塞语 laka。

非洲的语言中也有类似的情况，如尼罗-撒哈拉语系扎尔马语"拉" tʃandi < *tadi，"推" tutay < *tuta-j。

（2）辅音屈折

汉藏语中辅音屈折变化的例子如：藏语拉萨话"上方"ta⁵²，"下方"thuː⁵⁵。白语"（天）上"ka⁵³，"（天）下"ɣa³³。这一类辅音屈折的形态应是后起的。

12. 音节重叠

"乳房"纳西语 ə⁵⁵po²¹。尼日尔-科尔多凡语系"肺"科萨语 ewe < *ebʷe。南岛语"胸"拉加语 bʷabʷa- < *baba；毛利语 poho < *bopo。尼日尔-科尔多凡语系"肺"祖鲁语 iphaphu < *-babu。尼罗-撒哈拉语系"肺"卡努里语 fufu < *pupu。

"虫子"藏文 ɦibu，墨脱门巴语 bu，彝语喜德话 bu³³ < *bu。"爬"纳西语 bv³³bv²¹ < *bubu。尼罗-撒哈拉语系"蚂蚁"卡努里语 kambuwu < *ka-bubu。

（三）词源关系

人群的体质与他们使用的语言的差别通常有一致的关系，是人群分隔和语言相对独立的演变的结果。据体质人类学和考古的研究，欧洲、南北美洲、澳大利亚和太平洋岛屿上的早期居民皆外来，早期智人来自非洲。亚洲是否也是早期智人的发源地，尚在争论中。

高加索的白色人种和北亚的黄色人种外观较为接近，北亚、东亚和美洲的黄

---

① 《诗经·大雅·文王有声》："王公伊濯，维丰之垣。"

色人种外观较为接近，东亚和欧洲的语言较为接近。非洲居民、澳大利亚土著和达罗毗荼人跟东亚和欧洲人群的差异较大，语言的差异也是如此。

最早出自甲区域的语词，和遥远的乙区域中来自甲地的比较，读音、形态和表达的意思上通常有所不同。是否真的是甲地传给乙地，可以从对应词的读音、形态和表达的意义三个方面予以分析。

"太阳"藏文 ȵi（ma），缅文 ne²，卢舍依语 ni < *ni。尼日尔–科尔多凡语系"白天"祖鲁语 imini < *-ni（imi- 复数前缀）。该词根未见于欧洲语言，可能出自非洲和东亚。"太阳"*ni 及其派生词和意义的引申词在东亚及其周边地区的语言有较多的分布，非洲的语言中罕见，故可推测该词根可能出自东亚。

非洲南部科伊桑语系（Khoisan）的语言，如他语支（Taa）的科洪语，有吸气辅音（click consonants），发生于唇、齿、龈、舌侧和硬腭五个部位，分清、浊、鼻、送气和喷气五类，小舌擦音、浊软腭擦音、小舌塞音、送气小舌音等吸气音相当于辅音丛。科洪语的基本吸气音（click）有唇（labial）吸气音 ʘ、齿（dental）吸气音 |、齿龈（alveolar）吸气音 !、边（lateral）吸气音 ‖ 和腭（palatal）吸气音 ǂ[①]，应是古老的非洲语言演变而来。该语系语言的使用者如霍顿督人、布须曼人，外观和祖鲁人差别大，有点像晒黑一点的黄色人种。非洲中部和南部语言可能是独立发生的，北部的一些语言是后来从亚欧进入的。

非洲的尼日尔–科尔多凡语系（Niger-Kordofanian）的祖鲁语（isiZulu）有较为复杂的吸气辅音（click consonants），语序为 SVO，与其他班图语支的语言一样为黏着类型的语言，名词和形容词以前缀为类的标记。祖鲁语的吸气辅音出现在齿、齿龈和小舌的部位。有平（plain）吸气音、送气（aspirated）吸气音、降（depressor）吸气音、鼻（nasal）吸气音和鼻降（depressor nasal）吸气音五类，描写为：

	齿音	边音	齿龈音
平吸气音	c / ǀ /	x / ‖ /	q / ! /
送气吸气音	ch / ǀh /	xh / ‖h /	qh / !h /
降吸气音	gc / gǀh /	gx / g‖h /	gq / g!h /
鼻吸气音	nc / ŋǀ /	nx / ŋ‖ /	nq / ŋ! /
鼻降吸气音	ngc / ŋǀh /	ngx / ŋ‖h /	ngq / ŋ!h /

---

① 参见笔者《亚欧语言基本词比较研究》（第一卷），中国社会科学出版社 2017 年版。

祖鲁语、科洪语等吸气音来历的探讨请参考笔者《亚欧语言基本词比较研究》（第一卷）（中国社会科学出版社 2017 年版）。

祖鲁语名词的主要前缀有：um-（自然事物）、ama-（um- 类的复数）、umu-（指人）、u-（亲属等）、aba-（umu- 类的复数）、imi-（umu- 类的复数）、ili-（事物，变体为 i-）、isi-（事物）等。

1. 来自非洲语言的词

非洲南部的语言有残存的圆唇塞音及其演变形式类似于亚欧语言，对应的词根见于亚洲、欧洲和非洲的语言，多数应是从非洲传播出去的。

（1）词根 *la

词根义"太阳"，引申义"神、亮的"等。

"太阳"土家语 lau²¹（tshi²¹）< *lo。

南岛语"太阳"夏威夷语 lā，毛利语 rā < *la。

亚非语系"神"腓尼基语 'el-，阿卡德语 il-，阿拉伯语 'ilah- < *ʔila-。

高加索语系"太阳"格鲁吉亚语 mzɛ < *m-le，"火"格鲁吉亚语 ali。

尼日尔–科尔多凡语系"太阳"祖鲁语、科萨语 ilanga < *-la-ga。

派生，*la > *sa-la：

"太阳"加洛语 sāl，柴热尔语（Chairel）sal，拉龙语 sālɑ < *sala。"亮的"藏文 gsal，嘉戎语 khsɛl < *g-sal。"神"藏文 lha，墨脱门巴语 ła < *sla。

"太阳"拉丁语、西班牙语、瑞典语、丹麦语 sol，意大利语 sole < *sole。

（2）词根 *gʷal、*gel

词根义"太阳"，引申义"火、太阳、烧"。

"火"蒙达语 dongol < *do-gol。"烧"蒙达语 dʒul < *gul。"火"桑塔利语 sokol < *so-gol。

"火"蒙古语 gɑl，保安语 χɑl，东部裕固语 ɢɑl < *gal；"烧"图瓦语 okɤl < *ʔo-kol。

"太阳、天"古英语 swegl < *su-gl，"火"俄语 golenie < *gole-ni。

尼罗–撒哈拉语系"太阳"扎尔马语 wayna < *gʷal-na。

尼日尔–科尔多凡语系"天"祖鲁语、科萨语 izulu < *-gulu。

（3）词根 *du

词根义"月亮"，引申义"满月、光"。

"光"藏文 ɦod < *ʔod。

"月亮"古突厥语、土耳其语、维吾尔语、哈萨克语 aj < *ʔadi。"新月、月份"希伯来语 h'odesh < *q-ʔode-s。

"满月"梵语 amalendu < *a-mal-indu，字面意思"满的–月亮"。

尼罗–撒哈拉语系"月亮"扎尔马语 handu < *qadu。

（4）词根 *bʷa

词根义"天"，引申义"云、上面"。

"天"壮语龙州话 fa⁴，德宏傣语 fa⁴，黎语 fa³ < *bʷa-ʔ。"云"水语、西双版纳傣语 fa³ < *pʷa-ʔ。

南岛语"天"嫩戈内语 awe < *ʔabʷe，梅柯澳语 ufa < *ʔu-bʷa。"云"印尼语、米南卡保语 awan，萨萨克语 awun < *ʔabʷan。

"天"柯尔克孜语 ɑbɑ < *ʔaba。

"天"古英语 heofon，古挪威语 himmin < *qebʷon。"上面、高"古高地德语、撒克逊语 oban，德语 oben。

尼日尔–科尔多凡语系祖鲁语"天"amafu < *-pu。"云"ifu < *-pu。

（5）词根 *do、*to

词根义"火"，引申义"灯火、烤、热的"。

"火"博多语 ɑt < *ʔat。彝语巍山话 ɑ⁵⁵to³³，傈僳语 ɑ⁵⁵to⁵⁵ < *ʔato。"灶"哈尼语 ø³¹du³¹ < *ʔodu。"热"义都珞巴语 tɯ⁵⁵ < *tu。"火"苗语养蒿话 tu⁴（柴、火），布努语 ka¹tu⁴，勉语 tou⁴ < *du-ʔ。

"烟"古希伯来文 ad，阿拉伯语 duxaːn < *du-。

达罗毗荼语系"阳光"曼达语 ēddi。

尼日尔–科尔多凡语系"烤"祖鲁语 thosa < *do-sa。

（6）词根 *daru

词根义"水"，引申义"雨、海、河"。

"水"那加语坦库尔方言 tɑrɑ，邝奥依方言（Khangoi）dērū < *daru。

南岛语"海水，海"吉尔波特语 tāri < *tari。

"河"维吾尔语 dɛrja，哈萨克语 dærija，乌孜别克语 dærjʌ < *darira。"海"锡伯语 mədərj，满文 mederi < *me-dari。

南亚语"海"蒙达语 dariāo，桑塔利语 dʌriāu < *dari-ʔu。

"水"梵语 udra-，希腊语 ydor < *udor，赫梯语 waːtar，古英语 wæter，古高地德语 wazzar < *uador，阿尔巴尼亚语 ujëra < *udora。"河"乌尔都语 darya <

*darja。

"下雨"卡努里语 duro。

（7）词根 *na

词根义"牙齿"，引申义"鼻子、脸、耳朵、吃、喝"等。

汉语"耳"*nə-ʔ。"聏"*njə-s，鼻血祭。"耳朵"藏文 rna，巴尔蒂语 sna，哈卡钦语 hna＜*s-na。独龙语 ɑ⁵⁵nɑ⁵³。汉语"茹"*na。"湆"*m-njə-ʔ＞*mjiʔ 绵婢切，《说文》："饮也。"

南岛语"吃"罗地语 na-ʔa，伊拉鲁吐语 na＜*na。

南亚语"吃"布朗语甘塘话 na⁵⁵＜*na，"嘴"克木语 tə nɔh＜*te-nos。

"脸、嘴、鼻子"梵语 aːna，"前面"威尔士语 wynab＜*una-。"鼻子"古英语 nosu，和阗塞语 naha-，粟特语 nas＜*na-su。"嘴"巴斯克语 aho＜*ano。

高加索语系"舌头"格鲁吉亚语 ɛna，拉兹语 nena。

达罗毗荼语系"喝"曼达语 unana。

尼日尔-科尔多凡语系"牙齿"祖鲁语 izinyo，科萨语 inja，斯瓦希里语 jino ＜*-no。"嘴"曼德语族科贝勒语（Kpelle）na。

尼罗-撒哈拉语系"鼻子"扎尔马语 niine＜*nine。

（8）词根 *dak

词根义"舌头"，引申义"吃""舔""语言"等。

汉语"食"*djək＞*dzək。"飤（饲）"*djək-s，使食。"蚀"*djək＞*dzək，蛀伤。藏文"舔"ldag＜*l-dak，"舌头"ljags＜*ljak-s。

南亚语"舌头"佤语马散话 dak，尼科巴语 kale dak＜*-dak。

南岛语"舌头"布昂语 daɣen＜*dage-n。

"舌头、语言"古英语 tungue，古爱尔兰语 tenge，拉丁语 dingua＜*degʷa。

亚非语系乍得语族"舌头"德拉语 daak，贝罗语 dak。

科伊桑语系"嘴"玛萨尔瓦语 !kwe，努恩语 ǂkũe＜*ʔʧgu-。

（9）词根 *te、*de

词根义"手"，引申义"手指、手臂、指甲、爪子"。

"手指"苗语养蒿话 ta³，复员话 nʔtaᴮ，先进话 nti³＜*ʔ-de-ʔ。

南亚语"手"德昂语、京语 tai¹，桑塔利语、布兴语 ti，克木语 tiʔ＜*ti，尼科巴语 el-ti，卡西语 kti＜*ti。

"指甲、爪子"阿尔巴尼亚语 thua＜*du-a。"手指"意大利语 dito，西班牙语、葡萄牙语 dedo。

"手"希伯来语 yad，阿拉伯语 yadd，叙利亚语 'ið，埃塞俄比亚语 'əd，马耳他语 id < *ʔidu。阿卡德语 qatu < *qadu（古埃及象形文 *d）。

达罗毗荼语系"手"巴拉会语 du。

尼日尔–科尔多凡语系大西洋语支"手"那鲁语（Nalu）n-te < *te。

（10）词根 *pʷedi

词根义"脚"，引申义"脚跟、大腿、根"，派生动词"步行、跳、跑"等。

"大腿"彝语武定话 bv^{11}tv^{33} < *butə。汉语"跋"*bat，步行、踏。

"脚"满文 bethe，赫哲语 fatχa，锡伯语 bətk < *bat-。"跳、跑"中古朝鲜语 ptyta < *putu-。"回（去）"锡伯语 bədə-，蒙古语 butʃə- < *buda。

南岛语"脚、腿"巴厘语 batis < *bati-s，"脚"摩尔波格语 botis < *boti-s，乌玛语 βitiʔ < *biti-q。

南亚语"脚"柬埔寨文 baːtiːə < *bati，"跑"尼科巴语 veuːtø < *buto。

"脚"英语 foot，法语 pied，意大利语 piede < *pʷede。"脚"亚美尼亚语 fut，希腊语 podi < *podi。赫梯语 pata。

"脚"格鲁吉亚语 mabidʒi < *ma-bidi，"走"巴斯克语 ibitze < *i-bide。

"根"祖鲁语 impande < *-pade。

（11）词根 *bʷa

词根义"肺"，引申义"胸、肩、乳房、肚子、吸"。

"乳房"纳西语 ə^{55}po^{21}。"肚子"克伦尼语 pø，羌语 pu < *pu。

南岛语"肩"瓜依沃语 ʔabaʔaba < *ʔaba，排湾语 qavan < *qa-bʷan。"背"瓜依沃语 bobo < *bo，波那佩语 sowe < *so-bʷe。

音节重叠 *po > *popo：

"肺"哈尼语 pọ^{31} < *pop。"肺"侗语 pup^9 < *pup。拉珈语 pu^{4}wiːn^2 < *bubi-n。

南岛语"胸"拉加语 bʷabʷa- < *baba，毛利语 poho < *bopo。

南亚语"肺"德昂语南虎话 phu phγp，布朗语胖品话 bhop^{51} < *bup。

"肺"梵语 phupphusah < *bubu-sa-。

"肺"祖鲁语 iphaphu，斯瓦希里语 pafu（肺、肝）< *babu。

尼罗–撒哈拉语系"肺"卡努里语 fufu < *pupu。

（12）词根 *bʷala

词根义"肩"，引申义"胸、肺、手臂、腋"。

"腋"格曼僜语 plɑ⁵⁵mu⁵⁵ < *pla-m，"背"达让僜语、义都珞巴语 pluɯn⁵³ < *plu-n。"肺"苗语吉卫话 mzɹ̩⁵，高坡话 mpluɯ⁵ < *ʔ-blo-s。

"肩"土族语 bɑːliː，保安语 bɑːli < *bali。

南岛语"肩"赛夏语 æbaḷaʔ，阿美语 afala < *ʔabala，巴厘语 palə < *pala。"肩胛骨"东部斐济语 i-βaði < *bʷali。"胸"赛德克语 balah < *bala-s。

南亚语"肩"克木语 blǎʔ < *bla-ʔ。

"肩"法语 epaule < *epula，"肩、肩胛骨"拉丁语 scapula < *ska-pula。

印第安语"肺"车罗科语 tsuwelv < *tu-bʷelu。

"乳房"祖鲁语、科萨语 ibele < *-bele。

（13）词根 *lapʷ

词根义"翅膀"，派生动词义"飞"。

"翅膀"加龙语 alap，博嘎尔珞巴语 a lap < *ʔalap。

南岛语"翅膀"印尼语 sajap < *salap，"羽毛"罗图马语 laləvi < *lalobʷi。"飞"马京达瑙语 lelap，卡乌龙语 jap < *lap，西部斐济语 ðaβu < *labu。

南亚语"翅膀"蒙达语 talab < *talab，"蝴蝶"户语 loŋ lap < *lolap。

"翅膀"法语 ailef，西班牙语 alaf，意大利语 ala < *alapʷ。

"飞"芬兰语 liehua，匈牙利语 lebeg < *lebe-ga。

（14）词根 *tebʷ

词根义"返回"，引申义"回答"。

"回答"藏文 ɦdebs < *m-debs，汉语"答"*təp。

南岛语"回答"雅美语 tuviʂ < *tubis。

"回答"满文 dʒabu- < *dabu。

"回答"威尔士语 ateb，俄语 otvetitj < *otbʷeti-。

"回答"格鲁吉亚语 tavdɛbɛba < *tabʷ-debe-。"回答"斯瓦希里语 -jibu < *ɖibu。

科伊桑语系"回答"科洪语 !àba < *ʔʈaba。"返回"科伊科伊语 dawa。

（15）词根 *bʷila

词根义"烂的"，引申义"脏的、坏的"等。

南岛语"腐烂"宁德娄语 abola < *ʔa-bola，瓜依沃语 bila < *bila，汤加语 pala < *bala。

"脏的"维吾尔语 iplɑs，哈萨克语 əpəlɑs < *ʔi-pila-s。

"腐烂的、脏的"古英语、古弗里斯语 ful，中古荷兰语 voul＜*pul。

"烂的"祖鲁语 -bolile＜*bolile，"烂的、坏的"斯瓦希里语 viza＜*bʷila。

（16）词根 *tig、*dok

词根义"小的"，引申义"滴、减少"。

藏文"一点儿"tig。"零碎"tsig＜*tjik。汉语"滴"*tik《说文》："水注也。"

"小的"满文 adʑige，锡伯语 adʑig＜*ʔa-dig。达斡尔语 utʃikən＜*ʔu-tik-ən。

南岛语"小的"赛德克语 tikoh＜*tiko-s，鲁凯语 tikia＜*tiko-ʔa，波那佩语 ʈikʈik＜*tik-tik，查莫罗语 etigo＜*ʔe-tigo。"滴"宁德娄语 taku，泰雅语 ma-taku＜*taku，卡林阿语 otdag＜*ʔotag。

南亚语"小的、细"户语 tik＜*tik，"小的"柬埔寨文 toːtʃ＜*tok。

"滴"（名词）希腊语 stagona＜*s-tago-，"泪、滴"古英语 teahor＜*dago-。

"落、滴落、减少"匈牙利语（动词）csokken＜*toke-。"小的、少的"巴斯克语 txiki＜*ʈiki。

尼罗-撒哈拉语系"小的"卡努里语 dodok；"小的、少的"斯瓦希里语 -dogo。

科伊桑语系"短的"三达维语 tʼúŋkâ＜*duka。

2. 来自东亚的词

这一类词根在东亚不同语系中分布较广，主要有三个传播方向：向北经北亚至美洲，向西至中东、非洲，向南至巴布亚和澳大利亚。

（1）词根 *bʷi

词根义"火"，引申义"太阳、神、热的"等。

"火"泰语 fai²，黎语 fei¹＜*pʷi。"太阳"普米语九龙话 bi。"热的"阿昌语、仙岛语 pu⁵⁵＜*pu。

南岛语"火"印尼语、马京达瑙语 api，汤加语、萨摩亚语 afi，拉巴努伊语、夏威夷语、毛利语 ahi＜*ʔa-pʷi。"热的"坦纳语（Tanna）apʷeapʷe＜*ʔa-pʷe。"神"布鲁语 opo＜*ʔopo，巴拉望语 ampʷu＜*ʔa-pʷe。

"火、太阳"日语 hi＜*pi，"火"阿伊努语 abe＜*ʔabe。"火"梵语 pu。

印第安语"太阳"明尼苏达州达科他语（Dakota）wi，苏语（Sioux）we＜*bʷe。

亚非语系"太阳"阿拉伯语 aftab＜*ʔapʷ-tab。乍得语族巴德语 afan＜*ʔapʷa-。

塞音鼻化 *bʷi＞*miː

"火"藏文 me，缅文 mi < *mi。梅梯语 mɑi，卢舍依语、哈卡钦语 mei < *mi。

（2）词根 *bʷar

词根义"火"，引申义"烧"。

"火"景颇语 wan³¹，那加语莫乡方言 vɑrr < *bʷar。"点火"藏文 spar，错那门巴语 par，独龙语 wɑɹ⁵⁵ < *s-bar。汉语"燔"*bʷar。"燃烧"藏文 ɦbar，夏河藏语 mbar < *m-bar。

"火"吐火罗语 ₈ por, puwar < *pubʷar，"烧"亚美尼亚语 varvel < *bʷar-bʷal。

"烧"希伯来语 baar。"烧、火焰"苏米尔语 bar。

（3）词根 *li

词根义"水"，引申义"流、漏"等。

"水"格曼僜语 a³¹li³⁵，博嘎尔珞巴语 a li < *ʔa-li。"流"壮语、傣语 lai¹ < *ʔ-li。

南岛语"流"爪哇语 m-ili，乌玛语 mo-ʔili < *ʔili。

派生，*li > *li-r：

汉语"水"*qʷ-lir-ʔ，甲骨卜辞指洪水、发洪水，或为河流之通名。"洟"*ljir《说文》："鼻液也。""涕"*thir < *qlir-ʔ，眼泪。

"流、漏"夏河藏语 zər < *lər。

南岛语"流"印尼语 məŋ-a-lir。"流、游水"托莱语 əlir < *ʔa-lir。

南亚语"流"佤语阿佤方言 lih < *lir。

（4）词根 *ga、*kʷa

词根义"岩石"，引申义"山、硬的"。

"石头"土家语 ɣa²¹（pa²¹）< *ga。"山"博嘎尔珞巴语 o go < *ʔa-go。

"石头"格鲁吉亚语 kva < *kʷa。"石头"匈牙利文 kö < *ko。"小山"芬兰语 keko。

派生，*ka > *ka-r：

汉语"干"*kar，厓也。"石头"错那门巴语 kɔr < *kor。

派生，*ga > *ga-r：

"石头"亚美尼亚语 khar < *gar。"山"俄语、波兰语 gora。

（5）词根 *mok

词根义"云"，引申义"雾、烟、天"。

汉语"雾"*mog。"雾"藏文 smog < *s-mog。

"云"墨脱门巴语 muk pa，傈僳语 mu̠³³ku⁵⁵。"天"独龙语 muʔ < *muk。

南亚语"雾"佤语艾帅话 si mɔk < *si-mok。

"雾"女真语（他尔马吉）*tharmaki < *tar-maki。

"云"梵语 megha < *mega。"烟"威尔士语 mwg，亚美尼亚语 mux < *muk。英语 smok，荷兰语 smook，德语 schmauch < *sk-muk。

达罗毗荼语系"云"泰米尔语 meːgam < *mega-。

出自东亚的一些词根派生形式见于欧洲、美洲和澳大利亚土著的语言，甚至于非洲的语言。"蛋、圆的"有 *bʷa、*gʷe、*da 三种跨大陆分布的词根，*bʷa 可能出自东亚。其派生或衍生形式 *bʷala 义为"月亮、圆的、蛋"等，分布于诸大陆的语言，是分布最广的词干之一。如"月亮"哈尼语 ba³³la³³ < *bala，尼罗-撒哈拉语系卡努里语"圆的"mbol，"月亮"kumbal < *ku-bal。

3. 来自古中东的词

来自古中东的亚非语系可能源于非洲，后至阿拉伯半岛，早期埃及文明与之有关。地中海地区和阿拉伯半岛的语言数万年以来联系着非洲、亚洲和欧洲语言。亚非语系的出现，使南方原有的语词传播链出现变化。

（1）词根 *mʷa

词根义"水"，引申义"雨"。

"雨"缅文 mo³，嘉戎语 mə < *mu。

"水"莫图语莫图莫图方言 ma < *ma。

印第安语"水"车罗科语 a ma，木豪克语（Mohawk）awa < *ʔa-mʷa。

"水"希伯来语 mayim < *ma-lima，古埃及语 mo。

（2）词根 *bʷer

词根义"土"，引申义"灰尘、灰烬、脏的"。

"灰尘"墨脱门巴语 phur。

"土"蒙古语和静话 ʃabɑr，鄂伦春语 ʃiwar（稀泥）< *ti-bar。

南岛语"土"毛利语 paru < *baru，"泥"塔希提语 vari paruparu < *bʷari-paruparu。

南亚语"灰尘"布兴语 pɑh < *par，mah pɔr < *mar-por。

"较低的"梵语 apara:。

"尘土、泥土"阿拉伯语 afar < *a-pʷar。乍得语族"灰尘"巴德语 bərbə̀rən < *bər-。

尼罗-撒哈拉语系"灰尘"卡努里语 bərbər。

（3）词根 *neb

词根义"鼻子"，引申义"嘴"。

"鼻涕"藏文 snabs，缅文 hnɑp < *snab-s。"嘴"加龙语 nappa。

"鸟嘴、鼻子、脸"古英语 nebb，古挪威语 nef < *neb。"鼻子吸进"英语 snuff，荷兰语 snuffen < *s-nub。

"嘴"中古朝鲜语 nip < *nib。

亚非语系"鼻子"希伯来语 af，阿拉伯语 'anf < *ʔanp。

亚非语系语言的一些词源与亚洲的语言关系密切，使用者把非洲使用第一人称代词 *mi（*m-）和 *gʷa（*gu、*ŋ-）的人群和欧洲的隔开。

4. 经古欧洲传播的词

古欧洲地区的这一类词根可能先从非洲到古欧洲，再从欧洲和中亚的语言传播出去，到达东亚后较少波及南亚。

（1）词根 *debʷ

词根义"太阳、火"，引申义"烧、炉子"等。

"白天"拉祜语 tɑ⁵³vɑ⁵³ < *tabʷa。"炉子"藏文 thab < *dab。

高加索语系"烧、烤"格鲁吉亚语 tshva < *dbʷa。

"炉子"祖鲁语 isitofu < *-topu。

（2）词根 *dar

词根义"地"，引申义"土、灰、脏的"。

汉语"地"*dar-s。"唾"*dʷjar > *ʐuar。

"土"土耳其语 jir < *dir。撒拉语 torɑq < *tora-q。"地"维吾尔语 jɛr，哈萨克语、图瓦语 dʒer < *der。

"土"意大利语、葡萄牙语 terra，梵语 dhara < *dera。"陆地"梵语 deʃe < *dere。"低的"和阗塞语 dira- < *dira。"较低的"梵语 adhara- < *a-dara-。

"下面的"格鲁吉亚语 dzirs < *dir-s。

尼罗-撒哈拉语系"脏的"卡努里语 durdari。

科伊桑语系"灰尘"科伊科伊语 tsara-b < *tara。

（3）词根 *tele

词根义"满月的月亮、圆的"，引申义"满的"等。

"月亮"卢舍依语 thlɑ < *dla。

"满的"维吾尔语 toʃ-，哈萨克语 tol-，撒拉语 doʃ- < *tol。"满的"匈牙利文 tele，teljes < *tele-s。芬兰语 täydellinen < *ta-udel-。

印第安语"圆的"阿巴齐语 dijoːle < *diɬole。那瓦特尔语 tolontitʃ < *tolo-tiq。

尼日尔–科尔多凡语系"满的"祖鲁语 -gǀhwele < *ʔthole。斯瓦希里语 tele < *tele。"圆的"祖鲁语 -yindilinga < *jidili-ŋa。

科伊桑语系"满的"科洪语 ǀʔōla < *ʔtʔola < *ʔ-tola。

5. 来自古南亚的词

这一类词根可能是从古南亚的语言传播出去的，见于东亚、北亚和欧洲，偶见于非洲。

（1）词根 *re

词根义"水"，引申义"溪、流"。

汉语"潦" *re 雨水大貌，雨后积水。

南岛语"水"贡诺语 ere < *ʔere。

"溪、沟渠"维吾尔语 eriq < *ʔeri-q。

"跑、流"希腊语 reo < *re-。"跑、流"古英语 irnan < *ir-na-n。"流"匈牙利文（名词）ar，（动词）ered < *ere-d。

达罗毗荼语系"水"曼达语 ēr，科拉米语 iːr，贡底语（Gondi）ēr，贡达语（Konda）ēru，朋格语（Pengo）ēz < *eɽu。"溪流"曼达语 ōrrē，"河"泰米尔语 āɽ。

（2）词根 *bʷar

词根义"风"，引申义"吹"。

"吹"夏河藏语 χwor < *por。

"吹"撒拉语 fur- < *pur。朝鲜语 pur- < *bur。

南亚语"嘴吹"桑塔利语 phur < *bur。

南岛语"风"达阿语 bara（来自西方的强风），那大语 vara < *bʷara。"吹"波那佩语 ipur < *ʔ-ipur。莫图语 hiriri-a，马京达瑙语 pūr < *puri。

芬兰–乌戈尔语系"风"芬兰语 pieru < *peru。

达罗毗荼语系"风"曼达语 vaɽi < *bʷari。

（3）词根 *kap

词根义"耳朵"，引申义"脸颊"。

"耳朵"马加里语 nɑ-kep < *na-kep。

南岛语"耳朵"巴厘语、爪哇语 kupiŋ，印尼语 tʃupiŋ（耳廓）< *kupi-ŋ。"脸颊"萨萨克语 saŋkep < *sa-kep。

达罗毗荼语系"耳朵"曼达语 kēvvu < *kebu。巴拉会语 χaf < *kapu。

南亚达罗毗荼系语系的语言与东亚语言关系密切，未发现该语系的语言中有第一人称代词 *gʷa（*go、*gu、*ŋa）和 *mi 的分布。其基本词的词源关系把亚非语系和东亚南方语系的语言连接起来，可能是该语系的语言曾经向外扩张的结果。

澳大利亚土著的语言相对比较封闭，先后进入该地的语言较少同其他地区的语言交流，不像亚欧语言那样使用动词和名词的 s- 前缀。一些语言甚至缺少流音后缀留下的痕迹，可能是在早期智人的晚期进入的。可推测亚欧语言的这一类形态形式是在晚期智人时代才比较活跃的。非洲北部的一些语言有类似亚欧语言的特点，应是亚洲语言的影响带来的。

晚期智人时代人群的相对隔离，欧洲的白色人种和北亚的黄色人种外观特征较为接近，北亚和东亚的黄色人种较为接近，澳大利亚土著则明显不同。

今东亚、南亚和非洲语言可能仍保留有早期智人晚期（4 万年前）语言的遗存特点。词根的传播路线和人类学关于人类走出非洲的迁徙路线一致。非洲到东亚有南、北两条语言和语词的传播链：一是从非洲到中东、南亚、华南和东亚，二是从非洲、欧洲、北亚到东亚和太平洋地区。非洲到东亚的南方的语言和语词传播发生较早，始于早期智人晚期。经欧洲、北亚到东亚的传播始于晚期智人时代，其分支进入美洲。汉藏语处于这两条传播链交叉汇合的东亚端。

单音节词根派生或衍生成为双音节和多音节的词，其中包括元音前缀，名词后缀 *-l、*-n，动词、形容词后缀 *-i，音节重叠等，可能发生在早期智人的晚期。晚期智人的早期，亚欧大陆的语言 *s- 为使动前缀，*m- 为自动词的前缀，*-r 为名词后缀，屈折形态的派生较多出现。较晚非洲中部和南部的语言发展出吸气音，东亚和非洲出现音节声调区别意义的语言。

东亚来自古非洲语言词根最早的不晚于 6 万年前。非洲和东亚可能都是早期语言的发源地，早期词根形式相近，平行发展。或许在人类学推算的早期智人离开非洲那个时代之前的时期，已有早期智人离开非洲来到亚洲。

主要参考文献

A. 梅耶：《历史语言学中的比较方法》，科学出版社 1957 年版。

本尼迪克特：《汉藏语言概论》，乐赛月、罗美珍译，中国社会科学院民族研究所语言室印 1984 年版。

包拟古：《原始汉语与汉藏语》，潘悟云、冯蒸译，中华书局 1995 年版。

陈康：《台湾高山族语言》，中央民族学院出版社 1992 年版。

陈其光：《苗瑶语文》，中央民族大学出版社 2013 年版。

傅懋勣：《论民族语言调查研究》，语文出版社 1998 年版。

G. J. 兰司铁：《阿尔泰语言学导论》，陈伟、沈成明译，中国社会科学出版社 1981 年版。

高明：《古文字类编》，中华书局 1980 年版。

龚煌城：《汉藏语研究论文集》，"中央研究院"语言学研究所（筹备处）2002 年版。

何大安、杨秀芳：《南岛语与台湾南岛语》，远流出版有限公司 2000 年版。

河南省文物考古研究所编著：《舞阳贾湖》，科学出版社 1999 年版。

黄布凡主编：《藏缅语族语言词汇》，中央民族学院出版社 1992 年版。

柯蔚南：《藏语动词的形态变化》，俞观型译，《民族语文情报资料集》(3)，中国社会科学院民族研究所语言室编 1984 年版。

李锦芳：《布央语研究》，中央民族大学出版社 1999 年版。

梁敏、张均如：《侗台语族概论》，中国社会科学出版社 1996 年版。

鲁惟一主编，李学勤等译：《中国古代典籍导读》，辽宁教育出版社 1997 年版。

潘悟云：《汉语历史音韵学》，上海教育出版社 2000 年版。

蒲立本：《上古汉语的辅音系统》，潘悟云、徐文堪译，中华书局 1999 年版。

萨丕尔：《语言论》，陆卓元译，陆志韦校订，商务印书馆 1997 年版。

索绪尔：《普通语言学教程》，高名凯译，商务印书馆 2001 年版。

欧阳觉亚、郑贻青：《黎语调查研究》，中国社会科学出版社 1983 年版。

王辅世：《苗语古音构拟》，国立亚非语言文化研究所，东京 1994 年版。

王辅世、毛宗武：《苗瑶语古音构拟》，中国社会科学出版社 1995 年版。

王力：《汉语史稿》，中华书局 1980 年版。

王震中：《中国文明起源的比较研究》，陕西人民出版社 1994 年版。

威廉·汤姆逊：《十九世纪末以前的语言史》，黄振华译，科学出版社 1960 年版。

吴安其：《汉藏语同源研究》，中央民族大学出版社 2002 年版。

吴安其：《南岛语分类研究》，商务印书馆 2009 年版。

吴安其：《亚欧语言基本词比较研究》，中国社会科学出版社 2017 年版。

小坂隆一、周国炎、李锦芳：《仡央语言词汇集》，贵州民族出版社 1998 年版。

颜其香、周植志：《中国孟高棉语族语言与南亚语系》，中央民族大学出版社 1995 年版。

张济川：《藏语词族研究》，社会科学文献出版社 2009 年版。

郑张尚芳：《上古音系》，上海教育出版社 2003 年版。

中央民族学院少数民族语言研究所第五研究室编：《壮侗语族语言词汇集》，中央民族学院出版社 1985 年版。

周祖谟：《文字音韵训诂论集》，北京大学出版社 2000 年版。

Frederick Bodmer, *The Loom of Language*, London, George Allen & Unwin Ltd. Sixth impression, 1955.

Handbook of Comparative and Historical Indo-European Language, edited by Jared Klein, Brian Joseph, and Matthias Fritz, Berlin/Boston: Walter de Gruyter GmbH, 2017.

Dennis Freeborn, *From Old English to Standard English*, printed and bound in Great Britain, 1998.

Darrell T. Tryon, *Comparative Austronesian Dictionary*, Part 1: Fascicle 1.

Douglas Harper, *Online Etymology Dictionary*, 2001—2014. www.etymonline.com/index.

Graham Thurgood, *From Ancient Cham to Modern Dialects*, University of Hawaii press, 1999.

Graham Thurgood and Randy J. LaPolla edited, *The Sino-Tibetan Languages*,

Routledge, London and New York., 2017.

Joan Henry, *Kombio Grammar Essentials*, Summer Institute of Linguistics, Ukarumpa, E. H. P., Papuan New Guinea, October, 1992.

J. R. V. Marchant, Joseph F. Charles, *Cassell's Latin Dictionary*, Cassell and Company, LTD, 1938.

О.Семереньи, *Введение в сравнительное яэыконание*, Москва прогесс, 1980. 原著：Oswald Szemerényi, *Einführung in die vergleichende Sprachwissenschaft*, 1970.

Paul J. Hopper and Elizabeth Closs Traugott, *Grammaticalization*, Cambridge University Press, 外语教学与研究出版社 2001 年版。

P. H. Matthews, *Morphology*, second edition, Cambridge University Press, 外语教学与研究出版社 2000 年版。

R. L.Trask, *Historical Linguistics*, Edward Arnold Publishers Limited, 外语教学与研究出版社 2000 年版。

Robert J. Jeffers and Ilse Lehiste, *Principales and Methods for Historical Linguistics*, the Massachusetts Institute of Technology, 1979.

Roger Lass, *Historical Linguistics and Language Change*, Cambridge University Press, 1997.

Theodora Bynon, *Historical Linguistics*, Cambridge University Press, 1977.

Willam H. Baxter, *A handbook of Old Chinese Phonology*, New York, 1992.

Winfred P. Lehmann, *Theoreticl Bases of Indo-European Linguistics*, New York, 1996.

Winfred P. Lehmann, *Historical Linguistics: An Introduction*, New Fetter Lane, 1992, 外语教学与研究出版社 2002 年版。

Wörterbuch, *Prot-Indo-European Etymological Dictionary*, Revised and Published by the Dngh Association, 2007.

Zarma Dictionary, Dictionnaire Zarma, Zarmacine Kaamuusu, Developed by Peace Corps, Niger. Revised 2001.

附录　亚欧语言中汉藏语的词根

　　亚欧大陆的语言区分出汉藏、阿尔泰、楚科奇-堪察加、南岛、南亚、达罗毗荼、印欧、高加索、芬兰-乌戈尔和亚非十个语系。欧洲的巴斯克语、北极地区的爱斯基摩语、日本的阿伊努语、库页岛的鄂罗克语等认为是不归属于上述语系的语言。巴布亚新几内亚及其周边海岛上另外还分布着非南岛语系的语言（non-Astronesian languages）。

　　亚非语系（Afro-Asiatic）的语言分布于非洲大陆的北部和中东等地，[①] 尼罗-撒哈拉语系（Nile-Saharan）分布在非洲中部。尼日尔-科尔多凡语系（Niger-Kordofanian，或称为尼日尔-刚果语系）和科伊桑语系（Khoisan）分布在非洲南部。

　　诸语系语言基本词根的变化有一些共同的特点，下文区分为：塞音鼻化、鼻音塞化、流音交替、首辅音演变、第二辅音演变、元音换位、音节缩合等情况。按照词根语义，区分为自然事物、身体部位、动植物、人文、动作、状态描写、称呼、指定和疑问等类。有关诸语系语言语音演变和历史形态的解释，有关汉藏、阿尔泰和印欧语系语言的归属和分类，词根、词干的本义和引申义关系的解释，参见上文和笔者《亚欧语言基本词比较研究》诸卷中的讨论。双音节和多音节词元音和谐的变化不一一说明。

　　（一）自然事物

　　1.“太阳、火、神、热的、红的”*ni

　　“太阳”藏文 ŋi（ma），缅文 ne[2]，卢舍依语 ni < *ni。

　　“太阳、日”苗语养蒿话 ŋhe[1]，勉语江底话 ŋɔi[1]，大坪话 nai[1] < *s-nʷi。“太阳”博嘎尔珞巴语 doŋ ŋi < *do-ni。他杭语（Tahang）tihnji < *ti-sni。“神”拉祜语 ne[53]，傈僳语 ni[31] < *ni。“红的”缅文 ni[2]，载瓦语 ne[51] < *ni。“白天”藏文 ŋin

---

　　①　亚非语系旧称含闪语系（Hamito-Semitic），划为闪米特（Semitic）、柏柏尔（Berber）、乍得（Chadic）、库西特（Cushitic）、奥摩（Omotic）和古埃及的埃及语（Egyptian）六个语族。希伯来人据《旧约》所记，公元前 1500 年他们的部落从两河流域来到今巴勒斯坦的地方。

< *nin。景颇语 să³¹ni⁵⁵，普米语 n̂i⁵⁵ < *să-ni。"中午"毛南语 na⁴n̠e¹ < *na-ʔni。

南岛语"火"哈拉朱乌语 nɛ < *ne，"火、火焰"巽他语 sini < *si-ni，"热的"罗图马语 sunu < *sunu，"神"萨萨克语 neneʔ < *nene。

苏美尔语"天、天神、高的、前面"an，"上面、前面"anta < *an-ta。

尼日尔-科尔多凡语系"白天"祖鲁语 imini < *-ni。（imi- 复数前缀）

（1）派生，*ni > *ni-t。

汉语"日"*njit。"神"缅文 nat⁴ < *nat。

南岛语"太阳、热"卡林阿语 īnit。"热"他加洛语 īnit，巴厘语 m-init。"神"马绍尔语 anitʃ < *ʔanit。雅贝姆语 anoto < *ʔanoto。

（2）派生，*ni > *ni-ri。

南岛语"火焰"南密语 n̥iri < *s-niri，"晒"嫩戈内语 neren < *nere-n。达罗毗荼语系"烧"曼达语 nīrasmar < *nira-smar。

2."太阳、火、光、烧、热的、红的"*na

"太阳"逊瓦尔语（Sunwar）nɑ < *na，那加语奥方言（Ao）āna < *ʔa-na。"红的"阿昌语 na⁵⁵。

（1）派生，*na > *si-na，*na > *su-na。

"红的"义都珞巴语 çi⁵⁵nɑ⁵³ < *sina。

南岛语"太阳"瓜依沃语 sina < *sina，卡乌龙语（Kaulong）sinaŋ < *sina-ŋ。

"太阳"古英语 sunne，古高地德语、撒克逊语 sunna，哥特语 sunno < *su-ne。"热的"梵语 uʃna < *u-suna。

（2）派生，*na > *na-r。

汉语"燃"*njar > *njan，《说文》："烧也。"[①] "熯"*s-nar-s > *hans，《说文》："干貌。"

南岛语"烧"邵语 ʃunara < *sunara，"晒"嫩戈内语 neren < *nere-，"照耀、发光"马都拉语 sunar < *su-nar。

"太阳"土族语 narɑ < *nara。东乡语 narɑn，蒙古语、保安语 narɑŋ < *nara-ŋ。"光"土耳其语 onur，维吾尔语、乌孜别克语、哈萨克语 nur < *ʔo-nur。

"火"阿拉伯语 naːru，马耳他语 nar，叙利亚语 nurā < *nara。

3."太阳、神、火、白天、光、烧、热的"*do、*tu

"火"彝语巍山话 ɑ⁵⁵to³³，傈僳语 ɑ⁵⁵to⁵⁵ < *ʔa-tu。汉语"炷"*tjo-s，灯火。

---

① "然"春秋时从"難"从"火"（者减钟），战国时方为"然"。

"火"苗语养蒿话 tu⁴（柴、火），布努语（ka¹）tu⁴，勉语 tou⁴ < *du-ʔ。"烤"苗语养蒿话 ta⁵，枫香话 nti⁵，勉语大坪话 du⁵ < *ʔ-du-s。"灶"哈尼语 ø³¹du³¹ < *ʔo-du。"热"义都珞巴语 tɯ⁵⁵ < *tu。汉语"昼"*tju-s《说文》："日之出入，与夜为界。""暑"*s-thʷja-ʔ > *hʷjaʔ，热也。"烟、熏"藏文 du。"点火"拉祜语 tɑ⁵⁵tɑ³³ < *tata。仡佬语比贡话 tau¹³ < *tu。"烧"侗语、水语 ta:u³ < *tuʔ。

南岛语"太阳"莫罗语 atdau < *ʔada-ʔu，赛德克语 hido < *sido。"太阳"布拉安语（Blaan）、嫩戈内语（Nengone）du < *du。"太阳、白天"莫图语 dina < *di-na。"白天"布拉安语 du，马达加斯加语 anɖu < *ʔa-du。"神"汤加语 ʔotua，萨摩亚语 atua，拉巴努伊语 ʔatua < *ʔa-tu-ʔa。"神、灵魂"泰雅语 ʔutux < *ʔu-tu-q。"照耀"布鲁语 sida < *si-da。"炉子、生火处"大瓦拉语 atana < *ʔa-ta-na。"炉子、生火处"大瓦拉语 atana < *ʔata-na。"烟"巴厘语 andus，依斯那格语 atuʔ < *ʔa-dus。"火"梅柯澳语西部方言 ido < *ʔi-do。"烧"汤加语、拉巴努伊语 tutu，巴拉望语 tutuŋ < *tu-tu。"点火"卡加延语 tutud，亚齐语 tot < *tu-d。

"火"古突厥语、维吾尔语 ot，土耳其语 od < *ʔo-du。"点火、烧"维吾尔语 jaq-，图瓦语、哈萨克语 dʒaq- < *da-q。"点火"蒙古语、达斡尔语 ʃitɑ:-，东部裕固语 ʃədɑ:-，土族语 ʂdɑ- < *si-da。"炉子"维吾尔语 otʃaq，哈萨克语 oʃaq，图瓦语 oʃuk < *ʔo-ta-q。"帐篷、房间"中古突厥语、土耳其语 oda < *ʔo-da。"热"日语 atsʎi < *ʔa-tu-ʔi。"柴"维吾尔语 otun，哈萨克语 otən，土耳其语 odun < *ʔotu-n。"天"图瓦语 de:dis < *de-dis。"中午"蒙古语 ʉd，达斡尔语 ude，东乡语 udu。

"白天"拉丁语 dies，葡萄牙语 dia < *des。阿尔巴尼亚语 ditë < *de-to。"篝火"古高地德语 eit。"太阳神"赫梯语 utu。"热的"古英语 hat，古弗里斯语 het，古挪威语 heitr，哥特语 heito < *qe-to。"灵魂、精灵"俄语 duʃa < *du-sa。"鬼"波兰语 dux < *du-s。

亚非语系"烟"古希伯来文 ad，阿拉伯语 duxa:n < *du-。

高加索语系"白天"车臣语 de，印古什语 di < *de。

达罗毗荼语系"阳光"曼达语 ēddi。

印第安人语言"火"苏语 e'deh < *ʔe-de。

苏美尔语"太阳、白天、光"ud，"太阳神"dutu，"太阳"utu，"东"utu-è。

尼日尔-科尔多凡语系"烤"祖鲁语 thosa < *do-sa，"太阳"斯瓦希里语 jua < *du-a。

科伊桑语系科洪语"火"|ae-s < *ʔta-e，科伊科伊语"烧"dao < *da-。

尼罗–撒哈拉语系"火"扎尔马语 danji < *da-di。

（1）派生，*di > *di-n

汉语"神"*djin > *dzin。"電（电）"*din-s《说文》："阴阳激耀也。"

达罗毗荼语系"太阳"泰米尔语 utjn < *u-din。"神"俄语 idon < *idon，"房子"亚美尼亚语 tun < *tu-n。

尼罗–撒哈拉语系"烧、烤"扎尔马语 ton。

科伊桑语系科伊科伊语"烟"|anni-s < *ʔtani-，"熏"|an < *ʔtan。

（2）派生，*da > *da-lo

南岛语"太阳"萨萨克语 dʒəlo < *delo，"白天"爪哇语、萨萨克语 dʒəlo < *dolo，"太阳"邵语 tiɬað < *tilal。"火焰"马京达瑙语 dila，达阿语 dʒela，乌玛语 dʒelaʔ < *dila。

"火焰"维吾尔语 jalqun，哈萨克语 dʒɑlən < *dal-qun。"点火"撒拉语 deʃ- < *del。"烧"蒙古语 tʉlə-，达斡尔语 tulu-，土族语 tuleː < *tule。

"太阳"阿尔巴尼亚语 diell < *del，"神"赫梯语 idolize < *idoli-re。

芬兰–乌戈尔语系"火"芬兰语 tuli，匈牙利语 tūz < *tuli。

高加索语系"火"格鲁吉亚语 tsetsxli，车臣语 tsle，印古什语 tsli < *tli。"火"格鲁吉亚语 xandzli < *qa-deli。"神"车臣语 dela，印古什语 dajla < *dela。

"火"印第安那瓦特尔语 tle-tl。

"神"祖鲁语 -thiɬo < *-diʔlo，科萨语 idolize < *-dilo-re。

（3）派生，*da > *da-r

汉语"煎"*s-tjar > *tsjan，《方言》卷七："火干也。"[①]

南岛语"火"查莫罗语 tiro < *tiro，"晒"巴厘语 ŋ-ənter < *ʔə-ter。"光"巴厘语 ənter-an < *ʔeter。鲁凯语 ɖarəɖarə，那大语 dara < *dara。

南亚语"烧、点火"蒙达语 ataɽ，桑塔利语 atar < *ʔa-tar；"灰烬"蒙达语 toroe，桑塔利语 tɔrɔtʃ < *toroʔe。

"白天"土耳其语、维吾尔语 kyndyz，哈萨克语 kyndiz，西部裕固语 kundus < *ku-dur。蒙古语 өder，达斡尔语 udur < *ʔu-dur。"烧"锡伯语 tʂarə- < *dara，"光"撒拉语 jaruχ < *daru-q。"晾、晒"维吾尔语 jaj-，哈萨克语 dʒɑj-，西部裕固语 jaz- < *dar。

---

① 谐声字"嫱"即移切，又即浅切。

"火"粟特语 ātar < *a-tar，"点火"阿尔巴尼亚语 ndez < *m-der。

新爱尔兰岛土著语言"灰烬"库欧特语 utàrà < *u-dara。

4. "太阳、天、神、白天、火、烤、亮的、热的、光"*la

"太阳"土家语 lau²¹（tshi²¹）< *lo。

"白天"博嘎尔珞巴语 a loː，加龙语 alo < *ʔa-lo。

"热的"基诺语 ɬo⁴⁴，哈尼语绿春话 lɔ⁵⁵ < *lo。

南岛语"太阳"夏威夷语 lā，毛利语 rā < *la。"白天"贡诺语 allo < *ʔalo。"太阳"阿美语 tʃiɬal，邵语 tiɬað < *til-ʔal（眼睛-白天）。

"天"意大利语、西班牙语 cielo < *qelo，"天、太阳"希腊语 helios < *qeli-。

高加索语系"太阳"格鲁吉亚语 mzɛ < *m-le，"火"ali < *a-li。

印第安语"天"新墨西哥州阿巴齐语 jaː < *la。

亚非语系"神"腓尼基语 'el-，阿卡德语 il-，阿拉伯语 'ilah- < *ʔi-la-。

科伊桑语系"太阳"科洪语 ‖ʔân < *ʔlʔa-n，三达维语 ‖'akasu < *ʔlʔa-kasu。

尼日尔-科尔多凡语系"太阳"祖鲁语、科萨语 ilanga < *-la-ŋa。

（1）流音交替，*la > *ra

南岛语"太阳"菲拉梅勒语 reā，拉巴努伊语 raʔa < *re-ʔa。"亮的"东部斐济语 sērau < *se-ra-ʔu。"太阳的热"布鲁语 rara-t。"火焰"塔希提语 ura，马绍尔语 uɽuɽ < *ʔu-ra。

"天"和阗塞语 ora- < *o-ra。

亚非语系乍得语族"太阳、白天"豪萨语 rana < *ra-na。

科伊桑语系"太阳"科伊科伊语 so-re-s。

（2）派生，*la > *sa-la

"太阳"加洛语 sāl，柴热尔语（Chairel）sɑl，拉龙语 sālɑ < *sala。"亮的"藏文 gsal，嘉戎语 khsɛl < *g-sal。"神"藏文 lha，墨脱门巴语 ɬa < *sla。"晾晒"缅文 hlan³ < *sla-n。

"烤"赛夏语 somolœh < *s-əm-olaq < *solaq。"闪电"那大语 sila，锡加语 hila < *sila。

"烤"鄂温克语 ʃila- < *sila。

"太阳"拉丁语、西班牙语、瑞典语、丹麦语 sol，意大利语 sole < *sole。"天、太阳"希腊语 helios < *seli-。"天"哥特语 sail < *sal。"光"希腊语 selas < *sela-s。

（3）派生，*la > *la-ŋ

汉语"阳"*ljaŋ，高明也。"旸"*ljaŋ，日出也。"炀"*ljaŋ-s，炙燥也。"太阳"错那门巴语 plaŋ < *p-laŋ。"阳光"水语 ɕaːŋ[1]，黎语保定话 ɬuːŋ[1] < *s-laŋ。"太阳"普标语 qa[33]ɬaːŋ[53] < *qa-laŋ。"晴"壮语 ɣoːŋ[6]，布依语 zeŋ[4]，临高语 daŋ[4]，水语 liːŋ[3] < *ʔ-leŋ-ʔ。"天旱"泰语 lɛːŋ[4]，布依语 zeŋ[4]，临高语 daŋ[4]，水语 liːŋ[3] < *ʔ-leŋ-ʔ。"天"苗语先进话 nto[2]，勉语樏子话 ðuŋ[2] < *luŋ。"天"白语剑川话 xẽ[55] < *hleŋ。阿侬怒语 mo laŋ，格曼僜语 nauŋ。"亮的"仫佬语 kɣaːŋ[1] < *k-laŋ。水语 daːŋ[1]，毛南语 caːŋ[1] < *q-laŋ。"亮的"傣语西双版纳话 leŋ[2]，临高语 baŋ[1]，布央语郎架话 ma[0]loŋ[312] < *m-leŋ。"红的"苗语枫香话 len[1]，大南山话 la[1]，布努语七百弄话 ləŋ[1] < *ʔ-leŋ。"红的"泰语 dɛːŋ[1]，壮语龙州话 deːŋ[1]，临高语 liŋ[1] < *ʔ-leŋ。

"红的"蒙古语 ulaːŋ，土族语 fulaːn < *ʔu-laŋ。

南亚语"亮的"德昂语硝厂沟话 blaŋ，南虎话 plaŋ < *b-laŋ。"天"尼科巴语 haliøŋo < *qa-loŋo。

南岛语"天"马那姆语 laŋ，瓜依沃语 laŋi，夏威夷语 lani < *laŋ-ʔi。

（4）流音交替，*laŋ > *raŋ

汉语"亮"*rjaŋ-s。"明"*m-rjaŋ《说文》："照也。"汉语"爽"*s-raŋ《说文》："明也。""映"*ʔ-raŋ-s《说文》："明也。"

南亚语"亮的"佤语马散话 rɯaŋ < *raŋ。

5. "太阳、火、神、烧、烤、炉子"*deb[w]

"太阳"卡那西语（Kanashi）dupe < *dupe。"白天"拉祜语 tɑ[53]vɑ[53] < *tab[w]a。"炉子"藏文 thab < *dab。"引火、点火"黎语保定话、黑土话 tsip[7] < *tip。"点火"阿昌语 tsap[35] < *tjap。

"热的"朝鲜语 təpta < *dəb-，"神"保安语 dapə < *dapə。

南亚语"太阳"尼科巴语 tavuːøi < *tabu-ʔi，"白天"柬埔寨文 tiviːə < *tib[w]e。"神"尼科巴语 teːv < *teb。"点火"德昂语 tɕap < *tjap。

南岛语"太阳"排湾语 qadav，卑南语 kadaw < *qa-dab[w]。"烤"东部斐济语 taβu-na < *tabu。

鲁凯语 itsibi < *ʔi-tibi。"烤"卑南语 təmapa < *t-əm-apa。"炉子"亚齐语 dapu。

"太阳"梵语 divakaraḥ < *dib[w]a-kara-q（白天-眼睛）。"恶神"古波斯语 daiva-，梵语 deva-，古教堂斯拉夫语 deivai < *deb[w]a-。"神"拉丁语 deus，希腊

语 theos。"宙斯神"希腊语 zeus < *debᵂu-s。"白天"梵语 divasa，diva < *dibᵂa，波兰语 doba < *doba。"烤"波兰语 dopiets < *dope-。"烧、照耀、受苦"梵语 tapa。"热的"和阗塞语 ttab-，粟特语 tafs < *tabᵂ-s。"太阳"阿伊努语 tʃhup < *thup。

亚非语系"太阳"阿拉伯语 aftab < *ʔapᵂ-tab。

高加索语系"烧、烤"格鲁吉亚语 tshva < *dbᵂa。

"燃烧"苏美尔语 tab。

尼日尔–科尔多凡语系"炉子"祖鲁语 isitofu < *-topu。

6. "太阳、火、天、发光、烤、光、亮的、照耀、晒" *leg、*lek

汉语"耀" *lek，日光也。"爚" *ljek，火飞也。"烁" *s-ljek > *hljek，灼烁。"煜" *ljək《说文》："熠也。""太阳"昌巴拉胡里语 jegi < *legi。

南岛语"照耀"拉加语 leɣi ɣa < *legi-ga。"亮的"查莫罗语 malag < *ma-lag。

"晒"满文 walgi-，鄂伦春语 ʊlgi- < *ʔulgi。

"亮的、光"拉丁语 lucidus < *luki-，"光"梵语 laghaḥ < *laga-。

尼罗–撒哈拉语系"星星"卡努里语 sillowu < *s-logu。

（1）流音交替，*leg > *reg，*lug > *rug

"太阳"亚美尼亚语 arev，areg < *aregᵂ。"亮的"阿尔巴尼亚语 zgjuar < *rgu-ar。粟特语 rwɣʃn < *rug-。"使清楚、证明、宣称"拉丁语 arguere < *argᵂe-。"白的"吐火罗语 ʙ aːrkwi。

芬兰–乌戈尔语系"太阳"芬兰语 aurinko < *ariko，"发亮的"匈牙利语 ragyogo < *ragogo，"白天"爱沙尼亚语 aeg。

亚非语系乍得语族"煮"巴德语 ərgwàɗu < *ʔərgᵂa-。

（2）第二辅音演变，*lak > *lap

汉语"熠" *gljəp > *ljəp。"照耀"藏文 lheb < *s-lep，"闪（电）"墨脱门巴语 taŋ lep < *ta-lep。"晒"阿昌语 l̩ap⁵⁵，怒苏语 l̩a⁵³，哈尼语墨江话 l̩a³¹ < *s-lap。

南岛语"天"排湾语 ʔaləvaləvan < *ʔaleb-ʔaleb-an。

高加索语系"发光"车臣语 liepan，印古什语 liep < *lep（-an）。

（3）流音交替，*leb > *reb

南岛语"火"莫图语柯勒布努方言 arova，阿罗玛方言 alova。

"火"鄂罗克语 uruːva < *ʔuruba。

"火"希伯来语 s'refah < *-repʷaq。

（4）鼻音塞化，*leb > *lem

汉语"炎"*g-lam > *gjam。"焰"*lam-s。"烤"水语 ljaːm³ < *ʔljam-ʔ。

南岛语"光线"萨摩亚语 mālamalama。"天"夏威夷语 lewǎ < *lema。西部斐济语 loma-laŋi < *loma-laŋi。

7."太阳、火、烧、白天、亮的、黄的"*gʷa、*gu。

"黄的"缅文 wɑː² < *gʷa。"加热"博嘎尔珞巴语 agu。

（1）塞音鼻化，*ge > *ŋe，*gu > *ŋu

汉语"烧"*s-ŋje > hjeu。

"火"佤语马散话 ŋau，艾帅话 ŋu，孟贡话 go < *ŋu。"太阳"蒙达语 si ŋgi < *si-ŋi。

（2）派生，*ga > *ga-n，*gu > *gu-n

"太阳"景颇语 tʃan³³ < *gjan。"白天"水语 van¹ < *ʔ-gʷan。

"太阳"维吾尔语 kyn，撒拉语 gun，土耳其语 gyn（-eʃ）< *gun。"太阳"鄂温克语 ʃigun，赫哲语 ɕiwun，锡伯语 sun，满文 ʃun < *si-gun。"白天"土耳其语、维吾尔语 kyndyz，哈萨克语 kyndiz，图瓦语 guntisi，西部裕固语 kundus < *gun-duri。

南岛语"白天"伊拉鲁吐语（Irarutu）gonə < *gonə。瓜依沃语 gani < *gani。

"火"梵语 ɑgni，帕拉克利特语（Prakrit）ɑggi，班加利语（Bengali）ɑgun；"火"拉丁语 ignis，立陶宛语 ugnis < *ugnis。"火"赫梯语 agni'。

巴布亚新几内亚土著语言"太阳"科姆比奥语（Kombio）awun < *a-gun。

尼罗–撒哈拉语系"太阳"扎尔马语 wayna < *gʷaj-na。

（3）派生，*ŋa > *ŋa-n

"白天"壮语武鸣话 toŋ⁴ŋon²。"引火、点火"黎语元门话 ŋuan⁶ < *ŋan-s。通什话 ŋan³ < *ʔŋan-ʔ。"白天"沙外语 ŋɛn-ŋan < *ŋɛn-ŋan。

（4）派生，*ka > *ka-l，*ga > *ga-l

汉语"馺"*kal-s > *kans，《说文》："日始出，光馺馺也。"

南亚语"火"蒙达语 dongol < *do-gol。"烧"蒙达语 dʒul < *gul。"火"桑塔利语 sokol < *so-gol。"干的、硬的"尼科巴语 kel < *kel。"亮的"莽语 gɣua⁵⁵ < *gla。

南岛语"光"布鲁语 glina-n < *gli-na。"照耀"马林厄语 sigla < *si-gla。"闪

电"多布语 ŋela，达阿语 kila < *gela。

"火"蒙古语 gal，保安语 χal，东部裕固语 ɢal < *gal。"烧"图瓦语 okɣl < *ʔo-kol。"天" 鄂温克语 ugilə: buɡǎ < *ʔugili-buka。"云" 清代蒙文 egule < *ʔeguli。"亮的"西部裕固语 ʁɑldan，东部裕固语 gəldəŋ < *gəl-。

"太阳、天"古英语 swegl < *sugl。"烧" 乌尔都语 jalana < *gala-。"照耀"希腊语 gyalizo < *gali-。古法语 glisa，古丹麦语 glisse。"火"俄语 golenie < *gole-ni。"火" 盖尔语 aingeal < *a-gel。"干燥的"和阗塞语 ṣakala- < *sa-kala。"亮的"威尔士语 gloyw < *glo-。"黄的"古英语 geolu，古高地德语 gelo，古挪威语 gulr，意大利语 giallo < *gelo。

尼罗-撒哈拉语系"太阳"扎尔马语 wayna < *gʷal-na。尼日尔-科尔多凡语系"天"祖鲁语、科萨语 izulu < *-gulu。

（5）塞音鼻化，*gʷal > *ŋal

南亚语"太阳"柬埔寨文 tʰənail < *tə-ŋal。"火"蒙达语 seŋel < *se-ŋal。

尼罗-撒哈拉语系"太阳"卡努里语 kangal < *ka-ŋal。科伊桑语系"天"科洪语 |ŋáli < *ʔt-ŋali。

（6）流音交替，*gʷola > *gʷora 等

"天"古日语 swora，现代日语 sora < *s-gʷora。"亮的"维吾尔语 joruq，哈萨克语 dʒarəq < *goruq。

"天"亚美尼亚语 skyur < *s-kur。威尔士语 awyr < *a-gur。"太阳"粟特语 ɣwr- < *gur。"白天"法语 jour，意大利语 giorno < *gor-。"亮的"梵语 andʒor < *agor。

澳大利亚土著语言"太阳"嘎郡语（Ngadjon）garri。

（7）塞音鼻化，*geri > *ŋeri

"亮的"鄂伦春语 ŋəːrin，鄂温克语 nəːrin < *ŋəri-n。

（8）派生，*gala > *gala-ŋ

南岛语"亮的，黄的"巴厘语 galaŋ。

8. "月亮、圆的、蛋、满的、亮的、夜晚" *bʷala

"月亮"加龙语 polo，塔金语 polu，博嘎尔珞巴语 poŋ lo < *polo。"月亮"阿昌语 phă³¹lɔʔ³¹，哈尼语 ba³³la³³ < *balo。"月亮"布努语 po³ɬo⁵，勉语 ɬo⁵ < *polo-s。汉语"般" *bʷal > *bʷan，《说文》："象舟之旋。""盘" *bʷal。[①]

---

① "娑" *bʷal > *bʷan，《广韵》薄波切。

南岛语"月亮"斐济语 βula，达阿语 vula，罗地语 bula-k < *bula。"月亮"泰雅赛考利克方言 bəja-tsiŋ，泽敖利方言 βua-tiŋ < *bula-。"圆的"大瓦拉语 wiwila-na < *bʷibʷila，沙外语 fofololo < *pʷopʷololo。

南亚语"蛋"蒙达语 bili，"亮的"克木语 bah < *bal，"夜"户语 pɤl³³ pɣɔ³¹ < *pəl-plo。

"亮的"中古突厥语 bɑlqi < *bal-qi。

"圆"希腊语 bole。"圆的"阿尔巴尼亚语 plotë < *plo-。"球"古英语 beal，古挪威语 bollr，古高地德语 ballo < *balo。"满的"法语 plein，拉丁语 plēnus，梵语 plātas < *ple-。英语 full，荷兰语 vol，丹麦语 fuld < *pʷol-。"包围"（名词）塔吉克语 qabal < *qa-bal。

芬兰–乌戈尔语系"圆的"匈牙利语 valtozas < *bʷal-tola-，芬兰语 pullea < *pule-。

亚非语系乍得语族"轮子、圈"巴德语 m̀bə̀lələn < *ʔbələl-。"蛋"扎尔语（Zar）mbuɫ。库西特语族"蛋"布里语（Burji）bul bulee。

尼罗–撒哈拉语系卡努里语"圆的"mbol。"月亮"kumbal < *ku-bal。

（1）流音交替，*bʷala > *bʷara，*bʷul > *bʷur 等

"圆的"中古突厥语 bur- < *bur，"球形、圆的"土耳其语 juvarlak < *du-bar-。"圆的"和阗塞语 parbira < *par-bira。

"圆的、满的"芬兰语 pyöreä < *pore-。

尼日尔–科尔多凡语系"圆的"斯瓦希里语 -mviringo < *bʷiri-ŋo。

（2）派生，*bla > *bla-n，*bʷala > *bʷala-ga

"月亮"侗语北部方言 ljan¹，标语 phyːn¹，黎语 ŋaːn¹ < *ʔ-bla-n。"月亮"壮语龙州话 bəːn¹ < *ʔ-blən。"圆的"壮语武鸣话 duːn¹，黎语通什话 lun⁵ < *ʔlun。布依语 zan² < *lan。"满的"达让僜语 bluŋ⁵⁵，博嘎尔珞巴语 biŋ < *bluŋ。

南岛语"月亮"印尼语、爪哇语、萨萨克语 bulan < *bula-n，达阿语 vula，斐济语 βula，罗地语 bula-k < *bula。"圆"梵语 valaja < *bʷala-ga。

（3）首辅音演变，*bʷala > *dla、*dol，*pʷola > *tola 等

"月亮"卢舍依语 thlɑ，拉达克语 ldɑ-wɑ < *dla-ba。哈卡钦语 ktlɑ pa < *k-dla。"满的"撒尼彝语 lo¹¹dlæ³³ < *lo-dla。① 汉语"敦"*tʷəl > *tʷən 圆形，

---

① 　*lo-dla，字面意思是"满的–满的"，如"满的"史兴语 lu³⁵ < *lu。

厚实。

南岛语"蛋"那大语、马京达瑙语、锡加语 təlo，达阿语 tolu < *tolu。"蛋"拉加语 idoli < *ʔidoli。印尼语 təlur，马都拉语 təllur < *təlu-r。"圆的"塔几亚语 -tilanti < *tila-tila。

"满的"维吾尔语 toʃ-，哈萨克语 tol-，撒拉语 doʃ- < *tol。"满的"满文 dʒalu，锡伯语 dʒalu-，鄂温克语 dʒalu- < *dalu。"夜晚"赫哲语 dolbu，鄂温克语、鄂伦春语 dɔlbɔ < *dolo-bo。

南亚语"满的"桑塔利语 tuhel < *tulel。

"满的"匈牙利语 tele，teljes < *tele-s。芬兰语 täydellinen < *ta-udel-。

"满的"格鲁吉亚语 mtɛli < *m-teli。

印第安语"圆的"阿巴齐语 dijoːle < *diɬole，那瓦特尔语 tolontitʃ < *tolotiq。

亚非语系乍得语族"月亮"巴德语 təlān < *tola-。

尼日尔-科尔多凡语系"满的"祖鲁语 -g|hwele < *ʔthole，斯瓦希里语 tele < *tele。"圆的"祖鲁语 -yindilinga < *jidili-ŋa。

科伊桑语系"满的"科洪语 |ʔōla < *ʔtʔola < *ʔtola。

（4）塞音鼻化，*bʷuli > *muli，*bʷala > *mala

南岛语"满的"沙阿鲁阿语 milii < *muli-ʔi，"圆的"阿美语 kimulu < *ki-mulu。

南亚语"圆的"柬埔寨文 mūl < *mul。

"满的"梵语 majaḥ < *mala-，"满月"梵语 amalendu < *a-mal-indu。

亚非语系"满的"希伯来语 male，阿拉伯语 mali，叙利亚语 malyā，埃塞俄比亚语 məlu'，马耳他语 mimli，阿卡德语 malû。

（5）流音交替，*mal > *mar，*mul > *mur

南岛语"月亮"鲁凯语 ɖamar < *do-mar（月亮-圆的）。"圆的"吉尔波特语 mronron < *mro-n。

"圆的"日语 marui < *maru-ʔi。

亚非语系"月亮"阿拉伯语 qamar。

尼日尔-科尔多凡语系"月亮"斯瓦希里语 mwezi < *mʷeri。

9. "月亮、圆的、夜晚" *du [①]

"光"藏文 ɦod < *ʔod。

---

① 原本表示"残月、新月、暗的"，后为月亮的通称。

"月亮"古突厥语、土耳其语、维吾尔语、哈萨克语 aj＜*ʔadi。

"晚上"蒙古语都兰话 ɑsgɑn，和静话 ɑsxɑn（傍晚）＜*ʔat-qɑn。

"新月、月份"希伯来语 h'odesh＜*q-ʔodes。

"满月"梵语 amalendu＜*a-mal-indu（满的-月亮），"月亮"梵语 indu＜*idu。

尼罗-撒哈拉语系扎尔马语"月亮"handu＜*qa-du，"满的"to。

派生，*du＞*du-n。

"月亮"傣语西双版纳话 dən¹，傣语德宏话 lən¹＜*ʔ-dən。"圆的"侗语 ton²，毛南语 don²＜*don。

南亚语"圆的"越南语 tɔn²＜*don。

10. "月亮、夜晚"*la

"月亮"加洛语 jɑ，克伦语、巴兴语 lɑ＜*la。

南岛语"月亮"马那姆语 ʔajea＜*ʔale-ʔa。

"晚上"鄂罗克语 loː＜*lo。

（1）派生，*la＞*la-ni（na、ŋ）

"月亮"墨脱门巴语 la ni，他杭语 lanji＜*lani。

"月亮"拉丁语、意大利语、古教堂斯拉夫语 luna。

新爱尔兰岛土著语言"月亮"库欧特语（Kuot）ulàN＜*u-laŋ。

（2）派生，*la＞*s-la

"月亮"苗语养蒿话 l̥ha⁵，野鸡坡话 l̥aᶜ，大南山话 l̥i⁵＜*sla-s。

"月亮"藏文 zla（ba）＜*sla。景颇语 ʃǎ³³tǎ³³，独龙语 suɪ³¹lɑ⁵⁵＜*səla。

"晚上"保安语 ɕilaŋ，土族语 ɕilaŋ（傍晚）＜*sila-ŋ。

"月亮"希腊语 selene，亚美尼亚语 lusin。

11. "星星、金星、亮的"*kar

"星星"缅文 krɑj²，阿昌语 khzə̃⁵⁵，载瓦语 kji⁵¹＜*kra-ʔi。

"星星"藏文 skar，巴尔蒂语 skar-ma＜*s-kar。豪尔巴语 sgrai＜*s-gra-ʔi。"星星"白语剑川话 ɕeɹ⁵⁵，鹤庆话 sheɹ⁵⁵＜*s-kre。"星星"卡林语（Khaling）soŋ-ga，古龙语 sūŋ-ger，坎布语 soŋer＜*suŋ-ger。

南亚语"夜晚的星星"桑塔利语 sukar＜*su-kar。

南岛语"星星"莫图语莫图莫图方言 koru＜*koru。"亮的"梵语 andʒor＜*agor。

尼日尔-科尔多凡语系"晨星"祖鲁语 ikwezi < *i-kʷari。

"星星"科萨语（Xhosa）inkwenkwezi < *-kʷen-kʷeri。

首辅音演变，*kʷar > *tar。

南岛语"星星"鲁凯语 tariau < *tari-ʔaʔu；伊拉鲁吐语 torə < *tori。"亮的"马达加斯加语 ma-dera < *dera。

"星星"梵语 star-，古高地德语 sterro，古弗里斯语 stero < *s-taro；梵语"星星"nakʃatra < *nak-satra（夜-星星）。

芬兰-乌戈尔语系"星星"匈牙利语 star，爱沙尼亚语 staar。

"金星"阿卡得语（Akkadian，古巴比伦阿卡得人的语言）istar。

尼罗-撒哈拉语系"星星"卡努里语 jarata < *darata。

12. "星星" *bosi

"星星"日语 hoçi < *posi。

南岛语"星星"拉加语 visivu，莫图语 hisiu < *bʷisi-bu。

尼日尔-科尔多凡语系"星星"祖鲁语 imbasa < *-basa。

13. "星星、亮的" *qle

"星星"满文 usiha，女真语（兀失哈）*usiha，锡伯语 uçaχa < *ʔuli-。"星星"鄂伦春语 ɔːʃikta，鄂温克语 ɔːʃitta，赫哲语 uçaxta < *ʔuliq-。

"眼睛"爱斯基摩语 ije < *ʔile。

"星星"（复数）古普鲁士语 lauxnos < *luq-nos。阿尔巴尼亚语 yll < *ul。"光"拉丁语 laux。"亮的、光"拉丁语 lucidus < *luqi-。

科伊桑语系"星星"科洪语 ǁōna < *ʔlo-na。

派生，*qle > *qle-ŋ。

"星星"苗语养蒿话 qɛ¹，复员话 qaŋ^A，炯奈语龙华话 nteŋ¹ < *qleŋ。"星星"布央语郎架话 laːŋ¹¹loŋ³¹² < *laŋ-loŋ，"亮的"maloŋ³¹² < *ma-loŋ。汉语"熒"*Gʷleŋ > *ɣʷieŋ，《说文》："屋下灯烛之光。""莹"Gʷleŋ > ɣʷieŋ，《说文》："玉色。"汉语"熲"*kʷleŋ > *kʷjeŋ，《说文》："火光也。""亮的"西双版纳傣语 leŋ²，布央语郎架话 ma⁰loŋ³¹² < *m-laŋ。"光"缅文 laŋ³rɔŋ² < *leŋ-groŋ。

14. "天、云、太阳、高的、上面" *bʷa

"天"壮语龙州话 fa⁴，德宏傣语 fa⁴，黎语 fa³ < *bʷa-ʔ。

"云"水语、西双版纳傣语 fa³ < *pʷa-ʔ。

南岛语"天"嫩戈内语 awe < *ʔa-bʷe，梅柯澳语 ufa < *ʔu-bʷa。

南亚语"云"柬埔寨文 ʔap＜*ʔap，"天"佤语孟汞话 ba＜*ba。

"天"柯尔克孜语 ɑbɑ＜*ʔa-ba。

新爱尔兰岛土著语言"云"库欧特语 upau＜*u-pa-。

尼罗–撒哈拉语系"云"卡努里语 fofou＜*popo-u。"天"祖鲁语 amafu＜*-pu。

（1）派生，*bʷa＞*bʷo-n

"天"泰语 bon²，壮语武鸣话 buɯ¹＜*ʔ-bon。"高的"仫佬语 foŋ¹，毛南语 voŋ¹＜*ʔ-bʷoŋ。"云"勉语罗香话 bwən⁵，东山话 hwan⁵＜*ʔbʷan。

"云"印尼语、米南卡保语 awan，萨萨克语 awun＜*ʔa-bʷan。

"天"古英语 heofon，古挪威语 himmin＜*qe-bʷon。"上面、高"古高地德语、撒克逊语 oban，德语 o-ben。

达罗毗荼语系"天"泰米尔语 vaːnam＜*bʷana-。

（2）塞音鼻化，*bʷo＞*mu，*ba＞*ma

"天"缅文 mo³＜*mu。景颇语 lă³¹mu³¹＜*la-mu。"云"侗语 ma³＜*ʔ-ma-ʔ。

南亚语"天"佤语马散话 ka ma。

亚非语系"天"希伯来语 shamayim，阿拉伯语 samaːʕ，叙利亚语 ʃamayyā，马耳他语 sema，阿卡德语 ʃamû＜*sama-。

（3）首辅音演变，*pʷa＞*kʷa

"云"仫佬语 kwa³＜*kʷa-ʔ。

（4）首辅音演变，*bʷon＞*gʷon

汉语"云"*gʷjən《说文》："山川气也。""上（面）"壮语武鸣话、布依语 kɯn²＜*gən。"烟"壮语武鸣话 hon²，水语 kwan²＜*gʷon。"烟"错那门巴语 me³⁵kun⁵⁵＜*me-gun（火–烟）。"云"勉语双龙话 xwan⁵＜*khʷon-s。勉语油岭话 von⁴＜*bʷon-ʔ。

（5）派生，*ba＞*ba-ri，*pa＞*pa-r 等

"高的"羌语 bɹ＜*bri。

"神"达斡尔语 pɑrqɑn＜*par-。

"高的"梵语 pare。"超越"梵语 paraː。"高的"阿尔巴尼亚语 pirë＜*piro。"天"威尔士语 wybren＜*ʔu-bre-n。

尼罗–撒哈拉语系"云"扎尔马语 buru。

（6）流音交替，*bari > *bali

高加索语系"云"格鲁吉亚语 ɣrubali < *gru-bali。

15. "雷、天、鬼、神"*bʷag

"雷"藏文 ɦbrug < *mb-r-ug。那加语 raŋpak < *raŋ-pak。

南岛语"灵魂"排湾语 avak，鲁凯语 abakə < *ʔa-bʷak。"鬼"巴塔克语 begu < *begu。

"天"满文 abka，赫哲语 abqa，鄂伦春语 bʊga < *ʔa-buka。"雷"撒拉语 boʁnaχ < *bog-naq。"鬼"日语 obake < *ʔo-bake。

"神、造物主"俄语 bog，"神"波兰语 bog。"鬼"亚美尼亚语 urvakan < *ur-bʷakan。"神"亚美尼亚语 astvatʃ < *ast-bʷak。"神"粟特语 βaɣān < *bʷaga-。

尼日尔–科尔多凡语系"鬼"祖鲁语 isipokwe < *-pokʷe。"天"斯瓦希里语 mbingu < *bigu。

塞音鼻化，*bok > *mok。

"雷"嘉戎语 rmok < *r-mok。独龙语 muʔ⁵⁵ < *mok。

"鬼"格鲁吉亚语 mɔtʃvɛnɛba < *mokʷe-neba。

16. "雾、云、天、烟"*mok

汉语"雾"*mog。"雾"藏文 smog < *s-mog，缅文 mo³ < *mug。

"云"墨脱门巴语 muk pa，傈僳语 mu̠³³ku⁵⁵。"天"独龙语 muʔ < *muk。"云、雾"博嘎尔珞巴语 doŋ muk < *do-muk。"烟"道孚语 mkhə，墨脱门巴语 mu gu < *mugu。"雾"德宏傣语 mɔk⁹ < *ʔ-mok。

"雾"佤语艾帅话 si mɔk < *si-mok。

"雾"女真语（他尔马吉）*tharmaki < *tar-maki。

"云"梵语 megha < *mega。"烟"威尔士语 mwg，亚美尼亚语 mux < *muk。英语 smok，荷兰语 smook，德语 schmauch < *sk-muk。"蒸熏"希腊语 smugenai < *s-muge-na-i。

达罗毗荼语系"云"泰米尔语 meːgam < *mega-。

澳大利亚土著语言"雾"嘎郡语 mugubara < *mugu-bara。

鼻音塞化，*mok > *bok。

"烟灰"毛南语 vuk⁷，水语 wuk⁷ < *ʔ-buk。

南亚语"云"柬埔寨文 bəbōk < *bə-bok。布兴语 bǔk，布朗语 puk < *buk。

南岛语"烟"巴拉望语 buk < *buk。摩尔波格语 tabuk < *ta-buk。

17.“云、天、烟、雾”*dim、*tum

“云、雾”羌语 udəm < *ʔu-dem。“天”达让僜语 tuum⁵⁵ < *tum。

“云”缅文 tim² < *tim。嘉戎语 zdɛm < *s-dem。加龙语 doːme < *dome。

南岛语“烟”巴塔克语 timus < *timu-s。“雨云”邹语 tsmitsmi < *timi-timi。“雾”布鲁语 dimu < *dimu。“雨”萨摩亚语 timu < *timu。

“雾”维吾尔语 tumɑn，撒拉语（bus）dumɑn < *tum-an。

“烟”梵语 dhumah，古教堂斯拉夫语 dymu，古波斯语 dumis，立陶宛语 dumai。“云”俄语 tjma < *tima。

18.“云、天、雾、太阳”*napu

“雾”彝语武定话 n̠i⁵⁵，弥勒话 nɑ³³vu³³ < *nabu。

南亚语“天”柬埔寨文 nəbʰa < *nəba。

南岛语“云”塔纳语、夸梅拉语 napua < *napu-ʔa。

“云”拉丁语 nebula，古斯拉夫语 nebo、nebes-，希腊语 nephos、nephele，威尔士语 niwl。希腊语 mynnepho < *mu-nebo。“雾”梵语 nábhs，德语 nebel，拉丁语 nebula，希腊语 nephélē；“天”梵语 nabhas-。

芬兰–乌戈尔语系“太阳、白天”匈牙利语 nap < *nap。“太阳、阳光”匈牙利文 napsugar < *nap-sugar（太阳–照射）。

“云”爱斯基摩语 nuvujak < *nubula-k（*-k 名词后缀，现为名词复数后缀）。

高加索语系“鬼”格鲁吉亚语 mɔtʃvɛnɛba < *mokʷe-neba。

塞音鼻化，*nab > *nam。

“天”藏文 gnam，墨脱门巴语 ŋam < *g-nam < *g-nab。藏语夏河话 hnam < *s-nam，博多语 aʃnam < *ʔas-nam。

19.“地、低的、脏的”*le

“（田）地”却域语 le⁵⁵，土家语 li⁵³ < *le。“地”布依语 la³ti⁶ < *ʔle-dis。“田”侗语南部方言 ja⁵，毛南语 ʔja⁵，仫佬语 ʔɣa⁵ < *ʔ-la-s。“地”苗语养蒿话 ta¹，高坡话 qə-tæ¹，巴哼语毛坳话 qa-le¹ < *q-le。“脏的”壮语武鸣话 hei²，布依语 ji² < *li。

“低、矮的”巴琉语 laːi⁵³，莽语 le⁵¹ < *li。

南岛语“脏的”萨摩亚语 ʔeleʔele-a < *ʔele-ʔele。

“地、地方，屎、脏”英语 soil，“泥泞的地方”古法语 soille < *so-le。

亚非语系乍得语族“地”古尔登语（Gurduŋ）yil，嘎莫语（Ngamo）’eli <

*ʔeli。

（1）派生，*li > *li-n

汉语"田" *din < *lin。"畋" *din < *lin，《说文》："平田也。""地"泰语din²，布依语dɛn¹，德宏傣语 lin⁶ < *ʔ-lin。"田"苗语养蒿话 ȵi²，畲语多祝话 nin²，勉语览金话 giːŋ² < *glin。

（2）派生，*le > *le-ŋ，*la > *la-ŋ

汉语"场" *laŋ > *daŋ，一曰田不耕，一曰治谷田也。"（田）地"错那门巴语 leŋ³⁵，嘉戎语 sɐ ʒən < *sa-leŋ。"田地"藏文 sa ʑiŋ < *sa-liŋ。

20."地、土、灰尘、下方" *ka、*ga

"地、土"景颇语 ka⁵⁵ < *ka。藏文 sa，藏语夏河话 sha < *s-ka。

派生，*gʷa > *gʷra，*ka > *kre 等。

汉语"下" *gra-ʔ > *ɣraʔ，《说文》："底也。""下方"缅文 ɑ¹kre³，阿昌语 a³¹the³¹ < *kre。

南亚语"红土"蒙达语 giru < *giru。

希腊语"田野"agros，"地"tʃhera < *gera。"土、脏"俄语 griazj < *gra-ri。"泥、黏土"粟特语 ɣirē < *gire。"脏的"匈牙利语 tragar < *tra-gar。

亚非语系乍得语族"灰尘"豪萨语 ʔkura < *ʔ-kura。

21."地、下（面）" *te、*da

"下（面）"侗语、水语 te³ < *te-ʔ。勉语江底话 dje³，大坪话 di³ < *ʔ-de-ʔ。

南岛语"土"鲁凯语 daə，罗地语 tae < *da-ʔe。马纳姆语 ʔateʔa < *ʔate-ʔa。"下（面）"拉加语 ata，宁德娄语 aⁿdˀi < *ʔa-de。

南亚语"地面、田野、地"蒙达语 ode < *ʔo-de，"低的"克木语 deʔ < *de-ʔ。

"灰尘"土族语 sdziː < *s-di，蒙古语 tos。"沙子样的"古英语 sandig < *sadi-g。

"沙子"阿伊努语 ota < *ʔo-ta。

科伊桑语系"土地"科伊科伊语 !hū-b < *ʔʈhu。

（1）派生，te > *ke-te

"地"博嘎尔珞巴语 kə teː < *ke-te。"地"布努语 ka¹te¹，苗语腊乙坪话 qɔ¹tu¹ < *ka-te。

尼罗–撒哈拉语系卡努里语"土"（名词）katti，"有沙的"（形容词）kattia。

（2）词根重叠，te > *tedi

"土"日语 tsˠltɕi < *tuti。达罗毗荼语系"干土、地面"曼达语 tōɖi < *todi。

（3）派生，*da > *da-r，*tu > *tu-r

汉语"地（墬）"*dar-s。"陲"*dʷjar > *ʑuar。"地、灰尘"嘉戎语 ndər < *m-dər。"灰尘、污秽"藏文 dri。

"土"土耳其语 jir < *dir，撒拉语 toraq < *tora-q。"地"维吾尔语 jɛr，哈萨克语、图瓦语 dʒer < *der。"地方"日语 atari < *ʔa-tari。"灰尘"土耳其语 toz，西部裕固语 doz，维吾尔语、哈萨克语 tozaŋ < *tora-ŋ。"飞尘"达斡尔语 tuɑrəl < *tura-l。满文 toran < *tora-n。"灰尘"日语 tɕiri < *tiri。"脏的"中古朝鲜语 tərəpta < *dərə-。

南岛语"地"邹语 tseoa < *tero-ʔa。"脏的"托莱语 dur < *dur。"脏的"印尼语 kotor，马都拉语 kutur，亚齐语 kutɔ < *ku-tor。"土、泥、脏"阿伊努语 toj < *tor。

"土"意大利语、葡萄牙语 terra，梵语 dhara < *dera。"陆地"梵语 deʃe < *dere，"低的"和阗塞语 dira- < *dira，"较低的"梵语 adhara- < *a-dara-。

"下面的"格鲁吉亚语 dzirs < *dir-s。

达罗毗荼语系"垃圾"贡底语（Gondi）duṛi。

尼罗-撒哈拉语系"脏的"卡努里语 durdari。科伊桑语系"灰尘"科伊科伊语 tsara-b < *tara。

（4）派生，*tiri > *tiri-k（-g）等

"腐烂的"土耳其语 tʃyryk，维吾尔语 tʃirik，哈萨克语 ʃirik < *tirik。"腐烂的"西部裕固语 jizəɣ < *dirig。

22. "地、土、沙子、神、脏的"*gʷala、*gila

"旱地"壮语武鸣话 ɣei⁶，布依语 zi⁶，仫佬语 hɣaːi⁵ < *gli-s。

汉语"野"*glja-ʔ > *jaʔ，《说文》："郊外也。""墅"*gʷlja-ʔ > *ʑjoʔ，《玉篇》："田庐也。""神"史兴语 gr³³ɬa⁵⁵ < *gila。

"土、地"东部斐济语 gele，西部斐济语 gʷele < *gʷele。"地"威尔士语 gwlad < *gula-d。"黏土"葡萄牙语 argila，意大利语 argilla < *ar-gila。

芬兰-乌戈尔语系"土"芬兰语 kolo。

"地下的精灵"阿卡德语 galas。

尼罗–撒哈拉语系"田野"卡努里语 kulo。

（1）首辅音演变，*gʷala > *dala

"地"藏文 thal < *dal。汉语"壏"*djal > *ʑan，平整的场地，《说文》："野土也。"

"草原"蒙古语 tɑl，东部裕固语 tɑlɑ < *tala。

南亚语"地、泥土"布兴语 dal < *dal，"地"柬埔寨文 thli < *dili。

印第安语"地"那瓦特尔语 tlalli < *dal-li（-li 名词后缀）。

亚非语系乍得语族"泥"巴德语 təlón < *telo-n。

（2）派生，*gar > *gar-ga

"泥"和阗塞语 kha rgga- < *garga。

23."地、泥"*dik、*doke

"地"壮语武鸣话 tiːk⁸ < *dik。

南岛语"泥"邹语 diŋki < *diki。

"土、地"阿尔巴尼亚语 tokë < *toke。

高加索语系"土"格鲁吉亚语 niadagi < *ni-adagi。

"泥、土"斯瓦希里语 udongo < *-dogo。

第二辅音演变，*toka > *topa。

"泥土"维吾尔语 topɑ < *topa。"土"蒙古语和静话 ʃabɑr，鄂伦春语 ʃiwar（稀泥）< *tiba-r。

南岛语"土"布昂语 dob < *dob。

24."土、泥、灰尘、灰烬、脏的"*bʷer、*pʷur

汉语"坟"*bʷjər > *bʷjən，地的鼓起。《诗经·周南·汝坟》"遵彼汝坟""坟"，大堤。"灰尘"墨脱门巴语 phur。

"土"蒙古语和静话 ʃabɑr，鄂伦春语 ʃiwar（稀泥）< *ti-bar。

南岛语"土"毛利语 paru < *baru。"泥"塔希提语 vari paruparu < *bʷari-paruparu。"下（面）"亚齐语 baroh < *baro-q。

南亚语"灰尘"布兴语 pah < *par。mah pɔr < *mar-por。

"泥"西班牙语 barro。"较低的"梵语 apaːra。

"尘土、泥土"阿拉伯语 afar < *a-pʷar。乍得语族"灰尘"巴德语 bərbə̀rən < *bər-。

尼罗–撒哈拉语系"田野"扎尔马语 fari ＜ *pʷari。"灰尘"卡努里语 bərbər。

（1）塞音鼻化，*bʷri ＞ *mri，*bʷar ＞ *mar 等

汉语"霾"*mrə。"土"缅文 mre² ＜ *mri。"灰尘"普列查语 məri。"土、地"怒苏语 mɹɯ⁵⁵mɹi³³ ＜ *mri。

南岛语"旱地"卑南语 maruamaru ＜ *maru。

南亚语"旱地"布朗语曼俄话 mah³⁵，德昂南虎话 mar ＜ *mar。

（2）辅音紧缩，*para ＞ *pra

"灰尘"错那门巴语 pra⁵³，却域语 ptʂa⁵⁵ ＜ *pra。"灰烬"缅文 prɑɑ² ＜ *pra。"泥巴"基诺语 a⁴⁴prɶ⁵⁵ ＜ *ʔa-pro。"地、干土"黎语保定话 van¹，中沙话 ran¹ ＜ *ʔ-bʷra-n。

（3）流音交替，*bʷore ＞ *bula

哈卡钦语"土"vole ＞ *bʷole，"地"volei ＜ *bʷole-ʔi。

南岛语"土"多布语 bala ＜ *bala。"低的"马那姆语 ibala ＜ *ʔi-bala。

（4）派生，*bura ＞ *bura-gi（-k）

"灰尘"满文 buraki，赫哲语 burəngi ＜ *buragi；"土"朝鲜语 huurk ＜ *pʷurəg。

南岛语"灰尘"巴拉望语 purək ＜ *puruk。"土"马绍尔语 pᵚiretʃ ＜ *pirek；卡乌龙语 epluk ＜ *ʔepluk。"黑的"布昂语 bərik ＜ *birik。

"脏的"意大利语 sporco ＜ *s-porko，波兰语 brudzątsy ＜ *brug-ti。"脏的"阿尔巴尼亚语 fëllikjur ＜ *bʷeliki。

（5）塞音鼻化，*brug ＞ *mrug，*brak ＞ *mrak

达罗毗荼语系"脏的"泰卢固语 muriki ＜ *muriki。

"夜、暗"俄语 mrak ＜ *mrak。"暗"波兰语 zmrok ＜ *r-mrak。

25."地、土、低的、烂的"*leda

"烂的"景颇语 jat³¹，墨脱门巴语 jit ＜ *lat。

南岛语"平地、田野"萨萨克语 ləndaŋ ＜ *ləda-ŋ，帕玛语 alet ＜ *ʔalet。

"土、地"古英语 land、lond，哥特语、古弗里斯语 land，波兰语 lądᶻ ＜ *lad。"荒芜的土地"古教堂斯拉夫语 ledina。

流音交替，*leda ＞ *reda。

南岛语"低的"印尼语 rəndah，米南卡保语 randah ＜ *rada-q。

"地、土、干地"古英语 eorÞe，古弗里斯语 erthe，古高地德语 erda ＜ *erda。
"腐烂的"英语 rotten，古挪威语 rotna（腐烂）＜ *rot-。

"地"爱沙尼亚语 rand ＜ *rad。"腐烂的"匈牙利语 romlott ＜ *rom-lot。

"地"古希伯来文 erets，希伯来语 eretz，阿拉伯语 'arʤ，叙利亚语 'ar'a，马耳他语 art，阿卡德语 erṣetu ＜ *ered。

26. "地、土、田" *na

"田、水田"壮语武鸣话 na²，临高语 nia² ＜ *na。

南岛语"地"印尼语 tanah，亚齐语 tanɔh，雅美语 tana ＜ *ta-na-q。"土"毛利语 ona ＜ *ʔona，oneone。拉巴努伊语 ʔoʔone。

"地"满文、赫哲语、锡伯语 na ＜ *na。

派生，*na ＞ *na-m。

"地、干土"壮语 naːm⁶。

南岛语"地、土"雅贝姆语（Yabim）nom ＜ *nom。"泥"夸梅拉语 nəmər ＜ *nom-ər。

27. "岩石、山、硬的、磨" *go、*kʷa

"石头"土家语 ɣa²¹（pa²¹）＜ *ga。"山"博嘎尔珞巴语 o go ＜ *ʔa-go。

"磨（刀）"勉语江底话 dzjou⁵，览金话 gjou⁵′ ＜ *ʔ-gjo-s。"磨（面）"毛南语 ŋwa⁵ ＜ *ʔgʷe。

高加索语系"石头"格鲁吉亚语 kva ＜ *kʷa。

芬兰-乌戈尔语系"石头"匈牙利语 kö ＜ *ko。"小山"芬兰语 keko。

（1）派生，*ka ＞ *ka-ŋ，*ga ＞ *ga-ŋ

汉语"冈（岗）" *kaŋ ＜ *m-kaŋ，《说文》："山骨也。""京" *kjaŋ《说文》："人所为绝高丘也。"藏文"小山"sgaŋ，"土墙"gyaŋ。"山"傣语 kɔŋ²，黎语通什话 gaŋ¹ ＜ *ʔ-gaŋ。

（2）派生，*ka ＞ *ka-r，*ga ＞ *ga-r

"石头"错那门巴语 kɔr ＜ *kor。汉语"干" *kal ＞ *kan，厓也。汉语"垣" *gʷjar ＞ *ɣʷjan，《说文》："墙也。""院（宛）" *gʷjar-s ＞ *ɣʷjans，《说文》："宛，周垣也，夗声。"藏文"营地、寺院"sgar，"碉堡"mkhar ＜ *m-gar。

南岛语"硬的"亚齐语 kruˀh，米南卡保语 kareh ＜ *kares。"沙子"萨萨克语 gəres。"峭壁"罗维阿纳语 saɣaru ＜ *sa-garu，"山"togere ＜ *to-gere。

南亚语"硬的"佤语马散话 krɔh，布朗语曼俄话 kɔh ＜ *kros。"山坡"布朗语胖品话 goi⁵¹，德昂语南虎话 tɕur，茶叶箐话 dʒur < *gur。

"上面、往上"突厥语族语言 *dugeri < *du-geri；"高的"维吾尔语 juquri，哈萨克语 dʒoʁarə，塔塔尔语 joʁarə < *dugari。

"石头"亚美尼亚语 khar < *gar。"山"俄语、波兰语 gora。"小山"古挪威语 haugr，立陶宛语 kaukara < *kagara。"坚硬的"古英语 heard，古高地德语 harto，哥特语 hardus < *kor-。

芬兰–乌戈尔语系"硬的"芬兰语 ankara < *a-kara，匈牙利语 szigorü < *sigoru。"铁"匈牙利文 kard，当借自日耳曼语"坚硬的"*kor-d。"硬的"格鲁吉亚语 magari < *ma-gari。

（3）塞音鼻化，*gʷar > *ŋar

汉语"硪"*ŋar《说文》："石皚也。""巘"*ŋjar-ʔ，小山。

（4）派生，*gre > *gre-k

汉语"砾"*grek > *riek，《说文》："小石也。""石头"缅文 kjɔk < *krok。"硬的"藏文 mkhregs po < *m-krek-s。阿昌语 kz̩ak⁵⁵ < *krak。

"石头"威尔士语 carreg < *kareg。"岩石"古英语 crag，古爱尔兰语 crec、carrac（峭壁）。"重的"和圆塞语 ggarkh- < *gar-k。

高加索语系"山"格鲁吉亚语 gɔrakhi < *goragi。

28."山、石头、硬的"*gal、*kal

"石头"苗语养蒿话 ɣi¹，勉语览金话 gjau¹，三江话 lɔu¹ < *ʔ-gle。

"沙子"壮语柳江话 hje⁵，邕南话 hle⁶ < *gles。

"山"蒙古语书面语 ɑɣulɑ，东部裕固语 uːlɑ < *ʔagula。

南岛语"山"莫图语阿罗玛方言 golo < *golo。

"山"拉丁语 collis，古英语 hyll，希腊语 kolonos，哥特语 hallus（岩石）< *koli-。

"石头、岩石"泰米尔语 kallu < *kalu。

亚非语系"石头"希伯来语 gal 'en < *gal-。

澳大利亚土著语言"岩石"阿雅巴杜语（Ayabadhu）kul'a < *kul-ʔa。

（1）首辅音演变，*gole > *dole，*gale > *dale

"石头"土耳其语、维吾尔语 taʃ，图瓦语 daʃ < *tal。朝鲜语 toːl < *dol。"石头"赫哲语 dzolu，鄂温克语、鄂伦春语 dʒɔlɔ < *dolu。

南岛语"山"东部斐济语 delana < *dela-。"硬的"达密语 totol < *tol。

"山谷"古英语 dale，古高地德语 tal，古教堂斯拉夫语 dolu < *dalo。印第安语"山"阿巴齐语 diɬ < *dil，"小石头"daʃtʃhine < *dal-。

亚非语系"山峰、小山"阿拉伯语 tall，希伯来语 tel。

科伊桑语系"石头、山"博茨瓦纳科洪语 ǀūle < *ʔtule-。

（2）流音交替，*dol > *dor

"磨（刀）"藏文 rdor < *r-dor，阿力克藏语 ɣdar < *g-dar。"硬的"墨脱门巴语 kak tar < *kak-tar。汉语"埵"*tʷar-ʔ《说文》："坚土也。""腄"*tʷjar《说文》："瘢胝也。"

"石头"中古朝鲜语 torh < *dor-s。

南岛语"山"伊拉鲁吐语 tarɔ < *taro。"矮山"巴塔克语 tɔr < *tor。

"硬的"梵语 dur。和阗塞语 dūra- < *dura。"变硬"拉丁语 durare < *dura-re。"石头"梵语 adri。

29. "土山、石头、堆"*bʷo

汉语"附"*bʷjo-s《说文》："小土山也。""阜"*buʔ《释名》："土山曰阜。"汉语"培"*bʷo-ʔ《说文》："培敦。""山"彝语喜德话 bo³³，木雅语 mbo⁵³ < *bo。"山"苗语养蒿话、枫香话 pi⁴，高坡话 pe⁴ < *be-ʔ。

（1）派生，*pʷo > *pʷo-ŋ

汉语"封"*pʷjoŋ《说文》："爵诸侯之土也。""邦"*proŋ《说文》："国也。"藏文"领有"dbaŋ < *d-baŋ。"堆（起）"spuŋ。

（2）派生，*pa > *pra，*ba > *ba-r

"岩石"阿昌语 pzaŋ < *pra-ŋ。

南岛语"山"沙阿鲁阿语 mavaruaru < *ma-bʷaru。"石头"卑南语 barasaʔ < *bara-saʔ。多布语 tabar < *ta-bar。

（3）派生，*bra > *bra-k

"岩石"藏文 brag，嘉戎语 prak < *brak。独龙语 pɹɑʔ⁵⁵luŋ⁵⁵ < *prak-luŋ。汉语"碌"*brok。

"山"德语、瑞典语 berg，丹麦语 bjerg。"冰山"英语 iceberg < *ice-berg。

"山"格鲁吉亚语 gɔrakhi < *goragi。

（4）流音交替，*pra > *pla

"石头、石山"仫佬语 pɣa¹ < *pla。

南岛语"山"巴厘语 bululu，达阿语 bulu，贡诺语 buluʔ < *bulu。"岛"爪

哇语、巽他语 pulo，印尼语 pulau＜*pula-ʔu。"石头"阿杰语 peja＜*pela。

南亚语"山"莽语 pəl³¹，户语 mal³¹＜*bol。

"石头、岩石"德语 fels＜*pʷel-s。"山"古挪威语 fiall＜*pʷel。

（5）派生，*pʷal＞*pʷal-ge

"闲地"古英语 fealh，高地德语 felga，东部弗里斯语 falge＜*pʷalge。

30．"石头、沙子、岛、高的、硬的"*do、*to

"石头"藏文 rdo＜*r-do。"岛"汉语 *tuʔ＜*tu-ʔ。

"石头"鄂罗克语 onto＜*ʔoto，ondo＜*ʔodo。"沙子"阿伊努语 ota＜*ʔota。

南岛语"石头"嫩戈内语 ete＜*ʔete。"硬的"爪哇语 atɔs，巴厘语 katos＜*ʔatos。

"高的"满文 etuhun＜*ʔetu-qun。柯尔克孜语 ødø＜*ʔodo。

印第安语"岩石"阿巴齐语 tseː＜*te。"石头"那瓦特尔语 te-tl＜*te。

派生，*te＞*s-te。

"石头"古英语 stan，古挪威语 steinn，古弗里斯语 sten＜*ste-n。

31．"山、山谷、石头、河沙"*leg、*lok

汉语"峪"*ljok《玉篇》："山也。"

"山谷"纳西语 lo²¹，吕苏语 luo³³ku⁵⁵＜*loku。"山谷"壮语龙州话、柳江话 luk⁸＜*luk。"山"剑川话 sv⁴²＜*lek。独龙语 lɯ³¹kɑ⁵⁵＜*luka。

"山"鲁凯语 ləgələg＜*legə-legə。

达罗毗荼语系"山谷"曼达语 lōŋkā＜*loka。

科伊桑语系"河沙"科伊科伊语 ǁkhae-b＜*ʔlkha-e。

流音交替，*lok＞*rok。

"石头"史兴语 ra³³ʁa⁵⁵＜*raga。"岩石"道孚语 rdza，普米语兰坪话 rgɑ＜*rga。

"山"泰雅语 rəgijax＜*reg-raq。

"崖、岸"蒙古语 ərəg，达斡尔语 əriqj＜*ʔə-rigi。

"岩石"俗拉丁语 rocca，古北方法语 roque，古英语 rocc＜*roke。

32．"山、上面、额"*tobe

"额"木雅语六巴话 te⁵⁵pæ⁵³＜*tepo。

"山岗、上面、顶部"维吾尔语 tøpɛ，哈萨克语 tøbe＜*tobe。

南岛语"额"木鲁特语 dabas，布昂语、吉利威拉语 daba。

"顶点"古英语 top。"端点"古荷兰语 topp，古弗里斯语 top。"额"希腊语 metob、metebo < *me-tebo。

尼日尔–科尔多凡语系"山"祖鲁语 intaba < *-taba。

33."石头、山、高的、打击、硬的"*tag、*dak

汉语"石"*djak > *ʐak。"斫"*tjak《说文》："击也。"

"山"土耳其语 daɣ，维吾尔语 taʁ，西部裕固语 daɣ < *tag。"高的"日语 takai < *taka-ʔi。"石头"朝鲜语淳昌话 tok。

南岛语"石头"吉利威拉语 dakuna < *daku-na。马绍尔语 dekæ < *deka。"硬的"鲁凯语 matəkə < *ma-təkə，阿美语 ʔatəkak < *ʔa-təka。"硬的"他加洛语 tigas，巽他语 tias < *tiga-s。卑南语 maʈuʔa < *ma-tuʔa。

芬兰–乌戈尔语系"石头"匈牙利语 tök < *tok。

印第安语"山"达科他语 pahataŋka < *bala-daga。

34."山、山谷、陆地、岛、沙子"*la、*li

"山"藏文 la < *la。汉语"阿"*ʔal《说文》："大陵也。"

"平矮山"满文 ala < *ʔala。"山"满文 alin，锡伯语 ɛlin < *ʔali-n。

（1）流音交替，*li > *ri

"山"藏文 ri。南岛语"山"莫图语 ororo。达密语 arei < *ʔare-ʔi。

（2）派生，*la > *s-la（li）

南岛语"山"罗图马语 solo，雅贝姆语 saliʔ（山谷）< *sali。

"平矮山"蒙文 sili < *sili。"石头"柬埔寨文 selaː < *sela。

高加索语系"沙子"格鲁吉亚语 sila。

（3）流音交替，*sla > *sra

汉语"山"*sra-n。

"山、陆地、岛"阿伊努语 sir < *sira。"山峰"东部裕固语 ʃoroŋ，蒙古语和静话 ʃoroŋ < *siron。

"山"亚美尼亚语 sar。

35."石头、山坡、悬崖"*gam、*gab

"石头"藏文 rgyam < *r-qjam，"悬崖"景颇语 n³¹kam³¹ < *-gam，"山坡"达让僜语（xɑ³¹）gum⁵⁵ < *-gem。

"石头"芬兰语、爱沙尼亚语 kivi < *kibʷi。

亚非语系"小山"希伯来语 giv'ah < *gabʷ-。

科伊桑语系"山"三达维语 gáwâ＜*gabʷa。

36."水、流、湿的"*li

"流"壮语、傣语 lai¹＜*ʔ-li。

"水"格曼僜语 a³¹li³⁵，博嘎尔珞巴语 a li＜*ʔa-li。

南岛语"流"爪哇语 m-ili，乌玛语 mo-ʔili＜*ʔili。

南亚语"流汗"户语 li³³＜*li，"流"布朗语 l̩ εi³⁵＜*s-li。

"湿的"古突厥语 øl，维吾尔语 høl，图瓦语 øl＜*ʔol。撒拉语 ojʃi＜*ʔoli。

印第安语"水"玛雅语 ʔja＜*ʔla。

派生，*li＞*li-r（ra）。

汉语"水"*qʷ-lir-ʔ。"洟"*ljir《说文》："鼻液也。""流、漏"夏河藏语 zər ＜*ljər。

南岛语"水"泰雅语赛考利克方言 qəsijaʔ，赛德克语 qasia＜*qə-lira。"流"印尼语 məŋ-a-lir。"流、游水"托莱语 əlir＜*ʔa-lir。

"流"佤语阿佤方言 lih＜*lir。

"水"阿尔巴尼亚语 ujëra＜*u-lora；亚美尼亚语 jur＜*lur。

"下雨"苏美尔语 ʃur＜*lur。

37."水、雨、河、湖、喝"*gʷa

汉语"雨"*gʷja-ʔ《说文》："水从云下也。""雩"*gʷja《说文》："夏祭，以祈甘雨也。"

汉语"湖"*gʷa，"渠"*gʷa。"浣"*gʷa-n，洗也。"湖、海"白语 ko²¹＜*go。"雨"古隆语 wa＜*gʷa。"水"卢舍依语 tui，古龙语 kui＜*kʷi。

南岛语"河、水"瓜依沃语 kʷai，布鲁语 wae，菲拉梅勒语 vai＜*gʷa-ʔi。"水、河，液体"大瓦拉语 goilo＜*go-ʔilo，"水"宁德娄语 gʷa。

"雨"满文 aga，锡伯语 aχa。

"水"西班牙语、葡萄牙语 agua，意大利语 acqua＜*agʷa。"喝"赫梯语 egʷ。"河"古英语 ea，哥特语 ahwa，拉丁语 aqua（水、雨、海）＜*akʷa。

亚非语系乍得语族"河"豪萨语 kogi。

（1）塞音鼻化，*gʷa＞*ŋʷa

汉语"浒"*s-ŋʷa-ʔ＞*hʷaʔ，《尔雅》："水厓也。"

（2）派生，*ga＞*ga-l

汉语"河"*gal《说文》："出焞煌塞外昆仑山，发原注海。"

南岛语"水、河"罗维阿那语 kolo＜*kolo。

南亚语"雨"德昂语硝厂沟话 glai，南虎话 klǎi＜*gli。

"河"蒙古语 gol，东部裕固语、西部裕固语 Gol，维吾尔语 køl，土耳其语 kol（支流），撒拉语 gol（湖）＜*gol。

（3）派生，*ka＞*ka-r，*go＞*go-r

"雨"达让僜语 kɑ⁵⁵ɹɑ⁵⁵＜*kara。"汗"独龙语 gɯɯ⁵⁵＜*gur。南岛语"水"多布语 kʷar。

38."水、雨、露水、河、湿的"*da、*du

"水、河、湖"藏文 tɕhu＜*dju。"河"壮语武鸣话、布依语 ta⁶＜*da-s。

南岛语"雨"乌玛语 uda，东部斐济语 uða，劳语 uta，汤加语、夏威夷语 ua＜*ʔuda。"雨"罗地语 udan＜*ʔuda-n；印尼语 hudʒan，亚齐语 udʒɯɯn＜*quda-n。

"水"巴琉语 ⁿde＜*ʔ-de，"湿的"桑塔利语 oda＜*ʔoda。

"雨"鄂温克语 ʊdʊn＜*ʔudun，"泉"日语 idzˀme＜*ʔidu-me（水–眼睛）。

"水"古教堂斯拉夫语、俄语 voda，古波斯语 wundan，古挪威语 vatn＜*u-adan。"流水、小溪"阿维斯陀经 adu。"水"巴斯克语 uda-。

科伊桑语系"下雨"科洪语 !áa＜*ʔʈa-ʔa，"河"科伊科伊语 !ā-b＜*ʔʈa。

（1）派生，*da＞*dara

"雨"藏文 tɕhar（po）＜*djar。"水"那加语坦库尔方言 tɑra，邝奥依方言（Khangoi）dērū＜*daru。

南岛语"露水"乌玛语 siⁿtoruʔ，达阿语 taⁿtoru＜*si-toru。

"河"维吾尔语 derja，哈萨克语 dærija，乌孜别克语 dærjʌ＜*darira。"水沟"朝鲜语 toraŋ＜*dora-ŋ。"汗"维吾尔语 ter，图瓦语 deːr，西部裕固语 ter。"口水"图瓦语 dʒɑrɑː＜*dara。鄂伦春语 dʒyji＜*duri。日语 jodare＜*lo-dare。"脓"蒙古语 idəː，土族语 ideː，布里亚特方言 idəːrj＜*ʔi-deri。

"河"乌尔都语 darya＜*darja。"水"梵语 udra-，希腊语 ydor＜*udor。赫梯语 waːtar，古英语 wæter，古高地德语 wazzar＜*uador。阿尔巴尼亚语 ujëra＜*udora。巴斯克语"喝"edari。

尼罗–撒哈拉语系"下雨"卡努里语 duro。

科伊桑语系"河"科伊科伊语 !gari-b＜*ʔɖari。

（2）流音交替，*dara > *dala

"河"土家语 tsie²¹la²¹ < *dila。

39."水、雨、湖、海、湿的、喝"*mʷa

"雨"缅文 mo³，嘉戎语 mə < *mu。

南岛语"水"莫图语莫图莫图方言 ma < *ma。

印第安语"水"车罗科语 a ma，木豪克语（Mohawk）awa < *ʔa-mʷa。

亚非语系"水"古埃及语 mo。希伯来语 mayim，阿拉伯语 meyaħ < *ma-lim。乍得语族"水"巴德语 āmə́n < *ʔa-mə-。

高加索语系"喝"格鲁吉亚语 sma < *s-ma。

（1）鼻音塞化，*mʷa > *bʷa

"河"毛利语 awa < *ʔa-bʷa，"雨"莫图语卡巴地方言 opa，"湖"梅柯澳语 ofu < *ʔopʷu。"液汁"阿伊努语 be < *be。

"水"梵语 ambu、apaḥ < *abu。波斯语 ab。"啤酒"古斯拉夫语 pivo < *pibʷo。

芬兰-乌戈尔语系"湿的、泡"匈牙利语 ivas < *ibʷas。

"湖、海"苏美尔语 ba。

（2）派生，*bʷe > *su-bʷe，*bʷa > *se-bʷa

"水"古突厥语 sub，图瓦语 suw，土耳其语 sivi < *subʷi。蒙古语 uʃ，达斡尔语 usu < *ʔusu。

南岛语"湿的"宁德娄语 sabu < *sabu。"鼻涕"夏威夷语、塔希提语 hūpē < *sube。萨摩亚语 isupē < *ʔi-sube。

"湖"哥特语 saiws < *sebʷs。"雨"吐火罗语 ₐ swase < *sbʷase。"雨"吐火罗语 ₐ swase < *sbʷase。"汤"中古荷兰语 sop。"面包蘸汤"拉丁语 suppa。

高加索语系"湿的"格鲁吉亚语 svɛli < *sbʷe-。

40."水、雾、雨"*gor、*gri

"水"墨脱门巴语 ri，缅文 re²，怒苏语 ɣri³³ < *gri。"水、河"道孚语 ɣrə < *gre。

"雨"白语碧江话 dʑeꞋ⁴² < *gre。"鼻涕"义都珞巴语 a³¹nde⁵⁵khɻe⁵⁵ < *ʔade-gri（鼻子-水）。

"雾"日语 kiri < *kiri。

南岛语"水"多布语 kʷar < *kʷar，"泪"mata kʷar < *mata-kar（眼睛–水）。"湿的"希腊语 ygros < *i-gro-s。

（1）流音交替，*gri > *gli

"泪"哈卡钦语 mit ktli < *mit-kli（眼睛–水）。

南亚语"雨"德昂语硝厂沟话 glai，南虎话 klǎi < *gli。

（2）派生，*kro > *kro-ŋ，*klo > *klo-ŋ

汉语"江"*kroŋ。"河"佤语马散话 kloŋ < *kloŋ。

41."水、流"*re

汉语"潦"*re，雨水大貌，雨后积水。

南岛语"水"贡诺语 ere < *ʔere。

"溪、沟渠"维吾尔语 eriq < *ʔeri-q。

"跑、流"希腊语 reo < *re-。"跑、流"古英语 irnan < *ir-na-n。

芬兰–乌戈尔语系"流"匈牙利文（名词）ar，（动词）ered < *ere-d。

达罗毗荼语系"水"曼达语 ēr，科拉米语 i:r，贡底语（Gondi）ēr，贡达语（Konda）ēru，朋格语（Pengo）ēz < *eɽu。"溪流"曼达语 ōrrē，"河"泰米尔语 āɽ。

尼罗–撒哈拉语系"水"扎尔马语 hari < *qa-ri。

42."水、血、尿、喝、潮湿"*lam

"水"壮语武鸣话 ɣam⁴，布依语 zam⁴ < *lam-ʔ。汉语"淫"*ljəm。"浸润"藏文 lum。"喝"临高语 lum⁴，水语 ɣum⁴ < lom-ʔ。泰语 duːm⁵，西双版纳傣语 dum⁵ < ʔ-ləm-s。"泡（饭）"壮语柳江话 laːm⁶ < *lam-s，毛南语 ndaːm⁵ < *ʔ-lam-s。"露水"壮语武鸣话 ɣam⁴ɣaːi² < *lam-li（水–水）。

南岛语"水"排湾语 dzalum < *da-lum，沙阿鲁阿语 saɬumu < *sa-lum。

南亚语"湿润"蒙达语 lum < *lum，"沉，淹"巴琉语 ɬam⁵³ < *lam。

科伊桑语系"水"科伊科伊语 ‖gam-mi < *ʔlam。

*n-、*l- 交替。

"水"泰语、壮语龙州话 nam⁴，水语、毛南语、黎语 nam³ < *namʔ。

"雨"错那门巴语 nam³⁵，独龙语 nam⁵³ < *nam。"河"黎语通什话 nam³ < *ʔnam。

南岛语"水"阿美语 nanum；"喝"雅美语 inom，摩尔波格语 inum，巴拉望语 m-inum < *ʔi-num。

南亚语"沉入水中"桑塔利语 unum < *ʔu-num。"血"佤语、德昂语 ŋ̍am，

莽语（ma³¹）ham⁵¹ < *s-nam。"尿，撒尿"柬埔寨文noːm < *nom。

"潮湿的"保安语sɑnəm < *sa-num。柯尔克孜语nem，维吾尔语nɛm < *nem。土耳其语nemli < *nem-li。"湿的"阿尔巴尼亚语njomë < *nom-o。

亚非语系乍得语"尿"namasu。

尼罗–撒哈拉语系"尿"卡努里语namasu < *nama-su。

43. "水、尿、泪、喝" *mo、*mi

"水"苗语养蒿话ə¹，石门话au¹，勉语览金话wɔm¹ < *ʔom。

南亚语"水"德昂语ʔɔm，布朗语ʔum³⁵ < *ʔom。"云"佤语马散话ka ʔɔm < *ka-ʔom。"洗身子"桑塔利语um < *ʔum。"洗澡"莽语ʔom⁵¹ < *ʔom。"泪"克木语ʔŏm măt < *ʔom-mat（水–眼睛）。

"池"满文omo < *ʔomo。"海"日语umi < *ʔumi。"喝"锡伯语œmim，赫哲语omi- < *ʔomi。鄂温克语ɯmɪ-，鄂伦春语ɪm- < *ʔimi。

南岛语"喝"邹语m-imo，罗图马语ʔimo < *ʔimo。"喝"托莱语momo，吉利威拉语 -mom < *momo。卡乌龙语um，大瓦拉语uma < *ʔuma。邹语mimo < *mimo。"尿"查莫罗语mimi，夏威夷语mǐmǐ < *mimi。

"喝"亚美尼亚语xmel < *qme-l。

（1）派生，*mo > *s-mo

汉语"海"*smə-ʔ > *həʔ。

（2）鼻音塞化，*mi > *bi

"湿的"壮语bai⁵ < *ʔbi-s。"尿"木雅语bi²⁴，纳西语bi³³ < *bi。

南岛语"湿的"卡乌龙语pis < *pis。

44. "水、河、雨露、尿、潮湿的、洗" *dok

"水"哈尼语du̱³³ < *duk。"洗"黎语保定话doːk⁷ < *ʔdok。

"洗"日语sentaku < *se-taku，"潮湿的"dʒiku-dʒiku < *diku。"洗"土耳其语jika- < *dika，jikan- < *dika-n。"尿"满文sike，锡伯语çik，赫哲语tɕikə < *tikə。

南岛语"露水"塔几亚语dog < *dug；达密语tetok < *tuk。

南亚语"雨，下雨"桑塔利语dakh < *dak。"水"尼科巴语dāk，蒙达语dāᵏ，桑塔利语dakh < *dak。

亚非语系乍得语族"河"巴德语duwan < *dugʷa-。

科伊桑语系"雨"科洪语!kxʔôe，玛萨尔瓦语!kwe-ga，努恩语!xwē <

*ʔtkʷe-。

45. "水、湿的" *nir

"湿的" 蒙古语 noro-，土族语 noːrə < *noro。达斡尔语 noirgɑ- < *nor-ga。"湿的" 邹语 noeutsu < *noru-tu。

达罗毗荼语系 "水" 泰米尔语 niːr < *nir。

尼日尔–科尔多凡语系 "水" 祖鲁语 amanzi < *-nri。

46. "火、太阳、烟、灰烬、神、烤、热的" *bʷi

"火" 白语剑川话 xui^{33}，碧江话 fi^{33} < *pʷi。阿昌语 poi^{31} < *pʷi。

"太阳" 普米语九龙话 bi。"烤" 拉祜语 pi^{31} < *pi。"热的" 阿昌语、仙岛语 pu^{55} < *pu。"火" 泰语 fai^{2}，黎语 fei^{1} < *pʷi。"烤" 毛南语 pɔ^{6} < *bo-s。壮语武鸣话 pjo^{5} < *po-s。

南岛语 "火" 印尼语、马京达瑙语 api，汤加语、萨摩亚语 afi，拉巴努伊语、夏威夷语、毛利语 ahi < *ʔa-pʷi。布鲁语 bana，伊拉鲁吐语 ɸena < *bʷe-na。"灰烬" 鲁凯语 abu，卑南语 ʔabu，印尼语 abu，爪哇语 awu，亚齐语 abɛə，他加洛 abo < *ʔa-bu。"烟" 贡诺语 ambu < *ʔa-bu。"点火" 罗图马语 fufu < *pupu。"热的" 坦纳语（Tanna）apʷeapʷe < *ʔa-pʷe。"太阳、白天" 巽他语 poe < *po-ʔe。"神" 布鲁语 opo < *ʔopo。巴拉望语 ampʷu < *ʔa-pu。

"火、太阳" 日语 hi < *pi。"火" 阿伊努语 abe < *ʔa-be。

"火" 梵语 pu。"烟" 苏美尔语 i-bi。

印第安语 "太阳" 明尼苏达州达科他语（Dakota）wi，苏语（Sioux）we < *bʷi；达科他语 "月亮" haŋjetuwi（夜–太阳），haŋjetu "夜"，wi "太阳"。

尼罗–撒哈拉语系撒哈拉语族 "灰烬" 卡努里语 buwu < *bu-bu。

（1）塞音鼻化，*bʷi > *mi

"火" 梅梯语（Meithei）mɑi，卢舍依语、哈卡钦语 mei < *mi。藏文、拉达克语、他杭语 me < *me。缅文、坎布语（Khambu）、逊瓦尔语（Sunwar）、克伦尼语 mi < *mi。"炭" 基诺语 a^{33}mə^{55} < *ʔa-me。"加热" 彝语南华话 mu^{55} < *mu。"烤" 德宏傣语 ʔɑm^{5}（烤火、烤衣服），西双版纳傣语 em^{1}（烤衣服）< *ʔe-mu。"烤" 黎语通什话 ʔum^{5} < *um-s。

南岛语 "烤" 马绍尔语 umʷ，波那佩语 umʷun < *ʔumə-。

"太阳" 希伯来语 shemesh，阿拉伯语 ʃams，叙利亚语 ʃemʃā，马耳他语 xemx，腓尼基语 ʃamʃ，阿卡德语 ʃamsu < *sem-s。

（2）派生，*bu > *bru，*bu > *bu-r

汉语“炰”*bru，蒸煮。“炮”*phru-s，蒸煮、带毛烧烤，《说文》：“毛炙肉也。”

“火”朝鲜语 pur < *bur。

“火”希腊语 pyr，英语 fire，德语 feuer，荷兰语 vuːr，亚美尼亚语 hur < *pur。“干燥”（形容词）希腊语 pheros < *beros。

（3）派生，*bu > *blu，*bu > *bu-l

汉语“缶”*p^wlu-ʔ《说文》：“瓦器。”“陶”*blu > *du。“窑”*blju > *lju。“烧”泰语 $phau^5$，水语 $plaːu^6$ < *blu-s。“烧（饭）”侗语 $taːu^3$ < *plu-ʔ。“锅”苗语宗地话 $zein^4$，复员话 wen^B < *b^wle-n-ʔ。“锅”布依语 $çaːu^5$，侗语 $taːu^1$，黎语 $thau^1$ < *plu。“烧” 泰语 $phau^5$， 水语 $plaːu^6$ < *blu-s。“烧（饭 ）” 侗语 $taːu^3$ < *plu-ʔ。“暖和”壮语龙州话 hau^3，武鸣话 $ɣau^3$，仫佬语 $hɣo^3$，拉珈语 $phlaːu^3$ < *plu-ʔ。“沸” 邕宁壮语 $plaːu^6$，侗语北部方言 tau^6 < *blu-s。毛南语 $phjaːu^5$ < *ʔ-blu-s。“烧”苗语青岩话 $tshi^3$，先进话 phe^3，枫香话 $tshei^3$，石板寨话 $phzi^3$ < *phli-ʔ。

南岛语“火”鲁凯语 aʔuj，马都拉语、亚齐语 apuj，他加洛语 apoj < *ʔa-pul。邹语 puzu，卡那卡那富语 apulu < *ʔa-pulu。排湾语 sapui，赛夏语 hapuj < *sapul。“烧”波那佩语 mb^wul < *b^wule。“照耀”罗地语 pila < *pila。“热的”马绍尔语 $p^ɯil$ < *p^wila。汤加语 vela，塔希提语 veʔaveʔa < *b^wela。

南亚语“火”柬埔寨文 phlɤːŋ < *phle-ŋ。“灰烬”柬埔寨文 pheh，莽语 $bɔl^{55}$，巴琉语 $^mbai^{55}$ < *bol。

新爱尔兰岛非南岛语系语言“烧”库欧特语 -opàla < *o-pala。

印第安语“烤”玛雅语楚吉方言 pholoʔ。

苏美尔语“烧、烤”bil，“烧”gíbil < *gi-bil。

（4）派生，*me > *me-l

汉语“火”*s-m^wel。“火”塔米语（Thami）meh，安德罗语（Andre）wɑl < *m^wel。“火”阿美语 namal < *na-mel。

47.“火、灰烬、太阳、亮的、有病的”*b^war

“火”那加语莫乡方言 vɑrr < *b^war。汉语“燔”*b^war。

“点火”藏文 spar，错那门巴语 par，独龙语 $wɑɹ^{55}$ < *s-bar。义都珞巴语 $a^{55}bɹa^{55}$ < *bra。“燃烧”藏文 ɦbar，夏河藏语 mbar < *m-bar。

南岛语"太阳"莫图语玛伊瓦方言 veraura < *bʷera-ʔura。

"火"吐火罗语 ʙpuwar < *pubʷar。"烧"亚美尼亚语 varvel < *bʷar-bʷal。"太阳"阿维斯陀经 hvar- < *s-bʷar。

亚非语系"烧"希伯来语 baar。苏米尔语"烧、火焰"bar,"发亮、照耀"bur。

新爱尔兰岛土著语言"太阳"库欧特语 muabari < *mu-abari。

(1)流音交替,*pra > *pla,*pʷra > *pʷla 等

"火、火焰"俄语 plamja < *pla-ma。"火焰"古法语 flamme,拉丁语 flamma < *pʷla-me。"烧"波兰语 palitʃ < *pali-t。"照耀"亚美尼亚语 phaylel < *bale-。"热的"阿尔巴尼亚语 valë < *bʷalo。"痛"(动词)波兰语 boletʃ < *bole-。"有病的"俄语 bolinoj < *bole-。"痛"俄语 bolj、波兰语 bol < *bole。

芬兰–乌戈尔语系芬兰语"烧"palaː,"火、火焰"palo。

(2)塞音鼻化,*bʷar > *mar

亚非语系"火"阿拉伯语 mar。达罗毗荼语系"烧"曼达语 nīrasmar < *nira-smar。

(3)派生,*pra > *phra-ŋ

汉语"烹"*phraŋ < *phra-ŋ。

(4)派生,*bra > *bra-k,*bar > *bar-g

"亮的"朝鲜语 parkta < *barg-。

南亚语"晒"布朗语甘塘话 prak³³,曼俄话 phɔk³⁵,佤语马散话 hɔk < *prak。

"亮的、闪光的"古英语 bryht,古挪威语 bjartr,哥特语 bairhts < *barek-t。"照耀、发光"梵语 bhradʒate < *baraga-te。

(5)派生,*ple > *ple-k(-go)

汉语"灼"*plek。"晒"壮语龙州话 phjaːk⁷,壮语武鸣话 taːk⁷,德宏傣语 taːk⁹ < *plak。

"灰烬"女真语(伏冷吉)*fuleŋki < *puliki。

"亮的"亚美尼亚语 paytsar < *palka-r。"热的"阿尔巴尼亚语 flaktë < *bʷlak-te。"生火"希腊语 plego < *plego。

"亮的"匈牙利语 vilagos < *bʷilago-s。

48. “火、烧、热的”*lo ①

“热的”基诺语 ɬo^{44}，哈尼语绿春话 lɔ^{55} < *lo。白语剑川话 ɣɯ^{31} < *lu。“热的”却域语 qa^{55}lu^{55} < *qa-lu。“烧（山）”苗语大南山话 l̥eu^{3}，绞坨话 l̥ə^{3} < *ʔ-lu-ʔ。

南岛语“烧”萨萨克语 sulu < *su-lu；罗维阿纳语 sulua < *su-lu-ʔa。“火”梅柯澳语东部方言 lo < *lo。

南亚语“烧”桑塔利语 lo̱< *lo。

“烧”满文 ʃolo < *lo-lo。“煮”鄂温克语 oloːrən，鄂伦春语 oloː- < *ʔo-lo-。“烧”维吾尔语 qɑlɑ-，撒拉语 ɢɑlɑ- < *qa-la。“热的”女真语（哈鲁兀）*haluwu，蒙古语 xɑluːŋ，东乡语 qɑlun < *qalu-。

“火”格鲁吉亚语 ali。

尼日尔–科尔多凡语系“火”祖鲁语、科萨语 umlilo < *-lilo。

科伊桑语系“烤”科洪语 ǁâo- < *ʔla-。

49. “火、点火、烧、灰烬、亮的、热的”*deg^{w}、*tuk

汉语“烛”*dog，庭燎。“熟”*d^{w}juk > *ʑuk，饪也。“炙”*tjaks，炙肉。

“烧火”壮语武鸣话 tɯk^{7} < *tuk。藏文“火”ʑug < *djuk。

“火”满文 tuwa，锡伯语 tua，赫哲语 tua，鄂伦春语 tɔgɔ < *tug^{w}a。“点火”日语 tsɪ̀keru < *tuke-ru。

南亚语“点火”佤语马散话 dok、艾帅话 to̱k，德昂语茶叶箐话 tɔk^{55} < *tok。“亮的”桑塔利语 ḍigḍig < *dig-dig。

“火”古爱尔兰语 daig。“燃烧、烧热”梵语 dahati，立陶宛语 degù。“火焰”和阗塞语 dajä < *daga。

亚非语系乍得语族“灰烬”豪萨语 toka < *toka。

科伊桑语系“火”哈扎语 ᵑǀʔòko-wà < *ʔndoko-。

第二辅音演变，*deg^{w} > *det。

“热的”泰语 dɯət^{9}，武鸣壮语 daːt^{9}，布依语 daːt^{7} < *ʔ-dat。“热的”景颇语（kă^{31}）thet^{55} < *tet。

50. “烟、炭、灰烬”*ke

“炭”却域语 skɛ^{13} < *s-ke。

① 可能和“太阳”*la 有词源关系。

"烟"苗语石门话 n̦tɕho⁵，勉语江底话 sjou⁵ < *s-khu-s。

（1）派生，*ke > *ke-li

"烟"扎坝语 khə⁵⁵li³³ < *kəli。

南岛语"烟"爪哇语 kəluʔ < *kulu-ʔ，嫩戈内语 kali < *kali。"烟"泰雅语泽敖利方言 ɣuhi-ɬuq < *guli。

"灰烬"维吾尔语 kyl，西部裕固语 kul，撒拉语 kuli < *kuli。

"烟"亚美尼亚语 xel < *kel。

（2）派生，*kuli > *s-kuli

南亚语"烟"蒙达语 sukul < *sukul。

51. "风、吹" *bʷer、*bʷru

"吹"夏河藏语 χwor < *por。

"吹"撒拉语 fur- < *pur，朝鲜语 pur- < *bur。"暴风"维吾尔语 borɑn，柯尔克孜语 boroːn，图瓦语 borɑːn < *bora-n。

南亚语"嘴吹"桑塔利语 phur < *bur，布兴语 si var < *si-bʷar。

南岛语"风"达阿语 bara（来自西方的强风），那大语 vara < *bʷara。"吹"波那佩语 ipur < *ʔ-ipur。莫图语 hiriri-a，马京达瑙语 pūr < *puri。

"北风、东北风"中古英语 breeze < *bre-。"吹"阿尔巴尼亚语 fryj < *bʷru-i。"强劲地吹"东弗里斯语 brisen < *brise。

芬兰-乌戈尔语系"风"芬兰语 pieru < *peru。

高加索语系"风"格鲁吉亚语 bruni < *bru-ni。

达罗毗荼语系"风"曼达语 vaɽi < *bʷar-i。

（1）流音交替，*bʷari > *bʷali，*pri > *pli 等

汉语"扶摇" *bʷalju，"风" *bʷlə-m。"风"扎坝语 vli⁵⁵ < *bʷli。缅文 le²，阿昌语 lị⁵⁵ < *pli。

南岛语"风"卑南语 baḷi，排湾语 vəḷi < *bʷaḷi。"风"泰雅语 bɛhuj，赛夏语 baḷiʔ < *baliʔi。

南亚语系"风"柬埔寨文 viəjoː < *bʷilo，"吹"桑塔利语 bohao < *bola-。

"风"立陶宛语 vijas < *bʷila-s。"吹"古英语 wajan < *bʷala-n。"吹"古教堂斯拉夫语 vejati，俄语 vejatj，波兰语 wiatʃ < *bʷela-。

"风神"阿卡德语 bel。"吹"苏美尔语 bul。

（2）塞音鼻化，*bʷur > *mur 等

"风"墨脱门巴语 mur < *mur。"卷起"哈卡钦语 merr < *mer。

南岛语"风"沙外语（Sawai）morɛ，姆布拉语（Mbula）miri < *mori。

（3）首辅音演变，*bʷar > *dar 等

"风"巴拉望语 dɔrɔs，摩尔波格语 doros < *doro-s。

（4）派生，*bʷil > *bil-gi

"风"土耳其语 bilgi < *bilgi。"吹"满文 fulgiʔe-，赫哲语 fulgi-，锡伯语 filxi- < *pulgi-ʔe。

"吹"古英语 blawen，德语 blähen < *blage-n。

52. "风、吹、卷" *le

"风"吕苏语 me⁵⁵le⁵³ < *me-le。"风"缅文 le² < *li。"气"羌语 lɛ < *le。

"卷"达密语 sili < *sili。

"风"匈牙利语 szel < *se-le。

苏美尔语"风、气"lil，"风神之妻"ninlil（神–风）。

尼日尔–科尔多凡语系"风"祖鲁语 umoya < *-la。

（1）流音交替，*le > *re

南岛语"风"查莫罗语 aire < *ʔa-ʔire。瓜依沃语 ʔiru < *ʔiru。"旋转"瓜依沃语 ori < *ʔori。

"吹"古突厥语 yri-，图瓦语 yr- < *ʔuri。哈萨克语 yrle- < *ʔur-le。"风"阿伊努语 rera < *re-ra。

南亚语"吹"克木语 hŭr < *qur。

"风"希腊语 aeras < *era-。阿尔巴尼亚语 erë < *ero。

（2）派生，*li > *li-r

"吹"爪哇语 sumilir < *s-um-ilir < *si-lir。

53. "风、吹" *kali、*kle

"风"嘉戎语 khɑli，哈卡钦语 ktli < *kali。

"风"苗语大南山话 tɕua⁵，野鸡坡话 tɕiᶜ，畲语 ki¹ < *kʷle-s。

流音交替，*kale > *kare。

南岛语"风"拉巴努伊语 tokerau < *to-kera-ʔu。

"风、气"泰米尔语 kaːɽɽu < *karu。

尼罗–撒哈拉语系"风"卡努里语 karuwa < *karu-。

54. "风、气" *kade、*gʷeta

南岛语"风"马绍尔语 kətɔ，哈拉朱乌语 kʷadɛ < *kade。"气"哈拉朱乌语 kʷadɛ。

"风"日语 kadze < *kade。

"风"威尔士语 gwynt，不立吞语 gwent < *gʷet。"风"古英语 wind，梵语 vatah，阿维斯陀经 vata-，拉丁语 ventus- < *gʷeta-。"风"赫梯语 huwantis < *qugʷati-。

亚非语系乍得语族"风"巴德语 kwakwtắn < *kʷakʷta-。

55. "空隙、山谷、洞、空的" *pʷar、*bar

"空隙"道孚语 bar（ma）< *bar。

南岛语"空的"马绍尔语 pʷaɻ < *pʷar。

"洞穴"日语 hora-ana < *pora-ʔana，阿伊努语 poru < *boru。

"空的"葡萄牙语 vazio̜ < *bʷaro。粟特语 wāre，和圜塞语 vāra < *bʷare。

（1）流音交替，*biro > *bilo，*bor > *bol

南岛语"山谷"东部斐济语 buða < *bula。"空的"贡诺语 bilo < *bilo。

"空的"维吾尔语、撒拉语 boʃ-，哈萨克语 bos- < *bol。

尼罗–撒哈拉语系"洞"卡努里语 bəlaa < *bola-。

（2）首辅音演变，*pʷere > *tele，*bʷare > *dare

"洞"维吾尔语 tøʃyk，哈萨克语 tesik，撒拉语 tiʃux < *tele-q。"缝隙"维吾尔语 joruq，图瓦语 dʒarɯk，撒拉语 jɑrɑχ，西部裕固语 jɑrəq < *daru-q。"缝隙"达斡尔语 dʒələg < *dələ-g。

56. "洞、缝隙、裂开、劈、打开" *bʷak

"洞"缅文 a³pɔk⁴，藏文 phog < *bok。

"打开"墨脱门巴语 phek，景颇语 phoʔ³¹ < *bek。

南岛语"打开"巴厘语 ŋ-ampak-aŋ < *ʔa-pak。

"空的"拉丁语 vacuus < *bʷaku-。

首辅音演变，*bʷak > *dak。

"裂缝"临高语 lek⁷ < *ʔdek，阿昌语 tiak³¹ < *tak。

"缝隙"维吾尔语 tʃak < *tak。

南岛语"裂开"马达加斯加语 manataka < *mana-taka。

南亚语"裂开"布朗语佤方言 tɛk⁵¹ < *tek。"劈"布兴语 thak < *dak。

57. "洞" *lu

"洞" 壮语龙州话 lu²，傣语 hu² < *lu。

南岛语 "洞" 拉加语 lulu < *lu-lu。南亚语 "洞" 京语 lo³ < *ʔ-lo-ʔ。

58. "裂缝、裂开、劈" *ser

"裂缝" 道孚语 ser，木雅语 ʂə⁵³ < *ser。

"缝隙" 撒拉语 sereχ < *sereq，哈萨克语 səzɑt < *sera-t。

南岛语 "裂开" 马那姆语 sare < *sare；"劈" 莫图语 siri-a < *siri-。

59. "盐、咸的" *sula

"盐" 独龙语 sɯ³¹lɑʔ⁵⁵ < *sula-ʔ。

南岛语 "盐、咸" 劳语、瓜依沃语 asila < *ʔasila。

"咸的" 俄语 solenij、波兰语 słony < *sole-，威尔士语 hallt < *sal-。"盐" 古英语 sealt，古弗里斯语 salt，拉丁语 sal < *sal-。"盐" 俄语 solj，波兰语 sol，古教堂斯拉夫语 soli < *soli。

流音交替，*sila > *sira 等。

南岛语 "盐" 马来语、亚齐语、巴塔克语 sira。

"咸的" 立陶宛语 suras < *sura-s。

60. "盐、海、咸的、苦的" *mʷara

南岛语 "盐、苦、咸" 菲拉梅勒语 mmara < *m-mara，"苦" 塔希提语 maramara < *mara。

南亚语 "盐" 克木语 m̥ar < *s-mar。

"咸的" 希腊语 almyros，yphalmyros < *ubal-muro。"苦的" 意大利语 amaro，法语 amer，拉丁语 amarus < *a-maro。"海、洋、湖" 古英语 mere，挪威语 marr，中古荷兰语 maer。"海" 高地德语 mari，古教堂斯拉夫语 morje，立陶宛语 mares。"海的、含盐的" 俄语 morskoj < *mor-s-ko-i。"苦的" 亚美尼亚语 mɾu < *mru。

"盐" 格鲁吉亚语 marili < *mari-li。

亚非语系 "苦的" 古希伯来文 mr，阿拉伯语 murr。

（1）流音交替，*mʷaru > *malu

"盐" 希伯来语 melach，阿拉伯语 milḥ。"咸的" 希伯来语 maluah' < *malu-q。

（2）鼻音塞化，*mʷra > *bʷra，*mʷar > *bʷar

"滷" *bʷra-ʔ《尔雅》："苦也。""卤" *bʷra《说文》："西方咸地也。"

"海"中古朝鲜语 parʌ < *bara。莫图语 daβara < *da-bʷara。

澳大利亚土著语言嘎郡语"海"birring < *biri-ŋ，"咸水"biriny < *biri-ni。

（3）首辅音演变，*bʷara > *gara

南岛语"盐、咸"达阿语、窝里沃语 gara < *gara。

"酸的"法语 aigre，西班牙语 agrio，意大利语 agro < *a-gro；"苦的、粗糙的"俄语 gorjkij、波兰语 gorzki < *gori-ki。

（4）派生，*gara > *gara-m

汉语"盐"*gljam《说文》："咸也。""咸"*grəm。景颇语"咸的"ʃum³³ < *rum。

南岛语"盐"印尼语、马来语 garam < *garam。

"酸的"俄语 ugrjumij < *u-grum-。

61. "盐、海、咸的"*ti、*da

"咸的"博嘎尔珞巴语 tiː。

南岛语"咸的"哈拉朱乌语 dia < *di-ʔa。"咸的"满文 hatuhūn，锡伯语、赫哲语 χatχun < *qa-ti-。

（1）派生，*da > *da-ra

南岛语"海水，海"吉尔波特语 tāri < *tari。"盐"伊拉鲁吐语 tɛrirə < *teriri，吉尔波特语 te tāri < *teri。"咸的"马京达瑙语 tʃərak < *tira-k，吉尔伯特语 tarika < *tari-ka。

南亚语"海"蒙达语 dariāo，桑塔利语 dʌriʌu < *dari-ʔu。

"咸的"土耳其语 tuzlu，柯尔克孜语 tuzduu，塔塔尔语 tuzlə < *tur-。"咸的"清代蒙文、乌孜别克语 ʃor，达翰尔语 tʃor < *tor。"海"锡伯语 mədərj，满文 mederi < *me-dari。"酸的"日语 darui < *daru-ʔi。

尼罗-撒哈拉语系"盐"扎尔马语 tʃiiri < *tiri。

（2）流音交替，*dara > *dala

"海"达翰尔语 dɑlɑi，东部裕固语 dɑliː；鄂伦春语 dalaj < *dalai。

62. "盐、咸的"*gam

景颇语"盐"tʃum³¹ < *gum。"苦的"布依语 ɦam² < *gam。

南亚语"咸的"克木语 gɛm，德昂语硝场沟话 dʑɛm < *gem。

塞音鼻化，*gam > *ŋam。

"咸的"缅文 ŋam² < *ŋam。

（二）身体部位

1. "头" *qulu

汉语"首"*qlu-ʔ。"头"史兴语 ʁɛ³³qhʊ³³lu³³。

南岛语"头"排湾语 quɬu，巽他语 hulu，汤加语 ʔulu < *qulu。"头盖骨"那大语 ulu < *qulu。满文"鬓角"ʃulu < *lulu。

印第安语"头"玛雅语 χɔlɔn < *qolo-n。

2. "头" *go、*ko

"头"藏文 mgo < *m-go。

"头"巴尔蒂语、拉达克语、夏尔巴语 go，土家语 kho⁵⁵（pa⁵⁵）< *go。

澳大利亚土著语言"头"阿雅巴杜语 eka < *e-ka。

"头"阿尔巴尼亚语 kokë < *koke。

（1）首辅音演变，*go > *do

南岛语"头"爪哇语 ənɖas < *ʔəda-s。

南亚语"头"佤语马散话 dɔŋ，布朗语曼俄话 ntɔŋ⁵⁵ < *ʔdo-ŋ。

"头"俄语 otden < *o-de-。

科伊桑语系"头"科洪语 ǀàn < *ʔta-n，科伊科伊语 dana-s。

（2）派生，*ko > *ko-l，*go > *ge-l

"头"泰语 klau³，壮语武鸣话 kjau³ < *klu-ʔ。"头"克伦语乍叶因方言（Zayein）gø klo，帕他翁方言（Padaung）ka klɑo < *klo。

"头"俄语 golova；亚美尼亚语 glux < *glu-。"额"波兰语 tʃolo < *kolo。"头盖骨"英语 skull，古挪威语 skall（秃头、头盖骨）< *s-gel。

尼罗–撒哈拉语系"头"卡努里语 kəla。

3. "头、额、脸、脑、眼睛、头顶、上面、前面" *bo

"头"景颇语 po³³ < *bo。"头"壮语龙州话 hu¹bau³ < *klu-ʔbuʔ。

南亚语"头"蒙达语 bo < *bo。巴琉语 ᵐbu⁵⁵ < *ʔbu。

南岛语"头"夏威夷语 pŏǒ < *bo-ʔo，塔希提语 upoʔo < *ʔu-bo-ʔo。

印第安语"头"达科他语 pa，苏语 pah、epah < *ba。

尼罗–撒哈拉语系"头"扎尔马语 boŋ < *bo-ŋ。

（1）派生，*bo > *bo-l

"头"卡那西语（Kanashi）、卡瑙里语 bɑl，那加语棱马方言（Rengma）peh < *bal，"额"道孚语 kɛ pə la < *ke-pela。

"头"土耳其语、维吾尔语 baʃ，哈萨克语 baș，西部裕固语 baș < *bal。"上面、顶部"撒拉语 baʃ，西部裕固语 baș < *bal。"额"维吾尔语 piʃanε < *pila-ne。

南岛语"脸"木鲁特语 bulos < *bulo-s，夏威夷语 helĕhĕlena < *pele-pele-na。"脸"戈龙塔洛语 baja < *bala。"颊"拉加语 vala-，达密语 wala < *bʷala。"鬓"巽他语 palipis-an < *pali-pis。

南亚语"星星，眼球"蒙达语、桑塔利语 ipil < *ʔipil。

"头、头发"古英语 polle。"头、顶"中古荷兰语 pol < *pole。"头"希腊语 kephali，梵语 kapal < *ko-bali。"额"阿尔巴尼亚语 ballë < *balo。"嘴"古弗里斯语 snavel < *sna-bʷel。"颚"希腊语 symboyles < *su-boles。"额"梵语 bhaalam < *bala-。

澳大利亚土著语言"头"库通语 wol-lun < *bʷol-。

（2）音节紧缩，*polo > *plo

"头"苗语养蒿话 fhu³，吉卫话 pzẹi³，勉语东山话 pli³，罗香话 pje³ < *pʷlo-ʔ。"头"扎坝语 gu³³po⁵⁵lo³³。"额"道孚语 kə pə la。"眼睛"拉珈语 pla¹ < *pla。"额"黎语保定话 pla³daːu¹ < *pla-ʔdu。"眼睛"拉珈语 pla¹，石家语 pra¹ < *pla。

高加索语系"眼睛"阿布哈兹语 abla < *a-bla。

（3）流音交替，*bla > *bra，*bʷel > *bʷer

汉语"颅"*bra《说文》："首骨也。"

"前面"蒙古语 ɵber < *ʔo-ber。"前面"达斡尔语 wer，东部裕固语 wər，保安语 vɛr < *bʷer。

希腊语"前面"empros，"眉毛"ophrys < *obru-s。"额、眉毛"古英语 bru。"额、眉毛"拉丁语 frontum，古法语 front < *pro-t。"前面、之前"梵语 puraḥ < *pura-，阿尔巴尼亚语 para。"东方"梵语 purvaː、praːtʃi < *pra-。

高加索语系"眼睛"阿法尔语 ber < *ber；"前面"格鲁吉亚语 prenthi < *pre-。

（4）派生，*pla > *pla-k

"额"侗语 pjaːk⁹ < *plak。壮语 na³plaːk⁷，仫佬语 ŋə⁶pɣaːk⁷。

（5）派生，*plo > *plo-ŋ

"额"勉语览金话 ploŋ²，大坪话 paŋ² < *bloŋ。"额"义都珞巴语 ma³¹plaŋ³⁵ < *ma-plaŋ。

（6）首辅音演变，*bʷili > *dili，*buli > *duli 等

"头"赫哲语 dili，鄂伦春语 dɪli < *dili。"头"蒙古语书面语 toloɣaɪ，蒙古语 tolgœː，阿拉善话 dologoi < *dolo-gori（头–头）。"前面"鄂伦春语 dʒullə，鄂温克语 dʒulilə，赫哲语 dʑylədʑ-gə < *duli-lə。"过去"赫哲语 dʑylə < *dulə。

澳大利亚土著语言"额"嘎郡语 dalu。

（7）流音交替，*dali > *dari 等

"脸"古突厥语、维吾尔语、哈萨克语 dir < *dira。蒙古语、达斡尔语 tara，满文、锡伯语、鄂伦春语 dəre < *dari。"脑"蒙古语正蓝旗方言 tɛrəx，布里亚特方言 tɑrxj < *tari-qi。

"额、头顶"和阗塞语 ttāra，粟特语 tār < *tara。"脸"希腊语 moutra < *mu-tra，波兰语 twarz < *tor。

（8）派生，*pla > *pla-k

"额"侗语 pjaːk⁹ < *plak。壮语 na³plaːk⁷，仫佬语 ŋə⁶pɣaːk⁷。

4."脸、眼睛、看" *go、*ka

汉语"觏" *kos 看见。《诗经·大雅·公刘》："迺陟南冈，乃觏于京。"

南岛语"眼睛"嫩戈内语 waegogo < *ma-ʔegogo。

"眼睛"古英语 ege，瑞典语 öga。俄语、波兰语 oko，波兰语 utsho < *ugo。"眼睛"亚美尼亚语 atʃkh < *ag，粟特语 tʃaʃm < *kas-m。"看、注视"梵语 iks。"看"和阗塞语 kaʃ- < *kas。"看见"挪威语 akis，古教堂斯拉夫语 oko，希腊语 okkos。

澳大利亚土著语言"眼睛"嘎郡语 gayga。

（1）派生，ka > ka-n

汉语"见" *kjan-s《说文》："视也。""观" *kʷan，"看" *khan-s。

南岛语"看见"卡乌龙语 kon。

南亚语"看见"柬埔寨文 khɤɲ < *khen。

澳大利亚土著语言"耳朵"阿雅巴杜语 kono。

（2）派生，go > go-r

"脸"古突厥语、维吾尔语、土耳其语 jyz，哈萨克语 dʒyz < *gur。"眼睛"土耳其语 gøz，维吾尔语 køz < *gor。"瞎、瞎子"土耳其语 kør，维吾尔语 kor < *kor。

南岛语"前（面）"姆布拉语 kere。

"脸"俄语 gronj < *gro-ni,西班牙语 cara < *kara。"脸"乌尔都语 tʃhara < *gara。"眉毛"希腊语 akro。

达罗毗荼语系"眼睛"曼达语 kaɽ。

（3）流音交替，*gur > *gul 等

"眼睛"格曼僜语（a³¹）gul³⁵ < *gul。

澳大利亚土著语言"脸颊"库通语 gul-lu。

（4）塞音鼻化，*gur > *ŋur

"眼睛"剑川话 ŋui³³ < *ŋur。"脸"错那门巴语 ŋur⁵⁵,格曼僜语 a³¹gul³⁵ < *ŋur。

5. "额、脸、眼睛、耳朵、天、云、上面、听、看"*li

"耳朵"黎语通什话 ɬai⁴,保定话 zai⁴ < *li。壮语武鸣话 ɣui²,布依语 zu² < *lu。

"上面"傣语德宏话 pa³lə¹ < *paʔ-ʔlo。"雾"嘎卓语 o³⁵ lo³⁵ < *ʔolo。

"眉毛"古突厥语、土耳其语、维吾尔语 qaʃ,哈萨克语 qas < *qali（*ʔali）。"太阳"土耳其语 gyneʃ < *gun-ʔel（白天-眼睛）,*ʔel "眼睛"。"听"古突厥语 eʃid-,柯尔克孜语 eʃit-,撒拉语 iʃdi- < *ʔili-。

南岛语"额"夏威夷语 laě,汤加语 laʔe,毛利语 rae < *laʔe。"脸"马纳姆语 lili < *lili。"眉"印尼语、爪哇语 alis < *ʔalis。"天"邵语 qali < *qa-li。

南亚语"天"巴琉语 qa⁵⁵li¹¹ < *qa-li。

"上面"赫哲语 uɕki,鄂伦春语 ujlə: < *ʔuli-。

"眼睛"法语 œil,意大利语 ojo < *ole。古爱尔兰语 suil < *su-il。

"眼睛"爱斯基摩语 ije < *ʔile（复数 ijet）。

印第安语"看"玛雅语楚吉方言（chuj）ʔilaʔ,优卡特克方言（Yucatec）il < *ʔila-q。

（1）流音交替，*le > *re

"前面"普米语 ʒɛ⁵⁵,怒苏语 xɹu³³ < *qre。

"耳门"满文 hohori < *qori,"脸"图瓦语 ɑɣn < *ʔarə-n。

南岛语"脸"爪哇语 rai < *ra-ʔi,"上面"罗图马语 ʔe rere < *ʔe-rere。

"耳朵"古英语 eare,古挪威语 eyra,丹麦语 øre,拉丁语 auris,希腊语 aus,阿维斯陀经 usi（双耳）< *ore-。西班牙语 oreja,葡萄牙语 orelha < *orela。

（2）派生，*li > *li-n，*ri > *ri-n

汉语"天"*hlin > *thin，《说文》："颠也。"①

"额"土耳其语 alin，西部裕固语 ɑlən < *ʔa-lin。"云"蒙古语 ʉːl，土族语 uloŋ，东乡语 olian < *ʔolin。

南岛语"额"布吉斯语 alinro < *ʔalin-ro。

6. "眼睛、头、鼻子、嘴、看"*mi、*mu

"眼睛"古隆语 mi，那加语班巴拉方言（Banpara）mi，木雅语 mi < *mi。"眼睛"格曼僜语 min，却域语 mɲe < *mi-ne。

南亚语"眉毛"京语 loŋ¹ mai² < *ʔloŋ-mi（毛–眼睛）。

"眼睛"日语 me < *mi，"瞎"日语 mekura < *me-kura（眼睛–坏）。

澳大利亚土著语言"眼睛"阿雅巴杜语、巴肯语 me'e < *me-ʔe。②

科伊桑系"眼睛"科伊科伊语 mû-s < *mu-。尼罗–撒哈拉语系"眼睛"扎尔马语 mo。

（1）派生，*mu > *mu-r，*mu > *mu-l

南岛语"眼睛"朱昂语 emor < *ʔe-mor。

南亚语"嘴"巴饶克语（Palaung）mūr < *mur，布朗语曼俄话 m̥ulɯ³³ < *s-mul。"看"布兴语 měh < *mel。

尼罗–撒哈拉语系"眼睛"扎尔马语 moize < *more。

（2）鼻音塞化，*mul > *bul

"鼻子"苗语腊乙坪话 mzɚ⁶，石门坎话 mby⁶，甲定话 mpluɯ⁶ < *blu-s。南亚语"鼻子"孟贡话 bɯih，克木语 buh < *bul。

（3）派生，*mi > *mi-t

"眼睛"梅梯语、哈卡钦语 mit < *mit。"太阳"那加语夸依令方言（Kwoireng）ni-mit（白天–眼睛）。

7. "眼睛、眉毛、嘴、鼻子"*mik、*mug

"眼睛"藏文 mig，巴尔蒂语 mik < *mik。马加尔语 mi-mik。汉语"目"*muk。"鼻涕"壮语武鸣话、毛南语 muk⁸，侗语 muk¹⁰ < *muk。

南亚语"嘴"桑塔利语 mukhɛ < *muke。

---

① "天"商周古音 *hlin > 西汉 *thien。谐声字"祅"呼烟切。《后汉书》"天竺"译 hinduka。

② 澳大利亚的学者（Jone Fraser）指出 *mi、*mil 是澳大利亚土著的语"眼睛"最常见的说法。参见 *An Australian languagean as Spoken by the Awabakal*, L. E. Threlkeld, 1892。

南岛语"脸"吉利威拉语 migi- < *migi。

"嘴、鸟嘴"赫哲语 amŋə，锡伯语 aŋ，鄂伦春语 amŋa，满文 eŋge < *ʔamga。

"鼻涕"拉丁语、英语 mucus、mucus，"擤"拉丁语 emungere < *e-muge-。

达罗毗荼语系"鼻子"泰米尔语、泰卢固语 mikku < *miku。

澳大利亚土著语言"眼睛"库通语 mik-koŋ < *mik-oŋ。

（1）鼻音塞化，*muk > *buk

"鼻子"雅卡语、坎布语喜马拉雅语支 nā-phuk < *na-buk。

南岛语"鼻涕"那大语 foki，锡加语 βoki < *boki。

"嘴"古法语 boche，"脸颊"拉丁语 bucca < *buka。

巴斯克语"眼睛"begi，"脸"aurpegi < *aur-begi。

（2）第二辅音演变，*meg > *med

南亚语"眼睛"蒙达语 med，桑塔利语 mẽth < *med。"头"蒙达语 munɖ，桑塔利语 munɖɛ < *mude。

"鼻子"希腊语 myte < *mute。

尼罗-撒哈拉语系"脸"扎尔马语 monduma < *modu-ma。

8."眼睛、眉毛、额、耳朵、看"*la

"额"普米语兰坪话 ɬo¹³ < *lo。

"眼睛"满文 jasa，锡伯语 jas，鄂伦春语 jɛʃa < *ʔila。

流音交替，*le > *re。

"听见、听"古英语 heran，古弗里斯语 hora，古挪威语 hejra < *qera。

新爱尔兰岛非南岛语系语言"眼睛"库欧特语 irà-ma < *i-ra。

尼罗-撒哈拉语系"看见、看"卡努里语 ro。

9."眼睛、看、知道、理解"*so、*si

"知道"藏文 ɕes，墨脱门巴语 se，缅文 si¹ < *se。

南岛语"看见"那大语 iso < *ʔi-so。"看、看见"汤加语 sio < *si-ʔo。"知道、理解"波那佩语 ese < *ʔesi。

"知道"日语 ɕiru < *si-ru。"记得"维吾尔语 ɛs-，哈萨克语 es-，塔塔尔语 is- < *ʔes。

"看见"古英语 seon，高地德语 sehen，古弗里斯语 sia，古挪威语 sja < *siqa。"眼睛"阿尔巴尼亚语 sy < *su。

尼日尔–科尔多凡语系"眼睛"祖鲁语 iso < *-so。

10."眼睛、脸、额、耳朵、鼻子、看"*ta、*da

"眼睛"泰语 ta²，壮语龙州话 ha¹，临高语 da¹，水语 nda¹ < *ʔda。

汉语"睹（覩）"*tʷa-ʔ《说文》："见也。"

南岛语"眼睛"卡林阿语 ata < *ʔata。"看"巴塔克语 ida < *ʔida。"看"锡加语 ʔita，塔希提语 ʔite。"耳朵"莫图语 taia，梅柯澳语 aina < *ta-ʔi。

"看见"赫哲语 itɕi-，鄂温克语 iʃi-，鄂伦春语 itʃi- < *ʔi-ti。"看"蒙古语书面语 üdʒe-，清代蒙文 udʒe-，达斡尔语 udʒi- < *ʔu-di。"脸"鄂罗克语 anta < *ʔa-ta。

澳大利亚土著语言"嘴"阿雅巴杜语 thaa。

"看见"和阗塞语 ttʃäṣ- < *ta-s，"眼睛"和阗塞语 ttʃai < *ta-i。

亚非语系乍得语族"眼睛"豪萨语 ido，巴德语 dan。库西特语族"耳朵"嘎瓦打语 kamte，扎玛依语 k'ante < *kam-te。

科伊桑语系"眼睛"三达维语 |we < *ʔtue，"耳朵"科伊科伊语 ǂgae-b < *ʔdja-e。

（1）派生，*ta > *ta-ra，*ti > *ti-ra

"眼睛"昌巴拉胡里语（Chamba Lahuli）ʈir，满查底语（Manchati）ʈirā < *tira。

"脸"维吾尔语 tʃiraj，哈萨克语 ʃiraj < *tira-ʔi。蒙古语书面语 tʃirɑi，蒙古语 tʃarɛː，达斡尔语 ʃar < *tar。满文 dere，锡伯语 dər，鄂伦春语 dərə < *dere。

南岛语"脸"查莫罗语 tʃara < *tara，马达加斯加语 tarehi < *tare-qi。

"脸"波兰语 twarz < *tʷar。和阗塞语 ttʃara < *tara。

（2）流音交替，*tari > *tali

高加索语系"眼睛"格鲁吉亚语 tvali，拉兹语 toli < *tʷali。

（3）派生，*da > *da-ŋ

"额"藏文 mdaŋ < *m-daŋ。汉语"定"*deŋ《诗经·周南·麟之趾》："麟之定。"

11."额、耳朵、眼睛"*lob

"额"史兴语 lɜ⁵³pɜ³³ < *lepe。"眼睛"土家语 lo³⁵pu⁵⁵ < *lopu。

"额、前面"俄语 lob < *lob，"头盖骨"吐火罗语 lap。

南岛语"鬓角"泰雅语泽敖利方言 ʃaʃap < *lalap。

尼日尔–科尔多凡语系"耳朵"祖鲁语 inlʒebe < *-ljeb。

12．"脸、鼻子、耳朵、头"*du

"头"南华彝语 u⁵⁵də³³ < *ʔu-du。

南岛语"头"吉尔波特语 atū < *ʔa-tu。

"鼻子、鸟喙"阿伊努语 etu < *ʔe-tu。"脸"爱斯基摩语 tautu < *ta-ʔutu。

亚非语系"耳朵"希伯来语 ozen，阿拉伯语 'uð，叙利亚语 'eðnā，马耳他语 widna，埃塞俄比亚语 'əzn，阿卡德语 uznu < *udu-na。

派生，*du > *du-ŋ。

"鼻子"壮语武鸣话 daŋ¹，侗语 naŋ¹ < *ʔ-daŋ。西双版纳傣语 hu²daŋ¹ < *gu-ʔdaŋ。

南岛语"鼻子"印尼语 hiduŋ，亚齐语 idoŋ < *qi-duŋ。木鲁特语 aduŋ < *ʔa-duŋ。"眉毛"鲁凯语 səduŋ，卑南语 sədən < *sə-duŋ。

南亚语"头"佤语马散话 dɔŋ，布朗语曼俄话 ntɔŋ⁵⁵ < *ʔ-doŋ。

13．"嘴、牙齿、鼻子"*neb

"鼻涕"藏文 snabs，缅文 hnɑp < *snab-s。"嘴"加龙语 nappa，博嘎尔珞巴语 nap paŋ。

"嘴"中古朝鲜语 nip < *nib。

南亚语"牙齿"尼科巴语 kanap < *ka-nap。

"鸟嘴、鼻子、脸"古英语 nebb，古挪威语 nef < *neb。"鼻子吸进"英语 snuff，荷兰语 snuffen < *s-nub-。

"鼻子"希伯来语 af，阿拉伯语 'anf < *ʔanp。

14．"鼻子、脸、耳朵、牙齿、吃、说"*na

汉语"耳"*nə-ʔ。"衈"*njə-s，鼻血祭。

"耳朵"独龙语 ɑ⁵⁵nɑ⁵³。博嘎尔珞巴语、塔金语 ɳa ruŋ < *na-ruŋ。"脸"壮语武鸣话、西双版纳傣语、侗语 na³ < *ʔ-na-ʔ。"前面"壮语武鸣话 na³，水语 ʔna³ < *ʔ-na-ʔ。"胡须"苗语宗地话 ɳa¹ < *ʔ-na。汉语"茹"*na。"湎"*m-njə-ʔ > *mjiʔ，《说文》："饮也。""吃、喝"毛南语 na⁴ < *na-ʔ。"吃"尼瓦里语 nɑ < *na。

南岛语"吃"罗地语 na-ʔa，伊拉鲁吐语 na < *na。

南亚语"吃"布朗语甘塘话 na⁵⁵ < *na，"嘴"克木语 tə nɔh < *te-nos。

"脸、嘴、鼻子"梵语 aːna。"鼻子"古英语 nosu，和阗塞语 naha-，粟特语 nas < *nasu。

芬兰-乌戈尔语系"鼻子"芬兰语 nenä，爱沙尼亚语 nina < *nana。"嘴"巴

斯克语 aho ＜ *ano。

高加索语系"舌头"格鲁吉亚语 εna，拉兹语 nena。

印第安语"鼻子"墨西哥依萨玛雅语（Itzaj）neh ＜ *ne-。"脸"阿巴齐语 *niʔ。

达罗毗荼语系"喝"曼达语 unana。

尼日尔-科尔多凡语系"牙齿"祖鲁语 izinyo，科萨语 inja，斯瓦希里语 jino ＜ *-no。"嘴"曼德语族科贝勒语（Kpelle）na。

尼罗-撒哈拉语系扎尔马语"鼻子"niine ＜ *ni-ne。"说"ne。

（1）派生，*na ＞ *s-na

"鼻子"藏文、拉达克语 sna，道孚语 sni，阿侬怒语 sʔ³¹nɑ⁵⁵ ＜ *s-na。"耳朵"藏文 rna，巴尔蒂语 sna，哈卡钦语 hna ＜ *s-na。"耳朵"彝语喜德话 n̥a²¹po³³，拉祜语 nɑ¹¹pɔ³³ ＜ *sna-po。"额头"苗语养蒿话 ŋ̊haŋ¹，宗地话 n̠i¹ᵇ，石门话 n̠ie¹ ＜ *s-nje。

（2）派生，*na ＞ *na-r

"鼻子"罗舍依语 hnār ＜ *s-nar，班尤几语（Banjogi）kā-nār ＜ *nar，克伦语威瓦乌方言（Wewaw）nɒ zɒ ＜ *na-ra。

15. "嘴、舌、牙齿、腮、脸、吸"*mʷa

"舌头"侗语、仫佬语、水语、佯僙语 ma²，拉珈语 ŋwa² ＜ *mʷa。

南岛语"舌头"马那姆语 meme ＜ *meme。三威治港语 memen ＜ *memen。

"嘴"蒙古语书面语 ɑmɑ，蒙古语 ɑm，土族语 ɑmɑ，东乡语 ɑmɑn ＜ *ʔama-n。"嘴、鸟嘴"赫哲语 amŋɒ，锡伯语 aŋ，鄂伦春语 amŋa，满文 eŋge ＜ *ʔam-ga。"喝"锡伯语 œmim，赫哲语 omi- ＜ *ʔomi；鄂温克语 ɯmɪ-，鄂伦春语 ɪm- ＜ *ʔimi。

"舌头"苏米尔语 eme。

尼罗-撒哈拉语系"嘴"扎尔马语 me。科伊桑语系"嘴"科伊科伊语 am-s ＜ *am。

（1）派生，*ma ＞ *ma-n

"脸"景颇语 man³³ ＜ *man。汉语"面"*mjan-s。

南亚语"牙齿"高棉语 thmeɲ，柬埔寨文 thmëɲ ＜ *t-men。

"脸"和阗塞语 ʃʃāman- ＜ *sa-man。

高加索语系"耳朵"格鲁吉亚语 smεna ＜ *s-mena。

（2）鼻音塞化，*mʷa > *bʷa

汉语"辅"*bʷja-ʔ 脸颊。"哺"*bʷa-s《说文》："哺咀也。""腮"哈尼语 ba³¹ba³³ < *baba。"脸"苗语石门话 pau⁴，枫香话 pɔ⁴ < *bo-ʔ。"耳朵"仡佬语六支话 vei³¹，仡佬语贞丰话 tso³⁵ < *bʷe。

南岛语"脸"布拉安语 bawə < *babʷa，特鲁克语 wowo < *bʷobʷo。"脸"布鲁语 pupa-n lale-n（嘴–眼睛）。"嘴"亚齐语 babah，他加洛语 bibig，摩尔波格语 babaʔ < *biba-q。"嘴"巴塔克语 baba，罗地语 bafa-k < *baba。"嘴"达密语 awa < *ʔa-bʷa。"鼻孔"汤加语 avaʔi- < *ʔaba-ʔi。

芬兰–乌戈尔语系"颊"匈牙利文 pofa < *popʷa。

"喝"拉丁语 bibere，西班牙语、葡萄牙语、意大利语 beber < *bibe-。"喝、喝光、喝掉"俄语 vɪpitj < *bʷipi-"喝"捷克语 bumpat < *bupa-。"喝"阿尔巴尼亚语 pi < *pi，法语 boire < *bo-。

"嘴"古希伯来文 ph，希伯来语 peh < *pe-q。"鼻子"古希伯来文 aph，希伯来语 af，阿拉伯语 fam，埃塞俄比亚语 anf，阿卡德语 appu < *ʔap。

达罗毗茶语系"嘴"泰米尔语 vaːy < *bʷai。

（3）派生，*bo > *bo-n，*ba > *ba-na

"牙齿"泰语、壮语 fan²，侗语南部方言 pjan¹，仫佬语、黎语 fan¹ < *ʔ-bʷo-n。

南岛语"牙齿"沙玛语 embon < *ʔibon。布农语 nipun，邵语 nipin，他加洛语 īpin。"鼻子、鸟嘴"罗地语 pana < *pana。"吃"邹语 bonʉ < *bon。

"鼻子"日语 hana < *pana。

亚非语系"脸"古希伯来文 pn，希伯来语 panim < *pani-m。

（4）派生，*ma > *s-ma

"舌头"嘉戎语（tə）ʃmɛ < *s-me。

南岛语"吸"宁德娄语 somosom，姆布拉语（Mbula）-sem-。

"门牙"爱斯基摩语 sivuak < *sibu-ʔak。

（5）派生，*ba > *ba-ra

"鼻子"满文、赫哲语 oforo，锡伯语 ovur < *ʔo-buru。

"嘴"亚美尼亚语 beran < *bera-。

高加索语系"嘴"格鲁吉亚语 piri，车臣 bara，印古什 bare < *bare。

（6）塞音鼻化，*bara > *mara

高加索语系"鼻子"车臣语 mara，印古什语 meraʐ < *mara-。

16."嘴、鼻、脸、语言、吃"*bʷid

汉语"鼻"*bjid《说文》："引气自畀也。"

南岛语"鼻子、鸟嘴"特鲁克语 pʷøt，马绍尔语 bɒt < *pʷot。

"脸、表面"俄语 vid < *bʷid，"脸"阿尔巴尼亚语 fytyrë < *bʷiti-ro。

"吃"泰米尔语 sapidu- < *sa-pidu。

塞音鼻化，*bʷid > *mot。

汉语"吻"*mət，口边也。"咽"藏文 mid。

"嘴"柬埔寨语 mɔət < *mot。

"嘴"丹麦语 mund，荷兰语 mond，古英语 muþ（嘴、门）< *mut；"鼻子"希腊语 myte < *mute。

"语言"车臣语 mott，印古什语 mott < *mot。

17."鼻、嘴、耳朵、话、洞、通道"*ketu、*gedu

"鼻子"黎语通什话 khat⁷，加茂话（kuu²）hɔːt⁹ < *kat。

"嘴"那加语科泽玛方言（Kezama）keti，色玛方言（Sema）kitʃhi < *keti。"嘴唇"仡佬语 mi¹³ka⁴²te⁴² < *mi-kati。"话"普米语 gu⁵⁵tʃə⁵⁵ < *gutə。

"嘴"日语 kutɕi < *kuti，"话"满文、锡伯语、赫哲语 gisun < *gitu-n。

南亚语"洞"德昂语茶叶箐话 ka tɛu⁵¹ < *katu。

"打开、通道"古英语 geat，古挪威语 gat。"针眼、洞"古撒克逊语 gat。"街道"拉脱维亚语 gatua，芬兰语 katu。

亚非语系乍得语族"耳朵"巴德语 gùtàn < *guta-，"吃"巴德语 kiɗu < *kidu。

尼罗-撒哈拉语系"鼻子"卡努里语 kindʒa < *kida。

塞音鼻化，*gut > *ŋut。

"鸟嘴、嘴"毛利语、汤加语、萨摩亚语 ŋutu < *ŋutu。

18."耳朵、脸、鼻子、牙齿、咬"*kep、*geb

"耳朵"马加里语 nɑ-kep < *na-kep。"咬、叮"傣语德宏话 kaːp⁸ < *gap。

南岛语"耳朵"巴厘语、爪哇语 kupiŋ，印尼语 tʃupiŋ（耳廓）< *kupi-ŋ。"脸颊"萨萨克语 saŋkep < *sa-kep。

达罗毗荼语系"耳朵"曼达语 kēvvu < *kebu；巴拉会语 χaf < *kapu。

"牙齿"梵语 gambhas < *gaba-，"臼齿"希腊语 gomphos < *gobo-，"梳子、蜂巢"古英语 comb。

澳大利亚土著语言"鼻子"嘎郡语 guwu < *gubu。

（1）塞音鼻化，*gep > *ŋip

南岛语"牙齿"依斯那格语 ŋipan，卡加延语 ŋipən < *ŋipa-n。"牙齿"巴拉望语 nipən，摩尔波格语 nipon，他加洛语 ipin，查莫罗语 nipen < *nipon。

（2）塞音鼻化，*kup > *kum

亚非语系乍得语族"耳朵"豪萨语（Hausa）kunnee，波勒语（Bole）kumo，叶底那语（Yedina）homu，紫弥语（Zime）hum < *kum。

19."嘴、脖子、喉咙、谈话"*tam

"谈、话、消息"藏文 gtam < *g-tam。"誓言"dam。"抿嘴"道孚语 rdam < *s-dam。

"鸟嘴"维吾尔语 dumʃuq，撒拉语 dumdʒux < *dəmu-duq。

南岛语"鸟嘴"布昂语 timu < *timu，毛利语 timo < *timu。"舔"托拉基语 dəm。

"喉咙、食道"希腊语 stomatʃos，拉丁语 stomatʃus < *stomako-。"说、说话、告诉"阿尔巴尼亚语 them < *dem。"嘴、谈话"希腊语 stoma。"嘴"阿维斯陀经语 staman（狗的嘴），赫梯语 ʃtamar < *stoma-。

尼罗–撒哈拉语系"牙齿"卡努里语 timi。

尼日尔–科尔多凡语系"脖子"祖鲁语 intamo < *-tamo，"吃"斯瓦希里语 -dema。

科伊桑语系"喉"科伊科伊语 dom-mi。

20."嘴、牙齿、鼻子、语言、说、咬、嚼"*gʷe、*kʷe

汉语"齿"*khjə-ʔ，"喉"*go，"呼"*ɣa。"牙齿"泰语 khiəu³ < *khjoʔ。

"门"墨脱门巴语 ko，博嘎尔珞巴语 jap go。"嚼"道孚语 ngə ga，彝语喜德话 ŋgɯ³³ < *ʔ-giga。

南岛语"牙齿"印尼语 gigi，亚齐语 gigɔə < *gigi。

澳大利亚土著语言"嘴唇"阿雅巴杜语 aku < *a-ku。

"嚼"古英语 ceawan，中古德语 keuwen < *kekʷe-。波斯语 javidan < *gekʷi-。

高加索语系"耳朵"格鲁吉亚 qugi，拉兹语 qutʃi < *qugi。

苏美尔语"嘴"ka，"门"ká。

科伊桑语系"语言、说"科伊科伊语 gowa-b < *gogᵂa。

（1）派生，*ki > *ki-r

汉语"嘴"*s-kᵂjir-ʔ > *tsjuiʔ，鸟嘴，后兼指"嘴"。

"嘴"古突厥语、土耳其语 aɣiz，维吾尔语 eʁiz，撒拉语 ɑʁəz < *ʔɑgir。

"牙齿"亚美尼亚语 akɾa < *akra。"龇牙、咧嘴"古英语 grennian，古挪威语 grena。

高加索语系"胡子"格鲁吉亚语 tʃveri < *kᵂeri。

（2）流音交替，*gre > *gle

"舌头、语言"希腊语 glossa，"单词"拉丁语 gloss。

（3）塞音鼻化，*ŋi > *ŋi-ru，*ŋi > *ŋi-lu

"牙齿"杜米语（Dumi）、吉姆达尔语（Jimdar, Rai）ŋilo < *ŋi-lu。

南岛语"鼻子"那大语 ŋizu < *ŋiru，西部斐济语 ŋiðu < *ŋilu。"鼻子"排湾语 aŋal < *ʔaŋol。

21."喉、舌头、牙齿、声音、说、吃"*ga

"嘴"藏文、巴尔蒂语、拉达克语 kha < *ga。"嘴"昌巴拉胡里语 ɑg。卢舍依语、哈卡钦语 ka < *ka。"话"景颇语 ka³¹ < *ga。汉语"户"*gᵂa-ʔ。《说文》："半门曰户。""喉"道孚语 qvɑ < *Gɑ。"脖子"壮语龙州话 ko²，水语 Go⁴ < *go-ʔ。

"鸟嘴"土耳其语 gaga < *gaga。

南岛语"说"莫图语 gᵂau < *gᵂa-ʔu，西部斐济语 kwai-a < *kᵂa-ʔi，查莫罗语 saŋane < *saŋa-ne。"嘴"乌玛语 ŋaŋa < *ŋaŋa。

印第安语"舌头"车罗科语 gago < *gago，阿巴齐语"他的牙齿"bi-ghoːʔ < *goʔ。

"牙齿"爱斯基摩语 kigut < *kigu-t（-t 复数后缀）。

"声音"亚美尼亚语 jayn < *ga-in。苏美尔语"声音、喊"gù-è，"脖子"gù。

尼日尔-科尔多凡语系"喉"斯瓦希里语 koo。

（1）塞音鼻化，*gᵂa > *ŋᵂa

汉语"语"*ŋᵂja-ʔ《说文》："论也。""吴"*ŋᵂa《说文》："大言也。""云"*gᵂən。藏文"话语"ŋag，"赞扬"sŋag。

尼罗-撒哈拉语系"吃"扎尔马语 ŋwa < *ŋᵂa。

（2）派生，*gᵂa > *s-gᵂa

"牙齿"藏文 so，嘉戎语 swɑ，缅文 swa³，怒苏语 suɑ⁵⁵ < *sgᵂo。"牙齿"却

域语 ski⁵⁵，格曼僜语 si ＜ *ski。"门"藏文 sgo。

"说"古英语 secgan，荷兰语 sige，古挪威语 segja ＜ *sigʷa-。

（3）派生，*gʷa ＞ *gʷa-k

汉语"醋（齚）"*s-grak ＞ *dzrak，咬，《广韵》："齚也。""咬"土家语 ka³⁵ ＜ *kak。

南亚语"吃"尼科巴语 kāk ＜ *kak。（吃肉、鱼、蛋）

"嘴"威尔士语 ceg ＜ *keg。"腭"古英语 ceace、cece，中古地低德语 kake ＜ *kake。

（4）派生，*ga ＞ *ga-ri，*ka ＞ *ka-l 等

"鸣叫"错那门巴语 krek⁵³ ＜ *kre-k。

"嘴"朝鲜语 akari ＜ *ʔagari。

"胡子"匈牙利语 szakàll ＜ *sa-kal。

亚非语系"吃"希伯来语、叙利亚语 'axal，阿拉伯语 ya'kulu，马耳他语 kiel，阿卡德语 akālu。

尼罗–撒哈拉语系"臼齿"卡努里语 karu、karwu ＜ *karu-。

22．"舌头、嘴、下巴、胡须、吃"*dak

汉语"食"*djək ＞ *dzək。"饲"*djək-s，使食。"蚀"*djək ＞ *dzək，蛀伤。藏文"舔"ldag ＜ *l-dak。"脖子"错那门巴语 tak⁵⁵（pa⁵³）＜ *tak。"嚼"黎语通什话 teːʔ⁷，保定话 taːk⁷ ＜ *tak。

南亚语"舌头"佤语马散话 dak。尼科巴语 kale dak ＜ *qale-dak，litāk ＜ *li-tak。"舌头"德昂语茶叶箐话 si taʔ⁵¹，布兴语 suɯ tak ＜ *si-dak。

南岛语"舌头"布昂语 daɣen ＜ *dage-n。"下巴"印尼语、米南卡保语 dagu，巴厘语 dʒagut ＜ *dagu-t。"胡须"印尼语 dʒaŋgut，米南卡保语 dʒaŋgu.jʔ，爪哇语 dʒeŋgot ＜ *dagu-t。

"舌头"朝鲜语扶安方言 seppatak ＜ *sepa-dag，"下巴"朝鲜语 thək ＜ *tək。"下巴"满文 sentʃehe，锡伯语 sətʂk，赫哲语 sətɕkə ＜ *se-tekə。

"舌头、语言"古英语 tungue，古爱尔兰语 tenge，拉丁语 dingua ＜ *degʷa。

印第安车罗科语"他的牙齿"ga-togv ＜ *togu，"我的牙齿"tsi-togv ＜ *togu。

亚非语系乍得语族"舌头"德拉语 daak，贝罗语 dak。

科伊桑语系"嘴"科洪语 ǂûe，玛萨尔瓦语 !kwe，努恩语 ǂkũe ＜ *ʔtjkʷe。

23. "舌头、牙齿、嘴、吃、说" *di

"舌头"扎坝语 di³³ < *di。

"牙齿"土耳其语 diʃ，维吾尔语 tʃiʃ，哈萨克语 tis，西部裕固语 dəs < *dis。"咬"维吾尔语 tʃiʃle-，哈萨克语 tiste-，撒拉语 tʃille- < *dis-。"吃"清代蒙文 ide-，蒙古语 idə-，达斡尔语 idə- < *ʔide-。土耳其语 je-，维吾尔语 je-，哈萨克语 dʒe-，图瓦语 dʒi- < *de。满文 dʒe-，锡伯语 dzi- < *de-。"吃"土耳其语 je-，维吾尔语 je-，哈萨克语 dʒe-，图瓦语 dʒi-，满文 dʒe-，锡伯语 dzi- < *de。清代蒙文 ide-，蒙古语 idə-，达斡尔语 idə- < *ʔi-de-。"说"古突厥语 te-，维吾尔语 dɛ-，撒拉语 di-，西部裕固语 de- < *de。

南岛语"讲故事"大瓦拉语 dede < *dede，"喝"科木希语 odu < *ʔodu。

尼罗-撒哈拉语系"嘴"卡努里语 tʃî < *ti，"叫"扎尔马语 tʃe < *te。

派生，*de > *s-de。

"牙齿"蒙古语 ʃʉd，达斡尔语 ʃid，蒙古语都兰方言 ʃide < *si-de。"牙齿"古突厥语 siʃ < *sit。

24. "嘴、牙齿、舌头、吃、说" *dʷat

"嘴"土家语 tsa³⁵tɕhi⁵⁵ < *tathi。"喝"壮语武鸣话 dot⁷ < *ʔ-dot。汉语"啜"*dʷjat > *ʐuat，《说文》："尝也，一曰喙也。""说"*s-thʷjat > *hʷjat。"噬"*djat-s《方言》（卷十二）："食也。""嘴"勉语罗香话 dzut⁷，樟子话、览金话 dut⁷ < *ʔ-dut。"啄"畲语多祝话 tju⁷，苗语养蒿话 tɕu⁷ < *tut。

南岛语"喝"爪哇语 sədot < *sə-dot，科木希语 dît。"说、告诉"西部斐济语 tata < *tata。

"嘴"桑塔利语 thuti < *duti。

"说"古突厥语 ajit- < *ʔadit；鄂温克语 dʒaːndʒi- < *dadi。"牙齿"梵语 danta，希腊语 odontos，拉丁语 dent，立陶宛语 dantis，古爱尔兰语 det < *dote-，古英语 toð，古弗里斯语 toth < *tode。"牙齿"梵语 danta < *data，拉丁语 dent < *deta。"牙齿"（复数）粟特语 δanδyt < *dadi-。"吃"希腊语 edonti < *e-doti。

25. "舌头、嘴、舔、说、话、声音" *lo

汉语"道"*lu-ʔ > *duʔ，说也。"猷"*lju，言也。"喻"*ljo-s，告也。

"舌头"墨脱门巴语 le，错那门巴语 le⁵³ < *le。"舌头"壮语武鸣话、傣语 lin⁴，黎语 ɬin³ < *li-n-ʔ。"舔"壮武鸣话 ɣi²，傣语 le² < *li。"说"土家语 li²¹ < *li。"话"侗语 li⁴ < *li-ʔ。

南亚语"说"佤语艾帅话、布朗语甘塘话 lau，克木语 lău，莽语 lø⁵¹ < *lu。"话、声音"佤语马散话 lo̯ʔ < *lu-ʔ，"舌头"京语 luəi³ < *ʔ-li-ʔ。

南岛语"牙齿"马那姆语 ile < *ʔi-le。"喊"拉加语 ulo，多莱语 oro < *ʔulo。"喊"鄂温克语 xɔxɔʃi- < *qoqoli。

亚非语系"说"阿拉伯语 yaquːlu < *lja-qul，马耳他语 qal。

尼罗–撒哈拉语系"说"卡努里语 wulðu < *ʔul-。

尼日尔–科尔多凡语系"吃"斯瓦希里语 -la。

（1）音节重叠，*le>*lelo

"舌头"汤加语 ʔelelo，夏威夷语 ălĕlŏ < *ʔalelo。马达加斯加语 lela < *lela，雅美语 lila < *lila。"火焰"雅美语 lila no apoj（舌头–火）。

"语言"亚美尼亚语 lezu < *lelu。

（2）流音交替，*lo>*ro

"声音"水语 lo⁵，侗语 so⁶ < *ʔro-s。"话"嘉戎语 rjo。"喊"壮语龙州话 jaːu⁵，水语 ju⁵ < *ʔ-ru-s。

南岛语"声音"姆布拉语 ororo < *ʔoro-ro。"语言"邹语 reʔre，塔希提语 reo，拉巴努伊语 ʔarero，伊拉鲁吐语 iraro。

"声音"阿尔巴尼亚语 zë < *ro。

（3）派生，*le>*s-lo，*ra>*sa-ra

藏文"说"slos < *s-los，"念诵"zlo < *s-lo。"舌头"缅文 hljaː²，缅语仰光话 ça²² ，博多语 si-lɑ < *s-lo。

"鸟雀噪"满文 ʃuli- < *suli，"鸣叫"维吾尔语、哈萨克语 sɑjrɑ- < *sara。

（4）派生，*le>*ma-lo

"舌头"那加语坦库尔方言 mɑle，独龙语 puɯ³¹lɑi⁵³ < *ma-le。"唇"哈尼语绿春话 me³¹lu³¹，傈僳语 mɯ³¹lɯ³¹ < *me-lu。

（5）派生，*la>*la-r

"话"西部裕固语、东部裕固语 lɑr < *lar。"说"西部裕固语 lɑrɡə < *lar-ɡə。

26."舌头、嘴" *lam

"舌头"哈尼语 la⁵⁵ ma³³ < *lama。

"舌头"东部斐济语 jama，马京达瑙语 ləma < *lama。"舌头"邵语 ðama，排湾语 səma，阿美语 ʃəma，卑南语 səmaʔ < *ləma-ʔ。

尼罗–撒哈拉语系"舌头"卡努里语 təlam < *tə-lam。

尼日尔-科尔多凡语系"嘴"祖鲁语 umlomo，科萨语 ulwimi < *-lomi。"舌头"祖鲁语 ulimi < *-limi。

科伊桑语系"舌头"科伊科伊语 lam-mi < *lam。

27."舌头、牙齿、唇、嘴、口水、语词、舔" *lab^w

"舔"土家语 la^{35} < *lap。阿昌语 liap^{55}。

南岛语"牙齿"罗维阿纳语 livo，劳语 lifo < *libo；塔几亚语 luwo-n < *lupo-n。"臼齿"马绍尔语 ŋilep，波那佩语 ŋilap < *ŋi-lep。

"唇"古英语、古弗里斯语 lippa，丹麦语 læbe < *labe。"舌头"阿尔巴尼亚语 llapë < *lape。"舔"拉丁语 lambere < *labe-。"舔、喝"古英语 lapian。"啜、舔"希腊语 laptein。"舔"苏美尔语 ʃub < *lub。

尼日尔-科尔多凡语系"词"祖鲁语 uɫamvu < *-labu。

（1）流音交替，*leb^w > *reb^w

"牙齿"俄语 zub < *rub。

（2）第二辅音演变，*lep^w > *let，*leb^w > *led

"舌"汉语 *slat，景颇语 ʃin^{31}let^{31} < *s-let。"舌头"苗语先进话 mplai^8，勉语长坪话 blet^8 < *b-let。

南岛语"舌头"爪哇语 ilat < *ʔi-lat；"舔"查莫罗语 hulat < *qu-lat。"脸"达阿语 le^{n}dʒe < *lede，"下巴"瓜依沃语 late-na < *late。"舔"印尼语 mən-dʒilat，沙玛语 delat，巴塔克语 dilat，爪哇语 n-dilat < *di-lat。

南亚语"舔"佤语马散话 let，佤语艾帅话 lɛt，德昂语曼俄话 liat^{33} < *let。

"舌头"日语 çita < *lita。

"舔"梵语 ledhi < *ledi。"舌头、语言"立陶宛语 liezucis，古教堂斯拉夫语 jezyku < *ledi-ku。

28."舌头、口水、语词、舔" *lag

"舔"缅文 jɑk，博嘎尔珞巴语 jak < *lak。

"舌头"满文 ileŋgu，锡伯语 iliŋ，赫哲语 iləŋgu，女真语（亦冷吉）*ileŋki < *ʔi-ligi。"口水"满文 sileŋgi，锡伯语 çiliŋ < *si-ligi。"吐沫"土族语 çulgə < *su-lgə。"说"鄂伦春语 ulgutʃəːn- < *ʔulgu-tən。

"舌头"拉丁语 lingue < *lig^{w}e。"舔"古撒克逊语 likkon，古爱尔兰语 ligi-m（我舔）。"舌头"匈牙利文 nyelv < *nelg。

亚非语系库西特语族"舌头"哈姆汤嘎语 laaq，阿尔波勒语 laeke。乍得语族"口水"巴德语 lùlùwen < *lulugʷe-n。"舌头"希伯来语 lashon，阿拉伯语 lisaːn，叙利亚语 leʃʃnā，埃塞俄比亚语 ləsān，马耳他语 lsien，阿卡德语 liʃanu < *liqe-n。

达罗毗荼语系"舌头"曼达语 nālke，泰卢固语 nāluku < *na-luk。

新爱尔兰岛非南岛语系语言"牙齿"库欧特语 lauki-ma < *laki。

尼罗–撒哈拉语系"舔"扎尔马语 loogu < *logu。"语言"斯瓦希里语 lugha。

29."耳朵、脸、牙齿、眼睛、额、颚"*ble、*bʷali

"耳朵"苗语养蒿话 zɛ²，高坡话 mplæ²，勉语东山话 blau² < *ble。"耳朵"布央语峨村话 ʔbaːi⁵⁵ða³³ < *ʔ-bila。拉基语 pu³³lu³⁵ < *pulu。

南岛语"牙齿"阿美语 waɬiʃ，鲁凯语 valisi，卑南语 waɭi < *bʷali-si。"脸颊"东部斐济语 balu，拉加语 balina < *bali-na。"脸"宁德娄语 buli-n < *buli，木鲁特语 bulos < *bulo-s。"鬓"印尼语 pəlipis < *pili-pis。

南亚语"脸"柬埔寨语 tʰpɔəl < *tə-pal，克木语 boh < *bol。

达罗毗荼语系"牙齿"曼达语、泰卢固语 pallu，泰米尔语 pal < *palu。"额"维吾尔语 piʃanɛ < *pila-ne。

"颚"希腊语 symboyles < *suboles，"额"梵语 bhaalam < *bala-，"嘴"古弗里斯语 snavel < *sna-bʷel。

（1）流音交替，*bila > *bira

南岛语"耳朵"赛德克语 birats < *bira-t，拉加语 bʷero- < *bero。"脸"莫图语阿罗玛方言 pira < *bira。

（2）首辅音演变，*bʷari > *dari

"眼睛"昌巴拉胡里语（Chamba Lahuli）ʈir，满查底语（Manchati）ʈirā < *tira。

"脸"维吾尔语 tʃiraj，哈萨克语 ʃiraj < *tiraʔi。蒙古语书面语 tʃirɑɪ，蒙古语 tʃarɛː，达斡尔语 ʃar < *tiraʔi。满文 dere，锡伯语 dər，鄂伦春语 dərə < *dere。日语（俗语词）tsɿra < *tira。

南岛语"脸"马达加斯加语 tarehi < *tareqi。"脸"希腊语 moutra < *mu-tra，波兰语 twarz < *tor，和阗塞语 ttʃara < *tara。

澳大利亚土著语言"牙齿"库通语 dir-ra，嘎郡语 dirra。

30."舌头、说、吃"*dil、*tal

"舌头、语言"古突厥语 til，土库曼语 dil，图瓦语 dʏl，西部裕固语 dəl <

*dil。"舌头"埃文基语 dilagan < *dila-gan，"说"撒拉语 jaʃa- < *dala。

南岛语"舌头"印尼语 dilah，巴拉望语、摩尔波格语 dilaʔ < *dila-q 。"讲故事"萨摩亚语 tala < *tala。

澳大利亚土著语言"舌头"库通语 tul-lun < *tul-。

"告诉"古挪威语 telja，古弗里斯语 tella，古英语 tellon（考虑）< *dela-。

尼日尔-科尔多凡语系"吃"祖鲁语 -dla。科伊桑语系"（蛇、蜥蜴的）舌头"他语 |aʔli < *ʔtaʔli。

31."脖子、下巴、胡须、说、喊叫、声音、话、词" *ke、*ga

"脖子"嘉戎语 mki < *m-ki。

汉语"胡" *gʷa 胡须。藏文"胡须" rgya，"老" rga。

南岛语"下巴"梅克澳语 ake。

（1）派生，*ke > *ke-n

汉语"肩" *kian《说文》："髆也。"

"肩"古突厥语 egin，西部裕固语 jiɣən < *ʔegi-n。

（2）派生，*ke > *s-ke

"脖子"藏文 ske < *ske。汉语"噪" *ske 群鸟声。

"肩"朝鲜语 əske < *ʔə-sge。"腋窝"蒙古语 suː，东乡语 soɣə < *sugə；"肩"朝鲜语 əske < *ʔəsge。

南岛语"肘"印尼语、摩尔波格语、卡加延语 siku < *siku；布拉安语 sigu < *sigu。

"脖子"俄语 ʂejk < *sek，pereʂeːk < *pere-sek。

达罗毗荼语系"腋窝"曼达语 saŋka < *saka。

（3）派生，*ga > *ga-l，*ge > *gle

汉语"号" *gle-s《说文》："呼也。"

"喉咙"维吾尔语 gɑl < *galo，东乡语 Goləi < *gole。"喉咙"维吾尔语 gɑl < *galo。"脖子"蒙古语 xoːlɛ，东乡语 Goləi < *gole。"说"土族语 gule < *gule。东乡语 kiəliə-，保安语 kɑlə < *kəle。

南岛语"不流利地说"达密语 gole < *gole，"说"罗地语 ko-kola < *kola，"声音、喉咙"沙外语 *gli。

南亚语"说"蒙达语 kākla，桑塔利语 kakala < *ka-kala。"喉咙、脖子"桑塔利语 gola < *gola。"喉咙"莽语（ŋɤ31）gɣoŋ55，巴琉语 -loŋ11 < *goloŋ。

"喉咙、脖子、吞咽"梵语 gala。"喉咙"拉丁语 gula，意大利语 gola。"脖子"德语、瑞典语、丹麦语 hals，意大利语 collo，拉丁语 collum。"叫"希腊语 kalein < *kale-。"声音、噪音"和阗塞语 ṣkalä < *s-kalo。"舌头、语言"希腊语 glossa，"单词"拉丁语 gloss。"咳嗽"阿尔巴尼亚语 kollë < *kolo。

高加索语系 "喉咙"格鲁吉亚语 qhɛli < *ɢeli，"咳嗽"xvelɛba < *qʷele-；"脖子"格鲁吉亚语 saqhɛli < *sa-ɢeli。

尼罗-撒哈拉语系 "喉咙"卡努里语 ngowoljo < *ŋogolo。

亚非语系乍得语族 "脖子"豪萨语 wuya < *gʷula。

（4）流音交替，*galo > *garo

"脖子"阿侬怒语 go³¹ɹo⁵⁵ < *guro。"喉咙"独龙语 kɑ³¹kɔɹ⁵³ < *ka-kor。"声音"藏文 sgra < *s-gra。"说"阿昌语 kzai̯⁵⁵，载瓦语 tai²¹ < *kri。

南亚语 "话、声音"德昂语硝厂沟话 grʌuh，南虎话 krɑh < *gra-s。"话"德昂语 krɔh < *kro-s。

南岛语 "喉咙"毛利语 korokoro < *goro。

"嘴"古突厥语、土耳其语 aɣiz，维吾尔语 eʁiz，撒拉语 ɑʁəz < *ʔagir。

"声音的"希腊语 geros，"嚎叫"古挪威语 grenja。"声音、嗓音"粟特语 wanxar < *bʷan-kar。"词"梵语 gira，"语言"梵语 girḥ。"咆哮"古挪威语 grenja。"脖子、喉咙"中古荷兰语 craghe < *gra-ge。"喉咙"古英语 cræg。"领子、脖子"德语 kragen，古高地德语 chrago < *gra-ge-n。"喉咙"古英语 cræg，法语 gorge，古法语 gargole。

芬兰-乌戈尔语系 "声音"匈牙利语 igaz < *igar。

"声音"格鲁吉亚语 bgeri < *bgeri，"名字"格鲁吉亚语 gvarɔ < *gʷaro。

亚非语系 "喉咙"希伯来语 garon < *garo-n，阿拉伯语 ḫanʒura < *qa-gura。乍得语族 "喉咙"豪萨语 maʔkogwaro < *mako-gʷaro。

澳大利亚土著语言嘎郡语 "脖子"gurrga，"喉"gumggur。

（5）派生，*gla > *gla-ŋ，*kalo > *kalo-ŋ

"脖子"勉语览金话 klaɯ¹ < *klaŋ。"后颈窝"壮语 hu²laŋ¹ < *ɣuʔloŋ。汉语 "颂" *gʷljoŋ-s > *zjuoŋs。"详" *gljaŋ > *zjaŋ，《说文》审议也。汉语 "诵" *gʷljoŋ-s > *ljuoŋs，《说文》："讽也。""讼" *gʷljoŋ-s > *zuoŋs，《说文》："争也。""说"藏文 gleŋ < *gleŋ。"脖子"苗语养蒿话 qon³，大南山话 tɬaŋ¹ < *qloŋ。"脖子"黎语通什话 ɯ³ɬoŋ⁶ < *ʔuloŋ。

南岛语"脖子"沙玛语 kolloŋ，贡诺语 kalloŋ＜*kaloŋ。

南亚语"脖子"巴琉语 loŋ³¹＜*loŋ。

（6）派生，*koro＞*koro-k，*garo＞*garo-g

南岛语"喉咙"印尼语 təŋgorokan＜*tə-gorok-an，马京达瑙语 ŋarək＜*garək。

"脖子"波兰语 kark，"喉咙"古英语 cræg。"领子、脖子"德语 kragen、古高地德语 chrago＜*krage-。"喉咙"法语 gorge，"脖子、喉咙"中古荷兰语 craghe＜*krage。"小舌"和阗塞语 gūrakä＜*guraka。"咳出、吐"古英语 hræcan，古高地德语 rahhison（清喉咙）＜*krak-。"咕哝"立陶宛语 kregeti。

（7）派生，*gri＞*gari-ŋ，*garo＞*garo-ŋ

藏文"脖子"mgriŋ，mdʑiŋ＜*m-griŋ。"挺起"vgreŋ＜*m-greŋ。汉语"领"*mreŋ-ʔ＞*reŋʔ，《说文》："项也。"汉语"讲"*kroŋ-ʔ《说文》："和解也。""项"*groŋ-ʔ《说文》："头后也。"

（8）首辅音演变，*gil＞*bil

"喉咙、脖子"满文 bilha，锡伯语 bilχa，赫哲语 bilga＜*bilo-qa。

（9）首辅音演变，*kil＞*til，*gil＞*dil

南岛语"喉咙"东部斐济语 i-tilotilo＜*tilo-tilo。"声音"满文 dʒilgan，锡伯语 dʑilχan，赫哲语 dilgan，鄂伦春语 dɪlgan＜*dil-qan。

澳大利亚土著语言"锁骨"嘎郡语 dandal＜*dadal。

（10）首辅音演变，*gʷara＞*tara

南岛语"话"爪哇语 mədar＜*mə-dar。拉巴努伊语 tatara＜*tara。

（11）派生，*gʷera＞*gʷera-d

汉语"話（譮）"*gʷrad＞*ɣʷrad。《诗经·大雅·板》："出话不然，为犹不远。""话"，言语。

"词"古英语 word，古高地德语 wort，哥特语 waurd，古挪威语 orð＜*gʷord。"词、短语"波兰语 zwrot＜*gʷrot。

32. "喉、声音、脖子、下巴、胡须、说、吞"*kop、*gabu

"喉咙"哈尼语 khɔ³¹bɔ³¹＜*kopo。

"下巴"托莱语 kəbe-。"喉咙"尼科巴语 likøːp＜*li-kep。"脖子"日语 kubi＜*kubi。

尼罗-撒哈拉语系"下巴"扎尔马语 kaabe。

（1）第二辅音演变，*gabu > *gadu

"喉咙"格曼僜语 gɑ³¹duŋ³⁵ < *gadu-ŋ。汉语"谓"*gʷjəd《说文》："报也。""粤"*gʷjat《尔雅》："曰也。""曰"*gʷjat《说文》："词也。""告诉"藏文 gjod < *got。"说"ɦtɕhad < *m-khjat。"声音、话语"藏文 skad，藏语阿力克话 rkat < *s-kat。"说"克伦语阿果话 gǎ³¹do³³ < *gado。

南岛语"喉咙"查莫罗语 gatganta < *gat-gata，莫图语 gado-na。"声音、话、语言、喉咙"莫图语 gado-na < *gado。"噪音"巽他语 gandeŋ < *gade-ŋ。"说"爪哇语 kɔndɔ < *kodo。

"脖子"土族语 gudʑi < *gudi。"说"日语 kataru < *kata-ru。"吞"土耳其语、维吾尔语 jut-，哈萨克语 dʒut- < *gut。撒拉语 uɣut- < *ʔu-gut。"呼喊、呼叫"西部裕固语 ɢəde- < *gəde。

"说"梵语 gadati < *gada-。"说、告诉"粟特语 ɣuδār < *guda-。"说、告诉"波兰语 nagadatʃ < *na-gada-。"声音"意大利语 secondo < *sekodo。"嘲笑声"古挪威语 skuta。

（2）塞音鼻化，*gutu > *ŋutu

南岛语"胡须"赛德克语 ŋutus。卡加延语 bəŋət，巴拉望语 burɔŋɔt < *bura-ŋut。"名字"排湾语、摩尔波格语 ŋadan，阿美语 ŋaŋan < *ŋada-n。

33."肩、背、脖子、胸、乳房、肺、心"*gala

藏文"背部"sgal < *s-gal，"驮、荷、承当"gal，"驮子"khal。

汉语"荷"*gal，"骑"*g-r-al。

南岛语"背"布拉安语 kagol < *ka-gol；"胃"多布语 kʷola < *kola。

"肩"古英语 sculdor，古弗里斯语 skoldere，中古荷兰语 scouder < *skoldere。"肚子"希腊语 koilia < *kola。"心"格鲁吉亚语 guli。

（1）元音换位，*gol > *glo

"肺"藏文 glo < *glo。"背"格曼僜语 glǎu⁵³ < *glu。

（2）流音交替，*gala > *gara

汉语"吕"*gʷra-ʔ > *ruaʔ，《说文》："脊骨也。""肩"侗语南部方言 sa¹，水语 ha¹ < *ʔ-ra。南岛语"背"达密语 agara < *ʔa-gara。

（3）首辅音演变，*kele > *tele，*kulu > *tulu，*gala > *dala

南亚语"女人的乳房"尼科巴语 teh < *tel。"肺"尼科巴语 tahøh < *talel。

"肩"东乡语 daləu，保安语 dɑːli。维吾尔语 jɛlkɛ，柯尔克孜语 dʒelke < *delke。"胸脯"维吾尔语 tøʃ，哈萨克语 tøs，撒拉语 diuʃi < *toli。"胸"满文 tulu < *tulu。"动物的乳房"维吾尔语 jilin，柯尔克孜语 dʒelin < *deli-n。蒙古语 dələŋ，土族语 deleŋ <*deli-ŋ。

南岛语"背"查莫罗语 tatalo < *tatalo。

尼日尔-科尔多凡语系"脖子"祖鲁语 um!ala < *-ʔʧala。

（4）流音交替，*tola > *tora

"胸、胸铠"拉丁语、希腊语 thorax（thorakos 所有格）< *dora-。"胸、乳房"希腊语 sterno < *s-ter-。

科伊桑语系"肋骨"科伊科伊语 |ara-b < *ʔtara。"背"科伊科伊语 !huri-b < *ʔɖuri。

34. "肩、腋、手臂、手指" *pʷek、*bʷek

"肩"嘉戎语 rpɑk <*r-pak。汉语"髆"*pak《说文》："肩甲也。"

南岛语"肩"摩尔波格语 baga，卡林阿语 bagaʔ，马那姆语（Manam）bage < *baga。"肩"依斯那格语 abāga，巴拉望语 ɔbaga < *ʔabaga。"肩"夏威夷语 põõhiwi，毛利语 pokohiwi < *boko-pibi（肩-腋）。"背"赛德克语 bukui < *buko-ʔi，贡诺语 boko < *boko。

南亚语"肩"布兴语 svak < *s-bʷak，莽语 pəŋ³¹bak⁵⁵ < *pəŋ-bak。"腋"日语 waki < *bʷaki。

"肩"粟特语 fɛk < *pʷek。"肩、臂"古英语 bog，古高地德语 buog（指骨）< *bog。"手臂、肩"梵语 bhuja < *buga。"前臂"希腊语 pakhys < *pagu-。

澳大利亚土著语言"肩"库通语 wok-kul < *bʷok-。尼日尔-科尔多凡语系"肩"斯瓦希里语 bega。

（1）塞音鼻化，*bʷeka > *bʷeŋa

南岛语"肩"达阿语 viŋa，乌玛语 βiŋa < *bʷiŋa。戈龙塔洛语 biᵑguŋo < *biŋuŋo。

（2）派生，*bʷak > *bʷrak

"肩"藏文 phrag。独龙语 ɹɑʔ⁵⁵ < *rak。

"肩"德昂语硝厂沟话 ʐaʔ，茶叶箐话 ʒaʔ < *rak。

"臂"意大利语 braccio，葡萄牙语 braço，葡萄牙语 braço < *brako。"前臂"梵语 prakoʃthaḥ < *prakos-。"绵羊胛骨"粟特语 əpasfrɛtʃ < *əpas-prek。

（3）首辅音演变，*bʷrak > *krak，*bʷlak > *klak

汉语"胳"*krak。

南岛语"腋"巽他语 kelek，萨萨克语 klelek < *kelek。

"手臂"亚美尼亚语 jerk < *gerk，"手臂、翅膀"阿尔巴尼亚语 krah < *kraq。

（4）塞音鼻化，*bʷuk > *muk

"手"青当语 mūk，雅卡语 muk。坎布语 huk < *s-muk。

"脖子"苏美尔语 muigu < *mʷigu。

尼罗–撒哈拉语系"手"卡努里语 mukko。

35. "胸、肩、肺、心、乳房、吸"*bʷa、*pʷa

"乳房"纳西语 ə⁵⁵po²¹。藏文"奶"vo < *bʷo。

汉语"䐈"*bʷas < *bʷa-s，胸引申指"干肉"。"肩"壮语武鸣话 ba⁵ < *ʔ-ba-s。黎语保定话 tsɯ²va² < *kə-bʷa。"肩"苗语先进话 pu⁶，复员话 vuᶜ < *bʷo-s。畲语多祝话 pje⁶ < *bje-s。"扛"纳西语 bu²¹，达让僜语 bu⁵⁵ < *bu。阿侬怒语 a³¹bu⁵⁵ < *ʔabu。

南岛语"肩"瓜依沃语 ʔabaʔaba < *ʔaba。"肩"排湾语 qavan < *qa-bʷan。"扛"萨摩亚语 ʔave < *ʔabʷe，波那佩语 wa < *bʷa。"胸"拉加语 bʷabʷa- < *baba，莫图语柯勒布努方言 oba < *ʔoba。"动物的乳房"亚齐语 abin < *ʔabin。"乳房"泰雅语 bubuʔ < *bubu-ʔ。"背"瓜依沃语 bobo < *bo。波那佩语 sowe < *so-bʷe。

南亚语"乳房"莽语 bu⁵¹，京语 bu⁵ < *ʔ-bu-s。"肚子"京语 buŋ⁶ < *buŋ-s。

尼罗–撒哈拉语系"乳房"扎尔马语 fafe < *bʷa-bʷe。

尼日尔–科尔多凡语系"肺"科萨语 ewe < *ebʷe。科伊桑语系"乳房、奶"科伊科伊语 bī-s < *bi-。

（1）塞音鼻化，*oba > *oma 等

"胸"傈僳语 o³³mɯ³¹ < *ʔomə。"乳房"侗语 mi³ < *ʔmi-ʔ。

南岛语"胸"毛利语、拉巴努伊语 uma，塔希提语 ʔōuma < *ʔu-ma。"乳房"嫩戈内语 mimi。土耳其语 meme < *meme。"肩"汤加语、罗图马语 uma < *ʔuma。"吸"拉巴努伊语 ʔomo ʔomo < *ʔomo，窝里沃语 omu。"喝"卡乌龙语 um，大瓦拉语 uma < *omu。"乳房"赫哲语 məmə < *məmə。"喝"锡伯语 œmim，赫哲语 omi- < *ʔomi。

"肩"希腊语 omos，梵语 amsah < *amusa-，亚美尼亚语 us。

澳大利亚土著语言"胸"阿雅巴杜语 umu，巴肯语 umotha。

（2）派生，*bʷi＞*s-bʷi 等

"胸脯"藏文 sbo＜*sbo。

"肺"阿伊努语 sampe＜*sape。"心"和阗塞语 svi＜*sbʷi。

（3）首辅音演变，*pʷo＞*to

南岛语"背、后面"沙外语 to-u＜*to-ʔu。"背"汤加语 tuʔa，塔希提语 tua，夏威夷语 kuǎ＜*tu-ʔa。

"背"维吾尔语 utʃɑ，乌孜别克语 utʃɛ＜*ʔute。

（4）音节重叠，*po＞*popo，*ma＞*mama

"肺"哈尼语 po̱³¹＜*pop。景颇语 sin³¹wop⁵⁵＜*si-bop。"肺"侗语 pup⁹＜*pup。拉珈语 pu⁴wiːn²＜*bubi-n。

南岛语"胸"拉加语 bʷabʷa-＜*baba，毛利语 poho＜*bopo。"心"鲁凯语 avava＜*ʔabʷabʷa。"肺"吉尔伯特语 te mama＜*mama，汤加语 maʔamaʔa＜*maʔa-maʔa。"肺"夏威夷语 akěmāmā＜*ʔate-mama。

南亚语"肺"德昂语南虎话 phu phʏp，布朗语胖品话 bhop⁵¹＜*bup。

"肺"梵语 phupphusah＜*bubu-sa-，"乳房"拉丁语 mamma＜*mama。

尼日尔-科尔多凡语系"肺"祖鲁语 iphaphu，斯瓦希里语 pafu（肺、肝）＜*babu。

尼罗-撒哈拉语系"肺"卡努里语 fufu＜*pupu。

（5）派生，*bʷa＞*bʷala，*pʷa＞*pla

"腋"格曼僜语 plɑ⁵⁵mu⁵⁵＜*pla-m。"背"达让僜语、义都珞巴语 pluɯn⁵³＜*plu-n。"肺"苗语吉卫话 mzə̱⁵，高坡话 mpluɯ⁵＜*ʔ-blo-s。

"肩"土族语 bɑːliː，保安语 bɑːli＜*bali。

南岛语"肩"赛夏语 æbaḷaʔ，阿美语 afala＜*ʔa-bala。巴厘语 palə＜*pala。"肩胛骨"东部斐济语 i-βaði＜*bʷali。"胸"赛德克语 balah＜*bala-s。"肺"阿美语 falaʔ，赛夏语 bæḻæʔ，邵语 baaq＜*bʷala-q。"心"罗维阿纳语 bulo＜*bulo。"乳房"多布语 ɸola＜*pola。

南亚语"肩"克木语 blăʔ＜*bla-ʔ。"肩"德昂语南虎话 plaŋ。佤语马散话 si plaŋ，户语 θə plaŋ⁵⁵＜*sə-pla-ŋ。

"肩"法语 epaule＜*epula，"肩、肩胛骨"拉丁语 scapula＜*ska-pula。"肺"古教堂斯拉夫语 plusta（复数），波兰语 plutʃo，拉丁语 pulmo，希腊语 pleumon＜*plu-。"脾"古法语 spleen，拉丁语、希腊语 splen，古波斯语 blusne。

印第安语"肺"车罗科语 tsuwelv＜*tu-bʷelu。

尼日尔–科尔多凡语系"乳房"祖鲁语、科萨语 ibele＜*-bele。

（6）流音交替，*bʷala＞*bʷara、*bra 等

南岛语"肩"罗维阿纳语 avara＜*ʔabʷara，马林厄语 fafra＜*bʷabʷra。"胸"马那姆语 barabara，达阿语 boᵐbara＜*bara。

"肋骨"日语 abara＜*ʔa-bara。

（7）派生，*bʷala＞*bʷla-k

南岛语"肩"锡加语 palik，"扛"罗维阿纳语 paleke＜*palake。"肺"泰雅语赛考利克方言 həluk，泽敖利方言 βahłuk＜*bʷaluk。

"手臂"维吾尔语 bilɛk，哈萨克语 bilek＜*bilak。"肩、背"俄语 pletço，波兰语 pletsu＜*pleko。

（8）派生，*bra＞*bra-ŋ

"胸"墨脱门巴语 braŋ toŋ，错那门巴语 praŋ³⁵＜*bra-ŋ。

36."乳房、心、肠子、吸"*nu

"乳房"藏文 nu ma，道孚语 nu nu＜*nu。缅文 no¹um²＜*nu-ʔum。

藏文"哺乳"ɦnud pa，"吮吸"nu ba。汉语"乳"*njo-ʔ《说文》："人及鸟生子曰乳。""乃（奶）"*nə-ʔ。

南岛语"乳房"赛德克语 nunuh，吉尔波特语 nunu＜*nunu。"喝"乌玛语 ŋ-inu，马京达瑙语 inu，宁德娄语 aʔun。

南亚语"乳房"蒙达语、桑塔利语 nunu＜*nunu。"喝"蒙达语 nu＜*nu，anu＜*ʔanu。桑塔利语 ɳu＜*nu。

派生，*ne＞*s-ne，*nu＞*s-nu。

"心"藏文 snɪŋ＜*sni-ŋ。"肠子"苗语复员话 ɳenᴮ＜*sne-n。

南岛语"肠子"勒窝语 sine-na＜*si-ne，"胃"沙外语 sno＜*sno。

"乳房"意大利语、西班牙语 seno，葡萄牙语 seio＜*se-nu。

37."乳房、胸、肋骨"*tu、*ti

"乳房"苗语大南山话 ɳtau¹，石门坎话 ɳto¹＜*ʔdu。"吸"泰语 duːtʰ⁹＜*ʔdut。

南岛语"乳房"排湾语 tutu，阿美语 tʃutʃu＜*tutu。巴拉望语 duduʔ，窝里沃语 ʔduʔdu＜*ʔduʔdu。

南亚语"乳房"户语 thut³¹＜*dut。"乳房、奶头"古英语 titt＜*tit。

"胸"格鲁吉亚语 didi qhuti＜*didi-quti。苏美尔语"肋骨"ti-ti。达罗毗荼语

系"乳房"曼达语 dūdō < *dudo。

澳大利亚土著语言"乳房"阿雅巴杜语 thudu，巴肯语 thuutu < *dudu。

尼日尔-科尔多凡语系斯瓦希里语"乳房、奶头"titi，"乳房"dodo。

科伊桑语系"胸"科伊科伊语 ǂgae-s < *ʔdja-e。

38. "肺、心、胆、胸、肩膀、背、肝、想"*bʷat

汉语"肺"*phjat-s。"肺"壮语 puut⁷，傣语 pɔt⁹ < *pʷət。

南岛语"胸"萨摩亚语、汤加语、罗图马语 fatfat，雅美语 vatavat < *bʷat-bʷat。"胸"查莫罗语 petʃho < *pedo。"心"卡乌龙语 aβhat < *ʔa-bat。萨摩亚语 fatu，汤加语 māfatu < *ma-bʷatu。"肚脐"托莱语 bito-，马那姆语 buto < *bito。

"胸"蒙古语 ɵbtʃʉ < *ʔəbutu，东部裕固语 putʃyn < *putu-n。"肋骨"满文 ebtʃi，蒙古语 xɛbis < *ʔebti。

南亚语"胆"桑塔利语 pit < *pit。

"胸"意大利语 petto，葡萄牙语 peito。

澳大利亚土著语言"肩膀"嘎郡语 binda < *bida。

尼罗-撒哈拉语系"背"扎尔马语 banda < *bada。

尼日尔-科尔多凡语系"肝"祖鲁语 isibindi < *-bidi。

（1）第二辅音演变，*bʷat > *bak，*bʷut > *buk

"心"塔金语 apuk < *ʔapuk，博嘎尔珞巴语 fioŋ puk < *goŋ-puk。

南岛语"肺"那大语 boka，锡加语 bokaka，他加洛语 baga? < *boka。"背"赛德克语 bukui < *bukoʔi；贡诺语 boko < *boko。"灵魂"排湾语 avak，鲁凯语 abakə < *ʔa-bʷak。

南亚语"肺"桑塔利语 bo̤ko̤ < *boko。

澳大利亚土著语言"胃"嘎郡语 bugii。"肺"祖鲁语 ibhakubha < *-baku。

（2）首辅音演变，*bʷak > *dak

"胸"侗语 tak⁷，水语 te³tak⁷ < *tak。

南岛语"胸"沙玛语 dākan < *daka-n，雅贝姆语 bo-dagi < *dagi。

南亚语"胸"桑塔利语 sinduk < *si-duk。

"肺"亚美尼亚语 thokh < *dog。

39. "胸、背、肺、肋骨、腰、中间"*kabʷa、*gapa

"腋窝"傣语德宏话 kaŋ³kaːp⁹ < *kap-kap。"肋骨"藏文 rtsib < *r-kip，错那门巴语 kep⁵³。

南岛语"胸"莫图语南岬方言 kapakapa < *kapa。"肺"窝里沃语 kuᵐba < *kuba。"腰"雅美语 kawakan < *kabʷak-。"肝"马林厄语 kʰebu < *kebu。

"肺"图瓦语 økbɛ，西部裕固语 øhkbe < *ʔekube。

"背"希伯来语 gav < *gabʷ。"胸"巴德语 kuvan < *kubʷa-。

首辅音演变，*kʷap > *dap。

亚非语系乍得语族"中间、中心"巴德语 dəmbán < *dəba-。

尼罗－撒哈拉语系"中间"卡努里语 dawu < *dabu。

40. "肚子、胸、背" *ok

汉语"臆（肊）" *ʔjək，臆测。"憶（忆）" *ʔjək-s，念也。"意" *ʔjək-s，志也。"胸"壮语武鸣话 ak⁷，西双版纳傣语 ho¹ək⁷ < *ʔok。"肚子"那加语马林方言（Maring）ŭk，加洛语 ŏk。

南亚语"背、背面"尼科巴语 uk < *ʔuk。"胸"布朗语胖品话 ʔɣk³¹，克木语 ʔɔk < *ʔok。南岛语"背"布农语 iku < *ʔiku。

41. "胸、心、肝、肺、肩、肋骨" *leb

"肩"彝语喜德话 le³⁴ba³³，道孚语 lva < *leba，义都珞巴语 e⁵⁵li⁵⁵pɑ⁵⁵ < *ʔe-lipa。

南亚语"肝"尼科巴语 a-lip < *lip。

"心"古希伯来文 lbh，希伯来语 lev，阿拉伯语 qalb，叙利亚语 lebbā，埃塞俄比亚语 ləbb，马耳他语 qalb，阿卡德语 libbu。

尼日尔－科尔多凡语系"肩"祖鲁语 ihlomba < *-lob。"乳房"斯瓦希里语 ziwa < *libʷa。

（1）流音交替，*lep > *rep

"肋骨"景颇语 kǎ³¹ʒep³¹ < *ka-rep。

南岛语"肺"米南卡保语 rabu < *rabu。"心"粟特语 ʒyāwar < *rabʷa-r。

（2）塞音鼻化，*lep > *lem，*rep > *rem

"心"缅文 hnɑ¹lum³，阿侬怒语 n̠i³¹ɹum³¹ < *sni-rum。藏文 sn̠iŋ < *sni-ŋ。

南亚语"心"佤语马散话 rɣ hɔm < *rə-lom。

"心"锡伯语 niamən，满文 nijaman < *ʔiram-an。"心"朝鲜语书面语 maɣɯm，中古朝鲜语 mʌzʌm < *ma-lam。

"心"阿尔巴尼亚语 zemër < *rem-or。

（3）首辅音演变，*lem > *nem

汉语"心"*snəm < *s-lem。

（4）第二辅音演变，*leb > *leg

"肝"蒙古语 ələg，东部裕固语 heleɣe < *qelegə。

"肝"阿尔巴尼亚语 mëltʃi < *mo-lki。"肺"古英语、古弗里斯语 lungen（复数），古挪威语 lunge < *luge。"心"苏美尔语 ʃag < *lag。

（5）流音交替，*lep > *rek

汉语"肋"*rək《说文》："胁骨也。""骨头"格曼僜语 ɕiŋ⁵⁵ɹak⁵⁵ < *si-rak。"骨头"错那门巴语 ru³⁵ko⁵³ < *ruka。

南岛语"胸"罗维阿纳语 ragraga < *raga-raga。

"肋骨"东部裕固语 χarʁua，东乡语 qaruɣa < *qa-ruga。

42."心、胸、肺、乳房、胆"*kor、*kri

"胆"藏文 mkhris（pa），错那门巴语 kli⁵³ < *m-kri-s。道孚语 skrə < *s-krə。

"心"土耳其语 merkez < *mer-ker，"胸"鄂温克语 xəŋgər < *qəgirə。南岛语"心"瓜依沃语 goru-na < *goru，"胸"达密语 akor < *ʔakor。

新爱尔兰岛非南岛语系语言"心"库欧特语 guru-ma < *guru-。

"心"意大利语 cuore，法语 cœur，拉丁语 cor，古荷马史诗 χ͂ρ < *kor。"心"波兰语 kier。"用心"亚美尼亚语 angir。"肺"阿尔巴尼亚语 muʃkëri < *mus-kori。"心"匈牙利语 kör < *kor。

高加索语系"心"格鲁吉亚语 guli，拉兹语 guri，卡巴尔达语 gu < *guri。

尼罗–撒哈拉语系"心脏"卡努里语 karu。

（1）首辅音演变，*gor > *dor，*kru > *tru 等

"胆"朝鲜语铁山话 jər < *dər。

南亚语"胸"柬埔寨文 truːŋ < *tru-ŋ。

澳大利亚土著语言"心"嘎郡语 dulgu < *dul-gu。

（2）首辅音演变，*gor > *bor，*kru > *pru

南亚语"肺"桑塔利语 boɽo < *boro。

南岛语"肺"爪哇语 paru，马都拉语 bʱara < *baru。

"乳房"古爱尔兰语 bruinne，古英语 breost（乳房、思想），古弗里斯语 briost，古挪威语 brjost < *brus-。

（3）派生，*gure > *gure-k

"心、胆量"土耳其语 jyrek，维吾尔语、塔塔尔语 jyrɛk，图瓦语 dʒyryk < *gurek。"心"蒙古语书面语 dʒirüke，蒙古语 dʒʉrx，达斡尔语 dʒurugu < *guruk。

43. "胆、肝、心、苦的"*di、*te

"胆"壮语龙州话 di¹，黎语语 dai¹ < *ʔ-di。

南岛语"肝"马达加斯加语、爪哇语 ati，亚齐语、达阿语 ate < *ʔa-te。"心"布吉斯语、马都拉语 ati < *ʔati。"苦"莫图语 idita < *ʔidita。

"胆"维吾尔语、哈萨克语 øt，西部裕固语 jøt < *ʔot。"苦的，辣的"维吾尔语 atʃtʃiq，哈萨克语 aʃtə，图瓦语 adʒɤx < *ʔat-tiq。"心、心情"鄂罗克语 indo < *ʔido。"心"芬兰语 into < *ʔito。

科伊桑语系"心"科伊科伊语 ɬgao-b < *ʔʒdja-o。

44. "肚子、背、屁股、肠子、男根、孕"*la

汉语"䏶"*ljo《说文》："腹下肥也。"

南岛语"屁股"赛德克语 sulai < *su-la-ʔi。

尼日尔-科尔多凡语系"背"祖鲁语 umɬane < *-ɬa-ne。

（1）派生，*la > *la-ŋ

汉语"孕"*ljəŋ-s《说文》："裹子也。""背"阿昌语 xa³¹luŋ³⁵。"怀孕"壮语 mi²daːŋ¹ < *mi-ʔlaŋ（有-肚子）。"肚子"泰语 thɔːŋ⁴，壮语龙州话 toːŋ⁴ < *loŋ-ʔ。水语 loŋ² < *loŋ。汉语"肠"*laŋ > *daŋ，《说文》："大小肠也。""男生殖器"墨脱门巴语 loŋ。

"腰"京语 luɯŋ¹ < *ʔluŋ。"肠子"布兴语 slian，克木语 r̥ iaŋ < *s-laŋ。

（2）流音交替，*la > *ra

"屁股"满文 ura，赫哲语 ora < *ʔura。"屁股"乌尔都语 raːn < *ra-n。

45. "手、手指、手腕、肘、指甲、爪子、拿"*tu、*de

汉语"肘"*tju-ʔ。"持"*də 握也。"侍"*djə-s > *ʐəs，《说文》："承也。"

"肘"哈尼语绿春话 la³¹du³³，博嘎尔珞巴语 lok du < *lak-du（手-肘）。"手指"苗语养蒿话 ta³，复员话 nʔtaᴮ，先进话 nti³ < *ʔ-de-ʔ。

"手"日语 te < *te。"手腕"图瓦语 dʒys < *du-s。"手、手臂"日语 ude < *ʔu-de。

南亚语"手"德昂语、京语 tai¹，桑塔利语、布兴语 ti，克木语 tiʔ < *ti。尼

科巴语 el-ti，卡西语 kti＜*ti。"手、手臂"柬埔寨文 daj＜*da-ʔi。

　　"手"阿维斯陀经 zasta-，古波斯语、和阗塞语 dasta-，粟特语 δost-＜*dʷas-ta。"指甲、爪子"阿尔巴尼亚语 thua＜*dʷa。"手、手臂"粟特语 δst＜*dus-t。"手指"意大利语 dito，西班牙语、葡萄牙语 dedo。

　　高加索语系"手指"格鲁吉亚语 titi。

　　"手"希伯来语 yad，阿拉伯语 yadd，叙利亚语 'ið，埃塞俄比亚语 'əd，马耳他语 id＜*ʔidu。阿卡德语 qatu＜*qadu。古埃及象形文 *d。

　　巴布亚新几内亚土著语言"手、臂"科姆比奥语 to。

　　尼罗–撒哈拉语系"抓"扎尔马语 te。

　　尼日尔–科尔多凡语系大西洋语支"手"那鲁语（Nalu）n-te＜*te。

　　科伊桑语系"肘"科伊科伊语 !uni-b＜*ʔʦu-ni。

　　（1）派生，*de＞*s-de，*ti＞*s-ti

　　"手"克伦语格科方言（Geko）sidεi＜*side。

　　南岛语"手指、脚趾"波那佩语 sent＜*sete。

　　"手臂"乌尔都语 asteːn＜*aste-。"拇指"和阗塞语 aʃti＜*asti。"骨头、指骨"波兰语 ostʃ，"骨"俄语 kostj＜*qosti。"骨"希腊语 osteon＜*osto-，和阗塞语 āstaa-＜*asta。

　　芬兰–乌戈尔语系"手指"爱沙尼亚语 osuti。"五"匈牙利语 öt。

　　（2）音节重叠，*de＞*dedu 等

　　"手指"勉语江底话 du⁷，勉语三江话 tɔ⁷＜*ʔ-dut。

　　"抓"南密语 tʰɔ̄t＜*tot。

　　"抓、捉"维吾尔语 tut-，图瓦语 dut-＜*dut。"手指"意大利语 dito，葡萄牙语 dedo＜*deto；"爪子、手指"西班牙语 dedo。

　　"爪子"格鲁吉亚语 tati。

　　（3）派生，*da＞*da-r，*da＞*da-ri 等

　　"爪子"藏文 sder，道孚语 zder＜*s-der。

　　南岛语"手"布吉斯语 dʒari＜*dari。"手指"印尼语、米南卡保语 dʒari＜*dari。"肘"拉巴努伊语 turi rima。"持"勒窝语 tari＜*tari。

　　南亚语"拿"德昂语硝厂沟话 dʌh，南虎话 tʌh＜*der。

　　"爪子"撒拉语 dzʊɑdzɑr＜*dur-dar，西部裕固语 dɑrmɑq＜*dar-maq。"抓、拿"日语 toru＜*tor-u。"抓"清代蒙文 ʃurgu-＜*tur-gu。

"手"阿尔巴尼亚语 dorë < *doro。"手指"梵语 tardʒani: < *tar-gani。"脚"威尔士语 troed < *tro-t。

亚非语系"手臂"希伯来语 zro'a，阿拉伯语 ðira:ʕ < *dira-。

（4）流音交替，*ture > *tule，*dore > *dole

南岛语"肘"夏威夷语 kǔěkǔě limǎ < *tule-tule-lima，萨摩亚语 tuli-lima。"手指"查莫罗语 tʃalulot < *talulo-t，他加洛语 daliriʔ < *dali-ri。

"腿"匈牙利语 csalò < *talo。

尼日尔–科尔多凡语系"手指"斯瓦希里语 kidole < *ki-dole。

46. "手、爪子、手指、拿" *bʷer、*bʷre

"手"苗语养蒿话 pi⁴，绞坨话 ʂe⁴，勉语江底话 pwo⁴ < *bʷre-ʔ。

"手"壮语武鸣话 fau²，侗语北部方言 lja² < *bʷre。"手指"达让僜语 a³¹ bɹɯɯ⁵⁵。

南岛语"手、手臂"伊拉鲁吐语 ɸəra < *pəra。

"手臂"法语 bras，西班牙语 brazo < *bra-。"手臂"葡萄牙语 braço，意大利语 braccio < *bra-ko。"拿"亚美尼亚语 vertshnel < *bʷerd-，希腊语 pairno < *par-。"拿住、捡起"波兰语 bratʃ < *bra-。"拿"波兰语 uwaʐatʃ < *u-bʷra-。"拿"俄语 vzjatj，波兰语 wziątʃ（拿住、捡起）< *bʷra-。"抓住"亚美尼亚语 brnel < *bur-。"拿"希腊语 pairno < *par-。

（1）首辅音演变，*pʷru > *kru，*bʷuri > *gʷri 等

汉语"抓" *s-kru，"爪" *s-kruʔ。"指甲"嘉戎语 ndzru，道孚语 ldzə< *l-gru。南岛语"拿"帕玛语 guri < *guri。

（2）塞音鼻化，*bʷer > *mer

"拿"阿尔巴尼亚语 merr < *mer。

（3）流音交替，*bre > *ble，*bir > *bil

"手"侗语北部方言 lja²，水语 mja¹ < *ʔ-bʷle。

南岛语"手"卡乌龙语 βili-n < *bʷili。"手、手臂"达阿语 pale < *pale。"拿"印尼语 məŋ-ambil < *ʔa-bil。

（4）塞音鼻化，*bʷala > *mala

澳大利亚土著语言"手"嘎郡语 mala。

（5）派生，*pʷere > *pʷere-k 等

波兰语"手臂"poreţʃ < *porek，"拿"（动词）bratʃ < *brak，（名词）portʃja

< *pork。

（6）流音交替，*pʷerek > *pʷelek

"手指、脚趾、爪子"波兰语、俄语 palets < *polek。"拿"波兰语（名词）polow < *polog。"拿"俄语（动词）polutɕitj < *polukit。

47. "手臂、手、手指、拿" *gʷalu

"手指"黎语通什话 goᶿɬiaŋ² < *gola-ŋ。马加尔语（Magar）mi-uŋula < *mi-ʔuŋula。

"手、手臂、肩"满文 gala，锡伯语 ɢal，鄂伦春语 ŋaːla < *gala。

南岛语"手臂"布拉安语 sigal < *si-gal。"手臂"马京达瑙语 gɔlu，大瓦拉语 gʷalu（手腕）< *galu。"拿"泰雅语 ʔagal < *ʔagal，查莫罗语 tʃhule < *gule。

"手指"乌尔都语 ungali < *un-gali，"手指"梵语 aŋgula，"关节、手指关节"古英语 knokel < *kno-kel。"肩"古英语 sculdor，古弗里斯语 skoldere，中古荷兰语 scouder < *skol-dere。

"手臂"匈牙利语 elagazas < *el-galas。高加索语系"手臂"格鲁吉亚语 saxɛlɔ < *sa-qelo。

尼罗–撒哈拉语系"手指"卡努里语 ngulondo < ŋulo-do。（塞音鼻化）

尼日尔–科尔多凡语系"手臂"科萨语 igolo < *-golo。

流音交替，*gʷila > *gʷira。

南岛语"手"杜米语（Dumi）、吉姆达尔语（Jimdar, Rai）khar。"手臂"蒙古语 gɑr < *gar。

澳大利亚土著语言"手臂"嘎郡语 garrga。

达罗毗荼语系"爪子、指甲"曼达语 goru。

"爪子"西班牙语、葡萄牙语 garra。"手臂"亚美尼亚语 jerk < *ger-k。"拿"和阗塞语 gir- < *gir。

48. "手、爪子、脚" *ki

"脚"哈卡钦语 ke < *ke。

南岛语"爪子"卑南语 skiʔ < *s-ki-ʔ。"手指"马绍尔语 akki < *ʔa-ki。

（1）派生，*ki > *ki-l

南亚语"手指"克木语 tɕəl gul < *kəl-gul。

新爱尔兰岛非南岛语系语言"手"库欧特语 kilan < *kila-。

（2）流音交替，*kili > *kir

汉语"指"*kjirʔ < *kir。"爪"缅文 khre² < *kri。

南亚语"爪子"柬埔寨文 krəŋau < *krə-nu。

南岛语"手指"锡加语 kikir。"爪子"亚美尼亚语 tʃiran < *kira-n。

（3）派生，*kili > *kili-k，*kul > *kul-g

"手"维吾尔语 ilik，哈萨克语 dʒilik < *kilik。

芬兰-乌戈尔语系"手"匈牙利语 kezjegy < *kelegi。

高加索语系"手"车臣语 kujg，印古什语 kulg < *kulg。

49."手、肘、抓"*gʷut、*kʷud

"手"卡瑙里语（Kanauri）、荷朗库尔语（Hrangkhol）gut < *gʷut。

"手"梅梯语 khut，钦本语（Chinbon）ɑ-kwit，马加尔语 hut < *kʷut。"拳"嘉戎语（ta）rkut < *r-kut。

"肘"西班牙语 codo，法语 coude < *kode。"肩"威尔士语 ysgwydd < *us-gʷud。

"手"芬兰语 käsi < *keti。

首辅音演变，*kʷid > *pid。

"肘"日语 hidi < *pidi。

50."手、手指、爪子"*nu

汉语"手"*snju-ʔ > *thuʔ。"丑"*s-nu-ʔ > *thuʔ，《说文》："纽也，亦举手时也。""手指"阿昌语 -ŋau³¹，怒苏语 -ŋɯ⁵⁵ < *snu。"指甲"藏文 sen。"拧"缅文 hnas，独龙语 suʔ⁵⁵ < *s-nuʔ。汉语"扭"*nju。"爪"勉语湘江话 n̩iu³，览金话 n̩ɑːu³ < *ʔnju。侗语 ŋəu¹，壮语 ɕɑːu³ < *ʔnju-ʔ。

"手"中古朝鲜语 son < *sonu。

南亚语"手指"德昂语茶叶菁话 si nu⁵¹。"手"拉丁语 manus < *ma-nu-s。

"手"西班牙语、意大利 mano，希腊语 mane < *ma-no。

51."手、手臂、腿、腋"*lag

"手"藏文 lag，缅文 lak⁴ < *lag。"臂"拉祜语 lɑ²¹ɣɔ⁵³ < *laga。

汉语"亦（腋）"*ljag。"腋"泰语 rak⁸-，临高语 -lek⁸ < *lak。

"手"蒙古语 ɑlag，达斡尔语 xɑləg < *qalag。"手掌"维吾尔语 ɑlqiʃ，哈萨克语 ɑlʁəs < *ʔalg-s。

"手"威尔士语 llaw < *lagʷ，亚美尼亚语 sëlakh < *se-lag。"腿，腿、臂的骨

头"古挪威语 leggr < *leg。

（1）流音替换，*lag > *rag

"翅膀"白语剑川话 ji³³khv⁵⁵ < *rikhu。"五"拉达克语 rgɑ。"翅膀、手、手臂"俄语 ruka。

"手、手臂"波兰语 reka < *reka。

（2）塞音鼻化，*lga > *lŋa

"五"藏文 lŋa。汉语"五"*ŋa-ʔ。

52. "爪子、手臂、肘、手掌、手、抓"*lip、*lab

"爪子"壮语龙州话 lip⁸ʼ < *lip。毛南语 dip⁷ < *ʔlip。"手"却域语 le⁵⁵pa⁵⁵ < *lepa。

南岛语"抓住"阿卡拉农语 saɬap < *sa-lap。"获得"木鲁特语 alap。

"手掌"古挪威语 lofi，中古英语 love，哥特语 lofa < *lobi。"爪子"波兰语 łapa，俄语 lapa < *lapa。"抓住"俄语 ulovitj < *ulobʷi-，波兰语 lapatʃ < *lapa-。"拿"希腊语 lambano < *laba-。

流音交替和塞音鼻化，*lipa > *lima，*ripa > *rima。

南岛语"手臂"罗地语（Roti）lima-k，夏威夷语 limǎ < *lima，汤加语 nima，塔希提语 rima < *rima。

"手臂"古波斯语 irmo，梵语 irmah，古英语 earm，古弗里斯语 erm < *irma。"肩"拉丁语 armus。"肘"亚美尼亚语 armunk < *armu-nuk。

53. "指甲、手指、脚、捏"*nap

"指甲"侗语 nəp⁷ < *ʔnap。"抓"侗语 sap⁷ʼ < *s-nap。

"抓"西双版纳傣语 jap⁷，壮语柳江话 ɲap⁷ < *ʔ-njap。毛南语 ɲap⁸ < *njap。汉语"摄"*s-nap > *hjap，《说文》："引持也。""捏起来"藏文 ɲab < *njap。

南岛语"指甲、爪子"夸梅拉语 nəpəspəs < *napə-s，乌玛语 kunupa < *kanupa。

印第安语"手"达科他语 nape，苏语 nah-peh < *nabe。

尼日尔-科尔多凡语系"手指"科萨语 umnwe < *-nbe。

第二辅音演变，*nap > *nak。

"手指"如鄂伦春语 ʊɲakaːn，鄂温克语 ʊnaxan < *ʔunaq-an。

"指甲"梵语 nakha，乌尔都语 nakhun < *nagu-。"指甲、爪子"希腊语 onyx，拉丁语 unguis < *ungʷ-is。"指甲"俄语 nogotj < *noko-t。"脚"古教堂斯

拉夫语 noga，"蹄"立陶宛语 naga。

"脚"祖鲁语 unyawo < *-nag^{w}o。

54. "手、手臂、肘、手指、爪子、脚" *li、*lo

"手"道孚语 ʐa < *lja。

"手、爪"土耳其语 el。"脚"蒙古语 xɵl，达斡尔语 kulj < *quli。日语 açi < *ʔali。

南岛语"手"戈龙塔洛语 ʔoluʔu < *ʔolu。"肩"罗地语、莫图语柯勒布努方言 *ʔalu。

"前臂"拉丁语 ulna，希腊语 olene。"肩"亚美尼亚语 uln < *ule-。"前臂、前臂的长度"英语 ell，古英语 eln < *ele-。"肘"德语 ellbogen，荷兰语 elleboog，英语 elbow，古英语 elnboga，中古荷兰语 ellenboghe，古高地德语 elinbogo < *elina-bogo（臂-曲）。

高加索语系"手臂"格鲁吉亚语 xeli，卡巴尔达语 lɛ < *qele。"手"苏美尔语 ʃu < *lu。

科伊桑语系科伊科伊语"手臂"ǁôa-b < *ʔlo-a，"指甲、爪子"ǁgoro-s < *ʔlo-ro。

流音交替，*ʔul > *ʔur。

"手"独龙语 ɯɹ^{55} < *ʔur。

"臂、手掌"和阗塞语 ārra-。"手指"匈牙利语 ujj < *ur。

55. "手、手指、肘、爪子、抓" *tak、*dag^{w}a

汉语"拓"*tjak《说文》："拾也。""隻（只）"*tjak《说文》："持一隹曰隻。"

南岛语"肘"毛利语 tuki < *tuki。戈龙塔洛语 tiʔu，莫图语 diu-na < *diku。"拿"汤加语、拉巴努伊语 toʔo < *toko。"持"罗维阿纳语 tugea < *tuge-ʔa。"爪子"吉利威拉语 doga。"脚后跟"爪哇语 tuŋka? < *tuka-ʔ。

南亚语"拿"布兴语 dɯak < *dak。

"手、手臂"阿伊努语 teke < *teke。

"脚"阿伊努语 tʃikiri < *tiki-ri。"肘"蒙古语 doxœː，东乡语 toɣəi < *doki；东部裕固语 doɢoːnoɢ < *dogu-nok。

"手指"拉丁语 digitus < *digi-。"拿"古英语 tacan，古挪威语 taka，瑞典语 tagit（过去式）< *daka-。

"指甲"匈牙利语 szög < *tog。"脚"亚美尼亚语 otkh < *o-tuk。

科伊桑语系"手指"科伊科伊语 |khunu-b < *ʔtkhu-nu。

第二辅音演变，*dikʷ > *dip，*takʷ > *tap。

"指甲"毛南语 dip⁷ < *ʔ-dip。

南岛语"手指"毛利语 matihao < *ma-tipaʔo。

南亚语"指甲、爪子"布朗语胖品话 dʒhip⁵⁵ < *dhip。

56."手指、指甲、爪子、抓住、五"*bʷagi

"指甲"普米语拖七话 bu¹³dʑy⁵³ < *bugi。

南岛语"爪子"勒窝语 piŋkuru ne < *piku-ru-，"指甲"布吉斯语 pakku。南亚语"钩住、抓住"尼科巴语 kavok < *ka-bok。（ka- 使动前缀）

"手指"古英语 fingor，古撒克逊语 fingar，哥特语 figgrs < *pʷiga-r。"小指"荷兰语 pinkje。"五"立陶宛语 penke，梵语、阿维斯陀经 pantʃa，乌尔都语、粟特语 pantʃ < *panka。"五"拉丁语 quinque，法语 cinq，亚美尼亚语 hing < *pʷingʷ。"五"和阗塞语 pajsa，阿尔巴尼亚语 pese < *pag-sa。"五"古教堂斯拉夫语 peti，俄语 pjatj，波兰语 piątka，希腊语 pentë < *pentika。

57."脚、手臂、爪子、手指"*bʷa

汉语"跗"*bʷo-s《玉篇》："足上也。""捕"*bʷa-s，取也。

"手"泰雅语 qəbaʔ < *ʔəba-ʔ。"五"博多语 bɑ < *bɑ。

"爪子"满文 wasiha < *bʷasi-qa。"拿"蒙古语 ɑbɑ-，保安语 ɑpə- < *ʔaba。

南岛语"爪子"汤加语 pesipesi < *pesi。"脚"夏威夷语 wǎwaě < *bʷabʷa-ʔe。"手"劳语 ʔaba < *ʔa-ba。三威治港语 vea-n < *bʷe-ʔa。

"手指"希伯来语 etzʹba < *ed-ba（手—指），阿拉伯语 ʹisʔʔi。

澳大利亚土著语言"手腕"库通语 bee。

（1）塞音鼻化，*bʷe > *me

"手"泰语、傣语、壮语龙州话 muɯ²，黎语保定话 meuɯ¹ < *me-ʔu。

南岛语"手"布农语、达密语 ima，萨萨克语 imə < *ʔima。

亚非语系乍得语族"手、手臂"巴德语 amə̀n < *ame-n。

澳大利亚土著语言"手指"库通语 ma。"手、手掌"阿雅巴杜语 maʹa。

（2）派生，*bʷa > *bʷa-r

汉语"蹯"*bʷar《尔雅》："兽足。"藏文"爪子"spar，"手掌"sbar。

南岛语"走"阿杰语 vã̄rã̄ < *bʷara。

"爪子"蒙古语 salbar < *sal-bar，图瓦语 sobar < *so-bar。"脚"朝鲜语 par < *bar。"手臂"蒙古语 gɑr < *gar，古突厥语 qar < *qar。

"腿"希腊语 pozi < *pori，"脚"propodis < *pro-podis。"根"和阗塞语 virä < *bʷiro。

（3）流音交替，*bʷar > *bʷala，*bʷala > *bula 等

南岛语"手、手臂"乌玛语、达阿语 pale < *pale。"肩"巴厘语 palə < *pale。

"臂"朝鲜语 phal < *pal。

南亚语"前臂，肘"桑塔利语 bẽ ɦĩ < *bali。

（4）派生，*bru > *bru-ŋ

"手指"景颇语 lǎ³¹juŋ³³ < *lə-bruŋ，达让僜语 a³¹bɹɯɯ⁵⁵。

（5）派生，*bʷir > *bʷir-ga，*bere > *bere-k 等

亚非语系"膝盖"希伯来语 berekh，阿拉伯语 rukba，叙利亚语 burkā，埃塞俄比亚语 bərk，马耳他语 rkoppa，阿卡德语 birku < *birik。

尼罗–撒哈拉语系"爪子"卡努里语 fərgami < *pʷəra-g-mi。"指甲、蹄子"fərgan。

58. "脚、脚趾、屁股、肾、男根、女阴" *ke、*gʷo

"脚"却域语 ʂko < *s-ko，"站"ʂkhe⁵⁵ < *s-khe。

"脚"爱斯基摩语 okk < *ʔoki。

（1）派生，*ko > *ko-la，*ko > *kli

"肾"藏文 mkhal ma < *m-kal。"睾丸"仫佬语 kɣaːi⁵，壮语 ɣai⁵- < *ʔlis < *kli-s。

亚非语系乍得语族"女阴"巴德语 wuyān < *gulja-。

（2）派生，*go > *go-ra

"屁股"西部裕固语 ɢoŋɢər，东部裕固语 ɢoŋɢor < *gogər。"屁股"维吾尔语 saʁra，哈萨克语 sawər，图瓦语 saːr < *sa-gəra。"脚跟"满文 guja < *gura。

"背、后面，向后"苏美尔语 eger。

尼罗–撒哈拉语系"男根"卡努里语 ngəɽi < *ŋəri（首辅音鼻化）。

（3）首辅音演变，*gil > *dir，*kuli > *turi

"膝盖"土耳其语 diz，维吾尔语 tiz，西部裕固语 dəz < *dir。

南岛语"膝盖"塔希提语、毛利语 turi，莫图语 tui-na，汤加语 tui < *turi。"膝盖"泰雅语赛考利克方言 tari，泽敖利方言 tariʔ < *tari。"小腿"菲拉梅勒语

tore。

南亚语"走"柬埔寨文 daər < *dar。桑塔利语 dãɽã < *dara，taɽam < *tara-m。芬兰－乌戈尔语系"小腿"芬兰语 sääri < *tori。

（4）首辅音演变，*kʷo > *po，*gʷo > *bo。"大腿"缅文 poŋ² < *poŋ

南亚语"屁股"德昂语硝厂沟话 si poŋ，茶叶箐话 si bɔŋ³¹ < *si-boŋ。"肚子"京语 buŋ⁶ < *buŋ。"女阴"佤语马散话 pe，德昂语硝厂沟话 piaŋ。

南岛语"大腿"巽他语 piŋpiŋ < *piŋ。

59. "脚、屁股、背、腰、男根" *kure、*goli

汉语"止"*kjə-ʔ 甲骨文带趾的足形。"趾"字后起。"企"*khi-ʔ《说文》："举踵也"。汉语"沚"*kjə-ʔ，水中小洲。"址"*kjə-ʔ，处所。"丌"*kjə，下基。"基"*kjə，墙始也。

（1）派生，*ke > *kre

"腰"错那门巴语 khren⁵³ < *kre-n。"屁股"怒苏语 khɹi⁵⁵doŋ⁵⁵，阿昌语 tɕhi³¹tuŋ³¹ < *kri-doŋ。

南亚语"屁股"佤语马散话 krɛ < *kre。

南岛语"后面"夸梅拉语 kurira < *kurira。"背、脊椎"阿尔巴尼亚语 kurriz < *kurir。

（2）流音交替，*kre > *kle

南亚语"男根"佤语马散话 kleʔ，布朗语曼俄话 klau³⁵ < *kle-ʔ。"腰"日语 koɕi < *koli。

澳大利亚土著语言"腰"嘎郡语 gali。

60. "脚、大腿、男根" *kʷala、*gali

汉语"股"*kʷla-ʔ《说文》："髀也"。"大腿"布依语 ka¹laːu⁴ < *kalu-ʔ。

南岛语"脚、腿"泰雅语 kakaj，赛德克语 qaqaj < *kakal。"男根"东部斐济语 gala。

南亚语"脚、腿"尼科巴语 kalrøːn < *kal-ron，"睾丸"克木语 kla。

"脚、腿"希伯来语 regal < *re-gal。

达罗毗荼语系"腿"曼达语 kāl，泰卢固语 kalu（脚）< *kal。

澳大利亚土著语言"阳具"库通语 gool-ga。

61. "脚、脚跟、膝盖、大腿、屁股、男根、跑、走" *bet、*pʷedi

"大腿"彝语武定话 bv¹¹tɤ³³ < *butə。汉语"跋"*bat 步行、踏。

"脚"满文 bethe，赫哲语 fatχa，锡伯语 bətk < *bat-qa。"大腿"维吾尔语 put，哈萨克语 but < *put。"跳、跑"中古朝鲜语 ptyta < *putu-。"回（去）"锡伯语 bədə-，蒙古语 butʃa- < *buda。

南岛语"脚、腿"巴厘语 batis < *bati-s。"脚"摩尔波格语 botis < *boti-s，乌玛语 βitiʔ < *biti-q。"男根"阿克拉农语 būtuʔ。"屁股"巴拉望语 ambut < *ʔa-but，卡加延语 labbut < *la-but。

南亚语"脚"柬埔寨文 baːtiːə < *bati，"跑"尼科巴语 veuːtø < *buto，"屁股"巴琉语 pau⁵³teː⁵⁵ < *pute，"女阴"德昂语茶叶箐话 bit。

"脚"英语 foot，法语 pied，意大利语 piede < *pʷede。"脚"亚美尼亚语 fut，希腊语 podi < *podi，赫梯语 pata。"屁股"亚美尼亚语 bud < *bud，俄语 bedro，波兰语 biodro < *bed-ro。"脚跟"拉丁语 pēs、pedis（所有格），哥特语 fōtus，梵语 pad- < *padi。"走"希腊语 badizo < *badi-ro。

"脚"格鲁吉亚语 mabidʒi < *ma-bidi。"走"巴斯克语 ibitze < *i-bide。

巴布亚非南岛语系语言"走"科姆比奥语 afetn < *a-pʷed。

尼日尔 – 科尔多凡语系"跑"祖鲁语 -subatha < *su-bada。"根"祖鲁语 impande < *-pade。

尼罗 – 撒哈拉语系扎尔马语"阴茎"bande < *bade。"离开"fatta < *pʷada。

（1）首音演变，*pʷoda > *koda，*bʷot > *got

"脚"昌巴拉胡里语（Chamba Lahuli）kunza < *koda。南岛语"膝盖"乌玛语 kotuʔ < *kotu-ʔ，邹语 kadi < *kadi。"脚后跟"马林厄语 kʰokoto < *ko-koto。

南亚语"膝盖"桑塔利语 gunʈhi < *gudi；"脚"蒙达语 kɑʈa < *kata。

"膝盖"乌尔都语 ghutna < *gut-。

尼日尔 – 科尔多凡语系"膝盖"斯瓦希里语 goti。

（2）首音演变，*bʷidi > *didi

南岛语"脚"布吉斯语 adʒdʒi < *ʔadidi。

62. "脚、膝盖、根、走、跳"*bʷake

"跳"博嘎尔珞巴语 pok < *pok。

"脚"贡诺语 baŋkeŋ < *bake-ŋ，赛德克语 papak < *pak。"踢"印尼语 sepak，巴塔克语 sipak，米南卡保语 sipaʔ，贡诺语 sembaʔ < *si-bak。

澳大利亚土著语言"膝盖"库通语 buk-a。

（1）首音演变，*bʷak > *gʷok，*pʷak > *kʷok

"根"粟特语 wēx < *gʷek。

芬兰－乌戈尔语系"根"匈牙利语 gyök < *gok。

高加索语系"脚"车臣语、印古什语 kog < *kog。

（2）派生，*kʷok > *s-kʷok

汉语"足"*s-kʷok。汉语"趞"*skhak > *tshak，《说文》："一曰行貌。""踖"*sgak > *dzak，《说文》："长胫行也"。

（3）首音演变，*pʷak > *tak，*bʷag > *dog

汉语"跖、蹠"*tjak，脚掌、脚底，《说文》："足下也"。"陟"*tək《说文》："登也"。"跑"博嘎尔珞巴语 dʑuk < *duk。

"走"宁德娄语 adek < *ʔa-dek。"站"查莫罗语 togue < *togu-ʔe。爪哇语 ŋ-adək < *ʔa-dək。

"脚"土耳其语 etek < *ʔe-dek。"膝盖"蒙古语 ɵbdɵg，保安语 ɛbdəg，东部裕固语 wəbdəg < *ʔeb-dəg。"跪"维吾尔语 jykyn-，哈萨克语 dʒykin-，撒拉语 juggun- < *dikun。西部裕固语 tʃøk- < *tok。"跑"鄂伦春语 tʊkʃa- < *tuk-lə。

澳大利亚土著语言"脚跟"嘎郡语 juga < *duga。

亚非语系"脚跟"豪萨语 duddugi。

63. "爪子、手指、指甲"*kus

南岛语"指甲"鲁凯语 kuskus < *kus。"爪子"马林厄语 geɣesu < *gegesu。布农语 kuskus < *kus-kus。"刮"鲁凯语 wa-koso-koso < *ma-koso。"擦"马京达瑙语 koso。

"手指"阿尔巴尼亚语 giʃt < *gis-t。(*-t 古复数后缀)"手指"粟特语 anguʃt < *an-gust。"手"和阗塞语 ggoʃtä < *gosto。

64. "腹、肠子、胸、乳房、身体、男根、屁股、中间"*pʷek、*bʷek

汉语"腹"*pʷjuk。"腹"缅文 bok，嘉戎语 tə pok。"肚子"临高语 boʔ⁸ < *bok。黎语通什话 pok⁷ < *pok。

南岛语"身体"巴厘语 awak < *ʔabʷok，马京达瑙语、那大语 vəki < *bʷoki，巽他语 awak < *ʔa-bʷak。"腰"布拉安语 awək < *ʔa-bʷak。"胸"邵语 paku。"男根"邹语 boki < *boki。"屁股"南密语 pʷege-n < *pʷege，巴拉望语 fəŋkul < *poku-l。"屁股"印尼语 piŋgul，米南卡保语 paŋguˀ < *pigu-l。

南亚语"肚子"佤语艾帅话 vaik，德昂语硝厂沟话 văik < *bʷak。"肠子"布

朗语 viek⁴⁴ < *bʷek。

"屁股"蒙古语 begs，东部裕固语 bəgse < *bog-se。

"肚子"瑞典语 buk，丹麦语 bug，荷兰语 buik < *buk。"乳房"和阗塞语 pija- < *pig。"胸"梵语 vakʃa < *bʷak-sa。"乳房、胸"拉丁语 pectus, pectoris（所有格）< *peg-。

首辅音演变，*bʷek > *dek。

"肚子"格曼僜语 dǎk⁵³ < *dak。马加尔语 tuk < *tuk。

南亚语"肚子"桑塔利语 dodʒok < *dodok。

南岛语"中间"赛德克语 tseka < *teka。

"肠子"维吾尔语 ytʃεj，乌孜别克语 itʃεk，西部裕固语 hidʒigə < *ʔidegə。

科伊桑语系"中间"科伊科伊语 ǂguwu-s < *ʔdjugʷu。

65. "肚子、背、胃、肾、肠、中间、睾丸、男根、女阴" *pʷit、*bʷodi

"女阴"水语 pat⁷ < *pət。苗语先进话 pi⁷，养蒿话 pu⁷ < *pʷit。

南岛语"背"塔几亚语 patu-n < *patu。"肾"他加洛语 bato，雅美语 vatu < *bʷatu。"胸"萨摩亚语、汤加语、罗图马语 fatfat，雅美语 vatavat < *bʷat-bʷat。"腰"卡乌龙语 put。"肚脐"马那姆语 buto < *buto。

"背"希腊语 bathas < *bada-。

澳大利亚土著语言"尾骨"嘎郡语 bindiny < *bidi-nj。

尼罗－撒哈拉语系"中间"扎尔马语 bindi < *bidi。

（1）塞音鼻化，*badi > *madi

"中间的"古英语 middel，古高地德语 mittil，拉丁语 medialis < *medi-。"中间"（介词）古英语 amidde，拉丁语 medio < *medi-。"中间"乌尔都语 wasti < *bʷati。"心（脏）"爱斯基摩语 omat < *ʔomat。

（2）派生，*putu > *putu-k

"肚脐"邹语 putsəku < *putuk。"肚子"卡那卡那富语 vɯtsɯkɯ < *butuk。

66. "肚子、胃、肾、肠、睾丸、男根、女阴" *pʷa、*bʷo

"肚子"克伦尼语 pø < *po。羌语 pu < *pu。"中间"藏文 dbus < *d-bus。"肚子"那加语他苦米方言 mipo < *mi-pʷa。独龙语 pɯ³¹wɑ⁵⁵ < *bu-pʷa。

"肚子、胃"阿伊努语 hon < *po-n。

南岛语"肾"马京达瑙语 vua，菲拉梅勒语 fua < *bu-ʔa。"肚脐"达阿语 buse，乌玛语 buhe < *bu-se。

尼罗 – 撒哈拉语系"胃"卡努里语 siwo < *si-bʷo。

（1）派生，*ba > *ba-ra

南岛语"肚子"马京达瑙语 bara < *bara，鲁凯语 baraŋ < *bara-ŋ。"肚子"邹语 bɯeo < *buro，阿卡拉农语 busʔun < *bur-ʔun。"男根"泰雅语 βurax < *bur-aq。

"肚子"日语 hara < *para，"腰"东部裕固语 pyːre: < *pure。

"肚子"亚美尼亚语 phor < *bor。

亚非语系"肚子"巴德语 bāzān < *bara-。

（2）流音交替，*bʷere > *bele

"脚"格曼僜语 pla⁵⁵ < *pla。"女阴"桑孔语 pe⁵⁵le⁵⁵ < *bele。"大腿"藏文 brla，却域语 bla < *bla。"肾"纳西语 by³³ly³³ < *bulu。

南岛语"脚"达密语 bala < *bala。莫图语 ae palapala < *ʔaʔe-bala。"男根"马都拉语 palaʔ，马绍尔语 wəl < *bʷəl。"肚子"雅美语 velek < *bʷele-k。

"肚子"满文 hefeli，锡伯语 kəvəl，赫哲语 xəbəli，蒙文 kebeli < *qe-beli。"肠子"朝鲜语 pɛl < *bel。"腰"维吾尔语 bɛl，哈萨克语 bel < *bel。"肾"土族语 boːldʐɑ < *bol-də。

澳大利亚土著语言"屁股"嘎郡语 bilumba < *bilu-ma。

（3）首辅音演变，*bʷara > *dara

"腰"满文 dara。"腰"锡伯语 darəm，赫哲语 darəma，鄂伦春语、鄂温克语 darama < *dara-ma。

（4）流音交替，*dare > *dale，*tare > *tale

"腰"达斡尔语 diɑlɑb < *dila-b。"腰、中间"东部斐济语 tolo-，罗地语 talada-k < *tala。

尼罗 – 撒哈拉语系"肠子"扎尔马语 teli。

67."屁股、肚子、肠子、尾巴、女阴、阴茎、睾丸、中间"*ku

汉语"尻"*khu 臀部、屁股沟子。"女阴"毛南语 khən³ < *khə-n-ʔ。"男生殖器"苗语养蒿话 ko⁵ < *ku-s。"肠子"博嘎尔珞巴语 a kiː。

南岛语"尾巴"排湾语、亚齐语、乌玛语 iku，那大语 eko < *ʔiku。

"尾巴、阴茎"古法语 cue < *kʷe。"尾巴"波兰语 ogon < *ogon。"尾巴、辫子"俄语 kosa < *ko-sa。"尾巴"匈牙利语 hekus。

（1）派生，*ku > *ku-r，*ku > *ku-l

南岛语"尾巴"印尼语 ekor，卑南语 ikur < *ʔi-kur。"男根"阿者拉语 guri-，

"尾巴"赛夏语 kikoḻ < *kikul。布农语 ikuł < *ʔi-kul。"鸟尾"毛利语 kokore < *kore。

"尾巴"中古朝鲜语 skori < *s-kori。

（2）首辅音演变，*gu > *bu

"男生殖器"独龙语 bju⁵³ < *bju。"女阴"黎语 bo² < *bo。"肠子"基诺语 a³³vu⁴⁴，纳西语 bv³³，景颇语 pṵ³¹。

南岛语"尾巴"达密语 ibu，巴拉望语 ipus < *ʔi-bu-s。"尻"阿杰语、哈拉朱乌语 bə < *bə，锡加语 ubə-ŋ < *ʔubə。"肠子"排湾语 vu，马都拉语 tabuʔ。

南亚语"肚子"京语 buŋ⁶ < *bu-ŋ-s。澳大利亚土著语言"女阴"阿雅巴杜语 pu̇u < *puʔu。

（3）派生，*bu > *bru，*bu > *bu-ri

汉语"胞"*bru。南岛语"屁股"那大语、罗图马语 buri。

（4）首辅音演变，*gu > *tu

汉语"鸟"*tu-ʔ，男人、雄畜的生殖器（书面语见于五代）。"男生殖器"白语剑川话 tu³³ < *tu。却域语 ҫto¹³ < *s-to。"女阴"藏文 stu < *s-tu。错那门巴语 du³⁵，墨脱门巴语 thu < *du。"肚脐"布依语 duu¹，毛南语 do² < *ʔdo。"肚子"哈尼语绿春话 u³¹de³¹ < *ʔude。"尾巴"苗语大南山话 tu³，布努语 tau³，勉语 twei³ < *tu-ʔ。"肚子"壮语 tuŋ⁴ < *du-ŋ-ʔ。"中（间）"独龙语 ɑ³¹duŋ⁵³。

南岛语"里面"鲁凯语 aḍiŋ < *ʔadi-ŋ。

南亚语"屁股"布朗语曼俄话 toʔ³¹ < *to-ʔ。

"中间"撒拉语 odda < *ʔo-da。达斡尔语 duanda，东部裕固语 dunda < *duda。

澳大利亚土著语言"睾丸"阿雅巴杜语 untu < *ʔutu。澳大利亚土著语言"女阴"库通语 dung-ga < *du-ŋ。

尼罗-撒哈拉语系"阴茎"扎尔马语 hanji < *qa-di。

68. "大腿、屁股、肚子"*kop

"屁股"藏文 rkub，嘉戎语 tɑ sop < *r-kup。汉语"跲"*kjəp 跌倒，《说文》："踬也。"

南岛语"屁股"沃勒阿依语 xapi < *kapi。"腰"达阿语 kope。"大腿"波拿佩语 kepe < *kepe，布鲁语 keba-n < *keba。

"屁股"古英语 hype，哥特语 hups，荷兰语 heup < *kupe。"大腿"阿尔巴尼

亚语 koffĕ < *kop-so。"背"威尔士语 cefn < *kep-。

高加索语系"肚子"格鲁吉亚语 ɣiphi < *gibi-。

印第安语"肚子"达科他语 ikpi。

69. "肚子、胃、屁股、肚脐、阴茎" *gʷud

汉语"胃"*gʷjəd《说文》："谷府也。"

"肚子、肠子"蒙古语 gədəs，土族语 gədəsə，东部裕固语 gədəs-ən < *gədə-s；"肚脐"维吾尔语、乌孜别克语 kindik，撒拉语 gindix，西部裕固语 kəndək < *gidi-k。

南岛语"胃"汤加语 kete，"睾丸"邹语 kedu。

"尾巴"拉丁语、意大利语 coda < *koda，威尔士语 cwt < *kut。

澳大利亚阿雅巴杜语"肚脐"kudin < *kudi-，"阴茎"kunchi < *kuthi。

高加索语系"尾巴"格鲁吉亚语 khuti < *guti。

70. "屁股、肚子、背、大腿、男根、女阴" *da、*te

"屁股"布依语 taːi[4] < *di-ʔ。"肚脐"布依语 duu[1]，毛南语 do[2] < *ʔdo。"肚子"巴尔蒂语 ltō-ɑ < *l-to。哈尼语绿春话 u[31]de[31] < *ʔu-de。"肚脐"藏文 lte（ba）< *l-te。

南岛语"屁股"排湾语 qudʐudʐu < *qududu。"男根"达阿语 uti，罗地语 uti-k < *ʔuti。阿伊努语 tʃi < *ti。

南亚语"屁股"京语 dit[7] < *ʔdit。"腰"桑塔利语 daɳɖa < *dada。"尾巴"克木语 n daʔ < *n-da。佤语艾帅话 si daʔ，布兴语 sɤn ta，户语 θa thaʔ[31] < *si-da。

"大腿"维吾尔语 jota，柯尔克孜语 dʒoto，乌孜别克语 jotɛ < *dote；"背"维吾尔语 utʃɑ，乌孜别克语 utʃɛ < *ʔu-te。

尼罗-撒哈拉语系"脚、腿"扎尔马语 tʃe < *te。

科伊桑语系"女阴"科伊科伊语 |gau-s < *ʔda-gu。

（1）派生，*de > *de-n

汉语"臀"*dʷən，尻髀也。"腰"水语 dən[1] < *ʔdən。

（2）派生，*da > *da-ri

南岛语"屁股"窝里沃语 ɗuria < *duri-ʔa。"肠子"爪哇语 dʒəro-an < *dəro，"里面"爪哇语 dʒəro < *dəro。"背"莫图语 doru-na < *doru。"后（面）"嫩戈内语 dirin < *diri-n。

"背"朝鲜语镜城话 tʃantəri < *dadəri。

南亚语"子宫"柬埔寨文 ʔutəːr < *ʔu-tor。

"屁股"西班牙语 cadera < *ka-dera。"背"意大利语 dorso，法语 dor，亚美尼亚语 azdr < *al-dr。"肚子"拉丁语 uterus < *u-ter-，拉丁语 venter，法语 ventre < *bʷe-tere。"肚子、胃"粟特语 kaθārē < *ka-tare。

印第安语"肚子"达科他语 tezi < *teri。

亚非语系"女阴"豪萨语 duri。

印第安语"肚子"达科他语 tezi < *teri。

（3）流音交替，*dir > *dil，*toru > *tolu

汉语"脐"*s-dil > *dzjil，《说文》："觜脐也"。南岛语"睾丸"乌玛语 ⁿtolu < *tolu。

71. "屁股、睾丸、脚、腿" *so

"屁股"普米语 so¹³ < *so。

南岛语"脚、腿"沙外语 sɔ-o < *so。"男根"贡诺语、布吉斯语 laso，"睾丸"布昂语 ros < *lo-so。

印第安语"脚"达科他语 siha、si，苏语 se-ha、se。

72. "骨头" *bʷak

"骨头"嘎卓语 v³¹kɯ³⁵ < *buki。

南岛语"骨头"乌玛语 βuku，达阿语 vuku，贡诺语 buku < *buku。"肋骨"贡诺语 buku rusuʔ < *buku-rusuk（骨－肋骨）。

达罗毗荼语系"骨头"曼达语 bōkkā < *boka。

玛雅语"骨头"依萨语（Itzaj）bhak，祖赫语（chuj）phak，犹加敦玛雅语（Yucateco）baːk < *bak。

（1）塞音鼻化，*bʷak > *mek

"骨头"拉祜语 ɔ³¹mv²¹ku³³ < *ʔa-muku。

"骨头"西部裕固语 səmək，乌孜别克语 sypɛk < *su-mek。

（2）首辅音演变，*bʷak > *gek

"骨头"古突厥语 syŋyk，维吾尔语 søŋɛk，哈萨克语 syjek < *si-gek。

"骨"阿尔巴尼亚语 kockë < *koke。

73. "骨头" *duk

"骨头"泰语 duk⁷ < *ʔ-duk。汉语"髑髅"*dok-ro。

南岛语"骨头"马京达瑙语、那大语 toko < *toko。"角"印尼语 tanduk，米南卡保语 tanduᵊʔ，沙玛语、巴厘语 tanduk < *ta-duk。

"骨头"朝鲜语淳昌方言 ppektaku < *s-pek-taku（骨－骨）。"骨"粟特语 əstak < *əs-taka。

科伊桑语系"骨头"科伊科伊语 ǂkhō- < *ʔtjgo。

74. "骨头、肋骨" *ruka

"骨头"错那门巴语 ru³⁵ko⁵³ < *ruka。

"肋骨"东部裕固语 χarʁua，东乡语 qaruɣa < *qa-ruga。

高加索语系"骨"阿法尔语 rakja。

流音交替，*ruka > *luka。"骨头"土家语 lu⁵⁵ka⁵⁵ < *ruka。

75. "骨头" *guro、*gira

"骨"藏文 rus < *gru-s。缅文 a¹ro³，哈卡钦语 ru，怒苏语 ɣɹɯ⁵⁵ < *gru。汉语"髅"ro。

"骨"鄂伦春语、鄂温克语 gɪranda < *gira-na。

"指骨"粟特语 wɣrāy < *u-gra-i。

（1）流音交替，*kora > *kola

"骨头"希腊语 kokala、kokkala。

印第安语"骨头"车罗科语 kola < *kola。

（2）派生，*kra > *kra-k，*gira > *gira-g

汉语"骼" *krak《说文》："禽兽之骨曰骼。"

"骨头"满文 girangi，锡伯语 giraŋ < *giragi。

"喂狗用的骨头"爱斯基摩语 kipkrak < *kip-krak。

76. "骨头" *kot

汉语"骨" *kʷət《说文》："肉之核也。""肋骨"侗语 laːkⁱhət⁷，水语 ʔdaːk⁷xət⁷ < *ʔlak-kət（腋－骨）。"骨头"拉珈语 kwot⁵⁵ < *kʷot。

芬兰－乌戈尔语系"骨头"匈牙利文 csont，爱沙尼亚语 kont < *kot。

77. "血、红色" *ru

"血"格曼僜语 -ɹui³⁵，墨脱门巴语 ji，加龙语 iː，博嘎尔珞巴语 u jiː < *ru-ʔi。

南岛语"红色"吉尔波特语 uraura < *ʔura。"血"贡诺语 rara < *rara。莫图语 rara-na，马绍尔语 ra < *rara。

"血"亚美尼亚语 aryun < *aru-n。"血"苏美尔语 uri。

达罗毗荼语系"红的"曼达语 ērragā < *era-。

78. "血、紫色" *sagʷe

"血、红的"缅文 swe³, 怒苏语 sui⁵⁵, 独龙语 ɕui⁵⁵, 道孚语 she < *skʷi。"红色"达让僜语 ɕi⁵⁵ < *ski。道孚语 ngi < *ŋgi。汉语"紫" *ski-ʔ > *tsiʔ,《说文》:"帛青赤色。"

"血"鄂温克语 ʃəːʃʃi, 鄂伦春语 ʃəːkʃə, 赫哲语 səxəsə < *sək-sə。"血"满文 seŋgi, 锡伯语 ɕiŋ < *sigi。女真语(生吉)*seŋki < *segi。"津液"满文 ʃugi < *sugi。

"血"西班牙语 sangre, 拉丁语、意大利语、葡萄牙语 sangue < *sag-re。

"血"格鲁吉亚语 sisxli < *sisq-。

第二辅音演变,*kʷi > *ti。

"血"哈卡钦语(a)hti < *s-ti。"血"粟特语 itʃi < *i-ti。

79. "血、红的" *kʷera、*gra

汉语"霞" *gra《说文》:"赤云气也。"

南岛语"血"南密语 kura, 勒窝语 kuru-ta < *kura。"红色"劳语 kekero < *kero。

"红的"亚美尼亚语 karmir, 粟特语 kərmir < *kar-mir。"血"粟特语 uxrn <*ukr-。

高加索语系"红"格鲁吉亚语 ɣaʒɣaʒa < *gar-gara。

尼罗-撒哈拉语系"血"扎尔马语 kuri。

(1)首辅音演变,*gʷera > *dera, *kʷira > *tira

南岛语"血"马那姆语 dara, 马都拉语 ɖara < *dara。"血"印尼语 darah, 亚齐语 darah < *dara-q。"红色"鲁凯语 dirərəl < *dirə-rəl。

尼罗-撒哈拉语系"红的"扎尔马语 tʃiray < *tira-j。

(2)流音交替,*dera > *dela

南岛语"血"卡林阿语 dāla < *dala,"红色"鲁凯语 do-doli。

印第安语"血"阿巴齐语 diɫ < *dil。

(3)派生,*kʷera > *kera-k。"血"藏文 khrag < *krak

南亚语"红色"佤语孟汞话 krak, 布朗语曼俄话 saʔ³¹ khχak³⁵ < *khrak。

"血"俄语 krovj, 波兰语 krew < *kregʷ。"红的"波兰语 tʃerwony < *kergʷo-。"红的、血色的"俄语 okrobablennij < *okrogʷa-gʷle-(血-色的)。"红的、紫色的"俄语 bagrovij < *ba-grogʷi-。"血"阿尔巴尼亚语 gjak < *grak。

80. "血、红的" *bʷe

"血"临高语baʔ⁷ < *ʔ-ba-ʔ。

南岛语"血"劳语ʔabu，瓜依沃语ʔabu-na < *ʔa-bu。梅柯澳语ifa < *ʔi-bʷa。"血"朝鲜语phi < *pi。

高加索语系"血"阿法尔语bi。

印第安语"血"达科他语we、tuwe，苏语weh。

尼罗－撒哈拉语系"血"卡努里语bu。

尼日尔－科尔多凡语系"红的"祖鲁语-bomvu < *bobu。

塞音鼻化，*bʷe > *me等。

"血"土家语mie⁵³ < *mje-s。

南亚语"血"京语mau⁵ < *ʔ-mu-s，克木语mam < *mam。

南岛语"红的"南密语mia < *mi-ʔa，拉加语memea < *meme-ʔa。马达加斯加语mena < *me-na。

"红绢，红色的丝绸衣服"日语momi < *momi。"血"希腊语aima < *a-ima。

81. "血、红" *dʷəm

汉语"彤" *dʷəm > *dʷoŋ，《说文》："丹饰也。"

南岛语"血"卑南语damuk，排湾语dẓamuq，巴则海语damu < *damu-q。"红色"东部斐济语damudamu < *damu-damu。

亚非语系"血"古希伯来文dm，希伯来语、阿拉伯语、埃塞俄比亚语dam，叙利亚语dmā，马耳他语demm。阿卡德语dāmu。乍得语族巴德语博勒方言dòm。"血"斯瓦希里语damu。

82. "肌肉、肉、身体" *te

"肌肉、肉"格曼僜语çin⁵³ < *s-tin。博嘎尔珞巴语din。"身体"格曼僜语çǎi⁵³ < *s-ti。

"肉"土耳其语et，维吾尔语ɛt < *ʔet。

南岛语"肉"阿美语titi < *titi。"肉"粟特语yātē < *i-ate。

83. "肉、油、身体" *lu、*le

"身体"藏文lus < *lu-s。汉语"油" *lu。"油"壮语laːu² < *lu。

南岛语"肉"赛德克语hije，泰雅语赛考利克方言hiʔ（肌肉）< *si-le。

南亚语"肉"克木语ʔah < *ʔal。

"肉"鄂伦春语ulə，鄂温克语uldə，赫哲语uldzə <*ʔulə。

84."油脂、胖的"*mar

"油脂"独龙语（tɯ³¹）mɑɹ⁵³，藏文 mar（酥油）< *mar。

"油脂"哈萨克语、柯尔克孜语 mɑj < *mar。"胖的"维吾尔语、哈萨克语 semir，西部裕固语 seməs < *semir。

南亚语"油脂"布朗语胖品话 man⁵¹ < *mər，布兴语 lɣ mɣih < *le-mər。

南岛语"油脂"拉巴努伊语 mori，帕马语 amur < *ʔa-mori。

85."皮、疤"*bʷal

汉语"皮"*bral < *b-r-al，《说文》："剥取兽革者谓之皮。"

南亚语"疤"德昂语 bla。

"皮"拉丁语 pellis。"动物的皮"古英语 fel < *pʷel。

芬兰－乌戈尔语系"皮肤"匈牙利语 bel < *bel。

亚非语系"疤"乍得语族巴德语 bālan < *bala-n。

尼罗－撒哈拉语系"疤"卡努里语 balo。

（1）首辅音演变，*bʷal > *dal

"皮、树皮"桑塔利语 tshal < *dal。"贝壳、树皮"和圜塞语 dalaa- < *dala。

（2）辅音演变和流音交替，*bʷer > *der

"皮肤、皮革"古突厥语、土耳其语 deri，维吾尔语 tere < *derə。蒙古语 ʃir，撒拉语 tirə < *tirə。"羽毛"朝鲜语庆兴方言 thəreki，淳昌方言 thərək < *təre-gi。

南岛语"毛皮"嫩戈内语 dire < *dire。"皮"希腊语 derma < *der-。

86."毛发、羽毛、皮"*pʷat、*bʷat

汉语"髪（发）"*pʷjat。

南岛语"羽毛"东部斐济语 βuti- < *puti。"头发"印尼语、爪哇语 rambut。

"羽毛"蒙古语 ɵd，土族语 foːdə < *pudə。"皮"日语 hada（肤）< *pada。"羽毛"赫哲语 ufutə < *ʔu-putə。

高加索语系"毛发"格鲁吉亚语 bɛtsvi < *bet-bʷi。

芬兰－乌戈尔语系"皮"芬兰语 vuota < *bota。

亚非语系"皮、皮肤"豪萨语 fata，"羽毛"巴德语 gaptón < *ga-pto-。

87."屎、臭"*qa

汉语"污"*qa《说文》："薉也。""屎"普米语兰坪话 xqa⁵⁵ < *s-qa。缅文 khje³ < *qheh。拉祜语 qhɛ⁵³。"屎"侗语、水语 qe⁴，布依语 ʔɛ⁴ < *ʔ-Ge-ʔ。苗语养蒿话 qa³，先进话 qua³ < *qʷa-ʔ。

"脏的"达斡尔语 niɑː- <*ʔi-ʔa。

88. "屎、坏的、气味"*ka、*ga

"屎"藏文 skjag，夏河藏语 htɕax，道孚语 ʂɕɕa <*s-kak。

南岛语"坏的"吉利威拉语 gaga <*gaga。

"屎"东乡语 hɑnɣa <*qaga。"小儿屎"满文 kaka <*kaka。"气味"西部裕固语 uhɢɑɣ <*ʔugag。"嗅"西部裕固语 uhɢɑ- <*ʔuga。

希腊语"坏的"kakos <*kaka-，"丑的"kakakamemenos <*kaka-meno-。阿尔巴尼亚语"坏的"kekj <*keki，"坏"kekje <*keke。"坏的"亚美尼亚语 tsar <*ka-r。"粪"和阗塞语 kajaka <*kagaka。

89. "屎、恶、脏的"*ʔak

汉语"恶"*ʔak，坏的，*ʔak-s，厌恶。"凶恶"壮语龙州话 aːk⁷，武鸣话 ʔjaːk⁹，拉珈语 aːk⁹ <*ʔak。"脏的"阿昌语 ək⁵⁵ <*ʔek。

南亚语"屎"克木语 iak <*ʔi-ʔak。桑塔利语 itʃ <*ʔik。

90. "屎、脏、疮、腐烂、臭、气味"*kuri、*gari

"屎"怒苏语 khɹi⁵⁵，缅文 khje³，义都珞巴语 khɹi⁵⁵，基诺语 khri⁴⁴ <*kri。

"臭的"中古朝鲜语 kurita，淳昌话 khurita <*kuri-。

南岛语"臭的"邹语 na-kuzo <*kuro。

"脏的"俄语 grjaznɨj <*grar-。"弄脏"希腊语 magarido <*ma-gari-。"黑的"希腊语 agrios <*agri-。梵语 kriʃna <*kris-。"脏、屎"古英语 gor，古高地德语 gor（动物的屎）。

（1）首辅音演变，*kʷiri > *tiri，*gʷire > *dire

"气味"嘉戎语 təri <*təri。

"疮"维吾尔语 jara，哈萨克语 dʒara，柯尔克孜语 jɛrɛ，图瓦语 dʒɑːr <*dara。"腐烂"土耳其语 tʃyryk，维吾尔语 tʃirik，哈萨克语 ʃirik <*tiri-k。"腐烂、臭的"西部裕固语 jizəɣ <*dirə-g。

"腐烂的"希腊语 sathros <*sa-dro-。"坏的"威尔士语 drwg <*dru-。"气味"波兰语 odor。"香气，嗅"拉丁语、古法语 odor。

（2）首辅音演变，*kʷuri > *puri，*gʷure > *bure

"疮"赫哲语 fujə，锡伯语 fəi <*purə。"口疮"满文 furu <*puru。

南岛语"脏的"巴厘语 bərək，巽他语 buruk <*buru-k。

（3）流音交替，*bira > *bila，*puru > *pulu

"疮"阿昌语 pzəŋ⁵⁵，浪速语 pjaŋ³¹ < *pre-ŋ。

南岛语"脏的"瓜依沃语 bila <*bila，汤加语 pala < *bala。罗地语 pulu-k < *pulu。"脏的"他加洛语 bulok，巴拉望语 buluk，赛夏语 boḷok < *bulu-k。

91."屎、脏的、臭的"*bʷa

"脏的"苗语养蒿话 va⁵ < *ʔ-bʷa-s。

"屎"维吾尔语 poq，哈萨克语 boq，撒拉语 boχ < *bo-q。"臭的"满文 wahūn，锡伯语 vaχun < *bʷa-qun。

南岛语"臭的"卡加延语 bauʔ，巴塔克语、巽他语 bau，达阿语 na-vau < *bʷa-ʔu。

（三）动植物

1."牛"*gʷi

"水牛"侗语 kwe²，水语 kui² < *gʷi。"牛"土家语 wu³⁵，纳西语 ɣuɯ³³ < *gʷu。

南岛语"水牛"鲁凯语 sakinkin，卑南语 sakiŋkiŋ < *sa-kin。"牛"排湾语、卑南语 guŋ < *gu-ŋ。

"牛"西部裕固语 gus < *gu-s。

"母牛"古英语 cu，古弗里斯语 ku < *gu。"牛"古英语、古弗里斯语、古法语 ox，古高地德语 ohso，梵语 uksa < *uk-sa。

（1）首辅音演变，*gʷi > *bʷi > *mʷi 等

"水牛"壮语武鸣话、龙州话 vai² < *bʷi。"黄牛"水语 po⁴ < *bo。壮语龙州话 mo² < *mʷo。

南亚语"黄牛"佤语孟贡话 boi² < *bʷi，佤语马散话 mui < *mʷi。南岛语"牛"爪哇语 sapi，印尼语 sapi（牲畜）< *sa-pi。

"牛"希腊语 bus < *bʷu-s。

（2）首辅音演变，*gʷi > *tʷi

"水牛"黎语 tui³ < *tʷi。

（3）塞音鼻化，*gʷi > *ŋʷu

汉语"牛"*ŋʷjə。"牛"临高语 ŋu²。

（4）派生，*gʷi > *gʷi-r

汉语"犪"*gir 古代西南地区的野牛。

"牛"土耳其语 siɣir，哈萨克语 səjər < *si-gir。苏美尔语"小母牛"gir。

2. "熊" *gʷam、*kam

汉语"熊" *gjəm。格曼僜语 kum⁵⁵，史兴语 gĩ³⁵，吕苏语 ŋu³³mu⁵³ < *gʷum。

"熊"日语 kuma，朝鲜语 kom < *goma。"神"日语 kami，"鬼"古突厥语 kɑm。"神、精灵、熊"阿伊努语 kamuj < *kamu-ʔi。

（1）首辅音演变，*gʷam > *dom

"熊"藏文 dom，道孚语 dəm < *dom。"神"阿昌语 tam³¹ < *dam。

（2）首辅音演变，*gʷam > *bʷam

缅文 wɑm²，载瓦语 vam⁵¹，仙岛语 om⁵⁵ <*bʷam。

3. "熊、怕" *bʷer

"熊"却域语 wer¹³ < *bʷer。"鬼"撒拉语 pirə < *pirə。

南亚语"怕"蒙达语 boro，桑塔利语 bo̞ro̞ < *boro。

"怕"古英语 færan，古高地德语 faren，古挪威语 færa（辱骂）< *pʷare。"熊"古英语 bera，古高地德语 bero，古挪威语 björn。

4. "狗" *kʷe

"狗"博嘎尔珞巴语 i kiː，塔金语 iki < *ʔi-ki。

南岛语"狗"罗维阿纳语 siki < *si-ki。

"狗"吐火罗语 ₐku。印第安语"狗"瓦特尔语 tʃitʃi < *ki-ki。

（1）派生，*kʷe > *kʷe-n

汉语"犬" *khʷjan。"狗"意大利语 cane，希腊语 kyon，阿尔巴尼亚语 kyen < *kʷen。

（2）派生，*kʷe > *kʷe-ri

南岛语"狗"马绍尔语 kir，塔纳语 kuri，菲拉梅勒语（Fila-Mele）korī < *kuri。

芬兰－乌戈尔语系"狗"芬兰语 koira，爱沙尼亚语 koer < *kora。

"狗"爱斯基摩语 kriŋmerk < *kriŋ-mek。

尼罗－撒哈拉语系"狗"卡努里语 kəri。

（3）流音交替，*kri > *kli，*gori > *goli 等

"狗"藏文、巴尔蒂语 khji，吐龙语 khle（bā），巴兴语 khli（-tʃɑ）< *kli。"狗"苗语复员话 qleiᴮ，炯奈语长垌话 kla³，勉语三江话 klu³ < *qli-ʔ。

南岛语"狗"汤加语、东部斐济语 koli < *kuli。

印第安语"狗"车罗科语 gili，阿巴齐语 goʃe＜*gole。

"狗"希腊语 skuli、skolos。

亚非语系"狗"希伯来语 kelev，阿拉伯语 kalb，叙利亚语 kalba，埃塞俄比亚语 kalb，马耳他语 kelb＜*kele-b。柏柏尔语族"小狗"卡比勒语（Kabyle）akelbun＜*kele-b-un。

5."狗"*naki

"狗"古龙语 nɑ-ki，达杭语 naki＜*naki。

"狗"蒙古语 noxœ:，达斡尔语 nogu＜*noqu。"狗"赫哲语 inaki。

"狗"梵语 ʃunaka＜*su-naka。"母狗"苏美尔语 nig。

达罗毗荼语系"狗"贡底语 nākuɖi＜*naku-di。

6."狗"*dugʷi

"狗"独龙语 duɯ³¹guui⁵⁵＜*dugʷi。

南岛语"狗"乌玛语 dekiʔ＜*deki。"白颈狗"满文 tʃaku＜*taku。"狗"古英语 docga，法语 dogue，丹麦语 dogge＜*doge。

派生，*dugʷi＞*dugʷ-ri。

"狗"阿侬怒语 dɛ³¹gɹĩ＜*degri。

"狗"梵语 kukkura。

高加索语系"狗"格鲁吉亚语 dzaɣli，拉兹语 tʃaɣori＜*dagori。

"狗"巴斯克语 txakur＜*thakur。

7."狗"*ta、*di

"狗"嘉戎语拉坞戎话观音桥土语（kə⁵⁵）ta⁵⁵＜*ta。

"狗"满文 indahūn，锡伯语 jonxun＜*ʔida-qun，那乃语 naoto＜*na-ʔoto。"狗"古突厥语 qɑntʃiq＜*qatiq。维吾尔语 et，撒拉语 id＜*ʔit。

南岛语"狗"印尼语 aɲdʒiŋ，巴拉望语 iŋdaŋ，摩尔波格语 idaŋ＜*ʔida-ŋ。"狗"邵语 atu，马京达瑙语 atʃu＜*ʔa-tu。

印第安语"狗"祖赫玛雅语（chuj）tzhiʔ＜*diʔ。

尼日尔－科尔多凡语系"狗"祖鲁语 indʒa＜*-dja。

派生，*ta＞*s-ta。

"狗"阿伊努语 seta＜*seta。"狗"西部裕固语 əʂt＜*ʔast。

南亚语"狗"蒙达语、桑塔利语 setā＜*seta。

8. "狗" *bʷa

派生，*bʷa > *su-bʷa。

"狗" 阿维斯陀经 spa，梵语 shvana < *subʷa-na。"狗" 和阗塞语 ʃʃuvānä（复数）< *subʷa-na，ʃve（单数）< *sbʷe。

塞音鼻化，*bʷa > *mʷa。

"狗" 壮语 ma¹，水语 m̥a¹，仫佬语 ŋ̍wa¹ < *ʔ-mʷa。

南岛语 "狗" 马林厄语（Maringe）kʰuma < *kuma。雅贝姆语 keam < *ke-ʔam。南亚语 "狗" 尼科巴语 ām < *ʔam。

9. "猪、肉、胖的" *pʷak、*bʷag

"猪" 藏文 phag，嘉戎语 pɑk，缅文 wɑk⁴ < *pʷak。"胖的" 壮语武鸣话 buuk⁷ < *ʔ-buk。

"胖的" 希腊语 patʃhys < *pagi-。"美的" 阿尔巴尼亚语 bukur < *buk-。

（1）首辅音演变，*bʷag > *gʷag

"猪" 蒙古语 gɑxɛ，达斡尔语 gɑgɑ，保安语 ɢɑi < *gagi。"肉" 朝鲜语 koki < *gogi。

南岛语 "肉" 拉巴努伊语 kiko，澳柯玛语 kiki。

（2）首辅音演变，*bʷag > *dag

南岛语 "肉、肌肉" 印尼语、爪哇语 dagiŋ < *dagi-ŋ。

"油脂" 古突厥语、土耳其语 jaɣ，维吾尔语、撒拉语 jaʁ < *dag。

（3）塞音鼻化，*bʷuk > *muk

"油脂" 鄂伦春语 imukʃə，鄂温克语 imuʃʃə < *ʔi-mukə-li。

10. "鸟、翅膀、飞、快的" *bʷa

汉语 "凫" *bʷja《说文》："鹜也"。"鸟" 藏文 bje。格曼僜语 wa < *bʷa。"翅膀" 侗语 pa⁵，水语 va⁵ < *ʔ-bʷas。

南岛语 "翅膀" 吉尔伯特语 bai < *ba-ʔi。"羽毛" 排湾语 quvis < *qu-bʷis。

"鸟" 阿维斯陀经 viʃ < *bʷi-s。

巴布亚新几内亚土著语言 "鸟" 科姆比奥语 aipm < *aib。

尼罗 - 撒哈拉语系 "鸟" 卡努里语 fou < *po-ʔu。

（1）派生，*po > *po-li，*pa > *pa-re

希腊语 "鸟" poyli < *poli。"鸟" 乌尔都语 paranda < *para-da。"幼鸟" 古英语 bird。"翅膀" 乌尔都语 par，粟特语 wāz < *pʷar。"羽毛、翅膀" 和阗塞语

pārra- < *para。"飞"格鲁吉亚语 prɛna < *pre-。

（2）派生，*ba > *s-ba

"鸟"蒙古语 ʃubu < *subu。

"鸟"赫梯语 suwais < *suba-is。"快的"阿尔巴尼亚语 ʃpejtë < *spe-。"天鹅"古英语、古高地德语 swan，丹麦语 svane < *sbʷa-ne。

11. "鸟、鹰、飞、啼叫、漂浮" *tu、*di、*ta

汉语"鸟"*tu-ʔ。"鸟"克伦语乍叶因方言 tu，拉龙语 tu < *tu。"飞"勉语江底话、东山话 dai⁵ < *ʔ-di-s。

南亚语"飞"桑塔利语 uɖɛu < *ʔude-。"跑"桑塔利语 ɛtu < *ʔatu；"跑"佤语马散话 to，阿佤方言 tɔ，德昂语硝厂沟话 tɑu < *to。"漂浮"桑塔利语 ɛtu，蒙达语 ātu < *ʔatu。

南岛语"飞"嫩戈内语（Nengone）dede < *dede。

"飞"古突厥语 utʃ-，图瓦语 uʃua- < *ʔu-tu-。蒙古语布里亚特方言 niːdə- < *ʔi-də。"跑"泰米尔语 odu-。

"鹰"希腊语 aietos < *e-tos。

高加索语系"鸟"格鲁吉亚语 tʃiʃi < *tisi。

派生，*ta > *ta-r，*tu > *tu-r。

"啼叫"木雅语 tu³³rə⁵³。

南岛语"鹰"赛德克语 qudiro < *qu-diro。

南亚语"鹰"柬埔寨文 ʔɣtri < *ʔə-tri。"啼"布兴语 tɣr tɛ < *tər-te，克木语 tər ʔoʔ。"家禽鸣叫"桑塔利语 tsoɽtsoɽ < *tor-tor。

"鸟"日语 tori < *tori，阿伊努语 tʃir < *tir。"乌鸦"鄂伦春语 tʊrakɪ < *tura-ki，"元鸟"满文 turaki < *tura-ki。"鸽子"中古朝鲜语 tʃipituri < *dibi-duri，"鹌鹑"朝鲜语 metʃhuri < *me-turi，"鸡"朝鲜语 tark < *dar-gi。"鹰"锡伯语 diəmin < *dirə-min。"啼"鄂伦春语 tuːrɛː-，鄂温克语 tuːrə- < *turə。西部裕固语 dʒirdəla- < *dir-dəla，东部裕固语 dʒerge- < *der-ge。

"鸟"亚美尼亚语 thɾtʃun < *dr-kun，威尔士语 aderyn < *aderun。

"鸟"匈牙利文 madar < *ma-dar。

尼罗－撒哈拉语系"鸟"扎尔马语 tʃuroize < *turore。

12. "鹅、雁" *ŋar

汉语"鹅"*ŋar《方言》卷八："自关而东谓之鹅。"

鼻音塞化、流音交替，*ŋar > *gar，*ŋal > *gal。

"鹅"维吾尔语 ʁɑz，哈萨克斯坦语 qɑz，图瓦语 kɑs < *Gɑr。[①] "雁、鹅"蒙古语 galuː < *galu。

"鹰"古法语 egle。"黑鹰"拉丁语 aquila < *agʷila。"鸟"意大利语 uccello < *ukelo。"鹅"巴斯克文 antzara < *aqjara。

"鹅"高加索语系阿布哈兹语 akjz，卡巴尔达语 kjaz < *a-kjar。

13. "蛇、虫、蚂蝗、爬、缠绕"*bʷe、*bu

"蛇、虫"独龙语 buɯ⁵³，阿侬语 buɯ³¹，达让僜语 ta³¹bu⁵⁵ < *bu。"虫子"藏文 ɦibu，墨脱门巴语 bu，彝语喜德话 bu³³ < *bu。"蚂蝗"水语 bi³ < *ʔbe-ʔ。"爬"纳西语 bv³³bv²¹ < *bubu。

南岛语"虫子"南密语 be。"蝎子"达密语 ambei < *ʔabe-ʔi。"缠绕"乌玛语 βeβe < *bʷebʷe。

南亚语"蛇"蒙达语 biŋ，桑塔利语 biŋ < *bi-ŋ。"蛇"日语 hibi < *pi-bi。

"大蛇"古英语 boa < *bo-a。"毒蛇"拉丁语 aspis，古法语 aspe。"蛇"希腊语 ophis < *obi-s。

尼罗-撒哈拉语系"蚂蚁"卡努里语 kambuwu < *ka-bubu。

（1）塞音鼻化，*bʷa > *mʷa

汉语"蟒"*maŋ < *ma-ŋ。"蛇"雅贝姆语 mʷaʔ < *mʷa-ʔ。

（2）派生，*bʷe > *bre，*mʷe > *mʷre

"蛇"缅文 mrwe < *mʷre。错那门巴语 breː³⁵ < *bre。史兴语 bɛ³³ru⁵³ < *beru。

南亚语"蛇"克木语、布兴语 mǎr < *mar。"缠绕"桑塔利语 bɛ̃uɽĩ < *muri。

南岛语"蛇"勒窝语 lomʷara，三威治港语 na-mar < *lo-mara。

"蛇"西班牙语 culebra < *kule-bra。古法语 guivre，拉丁语 vipera < *gʷi-bra。

14. "蛇、鳗鱼、缠、爬"*gʷe、*gu

"蛇"土家语 wo⁵³ < *go。

南岛语"蛇"沙外语 gu < *gu。"缠绕"雅贝姆语 gi。

"蛇"亚美尼亚语 oj < *og。

（1）塞音鼻化，*gʷu > *ŋu

"蛇"泰语 ŋu²，仡佬语贞丰话（mo⁴²）ŋo⁴²，拉基语（qa²）ŋu²³ < *ŋu。"爬"

---

① 早期突厥语 ŋ 不能出现在词首，读为 g- 或 G-。

独龙语 ŋoŋ⁵³。

"蛇"鄂罗克语 aŋo < *ʔa-ŋo。

南岛语"爬"劳语、瓜依沃语 aŋo。

（2）派生，*gʷu > *gʷu-li, *ki > *ki-li

"蛇"土耳其语、维吾尔语 jilan，乌孜别克语 ilan，图瓦语 dʒɣlan < *gila-n。"蛇"鄂伦春语 kuɪn < *kulin，"缠"清代蒙文 kulijesulemui < *kulire-sule-。

南岛语"鳗鱼"布拉安语 kili < *kili。

"蛇"西班牙语 culebra < *kule-bra，"蛇"波兰语 wąz < *bʷar。

（3）首辅音演变，*kʷuli > *tuli

南岛语"鳗鱼"戈龙塔洛语 ʔotili。"鳝鱼"赛夏语 tolaʔ，卑南语 tula。"爬"汤加语、萨摩亚语 totolo。

15."蛇、虫、蝎子" *nake

南岛语"蛇"罗维阿纳语 noki，"蝎子"罗维阿纳语 neneɣe。

"蛇"古英语 snaca、瑞典语 snok，立陶宛语 snake（蜗牛）< *s-nake。"蛇"粟特语 nāw，梵语 naːga < *nagʷa。"蛇"立陶宛语 angis，拉丁语 anguis（一种蛇）< *angʷis。

尼日尔–科尔多凡语系"蛇"祖鲁语 inyoka < *-njoka。

16."蛇、蜗牛、鳗鱼" *le

"蛇"哈尼语 o⁵⁵lo⁵⁵，贵琼语 ro⁵³ < *ʔolo。黎语保定话 za²，通什话 ɬa² < *la。"蜗牛"维吾尔语 qulylɛ，乌孜别克语 qululɛ < *qulule。

南岛语"鳗鱼"那大语 elo < *ʔelo。亚齐语 ileh < *ʔile-q。

"鳗鱼"古英语 æl，古高地德语 all < *al。

17."鼠" *la

汉语"鼠" *hlja-ʔ > *hjaʔ。

南岛语"鼠"阿美语 ʔəɬu < *qəlu。布农语 aluað < *qalu-ʔal。

科伊桑语系"鼠"科伊科伊语 ǁau-s < *ʔla-u。

18."鼠、小的" *nu

"鼠"勉语大坪话 naːu⁴，苗语石门坎话 nau⁴ < *nu。"鼠"壮语龙州话 nu¹，水语n̊o³ < *s-nu。格曼僜语 si⁵⁵nu⁵³ < *si-nu。"小的"哈尼语绿春话、阿昌语 ȵi⁵⁵ < *ni。基诺语 a⁴⁴ni⁵⁵。

南亚语"鼠"德昂语南虎话 ñai < *s-ni。克木语（ka）něʔ < *ne-ʔ。

19.“蝴蝶、蜂、蜻蜓、飞、翅膀”*bʷe

“蝴蝶”木雅语 mbe³³mbə⁵³ < *bebe。布依语 bi⁶ba⁴ < *bisbe-ʔ。汉语“蜂”*bʷjoŋ < *bo-ŋ。

南岛语“蝴蝶”瓜依沃语 bebe，斐济语 bēbē < *bebe。

尼日尔–科尔多凡语系“蝴蝶”斯瓦希里语 kipepeo。

（1）派生，*pʷe > *pʷe-n

汉语“奋”*pʷjən-s《说文》：“翬也。”“翬”《说文》：“大飞也。”“飞”泰语 bin²，壮语 bin¹，侗语 pən³ < *ʔ-bin。墨脱门巴语 phen < *ben。

“翅膀”东乡语 suiban < *su-ban，日语 hane < *pane。

南岛语“翅膀”布农语 pani < *pani，雅美语 paniɖ < *pani-t。

“翅膀、翅膀上的羽毛”俗拉丁语 pinnionem < *pino-，拉丁语 pinno。“鳍”古英语 finn，荷兰语 vin，中古低地德语 vinne < *pʷine。

尼日尔–科尔多凡语系“蝴蝶”祖鲁语 umvemvane < *-bʷebʷane。

（2）派生，*pe > *pe-la，*pa > *pla

“蝴蝶”景颇语 pǎ³³lam⁵¹laʔ⁵⁵ < *palam-lap。载瓦语 phǒ⁵⁵lam⁵¹ < *pəlam。“蝴蝶”普米语兰坪话 phɑ¹³lɑ⁵⁵ < *bala。彝语南华话 bə²¹lu³³ < *bəlu。“蝴蝶”苗语野鸡坡话 mʔpleᶜ，摆脱话 mpji⁵ < *m-ʔ-ple-s。“蜻蜓”土家语 zan³⁵pu⁵⁵li⁵⁵ < *lapuli。“蜜蜂”普米语九龙话 bi³⁵li⁵⁵ < *bili-ŋ。“黄蜂”侗语 lau¹，毛南语 du¹，黎语 plou¹ < *plu。

“蝴蝶”达斡尔语 bəːlbərt < *bəlbəl-。“蝴蝶”鄂伦春语 bolbokon，鄂温克语 bəlbuxən < *bulbu-。

南岛语“蝴蝶”赛德克语 pulale < *pulala；摩尔波格语 tompola-pola < *to-pola。“飞”马林厄语 flalo < *plalo。“翅膀”邵语 pali < *pali。泰雅语赛考利克方言 paliʔ，赛德克语 palit < *pali-t。“蚂蚁”爪哇语 walaŋ，巴厘语 balaŋ，印尼语 bəlalaŋ < *bʷala-ŋ。“蜂”鲁凯语 valu，赛德克语 walo < *bʷalu。“蜘蛛”罗地语 bolau < *bola-ʔu。

南亚语“蝴蝶”京语 kɔn¹buɯən¹buɯən¹ < *-ʔblən-ʔblən。

“蚊子”维吾尔语 paʃa < *pala。

“蝴蝶”威尔士语 pili-pala。“蝴蝶”格鲁吉亚语 pepela。“蝴蝶”车臣语 polp < *polpol。

达罗毗荼语系“蜘蛛”曼达语 balli < *bali。

（3）首辅音演变，*bʷali > *duli

"翅膀"吕苏语 du³³ly⁵³ < *dulu。"蝴蝶"乌尔都语 titali。

（4）派生，*pʷle > *pʷle-ga

"苍蝇、飞虫"古英语 fleoge，古撒克逊语 fleiga，古挪威语 fluga < *pʷle-ga。

20."虫子、跳蚤、蚊子、苍蝇、蝴蝶、蜂、虱子"*bʷor

"蝴蝶"博嘎尔珞巴语 paŋ pur < *papur。"蜂"藏文 sbraŋ < *s-bra-ŋ。

南岛语"跳蚤"马达加斯加语 parasi，马京达瑙语 biras（虱子蛋）< *biras。

"虫子"中古朝鲜语 pəre < *bere，"蜂"朝鲜语义州话 pəri < *bəri。"蛇"中古朝鲜语 pʌijam，淳昌方言 piɣam < *bira-m。

"虫子"法语 ver，意大利语 verme < *bʷer-。"蜘蛛"撒拉语 boje < *bore。

尼罗－撒哈拉语系"蚊子"扎尔马语 soboro < *so-boro。

科伊桑语系"蛾子、蝴蝶"科伊科伊语 awure-s < *ʔa-bure-。

（1）塞音鼻化，*bʷor > *mʷor

汉语"蚊"*mʷjər > *mʷjən，《说文》："啮人飞虫。"汉语"虫"*s-mʷjər-ʔ > *hjərʔ，《说文》："一名蝮。"

"蚊子"图瓦语 ɣmrɑ < *ʔəmra。

"蚂蚁"阿维斯陀经 maori < *mori，粟特语 zmōrē < *rmore。"虱子"阿尔巴尼亚语 morr < *mor-。

（2）流音交替，*bura > *bula

澳大利亚土著语言"萤火虫"嘎郡语 bulaa。

（3）流音交替，*mʷor > *mʷol

南岛语"跳蚤"马京达瑙语、那大语 məla < *mela。

南亚语"蚊子"柬埔寨文 muːh < *mul。"鸡虱"户语 ma liʔ³¹ < *mali，"跳蚤"mə liʔ³¹ < *moli。

"虫子"日语 muɕi < *muli，"蚊子"蒙古语 ʃɷmɶːl < *so-mol。

（4）派生，*molo > *molo-ŋ

汉语"蝇"*mljəŋ > *ljəŋ。"苍蝇"白语剑川话 sũ²¹，碧江话 zu²¹ < *liŋ。"苍蝇"临高语 vaŋ⁴，水语 ljan³，壮语邕宁话 jan¹ < *mʷljaŋ-ʔ。"飞虫"泰语 mlɛːŋ²，壮语邕宁话 mlɛːŋ²，布依语 neŋ² < *mlaŋ。"蚊子"苗语先进话 ʑoŋ³，布努语瑶里话 joŋ³ < *ʔljoŋ-ʔ。"蚊子"藏文 ɦibu luŋ < *mbu-luŋ（虫-蚊子）。

（5）派生，*pʷir > *pʷir-ge

"跳蚤"朝鲜语 pjərok < *biro-g。"跳蚤"中古突厥语 byrge，维吾尔语 byrgɛ，撒拉语 birɣe，保安语 bərgə < *biro-ge。

21. "蚂蚁、跳蚤、蚊子、咬" *mʷet

"蚂蚁"傣语、壮语武鸣话 mot⁸，侗语 mət⁸ < *mot。"跳蚤"水语 mḁt⁷，傣语、毛南语 mat⁷ < *s-mat。侗语 ŋʷat⁷ < *s-mʷat。

南岛语"蚂蚁"印尼语、爪哇语 səmut，沙玛语 summut < *sə-mut。

南亚语"蚂蚁"桑塔利语 mutʃ < *mut。"蛀虫"佤语艾帅话 mɔt，户语 mɔt³⁵ < *mot。

"蚂蚁"古英语 æmette，古高地德语 ameiza，德语 ameise < *a-mede。

（1）鼻音塞化，*mʷet > *bet

"蚂蚁"东乡语 bibidzu < *bibidə。"蚯蚓"赫哲语 bətən，鄂伦春语 məːtə，鄂温克语 məttə < *bətə-n。"虱子"古突厥语 bit，土耳其语、维吾尔语 pit < *bit。

达罗毗荼语系"蚂蚁"曼达语 pēttē < *pete。

"咬"古英语 bitan，古弗里斯语、古挪威语 bita < *bita。

澳大利亚土著语言"蚂蚁、蚂蚱"嘎郡语 bunda < *buda。

（2）第二辅音演变，*mʷuta > *muka

南岛语"蚊子"马达加斯加语 muka < *muka。

"蚊子"朝鲜语 moki < *mogi。

22. "虱子、跳蚤、臭虫、白蚁、咬" *katu

"头虱"临高语 kat⁷ < *kat。

南岛语"虱子"印尼语 kutu，萨萨克语 gutu < *kutu。"头虱"邵语 kuθu，赛夏语 koso? < *kutu。"跳蚤"木鲁特语 kutu，菲拉梅勒语 kutu namu，依斯那格语 kūtu ātu。"跳蚤"贡诺语 kutu asu < *kutu asu（虱子-狗）。

"蠕虫"梵语 kita。澳大利亚土著语言"白蚁"嘎郡语 gaju < *gadu。

尼罗-撒哈拉语系"臭虫"卡努里语 kudi。

23. "虫子、蜘蛛、跳蚤、蜂、虱子" *ku、*ki

汉语"蚤" *s-ku-? > *tsu?，啮人小虫。"骚" *s-ku > *su，《说文》："扰也。"

南亚语"虱子"蒙达语 siku < *si-ku。"虱子"阿伊努语 ki < *ki。

（1）派生，*ku > *ku-ri

"蜘蛛"普标语 ku⁵³zạu²¹³ < *kuru。"头虱"壮语武鸣话 ɣau¹，傣语 hau¹，侗

语 tau¹, 仫佬语 khɣau¹ < *kru。

南岛语"虱子"勒窝语 kuru < *kuru。

"虫子、臭虫、蛆"阿伊努语 kikir < *kikir。

尼罗 – 撒哈拉语系"甲虫、虫子"卡努里语 kuɽi < *kuri。

（2）流音交替, *kiri > *kili

"蜘蛛"壮语 tu²kjaːu¹ < *du-klu。

南岛语"跳蚤"巴厘语 kilimpit < *kili-pit。

南亚语"蜂"巴琉语 kɣaːi⁵⁵ < *kli。

（3）首辅音演变, *kori > *tori

南岛语"蜘蛛"那大语 torogogo < *toro-gogo,"蚂蚁"萨萨克语 teres < *tere-s。南亚语"白蚁"柬埔寨文 kɔndiər < *kon-dir。

（4）流音交替, *tiri > *tili, *dara > *dala

"虱子"格鲁吉亚语 tili, 卡巴尔达语 tslɛ < *tili。拉兹语 mthi, 车臣语、印古什语 meza < *me-tili。

澳大利亚土著语言"蝗虫"嘎郡语 dalaa。

（5）派生, *ku > *ku-mo

"蜘蛛"毛南语 kuŋ kaːŋ² < *kum-guŋ。黎语通什话 khom³ khuːŋ¹ < *kum-kuŋ。

"蜘蛛"日语 kumo < *kumo, 朝鲜语 kəmi < *gumi。

南岛语"蜘蛛"排湾语 kuma kuma < *kuma, 爪哇语 kəmɔŋɡɔ < *kumo-go。

24."虫子、蚊子、蛇、鳗鱼"*kolo、*gilo

"虫子"勉语三江话 klaŋ¹, 苗语先进话 kaŋ¹ < *klo-ŋ。

南岛语"虫子"邵语 kukulaj < *kulal, 多莱语 kololo < *kololo。

"蛇"土耳其语、维吾尔语 jilan, 乌孜别克语 ilan, 图瓦语 dʒɣlan < *gila-n。

"鳗鱼"意大利语 anguilla, 西班牙语 anguila < *angʷila。

"蛇"格鲁吉亚语 gvɛli < *gʷeli。

派生, *glo > *glo-m。

汉语"虫"*gʷləm > *dʷoŋ,《尔雅》:"有足曰虫。"[①]

"蚊子"满文 galman, 锡伯语 Galman < *galm-an。赫哲语 garmaχtə < *garmaq-。

---

① 《说文》:"融, 从鬲, 蟲省声。"融, 以戎切。虫, 户公切。

25. "虱子、虮子、臭虫、跳蚤" *sik

"虱子"藏文 ɕig，独龙语 ɕi?⁵⁵ < *sik。

南岛语"虮子"吉尔波特语 saku。

南亚语"虱子"蒙达语 siku < *siku。佤语艾帅话 sị?（头虱），克木语 se? < *sek。"臭虫"布朗语胖品话 ?a sek⁵⁵。

高加索语系"跳蚤"车臣语、印古什语 sagan < *sag-an。

26. "蚂蚱、跳、跑" *dak

"蚂蚱"水语 ⁿdjak⁷（ma⁴），壮语武鸣话 tak⁷，侗语 tjak⁷ < *?-dak。"跑"博嘎尔珞巴语 dʑuk < *duk。

南岛语"蚂蚱"吉尔波特语 te tāke < *take。

"蚂蚱"朝鲜语 mettuki < *me-dugi，东乡语 matʂɑdzu < *ma-tagə。"跳"鄂伦春语 ətəkən-，鄂温克语 tuʃʃan- < *?ətək-an。

南亚语"跳"巴琉语 tiuk⁵³ < *tuk。

27. "蚯蚓、拉、长的" *len

汉语"螾（蚓）" *ljin-?《说文》："侧行者。""延" *ljan《说文》："长行也。"汉语"申、伸" *s-ljin > *hjin，《说文》："屈伸。"[1]"蚯蚓"壮语武鸣话（tu²）dɯɯn¹，德宏傣语（ti¹）lən⁶ < *?-len。"拉"博嘎尔珞巴语 ɕe len < *si-len。

南亚语"长的"布朗语甘塘话 lan³¹，户语 lan³¹ < *lan。

流音交替，*len > *ren。

"蚯蚓"毛南语 zen⁴ < *ren-?。

南亚语"蚯蚓"布朗语甘塘话 ron³¹ < *ron。

28. "蚯蚓、蛆" *daŋ

"蚯蚓"苗语养蒿话 tɕoŋ¹ < *tjoŋ。畲语多祝话 zuŋ¹ < *?doŋ。"蚯蚓"勉语江底话 dzuŋ¹ < *?-djuŋ。罗香话 duŋ² < *djuŋ。

南岛语"蚯蚓、蛆"印尼语、巽他语、爪哇语 tʃatʃiŋ < *tatiŋ。

29. "蛙、跳" *bʷe

"蛙"木雅语 mbə⁵³mbə⁵³ < *be-be。缅文 pha³，纳西语 pa³³ < *po。

南岛语"蛙"雅贝姆语 opoa? < *?o-po-?a?。南亚语"蛙"巴琉语 phe¹¹ < *be。

---

[1] 地支字"申" *sljin > *hjin。西双版纳傣语 sɛn¹，德宏傣语 liŋ² < *slin。

（1）派生，*bʷe > *bʷe-ri

"蛙"义都珞巴语 pɑ⁵⁵ɹɑi⁵⁵ < *pari。"跳"侗语 pj iu¹ < *pru。

南亚语"跳"蒙达语 buru < *buru。

"蛙"古英语 frosc，古挪威语 froskr，德语 frosch < *pʷro-s-k。"蟾蜍"希腊语 phryne < *bru-ne。"跳、飞起"古英语 springan，古挪威语、古弗里斯语 springa < *s-pri-ga。

（2）首辅音演变，*bʷeri > *kʷeri

南岛语"蛙"沙外语 kɛrkar < *ker-kar。

南亚语"蛙"布朗语甘塘话 krɛk³¹ krɛk³¹ < *kre-k。

30."蛙、蚂蚱、跳"*kop

"田鸡"壮语武鸣话 kop⁷ < *kop。

南亚语"蛙"克木语 kŏp < *kop，柬埔寨语 kɔŋkaep < *kon-kap。"蚂蚱"布芒语 kɛp²¹ < *kep。

南岛语"蚂蚱"罗维阿纳语 kupkupo < *kupo。

"跳"和阗塞语 kuvaa < *kubʷa-。

尼罗–撒哈拉语系"蚂蚱"卡努里语 kawi < *kabʷi。

31."尾巴、屁股"*kʷed

"尾巴"畲语 ka¹tɔ³ < *katu。

南岛语"尾巴"卡乌龙语 kut < *kut，罗维阿纳语 pikutu < *pi-kutu。

"尾巴"图瓦语 kuduruk，西部裕固语 guzuruq < *kudu-ruq。

"尾巴"西班牙语 cola，拉丁语、意大利语 coda < *koda，威尔士语 cwt < *kut。"尾巴"格鲁吉亚语 khuti。

首辅音演变，*kʷedi > *toti、*teti。

"屁股"土耳其语（俚语）toto < *toto。

南岛语"尾巴"他加洛语 buntot < *bu-tot。"屁股"爪哇语 tʃɛtʃi? < *toti，查莫罗语 tʃade < *tade。

南亚语"屁股"京语 dit⁷ < *?-dit。

32."屁股、尾巴"*dok

汉语"纛"*tuk-s，雉尾或牛尾做的舞具。

南岛语"屁股"鲁凯语 dəkəl < *dəke-l。"尾巴"南密语 tʰige-n < *dige。

南亚语"屁股"柬埔寨文 tʃɔŋkeh < *toke-l。桑塔利语 ɖuke < *duke。"肚子"

桑塔利语 dodʒok < *dodok。

"屁股"撒拉语 ondoχ < *ʔodoq，"尾巴"保安语 ɕɑntʃig < *satig。

"尾巴"古英语 tægel，古挪威语 tagl（马尾），哥特语 tagl（毛发）<*dage-l。

达罗毗荼语系"尾巴"曼达语 tokā < *toka。"尾巴"阿拉伯语 ðajl < *dagl < *dagl。

尼罗 – 撒哈拉语系"屁股"卡努里语 tʃukkul < *tukul。

33."鱼"*ŋʷa

汉语"鱼"*ŋʷa。"鱼"藏文 ŋa，景颇语 ŋa55，缅文 ŋɑ3 < *ŋa。

南岛语"鱼"毛利语 ŋohi < *ŋo-pi。

澳大利亚土著语言"鱼"阿雅巴杜语、巴肯语 ŋa'a < *ŋa-ʔa。

鼻音塞化，*ŋʷa > *ga。

"鱼"道孚语 ʁjə < *gje。

南岛语"鱼"罗维阿纳语 igana < *ʔi-ga-na，拉格语 iɣe < *ʔi-ge。"鱼"布农语 iskan < *ʔi-skan。毛利语、斐济语 ika，印度尼西亚语 ikan < *ʔi-ka-n。

南亚语"鱼"佤语 kaʔ，克木语 kǎʔ < *ka-ʔ。

"鱼"日语 sakana < *sakana。"鲤鱼"朝鲜语 iŋɣə < *ʔi-gə。

"鱼"亚美尼亚语 juk < *ik。"鱼"匈牙利语 ėk。"鱼"苏美尔语 kua < *kʷa。

澳大利亚土著语言"鱼"嘎郡语 guya < *gu-ja。

34."鱼、漂浮"*bʷa

南岛语"鱼"萨萨克语 əmpaʔ，爪哇语 iwaʔ < *ʔi-bʷaʔ。布拉安语 be。尼罗 – 撒哈拉语系"鱼"卡努里语 buni < *bu-ni。

（1）派生，*s-bʷa > *sma

南岛语"鱼"卡乌龙语 esma < *ʔe-sma。

南亚语"鱼"布兴语 m̥uɔ < *smo。

（2）派生，*ba > *ba-la

"鱼"壮语 pja1，黎语 ɬa1 < *pla。"鱼"苗语石门坎话 mbə4，甲定话 mplæ4，畲语 pja4 < *m-bla-ʔ。

"鱼"古突厥语 baliq，土耳其语 balik，维吾尔语 beliq，图瓦语 bɑlɣk < *bali-q。

南岛语"鱼"布吉斯语 bale < *bale。"漂浮"排湾语 sə-vaļi < *bʷali。

新爱尔兰岛非南岛语系语言"鱼"库欧特语 abulu-ma < *a-bulu。

"鱼"格鲁吉亚语 tεvzi < *te-bʷli。

35. "蛋、月亮、圆的、睾丸、滚、旋转" *bʷa

"蛋"木雅语 ve̠³³vɑ⁵³ < *bʷabʷa。"蛋"博嘎尔珞巴语 pɯ pɯ < *pupu。"圆的"彝语南华话 vɑ³³ < *bʷe。"蛋"博嘎尔珞巴语 pɯ pɯ < *pupu。"圆的"黎语元门话 bom³bau³ < *bobu-ʔ。黎语堑对话 po⁵ < *po-s。"饱的"缅文 wɑ¹ < *bʷa-ʔ。

南岛语"圆的"那大语 bebe，阿杰语 powe < *bebʷe。"圆的"波那佩语 pʷonopʷon < *pʷo-no。"月亮"塔希提语 ʔāvaʔe < *ʔabʷaʔe，莫图语 hua < *pu-ʔa，南密语 pᵐʷe < *pʷe。

"月亮"满文 bija，锡伯语、赫哲语 bia，鄂伦春语 bɛːga，鄂温克语 bɛːgǎ < *bi-qa。

（1）塞音鼻化，*bʷa > *ma，*bʷe > *me

汉语"望" *mʷjaŋ < *mʷa-ŋ，月满。①

南亚语"月亮"巴琉语 maːi¹³，莽语 me³⁵ < *me，克木语 mǒŋ < *mo-ŋ。

南岛语"圆的"塔希提语 menemene < *me-ne。

"月亮"古爱尔兰语 mi，威尔士语 mis，亚美尼亚语 amis < *mi-s。"月亮"古斯拉夫语 meseci，立陶宛语 menesis < *mene-s-is。"月亮"阿维斯陀经 ma。希腊语 mene，古挪威语 mani，古英语、古弗里斯语 mona，古高地德语 mano < *ma-。

（2）派生，*bʷe > *sa-bʷe

亚非语系"满的"希伯来语 savea < *sabʷe-a。

高加索语系"满的"格鲁吉亚语 savsε < *sabʷ-se。

尼日尔–科尔多凡语系"满的"斯瓦希里语 -ʃiba < *siba。

（3）派生，*bu > *bu-li

"蛋"西班牙语 ovulo < *o-bulo。"滚"（名词）波兰语 bułka < *bul-。

（4）首辅音演变，*bʷe > *gʷe

"蛋"藏文 sgo < *s-go。"饱的"阿侬怒语 gɑ⁵⁵gɑ³¹ < *ga-ga。"睾丸"嘉戎语 lgo。缅文 gwe³（tse¹）< *gʷe。

南岛语"滚"西部斐济语 gigi，锡加语 gogo < *gogi。莫图语 ɣeɣe-a < *gege-ʔa。

---

① 甲骨文人立土瞭望形，后改从"亡、月"，"亡"得声。

"滚"西部裕固语 ɑɣənɑ- <*ʔagə-na。"蛋"日语 tamago <*tama-go（球－蛋）。

"蛋"古英语 æg，希腊语 augo，古教堂斯拉夫语 aja，古高地德语 ei <*ago；亚美尼亚语 ju <*gu。"蛋"威尔士语 wj，布列吞语 uiy <*gʷi。"蛋"（复数）古英语 ægru，古英高地德语 eigir <*ago-r。

澳大利亚土著语言"月亮"嘎郡语 gagalum <*gaga-lum。

（5）派生，*gʷa >*gʷo-n

汉语"圆"*gʷan <*gʷan-n。"管（筦）"*kʷan-ʔ，古乐器。汉语"繯"*gʷan >*ɣʷian。"樏"*s-gʷan >*zjuan，《说文》："圜案也。"汉语"旋"*s-gʷjan-s >*zjuans。《说文》："周旋。""逭"*gʷan-s《方言》卷十二："转也。"汉语"環（环）"*gʷran《说文》："璧也。""圜"*gʷran《说文》："天体也。""圆的"水语 qon² <*gon。"圆的"黎语通什话 gom⁴ <*gʷo-m。黎语保定话 hwom¹ <*ʔ-gʷo-n。"滚"德宏傣语 kun² <*gun。毛南语 kun³ <*kun-ʔ。

尼罗－撒哈拉语系"卷"扎尔马语 kunkun <*kun-kun。

（6）派生，*ga >*ga-ri

新爱尔兰岛非南岛语系语言"蛋"库欧特语 sagàr <*sa-gar。

尼罗－撒哈拉语系"蛋"扎尔马语 guuri, gunguri <*gun-guri。

36."蛋、月亮、满的、滚"*da

"滚"独龙语 tan⁵⁵ <*da-n。

"月亮"排湾语 qidas，赛德克语 idas <*qi-da-s。

"蛋"哥特语 ada <*ada。亚美尼亚语 havkith <*qabʷk-id（鸟－蛋）。

"蛋"希伯来语 beytzah，阿拉伯语 baydʕa，马耳他语 bajdā <*baj-da。

科伊桑语系"蛋"三达维语 diʔa。

尼日尔－科尔多凡语系"蛋"祖鲁语 i!anda <*-ʔʈa-da。

派生，*da >*da-r。

南岛语"月亮"罗维阿纳语 sidara <*si-dara。"明亮的"马达加斯加语 madera。"光"那大语 dara <*dara，鲁凯语 ɖarəɖarə <*darə。

"月亮"土耳其语方言 jɑrik <*dari-q，朝鲜语 tar <*dar。"明亮的"维吾尔语 joruq，哈萨克语 dʒarəq <*doru-q。

达罗毗荼语系"圆的"曼达语 gunɖuragā <*gu-dura-。

亚非语系"圆的"阿拉伯语 musdadi:r <*mus-dadir。阿尔巴尼亚语"满的"thëthirë <*dediro，"满满地"tërë <*toro。

高加索语系"月亮"格鲁吉亚语 mthvarε < *m-d^{w}are。

37. "蛋、月亮、圆的、滚、缠绕" *teg^w

"鸡蛋"嘉戎语拉坞戎话业隆土语 sthek^{55} < *s-tek。

"蛋"蒙古语 өndөg，达斡尔语 əndugu，东乡语 əndəɣəi，保安语 ndəgi < *ʔə-dogi。"圆的"蒙古语 durə-，达斡尔语 duːrə-，东部裕固语 duːrtʃ-，保安语 dərge- < *durə-ge。"月亮"日语 tsˈlki < *tiki。

南岛语"蛋"爪哇语 əndɔk < *ʔə-dok。"滚"汤加语 teka < *teka。"缠绕"罗图马语 takɔi < *tako-ʔi，汤加语 takai < *taka-ʔi。

第二辅音演变，*dag^w > *dap。

南亚语"蛋"布朗语甘塘话 thap^{31}，布朗语胖品话 dhap^{55} < *dap。

科伊桑语系"蛋"科伊科伊语 ǃuwu-s，土拉语 ǃʔubu-b < *ʔʈubu。

38. "蛋、睾丸、圆的" *lu

"圆的"独龙语（ɑŋ^{31}）luŋ^{55} < *lu-ŋ。

南岛语"圆的"瓜依沃语 ʔele < *ʔele，布鲁语 em-loli < *loli。

派生，*lu > *lu-m。

"蛋"黎语 zuːm^4 < *lum-ʔ。"圆的"德宏傣语 lum^6 < *lum。"睾丸"壮语武鸣话 ɣam^1，布依语 zam^1，德宏傣语 ham^1 < *ʔləm。"下蛋"独龙语 lum^{53}，阿侬怒语 lim^{35}（u^{31}）< *lum。"核"达让僜语、格曼僜语 lum < *lum。

39. "翅膀" *bed

"翅膀"壮语武鸣话 fuɯt^8，布依语 vuɯt^8 < *but。

尼罗 – 撒哈拉语系"翅膀"卡努里语 fefeðo < *p^{w}ep^{w}edo。

40. "翅膀、飞、蝴蝶" *lap^w

"翅膀"加龙语 alap，博嘎尔珞巴语 a lap < *ʔa-lap。汉语"习" *g-ləp《说文》："数飞也。""蝴蝶"缅文 lip^{4}prɑɑ^2 < *lipra。

南岛语"翅膀"印尼语 sajap < *salap。"羽毛"罗图马语 lalɔvi < *lalob^{w}i。"飞"马京达瑙语 lelap，卡乌龙语 jap < *lap，西部斐济语 ðaβu < *labu。

南亚语"翅膀"蒙达语 talab < *ta-lab。"蝴蝶"户语 loŋ lap < *lolap。

"翅膀"法语 ailef，西班牙语 alaf，意大利语 ala < *alap^w。

芬兰 – 乌戈尔语系"飞"芬兰语 liehua，匈牙利语 lebeg < *lebe-ga。

"翅膀"科伊科伊语 ǁgawo-b < *ʔlabo-。

塞音演变，*lap^w > *lek。

汉语"翼"*ljək。

"翅膀"满文 asha，锡伯语 asχ，鄂伦春语 aʃakɿ＜*ʔa-laki。

41."翅膀、鸟、蝙蝠、飞"*pik、*bʷig

"蝠"*pʷək《方言》卷八："自关而西秦陇之间谓之蝙蝠。""翅膀"壮语龙州话、德宏傣语 pik[7]＜*pik。

南岛语"翅膀"沙玛语 pikpik＜*pik。锡克语 kəpik＜*kə-pik。"羽毛"毛利语 piki＜*biki。"飞"东部斐济语 βuka＜*buka。波那佩语 pik＜*pik。"蝙蝠"波那佩语 pʷēk，东部斐济语 beka＜*beka。

"鸟"清代蒙文 sibagu＜*si-bagu。

"翅膀"古英语 wenge，古挪威语 vængr，丹麦语 vinge＜*bʷige。"翅膀"梵语 pkaʃa＜*puka-sa。"鸟"亚美尼亚语 havkh＜*qabʷg。"猎鹰"俄语 kobec。"鹞"古英语 havek，古高地德语 habuh，古挪威语 haukr＜*ka-bʷek。

"翅膀"祖鲁语 iphiko，斯瓦希里语 bawa＜*-bikʷa。

42."皮、壳、剥"*kʷab ①

藏文"躲藏"gab，"覆盖"sgab，"覆盖物"khjebs，"保护"skjob。

"皮"日语 kawa＜*kabʷa，阿伊努语 kap＜*kab。

南岛语"树皮"卡那卡那富语 kava＜*kabʷa。罗维阿纳语 kapu，莫图语 kopi-na。

"树皮"希腊语 gabgisma＜gab-gism，"皮疮"拉丁语 hyvis＜kibʷis。

"皮"祖鲁语 isikumba＜*-kuba。

（1）第二辅音演变，*kibʷ＞*kid

南岛语"皮"鲁凯语 ikid＜*ʔikid。

"皮"古英语 hyd，古佛里斯语 hed、古挪威语 huÞ＜*kid。

尼罗－撒哈拉语系"皮"卡努里语 kaðiyi＜*kadi-i。

（2）第二辅音演变，*kopʷ＞*kok

藏文"壳"khog、skog。"剥"bkog＜*b-kok。"皮肤"勒期语 ʃŏ⁵⁵kuk⁵⁵＜*so-kuk。"树皮"加龙语 akuk＜*ʔa-kuk。

（3）派生，*kek＞*krek

汉语"殼（壳）"*khrok，皮壳。

---

①　参见下文"盖、埋、藏"的词源关系。

"皮、树皮"格鲁吉亚语 kɛrki＜*kerki。匈牙利语 kereg。

43. "皮、剥" *pak。

"皮"藏文 lpags＜*l-pag-s。"剥"浪速语 phauk⁵⁵，波拉语 tʃhak⁵⁵＜*phok。

南岛语"树皮"摩尔波格语 upak＜*ʔu-pak。毛利语 kiripaka＜*kili-paka（皮－皮）。

南亚语"皮"柬埔寨文 sbaek＜*s-bek。"皮、树皮"柬埔寨文 sɔmbɔːk＜*so-bok。

派生，*pak＞*prak。

汉语"剥" *prok。

44. "皮、树皮、薄的" *lapʷe

汉语"枼" *ljap《说文》："薄也。"

南岛语"皮"依斯那格语 luplup，戈龙塔洛语 alipo＜*lipo。"去皮"乌玛语 lepaʔ＜*lepa。

"弱的"日语 jowai＜*lobʷa-ʔi。

"树皮"阿尔巴尼亚语 lëvore＜*lebʷo-re。"树皮"古教堂斯拉夫语 lubu，立陶宛语 luobas＜*luba-。

"树皮"希伯来语 qʼlippa，阿拉伯语 qilf，马耳他语 qoxra＜*qilap。叙利亚语 qlafta，埃塞俄比亚语 qərəft＜*qilap-t。

第二辅音演变，*lapʷ＞*leku

阿尔巴尼亚语"皮肤" lëkurë＜*leku-re。

45. "毛发、羽毛、皮、草" *gal

汉语"翰" *gal＞*ɣan，鸟羽也。"苛" *gal《说文》："小草也。"

南岛语"羽毛、体毛"马绍尔语 kōḷ＜*kol。

南亚语"毛、羽毛、体毛"克木语 khul＜*gul。

"毛发"威尔士语 gwallt＜*gʷal-t。"羊毛"古英语 wull，古高地德语 wolla，威尔士语 gwlan＜*gʷula。

澳大利亚土著语言"羽毛"库通语 kil-lung＜*kil-。

（1）首辅音演变，*kal＞*tul，*gel＞*del 等

南岛语"草"阿美语 taluɫ＜*talul，卑南语 ʈaḷun＜*talun。

"鬃毛"蒙古语书面语 del。"绿的"土耳其语、维吾尔语 jeʃil，哈萨克语 dʒɑsəl＜*dalil。

"叶子"梵语 dala。威尔士语 dalen＜*dale-n。"黄的"希腊语 deilos＜*dilo-。

印第安语"毛发"阿巴齐语 tsizil＜*tilil。车罗科语 ugitli，西部车罗科语 gotlu，东部车罗科语 gitsu＜*go-tili。相当于阿巴齐语"体毛、毛发"的合称。

（2）首辅音演变，*gro＞*dro

南岛语"皮毛"嫩戈内语 dire＜*dire。

"皮、皮革"古突厥语、土耳其语 deri，维吾尔语 terε，撒拉语 tirə＜*derə。"毛发"和阗塞语 dro。

46."毛、羽毛、草、叶子、药、绿的"*gʷa

汉语"羽"*gʷja-ʔ。"毫"*ge《集韵》："长锐毛也。"

"牛、羊毛"蒙古语正蓝旗话 uŋɡɑs＜*ʔugas，保安语 nogsoŋ＜*ʔugaso-ŋ。"草"日语 kusa＜*kusa，"药"日语 kusʔri＜*kusu-ri。

"卷曲的毛发"阿维斯陀经 gaesa＜*gesa。"毛发"和阗塞语 sakṣa＜*sa-kesa，"草"和阗塞语 ggisai＜*gisa-i。亚非语系"毛发"豪萨语 gashi＜*gasi。

尼罗–撒哈拉语系"毛发"卡努里语 gasi。"叶子"祖鲁语 ikhosi＜*-gosi。

（1）塞音鼻化，*gʷa＞*ŋʷa

汉语"蘇（苏）"*s-ŋʷa《方言》卷三："草也。"藏文"青草"sŋo，"蓝色"sŋon。

（2）派生，*gʷa＞*gʷar，*ga＞*gra

汉语"禾"*gar。"稼"*kra-s《说文》："禾之秀实为稼，一曰在野曰稼。""草"义都珞巴语 kɑ⁵⁵ɹe⁵⁵＜*kare。藏文"头发"skra＜*s-kra，"羽毛"sgra＜*s-gra。

南岛语"绿的"雅美语 mogazo＜*mo-garo。

"草、药"古英语 græs，古高地德语、哥特语 gras＜*gra-s。希腊语 gkazon＜*garo-n。"毛发"古英语 hær，古高地德语、古挪威语 har＜*kar。"绿的"乌尔都语 hara＜*kara。

"草"匈牙利语 gaz＜*gar。

（3）塞音鼻化，*gur＞*ŋur

道孚语 sŋur（ma）＜*s-ŋur。

南岛语"绿的"那大语 ŋura＜*ŋura。

南亚语"绿的"德昂语胖品话 si ŋɛr＜*si-ŋer。

47."毛、皮、叶、剥"*bel、*pʷla、*polu

"毛"苗语吉卫话 pi¹，青岩话 plou¹，勉语东山话 pli＜*plu。"壳"苗语先进话 phlou¹，复员话 phlauᶜ（蛋膜）< *phlo-s。

南岛语"皮"托莱语（Tolai）pali- < *pali。"毛、羽毛"印尼语 bulu，爪哇语 wulu。查莫罗语 pulo < *pulo。"皮毛"摩尔波格语 bulbul < *bul-bul，鲁凯语 əbələ < *ʔəbulu。"毛"卡加延语 bəlbəl < *bəl，毛利语 huruhuru < *pulu。

"皮、皮革"图瓦语 bɤlʁɑːr < *bəl-qar（皮-皮肤）。

"皮肤、树皮"希腊语 phlaoios。"皮"希腊语 ployda < *plo-da。"去毛"拉丁语 pilare < *pila-re。"头发"西班牙语 cabolle，意大利语 cabelli < *ka-boli；拉丁语 pilus < *pilu-s。"毛发"俄语 volos，波兰语 wlosy < *bʷolo-su。"剥皮"古英语 flean、pillian，古挪威语 fla，中古荷兰语 vlaen < *pʷla-。

"毛"格鲁吉亚语 balani < *bala-。

澳大利亚土著语言"毛发"嘎郡语 bulbu。

（1）流音交替，*pul > *pur，*bal > *bar 等

南岛语"毛"毛利语、塔希提语 huruhuru < *pur。邵语 kupur < *kupur。

南亚语"皮"克木语 m̥pur，德昂语南虎话 hur < *pur。

"羽毛"粟特语 parn，阿维斯陀经 parəna < *pare-。

（2）流音交替，*bla > *bra

汉语"臚（胪）"*brja > *rja，《说文》："皮也。""膚（肤）"*pra > *pja。"皮"义都珞巴语 ko⁵⁵pɹɑ⁵⁵ < *ko-pra。

"皮"柯尔克孜语 qabəzɑq < *qa-barəq，"树皮"维吾尔语 qowzɑq < *qabaraq。

（3）派生，*pro > *pro-k

汉语"剥"*prok。

"断"古英语 brecan，哥特语 brikan。古弗里斯语 breka < *breka。

48. "皮、皮肤、树皮、皮革、去皮"*lo

汉语"簬"*la > *do，《说文》："折竹筶也竹肤也。"

南岛语"皮"夏威夷语 ǎlǔ < *ʔalu，多布语 ʔala-m < *ʔala。"皮肤、树皮、皮革"罗图马语 ʔuli < *ʔuli。"皮革"毛利语 rera < *lela。

南亚语"去皮"布兴语 sul < *sul。

印第安语"皮肤"那瓦特尔语 ehua-tl < *ʔelu-ʔa。"树皮"祖鲁语 iɬolo < *-ʔlolo。

流音交替，*lo > *ro。

"皮"缅文（ɑ¹）re² < *ri。

"皮"蒙古语正蓝旗话 xɵrs，鄂托克话 gɵrɵs，都兰话 kɵrs ＜ *qoro-s。

南岛语"皮"莫图语莫图莫图方言 ruru ＜ *ruru。

49."毛、草、羽毛" *mʷe

汉语"毛" *mʷe 眉发、兽毛等。"秒" *mje-ʔ 禾芒。

"毛"缅文 mwe³，阿昌语 mui³¹，古龙语（Kulung）mūi ＜ *mʷi。基诺语 muɯ⁵⁵，博嘎尔珞巴语（a）mɯ ＜ *mu。怒苏语 m̥e⁵⁵ ＜ *s-me。"羽毛"加龙语 amə ＜ *ʔa-me。"草"勉语江底话 mje³，烟园话 ŋwa³，东山话 m̥ja³ ＜ *s-mʷje-ʔ。"青苔"布依语 me² ＜ *me。

"羽毛"日语 umoː ＜ *ʔumo。

"毛发"阿尔巴尼亚语 qime ＜ *qime。"毛发"车臣语 mas ＜ *ma-s。

（1）派生，*me ＞ *me-l

汉语"眉" *mril。

"毛"排湾语 ta-əməɭ ＜ *ʔə-mol。

"毛发"亚美尼亚语 maz ＜ *mal。

（2）派生，*mu ＞ *mu-ra

澳大利亚土著语言"头发"嘎郡语 murra。

50."叶子、药草" *lap、*lapʷ

汉语"叶" *ljap。"叶子"景颇语 lap³¹，独龙语 lɑp⁵⁵，格曼僜语 lop⁵³ ＜ *lap。

"叶子"蒙古语喀喇沁方言 labɑ ＜ *laba，正蓝旗话 nebtʃ，达尔罕话 lebʃ ＜ *lab-t。"叶子"鄂伦春语 nabʊtʃɪ，鄂温克语 naʃʃɪ ＜ *labuti。

南岛语"叶子"布农语 siɬav ＜ *si-lab。

"叶子"古英语 leaf，古撒克逊语 lof，古弗里斯语 laf ＜ *lapʷ。

流音交替，*lapʷa ＞ *rapʷa。

南岛语"草"马都拉语 *rəbbʱa ＜ *rəba。

"草、药草"拉丁语 herba，古法语 erbe ＜ *qe-rba。和阗塞语 aruva ＜ *a-rubʷa。

51."花、叶子、草、香的、绿的、黄的、气味" *bla、*bʷalu

"花"彝语南华话 vẹ³³lu³³ ＜ *bʷelu。

南岛语"叶子"赛夏语 biɭæʔ，邵语 fiɬaq ＜ *bila-q。"叶子"巴塔克语 buluŋ ＜ *bulu-ŋ。"草"鲁凯语 obolo ＜ *ʔo-bolo。"花"马京达瑙语 vela ＜ *bʷela，阿美

语 falu < *pʷalu。

南亚语"花"桑塔利语 baha < *bala。

"叶子"希腊语 phyllo，拉丁语 folio，法语 feuille < *bʷele。"叶子、叶状物"古英语 blæd。"叶子"古弗里斯语 bled，古挪威语 blað。"花"古爱尔兰语 blath < *bla-d，阿尔巴尼亚语 fletë < *ble-to。"花"古挪威语 blomi，哥特语 bloma，中古荷兰语 bloeme < *blo-me。"花"古法语 flor，意大利语 fiore < *pʷlo-r。"花"梵语 aboli < *a-boli，乌尔都语 phoːl < *bol。"气味"圣经拉丁语 flator < *pʷla-，英语 flavor < *pla-。"草"波兰语 kabel < *ka-bel。"叶子"希腊语 phyllo，拉丁语 folio < *bule。

"草"格鲁吉亚语 balaxi < *bala-qi。"草"巴斯克语 belar < *bela-。

达罗毗荼语系"草"泰米尔语 pul。

尼日尔 – 科尔多凡语系"花"祖鲁语 imbali < *-bali。

（1）塞音鼻化，*bʷala > *mala

"花"侗语 mjeŋ²，仫佬语 mɣaːŋ² < *mla-ŋ。"香的"仫佬语 m̥ɣaːŋ¹ < *ʔmla-ŋ。

南岛语"香的"雅贝姆语 ŋa-malu < *malu。

南亚语"叶子"莽语 ma³¹la⁵¹< *mala。

"嗅"中古荷兰语 smolen，英语 smell < *s-mele-n。

（2）派生，*bla > *bla-ŋ

"叶子"苗语大南山话 mploŋ²，石门坎话 ndlɦiau² < *blaŋ。"花"侗语 mjeŋ²，仫佬语 mɣaːŋ²，水语 ᵐbjaːŋ¹ < *blaŋ。"香的"水语 ⁿdaːŋ¹ < *ʔ-bla-ŋ。布努语瑶里话 ntəŋ¹，勉语大坪话 daŋ¹ < *ʔ-blaŋ。

（3）派生，*plu > *plu-k

"香"俄语 pliwkus < *pluk-us。

（4）首辅音演变，*bʷale > *dale

"绿的"土耳其语、维吾尔语 jeʃil，哈萨克语 dʒɑsəl < *dalil。"黄的"他加洛语、卡加延语 dilaw < *dila-ʔu，查莫罗语 dole < *dole。

"叶子"威尔士语 dalen < *dale-，梵语 dala。"黄的"希腊语 deilos < *dilo-。

52. "叶子、草、绿的、黄的"*pʷar、*bra 跟上文词根 *pʷal 等流音交替

汉语"菲"*phʷjər-ʔ 草茂盛。"葩"*phra《说文》："华也。"

南岛语"草"托莱语 vurə < *bure，马林厄语 buburu < *buru。"黄的"莫

图语 laboralabora ＜ *la-bura。罗图马语 perpero ＜ *bero。"蓝的"劳语 boborā ＜ *bora。

"草"阿尔巴尼亚语 bar ＜ *bar。"叶子"和圜塞语 pirä ＜ *piro。"绿的"乌尔都语 sabaz ＜ *sa-bar。"绿的、新鲜的"俄语 svezij ＜ *sbʷeri-。"绿的"希腊语 prasinos ＜ *prasi-。"绿的"阿尔巴尼亚语 gjebër ＜ *gre-bor，"黄的"阿尔巴尼亚语 verdhë ＜ *bʷer-。

"绿的"芬兰语 vihreä ＜ *bʷire-。匈牙利语 friss ＜ *pʷris。

（1）派生，*pʷra ＞ *pʷra-k

"叶"缅文 rwɑk⁴，阿昌语 xzo⁵⁵，彝语武定话 phạ⁵⁵ ＜ *phʷrak ＜ *pʷrak。

"水果"粟特语 frāk ＜ *pʷrak，拉丁语 fructus ＜ *bruk-。

"羽毛"维吾尔语、乌孜别克语 pɛr ＜ *per。"草"朝鲜语 phur ＜ *pur。"青色、绿色"朝鲜书面语 phuruuta ＜ *purə-。

（2）派生，*bʷar ＞ *sa-bʷar

"草"赛德克语 superaq ＜ *su-pera。"绿的"朝鲜语淳昌话 *se-barə-。

"绿的"乌尔都语 sabaz ＜ *sabar，"绿的、新鲜的"俄语 svezij ＜ *sbʷeri-，"绿色的植物"和圜塞语 ṣavara- ＜ *sa-bʷara。

（3）塞音鼻化，*bure ＞ *mure

"草"那大语 mᵊre ＜ *mure。

53. "草、叶子、绿的"*pat、*bʷid

南岛语"草"宁德娄语 bʷidiʔu ＜ *bʷidi-ʔu，"绿的"查莫罗语 betde ＜ *bede。

"叶子"桑塔利语 pata ＜ *pata。"未成熟的、绿的"蒙达语 peṭo ＜ *peto。

"药草"希腊语 botano ＜ *bota-no。

"未成熟的、绿的"曼达语 patʃtʃʃagā ＜ *pata-。

54. "花"*tog

"花"藏文 me tog，嘉戎语 men tok，木雅语 mi³³to⁵³ ＜ *me-tokɕ。

"花"东部裕固语 medoɢ，保安语 mɑtəg ＜ *ma-dog。"香的"西部裕固语 dadəɣ ＜ *dadəg。"花"亚美尼亚语 tsaʁik ＜ *tagik。

55. "花、叶子、草、绿的、气味、香的"*lo

"叶子"藏文 lo ma，木雅语 lo³³mɑ⁵⁵ ＜ *lo-ma。

南亚语"叶子"京语 la⁵ ＜ *ʔ-la-s。"蓝的"蒙达语、桑塔利语 lil ＜ *lil。

南岛语"叶子"罗维阿纳语 elelo ＜ *ʔelo。"草"达密语 jeje ＜ *lele。"蓝的、

绿的"排湾语 ḷiluas＜*lilu-ʔas。

"香的"鄂温克语 uʃi＜*ʔuli。

"花"赫梯语 alil，阿尔巴尼亚语 lule，希腊语 louloudi＜*lolo-。"散发气味、嗅到"拉丁语 olere＜*ole-。"百合花"古英语 lilie，希腊语 leirion。"百合花"希伯来语 ʃoʃanna＜*lolo-na。

流音交替，*lo＞*ro。

南岛语"叶子"莫图语 rau，汤加语 lau，西斐济语 rau＜*ra-ʔu。

南亚语"叶子"尼科巴语 roːi＜*ro-ʔi。

"气味、香气"阿尔巴尼亚语 erë＜*e-ro。"甜的气味"希腊语 aroma＜*a-ro-。"嗅"希腊语 ozon＜*o-ro-。

56. "花、叶子、草、药、香的"*bʷi、*bʷa

"草"吕苏语 bu³⁵＜*bu。"叶子"壮语 bauu¹，傣语西双版纳话 bai¹＜*ʔ-bi。

南岛语"草"梅柯澳语 ava＜*ʔa-bʷa。南亚语"毛"蒙达语 ubh，桑塔利语 uph＜*ʔub。

"草"蒙古语 ɵb＜*ʔob。"叶子"日语 ha＜*pa，锡伯语 avχ＜*ʔabq。

新爱尔兰岛非南岛语系语言"叶子"库欧特语 bàbam＜*baba-。

尼罗－撒哈拉语系"花"扎尔马语 boosi。

（1）派生，*bo＞*bo-n

"花"景颇语 nam³¹paṇ³³＜*na-ban。

"花"日语 hana＜*pana。南岛语"花"罗地语 buna-k＜*buna。"香的"拉加语 bon-boni＜*boni，莫图语 bona-na namo＜*bona-namo（花－气味）。

"香"波兰语 woɲ＜*bʷon，"花、泡沫"俄语 pena＜*pena。

（2）派生，*bʷi＞*bʷi-s

南岛语"毛"排湾语 quvis＜*qu-bʷis。

"草"蒙古语书面语 ebesü＜*ʔo-besu。土族语 usə，东部裕固语 weːsən＜*busə-n。

"草地"粟特语 wēʃxurt＜*bʷes-qurt，"草、草药、药用植物"粟特语 wēʃ＜*bʷes。

（3）派生，*pu＞*s-pu

"毛"藏文、拉达克语 spu，扎坝语 shu¹³＜*s-pu。

"眉毛"中古朝鲜语 nunsəp＜*nun-səb（眼睛－毛）。

（4）塞音鼻化，*eb^{w}i > *emi

"药"侗语 əm^3 < *ʔem-ʔ。

"药"蒙古语 əm，东部裕固语 eːm，撒拉语、图瓦语 em，西部裕固语 jem < *ʔem。

（5）塞音鼻化，*sb^{w}an > *sman

"药"藏文 sman，嘉戎语 smon，独龙语 man^{55} < *sman。

"药"土族语 smɑn，保安语 mɑn < *sman。南亚语"药"德昂语 s'nam < *sman。

57."花、香的"*b^{w}era

"花"怒苏语（si^{53}）vɹɐ^{53} < *b^{w}rə。

南岛语"花"莫图语 herahera < *pera。"香的"那大语 faru < *p^{w}aru。

"花"格鲁吉亚语 pɐri < *peri。

亚非语系乍得语族"花"豪萨语 fure。尼罗－撒哈拉语系"花"卡努里语 fəɽe < *puri。

派生，*bura > *bura-k，*parə > *parə-ga。

南岛语"花"摩尔波格语 burak，卡加延语 bulak，木鲁特语 busak < *burak。

"花"粟特语 əspraymē，阿维斯陀经 sparəγa < *s-parəga。

"花"匈牙利语 virag < *b^{w}irag。

58."花、香的"*di

"花"布依语 daːi^5 < *ʔ-di-s。

南亚语"花"佤语艾帅话 tai < *ti。

"花"希腊语 dios < *do-s，"香的"希腊语 eyodes < *o-de；"嗅"立陶宛语 uodziu < *o-de。

59."果实、花"*k^{w}al、*g^{w}ala

汉语"果"*k^{w}al-ʔ《说文》："木实也。"

"花"维吾尔语、哈萨克语 gyl < *gul。

流音交替，*g^{w}ola > *g^{w}ora。

科伊桑语系"花"科伊科伊语 gora-b < *gora。

60."树、树枝、分支"*ki

汉语"支"*kji，木别生条也。"跂"*gji，足多指也。"歧"*gji，分歧。

汉语"肢"*kji《说文》："体四胑也。""氏"*s-gji-ʔ > *ʑiʔ 氏族。"树枝"苗

语枫香话（qa¹）tɕi⁴ < *gi-ʔ。

"树"日语 ki < *ki。

南岛语"树"姆布拉语 ke，雅贝姆语 ka < *ke。

"橡树"古英语 ac，古弗里斯语 ek，中古荷兰语 eike < *eki。

（1）派生，*ki > *ki-ŋ

汉语"薪"*s-kiŋ > *sin，粗为薪，细为蒸。"木头"藏文 ɕiŋ < *skiŋ。"树枝"傣语金平话 kiŋ⁵ < *kiŋ-s。

（2）派生，*ki > *ki-ro

南亚语"树"佤语马散话 khɔʔ，艾帅话 kha̤uʔ，布朗语曼俄话 khuʔ < *kruʔ。

"灌木"和阗塞语 kirä < *kiro。

61. "树、竹子、直的"*mʷed

"直的"白语大理话 mio⁴² < *mjot。缅文 mɑt⁴ < *mat。

"树、竹子、木头"蒙古语书面语 modo，土族语 moːdə，东乡语 mutun < *modo-n。

南亚语"竹子"蒙达语 madh，桑塔利语 math < *mad。

尼日尔–科尔多凡语系"树"祖鲁语 umuthi < *-muti，"树"斯瓦希里语 mti，miti（复数）。

（1）鼻音塞化，*mʷed > *bot

"灌木"蒙古语、东部裕固语 but，土族语 budɑː，东乡语 puda < *buda。

南岛语"树"查莫罗语 atbot < *ʔat-bot，爪哇语 wit < *bʷit。"直的"排湾语 səvəsəvəts < *sə-bʷət。

"树"瑞典语 ved，古爱尔兰语 fid < *bʷed。"柳树"丹麦语 vidje，古高地德语 wida < *bʷida。

（2）首辅音演变，*pʷad > *kad，*bʷat > *gat

"树"乌玛语 kadʒu < *kadu。

"树"土耳其语 ɑɣɑtʃ，哈萨克语 ɑʁɑʃ < *ʔa-gat。

"树"和阗塞语 kiʃaukä < *kita-uka。"橄榄树"亚美尼亚语 jithni < *gid-ni。"森林、木头"古爱尔兰语 ciad，布列吞语 coet < *kad。

达罗毗荼语系"灌木"曼达语 keɖa < *keda。

（3）首辅音演变，*gʷot > *dut

南亚语"树"克木语 dǔt < *dut。

62."树、树干、直的、松树、柳树、柴"*do

"树干"木雅语 do³³（mbu⁵³）< *do。

南岛语"松树"嫩戈内语 odi < *ʔo-di，"木头"布吉斯语 adʒu < *ʔa-du。"柳树"清代蒙文 uda < *ʔu-da。

亚非语系"树"阿卡德语 iʃu，希伯来语 'etz，阿拉伯语 'id̩-at- < *ed。

（1）派生，*do > *do-r，*to > *to-r 等

"树"维吾尔语 dɛrɛχ，东部裕固语 derek < *dereq。乌孜别克语 dɛrɛχt < *dereq-t。"树木<u>丛生</u>"满文 dʒadʒuri < *daduri。"直的"撒拉语 dyz，西部裕固语 duz < *dur。

南亚语"树"桑塔利语 dare < *dare。南岛语"直的"达密语 madur < *ma-dur。

"树、木头"古英语 treo，古弗里斯语，古挪威语 tre，梵语 dru，希腊语 drys（橡树）< *dero。"木头"阿尔巴尼亚语 dru。"树"梵语 taru、taruː、daːru、druma；亚美尼亚语 tʃaɾ < *tar。"树"古教堂斯拉夫语 drievo，俄语 derevo，波兰语 drzewo，立陶宛语 derva（松木）< *dere-bo。"直的"拉丁语 directus（过去分词），法语 droit，意大利语 diritto < *dire-。"森林"苏美尔语 tir。

尼罗 – 撒哈拉语系"柴火"扎尔马语 tuuri。

（2）派生，*do > *do-ŋ

"树干"藏文 sdoŋ < *s-doŋ。

63."树、树枝、竹子"*ga

"树枝"藏语夏河话 ra ʁa < *ra-ga。

高加索语系"树"格鲁吉亚语 xɛ，拉兹语 tʃa，印古什语 ga < *ga。

亚非语系乍得语族"竹子"豪萨语 go-ra。

64."竹子"*bʷala

"竹子"壮语武鸣话 pla² < *bla。"竹子"格曼僜语 -blɑ⁵³，义都珞巴语 bɹɑ³⁵- < *bla。

南岛语"竹子"鲁凯语 baləbalə < *bala-bala，邵语 qawał < *qa-bala。"竹子"木鲁特语 buluʔ，巴塔克语 bulu，乌玛语 βalo < *bʷalu。

高加索语系"草"格鲁吉亚语 balaxi < *bala-。

流音交替，*bʷla > *bra。

"竹子"水语 faːn¹，黎语 roːn²（大竹子）< *bra-n。

南岛语"竹子"泰雅语 qawrən，雅美语 kawalən，摩尔波格语 kowajan <
*qa-bara-n。

65."种子"*bʷa

"种子"泰语 phan²，壮语龙州话 fan²，黎语 fan¹，拉基语 pjɔ⁴³ < *bʷa-n。"种子"藏文 sa bon < *sa-bon（种子－种子）。

南岛语"种子"印尼语 bənih，爪哇语 winih，沙玛语 binihiʔ，布农语
binsaX，卑南语 biniʔ < *bini-q。

（1）辅音演变，*si-bʷa > *sima、*seme，*bʷa > *ma

"种子"缅文 mjo³-，载瓦语 a²¹mji²¹ < *mji。"小米"普米语 sy¹³mi⁵⁵ <
*sumi。嘉戎语 sməi khri < *smi-kri。

南亚语"种子"佤语马散话 si mɣ，德昂语硝厂沟话 si ma < *sima。

"种子"拉丁语、古普鲁士语 semen，"播种"法语 semer < *seme-n，"种子"
俄语 semetɕko < *seme-，波兰语 siemie。

尼罗－撒哈拉语系"种子"扎尔马语 semence < *seme-。

（2）首辅音演变，*bʷa > *gʷa

"种"（动词）黎语 gwa¹ < *ʔ-gʷa。

66."种子、麦子、播种、年"*bʷar

汉语"播"*pʷar-s《说文》："种也，一曰布也。""大麦"嘉戎语 wə rjek <
*bʷəra-k。

"播"朝鲜语 ppuri- < *s-puri。

"播种"爪哇语 ɲabar < *na-bar，印尼语 tabur < *-buri，锡加语 buri。

"种子"阿尔巴尼亚语 farë < *bʷaro。"年"赫梯语 wiz < *bʷir。"种子"赫梯
语 warwalan < *bʷar-bʷalan，阿尔巴尼亚语 farë < *bʷaro。"种子"粟特语 βize <
*bʷire，"播种、栽种"和阗塞语 pārān < *pʷara-。"大麦"拉丁语 far，古挪威语
barr，古英语 bærlic < *bar-。"种子"希腊语 sporos。"播种"希腊语 speiro，西班
牙语 sembrar。

芬兰－乌戈尔语系"种子"匈牙利语、芬兰语 sperma。

派生，*bʷera > *bʷera-s。

"水稻、糯米"藏文 ɦbras < *m-bras。

南岛语"稻米"印尼语 beras，萨萨克语 bəras，沃勒阿伊语 peɻāsi < *beras。
"年"马那姆语 barasi，瓜依沃语 farisi < *barisi。

"稻子"古波斯语 brizi，梵语 vrihi-s < *bʷris。"年"梵语 varʃa < *bʷarsa；俄语 vozrast < *bʷoras-。

达罗毗荼语系"年"泰米尔语 varusam，曼达语 varasā < *bʷarasa

67. "种子、麦子、稻子、种、年" *lu、*li

汉语"稻" *lu-ʔ > *duʔ，《说文》："稌也。""年"藏文 lo < *lo。格曼僜语 lau⁵³ < *lu。"小麦"却域语 luɯ⁵⁵ < *lu。"谷粒"木雅语 lø²⁴ < *lo。"穗"临高语 ləu¹ < *ʔ-lu。"种"（动词）义都珞巴语 li³⁵ < *li。

"种子"满文 use，锡伯语 uso，赫哲语 udzə < *ʔu-le。"稻子"维吾尔语 ʃɑl，乌孜别克语 ʃali < *la-li。

南亚语"稻谷"尼科巴语卡尔方言 në-lö < *ne-lo。

"大麦、谷物"苏米尔语 ʃe < *le。"种子"巴斯克语 ale。

68. "小米、大麦、稻子、种子、年" *keri、*gera ①

"小米"藏文 khre < *kre，景颇语 ʃǎ³³kji³³ < *s-kri。"小麦"藏文 gro。"年"史兴语 khu⁵⁵，怒苏语 khɹʮ⁵³ < *kruʔ。

"播种"粟特语 kēr，和阗塞语 ker- < *ker。"种子、谷物"古法语 grain < *gra-。"谷物"和阗塞语 gritʃa < *gri-。"种子、小的核"拉丁语 granum。"年"古英语 gear，古高地德语 jar，古弗里斯语 ger，哥特语 jer，希腊语 hora（年、季节）< *gera。"春天"古教堂斯拉夫语 jaru < *geru。

芬兰－乌戈尔语系"种子"匈牙利语 tʃira < *kira。"核"芬兰语 kara。巴斯克语"大麦"garagar < *gara-，"种子"garau。

高加索语系"大麦"拉兹语 keri。

科伊桑语系"年"科伊科伊语 kuri-b < *kuri。

派生，*guru > *guru-t。

"稻子"柯尔克孜语 gyrytʃ，图瓦语 kyryʃ，哈萨克语 kyriʃ < *gurut。

"米"波斯语 gyrytʃ。

69. "种子、稻、薯、年" *bi

"年"壮语、傣语 pi¹，水语 ᵐbe¹，仫佬语 me¹ < *ʔbe。"年"嘉戎语 pɑ < *pe。

"种子、小石子"阿伊努语 bi < *bi。

南岛语"薯"他加洛语、依斯那格 ūbi，印尼语、沙玛语 ubi，爪哇语 uwi <

---

① 中国北方"粟"的栽培有八千年的历史。"粟"俗称小米，北方叫"谷子"，可能最早在东亚栽培。

*ʔubi。

南亚语"年"布兴语、克木语 pi＜*pi。

"种子、核"意大利语 pippolo，古法语 pepin＜*pepi-。

芬兰－乌戈尔语系"年"匈牙利语 ev＜*ebʷ。

（1）塞音鼻化，*bi＞*mi

"稻"怒苏语 me³³me³¹，基诺语 a⁴⁴mɛ⁴⁴，博嘎尔珞巴语 a mə，独龙语 ɑm⁵⁵＜*ʔa-me。

"稻谷"日语 momi＜*momi。

南亚语"庄稼"莽语 ma⁵¹mɛ⁵⁵＜*ma-me。

（2）派生，*bʷi＞*bʷi-t，*bʷo＞*bʷo-d

"年"阿尔巴尼亚语 vit＜*bʷi-t，"年"梵语 aːbda＜*abda。"年、冬天"俄语 god＜*bʷod。

芬兰－乌戈尔语系"年"芬兰语 vuosi＜*bote，"季节"匈牙利语 evad＜*ebʷad。

70."种子、黍、谷粒"*ro

"种子"哈尼语绿春话 a⁵⁵zø³¹＜*ʔa-ro。

"黍"满文 jeje ira＜*rere-ʔire。

"种子、谷粒、玉米"俄语 zerno＜*rer-no，"黍、小米"粟特语 arzan＜*arz-an。

"种子"希伯来语 zeraˈ，阿拉伯语 zarˈa，叙利亚语 zarˈā，埃塞俄比亚语 zarˈ。"种子"豪萨语 iri。

71."小米"*sok

汉语"粟"*sok。

"小米"维吾尔语、哈萨克语 søk。朝鲜语扶安话、淳昌话 səsuk＜*səsuk。

72."根"*kor、*gera

"根"怒苏语 gɹɯ⁵⁵，格曼僜语 kɹɑ⁵³＜*gra。

南岛语"根"托莱语 okor，马绍尔语 okaɻ，印尼语 akar＜*ʔa-kor。

南亚语"根"蒙达语 dʒer＜*ger，"气根"桑塔利语 dʒoro＜*goro。

"脚"希腊语 akro，赫梯语 gir。"根"俄语 korenj，波兰语 korzeŋ＜*kore-n。威尔士语 gwraidd＜*gura-。

尼罗－撒哈拉语系"血管、树根"卡努里语 kari，扎尔马语 kaaji（根）

< *kari。

（1）流音交替，*ker > *kel

汉语"根"*kəl > *kən，《说文》："木株也。"

（2）首辅音演变，*ker > *tir

汉语"柢"*tir-ʔ，木根也。

（3）首辅音演变，*kʷer > *pur、*bʷir

"根"博嘎尔珞巴语 pa puir < *pa-pur。

"根"朝鲜书面语 ppuri < *s-pure。"根"和阗塞语 virä < *bʷiro。

（4）流音交替，*per > *pel

"根"满文 fulehe，锡伯语 fulxw < *pule-qe。

73."根、脚"*kado、*gadi

"脚"满查底语 kondza，昌巴拉胡里语 kunza < *koda。

南岛语"根"宁德娄语 kaⁿdⁿon < *kado-n，"根、血管"他加洛语 ugat < *ʔugat。"根"东乡语 gəndzu < *gədə。

尼罗–撒哈拉语系"根"扎尔马语 kaaji < *kadi。

74."皮、头发"*ku、*gʷi

"皮"拉祜语（ɔ³¹）guɯ³¹，彝语巍山话 guɯ⁵⁵ < *gi。

（1）派生，*ki > *su-ku

"皮"女真语（速吉）*suki < *suki。满文 suku，锡伯语 soqw < *suku。

南亚语"头发"莽语 huk⁵⁵ < *suk。

"皮、去皮"英语 skin。"皮"古英语 scinn，古挪威语 skinn < *ski-n。"皮口袋"希腊语 askos < *a-sko-。

"头发、皮、羊毛"苏美尔语 siki。

（2）派生，*ki > *ki-ri，*gu > *gu-ru 等

"皮"吕苏语 ngə˧⁵ < *gər。

南岛语"皮"菲拉梅勒语、拉巴努伊语 kiri，毛利语 kiri（皮肤、树皮）。

"皮革"梵语 caːrma < kar-ma，拉丁语 corium < koru-m。"皮、皮革"俄语 koʐa < kora，波兰语 skora < *s-kora。"树皮"俄语 kora。"壳"俄语 korika < *kori-ka。

尼罗–撒哈拉语系"皮肤"扎尔马语 kuru。

（3）流音交替，*kori > *koli

南岛语"皮"马绍尔语、波那佩语 kil，汤加语 kili，夏威夷语 ili；"皮、去皮"摩尔波格语 kulit，亚齐语 kulet < *kuli-t。

"皮"鄂伦春语 -kʃo < *klo。

（四）人文

1."路、山谷"*gala、*kala

汉语"唐"*gla-ŋ > *daŋ，《尔雅》："庙中路。"

"路"苗语养蒿话 ki³，勉语江底话 tɕau³，三江话 klɔu³ < *klo-ʔ。

南亚语"路"莽语 gɣa⁵¹ < *gla，巴琉语 muɔ³¹kɣɔ⁵³ < *mo-klo。

"山谷"盖尔语 glean，古爱尔兰语 glenn < *gle-n。

"路"格鲁吉亚语 gza < *gla。

科伊桑语系"路"科洪语 ɬólo < *ʔkjolo。

（1）流音交替，*kala > *kara

"路"怒苏语 khɹa³³ < *kra。布依语 zon¹，毛南语 khun¹，黎语 kuːn¹ < *kru-n。

南亚语"路"佤语马散话 kraʔ < *kra-ʔ，布朗语甘塘话 kroŋ³¹ < *kra-ŋ。

"路"中古法语 carriere，意大利语 carriero < *kare-ro。

（2）首辅音演变，*gʷale > *bʷale。"路"格曼僜语 bloŋ < *blo-ŋ

南岛语"小路"马京达瑙语 pale。

"山谷"拉丁语 vallis，古法语 valee < *bʷale。

（3）首辅音演变，*gʷale > *dale，*kʷale > *tale

南岛语"山谷"汤加语 teleʔa。"路"莫图语 dala，达阿语 dʒala，劳语 tala < *dala。"路"巴塔克语 dalan，印尼语 dʒalan < *dala-n。鲁凯语 ka-dalan-anə。

"山谷"古英语 dale，古高地德语 tal，古教堂斯拉夫语 dolu < *dalo。

"路"卡努里语 dəlwu < *dəl-gu。（兽的路）

（4）流音交替，*tal > *tar

"路"蒙古语布里亚特方言 xɑrgui，达斡尔语 tergul < *tar-gul。

"路"吐火罗语 A jtaːr < *i-tar。

科伊桑语系"路"科伊科伊语 ɬgaro-b < *ʔdjaro。

（5）派生，*gra > *gra-k

汉语"路"*grak-s。

南亚语"路"佤语艾帅话 kraʔ，布朗语 khχa̠³⁵ < *krak。

（6）派生，*dro＞*dro-k 等。

"路"俄语 doroga，波兰语 droga ＜ *doroga。"路"阿尔巴尼亚语 rrugë ＜ *druge。

"路"希伯来语 derex，阿拉伯语 tʕariq，马耳他语 triq。

"路"斯瓦希里语 tariki。

2."路、山谷"bʷeg

"山谷"彝语撒尼话 pɣ³³kɑ⁴⁴ ＜ *peka。

"路"古英语、古高地德语 weg，古挪威语 vegr ＜ *bʷeg。

芬兰 – 乌戈尔语系"路"匈牙利语 vagany ＜ *bʷaga-ni。

3."路、山谷"bʷed

"山谷"彝语武定话 bɣ¹¹dv³³ ＜ *bodu。

南岛语"小路"卡乌龙语 soput ＜ *so-put。"路"科木希语 bʷãdɛn ＜ *bʷade-n。

南亚语"路"桑塔利语 baʈ ＜ *bat。

"路"古弗里斯语 path，中古荷兰语 pad，梵语 pathh ＜ *pad。"街道"和阗塞语 eväte ＜ *ebʷate。"路"粟特语 kārpδ ＜ *kar-pad。"路"巴斯克语 bide。

首辅音演变，*bʷado ＜ *gʷato。

"路"祖鲁语 umgwaǃo ＜ *-gʷaʈo。

4."路、岸"lam

"路"藏文 lam，缅文 lam³，景颇语 lam³³ ＜ *lam。"岸"壮语 haːm⁵ ＜ *ʔ-lam-s。

（1）鼻音塞化，*lam ＜ *lapʷ

"路"沙外语 jɛfɛn ＜ *lepʷe-n。

（2）流音交替，*lapʷ ＜ *rapʷ

"路"古法语 rute，拉丁语 rupta ＜ *rup-。"河、河边、岸"古法语 riviere，圣经拉丁语 riparia，意大利语 riviera ＜ *ribʷa-。

5."房子、村子、篱笆、门、官殿"bʷo

"仓库"羌语 spə。"村子"临高语 vɔ³ ＜ *ʔ-bʷo，壮语 baːn³ ＜ *ʔ-ba-n。"篱笆"壮语武鸣话 fa² ＜ *bʷa。

"房子"古突厥语 eb；满文 boː，锡伯语 bo ＜ *bo。"房子、家"图瓦语 øwx ＜ *ʔobʷ-q。

南亚语"门"佤语马散话 ʔa vɣʔ ＜ *ʔa-bʷa。布朗语曼俄话 kaʔ³¹vaʔ³³ ＜ *ka-bʷa。

"村子"和阗塞语 āvū < *abʷu。

（1）塞音鼻化，*ibʷ > *ʔim

"房子"缅文 im² < *ʔim。

"房子"罗地语 uma，马绍尔语 ɛmʷ，沙外语 um < *ʔuma。

（2）派生，*bʷa < *bʷa-la

"房子"苗语高坡话 plæ³，勉语东山话 pla³，炯奈语 pja³ < *pla-ʔ。"房子"黎语 ploŋ³ < *plo-ŋ。"篱笆"哈尼语绿春话 pa⁵⁵ja³¹ < *pala。

南岛语"房子"萨萨克语 bale，萨摩亚语 fale，东部斐济语 βale < *bʷale；"篱笆"戈龙塔洛语 bala，达阿语 vala，罗维阿纳语 bara < *bʷala。

"宫殿"古法语 palais，意大利语 palazzo，西班牙语 palacio < *pala-。卡努里语"村子"bəla。

（3）流音交替，*bʷale < *bʷare

汉语"庐"*bʷra > *ra。

"房子"汤加语、萨摩亚语 fare，拉巴努伊语 hare，东部斐济语 βare，马京达瑙语 ᵐbaru < *bʷare。"门"马京达瑙语 bara，马达加斯加语 vara-varana < *bara-na。"门"伊拉鲁吐语 fərərofənə < *boro-bona。"篱笆"马林厄语 bara。

"泥房子"鄂温克语 bar-san。

"房子"赫梯语 parn，"谷仓"英语 barn。"门"拉丁语 foris < *bori-。"门、大门"古英语 port，希腊语 porta，拉丁语 porta（城门、通道）。"坝、篱笆"古英语 wer。"防御、保护"古高地德语 ware，古挪威语 ver < *bʷare。

（4）首辅音演变，*bʷla < *gla，*bʷali < *gali

"门"苗语高坡话 ʈoŋ²，畲语多祝话 khoŋ²，勉语东山话 klɛ² < *gla-ŋ。"房子、家"壮语武鸣话 ɣaːn²，布依语 zaːn²，侗语 jaːn² < *la-n。

南岛语"篱笆"吉利威拉语 kali，大瓦拉语 gali < *gali。南亚语"篱笆"克木语 kɛ̌h < *kel。

6."房子、村子、宫殿"*kʷəm

汉语"宫"*kʷjəm《说文》："室也。""宋"*s-kʷəm-s > *soŋs，《说文》："居也。"汉语"寝"*s-khjəm > *tshjəm，《说文》："卧也。""房子"独龙语 cim⁵³，错那门巴语 chem⁵³，载瓦语 jұum⁵¹ < *kjum。"家，住宅"藏文 khyim。

"居处、房子、村子"古英语 ham，古弗里斯语 hem。"家"中古荷兰语 heem < *kem。"村子"希腊语 kome，立陶宛语 kaimas。

7. "门、洞、篱笆" *do

"门"壮语武鸣话 tou¹，侗语 to¹，毛南语 tɔ¹ < *to。

"房门"满文 utʃe，锡伯语 utɕi < *ʔute。

南亚语"洞"莽语 do³¹，佤语艾帅话 dauʔ < *do。

派生，*do < *do-r。

南岛语"房子的篱笆"莫图语 iduara < *ʔidu-ʔara。

南亚语"门"蒙达语 durā < *dura。"篱笆"朝鲜语 urthari < *ʔur-tari。（刺－篱笆）

"门"古英语 duru（单数）、dura（复数），古弗里斯语 dure，古高地德语 turi，亚美尼亚语 duɾ，俄语 dverj，希腊语 thyra（形容词）< *dura。"门"波兰语 drzwi < *drui。阿尔巴尼亚语 derë < *dero。

8. "房子、山洞、家" *kʷor、*kra

"山洞"基诺语 a³³khro⁴⁴，纳西语 æ²¹kho³³ < *ʔa-kro。汉语"家" *kra《说文》："居也。"

"山洞"鄂温克语 aɡʊj < *ʔa-gur，日语 kura < *kura。"房子、蒙古包、家"清代蒙文 ger，保安语 ɡɑr，东乡语 ɡiə < *ger。

"房子"阿者拉语 tagur < *ta-gur（Yarus 方言）。"房子"梵语 griha < *grisa。

9. "名字" *mi

汉语"名" *mjeŋ < *me-ŋ。"名字"藏文 miŋ，载瓦语 mjiŋ⁵¹ < *miŋ < *mi-ŋ。博嘎尔珞巴语 min < *min。"名字"道孚语 mn̩iŋ < *m-ni-ŋ。

南亚语"名字"巴琉语 mi¹³ < *mi。

"名字"古教堂斯拉夫语 ime，imene（生格）。"名字"俄语 imya，波兰语 imię、miano。

派生，*mi > *s-mi。

"名字"阿拉伯语 ism，希伯来 ʃēm。

10. "名字" *nama

"名字"缅文 nɑɑ²mɑɳ² < *nama-ŋ。

"名字"日语 namae < *nama-ʔe。

"名字"古英语 nama，古高地德语 namo，希腊语 onoma，拉丁语 nomen，梵语 naːma。"名字"粟特语 nām < *nam。乌尔都语 naːm，和阗塞语 nama。

11. "名字" *gʷan

"名字"侗语南部方言 kwaːn¹，仫佬语 ʔɣəːn¹ < *ʔ-gʷan。

"声音"亚美尼亚语 jayn < *gajn。

首辅音演变，*gʷan > *dan。

"名字"水语、毛南语 daːn¹，侗语北部方言 tan¹ < *ʔ-dan。

南岛语"名字"巴厘语 adan < *ʔadan。

12. "斧子、劈、分开、断" *pʷa、*bʷa

汉语"斧" *pʷja-ʔ。

"斧子"达让僜语 pɑ³⁵ < *pa。嘉戎语（tə）rpɑ < *r-pa。"斧子"黎语保定话 bua²，通什话 bua⁵，佯僙语 ba⁴（柴刀）< *ʔ-bʷa-ʔ。

"斧子"京语 buə⁵ < *ʔ-bʷa-s。

"劈"日语 waru < *bʷa-ru。南亚语"劈"克木语 bɛ < *be。

"劈"格鲁吉亚语 phɔba < *bo-。

尼日尔–科尔多凡语系"斧子"祖鲁语 izembe < *be。

（1）首辅音演变，*pʷa > *kʷa，*bʷa > *ga

"斧子"侗语 kwaːn¹，傣语 xwaːn¹ < *kʷa-n。"分开"藏文 bgo < *b-go。博嘎尔珞巴语 guː，怒苏语 gɔ³⁵ < *go。"分开"黎语保定话 kau² < *gu。

南岛语"斧子"马那姆语 ogi < *ʔogi，南密语、阿杰语 gi < *gi。"分开"卡林阿语 gogwa < *gogʷa。

南亚语"分开"布朗语胖品话 ga < *ga。

"斧子"古英语 æces，古弗里斯语 axe < *a-ki-s。"打击、杀"阿维斯陀经 gan-，古波斯语 jan- < *ga-n。

（2）派生，*pʷa > *pʷa-r

"分开"格曼僜语 pɹɑ⁵⁵ < *pra。

南岛语"分开"莫图语 hari-a < *pari-。

南亚语"分（食物）"桑塔利语 parsao < *pars-ʔo。

"平分的"拉丁语 separatus < *se-para-，"分开"古法语 partir < *par-。

达罗毗荼语系"切、劈开"科拉米语 par-t-，帕里语 par-ŋg- < *par-。"分开的、不同的"曼达语 verē < *bʷere，"分开"泰米尔语 pari。

尼罗–撒哈拉语系"分开"卡努里语 faɽaidu < *pari-。

尼日尔–科尔多凡语系"斧子"祖鲁语 imbazo < *-baro。

（3）派生，*bʷa > *bʷa-li

南岛语"斧子"达阿语 baliu < *bali-ʔu。"斧子"排湾语 valəs < *bʷalə-s，窝里沃语 bali-bali。"手斧"印尼语 bɔliuŋ，米南卡保语 baliuˀŋ < *bali-uŋ。

（4）派生，*pʷara > *pʷara-k

南岛语"断"罗维阿纳语 poraka < *porak。

"斧子"梵语 paraku。"断"古英语 brecan，哥特语 brikan < *breka-n。古弗里斯语 breka < *breka。

（5）流音交替，*pʷarak > *pʷalak

"斧子"鄂罗克语 pelekko < *peleko。

南岛语"斧子"他加洛语 palakol，阿卡拉农语 parakuł < *palak-ul。①

"劈"希腊语 peleko < *peleko。

13."斧子、劈、分开"*ker、*kare

汉语"斤"*kjər > *kjən。"耕"*kreŋ < *kre-ŋ。"劈"道孚语 krə < *kro，"分开"（ka）kro < *kro。

南岛语"手斧"瓜依沃语（Kwaio）kakar < *kara。"石斧"阿者拉语 gir。

"斧子"日语 masakari（钺）< *ma-sakari。

"斧子"波兰语 siekiera < *se-kera。"矛"古英语 gar。"劈"波兰语 kroitʃ < *kro-，俄语 kroçitj < *krosi-。

"劈"格鲁吉亚语 tʃhera < *khera。

14."斧子、砍、分开"*dʷa、*tu

"斧子"苗语养蒿话 to⁵，枫香话 tja⁵ < *to-s。汉语"屠"*dʷa。

南岛语"砍"帕玛语 dai < *da-ʔi。

"斧子"波斯语 taʃ，阿维斯陀经 taʃa，粟特语 taʃ < *tas。"切割"和阗塞语 ttäʂ-，阿维斯陀经 taʃ- < *tas。亚美尼亚语 taʃem < *tase-m。"分开"阿尔巴尼亚语 ndaj < *da-i。

派生，*tu > *tu-li。

"斧子"格鲁吉亚语 tsuli < *tuli-。

15."斧子、小刀、劈开、割"*sik、*sku

汉语"析"*sik。"斯"*ski《尔雅》："离也。"《方言》卷七："齐陈曰斯。"

---

① *-ul 表示为某类行为的工具。

"扎"土家语 suɯe⁵³ < *skhʷeʔ。缅文 su³ < *sku。

"斧子"蒙古语 sөx，东部裕固语 səg，东乡语 sugiə < *suke。"斧子"满文 suhe，赫哲语 sukə，鄂伦春语 ʃukə，鄂温克语 ʃuxə < *suke。"剥掉"蒙古语书面语 ʃaɣɑlɑ-，蒙古语 ʃulɑ-，土族语 ɕulə- < *suga-la。

南岛语"小刀"排湾语 siqunu，亚齐语 sikin。"劈"阿卡拉农语 saksak，罗维阿纳语 sokoa。

"斧子"意大利语 askia，拉丁语 ascia。"匕首"盖尔语 scian < *ski-an。"劈、割"波兰语 siekatʃ < *seka-，"斧子"波兰语 siekiera < *seke-ra。"割（植物）"苏美尔语 sig。

16."斧子、刀、劈"*toki

"劈"藏文 gɕags < *g-stak-s。博嘎尔珞巴语 peː tak < *pe-tak。藏文"打破"gcog < *g-tjok，"砍伐"ɦtshog < *m-thjok。"裂"阿昌语 tiak³⁵ < *tak。

南岛语"斧子"汤加语 toki，塔希提语 toʔi，萨摩亚语 toʔi（斧、手斧）< *toki。

南亚语"大斧"桑塔利语 taŋga < *taga。"劈"布兴语 thak < *dak。

"斧子"朝鲜语 tokki < *doki。"刀"保安语 doɢə < *dogo。

高加索语系"斧子"车臣语 dig。

17."针、锐利、缝"*rip、*rab

"缝"独龙语 kɯɯp < *k-rip。"细的"藏文 ʐib ʐib，墨脱门巴语 ze mo < *rip。"尖的"黎语通什话 zip⁷ < *rip。

"针"希腊语 koruphe < *korube。"缝"希腊语 rabo。"锐利的"古英语 sceap，古弗里斯语 skerp，古挪威语 skarpr < *skarp-。"撕开"瑞典语 reppa，丹麦语、弗里斯语 rippe。"切割"中古爱尔兰语 cerb。

芬兰－乌戈尔语系"锐利的"芬兰语 kirpeä < *kirpe-。

18."针、缝、细的、锐利的"*ne

汉语"细"*snə-s > *siəs，《说文》："囟声。""锐利的"藏文 rno < *r-no。

"针"乌孜别克语 nenɛ < *nene。锡伯语 uno < *ʔuno。"缝"日语 nu。

南岛语"针"宁德娄语 nunu < *nunu。

科伊桑语系"针"科伊科伊语 nan-ni。

19."针、穿"*nem

汉语"纴"*njəm 穿、引。

"针"鄂伦春语 inmə，鄂温克语 immə＜*ʔi-nəmə。满文 naman＜*nam-an。

南岛语"针"鲁凯语 inamaj＜*ʔi-nama-ʔi。

高加索语系"针"格鲁吉亚语 nɛmsi＜*nem-si。

20."绳子、勒、拧"*rak、*rag

汉语"索"*srak＜*s-rak。"勒"*rək。

"绳子"鄂温克语 okurga＜*ʔoqu-ruga。

南岛语"藤子、绳子"马那姆语 uarige＜*ʔuʔa-rige。"绳子"梵语 radʒdʒu＜*ragugu。

（1）流音交替，*rek＞*leg

"绳子"水语 laːkʔ⁷，毛南语 zaːkʔ⁷＜*ʔlak。

南岛语"藤子、绳子"卡乌龙语 elik，勒窝语 kelika＜*qe-lika。

"系"意大利语 legare、葡萄牙语 legar＜*lega-。

（2）第二辅音演变，*rak＞*rap

"绳子"贵琼语 ʒa³¹pu⁵⁵＜*rapu。"拧"景颇语 ʃup³¹＜*rup。

南岛语"绳结"罗图马语 ʔorpofo＜*ʔorpopo。

"绳子"古英语 rap，古挪威语 reip，中古荷兰语 reep＜*rep。"鞋带"哥特语 skauda-raip（鞋－带子）。

21."绳子、线、藤子、捆绑、打结"*bʷili

"绳子"克伦语阿果话 bli³³＜*bli。

南岛语"线"汤加语、萨摩亚语 filo＜*bilo。

亚非语系"绳子"希伯来语 chevel，阿拉伯语 ħabl，叙利亚语 ħvlā，埃塞俄比亚语 ħabl，马耳他语 ħabel，阿卡德语 eblu＜*qabul。

（1）流音交替，*bʷli＞*bri，*pʷili＞*piri 等

"绳子"嘉戎语（tə）brɛ＜*bre。格曼僜语 bɹăŋ＜*bra-ŋ。

南岛语"绳子"阿者拉语 bruʔ＜*bru-q。"藤子"莫图语 βaroβaro＜*bʷaro。

"绳子"俄语 verevka＜*bʷerebʷ-。"绳子、线"波兰语 powroz＜*poror。"捆绑、打结"俄语 vazatj，波兰语 wiązatʃ＜*bʷara-。

（2）首辅音演变，*pʷalo＞*kalo 等

南岛语"绳子、藤子"瓜依沃语 kʷalo＜*kʷalo。"绳子"达阿语 kaloro，乌玛语 koloro＜*kalo-ro。

南亚语"细绳"桑塔利语 sikol＜*si-kol。

22. "绳子、捆绑" *tali、*dola

汉语"搓" *s-thjal > *tsho。

南岛语"捆绑"巴塔克 tali，他加洛语 tāliʔ。"绳子"爪哇语、摩尔伯格语、巴拉望语、印尼语 tali，查莫罗语 tale < *tali。

"拧"维吾尔语 tolʁa-，西部裕固语 tolɣa- < *toli-ga。"缠绕"土耳其语 dolanmak < *dola-n。

南亚语"捆绑"桑塔利语 to̥l < *tol。

尼罗–撒哈拉语系"绳子"卡努里语 daddala。

流音交替，*tal > *tar 等。

"牛缰绳"鄂温克语 dor < *dor。"旋转"保安语 torə- < *torə。

南岛语"捆绑"阿者拉语 dzur- < *dur。

"绳子"阿尔巴尼亚语 litar < *li-tar，"线、拧"低地德语 twern < *tor-n。"缆绳"苏美尔语 dur。

23. "筏、船、漂流" *bʷat、*bʷet

汉语"筏" *bʷjat。"流"博嘎尔珞巴语 bit < *bit。

南岛语"筏"菲拉梅勒语 fata < *pʷata。"漂浮"吉尔波特语 beibeti < *beti。

"漂浮"中古朝鲜语 ptuuta < *bədu-。

"船"古英语 bat，荷兰语、德语 boot，古爱尔兰语 batr < *bat。"船"意大利语 batello，法语 bateau，中世纪拉丁语 batellus < *bate-。

首辅音演变，*bʷet > *det。

"漂浮"贵琼语 di³¹ndi³⁵ < *didi。

南岛语"浮"那大语 tede，汤加语 tētē < *tede。

"浮"鄂温克语 dəddə < *ded-də。

24. "灶、锅" *do

"锅"侗语 taːu¹，黎语 tau¹ < *tu。"灶"仫佬语 to⁵ < *to-s。汉语"鼎" *teŋ < *te-ŋ。

"锅"西部裕固语 dəs < *dəs。"盘"维吾尔语、塔塔尔语 dɑs。

25. "鬼、神、病" *bʷat、*bʷad

汉语"魃" *bʷat《说文》："旱鬼也。""鬼"黎语通什话 vot⁷ < *ʔbʷot。

"鬼魂"满文 butʃeli < *buti-li，"丑的"满文 botʃihe < *boti-qe。"痛、病"蒙古语 ɯbdə- < *ʔobdə，清代蒙文 ebettʃin- < *ʔobeti-n。"痛、病"东部裕固语

weːd- < *bʷedə。"敌人"满文、锡伯语、鄂伦春语 bata < *bata，达斡尔语 bɑːtɑː < *bata。

南亚语"鬼"桑塔利语 bhut，布兴语 bɤt < *but。"脏的"桑塔利语 bo ɖe < *bode。

南岛语"鬼"马京达瑙语 poti < *poti。"病"马京达瑙语 bəti < *beti，西部斐济语 baða < *bada。"痛"乌玛语 *peda-ʔ。

"鬼、恶魔"梵语 bhuːta < *buta，乌尔都语 bhoːt < *bot。"鬼"阿尔巴尼亚语 fantazmë < *bʷata-rmo。"疼痛"梵语 piɖaː < *pida-。"敌人"古英语 feond，古挪威语 fjandi，哥特语 fijands < *pʷidi。

（1）首辅音演变，*bʷad > *gud、*git

汉语"疾"*s-gjit > *dzjit，《说文》："病也。"

南岛语"鬼"马达加斯加语 angaʈa < *ʔagata。"痛、有病"印尼语、他加洛语、阿卡拉农语 sakit，亚齐语 saket < *sa-kit。"发烧"东部斐济语 katakata < *kata。"丑鬼"满文 ektʃin < *ʔikti-n。

南亚语"病"户语 kɤt¹³ khat³¹ < *kat-gat。

"鬼"粟特语 tʃẽte < *kete，"病"（名词）粟特语 ɣɤntwh < *gitu-。

（2）首辅音演变，*bʷid > *dit、*dut

"鬼"博嘎尔珞巴语 dit < *dit。"妖精"藏文 bdud < *b-dut。

"旱魃"满文 dʒetʃe < *dete。"鬼"粟特语 tʃẽte < *tete。

（3）首塞音鼻化，*bʷat > *mat

汉语"魅"*mət。南亚语"鬼"柬埔寨文 khmaotʃ < *k-mat。

26. "神、鬼、灵魂、病、咳嗽、怕"*bʷa、*bʷe

"神、鬼"壮语武鸣话 faːŋ²，水语、毛南语 maːŋ¹ < *ʔ-bʷa-ŋ。

"鬼"勉语湘江话 mjən³，大坪话 mjɛn³ < *ʔ-be-ŋ。"痛"苗语养蒿话 moŋ¹，勉语湘江话 muŋ¹ < *ʔbuŋ。

南岛语"怕"萨摩亚语 fefe < *bʷebʷe。"神"布鲁语 opo < *ʔopo，巴拉望语 ampʷu < *ʔapʷe。

"怕"希腊语 phoboymai < *bobo-。意大利语 spaventare < *s-pabʷe-re。"怕"波兰语 obawiatʃ < *obabʷa-，亚美尼亚语 vax < *bʷa-s。"怕"和阗塞语 pveɳa < *pʷe-，pvaimä < *pʷai-ma（我害怕）。

高加索语系"神"格鲁吉亚语 ɣvtaɛba < *gʷta-eba。

尼日尔-科尔多凡语系"害怕"祖鲁语 -saba。"红的"祖鲁语 -bomvu < *bobu。

（1）塞音鼻化，*bʷa > *ma

南岛语"灵魂"那大语 mae < *ma-ʔe。

（2）派生，*ba > *bla，*ba > *ba-le

"灵魂"藏文 bla。独龙语 puɯ³¹lɑ⁵³，阿侬语 phuɯ³¹lɑ³¹ < *pula。"魂"苗语养蒿话 ɭu²，先进话 pli²，复员话 vlo^A < *bʷlo。"鬼"仫佬语 laːi⁴ < *bli-ʔ。

南亚语"神、鬼"莽语 bli⁵¹ < *bli。"神"卡西语 blei < *bli。

"灵魂"古英语 sawol，古撒克逊语 seola，哥特语 saiwala < *se-bʷola。"怕"俄语 bojatjsja < *bʷola-。"精灵"俄语 vilj。保加利亚语 samovila < *samo-bʷila。"有病的"俄语 bolinoj < *bole-。"咳嗽"亚美尼亚语 haz < *pal。"痛"俄语 bolj，波兰语 bol < *bole。"痛"（动词）波兰语 boletʃ < *bole-。

高加索语系"咳嗽"格鲁吉亚语 svɛla < *s-bʷela。

（3）流音交替，*pʷel > *pʷer，*ple > *pre

"灵魂"西部裕固语 ever < *ʔe-bʷer。"鬼"撒拉语 pirə < *pirə。

南亚语"神"柬埔寨文 prɛəh < *pre-s。

"灵魂、呼吸"古法语 espirit，拉丁语 spiritus，"灵魂"阿尔巴尼亚语 ʃpirt < *s-piri-。"鬼"威尔士语 ysbryd < *usbr-。"呼吸、爬上"拉丁语 aspirare < *spiri-re。

（4）塞音鼻化，*bʷori > *mori，*bʷula > *mula

"灵魂"羌语 məla < *mula。

南岛语"神"马京达瑙语 mori < *mori。

尼日尔-科尔多凡语系"魂"祖鲁语 umoya < *-mola。

（5）首辅音演变，*bʷur > *dur

"神"满文 enduri，锡伯语、赫哲语 əndurj < *ʔe-duri。"影子"蒙古语 sʉdər，达斡尔语 səudər，土族语 suːdər < *su-dər。

"灵魂"克木语 kən dǔr < *ku-dur。

（6）派生，*ma > *ma-r

"病"墨脱门巴语 mar。"伤"藏语巴塘话 ma⁵³zo⁵³ < *maro。"生病"乌尔都语 mareːz < *mare-。

（7）派生，*phra > *phra-k，*bʷri > *bʷri-k

汉语"怕"*phrak-s。"魄"*phrak。

"神"鄂伦春语 bʊrkan < *burka-n。"灵魂"满文 fajaŋga < *pʷaraga。

"怕"阿尔巴尼亚语 frikë < *bʷrike。

27. "神、雷" *god

"雷"赫哲语 agdi，鄂伦春语 agdu，鄂温克语 addɪ < *ʔagudi。

"神"古英语 god，古挪威语 guð < *gud。"鬼"粟特语 tʃẽte < *kete。"神"乌尔都语 khuda < *guda，粟特语 yzdān（复数）< *igdan。"神"吐火罗语 ŋkat、ŋakate < *na-kate。

高加索语系"神"格鲁吉亚语 ɣvtaɛba < *gʷta-eba。

28. "灵魂、神、有病" *la

"灵魂"藏语巴塘话 la⁵³，羌语（mə）lɑ < *la。景颇语 num³¹la³³ < *num-la。

南亚语"灵魂"户语 khə laʔ³¹ < *ku-laʔ。

南岛语"神"布拉安语 m-ulɨ < *m-ʔuli。"痛、有病"阿美语 aɬaɬa < *ʔalala。

尼日尔–科尔多凡语系"灵魂"祖鲁语 umoya < *-ola。

29. "鬼、伤、病" *re

"鬼"土家语 a⁵⁵jie²¹ < *ʔa-re。"伤"缅文 hrɑ¹ < *sra-ʔ。

汉语"妖" *ʔ-re。

"通天鬼"满文 ari < *ʔari。"鬼"图瓦语 ɑzɑ < *ʔara。"魄"满文 oron < *ʔoro-n。"病"朝鲜语 arhta < *ʔar-。"痛、有病"图瓦语 ɑrɣ- < *ʔarə。

南岛语"坏的、丑的"巴塔克语 rɔa < *ro-ʔa。

"灵魂"乌尔都语 roh < *roq，粟特语 əruwān < *əru-an。"有病的"波兰语 xore < *qore。

芬兰–乌戈尔语系"有病的"匈牙利语 rossz < *ro-s。

派生，*re > *re-ŋ（-n）。

汉语"靈（灵）" *rieŋ《说文》："巫也。"

"魄"满文 oron < *ʔoron。

30. "鬼、丑的、邪恶的" *kul、*gul

汉语"鬼" *kʷəl《说文》："人所归为鬼。"

南亚语"丑的"克木语 gǔl < *gul。

"丑鬼"清代蒙文 kultʃin < *kul-。"邪恶的"苏美尔语 gul。

31. "神、鬼" *do、*tu

"鬼"仓洛门巴语 don < *do-n。

南岛语"神"汤加语 ʔotua，萨摩亚语 atua，拉巴努伊语 ʔatua < *ʔatu-ʔa。

"神"意大利语 dio、iddio < *ido，希腊语 theos < *dos。俄语 idon < *ido-n。"神"赫梯语 idolize < *ido-lire。

科伊桑语系科洪语"精灵"ʈá < *ʔnʈa。

32. "年、蕨、种子" *no、*ni

"年"缅文 hnɑs < *sno-s。义都珞巴语 i nu < *ʔi-nu。

"年"意大利语 anno，葡萄牙语 ano < *ano；拉丁语 annus < *a-no-s。

"年"希伯来语 shanah，阿拉伯语 sana。

南岛语"蕨"卡乌龙语 eni < *ʔe-ni。"种子"梅柯澳语 ani < *ʔa-ni。"庄稼"马都拉语 an̦i < *ʔani。

"稻子"日语（稻）ine < *ʔi-ne。

派生，*ni > *ni-n，*no > *no-ŋ。

汉语"年" *nin。错那门巴语 niŋ⁵⁵，景颇语 niŋ³¹，博嘎尔珞巴语 n̦iŋ < *ni-ŋ。"年"苗语养蒿话 n̦ʰu⁵，炯奈语长垌话 n̦waŋ⁵，大坪话 n̦aŋ⁵ < *snjoŋ-s。"年"苗语先进话 ɕoŋ⁵，巴哼语文界话 tɕõ⁵ < *snjoŋ-s。

33. "早晨、早的、明天" *ku、*gu

"早"黎语通什话 kaːu³ < *ku-ʔ。"早"勉语江底话 dzjou³，长坪话 gjou³ < *ʔ-gju-ʔ。

派生，*ku > *s-ku。

汉语"早" *sku-ʔ《说文》："晨也。""早晨"扎坝语 sʊ⁵⁵khə⁵⁵n̦i⁵⁵。"早"苗语养蒿话 so³，石门话 ntsou³，高坡话 nzə³ < *s-ŋgju-ʔ。

南岛语"明天"巽他语 isuk-an，"早上" isuk。

34. "白天、早的、明天、亮的" *tora

"早的"扎坝语 tə⁵⁵ra⁵⁵ < *tora。

南岛语"亮的"马达加斯加语 ma-dera < *dera，查莫罗语 tʃlaro < *daro。"亮的"亚齐语 traŋ，巴塔克语 tɔraŋ，米南卡保语 taraŋ < *tora-ŋ。"早的"窝里沃语 ttiɻi < *tiri。

"白天"土耳其语 kyndyz，哈萨克语 kyndiz，西部裕固语 kundus < *qudur。"白天"蒙古语 ɵder，达斡尔语 udur < *ʔu-dur。"曙光"东部裕固语 ojir < *ʔudur。

南亚语"带来亮光、曝光"桑塔利语 sōdōr < *so-dor。

"上午"俄语 ytro < *utro。"明天"波兰语 jutro，俄语 zavtra < *ra-utro。"白天"

威尔士语 diwrod＜*duro-。"亮的"梵语 andʒor＜*ador。

35."晚上、昨天、黑的"*lak

汉语"夕"*sljak＞*zjak，《说文》："莫也。""夜"*ljag，暮也。

"夜"藏文 ẓag＜*ljak。

南亚语"黑的"布朗语胖品话 lak⁵⁵，甘塘话 lɔk⁵⁵＜*lak。

"昨天"满文 sikse＜*lik-se。

（1）流音交替，*lek＞*rek

南岛语"晚上"达密语 aragau＜*ʔaraga-ʔu。"黑的"锡伯语 jətɕin＜*rəki-n。

"晚上、昨天"亚美尼亚语 ereko＜*ereko。

（2）第二辅音演变，*logʷ＞*lobʷ

"夜里"壮语武鸣话 lap⁷＜*ʔlop。"黄昏"侗语 lap⁷mən¹＜*ʔlop-ʔmən（晚－昏）。

南岛语"昨天"达阿语 jovi＜*lobʷi。吉利威拉语 loβa＜*lobʷa。

（3）流音交替，*lap＞*rap

"晚上"尼科巴语 harap＜*qarap。

新爱尔兰岛非南岛语系语言"夜"库欧特语 arubu＜*a-rubu。

36."夜、晚上、昨天、迟的、暗的"*gʷid

"浑浊的"壮语武鸣话 kuɯt⁸＜*git。

"晚上"图瓦语 geʃɛ，西部裕固语 gedʒe＜*gede。"昨天"撒拉语 gedʒe＜*gede，保安语 gudə＜*gudə。"昨天"哈萨克语 keʃe，柯尔克孜语 ketʃeː＜*kete。

南岛语"暗"哈拉朱乌语 kɔdɔ，多莱语 kokodo＜*kodo。

希腊语"昨天"ekhthes＜*egdes，"暗"skotos。

首辅音演变，*gʷid＞*bʷid。

南岛语"夜"布鲁语 beto-n。"晚上"布鲁语 le-beto＜*leʔa-beto（白天－夜），"迟的"波那佩语 pʷant＜*pʷat。

"晚上"古英语 æfen，古高地德语 aband，古弗里斯语 ewnd＜*a-bʷed。"晚上"和阗塞语 papẹʃã＜*papeta。"夜"格鲁吉亚语 bindi＜*bidi。

37."夜、晚上、昨天、黑的"*kora、*gar

"夜"阿侬怒语 a³¹ʂ̩⁵⁵khɹɑ⁵⁵＜*ʔa-si-kra。

"昨天、明天"古挪威语 gær。"昨天"俄语 vtɕera，波兰语 wtʃoraj＜*u-kora-。

首辅音演变，*gʷar > *bʷar。

"夜"嘉戎语 sə wɑr < *sə-bʷar。

"黑的"蒙古语 bɑrɑːŋ < *bara-ŋ。"暗的"满文 farhūn，锡伯语 farχun < *pʷar-。

南岛语"黑的"劳语 bora < *bora。

希腊语"晚上"espera，"黑的"mayros < *maro-。"晚上"阿尔巴尼亚语 mbrëmje < *bro-mre。

38. "现在、今天、这"*ne

"现在"浪速语 a³¹na⁵⁵ < *ʔa-na。"今天"扎坝语 a⁵⁵nə⁵⁵ < *ʔa-ne。

"现在"满文 ne。"这"清代蒙文 ene，蒙古语 ən，达斡尔语 ənə < *ʔe-ne。

南岛语"现在"沙外语 nete < *ne-te。

"现在"（副词）古英语、古爱尔兰语、哥特语、法语、立陶宛语、希腊语、梵语、阿维斯陀经 nu，古教堂斯拉夫语 nyne < *nune。"这"梵语 enam̩ < *ena-。

39. "现在、今天"*ma

"现在"彝语喜德话 ɑ²¹m̩³³ < *ʔa-mo。墨脱门巴语 ʔo ma < *ʔo-ma。"今天"史兴语 ma⁵⁵。

"现在"日语 ima < *ʔi-ma。

南岛语"现在"三威治港语 me，"现在、今天"大瓦拉语 utaima < *ʔuta-ʔima。

"现在"（副词）希腊语 omos。和阗塞语"今天"imu，"现在"mi。

（五）动作

1. "走、去、跳"*da

汉语"徒"*dʷa，步行。

"去"清代蒙文 odu-，东部裕固语 oːd < *ʔo-du。

南岛语"去"阿卡拉农语 udtu < *ʔu-du，"逃"东部斐济语 d̆ō < *do。

尼罗 – 撒哈拉语系"走动"卡努里语 dadaðu < *dada-。

尼日尔 – 科尔多凡语系"跳"祖鲁语 -e!a < *e-ʔʈa。"去"斯瓦希里语 -enda < *e-ʔda。

科伊桑语系"去、走"科伊科伊语 !gû < *ʔɖu。

（1）派生，*du > *su-du

"跑"满文 sudʒu- < *sudu。

（2）派生，*do＞*do-ŋ

汉语"东"*doŋ，日出之处。

"东方"蒙古语 dʒuŋ，东部裕固语 dʒyːn，东乡语 dun＜*duŋ。图瓦语 dʒyːn＜*dun。

2."来、去、走、跑、进入"*gʷe、*kʷe

"来"克伦语 ge。

汉语"跑"*kjo，行貌。"走"*s-ko-ʔ＞*tsoʔ，《说文》："趋也。"

南岛语"出去"卡加延语 gwa＜*gʷa。"去、来、离开"印尼语 gi，pergi＜*-gi。

"去"朝鲜语 kata＜*ga-。"回来"清代蒙文 ege-＜*ʔege。

"来"梵语 gaː＜*ga，亚美尼亚语 gal＜*ga-l。"去、离开"古英语、古弗里斯语、古高地德语 gan＜*ga-n。"去"乌尔都语 jana＜*ga-na。

（1）派生，*ge＞*ge-n

"去"满文 gene-，锡伯语 gənə-，鄂伦春语 ŋənə-＜*genə。

（2）首辅音演变，*kʷe＞*to

汉语"之"*tjə《说文》："出也。"

南亚语"跑"佤语马散话 to，阿佤方言 tɔ，德昂语硝厂沟话 tɑu＜*to。

（3）派生，*gʷe＞*gʷre

"去、走"藏文 ɦgro＜*m-gro。"步"苗语养蒿话 tə²，先进话 tɔ²，复员话 ʐu^A＜*gro。

"走"土耳其语 jyry-，哈萨克语、柯尔克孜语 dʒyr-，图瓦语 dʒoru-＜*guru。"走"朝鲜语扶安话 kərə＜*gərə。"进入"维吾尔语、哈萨克语、乌孜别克语 kir-＜*kir。"跑"阿伊努语 kiro＜*kiro。

"跑"拉丁语 currere，法语 courir，西班牙语 correr，意大利语 correre＜*kure-。"去"阿尔巴尼亚语 ʃkoj＜*s-kor。"跑去见面、现身"拉丁语 occurrere＜*okure-。

"走"格鲁吉亚语 gɛza＜*gera，"去"匈牙利语 megegyezes＜*me-gegire-s。

3."走、跑、去、追"*ga

汉语"走"*s-kjo-ʔ。"驱"*khʷjo-s《说文》："马驰也。""距"*gʷja-ʔ《说文》："鸡距也。""走"藏文 tɕha＜*khja。缅文 swaˀ³，怒苏语 sua⁵⁵＜*s-kʷa。

（1）派生，*ga＞*ga-l，*ga＞*gla

"步"嘉戎语 mglɑ＜*m-gla。

南岛语"跑"罗维阿纳语 hagala＜*qa-gala。排湾语 mikəl＜*mi-kal。"跑"阿美语 tʃumikaj＜*t-um-ikal＜*ti-kal。

南亚语"去"尼科巴语 tʃhuh＜*gul。

"走"亚美尼亚语 khaylel＜*gale-。"散步"俄语 guliatj＜*gula-ti。"走"乌尔都语 tʃalna＜*kal-。

芬兰－乌戈尔语系"走"匈牙利语 gyalogol＜*gjalo-。

高加索语系"走"格鲁吉亚语 gɛza＜*gela。

（2）流音交替，*gol＞*gor，*glo＞*gro，*kulo＞*kuro

汉语"运"*gʷjər-s《说文》："迻徙也。"汉语"夋"*s-khʷjər＞*tshjuən，《说文》："行夋夋也。""迻"*tshjuən，月运为迻。"走"藏文 ɦgro＜*m-gro，"变动"ɦgjur＜*m-gjur。"背"ɦkhur＜*m-khur。

南亚语"走、去"桑塔利语 saŋgar＜*sa-gar。

"跳"土耳其语 sitʃra-，维吾尔语 sɛkrɛ-，哈萨克语 sekir-＜*se-kire。

"去"阿尔巴尼亚语 ʃkoj＜*s-kor。"跑"拉丁语 currere，法语 courir，西班牙语 correr，意大利语 correre＜*kure-。"跳"梵语 kuːrdati＜*kur-dati。"上跳、前跳"阿尔巴尼亚语 kërtsim＜*kor-tim。

高加索语系"走"格鲁吉亚语 gɛza＜*gera。

"去"匈牙利语 meɡeɡyezes＜*me-geɡires。

（3）首辅音演变，*gelo＞*delo，*kuli＞*tuli

南岛语"走"窝里沃语（Wolio）ʔdele，锡加语 dʒəlo-ŋ（跛行）＜*delo。"走"印尼语 bər-dʒalan，米南卡保语 ba-dʒalan＜*dala-n。"跑"窝里沃语 ɓuⁿtuli＜*bu-tuli。

南亚语"走"德昂语曼俄话 təl³⁵＜*tol。"（人）跑"鄂温克语 tutuli-＜*tutuli。"（动物）跑"鄂温克语 uttəli-＜*ʔu-təli。

斯瓦希里语"跑"-tuliza＜*tuli。

（4）流音交替，*dal＞*dar，*tuli＞*turi

汉语"随"*dʷjar《说文》："从也。""追"*tʷəl《说文》："逐也。""走"木雅语 tə³³ro⁵⁵rɑ³³＜*təro-ra。

"跑"朝鲜语 tarrita＜*dari-。"追随"中古朝鲜语 staruta＜*s-daru-。

南亚语"跑"克木语 dar < *dar。

南岛语"追随"马都拉语 turuʔ < *turu-ʔ，沙外语 n-dɛrɛrɛ < *dere-re。"追"阿者拉语 daru- < *daru。

"跳"俄语 triastj < *tras-。希腊语 saltaro < *sal-taro。"跳、拔"俄语（动词）dergtj < *der-g-。"跳"俄语（动词）triastj < *tra-s-ti。

尼罗 – 撒哈拉语系"离开"扎尔马语 dira。

4. "走、来、追随" *ro

"走"基诺语 zo⁴⁴，史兴语 ru⁵⁵ < *ro。汉语"来" *m-rə。"赉" *m-rə-s > *rəh，《说文》："赐也。"

"来"蒙古语 jire-，东乡语 irə- < *ʔire。"追随"撒拉语 irə-，哈萨克语 er- < *ʔi-rə。西部裕固语 ezer- < *ʔer-er。

南岛语"来"巴塔克语 rɔ < *ro。"追随"卡乌龙语、吉尔波特语 ira < *ʔi-ra，伊拉鲁吐语 m-eri < *ʔe-ri。

"来"赫梯语 uezzi < *u-eri，阿尔巴尼亚语 eja < *era。"跑"希腊语 reo < *re-o。"去"西班牙语、葡萄牙语 ir。"跑、流"古英语 irnan < *ir-n-an。

"来"匈牙利语 jön < *ro-n，"去"芬兰语 ajaː < *a-ra。

5. "去" *sa

"去、走"缅文 sɑ³，阿昌语 so³¹ < *so。

南亚语"去到一边"桑塔利语 sa < *sa。

"去"日语 saru < *sa-ru。

"去、骑去、坐车去"俄语 exatj < *esa-。"去"波兰语 istʃ < *is-。"去"粟特语 ʃəw- < *se-u。"来、去"和阗塞语 his- < *qis-。

"去"匈牙利语 esemeny < *ese-menj。

6. "来、去、走、跑、返回" *ba

"去"壮语武鸣话 paːi¹，侗语、水语 paːi¹ < *pa-ʔi。

南岛语"去"阿者拉语 fa-，卑南语 va < *bʷa。米南卡保语 pai < *pa-ʔi。亚非语系"来"希伯来语 baˈ。达罗毗荼语系"去"泰米尔语、泰卢固语 pō。

（1）塞音鼻化，*ba > *ma

"来"壮语龙州话 ma²，布依语 ma¹ < *ʔ-ma。

南岛语"来"宁德娄语 ame，卡乌龙语 me < *ʔa-me。莫图语、雅美语、马那姆语、拉加语 mai，罗维阿纳语 mae < *ma-ʔi。"跑"毛利语 oma < *ʔo-ma。

南亚语"来"巴琉语muɔ³³ < *mo。"来"鄂温克语、鄂伦春语、赫哲语əmə- < *ʔə-mə。新爱尔兰岛非南岛语系语言"来"库欧特语mu-o < *mu。

（2）派生，*pe > *pe-n（ŋ）

汉语"返"*pʷjan-ʔ《说文》："还也。""班"*pran，返回。

南岛语"去"沙外语n-fan，拉加语vano < *bʷano。查莫罗语hanao < *pana-ʔo。"去"他加洛语punta < *puna。"走"阿者拉语vuŋ- < *buŋ。

"来"法语、西班牙语venir，葡萄牙语vir，意大利语venire < *bʷeni-。

（3）塞音鼻化，*ban > *man

"去"阿伊努语oman < *ʔo-man。

（4）派生，*pa > *pa-li（-la）

南岛语"走"劳语fali < *pʷali。

"跑"日语haçiru < *pali-ru。"走"拉丁语ambulare，法语ambler（马一样地走）< *a-bula-。"跑"亚美尼亚语vazel < *bʷal-。"跑"格鲁吉亚语sirbili < *sir-bili。

（5）流音交替，*plo > *pro，*pale > *pare 等

汉语"趵"*pro-s跳跃。"奔"*pʷər > *pʷən，《说文》："走也。""跑"错那门巴语pir⁵⁵。缅文pre³ < *pre-s。"逃"藏文bros < *bro-s。勉语大坪江话pjau⁵ < *pru-s。

南岛语"跑"那大语baru，马都拉语buru < *baru。

"逃跑"和阗塞语pari，粟特语pārēz。

"走"古突厥语bar- < *bar。"去"维吾尔语、哈萨克语bar-，撒拉语var- < *bʷar。"走"粟特语anʃpar < *an-spar。"小路"和阗塞语āspar- < *aspar。

"走开"苏美尔语bar。

（6）派生，*pari > *pari-ga

"跑"（名词）俄语progon < *preogo-。"去"梵语vradʒa < *bʷraga。

芬兰-乌戈尔语系"去"匈牙利语vizsga < *bʷirga。

"走"格鲁吉亚语bilikh < *bilig。

7. "跑、跳、来" *duk

汉语"陟"*tək《说文》："登也。""吊"*tuk到。"跑"博嘎尔珞巴语dʑuk < *duk。"出去"土家语tsu < *tuk。

"跑"鄂伦春语tʊkʃa- < *tuk-。"跳"鄂伦春语ətəkən-，鄂温克语tʊʃʃan- <

*ʔə-tək-an。

南亚语"跳"巴琉语 tiuk⁵³ < *tuk。

南岛语"来"马绍尔语 atok < *ʔa-tok。

"经过而来"威尔士语 digwydd < *digu-。

8. "住、坐、停止、滞留" *do、*dʷa

汉语"住" *djo-s。"驻" *tjo-s《说文》："马立也。""逗" *do-s《说文》："止也。"

"著" *tʷja-k《广韵》："附也。""著" *tʷa-ʔ 滞留。汉语"潴" *tʷa，水所停也。"沮" *s-tʷja > *tsjua，止也。汉语"署" *dʷja-s > *ʐuas《说文》："部署。"汉语"待" *də-ʔ《说文》："竢也。""在" *s-də-ʔ。"时" *djə > *ʐə，指示词。"站"义都珞巴语 de⁵⁵。"停止"博嘎尔珞巴语 daː。"停"傣语德宏话 sau² < *dju。"等候"勉语江底话 tswo³，东山话 ʈu³ < *tʷjo-ʔ。

南岛语"停留"帕玛语 dō，劳语 tō。

新爱尔兰岛非南岛语系语言"站"库欧特语 dus < *du-s。

"站"瑞典语 stå，荷兰语 staan < *s-ta-n。"使它站"拉丁语 stet < *ste-t。"逗留、站"中古法语 estai-，古法语、拉丁语 stare < *sta-。"站"波兰语 statʃ < *sta-。"坐"威尔士语 eistedd < *i-st-。"躺"亚美尼亚语 sut, stel < *sute-l。"坐"梵语 siːdati < *sidati。"坐"俄语 sidetj，波兰语 sądʑitʃ < *sedi-t。

尼日尔–科尔多凡语系"坐"斯瓦希里语 -tuna < *tu-na。

（1）派生，tʷa > tʷa-d, da > da-t 等

汉语"辍" *tʷad，止也。《论语·微子》："耰而不辍。"汉语"滞" dad。《说文》："凝也。"藏文"坐、停、住" sdod（命令式）。"放置、穿上" stad, stod（命令式）。

南岛语"坐"查莫罗语 toto < *toto。

"坐"维吾尔语 jat-，哈萨克语 dʒɑt-，图瓦语 dʒɤd- < *dat。

（2）派生，*du > *du-r, *tu > *tu-ru

"存在、站立、居住"维吾尔语、哈萨克语 tur- < *tur。

南岛语"躺"乌玛语 turu < *turu。

9. "漂浮、游泳、走、跑、追随、流" *lu、*le

汉语"游" *lju《说文》："汙声。"从逐流引申指漂流。"攸" *lju《说文》："行水也。"

505

南亚语"游泳"尼科巴语 jøː < *lo。佤语布饶克方言 loi，布朗语 lɔi < *lo-ʔi。"跑、流"尼科巴语 lō < *lo。

南岛语"漂浮"罗维阿纳语 ale < *ʔale。"跑"雅美语 laju < *lalu，汤加语 lele < *lele。"走、去"萨摩亚语 alu，汤加语 ʔalu < *ʔalu。

"追随"哈萨克语 les- < *le-s。"走"日语 ajumu < *ʔalu-mu。"跑"东乡语 xolu < *qulu。

"漂浮"芬兰语 leijua < *lelu-。"来"匈牙利语 lesz < *le-s。

"走"格鲁吉亚语 alɛa < *a-le-。

科伊桑语系"来"科洪语 ûlu- < *u-lu。

（1）流音交替，*lu > *ru

汉语"流" *rju《说文》："水行也。"

南岛语"流"莫图语 aru < *ʔa-ru，西部斐济语 roro < *roro。

"跑、流"古英语 irnan < *ir-na-n，"跑、流"希腊语 reo < *re-o。

"流"匈牙利语（名词）ar，（动词）ered < *ere-d。

尼罗 – 撒哈拉语系"跑掉"扎尔马语 zuru < *ru-ru。

（2）派生，*lu > *s-lu

南亚语"流"莽语 ly⁵⁵，克木语 l̥uʔ < *slu-ʔ。

南岛语"潜水"爪哇语 siləm，马都拉语 silləm < *silu-m。

"游"满文 selbi- < *sel-。"流"芬兰语（动词）soljua < *solu-。

（3）派生，*lu > *lu-k

汉语"滁" *luk > *duk，《说文》："洒也。"藏文"流淌、泻" lug，"注入" ldug、zlug < *s-luk。

"跑"东乡语 xolu < *qulu。"行走"日语 juki < *lu-ki。

南岛语"走、去"萨摩亚语 alu，汤加语 ʔalu < *ʔa-lu。

10."游（水）、流、漂浮、跟随、追" *galu

"游泳"藏文 rgjal < *r-gal。

"流"苗语先进话 ntu⁴，复员话 qlu^B < *Glu-ʔ。

南岛语"游泳"东部斐济语 galo < *galo，勒窝语 kulu < *kulu，帕玛语 gul < *gul。"流"马都拉语 gʷili < *gʷili。

南亚语"紧随"桑塔利语 goloe < *golo-ʔe。

"跟随"维吾尔语 ɛgɛʃ- < *ʔegel，"追"撒拉语 ɢolaʃ- < *gol-l。

"游泳"希腊语 kolympo < *kolu-bo。"流"阿尔巴尼亚语 gëlon < *gelo-n。"小船"古法语 galion,"武装商船"西班牙语 galeon,"军舰"希腊语 galea < *gale。

（1）塞音演变，*galu > *balu

"游泳"黎语 plei¹ nom³ < *pli-nom（游-水）。

南亚语"游泳"蒙达语 ḍebel < *de-bel。

南岛语"漂浮"萨萨克语 ompal-ompal < *ʔopal。

（2）流音交替，*galu > *garu

南岛语"游泳"劳语 garu。

（3）首辅音演变，*kolo > *tolo，*gul > *dul

南岛语"流"罗维阿纳语 totolo < *tolo。

南亚语"流"桑塔利语 daha dɛhi < *dala-dali，"鱼游动"桑塔利语 ḍulḍul < *dul。

11."流、游、漂浮、蛙"*bʷilo

"蛙"藏文 sbal ba,却域语 spa¹³ < *s-bal。

南岛语"流"波那佩语 pʷil < *pʷil。

"流、溪流"古英语 flowan,中古荷兰语 vlojen < *pʷlo-;古挪威语 floa < *pʷlo-a。"流"古法语 flus,拉丁语 fluxus。"流"波兰语 płynąt < *pʷlu-。"流"阿尔巴尼亚语 valëviten < *bʷalobʷi-。"漂浮"梵语 bhela;古英语 flotian,古挪威语 flota,希腊语 pleo < *pʷle-。

"流"芬兰语 valua < *bʷalu-。

（1）流音交替，*pʷilo > *pʷiro

"流"朝鲜语 huuruta < *puru-。

（2）首辅音演变，*bur > *dul

南亚语"鱼游动"桑塔利语 ḍulḍul < *dul。

南岛语"流"罗维阿纳语 totolo < *tolo。

（3）流音交替，*dul > *dur。"蛙"独龙语 duɯ⁵⁵ɹi⁵³ < *duri

"游、漂浮"土耳其语 jyz-,维吾尔语 yz-,哈萨克语 dʒyz- < *dur。"漂浮、浸泡"达斡尔语 dərdə- < *der-。"流"保安语 tʃurə- < *turə。

南岛语"蛙"雅美语 turatura < *tura。

"漂浮"匈牙利语（名词）tutaj < *tutar,（动词）sodrodik < *sodro-dik。

"浮、游泳"格鲁吉亚语 tsurva < *tur-。

12. "游泳、飞翔" *laŋ、*laŋa

"游泳"独龙语 laŋ⁵³ < *laŋ。汉语"翔" *g-ljaŋ > *zjaŋ,《说文》:"回飞也。""漾" *ljaŋ-s,荡漾。

南岛语"游泳"爪哇语、布拉安语 ŋ-laŋi < *laŋi,沙玛语 laŋi < *laŋi。鲁凯语 laŋuj,赛夏语 lomaŋoj,赛德克语 lumaŋuj < *laŋuʔi。

南亚语"流"户语 laŋ³³ < *laŋ。

鼻音塞化,*laŋa > *loga。

"游泳"日语 ojogu < *ʔologu。

南岛语"游泳"塔几亚语 log < *log。"游泳"亚美尼亚语 loʁal < *loga-。

13. "走、跑、脚" *pʷala、*pla

"脚"格曼僜语 pla⁵⁵ < *pla。①"走"壮语 pjaːi³,德宏傣语 pai⁶ < *pli。

南岛语"脚"达密语 bala < *bala,莫图语 ae palapala < *ʔaʔe-bala。"走"劳语 fali < *pʷali。

南亚语"跑"尼科巴语 fal < *pʷal。

"跑"亚美尼亚语 vazel < *bʷal-。"走"拉丁语 ambulare,法语 ambler(马一样地走)< *abula-。

14. "走、跑、跳" *bak

汉语"步" *bag,行也。"赴" *phok-s,至也。"跳"博嘎尔珞巴语 pok < *pok。藏文 ɦphag < *m-pak。

南岛语"脚"贡诺语 baŋkeŋ < *bʷake-ŋ。"踢"印尼语 sepak,巴塔克语 sipak,米南卡保语 sipaʔ,贡诺语 sembaʔ < *sibak。

"跑"波兰语 biegatʃ,俄语 biegatj < *bega-,俄语 ubiegtj < *ubega-。"跑"乌尔都语 bhagna < *bag-,"逃脱"和阗塞语 phij- < *big。"去"希腊语 pegaina < *pega-na。"脚"和阗塞语 pāka- < *paka。

15. "踢" *tep

"踢"德宏傣语 thip⁷ < *thip,毛南语 taːp⁸ < *dap。阿昌语 thep³⁵,仙岛语 thip³⁵。

南岛语"踢"罗图马语 tæpe < *tape。

南亚语"踢"布朗语胖品话 tap¹³ < *tap。

---

① (1)的讨论已见于上文,为进一步说明词源关系再列于此。

"踢"维吾尔语 tɛp-，哈萨克语 tep-，图瓦语 dep- < *tep。

16. "飞、羽毛" *pʷer

汉语 "飞" *pʷjər。"飞"藏文 fiphur < *m-pur。

南岛语 "飞"巽他语 hibər < *qi-bur，爪哇语 m-abur < *ʔa-bur。

南亚语 "飞"蒙达语 āpir < *ʔapir。布朗语胖品话 phɤr，布兴语 pər < *pər。

"飞"粟特语 parnāy < *par-na-i。"翅膀"乌尔都语 par。"飞"粟特语 fəruʃt- < *puru-。

（1）音节缩合，*bʷera > *bra 等

"飞"道孚语 bjo，吕苏语 bʑe < *bre。

"飞"波兰语 fruwatʃ < *pru-。

高加索语系格鲁吉亚语 "飞" prɛna < *pre-，"鸟" prinvɛli < *prin-bʷeli（飞 – 鸟）。

（2）流音交替，*pʷere > *pʷele，*bere > *bele 等

南岛语 "飞"马林厄语 flalo < *pʷlalo。"飞、航海、漂浮"鄂罗克语 wili < *bʷili。

希腊语 "飞" pheylo < *belo，"鸟" poyli < *poli，"羽毛" poypoylo。"飞"法语 voler，西班牙语 volar，意大利语 volare < *bʷole-re。"飞"古英语、古高地德语 fleogan，古挪威语 flügja，古弗里斯语 fliaga，中古荷兰语 vleghen < *pʷle-ga。

高加索语系 "飞"格鲁吉亚语 buz < *bul。

芬兰 – 乌戈尔语系 "飞"匈牙利语 repül < *repul。

17. "飞、跑、快的、迅速" *lekʷ

"跃" *ljek《说文》迅也。"跳"西双版纳傣语 hok⁷ < *ʔ-lok。

南岛语 "跳"姆布拉语 lek < *lek；雅美语 luktun < *luk-tun。

科伊桑语系 "飞"科伊科伊语 ǁkhana < *ʔlkha-。

（1）第二辅音演变，*legʷ > *lebʷ，*lekʷ > *lep

"快"景颇语 lă³¹wan³³ < *labʷan。

南岛语 "飞"赛夏语 ḻomajap < *l-om-alap。"飞"马京达瑙语 lelap < *lelap，卡乌龙语 jap，西部斐济语 ðaβu < *lapu。

"快"梵语 javana < *labʷa-。"跑"德语 laufen < *lupe-。

"快的"芬兰语 edellä oleva < *edela-olebʷa。

（2）流音交替，*lepʷ > *rep

"快的"阿昌语 mzap⁵⁵ < *m-rap。

南岛语"飞、跳"莫图语 roho < *ropo，"快的"锡加语 ropo < *ropo。

"快、匆忙"拉丁语 rapidus，法语 rapidite < *rapi-。"快"梵语 rewa < *rebʷa。

（3）第二辅音演变，*repʷ > *red

亚非语系"跑"希伯来语 ratz < *rad。

"跑"威尔士语 rhedeg < *r̥ ed-。"向前移动、滚动、漂流"古英语 ridan，"乘马车"古高卢语 reda，"我旅行"古爱尔兰语 riadaim。"流"匈牙利语 ered。

18．"飞、快的、迅速、突然"*dʷar

汉语"遄"*dʷjar > *ʐuan，《尔雅》："疾也。"汉语"湍"*thʷar。《说文》："急濑也。""喘"*thʷar《说文》："疾息也。"

"飞"满文 deje-，锡伯语 dəji- < *dere，达斡尔语 derdə- < *der-。"飞"中古朝鲜语 narta，朝鲜语洪城话 narrunta < *dar-。

南亚语"飞"克木语 tur < *tur。"快"和阗塞语 drrāve < *dra-。"飞"阿尔巴尼亚语 fluturoj < *bʷlu-turor。"跳"俄语（动词）triastj < *tras-。希腊语 saltaro < *sal-taro。

亚非语系"飞"阿拉伯语 tara，马耳他语 tar。

尼日尔－科尔多凡语系"飞"祖鲁语 -ndiza < *ʔdira。

流音交替，*tor > *tol，*dar > *dal。

"突然"藏文 tol。"飞"羌语 da la < *dala。汉语"齐"*s-djil > *dzjil。《尔雅》："疾也。"

"飞"女真语（得勒）*tele < *dele。

南岛语"立刻"马都拉语 duli < *duli。"快"东部斐济语 totolo < *tole。"快"排湾语 dʒalav < *dala-ʔu。卡林阿语 dalas，阿卡拉农语 daliʔ。

"跳"保安语 dulə-，土族语 diulə < *dulə。"飞"苏美尔语 dal。

19．"坐、跪、躺"gʷar

汉语"跪"*gar-ʔ。"坐"*s-gʷar-ʔ > *dzuar。

"跪"中古朝鲜语 skurta < *sgur-。"躺"保安语 hiŋger- < *qi-ger。"房子"保安语 gɑr，东乡语 giə < *ger。

"躺"威尔士语 gorwed < *goru-。

尼罗－撒哈拉语系"坐"扎尔马语 goro。

塞音鼻化，gʷar＞ŋʷar。

汉语"卧"*ŋʷar-s《说文》："休也。"

南岛语"打鼾"劳语、马那姆语 ŋoro，瓜依沃语 ŋola＜*ŋoro。"房子"阿者拉语 aŋar＜*ʔa-ŋar。

20. "睡、躺、坐、住"*nip、*nop

"躺"他杭语 nupa＜*nupa。"睡"土家语 ɳie³⁵＜*nip。

南岛语"坐、住"汤加语 nofo，拉巴努伊语 noho＜*nopo。

"打盹"古英语 hnappian，德语方言 nafzen，挪威语 napp。"躺下"粟特语 nəpəδ-＜*nəpə-。

巴布亚新几内亚土著语言"睡"科姆比奥语 nimpu＜*nipu。

澳大利亚土著语言"睡"库通语 nap-poo＜*nap-。

（1）塞音鼻化，*nip＞*nim

"睡"日语 nemuru＜*nemu-ru。

新爱尔兰岛非南岛语系语言"坐"库欧特语 -onàm＜*o-nam。

亚非语系"睡"希伯来语 nimʹnim，阿拉伯语 nawm，叙利亚语 dmuex，埃塞俄比亚语 noma。

尼罗－撒哈拉语系"睡"卡努里语 kənậm＜*kə-nəm。

（2）首辅音丢失，*nip＞*ip

"睡"缅文 ip，独龙语 ip⁵⁵＜*ʔip。

南岛语"梦"巴厘语 ŋ-ipi，爪哇语、巽他语 ŋ-impi＜*ʔipi。

"睡"阿维斯陀经 hufsa-，粟特语 ufs＜*qupʷ-。

21. "躺、坐、睡"bʷad

汉语"茇"*bat，留宿。

南岛语"躺"三威治港语 patʃ＜*pat。

南亚语"睡、躺"蒙达语 bāʈin＜*bati-n。

"坐"乌尔都语 beːthna＜*bed-。"躺下"粟特语 nəpəδ-，和阗塞语 nuvad-＜*ni-bʷad。

塞音鼻化，bʷid＞mid，bʷad＞mʷad 等。

"寐"*mid《说文》："卧也。"

南岛语"睡"哈拉朱乌语 mɛti，波那佩语 wenti＜*mʷeti。"坐"波那佩语

mʷōt，沃勒阿依语 matto < *mʷato。马达加斯加语 manɖʳi < *madi。

22．"睡、躺、坐下" *le

"睡"苗语腊乙坪话 Nqwe¹，石门坎话 ntl̥ au¹ < *q-le。汉语"豫"*lja-s 安逸、懈怠。

"睡"鄂伦春语、鄂温克语 aːʃm- < *ʔali-n。

南岛语"躺"宁德娄语 ales < *ʔales。"睡"（名词）匈牙利语 alom < *alo-m，（动词）alszik < *al-sik。巴斯克语"睡"lo。

古英语"安静入睡"lull。澳大利亚土著语言"坐下"库通语 yal-lowa < *lal-。

"睡"祖鲁语 -lala，斯瓦希里语 lala。

科伊桑语系"躺下"科伊科伊语 ‖goe < *ʔla-，"睡"科伊科伊语 ‖om < *ʔɬo-。

23．"躺、休息、睡、闭（眼）" *lag

"休息"嘎卓语 la²⁴ka³³ < *laga。"躺、睡"嘉戎语 *rge。

南岛语"休息"梅克澳语 elaŋai < *ʔe-laga-ʔi。

"躺"古英语 licgan，古挪威语 liggja，古弗里斯语 lidzia，赫梯语 laggari < *liga-ra。"躺"古教堂斯拉夫语 lego，波兰语 ɫgatʃ，俄语 lgatj < *lega-。"躺"希腊语 lekesthai，拉丁语 lectus < *lek-tus。

第二辅音演变，*lag > *lab。

"闭（眼）"壮语 lap⁷ < *ʔ-lap。"坐"格曼僜语 lăp⁵⁵ < *lap。

南岛语"睡"卑南语 alupə? < *ʔalupa，卡林阿语 sūjop < *su-lop。"闭（眼）"锡加语 ləbe < *ləb。赛夏语 ʔiləb，卑南语 ʔaɭəb < *ʔa-ləb。

"睡"（名词）古英语 slæp，古高地德语 slaf，古弗里斯语 slep，古教堂斯拉夫语 slabu < *s-lab。（动词）古英语 slæpan，古高地德语 slafen，古弗里斯语 s-lepa。

24．"睡、坐、躺" *dar

汉语"睡"*dʷjar > *ʐuar，坐寐也。藏文"垂着"ɦdzar < *m-dar。

"坐、居住"土耳其语 otur-，哈萨克语 otər- < *ʔo-tur。"睡"东乡语 hunturɑ-，土族语 ntərɑː-，保安语 tərɑ- < *qu-tura。"躺"西部斐济语 daro < *daro，爪哇语 turɔn < *turo-n。

南岛语"睡"爪哇语 turu，达阿语 no-turu < *turu。拉加语 maturu < *ma-turu。

"躺"希腊语 strono < *s-tro-no。"梦"古法语 dram，古高地德语 troum < *tro-m。"坐着"意大利语 sedere。"坐下"意大利语 sedersi。"休息"俄语 derzɑtj

< *dera-。

达罗毗荼语系"睡"曼达语 nidrā < *ni-dra。

尼罗 – 撒哈拉语系"躺"扎尔马语 taari。

尼日尔 – 科尔多凡语系"睡"斯瓦希里语 -doro。

25. "坐、住、有" *bi

"坐"木雅语 mbi^{53} < *bi。

"存在"满文 bi-（存），锡伯语、赫哲语、鄂伦春语 bi-（在）< *bi。

塞音鼻化，*bi > *mi。

"有"泰语 mi^2，壮语邕宁话 mei^2 < *mi。苗语养蒿话 mɛ^2，勉语三江话 mai^2 < *mi。

南岛语"住"波那佩语 mi。"存在"波那佩语 mie < *mi-ʔe。

"居住、在"达斡尔语 ɑmjdɑ- < *ʔa-mi-。

26. "吃、喝" *da

"吃"藏文、巴尔蒂语、拉达克语、嘉戎语 zɑ，缅文 tsa^3，凉山彝语 dzɯ^{33} < *da。博嘎尔珞巴语 doː < *do。"喝"哈尼语 do^{55}，喜德彝语 ndo^{33} < *ʔdo。汉语"咀" *s-tʷja-ʔ > *tsjo-ʔ，《说文》："含味也。"引申指"咬嚼""嘴"。

南岛语"吃"哈拉朱乌语 da < *da，罗图马语 ʔātē < *ʔa-de。

"吃"英语 eat，古撒克逊语 etan，古挪威语 eta。"吃"古挪威语 eta，古弗里斯语 ita < *e-da。"吃"梵语 ad-mi，希腊语 edomenai、edomai；赫梯语 eːd。

"吃"芬兰语 syödä < *soda。

派生，*da > *da-n。

汉语"膳" *djan-s > *ʐans，《说文》："具食也。"藏文"吃" gzan < *g-dan。

"吃"古英语 etan，中古荷兰语 eten，哥特语 itan < *e-da-n。

高加索语系"吃"车臣语 da'an。

27. "吸、喝、吃" *pʷa

"吸"黎语保定话 hwɯp^7，通什话 vɯp^8 < *ʔ-bʷəp。"喝"苗语养蒿话、高坡话 hə^7，勉语江底话 hop^7，览金话 hɔp^7 < *s-pʷop。

"吃"阿伊努语 ibe < *ʔi-be。

（1）派生，*pa > *s-pa

南岛语"吸"摩尔波格语 sopsop，巴拉望语 m-sof < *sop。

"吸"朝鲜语 ppara < *sopa-ra。"吸"苏美尔语 sub。

（2）首辅音演变，*bʷep > *dep

"吮"藏文ɦidʑip，藏语夏河话ndəp < *m-djep。

28."吹、吐"*pu

"吹"藏语巴塘话 pu < *pu。

南岛语"吹"巴塔克语 obbus < *ʔo-bus，马林厄语 ifu < *ʔipu，鲁凯语 iʔi < *ʔipi。"风、吹"多莱语 vuvu < *bubu。

"吹"日语 fu- < *pu。鄂温克语 uwu-，鄂伦春语 uu- < *ʔu-bu。

南亚语"吹"尼科巴语 føː < *po。

尼罗-撒哈拉语系"吹"卡努里语 fuðu < *pu-。

派生，*pu > *pu-s，*pi > *pi-s。

"吹"壮语、傣语 pau⁵ < *pus。"吐"壮语武鸣话 pi⁵ < *pis。"扔"缅文 pɑs⁴ < *pas。

"呕吐"波兰语 puʃitʃ < *pusi-。"吐"阿尔巴尼亚语 pëʃtyj < *pos-tur。"呕吐"亚美尼亚语 phsxel < *bus-。"吹"希腊语 physo < *bu-so。

29."吹、风、吐、呕吐"*bʷet

"吹、开除、赶走"藏文 ɦibud < *m-but。"风"黎语保定话 hwoːt⁷，保城话语 vɔːt⁷ < *ʔ-bot。"呕吐"土家语 phi³⁵，阿昌语 phat⁵⁵，格曼僜语 phɑt⁵⁵ < *phat。

"吹"西部裕固语 pude- < *pude。

南亚语"风"尼科巴语 kuføt < *ku-pot，桑塔利语 pọ tʃ < *pot。

南岛语"风"戈龙塔洛语 dupoto < *du-poto。

"吹"捷克语 vat < *pʷat，亚美尼亚语 phtʃel < *bute-。"风"古英语 wind，梵语 vatah，阿维斯陀经 vata-，拉丁语 ventus- < *bʷeta-。"风"赫梯语 huwantis < *qubati-，和阗塞语 padama- < *pada-。"吐"古英语 spitten，拉丁语 sputare < *sputa-。"口水"英语 spit。"吐"希腊语 ptyo、phtyno。

（1）第二辅音演变，*but > *bup

南岛语"吹"塔希提语 puhipuhi，拉巴努伊语 puhi < *bupi。

南亚语"吹"尼科巴语 vuphə < *bup-qe。

（2）塞音鼻化，*but > *mut。"吹"缅文 hmut < *s-mut。

"呕吐"罗地语、锡加语、布鲁语 mute，莫图语 mumuta < *mute。

"呕吐"古法语 vomite、拉丁语 vomitus < *bomite-。

30. "吐、吹" *puli、*plu

"吐"道孚语 ʂphə < *s-plə。吕苏语 nphʐi < *m-plu。

"吐"锡伯语 tɕivələ-，赫哲语 tifulə- < *ti-puli。"吐、呕吐"蒙古语 bøːldʒi-，土族语 bɑːldʐa，东乡语 bandʐi < *bol-。"吹"土耳其语 ypli-，维吾尔语 pylɛ- < *pule。乌孜别克语 pyflɛ- < *puple。

南岛语"吹"劳语 ʔufulia < *ʔupuli-ʔa，马绍尔语 pæl < *pol。

"吐"（动词）波兰语 plutʃ < *plu-。"吐"（名词）俄语 plevok，波兰语 plwotsina < *ple-。"吐"（名词）希腊语 obelos、saybla。

31. "看、知道、眼睛" *mʷat, *mʷit

汉语"眜" *mʷjat《说文》："目不明也。"

南岛语"眼睛、脸"毛利语、萨摩亚语、查莫罗语 mata，夏威夷语 măkă < *mata。"看"泰雅语 mitaʔ，赛德克语 mita < *mita，萨摩亚语 mātamata。

"眼睛"尼科巴语 el-mat，克木语 măt，莽语 mat[51] < *mat。

"看"俄语 smotrj < *smot-。

鼻音塞化，*mʷat > *bʷat。

南亚语"知道"桑塔利语 badae < *bada-ʔe。

"知道"蒙古语 mədə-，东乡语 məidʐiə- < *mədə。

"看见"意大利语 vedere < *bʷade-re。"看见"粟特语 wit < *bʷit，wiδār < *bʷida-。

32. "看、眼睛" *ro

"看"嘉戎语（kɑ）ro < *ro。

尼罗–撒哈拉语系"看见、看"卡努里语 ro。

（1）流音交替，*ro > *lo

南岛语"看见、知道"汤加语 ilo，"看"卡林阿语 ilan，"看"泰雅语赛考利克方言 lɔziq < *loli-q。

"看"芬兰语 katsella < *kat-sela，"眼睛"silma < *sil-ma。

印第安语"看"玛雅语楚吉方言（chuj）ʔilaʔ，优卡特克方言（Yucatec）il < *ʔila-q。

（2）派生，*li > *li-r

"看"撒拉语 uʃir- < *ʔu-lir。

33. "听见、知道" *mʷan

汉语"闻" *mʷjən，知闻也。

"闻、嗅"苗语养蒿话 m̥hi⁵，复员话 m̥jenᶜ < *s-mjen-s。

南岛语"看"卑南语 mənaʔu < *mana-ʔu。

"知道"亚美尼亚语 imanal < *i-man-l。

鼻音塞化，*mʷan > *ban。

"知道"布兴语 ban < *ban。

34. "听、听见、醒" *na _{上文"脸、耳朵"*na 意义的引申}

"听"藏文 n̪an < *na-n。怒苏语 n̊ɑ³³，拉祜语 na³³ < *s-na。"听见"景颇语 na³¹ < *na，他杭语 njempa < *nen-pa。"醒"缅文 no²，哈尼语绿春话 nø³¹，纳西语 no³³ < *no。

南亚语"听"桑塔利语 sunen < *su-nan。

乌尔都语"听见" sunana < *su-na-，"听" sunna < *sun-。

35. "听、听见、知道、声音" *do、*di

"听到"藏文 thos < *do-s。"听"博嘎尔珞巴语 tɑ < *ta。"相信，听"水语 di³ < *ʔdi-ʔ。汉语"知" *ti 知道、记得。"智" *ti-s，知也。

南岛语"相信，听"马都拉语 ŋ-idiŋ < *ʔidi-ŋ。"声音"布昂语 dədun，布鲁语 tede-n < *dedu-n。

南亚语"听"桑塔利语 ote̯ < *ʔote（不及物），aten̯ < *ʔaten。

新爱尔兰岛非南岛语系语言"知道"库欧特语 -it。

"听"古突厥语 eʃid-，柯尔克孜语 eʃit-，撒拉语 iʃdi- < *ʔiti-。"听"满文 dondʒi，锡伯语 dœndʒi- < *dodi-。"听"中古朝鲜语 tɯtta，朝鲜语洪城话 tɯnnɯnta < *dod-。"记得"满文 edʒe-，锡伯语 ədʒi-，鄂伦春语 edʒə-，鄂温克语 edʒi- < *ʔedi。

"知道"阿尔巴尼亚语 di。

科伊桑语系"听见"科洪语 tá- < *ta。

尼罗–撒哈拉语系"看见"扎尔马语 di。

派生，*ta > *ta-ŋ。

"听"哈萨克语 təŋda-，柯尔克孜语 təŋʃa-，保安语 tɕaŋlə- < *ta-ŋ。

南岛语"听"马都拉语 ŋ-idiŋ < *ʔidiŋ。

36. "说、声音" *pro、bʷar

"说"缅文 prɔ³，彝语撒尼话 be⁴⁴ < *bʷre。

"声音"维吾尔语 ɑwɑz < *ʔa-bʷar。

南岛语"声音"摩尔波格语 boros。托莱语 varekrek < *bʷare-krek（声音 – 叫音）。

"声音"梵语 svara < *s-bʷara。"声音、嗓音"乌尔都语 awaz < *abʷar。"话、语言"和阗塞语 pharā- < *bara。"争吵"古教堂斯拉夫语 svara < *s-bʷera。"名字"俄语 branj < *bra-ni。意大利语 nomare，西班牙语 nombre < *no-bare。

（1）塞音鼻化，*bʷar > *mar

"说"达让僜语 mɑ³¹ɹo⁵⁵ < *maro。

"说"朝鲜语 marhata < *mar-。

南岛语"说"那大语 mazi < *mari。

（2）流音交替，*bʷar > *bʷal

南亚语"说"柬埔寨文 poːl < *pol。

南岛语"说、讲话、谈"塔几亚语 -bol < *bol；"说"南密语 pala < *pala。

37. "说、问、口" *pak

"说"西双版纳傣语 paːk⁹ < *pak。"嘴"壮语、水语 paːk⁷，西双版纳傣语 paːk⁹ < *pak。汉语"卜" *pok《说文》："灼剥龟也。""推测"藏文 dpog < *d-pok。

南岛语"问"波那佩语 peki < *peki。

"问"乌尔都语 potʃna < *pok-。"说、讲"梵文 vakti，阿维斯陀经 vak- < *bʷak。"声音"吐火罗语 ₐ wak < *bʷak。

亚非语系"嘴"豪萨语 baki。

38. "寻找、问、打猎" *kore

"寻找"怒苏语 xɹa³³ < *kra。"问"独龙语 kɹi⁵³ < *kri。

南岛语"找"吉尔波特语 ukera < *ʔu-kera。"问"东部斐济语 kere-a < *kere。"要"罗维阿纳语 okoro。

"挑选"中古朝鲜语 korʌta < *gore-。"打猎"东部裕固语 gørøsəle- < *gore-sə-le。

"寻找"匈牙利语 kereses < *kere-ses，格鲁吉亚语 tʃxrɛva < *kre-。

（1）首辅音演变，*kora > *tora 等

"问"藏文 ɦdri < *m-dri。

南亚语"找"桑塔利语 dhɛndɻɛu < *dadru。

南岛语"要"拉格语 doroni < *doro-ni，劳语 doria < *dori-ʔa。

"问"亚美尼亚语 xndrel < *qdre-l，粟特语 pəsδār- < *pəs-dar。"选择"亚美尼亚语 əndrel < *ədre-l。

（2）流音交替，*gore > *gole 等

南岛语"挑选"马京达瑙语 ŋgale < *gale。

（3）流音交替，*tora > *tola 等

"挑选"西部裕固语 tiolɑ- < *tola，图瓦语 tɑldɑ- < *tal-，达斡尔语 jɑlgə- < *dal-。"打猎"图瓦语 dilɛ-，西部裕固语 dəlɛ- < *dile。

南岛语"挑选"那大语 dʲili < *ʔdili。

39. "寻找、问、打猎"*bura

南岛语"寻找"邹语 fora < *pora，"打猎、追逐"巽他语 boro < *boro，"问"罗图马语 fara < *pʷara。

"打猎"撒拉语 vur- < *bur。鄂伦春语 bəju-，鄂温克语 bəjuʃi- < *bəru-。

"寻找"希腊语 epizeto < *e-pire-to。"寻找、问"俄语 prositj < *prosi-。"挑选"俄语 vibiratj < *bʷibira-。"寻找"阿尔巴尼亚语 pres。粟特语 prwydy < *pru-i-。"打猎"亚美尼亚语 vorsal < *bʷorsa-。

尼罗–撒哈拉语系"打猎、寻找"卡努里语 bara。"问"祖鲁语 -buza < *bura。

40. "挑选、找、要"*ri、*ro

"挑选"缅文 rwe³，阿昌语 ra³¹ < *ro。

汉语"流"*rju。《尔雅》："流、差、柬，择也。""要"苗语石门话 ʑa³，巴哼语文界话 ja³ < *ʔ-ra。

南岛语"挑选"嫩戈内语 ure < *ʔu-re，吉尔波特语 rinea < *ri-ne-ʔa。"想、想念"土耳其语 øzle- < *ʔor-la。

流音交替，*ru > *lu，*ri > *li。

"要"缅文 lo² < *lu。黎语通什话 lau⁵ < *ʔ-lu-s。"挑选"侗语、水语、毛南语 lai⁶ < *li-s。

南岛语"挑选"锡加语 liʔi < *li-ʔi。

41. "求、要、想、挑选、找、问"*go、*gi

汉语"求"*gju，索也。"要"独龙语 gɯ⁵⁵ < *gi。藏文 dgos < *d-go-s。

（1）塞音鼻化，*go > *ŋo，*gi > *ŋi

"要"浪速语 ŋɔ³¹，彝语撒尼话 ŋo⁵⁵ < *ŋo。"想"壮语武鸣话 ŋei⁴ < *ŋi-ʔ。"想"京语 ŋi³ < *ʔ-ŋi-ʔ。

（2）派生，*go > *so-go，*gi > *s-gi

"挑选"羌语 sɛ qa < *seqa。汉语"索"*sak，*srak < *s-r-ak，探求。

南亚语"找"克木语、布兴语 sɔk，佤语艾帅话 sɔ̣k < *sok。

"挑选"保安语 sagə- < *sagə。日语 sagasɭ < *saga-su。"问"蒙古语书面语 ɑsaɣu-，达斡尔语 xaso-，东乡语 ɑsɑ-，保安语 ɑsɢə- < *ʔasago。"问"土族语 sdzɑɢɑ < *sga-。"寻找"日语 sagasɭ < *saga-su。

"寻找、问"古英语 ascan，古高地德语 eiscon < *a-ska-n。"寻找、问"古挪威语 soekja，古弗里斯语 askia < *a-seki-a。"找"古教堂斯拉夫语 iskati，梵语 iccati，立陶宛语 ieʃkau < *i-ska-。"寻找、询问"俄语 iskatj < *i-ska-。

"寻找"芬兰语 haeskella < *qaske-la。"挑选"苏美尔语 suh < *suq。

42. "回答、返回"*bʷare

"归还"藏文 sprad < *s-pra-d。缅文 pran² pe³ < *pra-n-pe。"回答"缅文 phre² < *bre。

南亚语"回答"尼科巴语 saprɽ < *sapro。

南岛语"归还"邹语 m-ōvri < *ʔo-bʷri。

"回"阿尔巴尼亚语（副词）parë < *paro。

"回来、归还"格鲁吉亚语 dabrunɛba < *-bru-。

（1）流音交替，*bʷara > *bʷala，*bʷari > *bali 等

南岛语"回答"多莱语 boli。"回来"爪哇语 bali < *bali。"回来"爪哇语 bali。

"回答"匈牙利语 valasz < *bʷalas，felele < *pʷelele，felelet < *pʷelele-t。

（2）首辅音演变，*pʷur > *kʷur，*bʷar > *gʷar

汉语"归"*kʷər。

"返回"粟特语 zwart < *gʷar-。

（3）首辅音演变，*gʷor > *tor

南岛语"回答"锡克语 dor < *dor。

南亚语"归还"佤语布饶克方言 dɯih < *dur。"返回"桑塔利语 aṭsur < *ʔatur。

"归还"拉丁语 reddere < *re-dare（回-给）。"返回"古法语 retorner < *re-torn-（回-返）。"归还、恢复"英语 return，古法语 retorner < *re-tor-n。

（4）流音交替，*gʷor > *gʷol

汉语"回" *gʷəl。

"来"土耳其语 gel-，维吾尔语 kɛl-，西部裕固语 gel- < *gel。

南岛语"回来"马京达瑙语 kole。

科伊桑语系"返回"科洪语 gâli- < *gali。

（5）塞音鼻化，*bʷari > *mari

"回来"满文 mari- < *mari。"回来"赫哲语、鄂伦春语 əmərgi- < *ʔəmər-gi。

南岛语"回来"多布语 ʔa-mul < *mul。

（6）流音交替，*pʷaro > *pulo 等

南岛语"回来"马林厄语 pulo < *pulo，窝里沃语 mboli < *boli。

43. "回答" *deb

"回答"藏文 ɦdebs < *m-debs，汉语"对" *təbs。[①] "答" *təp，当也，回答。

南岛语"回答"雅美语 tuviṣ < *tubi-s。

"回答"满文 dʒabu- < *dabu。"回答"威尔士语 ateb。

"回答"格鲁吉亚语 tavdɛbɛba < *tabʷ-debe-。

科伊桑语系"回答"科洪语 !àba < *ʔʈaba，"返回"科伊科伊语 dawa < *dabʷa。

尼日尔-科尔多凡语系"回答"斯瓦希里语 -jibu < *dibu。

44. "缠绕、绑、滚、转、缠绕、编织" *bʷe

汉语"附" *bʷjo-s。"捆"义都珞巴语 a⁵⁵bo⁵⁵ < *ʔa-bo。

南岛语"缠绕"乌玛语 βeβe，斐济语 βiβi < *bʷebʷe。"编"帕玛语 vai < *ba-ʔi。锡加语 bea < *be-ʔa。

"捆"日语 ɕibaru < *siba-ru。

"编织"古英语 wefan，古挪威语 vefa < *bʷeba。"蜘蛛网"古英语 webb，希腊语 hyphe < *bʷebe。

（1）派生，*be > *be-n

汉语"编" *pjan。"辩" *ban-ʔ《说文》："交也。" "辩" *branʔ < *b-r-an-ʔ，

---

① 《诗经·大雅·般》："敷天之下，裒时之对，时周之命。" "对"，回应，对应。

《说文》："治也。"汉语"伴"*bʷan-ʔ。"编"苗语青岩话 mpjen⁴，勉语三江话 pjen⁴ < *bjen。"旋转"阿昌语 pan³⁵ < *pen。布努语 pen⁵ < *pen-s。"旋转"壮语、傣语、水语 pan⁵ < *pen-s。"捆绑"景颇语 ʃã³¹pon³¹ < *sa-bon。

"转"粟特语 spēn < *s-pen。"捆"和阗塞语 bani。

（2）派生，*pʷe > *pe-li 等

"滚"纳西语 pi³³li²¹ < *pili。纳木兹语 bu³³li⁵⁵ < *buli。"编"水语 lja¹，仫佬语 pja¹ < *pla。

南岛语"滚"托莱语 bulu。"编发"布鲁语 pali < *pali。"缠绕"他加洛语 bālot，亚齐语 balot < *balo-t。锡加语 βolo-t < *bolo。"滚"大瓦拉语 pili，马林厄语 phipli < *pi-pili。"滚"托莱语 bulu。"藤子"鲁凯语 uvaj < *ʔubʷal。

南亚语"编"布朗语佤方言 blaiŋ⁵¹，thaiŋ⁵¹ < *blia-ŋ。"旋转"柬埔寨文 vuəl < *bʷəl。

"滚"俄语 valitsevatj < *bʷali-ti-bʷti，波兰语 wałkowatʃ < *bʷalik-bʷti。"旋转"拉丁语 volvere < *bʷolbʷe-re，梵语 valate < *bʷala-te。"折、编织"古法语 plier < *pli-。"编、拧、拧在一起"波兰语 spleʃtj < *sples-。"编"俄语 plestj，波兰语 pleʃtj < *ples-。阿尔巴尼亚语 palë < *palo。"折、扭"拉丁语 plicare < *plika-。希腊语"编织"plekein，"缠绕的"plektos。古法语"褶子"ploit，"折、编织"plier < *pli-。

巴布亚新几内亚土著语言"卷"科姆比奥语 ipil < *i-pil。

（3）流音交替，*pʷili > *piri 等

"编"基诺语 phrœ⁵⁵ < *pro。

南岛语"捆绑"拉巴努伊语 here，波那佩语 pire < *pire。

"缠绕"土族语 furoː，蒙古语 oroːx < *puro-。柯尔克孜语 bujtaʃ- < *bur-tal。"旋转"土耳其语 tʃevir- < *tebir。

"旋转"桑塔利语 pherao < *beru。"绳子"柬埔寨文 puːər < *pur，桑塔利语 boʈ < *bor。

"捆绑、打结"俄语 vazatj，波兰语 wiązatʃ < *bʷara-，"编、打结、扭一起"古英语 breidan < *bre-d-an，"捆绑"俄语 svazivatj < *sbʷaribʷa-，"绳子"俄语 verevka < *bʷerebʷ-，"绳子、线"波兰语 powroz < *poror。

（4）塞音鼻化，*bʷoli > *moli

南岛语"编"马那姆语 moli < *moli。

（5）派生，*ple > *ple-k，*bali > *bali-k 等

南岛语"翻转"巴塔克语 mar-balik，米南卡保语 beloʔ < *balik。"转过去"爪哇语 m-balik < *balik。

"滚"俄语 valitsevatj，波兰语 wałkowatʃ < *bʷalik-。希腊语"编织"plekein，"缠绕的"plektos。"折、扭"拉丁语 plicare < *plika-。

45."缠绕、绑、风"*de

"缠绕"扎坝语（ə⁵⁵）de⁵⁵ < *de；羌语 dɪ dɛ < *di-da。

派生，*da > *da-n。

汉语"缠"*dan《说文》："绕也。""展"*tan-ʔ《说文》："转也。"

土耳其语"旋转"døn- < *don。"绕"dønmak < *don-。"扎、捆"维吾尔语、哈萨克语、撒拉语 taŋ- < *taŋ。"风"赫哲语、鄂温克语 ədin，锡伯语 udun，满文 edun < *ʔe-dun。

46."缠绕、捆绑、编织、滚"*koru、*gʷur

汉语"纠"*kru《说文》："绳三合也。""绳子"缅文 kro³ < *kru。汉语"绺"*gru-ʔ > *rjəuʔ，《说文》："纬十缕为绺，读若柳。""缠绕"壮语柳江话 kju³，仫佬语 kɣəu³ < *kru-ʔ。"滚"藏语夏河话 ʁa rə < *garə。"缠绕"藏文 dkri < *d-kri。"转动"藏文 skor，夏河话 hkor < *s-kor。"旋转"道孚语 skər va < *s-kor-ba。博嘎尔珞巴语 dʑir < *gir。"转身"博嘎尔珞巴语 ko re < *kore。

南亚语"缠绕"桑塔利语 guɽhe < *gure，克木语 kŭr < *kur。"绳子"布朗语胖品话 si gro⁵¹ < *si-gro。

"滚"土族语 nguroː- < *guro，东乡语 ɢoɣori- < *go-gori，日语 korogaru。"回来"土耳其语 geri døn- < *geri-don（向后-旋转）。

"编织"乌尔都语 jorna < *gor-。"缠绕"希腊语 koyrdizo、khordizo < *gor-di-ro。"转"希腊语 gyrizo < *giri-，古英语 hweorfan < *kʷor-pan。

"缠绕、包裹"芬兰语（动词）keriä < *keri-。

高加索语系"缠绕"格鲁吉亚语 grexa < *greqa，"捆"ʃɛkhvra < *se-gʷra。格鲁吉亚语"滚"gɔrva < *gor-，"转"dʒeri < *geri。

（1）流音交替，*guru > *gulu 等

"滚"却域语 kɯ⁵⁵ɬi³¹ɣɯ⁵⁵ɬi³¹ < *kuli-guli。黎语 lun¹ < *klu-n。

南岛语"滚"那大语 goli < *goli，爪哇语 ŋ-guluŋ，萨萨克语 guluŋ < *gulu-ŋ。"滚"印尼语 gəlindiŋ，马都拉语 galunɖuŋ < *gali-diŋ。"缠绕"印尼语 məŋ-guluŋ

< *gulu-ŋ。"捆绑"巴厘语 təgul < *tə-gul。"翻转"乌玛语 goli，达阿语 ne goli < *goli。

南亚语"滚"克木语 klɤŋ < *klo-ŋ，"缠绕"佤语艾帅话 klau < *klu。

"扎、捆"西部裕固语 kul- < *kul。"旋转"东部裕固语 eɣel- < *ʔegel。维吾尔语、哈萨克语、柯尔克孜语 ɑjlɑn，撒拉语 ilɑn < *ʔagl-an。

"滚"英语 wheel，希腊语 kylo。波兰语 wkulatʃ < *u-kula-t。"轮子"古挪威语 hvel，古弗里斯语 hwel，古教堂斯拉夫语 kʷelo。

巴布亚新几内亚土著语言"弯"科姆比奥语 aikel < *ai-kel。

（2）首辅音演变，*kʷali > *tali，*gʷola > *dola

汉语"敦"*tʷəl > *tʷən，圆形。

南岛语"捆绑"巴塔克 tali，他加洛语 tāliʔ。"编织"斐济语 tali-a。窝里沃语 tolu < *tolu。"滚"布昂语 tətolin < *totoli-n。

"拧"维吾尔语 tolʁa-，西部裕固语 tolɣɑ- < *toli-ga。"缠绕"土耳其语 dolanmak < *dola-n。

南亚语"捆绑"桑塔利语 tol̩ < *tol。

"滚"希腊语 tylissomai < *tuliso-。

（3）流音交替，*tal > *tar 等

汉语"遄"*dʷjar > *ʑuan，《说文》："往来数也。"

南亚语"滚"桑塔利语 darɽau < *daru。"转、翻转"桑塔利语 atsur < *ʔatur。

南岛语"鱼打滚"波那佩语 tār < *tar。

47."织、编织、缠绕、系"*toke

汉语"织"*tjək。

南岛语"缠绕"罗图马语 takɔi < *tako-ʔi，汤加语 takai < *taka-ʔi。

南亚语"扎起头发"桑塔利语 toke < *toke。

"编、织"土耳其语 doku-，维吾尔语 toqu-，哈萨克语 toqə-，撒拉语 doχɑ- < *doqu。

"系"古英语 tigan、tiegan。

科伊桑系"编织"科伊科伊语 ǂgawu < *ʔdjagu。

48."捆绑、绳子、结"*kʷit

"缠绕"却域语 kɯ⁵⁵ta⁵⁵ < *kuta。汉语"结"*kit。

"缠绕"达斡尔语 kotʃigu < *koti-。南岛语"捆绑"摩尔波格语 sigot，阿卡

拉农语 higut＜*si-got。亚齐语 ikat＜*ʔi-kat。"捆绑"雅美语 keɖkeɖ＜*ked-ked。

南亚语"捆绑"克木语 gat＜*gat。

（1）首辅音演变，*kʷit＞*pʷit、*gʷit＞*bʷit 等

"绳子"满文 futa，锡伯语 fəta＜*puta。

南亚语"绳子"雅美语 uviɖ＜*ʔu-bid。"捆绑"锡加语 pəte。

"绑"古英语 bindan＜*bida-n；古挪威语、古弗里斯语 binda＜*bida。"编"梵语 puṭaḥ＜*puta-。"系上"梵语 badh。

（2）首辅音演变，*kʷit＞*dit 等

"绳子"蒙古语 dəːs，东部裕固语 diːsən，东乡语 dʑiəsun＜*ditun。

49."滚、卷、缠绕"*rol

藏文"滚动"ril，"卷"sgril＜*s-gril，"被绕"ɦgril＜*m-gril。

"滚"英语 roll，古法语 roeller＜*rol-。波兰语 rolowatʃ＜*rolobʷa-。

"滚"芬兰语 rullata＜*rula-。

（1）流音替换，*role＞*lole

"滚"格曼僜语 xɑ³¹lol⁵⁵＜*qalol。"包"纳木兹语 lu³³lu⁵⁵，史兴语 lɜ³³lɜ³³lu⁵⁵＜*lelu。

南岛语"滚动"乌玛语 luliʔ＜*luli-ʔ，lulu（卷起），"滚"布拉安语 n-lulun＜*lulu-n，"包、缠绕"达密语 sili＜*si-li。

南亚语"滚"布朗语 lel³³＜*lel。

（2）派生，*rol＞*g-rol

藏文"卷"sgril＜*s-gril，"被绕"ɦgril＜*m-gril，"缠绕"ɦkhril＜*m-kril。汉语"雷"*gʷ-rəl＞*ruəl，《说文》："雷闲有雷声也。"

50."挟、抓、拿"*kʷap、*gap

汉语"挟"*gap《说文》："俾持也。""脅（胁）"*hjap，腋下、肋骨。

汉语"劫"*kjap，以力胁止。"拥抱"藏文 khyab。"肋骨"错那门巴语 kep⁵³＜*kep。"抓"阿昌语 tʂhɔp⁵⁵，载瓦语 tʃup⁵⁵＜*kop。"抓"傣语、壮语 kap⁷＜*kap。"挟（菜）"勉语江底话 dzap⁷，湘江话 zap⁷＜*ʔ-gjap。"膈肢窝"德宏傣语 kɔŋ¹ kaːp⁹＜*ka-kap。"（一个人）打猎"黎语通什话 gip⁸，保定话 gip⁷＜*gip。

南岛语"抓住"莫图语 γobe-a＜*gobe，他加洛语 suŋgab＜*su-gab。"抓住"萨萨克语 naŋkop＜*na-kop，巴塔克语 takkup＜*ta-kup。

南亚语"拿"尼科巴语 hakøp＜*ka-kep。

"抓住"阿尔巴尼语 kap，"记得"威尔士语 cofio ＜ *kop-。

"抓住"匈牙利语 elkapas ＜ *el-kapa-s。

"拿"格鲁吉亚语 aɣɛba，maɣɛba ＜ *ma-geba。

汉语"執（执）" *tjəp《说文》："捕罪人也。""挚" *tjəp-s《说文》："握持也。"

（1）派生，*kap ＞ *krap

汉语"夹" *krap《说文》："持也。""陜（峡）" *grap，山势为夹。汉语"睫" *s-krap《说文》："目旁毛也。"

南亚语"抓"德昂语南虎话 grăp，克木语 gr̆p ＜ *grop。

"抓取"古波斯语 grab-，中古低地德语 grabben。"摸"古英语 græpsan。"抓住"东部弗里斯语 grapsen，中古荷兰语 grapen ＜ *grab-。"夹"古英语 cramp ＜ *krap。

（2）韵尾辅音同化，*grap ＞ *grak

汉语"略" *grjak ＞ *rjak，《说文》："经略土地也。""掠" *grak。《说文》："夺取。"汉语"獲" *gʷrak《说文》："猎所获也。""穫" *gʷrak《说文》："刈谷也。"汉语"攫" *kʷjak 居缚切，夺取。"获得"藏文 rag pa。"抓"景颇语 kʒaʔ³¹ ＜ *grak。"钩状工具"古高地德语 kracho ＜ *krakho。

51. "抓、拿" *dabʷa

藏文"获得" ɦthob，"争夺" thob，"打斗" ɦthab。"手指" mdzub ＜ *m-dup。

"抓"锡伯语 dʒavə-，鄂伦春语 dʒawa- ＜ *dabʷa。朝鲜语 tʃapta ＜ *dab-。

南亚语"抓住"柬埔寨文 tʃap ＜ *tap。

"抓住、得到"波兰语 dopaʃtʃ ＜ *dopa-s，"抓住、拍打"俄语 udapitj ＜ *u-dapi-。

52. "拣、抓、抓获" *kip

"拣"壮语武鸣话 kip⁷，壮语龙州话 ip⁷ ＜ *kip。

南亚语"夹、捏"柬埔寨文 kiəp ＜ *kip。

南岛语"获取"多莱语 kəp ＜ *kəp。

第二辅音演变，*kip ＞ *kit。

汉语"拮" *kit。《说文》："手口共有所作也。"《诗》："予手拮据"。

南岛语"抓"查莫罗语 gote ＜ *gote。"抓住"布拉安语 skot ＜ *s-kot。

"打猎"古英语 huntian，古英语 hund，古挪威语 hundr，哥特语 hunds ＜

*kʷud-。"抓获"哥特语 hinþan < *kita-。

53. "抓、捉" *ʔu

"持、娶"侗语 aːu¹，德宏傣语 au⁶ < *ʔu。

南岛语"抓捕"萨摩亚语 ʔuʔu，拉巴努伊语 ʔu < *ʔu。"获得"坦纳语 os < *ʔus。

"抓、捉"哈萨克语 usta- < *ʔus-。"搔"鄂温克语 uʃɪ- < *ʔusi。

54. "寻找、打猎、抓、挑选" *rapʷ

汉语"猎" *rap《说文》："放猎逐禽也。"

南岛语"抓"坦纳语 arppərəp-o < *ʔa-rəp。南亚语"抓"布兴语（kə）răp < *rap。

（1）流音交替，*rap > *lap

南岛语"打猎"莫图语 labana < *laba-na，鲁凯语 wa-alopo < *ʔalop。

"打猎"波兰语 łowitʃ < *lobʷi-。"抓住"俄语 ulovitj < *ulobʷi-，波兰语 lapatʃ < *lapa-；"拿"希腊语 lambano < *laba-。

（2）塞音鼻化，*lobʷ > *lom

汉语"寻" *ljəm > *ʑəm，探究。"找"景颇语 tạm³³，墨脱门巴语 lam，阿昌语 liam⁵⁵ < *lam。"打猎、追"侗语 lam¹ < *ʔ-lem。"摸"勉语龙定话 lom¹，油岭话 lum³ < *ʔ-lom-ʔ。

（3）第二辅音演变，*lapʷ > *lak

汉语"择" *l-r-ak > *drak，*-r- 表示分开。"挑选"壮语龙州话 ləːk⁸，西双版纳傣语 ləːk⁸ < *lək。

南亚语"挑选"尼科巴语 luːka < *luka。"挑选"克木语 lɯak，户语 lɤk³¹，布兴语 lɯk < *lek。

"挑选"鄂伦春语、鄂温克语 ɪlgaː-，满文 ilga-（辨别）< *ʔi-lga。"挑选"维吾尔语 ilʁɑ-，哈萨克语 əlʁɑ-，东部裕固语 əlɢɑ- < *ʔi-lga。

"捡起、挑选"拉丁语 electus < *elek-。"挑选"希腊语 eklego < *eleg-o。

（4）流音交替，*lak > *rak

"寻找"德宏傣语 sɔk⁸ < *rok。汉语"索" *s-rak。

"选择"苏美尔语 zág < *rag。

55. "沉、合、闭、埋、灭" *depʷ

汉语"蛰" *dəp《说文》："藏也。""种"（动词）藏文 ɦdebs < *m-dep-s。"关"

景颇语（tʃã³¹）thep³¹ < *sa-dep。

"沉"蒙古语dʒibə- < *dibə。保安语tobla- < *tob-la。"浸泡"蒙古语dəbtə，土族语təbdeː-，东部裕固语debteː- < *dəb-。"关"维吾尔语jap-，哈萨克语dʒap-，图瓦语dʒɤbɑ- < *dəba。"盖"维吾尔语jap- < *dap。

南岛语"淹死"波那佩语tepʷa-la < *tepʷa。"埋"拉加语tavi < *tabʷi，亚齐语top < *top。

南亚语桑塔利语"突然沉入"ḍabḍub < *dab-dub，"沉入不起"ḍub < *dub。"埋"桑塔利语topa < *topa，莽语tap⁵¹ < *tap。

"沉"乌尔都语dubana < *duba-。"沉、下去"俄语topitj，波兰语topitʃ < *topi-ti。"埋"希腊语thabo < *dabo。"坟"古法语tombe，拉丁语tumba，意大利语tomba，希腊语tymbos < *tuba。

尼罗-撒哈拉语系扎尔马语"闭合"dabu，"盖"daabu。

（1）塞音鼻化，*debʷ > *dem

汉语"沉"*dəm。"沉"藏文dim，错那门巴语tim < *dim。藏文"陷阱"ldem。

南亚语"沉"京语tsim²，莽语tɕɛm⁵¹ < *tem。"浸泡"户语tham³¹ < *dam。南岛语"沉"塔希提语tomo < *tomo。"熄灭"印尼语padam，米南卡保语padam-i < *pa-dam。

"沉"日语çidzɭmu < *si-dum。

（2）第二辅音演变，*depʷ > *dek，*debʷ > *degʷ

"沉"维吾尔语tʃøk-，哈萨克语søk-，图瓦语søgy- < *toki。"泡"日语tsɭkeru < *tuke-ru。

（3）第二辅音演变，*depʷ > *ted

"沉"达斡尔语tiːndə- < *tidə。

56. "埋、盖、闭、压、沉、坟" *rab、*rebʷ

汉语"瘗"*q-rap-s > *ʔraps，埋也。"压"*q-rap > *ʔrap。藏文"遮蔽"g-jab > *g-rjap，"遮蔽物"jab > *rjap。"合上"藏文rub < *rup。

南岛语"盖"吉尔伯特语rabuna < *rabu-na。"盖上"达密语kerub < *kerub。

"隐藏、遮盖"希腊语krybo。"埋"波兰语grzebatʃ < *greba-。"坟、山洞"古英语græf，古弗里斯语gref < *grebʷ。

尼罗-撒哈拉语系"埋"卡努里语rəpto < *rep-。

（1）塞音鼻化，*rab>*ram

汉语"奄"*ʔ-ram《说文》："覆也。""掩"*ʔram《方言》卷六："薆也。"汉语"揜"*ʔram-ʔ《广雅》："藏也。"

（2）流音交替，*rap>*lap

"闭眼"壮语 lap⁷ < *ʔ-lap。"沉、埋、坟"景颇语 lup³¹ < *lup。"坟"独龙语 tɯ³¹luɯp⁵⁵ < *lup。彝语南华话 li²¹bə³³，武定话 ji³³bɣ³³ < *libə。

南岛语"坟"罗维阿纳语 lovu，马绍尔语 ləpʷ < *lopʷ。

"沉"亚美尼亚语 suzvel < *su-lubʷ-l。

（3）第二辅音演变，*rupʷa>*ruka

南岛语"压"窝里沃语 ruka。"闭"满文 jaksi- < *rak-si。

（4）塞音鼻化，*lepʷ>*lem

"沉、埋"侗语 jam¹，水语 ʔɣam¹ < *ʔ-lem。毛南语 lam⁵ < *ʔ-lam-s。"沉"西双版纳傣语 lum⁵，德宏傣语 lom⁵，壮语 lom⁵ < *ʔ-lum-s。

南亚语"沉"巴琉语 ɬam⁵³ < *lam。

南岛语"沉、淹"印尼语 təŋəlam < *tə-gəlam。"深的"那大语 ləma < *loma。"深的"印尼语 dalam，摩尔波格语 dalom，他加洛语 lālim < *da-lom。

（5）首辅音同化，*lem>*nem

南岛语"沉"波那佩语 si-nom。

南亚语"沉"桑塔利语 unum。

"坟"希腊语 mnema。"坟"俄语 nemoj，波兰语 niemy < *nemo-i。

（6）第二辅音演变，*repʷ>*ret

"压"独龙语 a³¹ɹɛt⁵⁵ < *ʔa-ret。

57. "埋、沉、坟"*bʷa

"埋"藏文 sba < *s-ba。

南岛语"埋"雅美语 bobo < *bo-bo。"坟、尸体"梵语 savam < *sabam。

（1）派生，*bʷa>*ba-r

汉语"坟"*bʷjər > *bʷjən，《说文》："墓也。"

南岛语"藏"马林厄语 poru < *poru。

"沉"撒拉语 fur- < *pur；"压"图瓦语 bɑzɑ- < *bara。

"埋"阿尔巴尼亚语 varros < *bʷaro-s。"藏、盖"梵语 aːvri- < *a-bʷri-。"封上"古教堂斯拉夫语 vora < *bʷora。"坟"阿尔巴尼亚语 varr < *bʷar。

"藏"匈牙利语 elver <*el-bʷer。

（2）塞音鼻化，*bʷar>*mʷar

汉语"摩"*mʷar-s《广雅》："藏也。"

南岛语"沉"拉加语 moru <*moru。

"坟"格鲁吉亚语 samarɛ <*sa-mare。

（3）首辅音演变，*bʷar>*dar，*pʷur>*tur

"陷塌"东部裕固语 jureː- <*dure。"陷塌，陷下去"土族语 tɑrdɑ: <*tar-da。

南岛语"沉"乌玛语 tiri <*tiri。

"埋"法语 enterrer，西班牙语、葡萄牙语 enterrar <*e-tera-r。"埋"意大利语 sotterrare <*so-tera-re。

"沉"格鲁吉亚语 tʃadzirva <*ka-dir-。

（4）首辅音演变，*bʷuri>*guri

南岛语"埋"莫图语 guri-a <*guri-。"藏"波兰语 krytʃ <*kru-。

尼罗–撒哈拉语系"藏"卡努里语 gəraðu <*gera-。

（5）派生，*bʷur>*bur-ki

"下葬"满文 burki- <*burki。

"埋葬"古英语 byrgan，"盖、藏"古挪威语 bjarga，"保护"哥特语 bairgan。"我保存"古教堂斯拉夫语 brego。"坟"古英语 byrgel <*burge-l。

58."藏、盖、埋"*bʷak

汉语"匐"*bjək蒲北切，*bʷjək《广韵》房六切，《说文》："伏地也。""孵"泰语 fak[8]，壮语武鸣话 fak[8]，黎语 phoːk[7] <*bʷok。"藏"缅文 hwɑk，仰光话 phwɛʔ <*phʷek。

南岛语"藏"沙玛语 tapuk <*ta-puk。

南亚语"藏在腋下"桑塔利语 boktsao <*bok-tu。"藏"哈萨克语 buq- <*buk。

"盖"和阗塞语 pvetʃa <*pʷeka。

塞音鼻化，*bʷak >*mak。

汉语"冒"*mək-s，盖也。"埋、藏"老挝语、壮语武鸣话、侗语 mok[7]，仫佬语 m̥ɔk[7] <*ʔ-mok。

"藏"维吾尔语 møk- <*mok。

南岛语"藏"卡加延语 magu。

59. "埋、盖、藏、含" *kap^w、*gap

汉语"蓋" *kap-s《说文》："苫也。""盖（土）"藏文 ɦgebs < *m-geb-s，嘉戎语 pkɑp < *p-kap，博嘎尔珞巴语 kup kap。藏文"躲藏" gab，"覆盖" sgab，"覆盖物" khjebs，"保护" skjob。

南岛语"藏"巴厘语 m-əŋkəb < *ʔəkəb。"盖（毯子等）"布拉安语 s-n-aŋaba，布昂语 kəbu。"盖子"巴厘语 kəkəp。

南亚语"埋"柬埔寨文 kɔp < *kop，"盖（上）"莽语 tɕip³⁵ < *kip。

"藏"梵语 guph < *gup-。"埋、盖土、建墓"波兰语 rakopatʃ < *ra-kopa-。

（1）塞音鼻化，*kop^w > *kom

汉语"弇" *kəm《说文》："盖也。""藏"墨脱门巴语 gum。"盖（上）"黎语 kom¹ < *kom。水语 kəm⁵，壮语武鸣话 kom⁵ < *kom-s。"含"勉语江底话 gɔm¹，览金话 gjɔːm¹ < *ʔ-gjom。"含"泰语 om²，毛南语 ŋgam¹ < ʔ-gəm。"叼"壮语 kaːm² < gam。毛南语 ŋgam¹ < ʔ-gəm。"埋"土耳其语、维吾尔语 køm-，撒拉语 gom- < *kom。

（2）塞音鼻化，*gam > *ŋam

南亚语"含"布朗语南虎话 ŋăm，巴琉语 ŋam³¹ < *ŋam。

60. "记得、知道、想" *mati

"记得"独龙语 mit⁵⁵ < *s-mit。缅文 hmɑt⁴mi¹ < *s-mat-mit。

"知道"蒙古语 mədə-，东乡语 məidʑiə- < *mədə。

"思想"梵语 matih < *mati-。"记得"俄语 pamjat，波兰语 pamiętatʃ < *pa-meta-。"记得"亚美尼亚语 mtapahel < *muta-pape-。

鼻音塞化，*moto > *boto。

南岛语"想"马京达瑙语 bət < *bət。

"记得"东部裕固语 bodono < *bodo-no。"筹划"满文 bodo- < *bodo。"想"锡伯语 bodo-，鄂伦春语、鄂温克语 bɔdɔ-（猜想，算）< *bodo。

"知道"桑塔利语 badae < *bada-ʔe。"记得"和阗塞语 byāta < *bjata。

61. "知道、醒" *g^we

"知道"侗语 wo⁴，水语 ɣo⁴ < *g^wo-ʔ。

"醒"中古朝鲜语 skʌita < *s-ge-。"知道"乌尔都语 janana < *gana-。

（1）塞音鼻化，*g^wa > *ŋ^wa

汉语"寤" *ŋ^wa-s《说文》："寐觉而有信曰寤。""蘇（苏）" *s-ŋ^wa，苏醒。

汉语"晓"*sŋe。"晤"*ŋʷa-s《说文》："明也。"

南岛语"醒"罗地语 ŋgeŋe < *ge-ŋe。"懂"拉巴努伊语 aɲi-aɲi。"听见"那大语 səŋa < *suŋa。

（2）辅音演变，*gʷi > *di, *kʷa > *ta

"醒"壮语武鸣话 diu¹，水语 lju¹ < *ʔdi-ʔu。

南岛语"知道"印尼语 tahu，沙玛语 taʔu < *ta-ʔu。"知道"拉巴努伊语 ʔite，乌玛语 iⁿtʃa < *ʔite。"醒"吉尔波特语 uti < *ʔuti，布昂语 motoʔ < *mo-to-ʔ。

"醒"图瓦语 odu- < *ʔodu。"知道"阿尔巴尼亚语 di。

62. "站立、直的、对的、相信"*tek、*dog

汉语"植"*dək 插门用的直木。"置"*tək-s 安置，搁置。

"站立、停留"蒙古语 dʒoxsə- < *doq-sə。"站立、存在、居住"撒拉语 tux- < *tuq。"等待"图瓦语 doʁdɑ-，图瓦语 doxdɑ- < *dog-。"直的"鄂伦春语 ʃiːggən < *tig-qun，维吾尔语 tik < *tik。"对的"图瓦语 dʒigɛ < *dige，达斡尔语 dʒugi- < *dugi。"正确的"鄂温克语 dʒugu < *dugu，鄂伦春语 tədʒəː < *təgə。"相信"蒙古语正蓝旗话 itxə-，和静话 itge-，达斡尔语 itgə- < *ʔitge。

南岛语"站"爪哇语 ŋ-adək < *ʔa-dək。"停留"吉尔伯特语 tiku。"直的"拉巴努伊语 ti-tika < *ti-tika，夸梅拉语 -atukʷ-atukʷ < *ʔa-tukʷ。"直的、对的"马林厄语 doglo < *dog-lo。

"站"希腊语 steko，"站、逗留"stekomai < *s-teko-。"支撑桅杆的绳子"中古荷兰语 stake。"站"俄语 stojatj < *s-toga-。"对的"希腊语 dikaios < *dika-。"对的、肯定的、真的"俄语 totɕnij < *tok-。

尼罗 – 撒哈拉语系"直的"卡努里语 tʃək < *tək。

第二辅音演变，*degi > *dedi。

"相信，听"满文 dondʒi，锡伯语 dœndʑi-m < *dodi。

南岛语"相信"伊拉鲁吐语 tətonə < *təto-。

63. "站、等待、蹲"*ko

"等待"侗语、水语、毛南语 ka³ < *ko-ʔ。勉语江底话 tswo³，东山话 ʈu³ < *ko-ʔ。

"站、起来"苗语养蒿话 ɕhu³，复员话 soᴮ，勉语三江话 siu³ < *s-ko-ʔ。

南岛语"站"雅贝姆语 -ko < *ko。

南亚语"等待"克木语 kɔ̌ʔ < *koʔ。

"坐、居住"蒙古语 suːx，达斡尔语 sɑugu，东乡语 sɑo- < *sa-gu。

"蹲伏"古挪威语 huka。

64."站立、坐、居住、在、直的" *la、*lu

"站"藏文 laŋ < *la-ŋ。

"站"满文、赫哲语 ili-，锡伯语 ila-，鄂伦春语、鄂温克语 ɪlɪ- < *ʔila。

"站起来"亚美尼亚语 elnel < *el-。

"站"匈牙利语 allas < *ala-s。"居住"el < *el。

南岛语"直的"劳语 ʔolo ʔoloa < *ʔolo-ʔa。

（1）流音交替，*lu > *ru

"存在"日语 aru < *ʔa-ru，"居住、存在"蒙古语 orʃi- < *ʔor-si，"有、在"日语 iru < *ʔi-ru。

南岛语"有"沙阿鲁阿语 maaru < *ma-ʔa-ru，瓜依沃语 arua < *ʔa-ru-ʔa。"有"阿美语 ira < *ʔi-ra。

（2）流音交替，*loŋ > *roŋ

"站"壮语武鸣话 soŋ[2]，侗语 ɕaŋ[6]，仡佬语话 laŋ[42] < *roŋ。"直的"侗语 soŋ[2]，毛南语 zjaŋ[2]，水语 ɕaŋ[2] < *roŋ。

南亚语"站"布兴语 ʒɛŋ < *reŋ。

南岛语"直的"阿者拉语 rururuŋ < *ruŋ。

（3）派生，*lo > *lo-r

"坐、居住"图瓦语 olɤr- < *ʔolor。"居住、存在"东乡语 xoliə- < *qolir。

65."站立、竖的、直的" *do、*da

汉语"尌" *djo-s > *ʐos，立也。"樹（树）" *djo-s，"豎（竖）" *djo-ʔ。汉语"宁" *da-ʔ《说文》："久立也。""直的、竖的"嘉戎语 stu < *s-du。

"站"汤加语 tuʔu < *tu-ʔu，塔希提语 tiʔa < *tu-ʔa，南密语 tutu < *tutu。"直的"罗地语 ⁿdos < *dos。

"站"日语 tatsɿ < *ta-tu。"直的"土族语 tusdɑːn < *tus-dan。

"正确的"亚美尼亚语 tʃiʃt < *tis-。"直的"匈牙利语 tisztan < *tis-tan。

派生，*du > *du-ŋ。

"竖（的）"藏文 gzuŋ < *g-duŋ。墨脱门巴语 thaŋ，缅文 doŋ[2] < *duŋ。

南亚语"站"克木语 dǔn < *dun。京语 duŋ[5] < *ʔ-duŋ。"站"佤语马散话 tɕhauŋ，艾帅话 tɕuŋ，孟贡话 ʃuŋ，德昂语茶叶箐话 dʒăŋ[51] < *doŋ。

66.“爱、喜欢”*mʷa

汉语“忞”*mʷja《说文》：“爱也。”“抚”*s-mʷja＞*pʷja《说文》：“安也。”

南亚语“想”巴琉语 me³¹＜*me。

“你爱”拉丁语 amas＜*a-ma-s。“喜欢的”希腊语 omoios＜*o-mo-i-s。

（1）派生，*mʷa＞*mʷa-k

汉语“慕”*mʷak-s。

南亚语“爱”莽语 mak⁵⁵，布朗语 mak⁴⁴＜*mak。

（2）鼻音塞化，*mʷa＞*ba

“高兴”维吾尔语、哈萨克语 uwɑn-＜*ʔu-bʷa-n。

尼罗–撒哈拉语系“喜欢”扎尔马语 ba。

67.“喜欢、笑”*gʷa

汉语“孩”*gə＞*ɣə，《说文》：“小儿笑也。”

“笑”威尔士语 gwenu＜*gʷe-nu。“高兴”英语 joy，古法语 joie＜*go-i。

（1）派生，*gʷa＞*gʷra，*gʷa＞*gʷa-r

“笑”怒苏语 ɣɹe³³＜*gre。

南岛语“高兴”那大语 gore＜*gore。

“笑”日语 warau＜*gʷara-ʔu。

“高兴的”乌尔都语 khuʃi＜*guri，“高兴的”阿尔巴尼亚语 gëzuar＜*gera-r。

“喜欢”匈牙利语（动词）akar＜*a-kar。

（2）塞音鼻化，*gʷur＞*ŋur

汉语“欣”*s-ŋjər＞*hjən，《说文》：“笑喜也。”“笑”墨脱门巴语 ŋar。

南岛语“笑”吉尔伯特语 ŋare＜*ŋare。达密语 no-ŋiri，达阿语 n-ŋiri＜*ŋiri。

（3）流音交替，*gʷare＞*gale，*gʷur＞*gul

汉语“哿”*gal 欢乐。“贺”*gal-s。

南岛语“高兴”马林厄语 gleʔa＜*gle-ʔa。

“笑”土耳其语 gyl-，维吾尔语 kyl-，西部裕固语 kul-＜*gul。

“笑”希腊语 gelo＜*gela。

（4）首辅音演变，*kʷaru＞*taru，*gʷur＞*dur

南岛语“爱”罗维阿纳语 tataru＜*ta-taru。

“爱”满文 sidara-＜*si-dara。“爱慕”蒙古语 durlɑ-x，达斡尔语 duɑrlə-gu，土族语 durɑː-lɑ＜*dura。

68. "笑、高兴" *re

"笑"缅文 raj², 阿昌语 zə⁵⁵ < *re。

南岛语"笑"卑南语 saʔəru < *sa-ʔuru, 波那佩语 sirei < *sire-ʔi, 邹语 tu-ʔiri。"高兴"日语 ureçi: < *ʔure-。

"笑"法语 rire, 西班牙语 reir, 葡萄牙语 rir < *ri-。

尼罗–撒哈拉语系"笑"扎尔马语 haaru < *qa-ru。

69. "哭、告" *kuk

汉语"哭" *khuk。"告" *kuk《说文》："报也。""告" *kuk-s, 告上。汉语"嚳" *khuk-s《说文》："急告之甚也。"

南亚语"哭、喊叫"桑塔利语 kikiɛ < *kiki-ʔa。"哭喊"乌尔都语 tʃeːkhna < *kekh-。

70. "哭、叫喊、怕" *gra、*gri

"叫喊"缅文 khɔ², 阿昌语 kzə⁵⁵ < *kro。义都珞巴语 gɹɑ⁵³ < *gra。墨脱门巴语 dzai̯ < *gri。

南岛语"生气"瓜依沃语 ogaria < *ʔo-gari-ʔa, "呻吟"马林厄语 eʔegre < *ʔe-gre。

"哭"俗拉丁语 critare, 意大利语 gridare, 古西班牙语 cridar, 英语 cry < *kri-r。"哭"亚美尼亚语 goral < *gora-。"悲伤"古挪威语 angra。

流音交替, *gira > *gila。

"哭"中古突厥语 iŋli-, 维吾尔语 jiʁla-, 西部裕固语 jiɣla- < *ʔigla。"哭"蒙古语书面语 uɣila-, 蒙古语 uela-, 东乡语 uila-, 达斡尔语 uai̯l- < *ʔugila。"怕"满文 gele-, 锡伯语 gələ-, 鄂伦春语 ŋəːlə-, 鄂温克语 ŋəːli- < *gele。

71. "哭、叫、呻吟" *ŋu

"哭"藏文 ŋu, 缅文 ŋo² < *ŋu。"狼叫"藏文 ŋu, 彝语喜德话 ŋo³³（虎啸）。南岛语"呻吟"罗图马语 ŋū。

派生, *ŋu > *ŋu-r。

南岛语"呻吟"勒窝语 ŋoŋoru < *ŋoŋoru, 吉尔伯特语 ŋira。

南亚语"呻吟"德昂语胖品话 ŋɤr³¹ < *ŋor。

72. "哭、生气" *kap

"哭"博嘎尔珞巴语 kap < *kap。

南岛语"哭"罗维阿纳语 kabo < *kabo。

"哭泣"英语 weep，古挪威语 op，古高地德语 wuef < *gʷop。"生气"梵语 kopa。"叫"古教堂斯拉夫语 vupiti。

"眼泪"匈牙利语 csepp < *kep。

派生，*kap > *krap。

汉语"泣"*khrəp《说文》："无声出涕曰泣。""哭"景颇语 khʒap³¹ < *krap。

73. "怕、危险、鬼"*gʷa

汉语"懼"*gʷa-s《说文》："恐也。""害怕"苗语养蒿话 ɕhi¹，勉语大坪话 dzje⁵，览金话、樑子话 ɖa⁵′ < *s-gjes。

"怕"日语 niwagaru < *ʔi-gʷaga-ru。

南岛语"怕"达阿语 eka，乌玛语 ekaʔ < *ʔe-ka。

"恶魔、灵魂"古英语 gast。"精灵、鬼"德语 geist，中古荷兰语 gheest < *ges-t。"吓唬"古英语 gæstan。

（1）首辅音演变，*gʷe > *de

南岛语"怕"巴厘语 dʒədʒəh < *dede-q。

"通天鬼"清代蒙文 ada < *ʔa-da。

（2）塞音鼻化，*gʷo > *ŋo

南岛语"怕"泰雅语 ŋuŋuʔ < *ŋuŋu。

南亚语"怕"克木语 ŋɔʔ < *ŋo-ʔ。

（3）派生，*gʷa > *gʷa-le，*gʷa > *gʷa-ri

"怕"满文 gele-，锡伯语 gələ-，鄂伦春语 ŋəːlə-，鄂温克语 ŋəːli- < *gele。

南岛语"怕"雅贝姆语 gɔlɛʔ < *gole-ʔ；莫图语 gari < *gari。

南亚语"危险"桑塔利语 gara < *gara。

（4）派生，*ŋe > *ŋe-l

南岛语"困难"爪哇语 aŋɛl < *ʔa-ŋel。

（5）首辅音演变，*gʷar > *dar 等

汉语"惮"*tʷjar《说文》："忧惧也。"

"怕"中古朝鲜语 turi- < *duri。"怕"乌尔都语 darna < *dar-。

（6）派生，*koru > *sə-koru，*kal > *su-kal

南岛语"怕"邹语 səkoeu < *sə-koru，邵语 ʃuŋkaʃ < *su-kal。

（7）派生，*gra > *gra-k，*gli > *gli-g

"怕"藏文 skrag < *s-krak，缅文 krɔk，怒苏语 gɹu̱⁵³ < *gruk。"受惊"浪速

语 kjauk³¹，怒苏语 gɹu̱⁵³ < *gruk。

"可怕的"古挪威语 uggligr < *u-glig。

74. "怕、生气" *ʔur

汉语"畏" *ʔur-s > *ʔuərs，《说文》："恶也。"

"怕"蒙古语 ɛ-，达斡尔语 ɑi-，土族语 ɑjɛ- < *ʔere。"伤心透了"满文 ure- < *ʔure。"怒气"东部裕固语 uːr。

"生气、粗暴"拉丁语 ira，古法语 ire，古英语 irre。"哭泣"乌尔都语 ronaː < *ro-。

75. "推、扔" *pʷir、*bʷar

汉语"排" *brər《说文》："挤也。"

"扔"土耳其语 firla- < *pʷir-la。

南岛语"扔"姆贝拉语 -piri < *piri，东部斐济语 βiri < *bʷiri。"推"嫩戈内语 puze < *pure，邹语 poeohʉ < *poro-q。

"扔"威尔士语 bwrw < *buru。"推"波兰语 przetʃ < *pre-。"推、压、按（铃）"梵语 praɳudati < *pra-nuda-。"推" 西班牙语 empujar，葡萄牙语 empurrar < *empura-。"推"亚美尼亚语 hrel < *pre-。"压"拉丁语 pressare，"挤压"古法语 presser < *pur-。

（1）流音交替，*bʷari > *bʷali

"扔"锡伯语 viali- < *bʷali。

南岛语"扔"布鲁语 spele < *s-pele。

南亚语"扔"尼科巴语 kaval < *ka-bʷal，桑塔利语 pelao < *pela-ʔo。

"扔"（名词）希腊语 bole。

（2）首辅音演变，*bʷere > *gʷere

南岛语"扔"哈拉朱乌语 gʷere。"扔、落"蒙达语 giɽi < *giri。

76. "拉、推、压、扔" *de

"拉"藏文 ɦthen < *m-de-n。

"拉"满文 tata-，锡伯语 tatə- < *tata。达斡尔语 tɑtə- < *tɑtə。

南岛语"拉"西部斐济语 toto < *toto。

尼罗-撒哈拉语系扎尔马语"拉" tʃandi < *tadi，"推" tutay < *tutaj。

（1）派生，*do > *do-r，*tu > *tu-r 等

"扔"藏文 dor < *dor。

南岛语 "推" 鲁凯语 ɖuruɖuru < *duru，莫图语 dori-a < *dori-ʔa。"伸" 罗维阿纳语 nadoro < *na-doro。"拉" 阿者拉语 aⁿtir- < *ʔatir。

南亚语 "扔、推" 蒙达语 uduɽ < *ʔu-dur。

"压" 希腊语 siderono < *si-dero-。

（2）流音交替，*der > *del，*tor > *tol

"推" 藏语夏河话 ndel < *del。

"扔" 东部裕固语 tʃiluda- < *tilu-。"推" 古突厥语 tul- < *tul。

南岛语 "推" 萨摩亚语 tulei，塔希提语 tūrai < *tule-ʔi。

（3）元音屈折，*tula > *tala，*tore > *tare 等

"扔" 维吾尔语 taʃla-，哈萨克语 tasta- < *tal-。"扔" 西部裕固语 tɑrda- < *tar-。"拉" 古突厥语、维吾尔语、哈萨克语 tart-，西部裕固语 dɑhrt- < *tar-。

南亚语 "拉" 桑塔利语 dhara dhɛri < *dara-dari。

（4）派生，*tula > *tula-k，*tore > *tore-k 等

南岛语 "推" 他加洛语 tūlak，米南卡保语、亚齐语 tulaʔ < *tulak。"拉" 印尼语、摩尔波格语、巴厘语 tarik，亚齐语 tareʔ < *tarik。

南亚语 "抽" 克木语 trɤh、布朗语南虎话 rɤiʔ < *tərək。

"推" 蒙古语 dɯlxə-，达斡尔语 tulki-，东部裕固语 tulgu-，土族语 turgu- < *tuləku。"拉" 蒙古语 tʃɑŋɡɑ-，东部裕固语 tʃirɡɑ-，保安语 tɕirgə- < *tirga。

"推" 俄语 tolkatj < *tol-ka。"扔" 波兰语 dorzutɕitʃ < *doruki。"拉" 阿尔巴尼亚语 tërheky < *torke，波兰语 targtʃ < *targa-。

"推" 匈牙利语（动词）törekszik < *torek-sik。

（5）派生，*te > *te-n，*to > *to-n

"拉" 藏文 ɦthen < *m-ten。"推" 缅文 ton³，阿昌语 tun³¹ < *tun。

"拉" 鄂伦春语、鄂温克语 taːn- < *tan。"拉" 威尔士语 tynnu < *tin-。

77. "推、压" *na，*no

汉语 "攮" *njaŋ《说文》："推也。""推" 景颇语 noŋ⁵⁵，达让僜语 ŋɯɯŋ⁵⁵ < *ʔno-ŋ。汉语 "襄" *s-naŋ 除去。"讓（让）" *njaŋ-s《说文》："相责让。"

"推" 满文、赫哲语、鄂温克语 ana-，锡伯语 anə- < *ʔa-na。

南岛语 "压" 吉尔波特语 taona < *ta-ʔona；莫图语 nunu-a < *nunu。

派生，*ne > *ne-n。"压" 藏文 gnon，错那门巴语 nen < *g-nen。藏语阿力克话 mnan < *m-nen。

78. "扔、挤、丢失" *pos、*bos

"扔" 缅文 pɑs⁴ < *pos。

南岛语 "挤" 雅美语 poʃipoʃ < *posi，马那姆语 pisa < *pisa。

"扔" 粟特语 fərpāʃ- < *pur-pas。"丢失" 阿尔巴尼亚语 humbas < *qubas。

"丢失" 匈牙利语（动词）veszit < *bʷesi-t。

79. "沉、忘记、扔" *lebʷ

"沉" 景颇语 lup³¹ < *lup。"忘记" 景颇语 mǎ³¹lap³¹ < *ma-lap。

南岛语 "丢失" 大瓦拉语 lipeu < *libe-ʔu。"忘记" 印尼语、巴塔克语 lupa，米南卡保语 lupo < *lupa。

南亚语 "扔" 桑塔利语 lebda < *leb-da。"沉" 亚美尼亚语 suzvel < *su-lubʷ-。

"扔" 匈牙利语（动词）meglep < *-lep。

塞音鼻化，*lebʷ > *lem。

"忘记" 壮语武鸣话 lum²，黎语通什话 luum⁵ < *lum。侗语、水语 lam² < *lam。

80. "抖、摇、跳" *rik、*reg

汉语 "栗" *rik。

"摇" 古英语 roccian，古挪威语 rykkja，瑞典语 rycka < *rok-。

"摇" 匈牙利语（动词）rezeg < *rereg。

"摇" 格鲁吉亚（动词）rxɛva < *rqe-。

流音交替，*rege > *lege。

汉语 "跃" *ljek《说文》："迅也。""跳" 西双版纳傣语 hok⁷ < *ʔ-lok。

"抖" 维吾尔语、哈萨克语 silki-，撒拉语 silɣe- < *si-lge。"抖" 蒙古语 ʃilgɔː-，东部裕固语 ʃøgøː-，土族语 ҫilgo- < *si-lgo。"抖" 鄂伦春语 ʃilgin- < *silgi-n，鄂温克语 ʃilgiʃi- < *si-lgi-si。

南岛语 "抖" 布昂语 lɛk < *lek。"摇" 达密语 joku < *loku。"跳" 姆布拉语 lek < *lek；查莫罗语 tajog < *ta-log。

南亚语 "抖" 桑塔利语 lukluk < *luk-luk。

81. "抖、摇" *dar

"抖" 藏文 ɦidar < *m-dar。汉语 "朵" *tʷar-ʔ，动也，《说文》："树木垂朵朵也。"

"摇" 维吾尔语 tʃøry-，乌孜别克语 tʃøri- < *tori。"摇" 图瓦语 dʒajʁɑ-，西部

裕固语 jejqɑ- < *dar-qa。"振动"满文 durge- < *dur-ge。"摇"锡伯语 tœrxuvu- < *tor-qu-bu。

"摇"希腊语 trantazo < *tra-taro，古教堂斯拉夫语 treso < *tre-。"摇"阿尔巴尼亚语 troʃis < *tro-sis。"抖"希腊语 tremo。"摇、颤抖"俄语 drozɑtj < *drora-，"颤抖"波兰语 drʒetʃ < *dre-。

"摇"芬兰语 taristä < *taris-，匈牙利语 trillazik < *trila-。

"颤抖"格鲁吉亚语 tritəli < *tri-toli。

流音交替，*tar > *tal，*dir > *dil。

"摇"塔塔尔语 taʃlɑ- < *tal-。

南亚语"摇"桑塔利语 daldalao < *dal-dal-ʔu，dildil < *dil-dil。"抖"莽语 tə³¹le⁵⁵ < *təle。

82. "落下、滴、漏" *rag

汉语"落" *g-rak > *rak，《说文》："木曰落。"

南亚语"漏"尼科巴语 aɽōk < *ʔarok。佤语布饶克方言 rə̣ik，德昂语 rɔiʔ < *rok。"落"巽他语 ragrag < *rag。

"滴（落）"梵语 rejati < *rega-，粟特语 ōrēz < *oreg。

流音替换，*rak > *lak，*rek > *lek。

汉语"斁" *lak-s，解也。"譯（译）" *ljak。"繹（绎）" *ljak《说文》："抽丝也。"

南亚语"滴"桑塔利语 liŋgi < *ligi。

"漏"中古荷兰语 lekan，古挪威语 leka，古英语 leccan < *lek-。

83. "落下、漏、忘" *la

"漏"壮语武鸣话 ɣo⁶，布依语 zo⁶ < *lo-s。独龙语 a juɯ⁵³ < *lu。

汉语"念" *lja-s > *jos，《说文》："忘也。"

南亚语"漏"巴琉语 ljo¹¹，莽语 lu⁵¹ < *lu。南岛语"漏"斐济语 lu。

科伊桑语系"落"科伊科伊语 ǁā < *ʔla。

84. "落、扔" *pʷele

"落"土家语 pi⁵⁵lie²¹ < *pile。

"扔"锡伯语 viali- < *bʷali。

南岛语"丢失"贡诺语 taʔ-pelaʔ < *pelaʔ。

"落"古英语 feallan，古弗里斯语 falla，立陶宛语 puola < *pola-。"扔"（名

词）希腊语 bole。

85."丢失、滴、落下"*tok

"丢失"壮语、水语、侗语 tok⁷ < *tok。"摘"藏文 ɦthog < *m-tok。汉语"摘"*trik《说文》："拓果树实也。"

南亚语"落、掉"莽语 dɔk⁵⁵ < *dok。"落下"尼科巴语 pituːk < *pi-tuk。

南岛语"滴"宁德娄语 taku，泰雅语 ma-taku < *taku。卡林阿语 otdag < *ʔotag。

"丢失"哈萨克语 dʒoʁalt-，塔塔尔语 dʒoʁal- < *doga-l。"落"土耳其语 taki- < *taki。

"滴"（名词）希腊语 stagona < *s-tago-na。"泪、滴"古英语 teahor < *dago-。

"落、滴落、减少"匈牙利语（动词）csokken < *toke-。

"失去"格鲁吉亚语 dakhargva < *taga-rg-。

元音交替，*tok > *tik。

汉语"滴"*tik《说文》："水注也。""摘"*trik《说文》："拓果树实也。""滴"藏文 ɦthig，嘉戎语 nthɐk < *m-tik。"零碎"藏文 tsig < *tjik。"摘"土家语 thie³⁵ < *thik。

南亚语"丢失"佤语艾帅话、布兴语 tik，克木语 tɐik < *tik。

86."离开、丢失、渗漏"*gʷa

汉语"往"*gʷa-ŋ。

"丢失"蒙古语 gəː- < *gə。

南岛语"流"劳语 iga < *ʔiga。

"去、离开"古英语、古弗里斯语、古高地德语 gan < *ga-n。"去"乌尔都语 jana < *ga-na，"丢失" khoːna < *go-na。

（1）塞音鼻化，*gʷa > *bʷa

"渗漏"满文 sabda-，锡伯语 savdə-（漏，滴）< *subʷ-。

"丢失"芬兰语（动词）hävtaː < *qabʷ-。

（2）塞音鼻化，*bʷa > *mʷa，*bʷaŋ > *mʷaŋ

汉语"无"*mʷja《说文》："亡也。""亡"*mʷjaŋ《说文》："逃也。""忘"*mʷjaŋ-s《说文》："不识也。""丧"*s-maŋ《说文》："亡也，亡亦声。""走、去"苗语养蒿话 moŋ⁴，宗地话 məŋ⁴ < *moŋ-ʔ。"丢失"阿侬怒语、独龙语 ɑ⁵⁵mɑŋ⁵³ < *ʔa-maŋ。

"走"维吾尔语、西部裕固语 maŋ- < *maŋ。

87."磨、擦、摸、刮、洗"*bʷa、*bu

"磨刀"壮语武鸣话、水语 pan², 毛南语 pjan² < *ba-n。"磨刀"鄂伦春语 iwə-, 鄂温克语 i:wu < *ʔi-bu。

（1）派生，*bʷa > *s-bʷa, *bu > *s-bu 等

"擦掉"藏文 sub < *sub。羌语 ʂpɛ < *spe。"摸"景颇语 ma³¹sop³¹, 独龙语 sop⁵⁵, 墨脱门巴语 sup < *sop。

南岛语"刮"沙玛语 sapu, 印尼语、巴塔克语、罗地语 sapu < *sapu。

"摸"土耳其语 sivaz- < *sibʷa-r。"抚摸"塔塔尔语 sipɑ-, 西部裕固语 sovɑ- < *siba。日语 sawaru < *saba-ru。

"擦"亚美尼亚语 ʃviel < *sbʷi-。"擦、扫、刮"苏美尔语 sub。

（2）第二辅音演变，*sobʷ > *sok

南岛语"擦"萨萨克语 osok < *ʔo-sok。

（3）第二辅音演变，*subʷ > *sut

"擦"缅文 sut, 博嘎尔珞巴语 çit, 纳西语 sɿ⁵⁵ < *sut。"擦"畲语多祝话 sot⁷, 勉语江底话 su⁷, 湘江话 çot⁷ < *sut。

南岛语"擦"巴厘语 sutsut < *sut；马都拉语 kusut < *kusut。

（4）派生，*bi > *bi-le

"磨"土耳其语 bile, 维吾尔语 bilɛ-, 西部裕固语 bəle- < *bile。"磨"蒙古语 bilʉdə-, 东部裕固语 buly:de- < *bilu-。"擦"锡伯语 mavələ-, 赫哲语 mabula- < *ma-bula。

南岛语"洗（衣）"邵语 fəɬuq < *pʷəlu-；"洗（手）"排湾语 piḷima < *pili-。

"磨"阿尔巴尼亚语 bluaj < *blu-。"触摸、察觉"古英语 felan, 古挪威语 falma, 古弗里斯语 fela < *pʷela-。

（5）流音交替，*bʷel > *bʷer

南岛语"洗（器皿）"雅美语 vezvez̧ < *bʷer-bʷer。

"磨损"古英语 werian, 古挪威语 verja < *bʷera。"触摸"梵语 spr̥iʃ < *s-pri-s。

88."扫、擦、磨"*kʷat

"擦"壮语武鸣话 kvet⁷ < *kʷet。侗语 kwet¹⁰, 水语 kot⁸ < *gʷot。

南亚语"擦"莽语 get⁵⁵, 桑塔利语 getʃ（刮掉）< *get。

"磨"梵语 kuṭṭati < *kuta-。

"摩擦"芬兰语（动词）murskata <*murs-kata。

（1）首辅音演变，*kʷat > *pat，*gʷot > *bot

"扫"壮语武鸣话、傣语 pat⁷ < *pat。

南亚语"擦"克木语 m pɔt < *pot。"磨刀"户语 pat³¹ < *pat。

（2）首辅音演变，*gʷat > *dat

"擦"毛南语 djaːt⁷ < *ʔ-djat。

（3）塞音鼻化，*bʷat > *mat

"擦"景颇语 sǎ³¹mat³¹ < *sa-mat。侗语 mjaːt⁷ < *ʔ-mjat。

（4）派生，*kʷat > *kʷrat

汉语"刮"*kʷrat《说文》："掊把也。""擦"*s-khrat，"刷"*s-kʷrat > *sruat。汉语"劀"kʷrat-s > *kʷrjats，《说文》："利伤也。"《方言》卷三："草，木刺人。""磨"黎语 hwaːt < *krat。"刮"缅文 rit，阿昌语 khzət，嘉戎语（ka）khrot < *krot。

南亚语"磨"佤语艾帅话、德昂语硝厂沟话 krit < *krit。"刮"摩尔波格语 korut，亚齐语 krut <*korut。

"摩擦、刮"古法语 grater。瑞典语 kratta，丹麦语 kratte < *krate。"刮"法语 gratter < *grat-，俄语 skarednitçatj < *skred-。"磨、擦"古英语 grindan，立陶宛语 grendu < *gredu。

89."磨、擦、抚摸" *male

汉语"磨"*mʷal-s。"摩"*mʷal《说文》："研也。"

南岛语"洗澡"邵语 miluʔ < *milu-。

"抚摸"撒拉语 mɑlɑ- <*mala；"摸"东部裕固语 molo- <*molo。

"磨"（动词）瑞典语 mala，丹麦语 male，荷兰语 malen < *male。"磨"波兰语 mletʃ < *mle-。"擦、压碎"和阗塞语 malys- <*maljs。

流音交替，*male > *mare。

"磨"东乡语 moji- <*mori。

"擦"粟特语 mrz，阿维斯陀经 marəz < *marə-。

"摩擦"芬兰语（动词）murskata <*murs-kata。

90."射、弓、打猎" *pe

"射"独龙语 ɑp⁵⁵，博嘎尔珞巴语 op < *ʔap。

（1）派生，*pe > *pe-n（na）

"射"藏文 fiphen < *m-pen。

南岛语"射"汤加语、萨摩亚语、罗图马语 fana，西部斐济语 βana < *pʷana。"射"邹语 pono，鲁凯语 ʔana，马京达瑙语 pana < *pana。"弓"梅勒斐拉语 fana，嫩戈内语 pena̯ < *pʷana。"打猎"瓜依沃语 fana < *pʷana。

南亚语"射"京语 ban⁵ < *ʔ-ban。"箭"和阗塞语 pūna < *puna。

（2）派生，*pe > *pe-ŋ（na）

"射"侗语、水语 peŋ⁵，毛南语 peɲ⁵ < *peŋ。

南亚语"射"佤语马散话 puiŋ，德昂语硝厂沟话 băiŋ，布兴语 pěŋ < *peŋ。

91. "射、泼、扔、箭" *pʷat

汉语"发" *pʷjat（弓弩的发射），"泼" *phʷat，"拨" *pʷat。"泼"藏文 phot。"倒（水）"错那门巴语 phot⁵³。"甩"壮语武鸣话 faːt⁷ < *pʷat，柳江话 fit⁸ < *bʷet。"扔"壮语龙州话 vit⁷，黎语通什话 fet⁷ < *ʔ-bʷet。

南亚语"射"布朗语甘塘话 phɤt³³ < *bot。"扔"越南语 vət⁷ < *ʔ-bʷet，德昂语 pɛt < *pet，桑塔利语 tsapath < *ta-pat。

南岛语"扔"布拉安语、巴拉望语 bat < *bat，巴厘语 sabat < *sa-bat。"射"莫图语 pidi-a < *bidi。"箭"大瓦拉语 pidu < *pidu，赛德克语 budi < *budi，邵语 paðiʃan < *padi-lan。"（水）滴"锡加语 βatu < *bʷatu。

"落"中古朝鲜语 pəsta，朝鲜语庆州话 pətʃəra < *bədə-。"渗漏"满文 sabda-，锡伯语 savdə-（漏，滴）< *su-bdə-。

"扔"希腊语 peto < *pet-。"落下"梵语 patati < *pata-。"落下"粟特语 ōpət- < *o-pət，和阗塞语 pat-。"扔、射、戳"和阗塞语 bid- < *bid。"滴、落"俄语 padatj < *pada-。"滴"波兰语 upadatʃ < *u-pada-。

"扔"匈牙利语（名词）vetes < *bʷet-，（动词）vet < *bʷet。

达罗毗荼语系"扔"曼达语 pōtʃamar < *pota-。

首辅音演变，*pʷat > *kʷat。

南岛语"打击"莫图语 kʷadia < *kʷadi-a。"射"吉尔伯特语 katia < *kati-，"弓"katebe < *kate-be。

"射"古英语 sceotan，古挪威语 skjota，古弗里斯语 skiata < *s-kita-。"催促"梵语 skundate。"扔出"古教堂斯拉夫语 iskydati < *is-kida-ti。"射、投"俄语 kidatʃ < *kida-ti。

92. "射、泼、扔" *ter

汉语"矢"*sthjirʔ < *s-tir-ʔ, 甲骨文为搭箭形,《说文》:"弓弩矢也。"

南岛语"射"达密语 ɸidur < *pi-dur。"弓"锡加语 utər < *ʔutər。

"箭"乌尔都语 teːr < *ter。"推"阿尔巴尼亚语 ʃtyrë < *sture。"拉"法语 tirer, 西班牙语 tirar, 意大利语 tirare < *tira-。

"拉"格鲁吉亚语 drɛva < *dre-。

93. "扫、擦、摸" *pu

"摸"景颇语(ma³¹)sop³¹, 独龙语 sop⁵⁵, 怒苏语 sạ⁵³ < *sop。

"扫"鲁凯语 səwaʔ, 赛夏语 sapœh < *səbʷa-。"擦"沙玛语 sapu, 印尼语、巴塔克语、罗地语 sapu < *sapu。

"抚摸"塔塔尔语 sipa-, 西部裕固语 sovɑ- < *sipa。

派生, *supu > *supu-r。

"扫"土耳其语 sypyr-, 维吾尔语 sypur-, 哈萨克语 səpər-, 塔塔尔语 sibir- < *subir。

94. "给、分、借、归还" *bʷi、*bʷa

"给"缅文 pe³, 独龙语 bi⁵³, 墨脱门巴语 bi, 博嘎尔珞巴语 biː < *bi。"给"嘉戎语 kɐ wə < *bʷə。"分"缅文 we² < *bʷe。"归还"壮语武鸣话 poi² < *bʷi。侗语 pəi³ < *pʷiʔ。

南亚语"给"布朗语佤方言 fa, 户语 va³¹ < *bʷa。"借"佤语马散话 vi, 艾帅话 vai, 布朗语曼俄话 vai³¹ < *bʷi。

南岛语"给、送"萨摩亚语 ʔave < *ʔabʷe, "给"拉巴努伊语 vaʔai < *bʷa-ʔaʔi。"给(他)"萨摩亚语 ʔave < *ʔabʷe。"分"萨摩亚语 vavae < *bʷabʷa-ʔe。"分"宁德娄语 apʷai < *ʔapʷa-。

"给"满文、锡伯语、赫哲语 bu- < *bu。"给"和阗塞语 būū。

尼日尔-科尔多凡语系"给"祖鲁语 -pha < *ba。

(1)塞音鼻化, *bʷo > *mo

南亚语"给"蒙达语 om, 桑塔利语 ẹm < *ʔom。

新爱尔兰岛非南岛语系语言"给"库欧特语 -amu-。

(2)派生, *pʷo > *pʷo-k

汉语"卜"*pʷok。《诗经·小雅·楚茨》:"卜尔百福, 如幾如式。""卜", 给。

南岛语"给"摩尔波格语 bogoj, 他加洛 bigoj < *bigo-ʔi。

（3）派生，*pə > *pə-n，*be > *be-ŋ

汉语"分"*pʷən < *pʷə-n。"判"*phan-s。"分"墨脱门巴语 boŋ，义都珞巴语 beŋ < *beŋ。西双版纳傣语 beŋ⁵ < *ʔ-beŋ-s。

（4）派生，*pa > *pra，*be > *be-r

"分开"格曼僜语 pɹa⁵⁵ < *pra。

"给"古突厥语、图瓦语 ber-，土耳其语 ver-，维吾尔语 bɛr- < *bʷer。"借"朝鲜语 pirta < *bir-。

南岛语"给"印尼语 mən-bəri，巽他语 bere < *beri。

南亚语"分食物"桑塔利语 parsao < *par-s-。

"平分的"拉丁语 separatus < *separa-。"分开"古法语 partir < *par-。"付给"希腊语 prosphero < *pro-sbero。"给"赫梯语 pija < *pira。"借来、买"俄语 bratj < *bra-。"借出"粟特语 pār < *par。"还、返回"俄语 vernutj < *bʷer-nu-ti。"借来、买"bratj < *bra-ti。"给、答应"俄语 obezątj < *o-bera-。

"分开"苏美尔语 bar-a。

（5）流音替换，*bʷer > *bʷele

南岛语"给"巴厘语、布拉安语 ble，锡加语 βəli < *bʷele。"给"赛夏语 mobəļaj < *mo-bila-ʔi。"借"那大语 voli < *boli（借进），tiʔi-voli < *tiʔi-boli（借出）。"归还"印尼语 kəmbali，米南卡保语 baliʔ-an < *kə-bali-ʔ。

"给、借"阿尔巴尼亚语 fal < *bʷal。

（6）派生，*pʷera > *pura-gi

"归还"鄂伦春语 burgi-，鄂温克语 buːggli- < *burgi-。朝鲜语 pəskita < *bərgi-。

"借出、租"波兰语 pozytsatʃ < *poruka-，"借出"古英语 borgian，"借出、借入"德语 borgen < *borge-。

（7）派生，*pʷela > *pla-k

南岛语"归还"爪哇语 m-balɛʔke < *baliʔ-ke，卡加延语 balik < *balik。

95."给、借、分"*ge

"给"傈僳语 go，巍山彝语 gu²¹ < *gu。"分"藏文 bgo < *b-go。博嘎尔珞巴语 guː，怒苏语 gɔ³⁵ < *go。"分"黎语保定话 kau² < *gu。

"给"蒙古语 ege- < *ʔe-ge，朝鲜语 tʃuta < *gu-。"给"达斡尔语 uku-，土族语 uɢu < *ʔu-gu。"借"中古朝鲜语 skuta < *s-gu-。

南亚语"分"布朗语胖品话 ga < *ga。

南岛语"分"卡林阿语 gogwa < *gogʷa。

（1）派生，*ku > *ku-ra，*ka > *ka-ri

汉语"假"*kra-ʔ《说文》："借也。"

"借（进）"日语 kariru < *kari-ru。"给"阿伊努语 kore < *kore。南岛语"借（进）"东部斐济语 kere-a < *kere-ʔa。"送"米南卡保语 kirin。

尼罗–撒哈拉语系"借"扎尔马语 garaw < *gara-。

（2）派生，*kore > *kole

南岛语"借（进）"汤加语 kole < *kole。

96."给、分、借、允许"*to、*de

"借"扎坝语 ty⁵⁵ < *tu。

"给"日语 ataeru < *ʔata-ʔeru。"分"满文 dende-，锡伯语、赫哲语 dəndə- < *dede。"给"鄂罗克语 anta < *ʔata，anto < *ʔato（男人用语），ante < *ʔate（女人用语）。"借"维吾尔语 øtnɛ，柯尔克孜语 øtynø，土耳其语 ødyn（补偿）< *ʔoti-ne。

南岛语"给"宁德娄语 adeu < *ʔade-ʔu。马京达瑙语 tei，那大语 tiʔi < *te-ʔi。"分"帕马语 diti < *diti。"借"罗地语 tina < *ti-na（借进）， tona fe < *to-na-pe（借进）。

南亚语"给"佤语 toʔ < *to-ʔ。布朗语甘塘话 tai⁵¹ < *ti。

"给"梵语 dadati < *dada-。"给"波兰语 datʃ < *da-，俄语 otdatj < *da-ti。亚美尼亚语 tal < *ta-。"给"梵语 dadati。乌尔都语 deːna < *de-，和阗塞语 dā- < *da。"借出、给"希腊语 dido < *dido。

"给、允许"芬兰语 anta < *ata。"给、屈服"匈牙利语 ad。"给、免除"匈牙利语 atad < *ata-d。"给"阿拉伯语 ata。

尼罗–撒哈拉语系"给"卡努里语 njo < *ndo。

科伊桑语系"给"科洪语 Îàa < *ʔnda-。他罗第语 tɛ。"分开"科洪语 !úu < *ʔtu-。

（1）派生，*te > *te-r，*da > *da-r

"给"藏文 ster < *s-ter。

南亚语"给"德昂语 dɛh < *der。

南岛语"给"托莱语 tər < *ter。

"给"西班牙语、葡萄牙语 dar，意大利语 dare < *dar。

（2）流音替换，*der > *del

"借出、借入"蒙古语 dʒɔːlə-，东部裕固语 dʒeːle- < *dele。

"分开、分配"古英语 dælan < *dala-。俄语 delitj，波兰语 dzielitʃ < *deli-ti。

97. "给" *la

汉语"予" *lja，"与" *gʷ-lja，"贻" *lə，"诒" *lə-ʔ。① "给"景颇语 ja³³ < *la。土家语 lie³⁵ < *le。那加语南桑亚方言、昌方言 lā < *la。"给"傣语 hauɯ³，布依语 ɣauɯ³ < *ʔlə-ʔ。

南岛语"给"马绍尔语 le。

新爱尔兰岛非南岛语系语言"给"库欧特语 -là。

"给、借"古英语 sellan，"递给"古挪威语 selja。"给、递给、卖"古弗里斯语 sella < *sela。

98. "给、分" *kepʷ、*gibʷ

汉语"给" *kəp《玉篇》："供也。"

南岛语"分"阿者拉语 aŋkaf < *ʔa-kapʷ。

"给"古英语 giefan，古弗里斯语 jeva，古丹麦语 givæ（屈服）< *gibʷa。

第二辅音演变，*kepʷ > *kek。

南亚语"给"尼科巴语 kĕk < *kek。

99. "返回、赎、推" *lok

汉语"赎" *m-lok《说文》："贸也，賣声。"藏文"返回" log，"返回、颠倒" ldog，"遣回" slog。"返回"墨脱门巴语 lok < *lok。

南岛语"归还"摩尔波格语 uliʔ（还、回来），巴塔克语 pa-ulak < *-ʔulik。"归还"马京达瑙语 leko < *leko。"回来"巴塔克语 m-ulak。"回来"他加洛语、阿卡拉农语 balik，卡加延语 malik < *ma-lik。

100. "踏、压、拉" *dapʷ

汉语"蹋（蹹）" *dap-s《说文》："践也。""踏" *thəp，著地。汉语"叠" *dəp > *diəp。"沓" *dəp > *dəp，重也。藏文"拍打、踩" rdeb，"磕碰" brdab < *b-rdab。"压"景颇语 tip³¹ < *dip。藏文"折" ldeb < *l-dep，"增添" rdzob < *r-djop，"堆积" bstebs-vdzogs。

南岛语"推"布鲁语 tobe < *tobe。

---

① 《诗经·小雅·斯干》："无非无仪，唯酒食是议，无父母诒罹。""诒"，留给。

"压、压碎"俄语 davitj < *dabʷi-ti。"压力"乌尔都语 dabao < *daba-o。

"堆起、跳过"苏美尔语 dub。

第二辅音演变，*dapʷ > *dak。

"压"阿昌语 tek³⁵ < *tek。德宏傣语 tek⁹ < *tek。

"捏"维吾尔语 tyg-，西部裕固语 dʒiɣ-（攥）< *dig。

南岛语"压"印尼语 təkan，米南卡保语 takan，沙玛语 tokkon < *tak-an。

南亚语"推"桑塔利语 ḍhaka < *daka。"压"德昂语南虎话 tĕk，茶叶箐话 tɛk⁵⁵ < *tek。

101. "打、插、扔" *tʷup、*dup

汉语"鷙" *tjəp-s《说文》："击杀鸟也。""打"嘉戎语（kɑ）top < *top。

尼罗-撒哈拉语系"打"卡努里语 dədəptu < *dədəp-。

第二辅音演变，*tup > *tuk。

汉语"啄" *tʷuk《说文》："鸟食也。""琢" *tʷuk《说文》。"治玉也。""叔" *s-thʷjuk，拾取。"督" *tʷuk《说文》："一曰目痛也。"汉语"椓" *tok。《诗经·小雅·正月》："民今之无禄，天夭是椓。""椓"劈。汉语"欘" *tʷjok《说文》："斫也，齐谓之镃錤，一曰斤柄。""啄"藏语阿力克话 ntok < *m-tok。"捡"景颇语 thaʔ³¹ < *thak。"插"藏文 ɦdzugs < *m-duk-s。墨脱门巴语 tsuk < *tuk。"踢"博嘎尔珞巴语 duk。"啄"毛南语 tjok⁷ < *tjok。傣语德宏话 sak⁷ < *s-tok。"捶"侗语 ɕok⁷ < *s-tjok。"啄"壮语武鸣话 toːt⁷，布依语 sot⁷ < *s-tot。"啄"苗语养蒿话 tɕu⁷，吉卫话 ntɕu⁷，畲语多祝话 tju⁷ < *ʔ-tjuk。

"打"蒙古语正蓝旗话 dʒoxə-，和静话 tsok- < *tok。

南亚语"打"佤语艾帅话 tɔk < *tok。"扔"佤语艾帅话、布兴语 tik，格木语 tɛik < *tik。

南岛语"用拳头打"汤加语 tuki < *tuki，"压"亚齐语 tɯgɔn < *tigo-n。

"倾倒、泼"维吾尔语、哈萨克语 tøk-，西部裕固语 tøhk- < *tok。

"打"波兰语 stukatʃ < *s-tuka-，"敲、打击"俗拉丁语 toccare < *toka-，"推"乌尔都语 dhakka dena < *daka-。

102. "死、干枯、干的" *il、*ulo

汉语"死" *sil。"翳" *ʔil-s，枯死。《诗经·大雅·皇矣》："作之屏之，其菑其翳。""死"加洛语他布棱话（Tableng）li < *li。"死"壮语武鸣话 ɣaːi¹，龙州话 haːi¹，临高语 dai¹ < *ʔ-li。"杀"仫佬语 l̥i³ < *s-li-ʔ。"死"黎语保定话 ɬaːu²，

黑土话 daːu² < *lu。

"死"土耳其语、维吾尔语 øl-，西部裕固语 jyl- < *ʔul。

南岛语"干燥的"赛夏语 ʔæɭʔæɭiw < *ʔal-ʔalig，鲁凯语 maməal < *mamə-ʔal。

南亚语"干燥的"佤语阿佤方言 sʼʔɔh < *s-ʔol。

"死"巴斯克语 il。"死"吐火罗语 ₐ wïl < *ul。

"死"苏美尔语 uʃ < *ul。

科伊桑语系"死"科伊科伊语 ǁo < *ʔlo；"干的"科洪语 ǁúa < *ʔlu-a。

（1）流音交替，*lu > *ru

"干的"苗语养蒿话 qha¹，大南山话 ɴqhua¹ < *q-ro。

"干的、枯的"土耳其语 kuru-，维吾尔语 quru-，撒拉语 ɢurə < *qu-ru。

（2）派生，*ra > *ra-k

"干的、枯的"维吾尔语、哈萨克语 qurʁaq < *qurak-。

103. "死、杀、干枯"*ti、*de

"死"苗语养蒿话 ta⁶，先进话 tua⁶，勉语江底话 tai⁶ < *de-s。"杀"苗语养蒿话、石门坎话 ta⁵ < *ta-s。"死"泰语 taːi²，水语 təi¹ < *ti。"死"羌语 də ʂɛ，道孚语 də ʃɛ < *de-si。"死"迪马萨语 ti，加洛语他姆鲁话（Tamlu）ti < *ti。

南岛语"死"萨摩亚语 oti，布拉安语 m-ɔti < *ʔoti。"割"马那姆语 toto，罗地语 tate < *tato。伊拉鲁吐语 mətotə < *mə-totə。

尼日尔-科尔多凡语系"死"祖鲁语 -enda < *eda。

科伊桑语系"死"科洪语 |ʔâa < *ʔtʃʔa-a，"杀"!âi- < *ʔtʃʔa-i，"切"!áo < *ʔtʃʔa-o。

派生，*ta > *sa-ta。

"杀"藏文 gsod < *g-sod。景颇语 sat³¹，独龙语 sɑt⁵⁵ < *sat。

南亚语"死、枯"莽语 θit < *sit。

104. "死、杀、熄灭"*mʷat

汉语"滅（灭）"*mjat《说文》："尽也。""熄灭"独龙语 mit < *mit。汉语"没"*mʷət，沈也，无也。"殁"*mʷət，死。

南岛语"死"窝里沃语、西部斐济语 mase < *mate。"熄灭"罗地语 mate，戈龙塔洛语 momate < *mo-mate。

"杀"西班牙语、葡萄牙语 matar < *mata-r。

"死"古希伯来文 mt，希伯来语 met，叙利亚语 meθ，马耳他语 miet，阿卡德语 mâtu < *me-tu。

塞音鼻化，*mʷad > *bad 等。

汉语"毙"*bjad《说文》："顿仆也。"

"死"鄂温克语 budən，赫哲语 budə- < *budə。满文 butʃehe < *bute-qe。

南岛语"死"爪哇语 pati。巴拉望语 patəj，摩尔波格语 patoj < *pato-ʔi。"（植物）枯、死"窝里沃语 pʷata。

"死"希腊语 pethaino < *peda-no。阿尔巴尼亚语 vdes < *bʷdes。

"死"格鲁吉亚语 phvdɔma < *budo-。

105."杀、死、熄灭"*moru

汉语"劉（刘）"*mru，杀也。

"杀"乌尔都语 marna < *mar-。"熄灭"波兰语 wymazatʃ < *bʷi-mara-。"死"法语 mourir，西班牙语 morir，葡萄牙语 morrer，意大利语 morire < *mori-re。"死"亚美尼亚语 mernel < *mer-l。

（1）鼻音塞化，*mʷora > *bʷora、*bʷra

"杀"阿尔巴尼亚语 vras < *bʷra-s。

（2）首辅音演变，*pʷra > *tra

"熄灭"蒙古语 untrɑ- < *ʔu-tra。

"死"阿尔巴尼亚语 etur < *e-tur。

"熄灭"匈牙利语 eltöröl < *el-toro-l。

106."熄灭、杀、劈"*depʷ

汉语"蹋"*dap-s《说文》："践也。""涉"*djap > *ʐap，《说文》："徒行厉水也。""熄灭"壮语武鸣话 dap⁷，水语 ʔdap⁷ < *ʔ-dap。

"熄灭"威尔士语 diffodd < *dipo-d。

（1）第二辅音演变，*topʷ > *tok，*dubʷ > *dug

"杀"朝鲜语 tʃukita < *dugi-。

"杀"古弗里斯语 deja < *dega。"死"古丹麦语 døja，古挪威语 deyja < *dega。

（2）第二辅音演变，*tapʷ > *tat，*debʷ > *ded

"劈"萨摩亚语 tātā < *tata。"分开"满文 dende-，锡伯语、赫哲语 dəndə- < *dede。

澳大利亚土著语言"死亡"库通语 dut-tee < *dut-。

107. "割、劈、杀、斧子" *gʷat

汉语"害" *gad《说文》："伤也。""鉞" *gʷjat《说文》："斧也。"汉语"截" *s-qjat > *dzjat。"绝" *s-gʷat > *dzuiat,《说文》："断丝也。"汉语"割" *kat《说文》："剥也。""劽" *kʷjat-s《方言》卷三："草木刺人。"汉语"歲（岁）" *s-kʷjat-s > *sjuats,本指鉞类,假借指"年"。"劈"藏语阿力克话 kwat < *kʷat。藏文"灾害" god。藏文"隔断" cad < *kjat,"弄断" gchod < *g-khjot,"分割" bgod < *b-got。"杀"白语剑川话、大理话 ça⁴⁴,泸水话 tça⁵⁴ < *s-kat。"割"勉语江底话 kaːt⁷,大坪话 kɔt⁷ < *kat。

南亚语"割"桑塔利语 gethʃ < *get,"死、杀"桑塔利语 gotʃ < *got。

南岛语"打击"莫图语 kʷadi-a < *kʷadi-。

"咬"乌尔都语 kaːt。"杀"梵语 hantum,希腊语 skotono < *s-kotu-。"劈"希腊语 katakopto < *kata-kop-no。乌尔都语 kaːnta < *kata。"斧子"亚美尼亚语 katshin < *kadi-n。

（1）塞音鼻化,*gʷat > *ŋʷat

汉语"乂、刈" *ŋʷjat-s《说文》："芟艸也。""齾" *ŋiat《说文》："噬也。"

南岛语"斧子"三威治港语 taŋot < *ta-ŋot。

（2）派生,*kat > *krat

汉语"殺（杀）" *s-krat > *srat,《说文》："戮也,或音察。""杀"景颇语 sat³¹,独龙语 sɑt⁵⁵。

108. "点火、烧、烤、火、热的" *re

汉语"燎" *rje《说文》："放火也。""焣" *k-re-ʔ《说文》："交木然也。""晒、烤"藏文 sro < *s-ro。"点火"缅文 hro¹ < *s-ro-ʔ。

南岛语"点火"莫图语 ha-ara-ia < *pa-ʔara,"烧"多莱语 reŋ < *re-ŋ,"热的"坦纳语 arion < *ʔa-ri-on。

"烤"土耳其语 kizar- < *qira-,塔塔尔语 qəzdər- < *qir-dir。"干的、枯的"土耳其语 kuru-,维吾尔语 quru-,撒拉语 ɢurə < *qu-ru。"热的"古突厥语 isig,维吾尔语 issiq,维吾尔语 qiziq,图瓦语 izix < *qi-ri-。

"灼热"拉丁语 ūrō < *u-ro。"烧、炙"俄语 ẓetçj < *re-ti。"烧"亚美尼亚语 ayrvel < *ar-。"火"阿尔巴尼亚语 zjarr < *rar。"烧"巴斯克语 erre。

"火"苏美尔语 izi < *ʔiri。

109. "烤、火、干燥、热的" *gar、*kra

"晒，烤" 景颇语 kʒa³¹ < *kra。"烤" 木雅语 khə⁵⁵rø⁵⁵ < *kəro。

南亚语 "烤" 克木语 kar。南岛语 "烤" 爪哇语 ŋ-goreŋ，米南卡保语 goreŋ < *gore-ŋ。"干燥" 萨萨克语 goro，达密语 gerere <*gere。

"干燥的" 蒙古语书面语 qɑɢurɑɪ，清代蒙文 hagūrai <*qagura-i。

俄语 "烤" gretj < *gre-ti，"烧掉" sgoratj < *s-gora-。"烧" dogoratj < *do-gora-。"热的" 俄语 gorjatɕij，波兰语 gorątsy < *gora-。"使温暖" 波兰语 ogrzatʃ < *ogra-。"温暖的" 古英语 wearm，亚美尼亚语 jerm < *gʷar-m。

首辅音演变，*kʷor-m > *pʷorm，*gʷer-m > *derm。

"温暖的" 拉丁语 formus < *pʷormu-，希腊语 thermos < *dermo-。

110. "烤、晒、焙、煮、火" *buk、*pek

汉语 "煏" *bjək《说文》："以火干肉。"

"晒" 赫哲语 fukia- < *puki-ʔa。中古朝鲜语 ptʃøta，端川话 tʃʃojinta < *bko-。

南岛语 "火" 莫图语南岬方言 vaki < *bʷaki，"点火" 拉巴努伊语 haka hū < *paka-pu，"焙" 摩尔波格语 tumbuk < *tu-buk。

"烤" 古教堂斯拉夫语 pecenu < *peke-。"焙" 古英语 bacan，古挪威语 baka，希腊语 phogein < *bog-an。"煮" 吐火罗语 ᴀ pik- < *pik，粟特语 ptʃ < *pək。"煮过的" 梵文 pakvah < *pakʷ-。"成熟的" 阿尔巴尼亚语 pjekur < *pek-。和阗塞语 "煮" pajs < *peg-s，"煮过的" pātʃhai < *pakha-i。

尼罗-撒哈拉语系 "火塘" 卡努里语 fukko < *puko。

尼日尔-科尔多凡语系 "煮" 祖鲁语 -umpheki，斯瓦希里语 -pika < *beki。"烧" 祖鲁语 -waka < *bʷaka。

111. "痛、有病、累" *pʷa、*bʷa

汉语 "痛" *phʷa，病、累。《诗经·周南·卷耳》："我仆痛矣，云何吁矣。""累的" 景颇语 pa⁵⁵，博嘎尔珞巴语 a pe: < *pe。"病" 德宏傣语 pen⁶ < *ben-s。

"痛" 朝鲜语 aphuta < *ʔa-pu-。

"疼痛" 阿尔巴尼亚语 vuaj < *bua-i，威尔士语 poeni < *po-i-ni。

（1）首辅音演变，*bʷa > *gʷu

"痛、病" 藏语夏河话 khu，纳西语 gu²¹ < *gu。汉语 "咎" *gu-ʔ，灾也，病也。《诗经·卫风·氓》："尔卜尔筮，体无咎言。""咎"，凶辞。

"痛苦、消沉"希腊语 akhos < *a-go-s。

（2）塞音鼻化，*gu > *ŋu

"痛、病"道孚语 ŋo < *ŋo。"哭"藏文 ŋu，缅文 ŋo² < *ŋu。

南岛语"病"邹语 tsoŋo < *toŋo，"呻吟"罗图马语 ŋū < *ŋu。

（3）塞音鼻化，*bu > *mu

"病、痛"苗语养蒿话 moŋ¹，勉语湘江话 muŋ¹ < *ʔ-muŋ。

112. "痛、有病"*na

汉语"疒"*na。"痛、有病"藏文 na，彝语喜德话、傈僳 na³³，拉祜语 nɑ³¹ < *na。"痛、有病"达让僜语 nɑŋ³⁵ < *na-ŋ。

南岛语"痛"卑南语 nana < *na-na。"伤"卡加延语 nina < *ni-na。"痛苦的"和圜塞语 iṇa < *i-na。

"病"格鲁吉亚语（名词）sneuli < *sne-u-li。

113. "痛、有病、咳嗽"*kek、*gʷek

汉语"疫"*gʷjik > *jʷik，《说文》："民皆疾也。""痛"缅文 kok⁴ < *kok。独龙语 dʑiʔ⁵⁵ < *gik。

南岛语"喉痛（甲状腺肿）"南密语 tʃaguk < *ta-guk。

"疟疾"清代蒙文 ʃulkuge < *sul-kuge，"残疾"清代蒙文 emgek < *ʔem-gek。

希腊语"病"kako < *kako，"病的"kakkos < *kako-s。阿尔巴尼亚语"病"kekje < *kekj-e，"病的"kekj < *kak-。"咳嗽"中古高地德语 kuchen，中古丹麦语 kochen < *kog-。"病"苏美尔语 gig。

（1）塞音鼻化，*gʷek > *ŋek

汉语"瘧"*ŋjek《说文》："热寒休作。""虐"*ŋjek《说文》："残也。"

（2）首辅音演变，*gʷek > *dek

"痛"临高语 dɔk⁸ < *dok。

南岛语"痛"马绍尔语 metak，波那佩语 metek < *ma-tek。

（3）首辅音演变，*gʷek > *bek

南岛语"咳嗽"吉尔伯特语 beko < *beko。

"咳嗽"希腊语 betʃo < *beko。

114. "病、热的、痛"*kora、*geri

"热的"他杭语 kropa < *kro-。

"疾病"满文 geri < *geri。"痛、有病"土耳其语 aɣri-，维吾尔语 ɑʁɪ̴ɑ- <

*ʔa-gəri。

南岛语 "热的" 波那佩语 karakar < *kara-kara。

"热的" 俄语 gorjatɕij，波兰语 goratsy < *gora-。

芬兰–乌戈尔语系 "有病的" 匈牙利语 karos < *karo-s。

115. "病、痛、哭" *gu

"痛、病" 藏语夏河话 khu，纳西语 gu²¹ < *gu。

"痛苦、消沉" 希腊语 akhos < *ago-s。

（1）首辅音演变，*gu > *bu

"疼痛" 阿尔巴尼亚语 vuaj < *bua-i。威尔士语 poeni < *po-i-ni。

（2）派生，*gu > *ge-re，*ku > *ku-re

"疾病" 满文 geri < *geri。

南岛语 "病" 莫图语 gorere < *gorere。"痛的" 和阗塞语 ākrre < *akre。"哭" 俗拉丁语 critare，意大利语 gridare，古西班牙语 cridar < *kri-da-re。

116. "病、痛、咳嗽" *ta、*do

"咳嗽" 达让僜语 do⁵⁵，普米语九龙话 tho¹¹ < *do。

南岛语 "生病" 嫩戈内语 ueɖe < *ʔu-ʔede。

科伊桑语系 "生病" 科伊科伊语 |ae < *ʔta-。

（1）派生，*ta > *ta-r

南岛语 "痛" 达密语 darau < *dara-ʔu。"喉痛" 马达加斯加语 tazu < *taru。"咳嗽" 菲拉梅勒语 tare < *tare，达密语 kodor < *ko-dor。

南亚语 "病" 桑塔利语 dodoroso < *doro-so。"咳嗽" 图瓦语 dʒødyr- < *do-ter。

"疼痛" 乌尔都语 dard < *dar-。

（2）流音交替，*tar > *tal

汉语 "瘅" *tal > *tan 丁榦切，*tal 丁賀切，《说文》："劳病也。"

"咳嗽" 维吾尔语 jøtɛl-，哈萨克语 dʒøtel- < *do-tel。

南岛语 "咳嗽" 汤加语、萨摩亚语 tale < *tale。

117. "痒" *la

"痒" 藏文 za，缅文 ja³，景颇语（kǎ³¹）ja⁵⁵ < *la。汉语 "痒" *lja-ŋ。

南岛语 "痒" 瓜依沃语 lai < *la-ʔi。罗图马语 mamala < *ma-ma-la。

118. "洗" *no

"洗" 博嘎尔珞巴语 nuɯ < *nu。义都珞巴语 ɑ⁵⁵nu⁵⁵ < *ʔa-nu。汉语 "濡" *njo

渍也。

南岛语"洗衣"鲁凯语 sinaw < *si-naʔu。"洗器皿"排湾语 səmənaw < *si-naʔu，赛德克语 sino。"洗澡"阿美语 ʔinu。

"洗澡"梵语 snaːti < *s-na-ti。

119."洗、洗澡、倒水"*lek

汉语"涤"*luk > *duk，《说文》："洒也。""浴"*g-ljok。汉语"易"*ljik 倾注。"赐"*s-lik-s > *siks，《说文》："予也。""洗"水语 lak[7]，德宏傣语 sak[8] < *ʔ-lek。"倒（水）"博嘎尔珞巴语 luuk < *lik。"斟酌"藏文 gzig < *g-lik。藏文"流淌、泻"lug，"注入"ldug、zlug < *s-luk。

南亚语"泼（水）"户语 lok[31] < *lok。

"热水澡"古挪威语 laug < *lag，"洗"阿尔巴尼亚语 lag，"灌溉"古英语 leccan < *leka-。

120."洗、洗澡"*dok

"洗"黎语保定话 doːk[7] < *ʔ-dok。

"洗"土耳其语 jika- < *dika，jikan- < *dikan。维吾尔语 ju-，哈萨克语 dʒuw-，图瓦语 dʒu- < *duk。"倾倒、泼"维吾尔语、哈萨克语 tøk-，西部裕固语 tøhk- < *tok。

南岛语"洗脸"沙玛语 dakdak-an < *dak。

121."洗"*sel

汉语"洗"*səl-ʔ《说文》："洒足也。"藏文"冲洗"bçəl < *b-sjəl，"扫除"sel。

"洗"梵语 kasal < *ka-sal。

122."洗、擦、涂、磨"*la

汉语"涂"*la > *do，涂泥。

南岛语"擦"菲拉梅勒语 sōlā < *sola。"扫"萨摩亚语 salu < *salu。"磨"萨摩亚语 olo < *ʔolo，达密语 oli < *ʔoli。

"抚摸"维吾尔语 silɑ-，哈萨克语 səlɑ- < *si-la。"摩擦"撒拉语 sɑlɑ- < *sala。

"洗"阿尔巴尼亚语 laj < *la-。"洗澡"希腊语 loyo、loyro < *lo-。"洗、下雨、流"俄语 litjsa < *li-。

科伊桑语系"洗"科伊科伊语 ǁa < *ʔla。

流音交替，*la > *ra。

"磨刀"黎语通什话 ra⁴ < *ra-ʔ。

123. "接触，摸" *tok

汉语"触" *thʷjok《说文》："抵也。""接触，遏"藏文 thug。"摸"水语 ʔduk⁷ < *ʔ-duk。

南岛语"摸"托莱语 tukiə < *tuki-。"碾磨"沙外语 n-tok < *tok。

"触摸、敲打"古法语 touchier，俗拉丁语 toccare < *toka-。"触摸、滴答响"波兰语 tykatʃ < *tuka-，"触摸"波兰语 tkanątʃ < *tukana-。"触摸"阿尔巴尼亚语 tsek < *tek。

124. "漂浮、游" *bʷe、*pʷu

汉语"浮" *bju，泛也。"游"侗语 ʔaːp⁹，水语 ʔaːp⁷ < *ʔap。"漂浮"缅文 pɔ²，彝语 bu³³ < *bu。黎语通什话 bau¹ < *ʔ-bu。"船"黎语保定话 va¹ < *ʔ-bʷa。"浮"侗语 poŋ²，毛南语 ʔmuŋ¹ < *ʔ-boŋ。

南岛语"漂浮"阿美语 pawpaw < *pabʷ，萨摩亚语 opeopia < *ʔobeʔobe-ʔa。"漂浮"印尼语 məŋ-apuŋ，亚齐语 ampoŋ < *ʔapuŋ，爪哇语 ŋambaŋ < *ŋa-baŋ。

南亚语"独木舟"尼科巴语 ap < *ʔapo。"游"蒙古语 umbɑ-，达斡尔语 xompɑː-，土族语 xombɑː- < *qoba。

"游水、漂浮"古英语、高地德语 swimman < *s-bʷi-m-an，"游水、漂浮"古挪威语 svimma < *s-bʷim。

塞音演变，*pʷu > *ku。

"浮"日语 uku < *ʔu-ku。

125. "打击、扔、劈、撕开、斧子" *bʷat

汉语"伐" *bʷjat《说文》："击也。""打"载瓦语 pat²¹ < *bat。

南岛语"砍"摩尔波格语 badʒi < *badi。"扔"布拉安语、巴拉望语 bat < *bat。"分开"马京达瑙语 pati < *pati，排湾语 *bada-ʔi，东部斐济语 wase-a < *bate-。"斧子"乌玛语 pati < *pati。

南亚语"扔"越南语 vət⁷ < *ʔ-bʷet，德昂语 pɛt < *pet。"砍"布兴语 pat < *pat。

"砍"维吾尔语 puta-，哈萨克语 buta-。

"断"梵语 bhidh < *bid。"割"和阗塞语 patta（第三人称单数）< *pata。"打击、打"古英语 beatan，古高地德语 bozan，古挪威语 bauta < *beda。"打击"亚美尼亚语 harvatsel < *par-bʷate-。"打"乌尔都语 moti。"攻击"粟特语 spāδyā <

*spadja。"扔"希腊语 peto < *pet-。"手斧、小刀"梵语 savadha: < *sa-bʷada。

"打击"芬兰语（动词）peitota < *peto-ta。

（1）派生，*pat > *prat

汉语"拜"*prat-s，拔也。《诗经·周南·甘棠》："蔽芾甘棠，勿翦勿拜，召伯所说。"汉语"拔"*brat《说文》："擢也。""别"*brat，分解。藏文"撕开"ɦbrad < *brat。

（2）首辅音演变，*bʷat > *dat

"打"土耳其语 addet- < *ʔa-det。"敲打"日语 tataku < *tata-ku。"打"满文 tanta，锡伯语 tandə-（打铁）< *tata。"砸"撒拉语 tʃɑt- < *tat。朝鲜语 tuturita < *dudəri-（敲），ttɛrita < *duderi-（打）。

南岛语"打"赛夏语 totœh < *tota-q。"打、用拳头打"拉加语 tutui < *tutu-ʔi。南亚语"棍子打"桑塔利语 ʈɛʈhi < *teti。

梵语"打"ta:dajati，"被打"ta:dita < *tada-ta。"打击"芬兰语（名词）tahti < *tati。

126. "裂、割"*rat、*rad

汉语"裂"*rjat。"劀"*kʷ-rat《说文》："刮去恶创肉也。"汉语"介"*krats < *k-rat-s，间隔，《说文》："划也。""界"*krat-s。"夬"*kʷrat-s，分决。

南岛语"割"阿美语 ritrit < *rit-rit。

"断"乌孜别克语 yzɛt- < *ʔu-ret。

"撕、砍下"古英语 rendan，古弗利斯语 rendaɦ（切、折断）< *reda-n。

127. "裂、散"*ral

汉语"離（离）"*rjal > *rjej，*rej-s。"蠡"*ral-ʔ《方言》卷六："分也。"藏文"裂缝"ral，"撕裂的"ral-ba，"分离"ɦbral < *m-b-ral，"撕碎"hral-ba，"破"ral，"撕"phral，"分开"bkral，"缝隙"sral。藏文"散"grol < *g-rol，"解开"sgrol，"撕开"dral。"使分离"phral。

128. "腐烂、腐烂的"*rat

"烂"景颇语 jat³¹，墨脱门巴语 jit < *rat。汉语"㰖"*rat《方言》卷十三："坏也。""劣"*rat《说文》："弱也。"

"腐烂的"英语 rotten，古挪威语 rotna（腐烂）< *rot-。

"腐烂的"匈牙利语 romlott < *rom-lot。

129.“劈、分开、切、杀、刀、裂缝”*bʷal、*pʷal

汉语“破”*phʷal-s＜*pʷal-s（送气、后缀 *-s 表使动）。“劈”格曼僜语 bla⁵³＜*bla。

“分开”维吾尔语 bøl-（分），图瓦语、哈萨克语 bøl-，西部裕固语 ule-＜*bole。

南亚语“分开”桑塔利语 bilhɛu＜*bil-qu，biloe＜*bilo-ʔe。布兴语 blɛŋ＜*ble-ŋ。

“分开”亚美尼亚语 baʒanel＜*bala-。“分开”匈牙利语（动词）feloszt＜*polo-s-t。

尼日尔-科尔多凡语系“杀”祖鲁语 -bulala＜*bulala。

（1）流音交替，*pʷal＞*pʷar，*bʷal＞*bʷar

南岛语“分开、份额”莫图语 hari-a＜*pari-。

南亚语“分食物”桑塔利语 parsao＜*par-sa-ʔo。

“割”中古朝鲜语 pehita，安城话 pijətta＜*berə-。

“平分的”拉丁语 separatus＜*separa-。“分开”古法语 partir＜*par-。“分开”粟特语 yiwār＜*ibʷar。“刀”古英语 sweord，古弗里斯语 swerd，古挪威语 sverð＜*sbʷer-d。

（2）首辅音演变，*pʷal＞*kʷal，*bʷal＞*kʷal

汉语“刉”*kʷral《说文》：“剔人肉置其骨也。”

南岛语“切”爪哇语 nugəl＜*ŋu-gol。

南亚语“利刃切、砍”桑塔利语 thugul＜*-gul。“分开”佤语马散话 ghuʏh，艾帅话 guah，孟贡话 vah＜*gul。布朗语 kʼkah＜*k-kal。

“剥掉”蒙古语书面语 ʃaʏɑlɑ-，土族语 ɕulə-＜*su-gala。“杀”古英语 cwell＜*gʷel，英语 kill 本义为“打、敲”。

“杀”匈牙利语 gyilkol＜*gʷil-kol。

“杀”格鲁吉亚语 khvla＜*gʷla，mɔkhvla＜*mo-gʷla。

（3）首辅音演变，*bʷal＞*dal，*bʷul＞*dul

汉语“移”*djal。“迻”*djal＞*jal，《说文》：“迁徙也。”“誃”*thjal-ʔ《说文》：“离别也。”

“劈”鄂温克语 dəlxi-＜*dul-gi。“剁”鄂伦春语 doːləː-＜*dolə。“砍”保安语 dolə-，东乡语 doji-＜*doli。“洞、坑”西部裕固语 telək，撒拉语 tiʃux＜*tilu-q。

南亚语"劈"德昂语硝厂沟话 dauh，布朗语 tah³⁵ < *dal。"砸"桑塔利语 dal < *dal。

南岛语"砍"大瓦拉语 tala，塔几亚语 -tale < *tale。

"分开、分配"古英语 dælan < *dala-。"分开"希腊语 diairo < *daro。"分开、分配"俄语 delitj，波兰语 dzielitʃ < *deli-。

亚非语系"杀"希伯来语 qâtala，阿拉伯语 yaqtulu，埃塞俄比亚语 qatala，叙利亚语 qtal，马耳他语 qatel < *qatela。

（4）流音交替，*dal > *dar

汉语"剸"*tʷjar-ʔ > *tʷjanʔ 旨兖切，《说文》："断齐也。""剪"*s-tjar-ʔ > *tsjanʔ。

"劈"土耳其语 ajar- < *ʔadar。维吾尔语 jar-，哈萨克语 dʒar- < *djar。"裂缝，缝隙"图瓦语 dʒarɣk，撒拉语 jaraχ，西部裕固语 jarəq < *daru-q。

南岛语"劈"塔希提语 tarai < *tara-ʔi。

尼罗-撒哈拉语系"折断"扎尔马语 tʃeri < *teri。

（5）塞音鼻化和流音交替，*bʷaro > *maro

南岛语"分开"爪哇语 mɔrɔ < *moro。萨萨克语 maro < *maro。

130. "劈、断、斧子" *pik, *bag

"打开"墨脱门巴语 phek。"裂"毛南语 phik⁷。"区别"侗语 phje⁵pjik⁹。汉语"辟"*bʷjik《说文》："开也。""辟"*bik，卜辞"辟门"为宫室之门。"壁"*pik，隔墙。"僻"*phik《说文》："避也。""劈"*phik《说文》："破也。"

"劈"朝鲜语安城话 pokenta < *boge-。

南岛语"斧子"印尼语、马都拉语 *kapak，鲁凯语 *kobogo。"手斧"罗维阿纳语 pego < *pego。

"分开"梵语 bhadʒati < *baga-。

"斧子"匈牙利语 fejsze < *pʷegs。

尼罗-撒哈拉语系"斧子"卡努里语 bewo < *bego，"折断"扎尔马语 bagu。

（1）派生，*pik > *pak

"劈"壮语 paːk⁸ < *bak。浪速语 pauk³¹ < *pak。

（2）派生，*pak > *prak

汉语"派"*phrik-s 水的支流。"分离"泰语 phraːk¹⁰，壮语龙州话 pjaːk⁸ < *phrak。"分离"藏文 ɦbreg，bregs（命令式）。"缝隙"仙岛语 pzak³⁵ < *prak。

南岛语"断"罗维阿纳语 poraka < *porak，阿卡拉农语、他加洛语 bariʔ < *bariq。

"断"古弗里斯语 breka < *breka。

131."缺、使缺、劈"*kʷat、*gʷat ①

汉语"缺"*khʷjat，"玦"*khʷiat。"决"*kʷiat，溢出。《说文》："行流也。"

南岛语卡乌龙语 kut < *kut。

"劈"希腊语 katakopto < *kata-kop-no，乌尔都语 kaːnta < *kata。"斧子"亚美尼亚语 katshin < *kadi-n。

塞音鼻化，*gʷat > *ŋʷat。

汉语"月"*ŋʷjat《说文》："阙也。"②"跀"*ŋʷjat《说文》："断足也。""抈"*ŋʷjat《说文》："折也。"

南亚语"月亮"尼科巴语 tʃi-ŋət < *ki-ŋet。

132."熄灭"*sog

汉语"熄"*sək《说文》："畜火也，亦曰灭火。"

"熄灭"中古朝鲜语 skuta < *sgə-。"压"东部裕固语 søɣə- < *sogə。"挤"维吾尔语 saʁ-，西部裕固语 saɣ- < *sag。

"熄灭"阿尔巴尼亚语 asgjësoj < *asgoso-。

133."想、算"*dam

"想"格曼僜语 dăm < *dam。

南岛语"想"巴拉望语 fandam < *pa-dam。"算"宁德娄语 aⁿɗom < *ʔa-dom。"想、想念"户语 n them³¹ < *n-dem。

"想"俄语 dumatj < *duma-ti。

134."想、心"*nam

汉语"念"*nəm-s > *niəm-s，《说文》："常思也。""想法"藏文 nyams < *njam-s。"想"壮语 nam³ < *ʔ-nam-ʔ。

南岛语"心"南密语 name-n < *name。"想"西部斐济语 numi-a < *numi。

135."想、记忆、心"*med

"想"景颇语 mjit³¹，独龙语 mit⁵⁵（记、想）< *mit。

"想"阿尔巴尼亚语 mend，mendoj < *med-。亚美尼亚语 mtatʃel < *mda-。

---

① 参见上文"斧子、劈、割、杀"义词根 *gʷat。
② 古满月为"望"*mʷaŋ，月始生"霸"*prag-s，未盛之明古称"朏"*srok，月尽为"晦"*smə-s。

"想"威尔士语 meddwl＜*med-。"记住"俄语 pamjat＜*pa-mit。"记忆"古英语 gemynd＜*ge-mid。"思想"梵语 matih＜*mati-。

"心（脏）"爱斯基摩语 omat＜*ʔo-mat。

鼻音塞化，*med＞*bed。

南岛语"心"卡乌龙语 aβhat＜*ʔa-bat；萨摩亚语 fatu，汤加语 māfatu＜*ma-bʷatu。"想"宁德娄语 abudon＜*ʔabudo-n，马京达瑙语 bət＜*bət。南亚语"想"桑塔利语 hudis＜*budi-s，bhundis＜*budi-s。

"想"蒙古语、土族语、东部裕固语 bodo-，达斡尔语 bodu-＜*bodu。"想"图瓦语 bodɑ-＜*boda。满文 bodo-（筹划），锡伯语 bodo-，鄂伦春语、鄂温克语 bɔdɔ-（猜想、算）＜*bodo。

136."下坠、漏"*gʷet

汉语"溃"*gʷəd《说文》："漏也。"

"漏"蒙古语正蓝旗话 goːdʒə-，和静话 ɢodʒi-＜*godi。

"漏"格鲁吉亚语 gadɛna＜*gade-。

首辅音演变，*gʷet＞*dʷet。

汉语"队"*dʷəd《说文》："从高队也。""邃"*s-dʷjəd，深远也。"滴"毛南语 dit⁸＜*dit。

南岛语"滴"卡林阿语 todtod＜*tod。

"滴"格鲁吉亚语 tshvɛtiba＜*thʷeti-。

137."下垂、滴、漏、低的"*dʷar、*der

汉语"垂"*dʷjar＞*ʐuar。藏文"垂着"ɦdzar＜*m-dar。

"滴"日语 tarasʅ＜*tara-su。"下面、低的"西部裕固语 ɑhlder＜*ʔal-der。

南亚语"漏"桑塔利语 dʒoro̠＜*doro，su̠ɽeu＜*su-dru，si̠do̠r（一点点地）＜*si-dor。

南岛语"漏"马都拉语 katuruʔ＜*ka-turu-ʔ。斐济语 turu＜*turu，tiri＜*tiri。

"漏"希腊语 diarreo＜*dare-。"丢失、浪费"俄语 terjatj＜*terja-。"滴"（名词）古英语 dropa，古挪威语 dropi，高地德语 tropfen＜*dro-。"低的"和圜塞语 dira-＜*dira。"较低的"梵语 adhara-＜*a-dara-。

（1）流音交替，*der＞*del，*der＞*del

"脱"维吾尔语 jiʃ-，撒拉语 tʃoj-，哈萨克语 ʃeʃ-＜*del-。塔塔尔语 tʃeʃin-＜*deli-n。

南亚语"脱落"克木语 toh＜*tol。

"滴落"希腊语 stalazo＜*s-tala-。"滴落、退回"波兰语 odwołatʃ＜*odʷola-。"漏"阿尔巴尼亚语 dal。"低的"希腊语 eyteles＜*u-tele-。

"低的"芬兰语 matala＜*ma-tala。

（2）派生，*dara＞*dara-k

"落下"土耳其语 durak。"滴"鄂温克语 tʃʊrgi-＜*turgi。

南岛语"落下"阿美语 *ma-tərak。

"扔"波兰语 dorzutɕitʃ＜*doruki-。"失去"波兰语 tratɕitʃ＜*traki-。

（六）状态描写

1."大的、厚的、多的、生长"*gʷa、*ka

汉语"巨"*gʷja-ʔ《说文》："大刚也。""厚"*go-ʔ《说文》："山陵之厚也。""厚的"普米语兰坪话 ɣa¹³＜*ga。

南岛语"大的"窝里沃语 maoge＜*ma-ʔoge。

"大的"土族语 ʂge，东部裕固语 ʃige＜*sige。赫哲语 sag-di＜*sag。"大的、多的"蒙古语书面语 jeke，蒙古语正蓝旗话 jix，达斡尔语 xig＜*qige。"高的"赫哲语 gugda，鄂温克语 gʊdda，鄂伦春语 gʊgda＜*gug-da。"生长"鄂伦春语 juː-，鄂温克语 ʊggʊ-＜*ʔugu。

"生长"亚美尼亚语 adʒel＜*age-。"增加"希腊语 autʃhein＜*age-in。"长大"古英语 weaxan，希腊语 auksano（生长）＜*a-ug-。"生长"乌尔都语 ugaːna＜*u-ga-；和阗塞语 gvāna-＜*gʷa-。

科伊桑语系"大的"科伊科伊语 gei＜*ge-i。

（1）派生，*kə＞*s-kə

汉语"孳"*s-kə《说文》："汲汲生也。""滋"*s-kjə＞*tsjə，生育、养育。汉语"字"*s-gjə-s＞*dzjəs，《说文》："乳也。""子"*s-kjə-ʔ＞*tsjəʔ。

"大的"土族语 ʂge，东部裕固语 ʃige＜*si-ge。

"高的、上面"粟特语 əsk。"云"古挪威语 sky，古英语 sceo＜*ske-。

（2）塞音鼻化，*gʷa＞*ŋʷa

汉语"吴"*ŋʷa《方言》卷十三："大也。"

（3）派生，*ga＞*ga-ŋ，*ka＞*ka-ŋ

汉语"景"*kjaŋ-ʔ，大也。"将"*s-kjaŋ，大也。"京"*kjaŋ《说文》："人所为绝高丘也。"

（4）派生，*ga＞*gra，*ka＞*kra

汉语"夏"*gra-s。① "碬"*kra-ʔ《说文》："大、远也。""厦"*s-gras《说文》："屋也。"

南岛语"胖的"莫图语 digara＜*di-gara。

"大的"阿尔巴尼亚语 gjerë＜*gero。"大的、粗的、胖的"古法语 gros，拉丁语 grossus＜*gros-。"胖的、大的"法语 gras。"胖的"意大利语 grasso＜*gras-so。"强壮的"希腊语 geros。

亚非语系乍得语族"大的"巴德语 kàrgo＜*kar-go。

（5）派生，*gra＞*gra-t

汉语"桀"*grat，高出。"介"*krat-s，大也。

"大的、高的、粗的"古英语 great，古撒克逊语 grot，古弗里斯语 grat＜*grot；"大的"西班牙语、葡萄牙语、意大利语 grande。

（6）派生，*gra＞*gra-ŋ

汉语"壮"*s-kraŋ-s＞*tsraŋs，《说文》："大也。"藏文"撑开"brgyaŋs＜*b-graŋ-s。"肿"skraŋ、sraŋ。

南岛语"高的"雅美语 kazaŋ＜*karaŋ。

2."大的、厚的、胖的、多的"*pʷa、*bʷa

汉语"甫"*pʷja-ʔ，大也。《诗经·小雅·甫田》："倬彼甫田，岁取十千。""溥"*phʷa-ʔ《说文》："大也。""大的"景颇语 kǎ³¹pa³¹＜*ka-ba。

南岛语"大的"三威治港语 ᵐbao＜*ba-ʔo。"长的"梅柯澳语 maeva＜*ma-ʔebʷa。南亚语"厚的"佤语布饶克方言 pu＜*pu。

（1）塞音鼻化，*bʷa＞*mʷa

汉语"忙"*s-mʷa＞*hʷa，大也。"多的"藏文语 maŋ po＜*maŋ。缅文 mja³＜*ma。"天"缅文 mo³＜*mu。景颇语 lǎ³¹mu³¹＜*la-mu。

南岛语"大的"嫩戈内语 m̥a＜*sma。

"多"（副词）阿尔巴尼亚语 ʃumë＜*sumo。

（2）派生，*ba＞*bra，*bu＞*bur

汉语"丕、伾"*phrə《说文》："大也。""嚭"*phrə-ʔ《说文》："大也。""大的"羌语 brɛ＜*bre。"胖的"独龙语 buɯ⁵³＜*bur。阿昌语 pʐau³¹＜*bru。

---

① 《方言》卷一："秦晋之间凡物之大谓之碬，或曰夏。秦晋之间凡人之大谓之奘，或谓之壮。燕之北鄙、齐楚之郊或曰京，或曰将，皆古今语也。""宋鲁陈卫之间谓之碬，或曰戎。"

南亚语"大的"桑塔利语 dhabaɽ < *da-bar。

南岛语"大的"多布语 bari < *bari，"多的"赛德克语 habaro < *sa-baro。"多的"鄂温克语、鄂伦春语 baraːn < *bara-n。

"大的"乌尔都语 bara。"多的"（不可数）梵语 bhuːri < *buri。"胖的"和圆塞语 päyä < *poro。阿尔巴尼亚语"胖、油"vaj < *bʷar，"油的、油"vaji < *bʷari，"强壮的"fortë < *bʷor-。"大的"阿伊努语 poro < *boro。

尼罗–撒哈拉语系"大的"扎尔马语 beeri < *beri。

（3）派生和流音交替，*bere > *bere-k，*bʷel > *bʷel-ki

"大的"土耳其语 byjyk，西部裕固语 bezək < *berek。

南亚语"大的"桑塔利语 napɽakh < *na-prak。

"大的"梵语 brihat < *brika-。"大的"俄语 blagoprijanij < *blago-priga-。波兰语 wielki < *bʷelki。

（4）塞音鼻化，*bʷara > *mara，*bʷaru > *maru

"胖的"邵语 maramu < *mara-maru。沙阿鲁阿语 ʔimarɨ < *ʔi-maru。

（5）流音交替，*bor > *bol，*maru > *malu

南亚语"厚的"克木语 m bɤl < *bol。

南岛语"胖的"阿美语 maʃuəʃu < *malu-ʔəlu。

（6）塞音鼻化和派生，*bʷara > *mara-ŋ

汉语"厖"*mroŋ。

南亚语"大的"桑塔利语、蒙达语 mārāŋ < *maraŋ。

3."大的、多的、高的、多的"*du、*te

"大的"纳西语 duɯ²¹ < *du。史兴语 mɜ³³duɜ⁵³ < *ma-du。"多的"基诺语 thə⁴², 达让僜语 duɯ³⁵ < *du。

南岛语"大的"卡那卡那富语 tatia < *tati-ʔa。"高的"塔希提语 teitei < *te-ʔi。南亚语"多的"莽语 do⁵¹ < *do。巴琉语 ⁿdɔŋ⁵⁵ < *ʔ-do-ŋ。

"高的"满文 etuhun < *ʔetu-qun。女真语（得）*te < *te。

高加索语系"大的"格鲁吉亚语、拉兹语 didi，阿布哈兹语 adə < *a-di。巴斯克语"大的"handi < *qadi。

达罗毗茶语系"最高的"曼达语 ēttū < *e-tu。

澳大利亚土著语言"大的"库通语 doo-kal < *do-。

科伊桑语系"厚的"科伊科伊语 !nau < *ʔŋʈa。

（1）派生，*te > *te-l，*to > *to-la

汉语"陮"*tʷəl《说文》："陮隗，高也。""崔"*s-thʷəl > *tshuəl，《说文》："大高也。"

南岛语"大的、多的"萨摩亚语 tele < *tele。

"多的"维吾尔语 tolɑ，柯尔克孜语 tolo < *tola。

"厚的"希腊语 tholos < *dolo-。"厚的、大肚子的"俄语 tolstɨj < *tol-，"粗的、傻的"俄语 tuloj < *tulo-。

（2）流音交替，*dila > *dira

"厚的"满文 dʒiramin < *dira-m-in。"厚的"锡伯语 dʑiram，赫哲语 diramu，鄂伦春语、鄂温克语 dɪrama < *dira-mu。

"厚的、大的"和阗塞语 stura- < *s-tura。

4."大的、厚的、远的"*ta、*da

"大的"普米语兰坪话 ta⁵⁵ < *ta。

南岛语"远的"莫图语 daudau，巴塔克语 dao，劳语 tau < *da-ʔu。"远的"印尼语 dauh，萨萨克语 dʒaoʔ < *da-ʔuq。

（1）派生，*ta > *ta-l

汉语"儃"*tal-s >*tans，《说文》："大也。"《诗经·大雅·桑柔》："我生不辰，逢天儃怒。""厚的"纳木兹语 dæ⁵³ɬa³¹ < *dala。

南岛语"大的"排湾语 kuɖaɭ < *ku-dal。

科伊桑语系"大的"科洪语 !xa < *ʔʈʔla。

（2）流音交替，*dala > *dara

"厚的"和阗塞语 dara- < *dara。

（3）派生，*da > *da-d

汉语"大"*dad > *daih。"忕"dad《说文》："高也，极也。"

5."大的、多的、长的、生长"*rag、*ruk

汉语"路"*g-rag，大也。《诗经·大雅·生民》："实覃实訏，厥声载路。"

南亚语"长的、高的、大的"桑塔利语 raeka < *raka。"长的（角等）"桑塔利语 rɛukɛ < *ruga（男人用语），rɛuki < *rugi（女人用语）。

南岛语"大的"雅美语 z̧aku < *raku。"生长"布昂语 riga < *riga。

"生长"和阗塞语 ārkha- < *arga。希腊语 kalliergo < *kal-ergo。

（1）流音交替，*rag > *lag

"多的"墨脱门巴语 zak < *lak。"生长"墨脱门巴语 lik < *lik。

南岛语"大的"他加洛语 laki < *laki，"生长"沙玛语 sulig < *su-lig。

"生长、开始"芬兰语 alka: < *a-lka。

达罗毗荼语系"远的"曼达语 lakku < *laku。

新爱尔兰岛非南岛语系语言"长的"库欧特语 laklak < *lak-lak。

（2）第二辅音演变，*lag > *lab，*lige > *libe

南岛语"多的"巽他语 laba < *laba。"多的"鄂罗克语 limbe < *libe。

6. "远的、长的、高的、大的、生长" *gʷar、*kir

汉语"远" *ɣjan < *gar，《说文》："辽也。""宣" *s-kʷar。汉语"顽" *gjər《说文》："一曰长貌。""圻" *m-gjər > ŋjər，方千里之地。汉语"骏" *s-kʷjər-s > *tsjuəns，大也，长也。"峻" *s-kʷjər-s > *sjuəns，高也。"大的、生长"缅文 kri³，阿昌语 kzə³¹ < *kri。

"长的"朝鲜语 kirta < *gir-。"上面、往上"古突厥语 jygery < *giger-ʔi，西部裕固语 jorəGə < *gor-gə。"远"满文 goro，锡伯语 Gorw，赫哲语 goro，鄂温克语、鄂伦春语 gɔrɔ < *goro。

"长的"希腊语 makros < *ma-kro-s，阿尔巴尼亚语 gjatë < *gra-to。"生长"古英语 growan，古挪威语 groa，古弗里斯语 groia < *gro-i-a。"（植物）生长"西班牙语 crecer，意大利语 crescere < *kre-ske-。"增加、长成"古法语 encress-，拉丁语 increscere < *in-kre-。巴斯克语"高的"gora。

流音交替，*gori > *goli。

南岛语"生长"罗维阿纳语 togolo < *to-golo。"长的"罗维阿纳语 ɣelena < *gele-，南密语 galia < *gali-。

"长的"满文 golmin，锡伯语 Golmin < *gol-m-in。"生长"土耳其语 geliʃ- < *gelil。

科伊桑语系"长的、高的"科伊科伊语 gaǁu < *gaʔlu。

7. "大的、满的、粗的、宽的、高的" *pʷak、*bʷeg

"大的"毛南语 boːk⁸ < *ʔ-bok。"粗的"壮语武鸣话 buuk⁷ < *ʔbuk。

南岛语"大的"吉利威拉语 βeka < *bʷeka。"满的"姆贝拉 bok，托莱语 bukə < *bukə。西部斐济语 βuga < *bʷuga。

"大的"鄂温克语 bɔŋgɔn < *bogo-n。"粗的"蒙古语 buduːŋ，达斡尔语

budu:n，东部裕固语 bydy:n，保安语 bɛdoŋ ＜ *bedon。"大的、多的"东乡语 fugiə，保安语 fuguo ＜ *pugo。"胖的"鄂温克语 boggo ＜ *bogo。

"满的、多的"俄语 bogatij ＜ *boga-ti。"满的"亚美尼亚语 amboʁj ＜ *a-bog-i。"大的、宽的"俄语 ʂipokij ＜ *sipoki-。"胖的"希腊语 patʃos ＜ *pako-。

"大的、宽的"匈牙利语 atbogo ＜ *at-bogo。

（1）塞音鼻化，*bʷeg ＞ *meg

"巨大的"希腊语 megas，拉丁语 magnus，梵语 maha:，赫梯语 mekkish ＜ *mega-。"高的"希腊语 megas ＜ *meg-as。

（2）第二辅音演变，*puk ＞ *put，*buk ＞ *but

"粗的"日语 futoi ＜ *puto-ʔi。"大的"古突厥语 bedūk ＜ *bedu-k。"粗的"蒙古语 bʉdʉ:ŋ，达斡尔语 budu:n，东部裕固语 bydy:n ＜ *budo-ŋ。

南岛语"粗的"大瓦拉语 potopoto ＜ *puto-poto。

（3）塞音鼻化，*bʷad ＞ *mad

南亚语"粗的"蒙达语 moʈã，桑塔利语 moʈa ＜ *mota。

梵语"粗的、迟钝的" manda，"胖的" medaḥ ＜ *meda-。"大的"阿尔巴尼亚语 madh。

8. "大的、厚的、高的、天" *tek、*dok

（1）汉语"卓" *trek《说文》："高也。"《诗经·小雅·甫田》"倬彼甫田""卓"，大也。*-r- 突出。汉语"笃" *tʷuk。"竺" *tʷuk《说文》："厚也。""帝" *tig。藏文"厚的" ɦthug ＜ *m-tuk，"高耸" tsog ＜ *tok

"高的"哈萨克语 tik ＜ *tek，土耳其语 jyksek ＜ *dik-tek，日语 takai ＜ *taka-ʔi。"远"满文 aldaŋga ＜ *ʔadaga。"粗大的"撒拉语 dʒoʁɑn，哈萨克语 dʒuwɑn，西部裕固语 joɣən ＜ *duga-n。"厚的"蒙古语 dʒudʒa:ŋ，达斡尔语 dʒudʒa:n，保安语 dʑidʑaŋ ＜ *duga-n。"厚的"朝鲜语铁山话 tukəpta ＜ *dugə-。

南岛语"高的"马绍尔语 aetok ＜ *ʔa-ʔe-tok。"远的"查莫罗语 tʃhago ＜ *dago。"高的、长的"瓜依沃语、劳语 tekʷa ＜ *teka。"厚的"达密语 odug ＜ *ʔodug。

南亚语"满的、饱的"尼科巴语 tø:kŋen ＜ *tok-ʔen。

"粗的、厚的、密的"古英语 Þicce，古高地德语 dicchi，古挪威语 Þykkr ＜ *tik-。

"大的"车臣语、印古什语 dokkxa ＜ *dok-。"天"车臣语 stigan，印古什语

sigane < *s-tig-。

（2）派生，*tege > *tege-ri

"天"蒙古语 təŋgər，东部裕固语 teŋger，西部裕固语 deŋer < *tegeri。"高的"维吾尔语 juquri，哈萨克语 dʒoʁɑrə，塔塔尔语 joʁɑrə < *dugari。

9. "小的、滴、细的、短的、窄的" *tik、*duk

藏文"一点儿"tig。"零碎" tsig < *tjik。汉语"滴"*tik《说文》："水注也。"

"小的"满文 adʒige，锡伯语 adʑig < *ʔa-dig。达斡尔语 utʃikən < *ʔu-tik-ən。"短的"日语 midʑikai < *mi-dika-ʔi。"近的"日语 tɕikai < *tika-ʔi。"薄的"土耳其语 atʃik < *ʔa-tik。

南岛语"小的"赛德克语 tikoh < *tiko-s。鲁凯语 tikia < *tiko-ʔa。"小的"波那佩语 ʈikʈik < *tik-tik。查莫罗语 etigo < *ʔe-tigo。"窄的"鲁凯语 matiki < *ma-tiki。

南亚语"小的、细"户语 tik < *tik。"小的"柬埔寨文 to:tʃ < *tok。

"滴"（名词）希腊语 stagona < *s-tago-。"小的、少的"巴斯克语 txiki < *ʈhiki。

尼罗–撒哈拉语系"小的"卡努里语 dodok。

尼日尔–科尔多凡语系"小的、少的"斯瓦希里语 -dogo。

科伊桑语系"短的"三达维语 tʰúŋkâ < *duka。

10. "小的、短的" *gʷate、*kit

"小的"道孚语 ge de < *gede。"小的、细的"景颇语 kǎ³¹tʃi³¹ < *gadi。"短的"格曼僜语 kɯ³¹ti⁵⁵ < *kuti-。

南岛语"孩子"吉利威拉语 gʷadi。"小的"米南卡保语 katʃiʔ < *katiq。萨萨克语 ketʃeʔ < *keteq。

"小的、少的、短的"乌尔都语 tʃotta < *kota。"小孩子"古高地德语 kizzin < *kidi-n。

"小的、少的"匈牙利语 kicsi < *kiti。

达罗毗荼语系"短的"曼达语 kuttēm < *kute-。

（1）首辅音演变，*gʷiti > *bʷiti

"小的"图瓦语 bidʒi: < *bidi，清代蒙文 bitʃihan < *biti-qan。

南岛语"短的"塔希提语 poto，拉巴努伊语 poto-poto < *boto。布吉斯语

ma-pontʃo < *poto。

"小的"法语 petit，"咬下的碎片"古英语 bita。"小的"和圆塞语 vanda < *bʷada。

达罗毗荼语系"矮的"曼达语 pōʈʈga < *pot-。

（2）首辅音演变，*kʷat > *tat

"短的"黎语 that⁷ < *tat。"短的"佤语艾帅话 dɔt，布朗语胖品话 tɔt³¹ < *dot。

11. "小的、短的、浅的"*ti、*da

"小的"水语 ti³ < *tiʔ。

南岛语"小的"塔希提语 iti，拉巴努伊语 ʔiti-ʔiti < *ʔiti。

南亚语"小的"布朗语曼俄话 ʔiat < *ʔiat。

科伊桑语系科伊科伊语"小的" |ga < *ʔda，"短的" !nubu < *ʔnʈu-。

派生，*ti > *ti-n，*da > *da-n。

汉语"短"*tʷan-ʔ。"短的"壮语武鸣话 tin³ < *tin。毛南语 din⁴ < *ʔ-din-ʔ。"浅"傣语 tɯn³，黎语 thɯn³ < *tun-ʔ。缅文 tin² < *tin。"小的"独龙语 tiŋ⁵³ < *tiŋ。

南岛语"细的"大瓦拉语 dinadina-na < *dina。

"小的、少的"达斡尔语 tʃuəːn < *tʷen。

"很小的"古英语 tyne < *dune。"尖"古挪威语 tindr。"窄的、细的"古英语 Þynne，中古低地德语 dunne < *tune。"薄的、细的"拉丁语 tenuis < *tenu-。

12. "小的、薄的"*mʷal

汉语"麼"*mʷal《广雅》："小也。"《说文》："细也。"汉语"微"*mʷəl 义"小"，引申指"少""无""精妙"等。

"少的"波那佩语 malaulau < *mala-ʔu。"细小的、窄的"古英语 smæl，古弗里斯语 smel，古挪威语 smali < *s-mali。"小的、少的"波兰语 mały < *malu-。"小的、少的"俄语 malenikij < *male-，波兰语 małe < *male。"小的、浅的"俄语 melkij < *mel-。"小动物"希腊语 melon < *melo-。

鼻音塞化，*mʷal > *bal。

汉语"菲"*bʷəl《方言》卷十三："薄也。"

"薄的"邵语 mabaðaj < *ma-bala-ʔi。

13. "小的、薄的" *me

汉语"眇"*mje-s，精微也。"藐"*mje-q，藐视。

南岛语"小、少"罗图马语 meʔameʔa < *me-ʔa。"薄的"嫩戈内语 ami < *ʔa-mi。

"薄的"阿尔巴尼亚语 i mët < *mo-。

（1）派生，*me > *s-me

汉语"小"*s-mje-ʔ > *sjeuʔ。"少"*s-mje-ʔ > *hjeuʔ，《说文》："不多也。"

（2）元音屈折，*me > *ma

南岛语"大的"嫩戈内语 m̥a < *sma。

14. "小的、细的、少的、近的、低的" *ni

"小的"毛南语 ni⁵，布依语 ne⁵ < *ʔni-s。"小的"哈尼语绿春话、阿昌语 n̠i⁵⁵，基诺语 a⁴⁴ni⁵⁵ < *ʔa-ni。"细的"阿昌语、哈尼语绿春话 n̠i⁵⁵ < *ni。"少的"傈僳语 ne⁵⁵，木雅语 ni⁵⁵ni⁵⁵ < *nini。"近的"缅文 ni³，景颇语 ni³¹，阿昌语 ne³¹，怒苏语 ni⁵⁵ < *ni。"亲近"藏文 nye < *nje，"喜欢"mnye < *m-nje。

南亚语"小的、少的"克木语 n̠ɛʔ < *ne-ʔ。

南岛语"小的"沙阿鲁阿语 ma-ini < *ʔ-ini。"低的、短的"波兰语 niski < *nis-ki。

（1）派生，*ni > *ni-k

"低的"赫哲语 nixtə，鄂温克语 nəttə，鄂伦春语 nəktə < *niku-tə。

"近"（副词）古英语 neh，古弗里斯语 nei < *nek。"低的"乌尔都语 nitʃa，和圜塞语 netʃa < *nika-。

（2）派生，*ni > *ni-r

汉语"邇"*njir-ʔ，近也。"尼"*nir《说文》："从后近之。"

"低的"阿美语 muənər < *mu-ʔə-ner。

"低的"俄语 nizkij < *nir-。"低的、短的"波兰语 nizuʃki < *niru-。"近"（副词）古英语 near，古挪威语 naer < *ner。

15. "细的、少的、小的" *si

"细的"缅文 se < *si。土家语 çi²¹ka²¹li²¹ < *si-kali。

南岛语"少、薄、窄"阿者拉语 isiʔ < *ʔisi-ʔ。"细的"马京达瑙语 seŋ < *se-ŋ。"小的"满文 osohon < *ʔoso-。

16. "低的、深的、下面" *deb^w

汉语"蛰" *dəp，蛰伏，《说文》："藏也。"

"低的、下面"维吾尔语 tøwɛn，哈萨克语 tømen，乌孜别克语 tøbɛn < *tobe-n。"低的、下面"塔塔尔语 tybɛn < *tube-n。

南岛语"低的、下面"卡林阿语 dob < *dob。"低的、下面"窝里沃语 ta^{m}be < *tabe。沙外语 top < *top。"低的"巴厘语 endep < *ʔe-dep。"深的"莫图语 dobu < *dobu。东部斐济语 titobu < *ti-tobu。

"低的"阿尔巴尼亚语 dobët < *dobe-t。"深的"古英语 deop，古弗里斯语 diap，古挪威语 djupr，立陶宛语 dubus < *dobu-。"深的"威尔士语 dwfn < *dop^w-n，"低的"阿尔巴尼亚语 dobët < *dobe-。

"低的"格鲁吉亚语 dabali < *daba-。

塞音鼻化，*deb^w > *dem。

汉语"深" *s-tjəm。"扰" *təm-ʔ、*təm，深击也。"潭" *dəm，深水貌。"进入、渗透"藏文 stim < *s-tim。"低的"壮语 tam^5，水语 ndam^5 < *ʔ-dam-s。

南亚语"低的"布兴语 tăm，佤语艾帅话 tiam < *tam。

17. "低的、下面" *p^{w}i

汉语"卑" *pji，下也，《说文》："贱也。""下面"普米语兰坪话 po^{55} < *po。

"下面、低的"维吾尔语 pɛs，柯尔克孜语 bas < *bes。

南岛语"下面"马都拉语 baba-na，锡加语 βaβa < *baba。

"低的"法语 bas，意大利语 basso < *baso。"下面"阿尔巴尼亚语 poʃtë < *pos-to。

尼日尔–科尔多凡语系"低的、短的"祖鲁语 -fiʃa < *-pisa。

首辅音演变，*p^{w}i > *ti。

"下面"布依语 taɯ^3，侗语、水语 te^3 < *te-ʔ。

18. "高的、上面、悬挂" *b^{w}e

"上面"藏文 phu，嘉戎语 phə < *phu。"挂"壮语武鸣话 ven^3 < *ʔ-b^{w}e-n。

南岛语"上面"瓜依沃语 fofo-na < *p^{w}op^{w}o，多布语 ɸiɸin < *p^{w}ip^{w}in。

南亚语"高的"柬埔寨文 khpuəh < *k-pus。

"上面、高"古高地德语、撒克逊语 oban，德语 oben < *o-be-n。"悬挂"俄语 veʂatj < *b^{w}esa-，波兰语 wisietʃ < *b^{w}ise-。

首辅音演变，*b^{w}e > *de，*p^{w}o > *to。

汉语"邵"*dje-s《说文》："高也。""超"*thje《说文》："跳也。"汉语"顶"*te-ŋ-ʔ《说文》："颠也。""高的"藏文mthon po < *m-ton。墨脱门巴语thon po < *ton。

"高的"柯尔克孜语ødø < *ʔo-do,满文etuhun < *ʔe-tu-qun,女真语（得）*te。"高的"锡伯语dən < *dən。

南岛语"高的"塔希提语teitei < *te-ʔi。

19."高的、远的、长的"*ge、*ku

汉语"高"*ke《说文》："崇也。""峣"*m-ge > ŋieu,高貌。"高的"哈尼语go³¹ < *gu。"生长"浪速语ɣə³⁵ < *gə。

南亚语"生长"布兴语kɛ < *ke。

南岛语"高"大瓦拉语gege-na < *gege,"挂"达密语ʔi-sege-ja < *sege-,宁德娄语sukiki < *sukiki。

"上（面）"中古朝鲜语uh,庆州话uɣɛ < *ʔu-ge。

"高"希腊语megas < *me-ga-s。

澳大利亚土著语言"长的"库通语goo-ra < *go-。

尼罗-撒哈拉语系扎尔马语"长的"kuuku < *ku-ku,"高的"ku。

（1）派生,*ge > *gra

汉语"遐"*gra。"侨（侨）"*gre-ʔ《说文》："高也。""远的"土家语ɣue²¹ < *gre-ʔ。

"远的"满文goro,锡伯语Gorw,赫哲语goro,鄂温克语、鄂伦春语gɔrɔ < *goro。

"高的"古英语heh,古弗里斯语hach,荷兰语hoog,古挪威语har < *qagr。"远"（副词）希腊语makria < *ma-kra。

（2）首辅音演变,*gra > *dra

南岛语"远的"亚齐语dʒaraʔ < *dara-ʔ。

"远的"梵语duːra < *dura,粟特语δūr < *dur。"远的"乌尔都语doːr daraz,和阗塞语dura-,俄语daljɔkij,波兰语daleko < *dalo-。

20."细的、锐利的"*kir、*kra、*kro

汉语"寡"*kʷra。"细的"格曼僜语kɯ³¹juŋ⁵⁵ < *kiru-ŋ。

南岛语"少的"达阿语na-kura < *kura。"短的"劳语kukuru。

"薄的"女真语（捏克叶）*nikheje < *ʔikore。

"小的、少的"希腊语 mikros < *mi-kro-。"薄的"梵语 kɾiʃḥ < *kris-。

"硬的、锐利的"匈牙利语 szigorü < *si-goru，"薄的"匈牙利语 gyer < *ger，gyeren < *ger-。

派生，*gra > *gra-k。

汉语"略"*grjak > *rjak。《诗经·周颂·载芟》："有略其耜，俶载南亩。""略"，锋利。汉语"晏"*s-grək。《诗经·周颂·良耜》："畟畟良耜，俶载南亩。""晏"，锋利。汉语"鑿（凿）"*s-grak > *dzrak，《说文》："穿木也。""硬的"藏文 mkhregs po < *m-krek-s。阿昌语 kzak⁵⁵ < *krak。

南亚语"瘦的"佤语 krɔʔ，布朗语曼俄话 hɣik³⁵ < *krok。克木语 dʑɔʔ < *grok。

"细的"拉丁语 gracilis < *graki-。

21. "长的、蚯蚓、拉"*du

"长的"苗语养蒿话 ta³，枫香话 nti³，勉语江底话 daːu³，大坪话 du³ < *ʔdu-ʔ。"长的"黎语保定话 taːu³ < *tu。"蚯蚓"哈尼语绿春话 bu³¹de⁵⁵，普米语兰坪话 bu¹¹dɑ⁵⁵ < *buda（虫-长）。

派生，*du > *du-r，*ta > *ta-ri。

"长的"土族语 ʂdur < *s-dur。"拉"满文 tata-，锡伯语 tatə- < *tata。"拉、抽"古突厥语、维吾尔语、哈萨克语 tɑrt-，西部裕固语 dɑhrt- < *tarə-t。

南岛语"长的"爪哇语 duur < *dur。"拉"邹语 eʔətʉɐʉ < *ʔe-ʔaturu，阿者拉语 aⁿtir- < *ʔatir。

南亚语"生长"桑塔利语 dare < *dare。"多的"蒙达语 ɖher < *der。

"长的"和圆塞语 dāra- < *dara。"拉"法语 tirer，西班牙语 tirar，意大利语 tirare < *tira-。

22. "长的、拉"*ri

"长的"壮语龙州话 ɬi²，毛南语 ʔjaːi³ < *ʔri。藏语 riŋ，他杭语 rehŋpa < *ri-ŋ。

南岛语"长的、高的"波那佩语 reirei < *re-ʔi。

南亚语"长的"京语 jaːi² < *ri。"长的"古突厥语 *ʔuru-n。

"长的"威尔士语 hir < *ʔir。

流音交替，*rin > *lin。

汉语"引"*ljin-ʔ《说文》："开弓也。""矤"*hljin-ʔ《方言》卷六："长也，东齐曰姻。"汉语"胤"*ljin-s《说文》:"子孙相承续也。"

南亚语"长的"布朗语甘塘话 lan³¹,户语 lan³¹ < *lan。

23."长的、肠子"*laŋ

汉语"易"*ljaŋ《说文》:"一曰长也,开也。""羕"*ljaŋ > *zjaŋ、*ljaŋ,《说文》:"水长也。"汉语"畅"*q-laŋ-s > *thaŋs,长也。"肠"*laŋ > *daŋ《说文》:"大小肠也。"

"肠子"布兴语 sliaŋ,克木语 r̥iaŋ < *s-laŋ。

24."长的、肠子"*gala

"肠子"勉语罗香话 klaːŋ²,大坪话 kjaŋ² < *gla-ŋ。

南岛语"长的"南密语 galia < *gali-ʔa,罗维阿纳语 ɣelena < *gele-na。

"长的、远的"蒙达语 dʒiliŋ,桑塔利语 dʒeleŋ < *giliŋ。

25."弯曲的、膝盖、肘、坏的、错"*gʷo、*ko

汉语"勾"*ko《说文》:"曲也。""跔"*gjo、*kjo,《说文》:"天寒足跔也。""痀"*gjo、*kjo,《说文》:"曲脊也。"藏文"钩子"kyu,"弯曲"ɦgyus、ɦkhyu,"阴谋"gyu。"膝盖"仫佬语 ku⁶ko⁵ < *gus-kos。

南亚语"弯曲的"京语 ɣɔ² < *go。

南岛语"弯曲的"坦纳语 ekoeko,夸梅拉语 -ikou < *ʔeko-ʔu。

"弯的"达斡尔语 gɑkulen < *gaku-len,日语 kagamu < *kaga-mu。

"弯曲的、钩状"古英语 hoced < *koke-d。"钩子"古英语 hoc,古弗里斯语 hok,中古荷兰语 hoek < *kok。

"弯"芬兰语 koukistus < *kokis-tus。

高加索语系"钩子"格鲁吉亚语 khakhvi < *gagʷi。

(1)派生,*gʷu > *s-gu

"坏的"维吾尔语、柯尔克孜语、乌孜别克语 eski < *e-ski。

亚非语系"错"古希伯来文 shg。"错的"希伯来语 shaguy < *sagu-i。

(2)派生,*gu > *gru,*gʷa > *gʷa-ro

"膝盖"苗语养蒿话 tɕu⁶,复员话 ʐu^C < *gru-s。勉语东山话 ȶwai⁶ < *gʷri-s。"膝盖"黎语保定话 go⁶rou⁴ < *gos-ru-ʔ。"肘"藏文 gru,嘉戎语 kru < *gru。汉语"䠆"*gru《广韵》:"髋骨。"

南岛语"膝盖"瓜依沃语 goru。

"弯曲"日语 magaru < *ma-garu "钩子"撒拉语 gugur < *gugur。

"弯曲的、假的、不存在的"和阗塞语 kūra < *kura。"弯曲的"阿维斯陀经 kauʒda < *kur-da。"踝"英语 ankle，古挪威语 ökkla，古弗里斯语 ankel。

芬兰－乌戈尔语系"弯的"芬兰语 kiero < *kiro。

科伊桑语系"弯的"科伊科伊语 garo。"肘"三达维语 kʰiŋkʰora < *khikhora。

（3）派生，*gʷo > *gʷo-li

南岛语"弯曲的"雅美语 magilo < *ma-gilo。"膝盖"莫图语阿罗玛方言 kalukalu < *galu。

希腊语"弯曲的"skolios < *skolo-，"钩子"tsiggeli < *tsi-geli。"角、角落"古法语 angle，拉丁语 angulus。"角落"古教堂斯拉夫语 aglu。"膝盖"波兰语 kolano，俄语 koleno < *kole-no。威尔士语 glin < *gli-。

高加索语系"膝盖"车臣语 gola，印古什语 go < *gola。

科伊桑语系"踝"科洪语 gūlu < *gulu。

（4）首辅音演变，*gʷoru > *bʷoru

"弯曲的"东乡语 wɑiru < *bʷaru。

南岛语"弯曲的"西部斐济语 βere < *bʷere。"膝盖"达密语 ibor < *ʔibor。

澳大利亚土著语言"肘"嘎郡语 burru。

（5）首辅音演变，*gʷolo > *dolo

匈牙利语"腿"csaló < *talo，"跪"terdel < *ter-del。

尼日尔－科尔多凡语系"膝盖"祖鲁语、科萨语 idolo < *-dolo。

26."弯曲的、肘、错的"*kʷok、*guk

"弯曲的"缅文 kɔk[4]，藏文 gug，傈僳语 go[31] < *guk。

藏文"弯"（名词）khug，"弄弯"ɦgug，"偏"ɦkhjog，"使偏"skjog、skjogs。阿昌语"弯曲"kok[55]，"弄弯"khok[55]。汉语"曲"*khok。"错"*s-khʷak-s > *tshaks。"局"*gok。"弯"苗语吉卫话 ŋkhu[7]，宗地话 ŋko[7] < *ʔ-khuk。"跪"侗语、水语 ˌtok[8]，佯僙语 kok[8] < *gok。

南岛语"弯曲的"罗维阿纳语 kogi，托莱语 gege < *koge。"弯曲的"印尼语、巽他语 beŋkok，爪哇语 beŋkɔʔ < *be-kok。

南亚语"弯曲的"克木语 kɔk < *kok。户语 kuk[31] < *kuk（人弯曲），khɒk[31] < *gak（物体弯曲）。

"错误"阿尔巴尼亚语 kekje < *keki。"弯曲的、钩状"古英语 hoced < *koki-d。

（1）首辅音演变，*g^{w}ok > *b^{w}ok

南亚语"弯曲的"佤语马散话 ʔa vɔk，艾帅话 vɔk < *b^{w}ok。"弯曲的"桑塔利语 baka < *baka，beka。"钩子、鱼钩"尼科巴语 vok < *b^{w}ok。"钩住、抓住"尼科巴语 kavok < *ka-b^{w}ok。

南岛语"弯曲的"罗地语 peko-k，马林厄语 peko，拉巴努伊语 piko < *peko。"肘"鲁凯语 poko，排湾语 piku < *piku。

"卷曲"梵语 bhuga < *b^{w}uga。"弯腰"和阗塞语 haṃbujs- < *sa-bug-。"弯曲的"梵语 vakraː < *b^{w}ak-ra，波兰语 pogięty < *poge-。"肘"德语 ellbogen，荷兰语 elleboog，英语 elbow，古英语 elnboga，中古荷兰语 ellenboghe，古高地德语 elinbogo < *elina-bogo-n（手臂-弯）。

"弯曲的"曼达语 vākḍāl < *b^{w}ak-ḍal。

（2）首辅音演变，*g^{w}ok > *dok

"肘"临高语 xak^{7}dok^8 < *sak-dok。"坏的"错那门巴语 tuk^{35}，墨脱门巴语 duk（pin）< *duk。

"弯曲的"满文 mudaŋga < *mu-daga。达阿语 na-de^{n}go < *dego。

"钩子"蒙古语 dəgə，东部裕固语 degeː < *dege。"弯曲的"蒙古语 dɛxər < *dekə-r。"错的"柯尔克孜语 tʃeki < *teki。"肘"蒙古语 doxœː，东乡语 toɣəi，保安语 toχui < *dog^{w}i。

南岛语"弯曲的"达阿语 na-de^{n}go < *dego。"肘"毛利语 tuki < *tuki。戈龙塔洛语 tiʔu，莫图语 diu-na < *diqu。

"错的"希腊语 adikos < *a-diko-s。

（3）第二辅音演变，*gok^w > *got 等

"弯曲的"傣语 kot^8 < *got。

南岛语"弯曲的"巴厘语 beŋkot < *be-kot；嫩戈内语 giḍo < *gedo。

南亚语"弯曲的"桑塔利语 ɛkuʈ < *ʔa-kut。

（4）第二辅音演变，*gok^w > *gub

"弯曲的"朝鲜语 kupta < *gub-。

尼罗-撒哈拉语系"弯曲"扎尔马语 kombo。

27."圆的、蛋、球" *g^{w}el

"圆的"撒拉语 guliuliux < *gululu-。

南岛语"圆的"西部斐济语 giligli < *gili，托莱语 kikil。

南亚语"圆、圆周"蒙达语、桑塔利语 gol < *gol，"球"蒙达语 guli，"圆的"桑塔利语 gulɛnɖ < *gule-d。

"圆的"朝鲜语 tuŋkʉl- < *du-gul，撒拉语 guliuliux < *gululu-。

"球"和圜塞语 gūla- < *gula。"纱球"拉丁语 glomus < *glo-m。"轮子"古英语 hweogol，古挪威语 hvel，古弗里斯语 hwel < *sgʷel。

"圆的"古希伯来文 gl，希伯来语 agl，m'ugal < *mu-gal。亚非语系乍得语族"蛋"巴德语 gwìyān < *gʷilja-。

尼罗 – 撒哈拉语系"蛋"卡努里语 ngəwəl < *ŋəgəl。马姆布鲁里语（Mampruli）gjɛlli < *geli。

（1）流音交替，*gʷal > *gar，*gol > *gor

"圆的"藏文 sgor < *s-gor。博嘎尔珞巴语 kor kor < *kor。

"圆的"东部裕固语 Gorɣi < *gor-gi。"圆的"撒拉语 gosgur，保安语 gosgor < *gol-gori。

"圆的"希腊语 gyro，"指环、圆"gyros < *gur-os。"圆的、圆周形的"俄语 kruglɨj < *kru-gli-j，"圆"阿尔巴尼亚语 kjark < *kra-k。

"圆的"格鲁吉亚语 garʃɛmɔ < *gar-semo。

（2）首辅音演变，*gʷer > *bur 等

"圆的"和圜塞语 parbira < *par-bira。"蛋"阿尔巴尼亚语 vezë < *bʷero。"圆的"中古突厥语 bur- < *bur。

28. "白的、亮的、冰雪"*tor

"白的"他杭语 tar < *tar。

"老的、头灰白的"俄语 starɨj < *s-tari-。

"白的"格鲁吉亚语 dɛdri < *dedri。

澳大利亚土著语言"冰雹"嘎郡语 dirra < *dira。

科伊桑语系"白的"科伊科伊语 !uri < *ʔʈuri。

流音交替，*dor > *dol。

南岛语"亮的"罗维阿纳语 ŋedala < *ŋe-dala。"冰、雪"卡林阿语 dulālu < *dulalu。

"雪"蒙古语 dʒɑs，东部裕固语 dʒɑsən，土族语 tɕɑsə < *ɖal-ən。"冰"图瓦语 doʃ < *dol，"雹子"土耳其语 dolu < *dolu。

达罗毗荼语系"白的"曼达语 tēllagā < *tela-。

29. "白的、亮的、雪、照耀" *pula

"白的"博嘎尔珞巴语 puŋ lu < *pulu。

南岛语"白的"东部斐济语 βulaβula，西部斐济语 buðo，南密语 polu < *pula。"白的"罗地语 fula-k < *pula-。赛夏语 bolalasan < *bolasa-n。"白的"沙阿鲁阿语 mapuɬi，鲁凯语 maʔuli，邵语 mapuði < *ma-puli。"白的"泰雅语 pələqujiʔ < *puli-quli。"干净的"劳语 falu < *palu。

南亚语"雪"桑塔利语 pala < *pala，"亮的"克木语 bah < *bal。

"白马"锡伯语 fula < *pula，"亮的"中古突厥语 bɑlqi < *bal-qi。

"白色的"俄语 beliɟ，波兰语 biale < *beli-。"马脸上的白色斑点"古挪威语 blesi，"浅色的点"英语 blaze。

尼罗－撒哈拉语系"白的、干净的"卡努里语 bul。

（1）流音交替，*bla > *bra，*bula > *bura

"白的"景颇语 phʒo³¹，缅文 phru²，基诺语 phro⁴⁴，纳西语 phə²¹ < *bro。"亮的"怒苏语 bɹa³¹ < *bra。

"白的"中古朝鲜语 hajahʌta < *para-。"冰"土耳其语 buz，哈萨克语 muz，西部裕固语 bəz < *bur。

南岛语"白的"卑南语 burnan < *burun-ʔan，锡加语 bura < *bura。"干净的"印尼语 bərsih < *berə-si-q，马都拉语 bersi < *berə-si。

"白的"希腊语 aspros < *a-spro-，梵语 supra。"白"梵语 ʃubrataː < *subra-。"白的"阿尔巴尼亚语 bardhë < *bar-。"雪"阿尔巴尼亚语 borë < *bore，粟特语 wafrā < *bʷapʷra。"白的"苏美尔语 bar。

（2）派生，*bra > *bra-k，*bʷulo > *bʷulo-k

汉语"白" *brak。"霸" *prak-s，月始生。

南岛语"白的"赛德克语 bahagaj < *balaga-ʔi。

南亚语"白的"德昂语南虎话 blaʔ < *blak。

"白的"西班牙语、葡萄牙语 blanco，法语 blanc，意大利语 bianco。"白"俄语 belok，波兰语 bialko。"亮的"亚美尼亚语 paytsar < *palka-。"每月的第一天"和阗塞语 beraji < *beragi。"亮的、闪光的"古英语 bryht，古挪威语 bjartr，哥特语 bairhts < *bareg-。"照耀、发光"梵语 bhradʒate < *baraga-。

芬兰－乌戈尔语系"白、直白"匈牙利语 vilagos < *bʷilago-s。"白的"芬兰

语 valkoinen ＜ *bʷalko-。"亮的"匈牙利语 vilagos ＜ *bʷilagos。"聪明的"芬兰语 välkky ＜ *bʷalki。

30. "白的" *labʷe

"白的"加龙语 japu na ＜ *lapu。

南岛语"白的"雅美语 malavaŋ ＜ *ma-labʷa-ŋ。勒窝语 juwowo ＜ *lubʷo。

"白的"赫梯语 alpa，西班牙语、葡萄牙语 albino，拉丁语 alba，古英语 albe。"天鹅"古英语 elfet，古教堂斯拉夫语 lebedi。"白的"希伯来语 lavan ＜ *labʷa-n。尼日尔－科尔多凡语系"白的"祖鲁语 -mhlophe ＜ *-łobe。

31. "白的、亮的" *puti、*boda

南岛语"白的"印尼语 putih，萨萨克语 putiʔ，马都拉语 puti，亚齐语 puteh，他加洛语 putiʔ ＜ *putiq。巽他语 bodas ＜ *bodas。

南亚语"亮的"户语 pat ＜ *pat。"白的头发"桑塔利语 punɖu ＜ *pudu。"白的"蒙达语 punɖi。

"白的"阿维斯陀经 spaēta ＜ *sapeta，亚美尼亚语 spitak ＜ *spita-k。"白的"粟特语 əspēt ＜ *əspet，和阗塞语 ʃʃita- ＜ *s-pita。乌尔都语 safeːd ＜ *sa-ped。

32. "白的、冰雪" *kʷaro

"白的"藏文 dkar ＜ *d-kar。巴塘藏语、阿力克藏语 ka ro ＜ *karo。"白的"壮语武鸣话 ɣaːu¹，傣语 xaːu¹，黎语通什话 khaːu¹ ＜ *kru。汉语"皎" *kre-ʔ。

南岛语"白的"莫图语 kurokuro ＜ *kuro。"冰"日语 koːri ＜ *kori。

33. "暗的、黑、夜" *mʷe

藏文"雾" rmu，"（天）阴" dmus pa。

汉语"昏" *smʷə-n ＞ *hʷən，《说文》："日冥也，一曰民声。"藏文"暗" mun，"黄昏" mun（rub）＜ *mun，"愚昧" dmun。

（1）鼻音塞化，*mʷo ＞ *bʷo

南岛语"夜"毛利语、汤加语、萨摩亚语、塔希提语 pō ＜ *bo。

"夜"鄂罗克语 fui ＜ *buʔi。

（2）派生，*mʷo ＞ *s-mʷo

汉语"晦" *s-mʷə-s ＞ *hʷəs，《说文》："月尽也。""暗的"缅文 hmɔŋ² ＜ *smo-ŋ。

南亚语"夜"佤语马散话 -sɔm，布朗语曼俄话 nsum³⁵ ＜ *n-som。

"晚上"乌尔都语 ʃaːm ＜ *sam。

（3）鼻音塞化，*smʷe > *sbʷe

"夜里"道孚语 çva < *sbʷa。"晚上"怒苏语 suɔ < *sbʷo。

南岛语"暗的"邹语 səvoi < *səbʷo-ʔi。"黑的"吉利威拉语 bʷabʷau < *bʷabʷa-ʔu。

"夜"和阗塞语 ṣṣavā- < *sabʷa，粟特语 əxʃap < *ə-sap。"黑的"亚美尼亚语 sev < *sebʷ。"黑的"粟特语 ʃāw，阿维斯陀经 syāva < *sjabʷa。

"黑的"格鲁吉亚语 ʃavi < *sabʷi。

34. "黑的、暗的、夜"*du、*de

"暗的"独龙语 dɯ⁵³ < *du。侗语 təŋ⁵，水语 ⁿdjəŋ⁵ < *ʔ-deŋ-s。

"暗的"朝鲜语 ətupta < *ʔə-du-。南岛语"暗色的"印尼语 tua，爪哇语 tuɔ，贡诺语 toa，乌玛语 ma-tuʔa < *tu-ʔa。

"暗的"古爱尔兰语 donn，"深色的"古英语 dun。

35. "黑的、烟、夜"*muk

汉语"黑"*s-mək。"墨"*mək《说文》："书墨也。"汉语"暮（莫）"*mʷag > *mʷah，黄昏，《说文》："日且冥也。""烟"道孚语 mkhə，墨脱门巴语 mu gu < *mugu。

"暗淡的"保安语 mɑɢəmoɢo < *mogo。

"暗的"亚美尼亚语 mug < *mug。"烟"威尔士语 mwg，亚美尼亚语 mux < *muq。英语 smok，荷兰语 smook，德语 schmauch < *sk-muk。

36. "黑的、夜"*tam

汉语"點（点）"*tiam《说文》："小黑也。""黑的"壮语龙州话 dam¹，黎语通什话 dam³，布央语峨村话 ʔdam²⁴ < *ʔ-dam。"黑的"佯僙语 ʔnam¹ < *ʔ-dem。"晚上"侗语南部方言 ȵam⁵，北部方言 ȵəm⁵，毛南语 ʔȵam⁵ < *ʔ-dem-s。

南岛语"黑的"印尼语 hitam，米南卡保语 itam，阿卡拉农语 itum < *ʔi-tam。

"暗的"古英语 dimm，古弗里斯语 dim；"暗的、愚昧的"梵语 tamaḥ < *tama-；"暗"粟特语 təm；"暗的"波兰语 tsiemna < *tem-。

37. "黑的、夜"*mʷar

汉语"微"*mər。《诗经·邶风·式微》："式微，式微！胡不归？""晚上"嘉戎语（tə）mor < *mor。

"黑的"希腊语 mayros < *maro-s。"暗的"波兰语 mrotʃny < *mro-t-ni。

（1）鼻音塞化，*mʷar > *bʷar、*pʷar

"夜"嘉戎语 sə wɑr < *sə-bʷar。

南岛语"黑的"劳语 bora < *bora，达阿语 na-vuri < *buri。

南亚语"晚上"德昂语胖品话 ta³¹bor⁵¹ < *ta-bor。

"暗的"满文 farhūn，锡伯语 farχun < *pʷar-。

"晚上"希腊语 espera。

（2）派生，*mara > *mara-k

"夜、暗"俄语 mrak < *mrak。"暗"波兰语 zmrok < *r-mrak。

38. "黑的、暗的、夜晚" *lam

"黑的"临高语 lam¹ < *ʔ-lam。"黄昏"博嘎尔珞巴语 a jum < *ʔa-lum。

南亚语"暗的"桑塔利语 galam < *ga-lam。

南岛语"晚上"印尼语 malam，马都拉语 maləm，亚齐语 malam < *ma-lam。

"晚上"土耳其语 akʃam，维吾尔语 ɑχʃam，哈萨克语 aqʃam < *ʔaq-lam。"晚上"梵语 saːyam < *salam。"暗的"英语 gloomy，"污浊的"中古低地德语 glum。

（1）首辅音演变，*lam > *nam

"黑的"侗语、仫佬语 nam¹，佯僙语 ʔnam¹ < *ʔnam。"夜"侗语 an¹n̥am⁵ < *ʔa-nam-s。

尼日尔–科尔多凡语系"黑的"祖鲁语 -mnyama < *-njama。

（2）第二辅音演变，*lam > *lap

"黄昏"侗语 lap⁷ mən¹ < *lap-ʔmen（暗–黄昏）。

南岛语"夜"阿美语 lapii < *lapi-ʔi。南亚语"夜"柬埔寨文 jup < *lup。

（3）流音交替，*lap > *rap

南亚语"晚上"尼科巴语 harap < *qarap。

达罗毗荼语系"夜"泰米尔语 irraevu < *i-rabu。

39. "黑的、夜" *nak

"黑的"藏文 nag，缅文 nak < *nak。"邪恶"藏文 gnag < *g-nak。"暗的"波拉语 naʔ³¹，载瓦语 noʔ²¹ < *nak。"晚上"景颇语 să³¹naʔ⁵⁵ < *sa-nak。"夜"缅文 n̥aʔn̥ak⁴ < *niŋ-nak。汉语"慝"*s-nək > *thək，《广韵》："恶也。"

"傍晚"朝鲜语 tʃənjək < *du-nig。

"夜、黑"古英语 niht，"夜里"梵语 nak。"夜里"拉丁语 nox，立陶宛语 naktis，哥特语 nahts，赫梯语 nekut-（晚上）。

40."黑的、暗的" *giri、*kere

南亚语"黑的"桑塔利语 khɛure <*gura,"脏的"佤语艾帅话 khruɨŋ <*gri-ŋ。

南岛语"黑的"托莱语 koroŋ <*koro-ŋ。"黑的、暗色的"莫图语 korema <*kore-ma。"脏的"菲拉梅勒语 kerekere <*kere-kere。

"黑的"古突厥语、维吾尔语、塔塔尔语 qɑrɑ,土耳其语 kara <*kara;"暗的"日语 kurai <*kura-ʔi。

"黑的"希腊语 agrios <*agri-,梵语 kriʃna <*kris-。"暗的"希腊语 skoyros <*s-koro-。"暗的"西班牙语 obscuro,意大利语 oscuro <*ob-skuro。"暗的"和阗塞语 khara-。

达罗毗荼语系"黑的"曼达语 karrēgā <*kare-。

41."直的、站立、对的" *tʷar

汉语"端" *tʷar >*tʷan,《说文》:"直也。"

"直的"撒拉语 dyz,西部裕固语 duz <*dur。"站"古突厥语 tur-,土耳其语 dur- <*tur。"站立、存在、居住"维吾尔语、哈萨克语 tur- <*tur。"对的"维吾尔语 durus,哈萨克语 durəs <*duru-s。

南岛语"站"托莱语 tur,塔几亚语 -tur,罗维阿纳语 turu <*turu。"对的"达密语 madur <*ma-dur。南亚语"站"柬埔寨文 tʃhɔːr <*dor,布朗语胖品话 tʃɔr⁵¹ <*tor。"对的"桑塔利语 durus <*durus。

"直的"拉丁语 directus(过去分词),法语 droit,意大利语 diritto <*dire-t。"正确的"阿尔巴尼亚语 drejtë <*dre-i-t。"站"匈牙利文 tarto。

"正确的"格鲁吉亚语 stshɔri <*s-dori。

42."直的、对的" *tebʷ

汉语"对" *təb。

"对的"蒙古语 dʒɵb,达斡尔语 tob,土族语 dʒob <*dob。"对的"满文 tob(正直),赫哲语 tob <*tob。"正确的"锡伯语 tov jərxin <*tob-ʔir-。

南岛语"直的、对的"南密语 tuva <*tubʷ。

(1)第二辅音演变, *tebʷ >*tegʷ

汉语"直" *dək《说文》:"正见也。""德" *tək。"直的"贵琼语 tə⁵⁵kha⁵⁵ <*təga。

"对的"图瓦语 dʒigɛ <*dige,达斡尔语 dʒugi- <*dugi。"对的、直的"维吾尔语 toʁrɑ,哈萨克语 tuwrɑ <*tug-ra。

南岛语"直的"拉巴努伊语 ti-tika < *ti-tika，夸梅拉语 -atukʷ-atukʷ < *ʔa-tukʷ。

"对的"希腊语 dikaios < *dika-，梵语 adhikaːraḥ < *adika-ra-。"对的、肯定的"俄语 totçniɟ < *tok-。

"对的"希伯来语 tzodek < *dodek。

（2）第二辅音演变，*tegʷ > *ted

"对的"日语 tadaçiː < *tada-si。

南岛语"对的"布吉斯语 tudʒu < *tuda；拉加语 didini < *didi-ni。

43. "对的、真的、直的"*rik

"对的"藏文 ɦgrig < *m-g-rik。汉语"厤"*rik。《说文》："治也。"

南亚语"对的"布兴语 ʒak < *rak。"真的"佤语布饶克方言 ruk < *ruk。

"正确的、直的"古英语 riht，古撒克逊语 reht，古弗里斯语 riutʃt < *rik-t。"直的"梵语 ṛidʒuḥ < *rigu-，俄语 uzkij < *urki-。"对的"拉丁语 rectus < *rek-。"延伸、立着"希腊语 orektos < *orek-。"真实的"亚美尼亚语 irakan < *iraka-。

44. "老的、旧的"*ke、*gu

"老的"壮语 ke⁵，毛南语 ce⁵ < *kes。汉语"舊（旧）"*gjəs。

南岛语"老的"夸梅拉语 akʷas < *ʔakas，泰雅语 mənəkis < *manə-kis。"旧的"莫图语 guna < *gu-na。

"老的"粟特语 utʃnē < *uk-。

45. "老的、旧的"*reg

"老的"藏文 rga，"老太太"rgan mo，"老头"rgan po。

南岛语"老的、老人"雅美语 zazạke < *rarake。

"旧的"西部裕固语 ehrgə，图瓦语 ergi，撒拉语 esgi < *ʔe-rgi。

匈牙利语"旧的、古老的"regi < *regi，"老的"öregi。

流音替换，*reg > *leg。

"老的"满文 sakda，锡伯语 səxd < *lak-da。"老的"鄂伦春语 ʃagdɪ，鄂温克语 ʃaddɪ < *lag-di。

"年老的"希腊语 elikiomenos < *e-liko-meno-。"长的"古英语 long，古弗里斯语 lang，哥特语 laggs < *lag-。

46. "老的、旧的"*gʷar、*gru

汉语"老"*gru-ʔ。

南岛语"老的"莫图语 guruka < *guro-ka。

希腊语"旧的"gerikos < *geri-,"旧"(名词)gria、geros。"老的"亚美尼亚语 tser < *ker。

亚非语系乍得语族"老的、旧的"巴德语 gagàra < *gagara。

尼罗－撒哈拉语系"老的"卡努里语 wura < *gʷura。

(1)首辅音演变,*guru > *buru,*gura > *bura

"老的"独龙语 pɯ³¹riŋ⁵⁵ < *buri-ŋ。

南亚语"老的"桑塔利语 buɽhɛ(男人用词) < *burqa,buɽhi(女人用词) < *burqi。

"老的"乌尔都语 puraːna < *pura-。"老的、以前的"俄语 prezṇij < *pre-r。

(2)塞音鼻化,*bʷar > *mar

南岛语"老的"勒窝语 marua < *maru-ʔa。"老的、旧的、老人"邹语 mameoi < *ma-mro-ʔi。

南亚语"老的"布兴语 mraʔ < *mraʔ,桑塔利语 mare < *mare。

(3)派生,*geri > *geri-k

"旧的"希腊语 gerikos < *geri-k。

(4)派生,*bʷel > *bʷel-k

"旧的"西班牙语 velho,意大利语 vecchio < *bʷelki-o。

47."好的"*le

"好的"札坝语 lɻ⁵⁵lɻ⁵⁵,吕苏语 li³³li⁵³ < *li-li。

南亚语"好的"克木语 lɤʔ < *le-ʔ。

南岛语"好的"萨摩亚语 lelei < *lele-ʔi。罗地语 ma-lole < *lo-le。

(1)流音交替,*le > *re

汉语"嫽"*re。

(2)辅音演变,*le > *de

古突厥语"好的"jeq > *de-q。

(3)元音屈折,*le > *lo,*re > *ro

"好的"日语 joi < *lo-ʔi。

南岛语"好的"嫩戈内语 roi > *ro-ʔi。

48."好的、高兴、笑、喜欢"*lek

"好的"藏文 legs < *lek-s。"美的、好的"墨脱门巴语 lek。汉语"懌"*ljak,喜悦,《说文》:"说也。""益"*q-lik。

南亚语"好的"尼科巴语 tøløːk＜*to-lok，løːk＜*lok。"爱"桑塔利语 leka＜*leka。

南岛语"爱"莫图语 lalokau＜*laloka-ʔu。

"好的"和圜塞语 ʃakalaka＜*saka-laka。"高兴"古英语 lician，古挪威语 lika，古弗里斯语 likia＜*lika。

第二辅音演变，*lek＞*lep，*leg＞*leb。

"高兴"独龙语 ɑ³¹luup⁵⁵ɕe³¹。

南岛语"笑"排湾语 maləva＜*ma-leba。

"高兴"高地德语 liubi，古弗里斯语 liaf（亲爱的）。"喜欢"俄语 ljubitj＜*lubi-。"笑"亚美尼亚语 ʒpit＜*lip-。"爱"古英语 lifian，高地德语 lubon＜*lubʷo-。（名词）古英语 lufu。

49. "酸的"*kʷar

汉语"酸"*s-kʷar＞*suan。"酸的"藏文 skyur，墨脱门巴语 tɕur＜*s-kjur。

"酸的"苗语养蒿话 ɕhu¹，畲语多祝话 sɔ¹，勉语东山话 swəi¹＜*skʷor。

南岛语"酸的"波那佩语 karer＜*karer。

"酸的"朝鲜语庆兴话 sikhurta，淳昌话 sikurapta＜*sikura-。

"苦的"乌尔都语 karwa＜*karu-a。

流音交替，*kura＞*kula。

南岛语"酸的"窝里沃语 ma-kolo＜*kula，瓜依沃语 ukala＜*ʔu-kula。

50. "苦的"*ti、*do

"苦的"藏语拉萨话（khə⁵⁵）ti⁵²＜*ti。"胆"壮语龙州话 di¹，黎语语 dai¹＜*ʔ-di。

"苦的、辣的、酸的"西部裕固语 ɑdzəɣ＜*ʔa-djə-。"苦的、辣的、酸的"土耳其语 atʃi＜*ʔati，维吾尔语 ɑtʃtʃiq＜*ʔat-tiq。"酸的"阿尔巴尼亚语 athët＜*ado-，亚美尼亚语 ththu＜*dudu-。科伊桑语系"苦的"科洪语 táʔu＜*ta-。

51. "甜的、香的"*bʷet

汉语"蜜"*mpjit。

南岛语"甜的"卡乌龙语 pit＜*pit。

"甜的"古英语 swete＜*s-bʷeti，梵语 svaːdus＜*s-bʷedi-s。

（1）塞音鼻化，*bʷet＞*met

汉语"馝"*mit《说文》："食之香也。"《诗经·周颂·载芟》："有馝其香，邦家之光。"

南岛语"甜的"马绍尔语 mæmet < *ma-met。"香的"卡加延语 ammut，摩尔波格语 hamut，阿卡拉农语 humut < *qa-mut。

"甜的"锡伯语 amtəŋ，赫哲语 amtqoli < *ʔamt-。

"甜的、蜜"梵语 madhu < *madu。"甜的"乌尔都语 metha < *meda。

（2）首辅音演变，*bʷet > *det

"甜的"满文 dʒantʃuhūn < *datu-qun，鄂伦春语 dʒutɿ < *duti。"香的"土耳其语 doja doja < *doda。

南亚语"甜的"佤语马散话 tɛ，孟贡话 tẹ < *te。

（3）首辅音演变，*bʷet > *get

"香的"蒙古语 xʉdʒ，达斡尔语 kydʒi，东部裕固语 gudʒə，土族语 gudʑi < *gudi。

"甜的"亚美尼亚语 khaʁtshr < *gagd-，"香的"梵语 gandha < *gada，"甜的"希腊语 hedys < *kedo-s。

52. "甜的、好的、美的、香的" *bʷi、*bʷa

"甜的"嘉戎语 bi。

南亚语"好的"姆贝拉语 aᵐbai < *ʔaba-ʔi。

"高兴"维吾尔语、哈萨克语 uwɑn- < *ʔu-bʷa-n。

"好的"法语 bon，西班牙语 bueno，意大利语 buono < *bone。

（1）塞音鼻化，*bʷi > *mi，*bʷa > *ma

"好的"哈尼语 muɯ³¹ < *mu。"香的"缅文 hmwe³ < *s-mʷi。

南岛语"甜的"罗图马语 mɔmi < *mo-mi。沙阿鲁阿语 mami < *mami。"香的"达阿语 sumi < *su-mi。

"甜的"日语 amai < *ʔama-ʔi。"味美"日语 umai < *ʔuma-ʔi。"好的"阿尔巴尼亚语 mirë < *mi-ro。"香的"希腊语 eyosmos < *e-osmo，"气味" osme。

（2）派生，*be > *be-l，*mi > *mi-li

南岛语"甜的"汤加语 melie < *meli-ʔe，鲁凯语 maliməm < *mali-mam。"好、女人美丽"梅柯澳语 felō < *bʷelo。"美的"排湾语 buḷabuḷaj < *bula-bula-ʔi。

南亚语"好的"桑塔利语 bhala < *bala，bhal < *bal，bhɛlei < *bala-ʔi。

"可爱的、英俊的、迷人的"拉丁语 bellus < *belo-。"美"俗拉丁语 bellitatem < *beli-。"美"法语 beltet < *bel-tet。"甜的"阿尔巴尼亚语 ëmbël < *obel。"甜

的"威尔士语 melys < *mel-us。"甜的"俄语 milij < *mili-。"甜的、可爱的"俄语 milenikij < *mile-。

"美的"格鲁吉亚语 lamazi < *la-mali。

（3）流音交替，*pla > *pra，*boli > *bori，*mili > *miri

"好的"义都珞巴语、达让僜语 pɹɑ⁵⁵ < *pra。

南亚语"好的"柬埔寨文 prəpej < *pre-per。

"好的"阿伊努语 pirikɑ < *piri-ka。

"好的"阿尔巴尼亚语 mirë < *miro，亚美尼亚语 bari < *bari。

尼罗－撒哈拉语系"好的"扎尔马语 boori < *bori。

尼日尔－科尔多凡语系"美的"祖鲁语 -babazeka < *babare-ka。

53. "好的、新的、美的"*gʷe、*ke

"好的"浪速语 kai³¹，波拉语 kai⁵⁵，载瓦语 ke⁵¹ < *ke。

"美的"藏文 mdzes（po）< *m-ges。"美的"克伦语 ɣe。

"好的"图瓦语 ekke < *ʔeke。"新的"满文 itʃe，锡伯语 itʂə，女真语（亦车）*itʃhe < *ʔike。

"好的"乌尔都语 atʃa < *aka。

南岛语"美的"布鲁语 gosa < *go-sa，萨萨克语 eŋəs < *ʔegos。

（1）派生，*gʷe > *gʷela

南岛语"好的"马林厄语 keli < *keli。

希腊语"美"kallone < *kalo-，"好的"kalos < *kalo-s。"好的"古英语 wel，古撒克逊语 wela < *gʷela。

（2）流音交替，*kle > *kre，*gʷula > *gʷura 等

汉语"姣、佳"*kre。

"美的、好的"土耳其语、维吾尔语 gyzɛl < *gure-l。"美的"蒙语正蓝旗话 guɑː，都兰话 guj，东苏尼特话 gojo < *guro。

"美"俄语、波兰语 krasa < *kra-sa。

（3）首辅音演变，*gʷa > *da

"美的"藏文 mdzes < *m-de-s。勉语罗香话 dzwei⁶，长坪话 ðei⁶ < *dʷje-s。

（4）首辅音演变，*gʷera > *dera

南岛语"美的"伊拉鲁吐语 derə < *derə。

南亚语"美的"桑塔利语 sundɛr < *su-der。梵语"美的"sundara < *su-dara，

"亮的" andʒor < *ador。

（5）派生，*ke > *s-ke-ŋ

"新的" 苗语养蒿话 xhi[1]，巴哼语文界话 seŋ[1]，长垌话 ŋkheŋ[1]，勉语大坪话 sjaŋ[1] < *skjeŋ。汉语 "新" *skiŋ。

54. "黄的" *ser

"黄的" 藏文 ser < *ser。纳西语 ʂ̩[21]，博嘎尔珞巴语 ɕɯr < *sur。汉语 "铣" *səl > *sən，《说文》："金之泽者。" "金子" 藏文 gser。

"黄的" 土耳其语 sari，维吾尔语 seriq，塔塔尔语 sɑrə < *sari-q。"黄的" 蒙古语 ʃɑr < *sar。东乡语 ʂɯra，东部裕固语 ʃ ərɑ < *sira。"黄的" 锡伯语 sujan，赫哲语 sojan < *sura-n。女真语（素羊）*sujaŋ < *sura-ŋ。

"绿的、生的" 俄语 siroj < *siro-。"老的、黄的" 和圆塞语 ysar- < *u-sar。

"黄的" 格鲁吉亚语 ʃuriani < *sura-ni，匈牙利文 sarga。

55. "黄的、绿的" *gʷa

"黄的" 普米语兰坪话 ɣã[13] < *gaŋ。汉语 "黄" *gʷa-ŋ。

南岛语 "黄的" 劳语 gogoa < *gogo-ʔa。"黄的、绿的" 和圆塞语 gvā- < *gʷa。

（1）首辅音演变，*gʷa > *bʷa

南岛语 "黄的" 吉尔波特语 bābobo < *bobo。罗维阿纳语 meava < *me-ʔabʷa。

（2）塞音鼻化，*gʷa > *ŋa

"黄的" 却域语 ŋɯ[55]ŋɯ[33] < *ŋuŋu。

南岛语 "黄的" 汤加语 eŋeŋa，波那佩语 ɔŋɔ̄ŋ < *ʔoŋeŋa。"绿的" 梅柯澳语 aŋe-aŋe < *ʔaŋe。

（3）派生，*gʷa > *gʷa-r

"黄的" 独龙语 guɑɹ[53] < *gʷar。

南岛语 "黄的" 姆布拉语 weⁿgāra < *me-gar。

"黄的" 满文 suwajan，鄂温克语、鄂伦春语 ʃɪŋarɪn < *su-gʷara-n。

南亚语 "黄的" 佤语布饶克方言 si graiŋ < *si-graŋ。

澳大利亚土著语言 "绿的、未熟的" 库通语 gir-rung。

（4）派生，*ku > *ku-ni，*ka > *ka-na

南岛语 "黄的" 达阿语 na-kuni < *kuni，印尼语、爪哇语、马都拉语 kuniŋ < *kuniŋ。

"绿的"亚美尼亚语 kanatʃ < *kana-。

（5）派生，*ŋa > *ŋa-r

"绿的"道孚语 sŋur（ma）< *s-ŋur。

南亚语"黄的"克木语（tɕ）ŋar < *ŋar。"绿的"德昂语胖品话 si ŋer。

（6）流音交替，*gero > *gelo

"黄的"古英语 geolu，古高地德语 gelo，古挪威语 gulr，意大利语 giallo < *gelo。"黄的"芬兰语 keltainen < *kel-ta-。

（7）首辅音演变，*gole > *dole 等

南岛语"黄的"他加洛语、卡加延语 dilaw < *dila-ʔu，查莫罗语 dole < *dole。"绿的"帕玛语 talaʔuaʔi < *tala-ʔua-ʔi。

"黄的"希腊语 deilos < *dilo-。

"蓝的"达翰尔语 ʃilɑːn，鄂伦春语 ʃilan，赫哲语 tɕilan < *tila-n。

56. "热的"*kat、*gʷat

"热的"独龙语 a³¹kɑt⁵⁵ < *ʔa-kat。

南岛语"热的"雅美语 makʷat < *ma-kʷat。"热的、温暖的"斐济语 katakata < *kata。

"热的"古英语 hat，古弗里斯语 het，古挪威语 heitr，哥特语 heito < *ket-o。希腊语 kaytos < *kato-。

塞音鼻化，*gʷat > *ŋat。

汉语"熱（热）"*ŋjat《说文》："温也。"

南岛语"热"雅美语 anŋet，米南卡保语 aŋeʔ，印尼语 haŋet < *ʔa-ŋet。

57. "冷的、冰"*gʷi、*ga

汉语"冱"*gʷa-s，寒凝也。

"冷的"黎语通什话 khai⁵ < *ki。道孚语 ʂkhu ʂkhu < *s-ku。

"冷的"朝鲜书面语 tʃhu- < *ku，朝鲜语蔚山话 tʃhwi- < *kʷi。

（1）派生，*ga > *ga-n（ŋ）

汉语"寒"*gan《说文》："冻也。""冷的"景颇语（kǎ³¹）ʃuŋ³³ < *s-guŋ。达让僜语 dzoŋ⁵³ < *s-goŋ。

（2）首辅音演变，*gʷi > *di，*kʷo > *to

"冷的"西部裕固语 doŋ < *do-ŋ。"霜"蒙古语 tʃaŋ < *taŋ。

南岛语"冷的"汤加语 toʔetoʔe < *toʔe-toʔe。

"寒冷的"曼达语 daduŋa- < *daduŋa-。

科伊桑语系"冷"科伊科伊语 |oa-s < *ʔto-a。

（3）派生，*ge > *ge-ra，*ku > *ku-ro

"冰"日语 koːri < *kori。"冷"希腊语 kryos < *kro-s。

"冷的"芬兰语 karu。

"凉的"格鲁吉亚语 grili < *gri-。

科伊桑语系"凉的"科伊科伊语 kara。

（4）流音交替，*gera > *gela，*kero > *kelo 等

"冰"彝语撒尼话 kɑ³¹lɿ⁵⁵mɒ³³ < *kali。

拉丁语"结冰"gelare < *gela-，"霜"gelu。"冷的"古英语 cald，古弗里斯语 kald，古挪威语 kaldr < *kal-d。"冷"波兰语 hłod，俄语 xolod < *kolo-d。"冰"阿尔巴尼亚语 akull < *a-kul。

"冷的"芬兰语 kolea < *kole-。

尼罗－撒哈拉语系"冰"扎尔马语 galas < *gala-s。

（5）塞音鼻化，*gar > *ŋar

南亚语"冷的"克木语 ŋăr < *ŋar。

（6）派生，*gra > *gra-t，*di > *di-t

"冷的"阿昌语 kʐuat，怒苏语 ɡᶎa⁵³ < *grat。"冷的"壮语武鸣话 nit⁷，水语 ʔn̩it⁷ < *ʔ-dit（天冷）。

（7）派生，*gra > *gra-ŋ

"冷的"藏文 graŋ，他杭语 khaŋpa < *gra-ŋ。汉语"凉"*grjaŋ > *rjaŋ。

58."新的、不成熟的" *mi

"新的"傣语、毛南语 mai⁵，水语 m̩ai⁵ < *ʔ-mi-s。

南亚语"新的"京语 məːi⁵ < *ʔ-mis，柬埔寨文 thʼmi < *d-mi，户语 mɛʔ³¹ < *me-ʔ。

南岛语"新的"布昂语 məwis < *mimis。"未熟的"波那佩语、马绍尔语 *ʔamas。

"生的"希腊语 omos < *omo-。

鼻音塞化，*mis > *bʷis。

南岛语"不成熟"三威治港语 vys < *bʷis。帕玛语 telavis < *tela-bʷis。"未煮熟，不成熟"阿者拉语 pisia < *pisi-ʔa。

59.“新的、好的”*na

“新的”景颇语（n³¹）nan³³＜*na-n。“好的”羌语 na，嘎卓语 na³⁵＜*na。

“新的、新鲜的”丹麦语、瑞典语 ny，古弗里斯语 nie＜*ne-。希腊语 neos＜*neo-。

派生，*na＞*na-r，*na＞*na-ra。

南岛语“新的”爪哇语、马都拉语 aɲar＜*ʔanar。

南亚语“新的”桑塔利语 ɛneɽi＜*ʔanari。

“新的”亚美尼亚语 nor。乌尔都语 neyaː，和阗塞语 nūra，粟特语 nūr＜*nura。

60.“新的、生的”*sa

“新的”道孚语 xso＜*g-so。缅文 sɑs⁴＜*so-s。

南岛语“未煮熟”梅柯澳语 maisa＜*ma-ʔisa。

尼日尔－科尔多凡语系“新的”祖鲁语 -ʃa＜*-sa。

派生，*sa＞*sa-r。

“新的”藏文 gsar pa，独龙语 -ɕɑɹ⁵⁵＜*g-sar。

南岛语“未煮熟”莫图语 kasiri＜*ka-siri。

“新的”朝鲜语 sɛropta，searoun＜*sero-。

南亚语“新的”佤语马散话 si rɔʔ，布朗语胖品话 sruʔ⁵⁵＜*siro-ʔ。

“未煮的”俄语 siroj＜*siro-。“生的”波兰语 surowy＜*suro-。

61.“弱的、软的”*na

汉语“茹”*nʷja 弱的。《诗经·小雅·六月》：“玁狁匪茹，整居焦获。”

汉语“胹”*nə《说文》：“烂也。”《方言》卷七：“熟也。”“软的”藏文 sɲi mo＜*s-ni。扎坝语 nu³³nu⁵⁵＜*nunu。

南岛语“软的”邹语 noinəʔi＜*no-ʔi。

“软的”和阗塞语 nona-。

尼日尔－科尔多凡语系“软的”斯瓦希里语 -anana。

（1）派生，*na＞*na-r

汉语“痑”*nʷjər《说文》：“痹也。”

南亚语“软的”蒙达语 naram＜*nara-m。

“软的”乌尔都语 naram＜*nara-m。

591

（2）流音交替，*nar > *nal

汉语"软"*nʷjal-ʔ > *nʷjanʔ。"偄"*nʷjal-s > *nʷjans，*nʷjan，《说文》："弱也。"汉语"㬠"*nʷjal-ʔ > *nʷjan，《说文》："石次玉者。"藏文"疲劳"nyel < *njel，mnyel < *m-njel。

南岛语"软的"依斯那格语 nalamaʔ < *nala-ma-ʔ。

"软的"梵语 mṛinaːla < *mri-nala。"软的"格鲁吉亚语 nazɔ < *nalo。

62. "腐烂的、软的、坏的"*bʷo

汉语"腐"*bʷjo-ʔ《说文》："烂也。""坏的"苗语养蒿话 pa⁴，复员话 vuᴬ < *bʷo-ʔ。"瞎"壮语 ta¹faːŋ² < *ta-bʷa-ŋ（眼睛–坏）。

南岛语"腐烂的"罗图马语 popo < *po-po。

尼日尔–科尔多凡语系"坏的"斯瓦希里语 -bovu < *bo-bu。

（1）派生，*bʷo > *bʷo-n

"坏、残忍、穷"阿伊努语 wen < *bʷen。

（2）塞音鼻化，*bʷaŋ > *maŋ

汉语"盲"*maŋ。

（3）派生，*bʷo > *bʷo-l

汉语"破"*phʷal-s《说文》："石碎也。"

南岛语"腐烂的"宁德娄语 abola < *ʔabola；瓜依沃语 bila，汤加语 pala < *bila。"软的、烂的"雅贝姆语 pale < *pale。

"腐烂的、脏的"古英语、古弗里斯语 ful，中古荷兰语 voul < *pul。"软的"希腊语 apalos < *a-palo-。

尼日尔–科尔多凡语系"烂的"祖鲁语 -bolile < *bolile。"坏的"斯瓦希里语 viza < *bʷila。

（4）塞音鼻化，*bile > *mila

"软的"苗语高坡话 mləŋ⁶，枫香话 mjoŋ⁶ < *mlo-ŋ-s。

南岛语"软的"汤加语 molu，萨摩亚语 malū，塔希提语 marū < *malu。

"软的"法语、意大利语 molle < *mole。

（5）派生，*malo > *malo-k，*bole > *bole-k

南岛语"软的"莫图语 manoka-manoka < *maloka。"腐烂的"他加洛语 bulok，巴拉望语 buluk，赛夏语 boḻok < *buluk。

（6）流音交替，*bʷila > *bʷira，*buluk > *buruk 等

南岛语"坏的"西部斐济语 burā < *bura。"腐烂的"巴厘语 bərək，巽他语 buruk < *buruk。"坏的、丑的"印尼语 buruk，米南卡保语 buruʔ，亚齐语 broʔ < *buruk。

"坏的"日语 warui < *bʷaru-ʔi。"破坏"维吾尔语 buzu，哈萨克语 buzə < *buru。

尼日尔 – 科尔多凡语系"烂的、坏的"斯瓦希里语 viza < *bʷira。

（7）首辅音演变，*bʷira > *dira，*bʷir > *dur

"脏的"中古朝鲜语 tərəpta < *dərə-。

"腐烂的"希腊语 sathros < *sa-dro-。"脏的"阿尔巴尼亚语 ndyrë < *m-dure。"屎"阿维斯陀经 muthra-，"尿"梵语 mutra-。

科伊桑语系"脏的"科伊科伊语 |uri < *ʔturi。

（8）派生，*tiri > *tiri-k，*buru > *buru-k 等

"腐烂的"土耳其语 tʃyryk，维吾尔语 tʃirik，哈萨克语 ʃirik < *tirik。

"腐烂的"巴厘语 bərək，巽他语 buruk < *buruk。"坏的"威尔士语 drwg < *drug。

63. "臭、腐烂、脏的" *lu、*li

汉语"醜"*qlju-ʔ > *thjuʔ，《释名》："臭也。"《说文》："可恶也。""臭"壮语武鸣话 hau¹，布依语 ɣau¹ < *ʔlu。"腐烂"布努语 lau² < *lu。"脏的"壮语武鸣话 hei²，龙州话（aˡ）loi¹，布依语 ji² < *li。

南岛语"腐烂"沙玛语 halu-ʔ < *qaluʔ，马达加斯加语 lu < *lu。"坏的"爪哇语 ɔlɔ < *ʔolo。"脏的"汤加语 ʔuli，科木希语 alili < *ʔali。

南亚语"臭的"莽语 θɯ⁵¹ < *lu。"脏的"桑塔利语 mɛila < *ma-ʔila。"低、矮的"巴琉语 laːi⁵³，莽语 le⁵¹ < *li。

"邪恶、伤害"赫梯语 hul < *qul。

64. "脏的、坏的、臭的" *tok

"脏的"藏文 btsog pa < *b-tok。景颇语 mă³¹tsaʔ < *ma-tok。

"坏的"错那门巴语 tuk³⁵，墨脱门巴语 duk（pin）< *duk。"坏的"克伦语阿果话 da³¹ɣe³³ < *dage。

南岛语"脏的"巴厘语 daki < *daki，东部斐济语 duka < *duka。"坏的"莫图语 dika < *dika，依斯那格语 nadakeʔ < *na-dakeʔ。"臭的"爪哇语 badək < *badek。"脏的"巴厘语 daki < *daki，东部斐济语 duka < *duka。

"散发气味"古英语 stink，高地德语 stinkan < *s-dik。"错的"希腊语 adikos < *a-dik-。

尼罗 – 撒哈拉语系"坏的"卡努里语（Kanuri）diwi < *dig^wi。

第二辅音演变，*dog > *dob。

达罗毗荼语系"灰尘、脏"曼达语 dubbā < *duba。

65. "臭的、嗅、听见" *nam

"臭的"缅文 nɑm², 格曼僜语 ṇɑm⁵³ < *nam。"嗅"藏文 snom < *s-nom。"嗅"苗语枫香话 m̥hen⁵, 勉语长坪话 hom⁵ < *s-nom-s。"听见"他杭语 njempa < *nem-pa。

南岛语"臭的"汤加语 namuku < *namu-ku。"嗅"汤加语 nāmu-ʔi < *nam。"臭的"吉尔伯特语 nam，马绍尔语 næm < *nam。

66. "软的、弱的" *tura

"软的"鄂温克语 dəjə < *dərə。"弱小的"蒙古语 doɾœ，土族语 dori < *doro-ʔi。"疲乏"土族语 dure:- < *duri。

"软的、嫩的"阿维斯陀经 taurna-，粟特语 tarn < *tar-。"疲乏"古英语 teorian < *dori-。

"弱的、有病，小的、年轻的"苏美尔语 tur。

67. "硬的、强壮的、岩石" *kura、*gra 词干源自"岩石"

汉语"碬" *kra-ʔ，坚固。《诗经·周颂·载见》："绥以多福，俾缉熙于纯碬。"

南岛语"硬的"印尼语 kəras < *kara-s。"岩石"爪哇语 karaŋ，巽他语 karaŋ < *kara-ŋ。

南亚语"硬的"佤语马散话 krɔh，布朗语曼俄话 kɔh < *kros。"硬的"桑塔利语 kuɽus < *kurus。

"硬的"格鲁吉亚语 magari < *ma-gari。"硬的"芬兰语 ankara < *a-kara，匈牙利语 szigorü < *si-goru。

（1）流音交替，*kura > *kula, *gare > *gale

"硬的"仫佬语 kɣa³, 水语 da³ < *kla-ʔ。

"硬皮"拉丁语 callus < *kalo-。"硬的"希腊语 skleros < *skle-，dyskolos < *duskolo-，khalenos < *gale-。

尼日尔－科尔多凡语系"强壮的"斯瓦希里语 -kali。

（2）派生，*kra > *kra-k

"硬的"藏文 mkhregs po < *m-krek-s，阿昌语 kʐạk⁵⁵ < *krak。

（3）首辅音丢失，*grug > *rug

"硬的"道孚语 rgi rgi < *rugi。

"硬的"粟特语 ʒuɣ < *rug。"强壮的"亚美尼亚语 uʒuʁ < *u-rug。

68. "干燥的、硬的" *kʷe、*gʷa

汉语"燥" *s-ke-ʔ > *tseʔ，《说文》："干也。""竭" *gja-t，水干涸。①

"炒"苗语养蒿话 ka¹，复员话 tɕeᴬ，布努语七百弄话 kjai¹ < *kje。"干燥的"土家语 a⁵⁵ka²¹ < *ʔa-ga。

"干燥的"达斡尔语 xuɑgu < *qagu。

南岛语"干燥的"莫图语 kaukau < *ka-ʔu，摩尔波格语 tuʔugah < *tu-ʔuga。

"干燥的"粟特语 ʃkwy < *səkʷi，阿维斯陀经 hiʃku < *qisku。

（1）派生，*kʷe > *ke-ra

南亚语"干的"佤语艾帅话 kroh < *kro-s。

南岛语"硬的"萨萨克语 kəras < *kura-s。"干燥的"威尔士语 cras < *kra-。

"硬的"芬兰语 ankara < *a-kara。

巴布亚新几内亚土著语言"干的"科姆比奥语 kurar < *kura-r。

（2）派生，*kʷro > *kro-k

"干的"缅文 khrɔk，景颇语 khʒɔʔ⁵⁵ < *krok。"硬的"藏文 mkhregs（po）< *m-krek-s。

南亚语"干的"巴琉语 hɣɔk < *krok。

（3）流音交替，*kara > *kala

"干燥的"和阗塞语 ṣakala- < *sa-kala。

（4）首辅音演变，*gʷare > *dare

"硬的"墨脱门巴语 kak tar < *kak-tar。

南岛语"干的"锡加语 duʔur < *dur。"硬的"贡诺语 terasa < *tera-sa。

"硬的"梵语 dur；和阗塞语 dūra- < *dura。"变硬"拉丁语 durare < *dura-。"硬的"法语 dur，意大利语、西班牙语、葡萄牙语 duro。"干燥的"古英语

---

① *-t 形容词后缀，表示结果或状态。"淤" *qʷja《说文》："淀滓。""阏" *qja-t > *ʔjat，淤也。

dryge，古挪威语 draugr，中古荷兰语 druge＜*dru-ge。

尼日尔－科尔多凡语系"强壮的"斯瓦希里语 hodari＜*qo-dari。

（5）派生，*tro＞*tro-g

"硬的"俄语 strogij＜*strog-，波兰语 tsieʐki＜*ter-ki。"强壮的"波斯语 suturg。

69."薄的、细的、瘦的、弱的、轻的、长的"*lapʷe

"细的"西双版纳傣语 lep^8＜*lep。

南岛语"薄的"戈龙塔洛语 mo-lipa＜*lipa，科木希语 ēlolōp＜*ʔelop。"薄的"亚齐语 lipeh，戈龙塔洛语 mo-lipa，印尼语 tipis＜*lipe-s。"弱的"鲁凯语 ma-l̥opi＜*lopi，西北部梅柯澳语 labu-labu-ŋa＜*labu-。"瘦的"大瓦拉语 ujogojawa＜*ʔulogo-labʷa。"长的"那大语、马京达瑙语 leva，马达加斯加语 lava＜*lebʷa。

南亚语"细的"布朗语 lep^{44}＜*lep。"薄的"巴琉语 lap^{11}，布朗语甘塘话 lʏp^{33}（锋利）＜*lap。"瘦的"尼科巴语 leːv＜*leb。"锐利的"布朗语甘塘话 lʏp^{33}，布兴语 lŏp，户语 lʏp^{31}＜*lop。

"锐利的"鄂温克语 ʃəbbin＜*lib-in，"弱的"日语 jowai＜*lobʷa-ʔi。

"薄的"希腊语 leptos＜*lep-。"薄的、脆的"波兰语 slaby＜*s-labʷi-。"弱的、薄的、细的、脆的"俄语 slabij。"细的、薄的"希腊语 leptos＜*lep-。

达罗毗荼语系"长的"曼达语 lombu＜*lobu。

（1）流音交替，*lap＞*rap

"薄的"藏文 *srab＜*s-rap。"细的"藏文 ʑib ʑib＜*rip-rip。

南岛语"细的"南密语 terep＜*te-rep。"瘦的"卑南语 sariwasiw＜*sarib-sarib。

"薄的"维吾尔语、乌孜别克语 nepiz＜*repi-r，乌孜别克语 jofqɛ＜*ropʷ-qe。

"撕开"瑞典语 reppa，丹麦语、弗里斯语 rippe。

"薄的"芬兰语 harva＜*qarbʷ。"皮"匈牙利语 reve＜*rebʷe。

"细长的"格鲁吉亚语 ɣaribi＜*ga-ribi。

（2）第二辅音演变，*lebe＞*lege

南亚语"轻的"桑塔利语 alga＜*ʔalga。

"轻的"古英语 leoht，中古荷兰语 licht，拉丁语 levis＜*legʷi-。"轻的、快的、短的、细小的"梵语 laghuh＜*lagu-。"轻的"俄语 ljɔgkij，波兰语 lekki＜*leg-。

尼日尔－科尔多凡语系"软的"斯瓦希里语 -legea＜*lege-a。

70. "钝的、粗的" *dop、*top

"钝的"侗语、毛南语 təp⁸ < *dəp。"粗的"缅文 tup < *tup。

南岛语"钝的"马京达瑙语 dəmpul，马都拉语 tumpul < *dəpu-l。"钝的"马达加斯加语 dumbu < *dubu。"愚蠢的"摩尔波格语、巴拉望语 dupaŋ < *dupa-ŋ。"钝的"撒拉语 dombɑχ < *doba-q。

"钝的、慢的"俄语 tupoj，"钝的"波兰语 tępy < *tepo-。"惊讶的、迟钝的、傻的"拉丁语 stupidus，法语 stupide < *s-tupi-。"傻"粟特语 δywyāk < *dibʷi-。

"钝的"匈牙利语 tompa < *topa。

第二辅音演变，*tup > *tum。

"钝的"缅文 tuṁ³，阿昌语 təm³⁵，载瓦语 tum²¹ < *tum。

"钝的"鄂温克语 təːmu < *təmu。

71. "胖的、粗的、钝的" *bed、*pʷet

"胖的"羌语 bɛd < *bed。

"胖的"日语 futoru < *puto-ru，"粗的"日语 futoi < *puto-ʔi。

南岛语"粗的"大瓦拉语 potopoto < *puto-poto。

"钝的"桑塔利语 *bado，"粗的"桑塔利语 boɖe < *bode。

"胖的"古英语 fætt，古弗里斯语 fatt，古挪威语 feitr，荷兰语 vet < *pʷet。"胖的、块大的"俄语 upitannij < *u-pita-。"钝的"拉丁语 obtusus，法语 obtus < *obtu-。希腊语 apotomos < *a-poto-。"钝的"英语 obtuse < *o-butu。"笨的"亚美尼亚语 buth < *bud。

"钝的"匈牙利语 buta。

塞音鼻化，*bʷet > *met，*bʷed > *med。

南亚语"粗的、胖的"桑塔利语 moṭa < *mota。

"胖的"梵语 medaḥ < *meda-，乌尔都语 mota。"钝的"梵语 mandaḥ < *mada-。

72. "光滑的、亮的" *lapʷ

"滑的"博嘎尔珞巴语（a）lap < *lap。

南岛语"光滑的"布昂语 galɛp < *ga-lep，巽他语 səlap < *sə-lap。

"滑的、秃的"拉丁语 glaber < *glab-，"滑的、滑溜的"英语 glib。"光滑的、流动的"俄语 plavnij < *plabʷ-。"光滑的、平的"俄语 rovnij < *robʷ-。

"光滑的"格鲁吉亚语 gluvi < *g-lubʷi。

（1）第二辅音演变，*lap^w > *lak，*lip^w > *lik

"滑的"壮语武鸣话 mla:k^8，临高语 miak^8 < *m-lak。

南岛语"光滑的"马京达瑙语 ŋgələk < *gə-lek。

"光滑的"古英语 slike < *s-like。"滑的"古撒克逊语 slicht，古弗里斯语 sliucht，古高地德语 sleht < *s-lek-t。"光滑的"希腊语 malakos < *ma-lako-s。

"滑倒"（动词）芬兰语 liukua < *luku-，"滑"（动词）匈牙利语 lecsiszol < *leki-sol。

（2）第二辅音演变，*lap^w > *lat，*lab^w > *lad

"滑的"独龙语 tɯ^{31}klat^{55} < *k-lat。阿昌语 tʂhuat^{55}，浪速语 tʃat^{55} < *k-lat。

"光滑的"古弗利斯语 gled < *g-led。"亮的、高兴的"古英语 glæd。"光滑的、亮的、高兴的"古挪威语 glaðr < *glad-r。

（3）流音交替，*lak > *rak

"滑的"日语 namerakada < *name-raka-da。

南岛语"光滑的"拉巴努伊语 pororeko < *poro-reko。

"滑的、滑溜的"低地德语 glibberig < *g-libe-rig。"光滑的"亚美尼亚语 oʁork < *ogo-ruk。

73. "对的、正确的" *men

"对的"缅文 hman < *s-man。西双版纳傣语 mɛn^6 < *men-s。

南亚语"对的"克木语 mɛ̌n，布朗语 men^{44} < *men。

"正确的"拉丁语 emendo < *e-men-do。

74. "薄的、短的、弱的、累的" *b^{w}ok

汉语"薄" *bak。"薄的"勉语江底话 pie^8，罗香话 pwa^8 < *b^{w}ok。

"累的"壮语武鸣话 pak^8，黎语通什话 bok^7 < *ʔ-bok。

南岛语"短的"马京达瑙语 vokok，拉巴努伊语 vako-vako（窄的）< *b^{w}ako。

"短的"蒙古语 bœgən，达斡尔语 bogunj，东乡语 boɣoni < *bogon。

"小的"阿尔巴尼亚语 vogël < *b^{w}oge-l，"小的、少的"亚美尼亚语 phokhr < *bog-。

（1）塞音鼻化，*b^{w}og > *mog

"小的、短的"格鲁吉亚语 mɔkhli < *mog-。

（2）首辅音演变，*b^{w}uk > *duk

南岛语"弱的"巴厘语 ənduk，萨萨克语 en̪tʃek < *ʔe-duk。

"累的"日语 tsïkareru ＜ *tuka-reru。"弱的"亚美尼亚语 tkar ＜ *tuka-。

75. "大的、重的、多的" *lak、*lag

汉语"奕" *ljak《说文》："大也。""多的"墨脱门巴语 zak ＜ *lak。

南岛语"大的"他加洛语 laki ＜ *laki；巽他语 ləga ＜ *laga。

"重的"东部裕固语 sɑləɣ ＜ *sa-ləg。

"重的、迟钝的"荷兰语 log ＜ *log 英语 logy ＜ *logi。

流音交替，*lak ＞ *rak。

南岛语"大的"雅美语 zɑku ＜ *raku。

"重的"鄂温克语 uggəddi ＜ *ʔurgə-di。赫哲语 urgə，鄂伦春语 urgə ＜ *ʔu-rgə。

76. "细的" *kʷeli

"细的"土家语 çi²¹ka²¹li²¹ ＜ *si-kali。

"薄的"满文 nekelijen ＜ *ʔekeli-ren。

南岛语"薄的"泰雅语 kəhiʔ ＜ *kəli。

"瘦的、薄的"古英语 hlæne，"碎片"立陶宛语 klynas。"薄的、细的、瘦的"阿尔巴尼亚语 hollë ＜ *kole。"虚弱的"拉脱维亚语 kleins ＜ *kle-。

77. "短的、浅的、细的、薄的" *tin、*din

"短的"壮语武鸣话 tin³ ＜ *tin-ʔ。毛南语 din⁴ *din-ʔ。"浅的"傣语 tɯɯn³，黎语 thɯɯn³ ＜ *tun-ʔ。缅文 tin² ＜ *tin。

南岛语"细的"大瓦拉语 dinadina-na ＜ *dina。

"窄的、细的"古英语 Þynne，中古低地德语 dunne ＜ *tune。"薄的、细的"拉丁语 tenuis ＜ *tenu-。"细的"梵语 tanuka ＜ *tenu-。"薄的、瘦的、细的"希腊语 adynatos ＜ *a-duna-。"纤细的"俄语 tonkij ＜ *ton-。"很小的"古英语 tyne ＜ *tune。

尼日尔 – 科尔多凡语系"小的、少的"祖鲁语 -n|ane ＜ *-ʔʈane。

78. "厚的" *tet

"厚的"景颇语 that³¹，独龙语 tat⁵⁵ ＜ *tat。

南亚语"厚的"布朗语甘塘话 tɤt³³ ＜ *tət。

"厚的"中古朝鲜语 tuthəpta ＜ *dutə-。

"厚的"阿尔巴尼亚语 dendur ＜ *dedu-r。

79. "重的、厚的、大的" *li、*la

"重的"缅文 le³，仙岛语 lai³¹，南华彝语 li²¹，景颇语 li³³ ＜ *li。"厚的"纳西语 lɑ⁵⁵，土家语 la³⁵＜*la。"宽的"羌语 lɑ。"大的"侗语、水语 laːu⁴＜*luʔ。"多的"壮语 laːi¹，黎语 ɬaːi¹＜*ʔli。

"满的"亚美尼亚语 li＜*li。

科伊桑语系"厚的、重的"科伊科伊语 ‖au＜*ʔla-u。

80. "愚蠢的、傻的、坏的" *tukʷ

汉语"笃" *tʷuk《说文》："马行顿迟。"

"愚蠢的"图瓦语 meːdʒok＜*me-dok。"浑噩的"满文 duŋki＜*duki。

南亚语"愚蠢的"布朗语 tɯk³⁵＜*tuk。

第二辅音演变，*takʷ＞*tat。

汉语"拙" *tʷjat《说文》："不巧也。""怗" *tʷət，聋也。

81. "愚蠢的" *kabʷ

"笨拙的"藏语拉萨话 khop⁵⁵＜*kop。

南岛语"愚蠢的、疯的"莫图语 kaβakaβ＜*kabʷa。

"笨拙的、傻的"拉丁语 goffe，"傻子"英语 goff＜*gobe。

第二辅音演变，*kabʷ＞*kud。

"愚蠢的"格曼僜语 kɯ³¹tɑ³⁵＜*kuta。

"愚蠢的"鄂伦春语 kʊːdʊ＜*kudu。

希腊语"愚蠢的"koytos＜*koto-，tʃhados＜*gado-。

82. "坏的、懒的、丑的" *lak、*legʷ

汉语"怿、殬" *ljak。《诗经·大雅·板》："辞之怿矣，民之莫矣。""怿"，败坏。

"懒的"大理话 lɑ³¹vu³⁵＜*lagu。"慢"道孚语 le lve。

南亚语"坏的"尼科巴语 tøtløːk＜*tot-lok。

"慢的、懒的"古英语 slaw，古挪威语 sljor＜*slogʷo。"懒汉"古英语 slouch、slouk，古挪威语 slokr＜*s-log。

（1）流音交替，*lak＞*rak

"坏的"壮语武鸣话 jaːk⁷＜*ʔ-rak。黎语保定话 reːk⁷＜*ʔ-rek。"丑的"西双版纳傣语 jɔk⁷＜*ʔrak。壮语武鸣话 jaːk⁷jaɯ³＜*ʔ-rak-ʔ-rak。

南岛语"坏的、丑的"拉巴努伊语 rake-rake＜*rake。"毁坏"姆布拉语 -rēge＜*rege。"愚蠢的"蒙古语 ərgɯː＜*ʔərgu。

（2）第二辅音演变，*reg^w > *red

汉语"戾"*riəd，恶也。《诗经·小雅·节南山》："昊天不惠，降此大戾。"

南岛语"坏的"马达加斯加语 ratsi，坦纳语 rat < *rati。

南亚语"坏的"德昂语甘塘话 rɛt^{33} < *ret。

（3）第二辅音演变，*leg^w > *led

南岛语"丑的"戈龙塔洛语 mo-lēto < *leto。

"丑的"法语 laid。"悲哀的"古高地德语 leid < *lad。

83."干净的、亮的"*g^{w}le、*k^{w}le

"干净的"达让僜语 gle < *gle。

南岛语"干净的"亚齐语 gleh < *gle-q，吉利威拉语 migileu < *mi-gile-ʔu。"干净的"窝里沃语 ma-ŋkilo < *kilo。

南亚语"亮的"莽语 gɣua^{55} < *g^{w}la。

"干净的"古英语 klæne，古弗里斯语 clene，古高地德语 kleini < *kle-ni。"干净的、光滑的"俄语 gladkij < *gla-d-ki。

（1）首辅音演变，*k^{w}alu > *p^{w}alu，*gele > *bele 等

南岛语"干净的"劳语 falu < *p^{w}alu，那大语 bila < *bila，宁德娄语 belen < *bele-n。

（2）首辅音演变，*k^{w}ara > *tara，*k^{w}ur > *tur

"干净的"哈萨克语、柯尔克孜语 tɑzɑ < *tara。

"干净的"芬兰语 tyhjä < *tur-。

（3）流音交替，*belə > *berə，*bla > *bra 等

南岛语"干净的"爪哇语 rəsiʔ，印尼语 bərsih < *berə-siq。

"干净的"梵语 ʃuːbhra < *subra。"干净"俄语 uborka < *u-bor-。

（4）流音交替，*kile > *kire，k^{w}ali > k^{w}ari 等

"干净的"阿昌语 kzə̱ŋ < *krə-ŋ。

"干净的"日语 kirei < *kire-ʔi。

南岛语"干净的"阿杰语 kori，瓜依沃语 k^{w}ari < *k^{w}ari。

南亚语"干净的"桑塔利语 tsikẽɽ < *ti-kar。

"干净的"阿尔巴尼亚语 kjartë < *kar-。粟特语 kərān < *kəra-。

（5）派生，*kle > *kle-t

南亚语"干净的"德昂语茶叶箐话 klet^{55} < *klet。

（6）派生，*pur > *pur-ka（ga）

"好的"阿伊努语 pirikɑ < *pirika。

"弄干净"英语 purge，古法语 purgier，拉丁语 purgare < *purga-re。

84．"满的、饱的"*bʷel、*blu①

"满的"达让僜语 bluɯŋ⁵⁵ < *blu-ŋ。"圆的"黎语保定话 pluːn¹ < *plu-n。

南岛语"满的"戈龙塔洛语 mo-polu < *polu，排湾语 mapəluq < *ma-pəlu-q。"满的"帕玛语 vil < *bʷil，勒窝语 wule < *bʷule。

"满的"古英语 full，古弗里斯语 ful，哥特语 fulls < *pul-s。俄语 polnɨj < *pol-ni-j，波兰语 peɫny < *pol-ni。法语 plein < *ple-in。"多的"希腊语 polus < *polu-s。"饱的"阿尔巴尼亚语 velët < *bʷelo-t。

（1）塞音鼻化，*bʷel > *mel

南岛语"满的"沙阿鲁阿语 milii < *muli-ʔi。

"满的"梵语 majaḥ < *mala-，"满月"梵语 amalendu < *a-mal-indu。

"满的"希伯来语 male，阿拉伯语 mali。

（2）流音交替，*plu > *pru，*bʷel > *bʷer 等

汉语"饱"*pru-ʔ《说文》："猒也，古文饱从孚。""满的"缅文 praɲ¹，阿昌语 pzəŋ³⁵，景颇语 phʒiŋ⁵⁵ < *pre-ŋ。"饱的"仙岛语 pzuŋ < *pru-ŋ。基诺语 pruɯ³³，拉祜语 bu⁵⁴ < *bru。勉语江底话 peu³，东山话 pjau³ < *pru-ʔ。"满的"缅文 praɲ¹，阿昌语 pzəŋ³⁵，景颇语 phʒiŋ⁵⁵ < *preŋ。

南亚语"满的"桑塔利语 purɛ < *pura。

"饱"中古朝鲜语 puɾuta < *buru-。

"满的"梵语 purna，paripuːrṇa。和圚塞语"满的"purra-，"月亮"purrā-。"满月"粟特语 pərt。

"满的、圆的"芬兰语 pyöreä < *pore-。

85．"渴的、干的"*gat

汉语"渴"*khat，欲饮也。"渴的"勉语江底话 gaːt⁷ < *ʔ-gat。"热的"独龙语 a³¹kɑt⁵⁵ < *ʔa-kat。

"干燥的"蒙古语正蓝旗话 gata-，布里亚特方言 xada-，土族语 xadɑ < *gada。

---

① 跟上文"圆的、蛋"*bʷel 等词根有词源关系。

"热的"古英语 hat，古弗里斯语 het，古挪威语 heitr，哥特语 heito < *ket-o。
"热的"希腊语 kaytos < *kato-。

86. "活的、生的" *dup

"生的"壮语、傣语 dip^7，水语 djup^7 < *ʔ-dup。

南岛语"活的"印尼语 hidup，巴厘语 idup < *qidup。

塞音鼻化，*dip > *dim。

"生的"缅文 a^{1}tsim^3 < *ʔa-tim。阿侬怒语 ça^{33}dʑim^{55} < *sa-dim。

87. "活的、生的、不成熟的" *kru

"活的"景颇语 khʒuŋ^{33} < *kru-ŋ。

南岛语"不成熟的"阿杰语 kǒru < *koru，托莱语 kokor < *kor。

"生的"法语、葡萄牙语 cru，意大利语 crudo < *kru-。"未煮的"古英语 hreaw，古撒克逊语 hra，古挪威语 hrar，梵语 kravih < *kra-。"新鲜的"希腊语 kreas < *kra-。

88. "轻的、快的" *supe

"轻的"苗语养蒿话 fha^1，石门话 ʂi^1，畲语多祝话 fui^1 < *sp^{w}ji。

"快的"阿尔巴尼亚语 ʃpejtë < *spe-。

科伊桑语系"轻的"科伊科伊语 supu。

89. "快的" *kro、*kor

"快的"达让僜语 kɑ^{31}ɹo^{53} < *karo。

"快的"俄语 skorij < *s-kor-。希腊语 gregoros < *gore-s。"快的"匈牙利语 gyors < *gor-s，igaz < *i-gar。

（1）流音替换，*kra > *kla 等

"快的"格曼僜语 klɑ^{55} < *kla；克伦语阿果话 khle^{55} < *kle。

（2）派生，*kra > *kra-k（-g）等

"快的"藏文 mgjogs < *m-grog-s，独龙语 khɹaʔ < *krak。

"快的"希腊语 gorgos < *gorgo-s。

90. "快的、飞" *bora

"快的"独龙语 ɑ^{31}bɹɑ^{55} < *ʔa-bra。"飞"道孚语 bjo，吕苏语 bʑe < *bro。

"快"俄语 borzoj，"迅速地"捷克语 brzy，"匆忙"立陶宛语 bruzdeti < *buro-。

（1）派生，*para > *para-g

南岛语"快的"莫图语 haraɣa < *paraga。

（2）流音交替，*bira > *bila

南岛语"快的"他加洛语 bilis < *bili-s。

"箭"德昂语硝厂沟话 bla，错那门巴语 bla[53]。

"快的"梵语 babila < *bila。"飞"法语 voler，西班牙语 volar，意大利语 volare < *bʷole-re。

（3）派生，*pala > *pala-ku

"快的"日语 hajaku < *pala-ku。

91. "快的、飞、箭"*labʷ

"快的"景颇语 lă³¹wan³³ < *labʷa-n。

南岛语"飞"赛夏语 ḷomajap < *l-om-alap。卡乌龙语 jap，西部斐济语 ðaβu < *lapu。雅美语 salap < *sa-lap。马京达瑙语 lelap < *lelap。"箭"摩尔波格语 salab。

流音交替，*labʷa > *rabʷa。

"快的"阿昌语 mẓap⁵⁵ < *m-rap。

南岛语"箭"波那佩语 arep < *ʔarep。"飞、跳"莫图语 roho < *ropo。

"快、匆忙"拉丁语 rapidus，法语 rapidite < *rapi-。"快"梵语 rewa < *rebʷa。

92. "慢的"*ne

"慢的"缅文 hne³，拉祜语 nai⁵³ < *s-ne。阿昌语 ņen³¹ < *ne-n。

"慢的"窝里沃语 ma-noe < *no-ʔe。"慢的"梵语 ʃnaiḥ < *s-na-iq。

93. "迟的、慢的、钝的、老的"*dal、*dil

汉语"屖"*s-til > *sil，滞留不进。"遲（迟）"*dil《说文》："徐行也。""慢的"藏文 dal < *dal。

南岛语"钝的"西部斐济语 ďili < *dili。"慢的"阿美语 matʃələŋ < *ma-tələ-ŋ。

"钝的"古英语 dol。"慢的"俄语 miedlennɨj < *me-dle-ni。"慢的"俄语 miedlennɨj < *medle-。"愚笨的"古弗里斯语 dol，哥特语 dwals。

尼日尔–科尔多凡语系"老的"祖鲁语 -dala。

94. "迟钝、慢的"*sda

汉语"伹"*sdja > *zja，迟钝，《说文》："拙也。"

"慢的"维吾尔语、柯尔克孜语 ɑsta，乌孜别克语 ɑstɛ < *ʔasta。"慢的"东部裕固语 sedonɑ < *sedo-na。

南亚语"慢的、逐渐地"桑塔利语 ọstẹ < *ʔo-ste。

南岛语"慢的"吉利威拉语 sitanasitana < *sita-na。

"慢的"乌尔都语 ahista < *aqi-sta。"慢的"和阗塞语 asttāṇa- < *a-sta-。"迟的"哥特语 seiþus < *sit-。"之后"古英语 sið < *sid。

"慢的、傻的"匈牙利语 ostoba < *o-sto-。"慢的"芬兰语 hidas < *sida-。

尼日尔 – 科尔多凡语系"慢的"祖鲁语 -dondä < *doda。

95. "迟的、慢的、晚上、昨天" *bʷit、*bʷed

"迟的"墨脱门巴语 phit pe < *bit。

南岛语"慢"马绍尔语 pʷat < *pʷat，印尼语 lambat < *la-bat。"暗色的"西部斐济语 butō < *buto。

"晚上"和阗塞语 papeʃā < *papeta。"晚上"古英语 æfen，古高地德语 aband，古弗里斯语 ewnd < *a-bʷed。

"夜"格鲁吉亚语 bindi < *bidi。"慢"希伯来语 vytyvt < *bʷutu-，阿拉伯语 batʕiː¹。

首辅音演变，*bʷed > *ged。

南岛语"暗的"哈拉朱乌语 kɔdɔ，托莱语 kokodo < *kodo。"晚上"雅贝姆语 ketu-la < *ketu-，嫩戈内语 lakiti < *la-kiti。

"晚上、迟的"维吾尔语 ketʃ，哈萨克语 keʃ，图瓦语 geʃɛ < *ket。"晚上"西部裕固语 gedʒe < *gede，柯尔克孜语 ketʃqurun < *kede-qurun。"昨天"哈萨克语 keʃe，柯尔克孜语 ketʃeː < *kete。

96. "迟的、慢的、晚的" *let

"迟、晚"布依语 lot⁷ < *ʔlot。

南岛语"迟的"布拉安 leʔet < *let-let。

"慢的"古英语 læt，古挪威语 latr，拉丁语 lentus < *let-。"磨损的、懒的"哥特语 lats。

97. "错的、坏的、病的" *da

南岛语"错的、假的"宁德娄语 aⁿɗaʔi < *ʔada-ʔi。"坏的"卑南语 kuatis < *ku-ʔatis，多布语 ʔataj < *ʔata-ʔi。

"错的"维吾尔语 χɑtɑ，哈萨克语 qɑtɑ，土耳其语 hata < *qata。

尼罗 – 撒哈拉语系"病的"卡努里语 dondi < *didi。

98. "累的、空的" *bʷap

"累的" 嘉戎语 spap < *s-pap。汉语 "乏" *bʷjap。

南岛语 "空的" 托莱语 pobono < *pobo-na。"累的" 英语 poop < *bop。

首辅音演变，*bʷap > *dap。

"累的" 图瓦语 dʒaba- < *daba。"累的" 撒拉语 jɑda- < *dada；蒙古语 dʒʉdə-，东部裕固语 ʃuːdɑ:- < *duda。

南亚语 "累的" 桑塔利语 ɖoja ɖape < *dolo-dape。"空的" 亚美尼亚语 thaphel < *dabe-l。

99. "空的、轻的" *kelo

汉语 "康" *khla-ŋ > *khaŋ，虚也。"㝩" *khlaŋ《方言》卷十三："空也。""空的" 水语 loŋ¹，壮语 kjoŋ¹ < *klo-ŋ。

"轻的" 阿尔巴尼亚语 tʃelët < *kelo-t。

100. "空的" *bʷeso

"空的" 傣语 pau⁵ < *pus。

南岛语 "空的" 马林厄语 beso < *beso。"贝壳" 莫图语 bisisi < *bisi。

"空的" 波兰语 puste，俄语 pustoj < *pus-。"空的、洞" 苏格兰方言 bose。"空的" 阿尔巴尼亚语 boʃ < *bos。

首辅音演变，*pʷos > *kos。

南岛语 "空的" 泰雅语 ʔukaʃ < *ʔu-kas。"空的" 印尼语、米南卡保语、巽他语 kosoŋ < *koso-ŋ。

"中空的" 和阗塞语 kusi < *kusi。

101. "不，少的" *mʷa

汉语 "毋" *mʷja，止之也。"无" *mʷja 表禁止，见《诗经》《论语》。

"不" 拉萨藏语 ma¹³，缅文 mɑ¹ < *maʔ。布努语 ma² < *ma。

南岛语 "不" 阿者拉语 i-maʔ < *ma-ʔ，布鲁语 moo < *mo-ʔo。

亚非语系 "不" 马耳他语 ma。

鼻音塞化，*mʷa > *bʷa。

"不" 壮语武鸣话 bou³ < *ʔ-bo。

南岛语 "不" 阿杰语 bʷa，卡乌龙语 aβu < *ʔabʷu。"少的" 梅柯澳语 afa < *ʔabʷa，梅柯澳语 afa < *ʔaba，托莱语 pəuau < *pa-ʔu。

102. "不、不要、没有" *mi、*me

"不" 藏文 mi，羌语 mi⁵⁵ < *mi。布依语、水语 me² < *mi。

"不" 维吾尔语 ɛmɛs < *ʔe-me-s，"不" 维吾尔语 mi < *mi。"不要" 满文 ume，锡伯语 əm < *ʔume。

"不" 希腊语 me。

鼻音塞化，*mʷə > *pʷə。

汉语 "否" *pʷjə-ʔ《说文》："不也。""不" *pʷə-ʔ。

103. "不、不要、没有" *pʷət

汉语 "弗" *pʷjət。"不" *pʷjət《玉篇》："弗也。"[①]

"不" 东部裕固语 putə < *putə。南岛语 "不" 托莱语 pətə < *pətə。

塞音鼻化，*pʷət > *mʷət。

汉语 "没" *mʷət，沈也，无也。"忽" *s-mʷət《说文》："忘也。" 汉语 "勿" *mʷjət，甲骨卜辞用于非陈述语气，表示主观态度，义为不应该，不要。汉语 "未" *mʷjəd。[②] "没有" 藏文 med。

104. "不" *nu、*na

"不" 壮语巴马话、百色话 nau⁵ < *ʔ-nu-s。

"不" 日语 nai < *na-ʔi。

南岛语 "不" 拉巴努伊语 ʔina < *ʔi-na，邵语 ani < *ʔa-ni。泰雅语 ʔiniʔ，排湾语、赛德克语 ini，布农语 ni < *ʔi-ni。

"不" 古英语 na，古挪威语、古弗里斯语、古高地德语、俄语 ne < *ne。"不" 西班牙语、意大利语 no，波兰语 nie < *ne。"不是的" 和阗塞语 ɳo。

"不" 苏美尔语 nu。

105. "不" *gʷe、*ka

"不" 侗语 kʷe² < *gʷe。

汉语 "弜" *gja-ŋ 殷商卜辞用于非陈述语气，表示不应该，不要。

南岛语 "不" 汤加语 ʔikai < *ʔika-ʔi，南密语 koi < *ko-ʔi。

"不" 希腊语 otʃhi < *ogi，亚美尼亚语 otʃh < *og。

塞音鼻化，*gu > *ŋu。

---

① 甲骨卜辞中 "弗" "不" 用法不同。"不" 用于客观陈述语气，对已然或尚未发生的否定。"弗" 用于非陈述语气，表示主观态度，义为不会，不可能。

② "未" 为否定词较晚，用于客观陈述语气，大约在汉代。

"不"仫佬语 ŋ⁵ < *ŋu-s。

106. "不" *ro

南亚语"不"尼科巴语 røø < *roʔo。

南岛语"不"爪哇语 ora < *ʔora。

"不"阿尔巴尼亚语 jo < *ro。

高加索语系"不"格鲁吉亚语 ara，巴斯克语"不"ez < *er。

流音交替，*ro > *lo。

南岛语"不"查莫罗语 ahe < *ʔale。

亚非语系"不"希伯来语 lo，阿拉伯语 laː，叙利亚语 lā。

（七）称呼、指定和疑问

1. "人、男人、女人、丈夫" *mi

"人"藏文 mi，达让僜语 me³⁵，普米语 mi < *mi。

"男人"巴尔蒂语、拉达克语、卡瑙里语、塔米语 mi < *mi。"女人"嘉戎语（tə）mi < *mi。壮语龙州话（ti⁶）me⁶ < *mi-s。汉语"妙" *mje-s。

南亚语"丈夫"布朗语甘塘话 mai³¹，胖品话 m̥ yi⁵⁵ < *s-mi。佤语马散话 ʔa mɛiʔ，艾帅话 meʔ < *mi-ʔ。"男人"佤语马散话 ʔa mɛiʔ，艾帅话 si meʔ，德昂语硝厂沟话 ʔi mai。

"人"日语 mita < *mi-ta。

"男人"意大利语 uomo，古法语 umain（形容词）< *ume。苏米尔语"女人"mí < *mi。

派生，*mi > *s-mi。

"人"道孚语 sme，古隆语 hmi（男人）< *s-mi。

2. "人、女人、妻子、男人" *ni

"人"畲语 ne² < *ne。

（1）派生，*ni > *ni-n

汉语"人" *nin。"人"苗语养蒿话 ne²，野鸡坡话 naᴬ，大南山话 nen¹ < *s-nen。

南岛语"女人"萨萨克语 ninə，瓜依沃语 noni。"年轻男子"南密语 n̩in。

苏米尔语"女士"in-nin，"女士、王后、姐妹"nin，"生殖女神"nin-tur（女–孩子）。

阿卡德语"女神"nin-，"风神之妻"ninlil < *nin-lil，"甜水神"ninmah <

*nin-maq。

（2）派生，*ni > *ni-r

汉语"妻"*s-nir。

"女人、妻子"蒙古语书面语 ekener < *ʔeke-nər。"女人"朝鲜语 njətʃa < *nur-ta，"妻子"朝鲜语扶安方言 manur < *ma-nur。"人"赫哲语 nio，索伦语 nirō < *niro，女真语（捏儿麻）*nirma < *nir-ma。

"男人"希腊语 aner，威尔士语 ner，亚美尼亚语 ayr。"男人"阿尔巴尼亚语 njeri < *neri。

（3）派生，*ni > *ni-k、*nu-k 等

"人"芬兰语 henkiö < *qenuke。"男人"爱斯基摩语 inuk。"女人"爱斯基摩语 arnak < *ʔar-nak。"女人"阿伊努语 menoko < *me-noko。

印第安语"人"玛雅语 unɛkʔ < *ʔu-nek。

3. "人、女人"*na

汉语"女"*nʷa-ʔ，女子，《说文》："妇人也。""奴"*nʷa《说文》："奴婢。"

"女人"日语 onna < *ʔona。

"女人"匈牙利语 no，芬兰语 nainen，爱沙尼亚语 naine < *nanen。

苏美尔语"人"na，"大地女神"nanna。

（1）派生，*na > *na-r

"女人、妻子"蒙古语 əxnər < *ʔəq-nər，蒙古语书面语 ekener < *ʔeke-nər。

"男人"梵语 nara，"女人"梵语 nari，"妻子"和阗塞语 nārä < *naro。

"人类"格鲁吉亚语 adamianuri < *adami-anuri。①

（2）派生，*na > *na-n

"人"锡伯语 nan < *nan。

4. "女人、人、男人、朋友、爱、喜欢"*bʷe

汉语"妇"*bjə-ʔ。"妇女"独龙语 puɯ⁵⁵（mɑ⁵⁵）< *bu。

"男人"壮语武鸣话 pou¹saːi¹ < *po-si。壮语龙州话 ti⁶po⁶ < *dis-ʔbo-s。"女人"苗语大南山话 po²，石门坎话 bɦio² < *bo。

南岛语"女人"巽他语 awewe < *ʔabʷebʷe。毛利语 wahine，夏威夷语 wǎhině，塔希提语 vahine < *bʷapi-ne。

———————————

① 格鲁吉亚语 *adami-anuri 对应于"人"希腊语 atomo 和赫哲语、索伦语 *niro。

南亚语"女人"佤语艾帅话 būn，德昂语硝厂沟话 ʔi bʌn < *bun。

"女人、妻子"法语 femme < *bʷebe。"女人"古英语 wif，古挪威语 vif，丹麦语 viv < *bʷib。俄语 baba。"妻子"西班牙语 esposa，葡萄牙语 espôsa < *esposa。

（1）塞音鼻化，*bʷe > *mʷe

"女人"他杭语 amamaː < *ʔam-ʔama。汉语"母"*mʷə。

"女人"东乡语 əməs < *ʔu-məs。达斡尔语 əmgun，东乡语 əmə kun < *ʔumə-gun。

"男人"格鲁吉亚语 mama。

"男人"意大利语 uomo < *u-me。古法语 umain（形容词）。"喜欢的"希腊语 omoios < *o-mo-is。

（2）派生，*bʷe > *bʷe-r

汉语"妣"*pjir-ʔ《说文》："殁母也。""牝"*bir-ʔ《说文》："畜母也。"

"女人、妻子"土族语 beːrə，东乡语 biəri < *beri。"媳妇"蒙古语 bər，达斡尔语 bəri < *bəri。"人"鄂伦春语、鄂温克语 bəjə < *bərə。"爱"满文 buje- < *bure。

南岛语"女人"鲁凯语 ababaj < *ʔabar。"爱"塔希提语、拉巴努伊语 here < *pere。

"姑娘、处女"粟特语 pūritʃ < *puri-k。"妻子"古英语 freo < *pʷro。"求婚"德语 freien。"结婚"梵语 parini < *pari-。"朋友"亚美尼亚语 barekam < *bare-，粟特语 pri-。"朋友"古英语 freond，古挪威语 frændi，哥特语 frijonds < *pre-。梵语"爱"priyate，"亲爱的"priyah。

匈牙利语"人"ember，"男人"ember、ferfe、ferj，"丈夫"ferj。"朋友"barat。

高加索语系"儿童"车臣语、印古什语 ber。尼日尔–科尔多凡语系"女人"祖鲁语 umfazi < *-pʷari。

尼罗–撒哈拉语系扎尔马语"人"boro，"敌人"ibar。卡努里语"姑娘"（名词）fero，"成为姑娘"（动词）feroðu。

（3）派生，*mo > *mo-r

南岛语"爱"托莱语 məri < *meri。那大语 mora < *mura。

"男人、雄性"古教堂斯拉夫语 mozi，"男人"波兰语 mąz < *mʷori。"男人"俄语 muʒtɕina < *mur-kina。"年轻男子"梵语 marya- < *marja。"爱"拉丁

语 amare。俄语（名词）amur。

5.　"人、女人、男人、朋友、爱" $*g^we$

汉语 "友" $*g^wə\text{-}ʔ$。"朋友" 傣语德宏话 əi²ko⁴ < $*ʔi\text{-}goʔ$。

"爱" 藏文 dgaʄi，道孚语 rga < $*d\text{-}ga$。"高兴" 夏河藏语 ga < $*ga$。"爱" 白语剑川话 ko²¹，拉祜语 ga，彝语喜德话 ŋgu³³ < $*go$。

南亚语 "爱、相爱" 克木语 guʔ，户语 kuʔ³¹ < $*gu\text{-}ʔ$。

"朋友" 图瓦语 edʒi < $*ʔegi$，达斡尔语 gutʃi < $*gu\text{-}ti$。"朋友" 满文 gutʃu，锡伯语 gutʂw，鄂伦春语 gutʃu < $*gu\text{-}tu$。

（1）派生，$*g^wu > *g^wu\text{-}n$，$*g^wa > *g^wa\text{-}ŋ$

"人" 壮语武鸣话 vun²，壮语龙州话 kən² < $*g^wun$。"男人" 苗语养蒿话 tɕaŋ⁶，勉语樔子话 kjaŋ⁶ < $*gjaŋ\text{-}s$。

南亚语 "人、人们" 柬埔寨文 tʃuən < $*kun$。

"女人" 希腊语 gune，"女人、妻子" 希腊语 gunaika < $*guna\text{-}ika$。"皇后、女人、妻子" 古英语 cwen，古挪威语 kvaen，哥特语 quens，亚美尼亚语 kin（女人）< $*k^wen$。"女人" 古波斯语 genna < $*gina$。梵语 janis，阿维斯陀经 jainiʃə（妻子）< $*gani\text{-}s$。

（2）首辅音演变，$*g^wan > *ban$

"男人" 水语 ai³ᵐbaːn¹ < $*ʔi\text{-}ʔban$。

南亚语 "女人" 佤语马散话（ʔa）pon，艾帅话 būn，德昂语（ʔi）bʌn < $*bun$。

南岛语 "女人" 巴拉望语、摩尔波格语、布拉安语 libun < $*li\text{-}bun$。

新爱尔兰岛土著语言 "女人" 库欧特语 makabun < $*maka\text{-}bun$（女人–女人）。

6.　"人、女人、男人、朋友" $*ke$

"男人" 藏文 skjes（pa）< $*s\text{-}kje\text{-}s$。汉语 "子" $*skə\text{-}ʔ > *tsəʔ$。

（1）派生，$*ke > *keli$

"人" 维吾尔语 kiʃi，西部裕固语 kəʃi，图瓦语 giʃi < $*kili$。

"人、男人" 俄语 tɕjelovek < $*kelo\text{-}b^wek$（男人–女人）。"人" 芬兰语 henkilō < $*qen\text{-}kilo$。

"女人" 格鲁吉亚语 kali。

（2）流音交替，$*kol > *kor$

"人、丈夫、男人" 阿伊努语 kur < $*kur$。

"朋友"亚美尼亚语 ënker。

尼罗 – 撒哈拉语系"丈夫"扎尔马语 kurne < *kur-ne。

7. "人、男人、敌人、朋友"*ro

"男人"彝语巍山话 zo³³（pa²¹），纳西语 zo³³ < *ro。

"男人"维吾尔语、图瓦语 er，蒙古语 ər，东乡语 ərə < *ʔerə。"敌人"鄂伦春语、鄂温克语 əru < *ʔəru。

南岛语"朋友"达阿语 roa，塔希提语、拉巴努伊语 hoa，菲拉梅勒语 soa < *ro-ʔa。

"英雄"拉丁语 hero，希腊语 heros < *qero-。

派生，*ura > *ura-ŋ。

南岛语"人"印尼语 oraŋ，米南卡保语 uraŋ，亚齐语 uruɯŋ，马都拉语 uriŋ < *ʔuraŋ。"敌人"贡诺语 uraŋ < *ʔuraŋ。

8. "人、男人、女人、敌人、朋友"*ta、*da

"外祖父"临高语 da⁴ < *da-ʔ（汉藏语中 *ta、*da 多指父系男性家庭成员）。

南岛语"人"那大语、芒加莱语 ata < *ʔa-ta，莫图语南岬方言 tatao < *tata-ʔu。"女人"沙玛语 denda < *de-da。

"男人、丈夫"土族语 dəde < *dede，东部裕固语 søtə < *so-te。"朋友"满文 anda（宾友），锡伯语 anda < *ʔada。"敌人"日语 ada < *ʔada。"女人"赫哲语 adzan nio < *ʔadan-ro。

"女人"梵语 sudati。

高加索语系"女人"格鲁吉亚语 dɛdakhatsɔ < *deda-gato。

尼日尔 – 科尔多凡语系"男人"祖鲁语、科萨语 indoda < *-doda。

9. "女人、妻子、男人"*bʷed

"女人"藏文 bud med < *but-met。

南岛语"女人"爪哇语 wɔŋ wedoʔ < *bʷo-bʷedo。

尼罗 – 撒哈拉语系"妻子"扎尔马语 wande < *bʷade。

尼日尔 – 科尔多凡语系"妻子"科萨语 abantu < *-batu。

塞音鼻化，*bʷed > *med。

"女人、妻子"阿伊努语 mat < *mat。

"男人"古挪威语 maðr，丹麦语 mand，哥特语 manna < *mada。"女人"（单数）和阗塞语 maṇḍe < *made。

尼日尔－科尔多凡语系"妻子"科萨语 umntu，斯瓦希里语 mtu。

10."我"*ŋʷa

汉语"吾"*ŋʷa-ʔ。"我"藏文、马加尔语 ŋa，缅文 ŋɑɑ² < *ŋa。

南岛语"我"马绍尔语 ŋa，卡乌龙语 ŋo < *ŋa。马那姆语 ŋau < *ŋa-ʔu，波那佩语 ŋēi < *ŋa-ʔi。

南亚语"我"卡西语（Khasi）ŋā < *ŋa。"我、我自己"苏美尔语 ŋá < *ŋa。

澳大利亚土著语言"我"新南威尔士州语言 ŋa、ŋana、ŋata，维多利亚州语言 ŋaiu，中部和南部语言 ŋai，昆士兰州语言 ŋaia。阿雅巴杜语（Ayabadhu）"我"（主格）ŋaya，（宾格）ŋanyi，（所有格）ŋathu。

尼日尔－科尔多凡语系祖鲁语第一人称单数前缀 ŋi-。

（1）鼻音塞化，*ŋʷa > *gʷa

"我"巴兴语、瓦尤语（Vayu）gō，吐龙语 go < *go。

"我"俄语、波兰语 ja < *ga。拉丁语、希腊语 ego，丹麦语 jeg < *egʷe。"我"古英语 ic，古挪威语 ek，哥特语 ik，赫梯语 uk < *egʷ。

匈牙利语"我"ego（名词性）。"我"爱斯基摩语 uwaŋa < *ʔugaŋa。

（2）派生，*ŋʷa > *ŋʷa-r

汉语"我"*ŋa-r-ʔ，殷商为第一人称复数形式，西周开始指单数，*-r 为复数后缀。

"我们"古英语 we，古挪威语 ver，古高地德语 wir，哥特语 weis < *gʷe-r。

11."我"*ku、*gu

"我"泰语 ku²，老挝语、布依语 ku¹，壮语龙州话 kau¹ < *ku。"我"苗语大南山话 ko³，石门坎话 ku³ < *ku。

南岛语"我"卑南语 ku < *ku，鲁凯语 kunaku < *ku-naku，布拉安语 agu < *ʔagu。

"我"阿伊努语 ku < *ku。"我们"巴斯克语 gu。

尼罗－撒哈拉语系"我"卡努里语（Kanuri）wu。

12."我、我们"*mi

"我"那加语南桑亚方言（Namsangia）mi < *mi。"我们"塔米语 ai m < *ʔi-mi。

"我"（动词人称后缀）梵语、斯拉夫语、希腊语 -mi。"我"（宾格）古英语

me，古弗里斯语 mi < *mi，① 古高地德语 mir < *mi-r。"我"（宾格）古教堂斯拉夫语、拉丁语、希腊语 me。芬兰语"我" minä（主格、宾格）< *mi-na，"我的" minun，"我们" me。"我们"爱沙尼亚语 meie、me，（宾格） meid、meile、meie，（所有格）meie、oma。

尼日尔–科尔多凡语系"我"祖鲁语 mina，斯瓦希里语 mimi < *mi-na。

（1）派生，*mi > *mi-n

"我"维吾尔语 mɛn，哈萨克语、图瓦语 mɛn < *min。"我"苏米尔语 men。

尼日尔–科尔多凡语系"我"祖鲁语 mina < *mi-na。

（2）鼻音塞化，*mi > *bi

"我"蒙古语 biː，满文、锡伯语、赫哲语 bi，鄂温克语、鄂伦春语 biː < *bi。"我"古突厥语、土耳其语 ben < *ben。

13. "我、我们" *ni

"我"那加语奥方言 ni < *ni。"我们"他杭语 njiː < *ni。土家语 a³⁵ȵi⁵⁵ < *ʔa-ni。

"我"阿伊努语 kuani < *ku-ʔani。

南亚语"我"尼科巴语 tʃhi-ni < *qhi-ni。"我们"（主格、宾格）阿尔巴尼亚语 ne < *ne，古爱尔兰语、威尔士语 ni。"我们"（主格、宾格）拉丁语 nos。

"我"（宾格）匈牙利语 en。

"我"（主格）希伯来语 ani < *ani。

乍得语族豪萨语"我" ni。

"我们"古埃及语 n。印第安语"我们"西部阿帕齐语 nee < *ne。

14. "我、我们" *tu、*di

"我们"泰语 tu²，仡佬语贞丰话 tau³⁵ < *tu。

南岛语"我们"（包括式）邹语 ato < *ʔato，宁德娄语 to < *to。"我们"伊拉鲁吐语 itə < *ʔitə。

"我"朝鲜语 tʃe < *de。

"我"粟特语 əzu < *ədu，阿维斯陀经 azem < *ade-m。

非南岛语系语言"我"库欧特语 tu-，阿卡–科德语（Aka-Kede）di-。

楚科奇–堪察加语系"我"楚科奇语 tə-。

---

① "我"（宾格）哥特语、古挪威语 mik，赫梯语 ammuk，*-k 为宾格后缀。

尼罗－撒哈拉语系"我们"卡努里语 andi＜*ʔa-di。

科伊桑语系"我"科伊科伊语 ti、tita。"我"三达维语 tsi＜*ti。

15. "你、你们" *ni

"你"道孚语 ɲi，土家语 ɳi³⁵，那加语索布窝马方言（Sopvoma）ni＜*ni。

印第安语"你"西部阿帕齐语 ni＜*ni。

达罗毗荼语系"你"泰米尔语 nin、nun，卡纳利语（Canarese）、马来阿兰语（Malayalan）nin、ni，泰卢固语（Telugu）nin。

澳大利亚土著语言"你"维多利亚州 nin、ninan，中部和南部土著 nini、nia，西部土著 nini、niya，昆士兰州土著 nino、nayon。

尼罗－撒哈拉语系"你"卡努里语（Kanuri）ni。扎尔马语（Zarma）"你"ni。

尼日尔－科尔多凡语系"你们"祖鲁语 nina，科萨语 inye，斯瓦希里语 ninyi。

派生，*ni＞*ni-r。

汉语"尔"*ni-r，殷商为第二人称单、复数形式，西周开始指单数，*-r 为复数后缀。

"你们"朝鲜书面语 nəhɯi，洪城话 nəɣɯi，庆州话 nəji＜*nə-ri。

"你们"阿尔巴尼亚语 njeriu＜*ne-ru。

达罗毗荼语系"你"泰米尔语 nir。

澳大利亚土著语言"你们"阿瓦巴卡尔语（Awabakal）nur。

16. "你、那、你们、其他" *na

"你"独龙语 na⁵³，加洛语 nā＜*na。墨脱门巴语 nan＜*na-n。

"你"博多语、朗龙语 nɑŋ，马加尔语 naŋ，景颇语 naŋ³³，载瓦语 naŋ³¹＜*naŋ。"你"嘉戎语 no，加龙语 no，义都珞巴语 n̩o³⁵＜*no。汉语"汝"*nja-ʔ。"乃"*nə-ʔ。"戎"*no-ŋ。《诗经·大雅·烝民》："缵戎祖考，王躬是保。""那"加龙语 a-e-na＜*ʔa-ʔena。拉祜语 no⁵³＜*ʔno。"你们"白语剑川话 nɑ⁵⁵，毕苏语 noŋ³³。

南岛语"那"汤加语 na，查莫罗语 enao＜*ʔe-na-o。

南亚语"那"蒙达语 ena＜*ʔena，桑塔利语 ona＜*ʔona。

"其他"和阗塞语 aɳa-＜*ana。

澳大利亚土著库通语"他"noo-a，"那"noo-koo-wom-ba。

17. "你、那" *su

"你们"壮语武鸣话 sou¹，布依语 su¹，水语 saːu¹ < *su。

南岛语"你"布农语 su。泰雅语 ʔisuʔ，赛德克语 isu < *ʔi-su。排湾语 sun < *su-n。

"你们"鄂伦春语 ʃuː，赫哲语 su < *su。满文 suwe < *su-bʷe。

"你"希腊语 sy < *su，"你的"希腊语 sos < *so-s；"那"希腊语 toso < *to-so，（阳性）古英语 so。

"你"芬兰语 sinä，爱沙尼亚语 sina < *si-na。"那、她、它"芬兰语 se。

"你、你们"格鲁吉亚语 ʃɛn < *sen，"那、他"格鲁吉亚语 is。

科伊桑语系"你"科伊科伊语 sá < *sa。

18. "你、那" *mi

"你"苗语养蒿话 moŋ²，勉语江底话 mwei²，大坪话 mui² < *mʷi。

南亚语"你"巴琉语 mi³³，京语 mai²，德昂语硝厂沟话 mǎi < *mi。"你"莽语 ʔa³¹mi³¹ < *ʔami，柬埔寨文 muɯŋ < *mi-ŋ。

南岛语"那"马绍尔语 me < *me。"你"和阗塞语 imi。

19. "你、那" *ge

"你"巴兴语、朗卡斯语（Rangkas）gɑ < *ga。"那"傈僳语 go³³ < *go。仫佬语 ka⁶，侗语 ɬa⁶ < *gje-s。汉语"其" *gjə。

南岛语"你"南密语 go，阿杰语 gɛ < *ge。罗维阿纳语 aɣoi < *ʔa-go-ʔi。

南亚语"那"户语 ɣe³¹ < *ge；京语 kiə¹ < *kjə。

"那"朝鲜语 kɯ < *gi（近的远指）。

"那"希腊语 ekeinos < *eki-，拉丁语 que < *kʷe。"那"匈牙利语 aki。

亚非语系乍得语族"你"巴德语（男性）agì < *ʔa-gi，（女性）agə̀m < *ʔagi-。"你们"巴德语 awùn < *ʔa-gʷu-。

尼日尔－科尔多凡语系"你"祖鲁语 wena < *gʷe-，斯瓦希里语 wewe。

20. "这、现在" *di

汉语"是" *dji。"这"藏文 ɦidi，藏语夏河话 ndə < *m-di。普米语兰坪话 di¹³ < *di。"这"白语大理话 tu³¹ < *s-di。他杭语 tʃu < *tu。

南岛语"这"卑南语 idɲini < *ʔidi-ni，排湾语 itsu < *ʔitu。

"现在"古突厥语 emti，图瓦语 ɑmdɤ < *ʔemu-di。满文 te，锡伯语 tə < *te。

"这"古英语 Þes，古挪威语 Þessi，荷兰语 deze < *te-si。梵语 idaṃ < *ida-。

达罗毗荼语系"这"曼达语 id。

印第安语"这个"阿巴齐语（Apache）diːhi＜*di-li。达科他语（Dakota）de，苏语（Sioux）deh＜*de。

尼罗－撒哈拉语系"这"卡努里语 aðə＜*a-də。

21."这、现在"*ke

"这"阿昌语 xai⁵⁵＜*khi，土家语 kai³⁵＜*ki-s。

南亚语"这"桑塔利语 isko＜*ʔi-sko。

"这"满文 eke，蒙文 eke＜*ʔeke。

"这"阿尔巴尼亚语 kjo＜*ko。"这儿"（副词）古英语、古挪威语、哥特语 her，古高地德语 hier＜*ke-r。

派生，*ki＞*s-ki。

汉语"斯"*ski。"此"*skhiʔ。"兹"*skjə，今天、现在。

南亚语"这"桑塔利语 isko＜*ʔi-sko。

"这"和阗塞语 ṣ̄āka-＜*saka。

22."这、现在"*ni、*na

"这"侗语、水语 naːi⁶＜*ni-s。壮语龙州话 nai³，畲语 ni³＜*ʔni-ʔ。"现在"布依语 za⁵ni⁴，侗语 ɕi²naːi⁶，水语 si²naːi⁶＜*ra-ni（时候－这）。"现在"浪速语 a³¹na⁵⁵＜*ʔana。"近的"缅文 ni³，景颇语 ni³¹，阿昌语 ne³¹，怒苏语 ni⁵⁵＜*ni。

南亚语"这"蒙达语 ne＜*ne，桑塔利语 niɛ＜*ni-ʔa。"这个"蒙达语 ini＜*ʔini。"现在"布朗语胖品话 ni³¹ʒam⁵¹＜*ni-ram（这－时候），克木语 ʔɲiʔ＜*ʔini。

南岛语"这"夏威夷语 nei＜*ne-ʔi，占语 ni＜*ni。"现在"萨摩亚语 nei＜*ne-ʔi，汤加语 ani＜*ʔani。"现在"沙外语 nete＜*nete。"现在、今天"卡加延语 anduni（日－这）。

"现在"满文 ne＜*ne。

"这"梵语 enaṃ＜*ena-，粟特语 ēnē＜*ene。"现在"（副词）古英语、古爱尔兰语、哥特语、法语、立陶宛语、希腊语、梵语、阿维斯陀经 nu。古教堂斯拉夫语 nyne＜*nune。"现在"古波斯语 nuram＜*nu-ram。赫梯语 nuwa＜*nuba。

亚非语系乍得语族"现在"巴德语 nnā＜*na。

科伊桑语系"这"科伊科伊语 nē＜*ne。

23."这、咱们" *li

"这"德宏傣语 lai⁴ < *li-ʔ。景颇语 n³³tai³³ < *n-li。白语剑川话 luɯ³¹ < *li。

"这"剑川话 luɯ³¹ < *li。汉语"伊" *ʔil。《诗经·大雅·小明》："心之忧矣，自诒伊戚。"

南亚语"咱们"蒙达语 a li < *li。

"这"意大利语 il。梵语 iyaṃ < *ila-，亚美尼亚语 ays < *al-。

尼日尔–科尔多凡语系"这"祖鲁语 le、leli。斯瓦希里语 hili < *lile。

流音交替，*li > *ri。

"这"莫语 si⁴ < *ri-ʔ。"这"满文 ere，锡伯语 ər，鄂温克语 ərĭ，赫哲语 əi < *ʔere。"这儿"朝鲜语 iri < *ʔiri。

24."这" *ʔi

"这"义都珞巴语 i⁵⁵he⁵⁵ < *ʔi-he。达让僜语 e⁵⁵ < *ʔe。

南亚语"这"布兴语 ʔe < *ʔe，布芒语、佤语艾帅话 ʔi < *ʔi。

南岛语"这"马绍尔语 e < *ʔe。

"这"朝鲜语 i < *ʔi。"这"乌尔都语 yeː < *ie。

25."那、他" *la

"他"米基尔语 lā < *la。

"他、那"古突厥语 ol，图瓦语 ol，柯尔克孜语 ɑl < *ʔol。

南岛语"那"赛德克语 hija < *qila，邵语 huja < *qula，查莫罗语 ajo < *ʔalo。

"那"拉丁语 illa < *ila，阿尔巴尼亚语 tsila < *kila。"那"匈牙利语 az < *al。

印第安语"那"玛雅人祖赫语 aʔloʔ < *alo。

尼日尔–科尔多凡语系"那"祖鲁语 lelo，leliya（更远指）。

科伊桑语系"那"科伊科伊语 ǁná < *ʔla。

流音交替，*lo > *ro。

"那"阿尔巴尼亚语 ajo < *aro。亚美尼亚语 or。

26."那" *de

"那"藏文 de，阿昌语 the < *de。彝语喜德话 a³³di⁵⁵ < *ʔa-de。汉语"时" *djə > *ʐə，指示词，见《诗经·秦风·驷驖》《诗经·大雅·大明》。"之" *tjə 远指。

"那"土族语 te，赫哲语 ti < *te。

"那"俄语、波兰语 to，希腊语、梵语、古教堂斯拉夫语定冠词 to。

"那"爱沙尼亚语 et<*eto。芬兰语 tuo<*to。

达罗毗荼语系"那"曼达语 ad。

尼罗－撒哈拉语系"那"卡努里语 todə。

27."那、你"*ʔa

"那"义都珞巴语 i⁵⁵he⁵⁵<*ʔa-he。博嘎尔珞巴语 aː<*ʔa。拉祜语 o⁵³<*ʔo。
"你"他杭语 eː<*ʔe。

南亚语"那"莽语 ʔa³¹ʔy⁵¹<*ʔa-ʔi。

南岛语"你"多布语 ʔa<*ʔa。"那"乌尔都语 wo<*ʔo。

28."现在、今天"*me

"现在"彝语喜德话 ɑ²¹m̩³³<*ʔamu。墨脱门巴语 ʔo ma<*ʔoma。

"现在"日语 ima<*ʔima。

南岛语"现在"三威治港语 me<*me,"现在、今天"大瓦拉语 utaima<
*ʔuta-ʔima。

"现在"（副词）希腊语 omos<*omo-s,乌尔都语 abhi<*abi。和阗塞语"今
天"imu,"现在"mi。"今天"匈牙利语 ma。

29."上（面）、前（面）、南"*ne

"前（面）"壮语武鸣话 na³,水语 ʔna³<*ʔ-naʔ。

"上（面）"缅文 ɑ¹nɑː²,拉祜语 ɔ³¹nɑ³³<*ʔa-ne。"上（面）"壮语龙州话
nɯ¹,西双版纳傣语 nə¹<*ʔ-nə。"前面"壮语武鸣话 na³,水语 ʔna³<*ʔ-naʔ。

南岛语"前（面）"雅贝姆语 nema<*nema。

"前面"威尔士语 wynab<*una-。

汉语"南"*nəm<*ne-m。

30."上面、头、悬挂"*bʷe

"头"景颇语 po³³<*bo。

"上（面）"藏文 phu,嘉戎语 phə<*phu。

南亚语"头"蒙达语 bo<*bo。

"悬挂"俄语 veʂatj<*bʷesa-,波兰语 wisietʃ<*bʷese-。

（1）派生,*bʷa>*bʷar

南亚语"前面"蒙古语 өber<*ʔo-ber。"向上"桑塔利语 bhor<*bor。

"前面"达斡尔语 wer,东部裕固语 wər,保安语 vɛr<*bʷer。

南岛语"挂"塔纳语 -atuper<*ʔatu-per,锡加语 heβer<*qe-ber。

希腊语"前面"empros，"眉毛"ophrys＜*obrus。乌尔都语"上"upar＜*upar，"上面"upar ka。"上面的"古英语uffer＜*ubʷer。"之上"阿尔巴尼亚语sipër＜*si-por。"悬挂"希腊语aparto＜*a-par-，阿尔巴尼亚语var＜*bʷar。

（2）首辅音演变，*bʷer＞*ger

"上面、往上"古突厥语jygery，维吾尔语juquri，西部裕固语jorəɢə＜*du-geri。"上面、往上"哈萨克语dʒøʁarʁə＜*do-gari-gə。

（3）首辅音演变，*kʷer＞*der

"上面、高"蒙古语dəːr，土族语dəre，东部裕固语diːre＜*dere。"上面、往上"西部裕固语jorəɢə＜*dori-gə，"上、东方"满文dergi＜*der-gi。

（4）流音交替，*bʷer＞*bʷel

"上面、顶部"撒拉语baʃ，西部裕固语baş＜*bal。

"上面"匈牙利语felsö＜*pʷel-so。

（5）派生，*pʷe＞*pʷe-n

"挂"壮语武鸣话ven³＜*ʔ-bʷen。

31."上（面）、举、高的"*la

藏文"上"ya＜*la。

"上"和阗塞语ula。

派生，*la＞*la-ŋ。

汉语"扬"*ljaŋ，举也，"上"*g-ljaŋ。藏文"上升"laŋs＜*laŋ-s，"高举"gzeŋ＜*g-leŋ。"上（楼）"景颇语luŋ³¹＜*luŋ。"举（手）"壮语龙州话、锦语jaŋ⁴，仫佬语ɣaŋ⁴＜*leŋ-ʔ。

南亚语"上（面）"佤语马散话siɯ lɔŋ＜*sə-lɔŋ，布朗语甘塘话la³³leŋ⁵⁵＜*la-leŋ。"高的"莽语gɣaŋ³¹，克木语dʑŏŋ＜*g-laŋ。

南岛语"高的"马绍尔语ləŋ＜*ləŋ，窝里沃语ma-laŋ＜*ma-laŋ。

32."上（面）"*ʔu

"上（面）"侗语wu¹，水语u¹＜*ʔu。

"上"赫哲语uᴄki，鄂伦春语ujləː＜*ʔuli-。日语ue＜*ʔuʔe。

33."中（间）、里面、肚子、低的"*bʷas

"中（间）"藏文dbus＜*d-bus。

南岛语"里面、中间"阿者拉语wasaʔ＜*bʷasa-。"肚脐"乌玛语buhe，达阿语buse＜*buse。"肠子"巴厘语basaŋ＜*basa-ŋ。

（1）塞音鼻化，*bʷas＞*mas

"中间"希腊语 meso。"里面、想法"俄语 mislj＜*mis-。"之内"（介词）希腊语 mesa。

（2）首辅音演变，*bʷas＞*das

"中（间）"仫佬语、水语 ta⁵＜*tas。毛南语 tu⁵ta⁵＜*tus-tas。

"里面"拉丁语 intus＜*itus。"里面、灵魂、精神"俄语 duṣa＜*dusa。

34. "下面、低的" *lek、*lag

"下面"景颇语 teʔ³¹＜*lek。

"下面、低的"土耳其语 aʃaɣı，撒拉语 aʃɑq＜*ʔa-lagi。

"低的"古英语 lah，古挪威语 lagr，古弗里斯语 lech，中古荷兰语 lage＜*lage。

35. "后（面）、北" *bek

汉语"北"*pək，"背"*pək-s。

南岛语"后（面）"贡诺语 ri-boko＜*boko。

"背、后面"古英语 bæc，古弗里斯语 bek。"后面的"中古英语 backermore＜*baker-more。

36. "内" *nabʷ

汉语"内"*nəp-s。"入"*njəp《说文》："内也。""深的"道孚语 nav nav＜*nabʷ。"落下、西方"藏文 nub，墨脱门巴语 nup，嘉戎语 nəp＜*nup。

南岛语"里面"哈拉朱乌语 nɛpʷē＜*nepe。

"肚脐"阿维斯陀经 nafa，古英语 nafela＜*napʷe-la。

37. "里（面）、肠子" *na

"里（面）"藏文、博嘎尔珞巴语 naŋ，错那门巴语 neŋ，道孚语 noŋ＜*na-ŋ。汉语"镶"*s-naŋ，放在里面，《说文》："作型中肠也。"汉语"醴（酿）"*njaŋ-s《说文》："酝也。""囊"*naŋ，藏也，《说文》："橐也。""肠子"苗语宗地话 ŋoŋᴮ，复员话 ṇ enᴮ＜*s-noŋ。

南亚语"里面"佤语马散话 nuŋ＜*noŋ。布兴语 kɤl naŋ＜*kəl-naŋ。

"内部的"古英语 inra，古高地德语 innaro＜*ina-ro。"里面"和阗塞语 āna。亚美尼亚语 ners＜*ne-r-s。"之内"（介词）希腊语 en。

38. "外（面）、边、皮" *ŋad

汉语"外"*ŋad《说文》："远也。""外（面）"喀尔比语 angtan＜*ʔaŋt-an。

南岛语"外（面）"赛德克语 ŋaŋut < *ŋaŋut。"边"帕玛语 iɲite < *ʔiɲate。沃勒阿依语 ŋaşe < *ŋate。

鼻音塞化，*ŋad > *gad。

"外边"蒙古语 gɑdɑː，土族语 ɢɑdɑ < *gada。"外面的"蒙古语 gɑdər，土族语 ɢɑdɑr < *gada-r。

"树皮"匈牙利语 ugatas < *u-gada-s。

39. "什么、多少、谁"*gʷad、*kadi

汉语"曷"*gat。《诗经·邶风·雄雉》："道之云远，曷云能来？"

汉语"害"*gad。《诗经·齐风·葛覃》："害澣害否？归宁父母。""什么"义都珞巴语 kɑ⁵⁵di⁵⁵ < *kadi。"谁"景颇语 kǎ³¹tai³³，彝语喜德话 kha³⁴ti³³ < *kadi。"多少"博嘎尔珞巴语 fiiːdu < *gidu。木雅语 fiæ³³ti⁵³ < *gati。"多少"景颇语 kǎ³¹te³¹ < *kade。

南岛语"多少"巴厘语 kudə < *kudə。乌玛语 haⁿkudʒa < *qa-kuda。"多少"粟特语 wat < *gʷat。和圆塞语 tʃada < *kada。

拉丁语"多少"（可数）quot < *kʷot，（不可数）quantus < *kʷat-us。"什么"古英语 hwæt，古高地德语 hwaz，古弗里斯语 hwet < *kʷat。"谁、哪一个"拉丁语 quod < *kʷod。"谁"古教堂斯拉夫语 kuto，俄语 tçto < *kuto。波兰语 ktory < *kuto-。"什么"拉丁语 quidnam < *kʷid-nam。

尼罗–撒哈拉语系"谁"卡努里语 wundu < *gudu。

首辅音演变，*kʷida > *pida。

南岛语"多少"排湾语 pida，摩尔波格语 pida，莫图语 hida < *pida。

40. "什么、哪里"*gal、*kal

汉语"何"*gal。"哪里，为什么"藏文 gal。

（1）流音交替，*gla > *gra 等

汉语"遐"*gra 什么。《诗经·大雅·下武》："於斯万年，不遐有佐。"

"什么"和圆塞语 tʃira- < *kira。

（2）首辅音演变和流音交替，*gʷəl > *dʷər 等

汉语"谁"*dʷjər > *ʐuər，《说文》："何也。"

"谁"日语 dare < *dare。南岛语"谁"吉尔波特语 dera < *dera。

41. "什么、谁"*gʷa、*kʷa

汉语"胡"*gʷa。"什么，为什么"藏文 ga。

南岛语"什么"布吉斯语 agga <*ʔa-ga。

南亚语"什么"蒙达语、桑塔利语 oko <*ʔo-ko。

"什么"蒙古语书面语 jaɣu，蒙古语 jʉ <*ʔi-gu。

"什么"拉丁语 quae <*kʷa。"什么"乌尔都语 kya，和阗塞语 tʃa <*kja。"谁"梵语 kaː，古英语、古弗里斯语 hwa，古高地德语 hwer，哥特语 hvo <*kʷa。"谁"阿尔巴尼亚语 kjë，和阗塞语 kye <*kje。"谁"阿维斯陀经 ko，乌尔都语 kon <*ko-n。

"谁"芬兰语 kuka，匈牙利文 aki。

（1）派生，*gʷa >*gʷa-ŋ

汉语"遑"*gʷa-ŋ。《诗经·邶风·谷风》："我躬不阅，遑恤我后！""什么"藏文 gaŋ <*ga-ŋ。

（2）首辅音演变，*gʷu >*du，*gʷa >*da 等

汉语"畴"*du《尔雅》："畴、孰，谁也。""什么"却域语 ndie¹³ <*ʔ-dje。

南岛语"谁"莫图语 ede-na <*ʔada-na。"什么"波兰语 tso <*to。和阗塞语 aʃtū <*attu。

42."什么、谁"*bʷa、*pʷi

"什么"缅文 bhɑɑ² <*ba。景颇语 pha³³ <*pha。

南岛语"什么"萨萨克语、巴厘语 apə，印尼语、那大语 apa <*ʔa-pa。

南亚语"谁"布兴语 bi <*bi，巴琉语 ᵐbai⁵³ <*ʔ-bi。

"谁"满文 we <*bʷe，鄂温克语 awʊ，锡伯语 və <*ʔabu。

"什么"希腊语 poios <*po-i-，威尔士语 pwy <*pu。"谁"亚美尼亚语 ov <*o-bʷ。

"谁"格鲁吉亚语 vin <*bʷi-n。

达罗毗荼语系"什么、谁"曼达语 bav <*babʷ。

塞音鼻化，*bʷa >*ma 等。

南岛语"谁"泰雅语 ʔimaʔ <*ʔi-ma-ʔ。

南亚语"什么"布朗语甘塘话 manman <*ma-n。"谁"布朗语甘塘话 man <*ma-n。"什么"东部裕固语 ima <*ʔi-ma。

"谁"阿拉伯语、叙利亚语 man，埃塞俄比亚语 mannu，马耳他语 min。

43."什么、谁"*kima

"什么"壮语武鸣话 ki³ma² <*kim。

"谁"土耳其语、维吾尔语 kim，西部裕固语 kəm < *kim。

"什么"梵语 kiṃ < *kim-q。波兰语 tʃym < *kim。"哪一个"和阗塞语 kamā- < *kama。

44."什么、谁"*se

"谁"藏文 su，嘉戎语 sə < *su。阿博尔语 sēko < *se-ke。"谁"彝语南华话 ɑ²¹se²¹，武定话 ɑ¹¹se³³ < *ʔa-se。"什么"傈僳语 a⁵⁵ʃi³¹ < *ʔa-si。

"什么"塔塔尔语 nɛrsɛ < *ner-se。"什么、多少"阿尔巴尼亚语 sa。

45."什么、谁"*ra、*ri

"谁"黎语通什话 a³ra² < *ʔa-ra。昌巴拉胡里语 ā ri < *ʔa-ri。

南岛语"谁"宁德娄语 are < *ʔa-re。"什么"格鲁吉亚语 ra。

流音交替，*ra > *la。

南岛语"什么"多布语 ja，西部斐济语 ða < *la。"谁"他加洛语 alin < *ali-n。

"谁"蒙古语 alj，东乡语 ali < *ali。

46."什么、谁"*ni、*na

"什么"毛南语 ni⁴nam² < *niʔ-nam。温州话"什么"a¹n̠i²。"谁"纳西语 ə³³ne²¹ < *ʔə-ni。

"什么"古突厥语、土耳其语、哈萨克语 ne，塔塔尔语 ni < *ni。"什么"日语 nani < *na-ni。"谁"鄂伦春语 niː，赫哲语 ni < *ni。

南岛语"谁"巴拉望语 nɨʔ < *ni-，爪哇语 əndi < *ʔə-ni。"谁"卡那卡那富语 niini < *ni-ʔini。"什么"亚美尼亚语 intʃh < *ini-kh。

巴布亚新几内亚土著语言"谁"科姆比奥语 mini < *mi-ni。

澳大利亚土著语言"谁"库通语 na-na。

尼日尔－科尔多凡语系"什么"祖鲁语 ni-。

图书在版编目（CIP）数据

汉藏语词源研究 / 吴安其著. — 上海：上海教
育出版社，2025.4. — ISBN 978-7-5720-2837-3

Ⅰ. H403

中国国家版本馆CIP数据核字第2025H9S988号

责任编辑　徐川山
封面设计　郑　艺

汉藏语词源研究

吴安其　著

———————————————————————

出版发行　上海教育出版社有限公司
官　　网　www.seph.com.cn
地　　址　上海市闵行区号景路159弄C座
邮　　编　201101
印　　刷　启东市人民印刷有限公司
开　　本　700×1000　1/16　印张 39.75　插页 3
字　　数　695 千字
版　　次　2025年5月第1版
印　　次　2025年5月第1次印刷
书　　号　ISBN 978-7-5720-2837-3/H·0085
定　　价　188.00 元

———————————————————————

如发现质量问题，读者可向本社调换　电话：021-64373213